Sabine Pannen
Wo ein Genosse ist, da ist die Partei!

KOMMUNISMUS UND GESELLSCHAFT

Reihe des Zentrums für Zeithistorische Forschung Potsdam

Herausgegeben von Jens Gieseke, Thomas Lindenberger und Martin Sabrow

BAND 7

ZENTRUM FÜR ZEITHISTORISCHE
FORSCHUNG POTSDAM

Sabine Pannen

Wo ein Genosse ist, da ist die Partei!

Der innere Zerfall der SED-Parteibasis 1979–1989

Ch. Links Verlag, Berlin

Gedruckt mit freundlicher Unterstützung der Bundesstiftung zur Aufarbeitung der SED-Diktatur und der Geschwister Boehringer Ingelheim Stiftung für Geisteswissenschaften in Ingelheim am Rhein.

Das vorliegende Buch ist die überarbeitete Fassung der an der Philosophischen Fakultät der Humboldt-Universität zu Berlin eingereichten und am 29. Mai 2017 erfolgreich verteidigten Dissertation. Gutachter: Prof. Dr. Martin Sabrow und Prof. Dr. Dorothee Wierling

Die Deutsche Nationalbibliothek verzeichnet diese Publikation
in der Deutschen Nationalbibliografie; detaillierte bibliografische
Daten sind im Internet über www.dnb.de abrufbar.

1. Auflage, April 2018

Schönhauser Allee 36, 10435 Berlin, Tel. (030) 44 02 32-0
www.christoph-links-verlag.de; mail@christoph-links-verlag.de
Umschlagfoto: Wahl der Parteileitung der SED-Grundorganisation im VEB Transpress Verlag für Verkehrswesen Berlin, Oktober 1984, Foto: Horst Riederer, © www.bildarchiv-riederer.de
Lektorat: Dennis Grabowsky, Berlin
Satz: typegerecht, Berlin
Druck und Bindung: Hubert & Co., Göttingen

ISBN 978-3-96289-004-9

Inhalt

I. Einleitung

1. Die politische und gesellschaftliche Bedeutung der SED-Parteibasis

Nichts deutete darauf hin, dass die Sozialistische Einheitspartei Deutschlands (SED) im Herbst 1989 lautlos ihre Macht und einen Großteil ihrer Mitglieder verlieren würde. Noch im Sommer dokumentierte die Staatssicherheit eine überschaubare Opposition mit 150 Basisgruppen, 600 Führungsfunktionären, 2400 Aktivisten und 60 »unbelehrbaren Feinden des Sozialismus«.[1] Ihnen gegenüber stand nicht nur ein hochgerüsteter Staat. Auch mehr als 2,3 Millionen SED-Mitglieder, die in 59 300 Grundorganisationen (GO) organisiert waren,[2] setzten die Parteiherrschaft tagtäglich um und gegebenenfalls auch durch. Die Machtverteilung schien klar. Doch es kam anders: Im Oktober und November wuchs die Opposition in atemberaubendem Ausmaß an. Als es also galt, die Parteiherrschaft zu verteidigen, blieben die SED-Mitglieder stumm. Während die Demonstrationszüge auf den Straßen der Städte und Gemeinden der DDR anschwollen und die selbstbewussten Forderungen der Bürger nach Reformen, Demokratie und Abschaffung der Einparteienherrschaft den öffentlichen Raum bestimmten, herrschte unter den Trägern des politischen Systems Schweigen, Resignation und Frust. Zwar mobilisierte der Parteiapparat noch GO zu Aktionen, um den öffentlichen Raum zurückzuerobern. So sandte etwa die Leitung der Parteiorganisation des Rathauses der Stadt Leipzig Genossen in die Nikolaikirche, um dort die Bänke zu besetzen.[3] Doch konnte die Parteiführung mit solchen Aktionen weder die sich anbahnenden Großdemonstrationen verhindern, noch gelang es, die Masse der Mitglieder in ihrem Sinne zu mobilisieren. Vielmehr hatte sie Schwierigkeiten, die Genossen in den Reihen der Staatspartei zu halten. Viele zogen sich in ihre Wohnungen und Büros zurück, gaben ihre Parteibücher ab oder schlossen sich sogar den

1 Sabrow, Martin: Der Konkurs der Konsensdiktatur, in: Jarausch, Konrad H./Sabrow, Martin (Hg.): Wege in den Untergang. Der innere Zerfall der DDR, Göttingen 1999, S. 83–116, hier S. 88.

2 Am 22. Juni 1989 zählte die Abteilung Parteiorgane 2 310 604 Mitglieder und Kandidaten in der SED. Vgl. Abteilung Parteiorgane: Information über die im ersten Halbjahr 1989 aufgenommenen Kandidaten in die Partei, 22.6.1989, SAPMO-BArch, DY 30/6266, Bl. 2.

3 Vgl. Einweisung der SED-Genossen zur Besetzung der Nikolaikirche am 9. Oktober 1989, Tondokument, Archiv Bürgerbewegung Leipzig e. V. (A 225), in: Beier, Achim/Schwabe, Uwe (Hg.): »Wir haben nur die Straße«. Die Reden auf den Leipziger Montagsdemonstrationen 1989/90. Eine Dokumentation, Halle 2016.

Demonstranten an. Auch Mitglieder der paramilitärischen Betriebskampfgruppen, die überwiegend der Partei angehörten, verweigerten reihenweise den Befehl, gegen Demonstranten vorzugehen, verkündeten ihren Austritt aus der Kampfgruppe und aus der SED.[4] Abseits des sichtbaren und lautstarken Protests auf den Straßen setzte innerhalb der Staatspartei ein stiller Loyalitätsentzug ein. Die Mehrheit der SED-Mitglieder versagte der Parteiführung in der akuten Krise die Gefolgschaft. Massenweise gaben sie ihre Mitgliedsbücher beim Parteisekretär ihrer GO oder direkt bei der Kreisleitung ab – für eine sogenannte Partei Neuen Typs, die ein Mitglied bereits bestrafte, wenn es das Parteibuch unabsichtlich verlor, eine Ungeheuerlichkeit. Im Zuge der im Herbst einsetzenden Massenaustritte verlor die SED bis zum Sommer 1990 mehr als drei Viertel ihrer Mitglieder.[5] Dass diese der Staatspartei im Herbst 1989 scheinbar plötzlich ihre Unterstützung aufkündigten, anstatt wie gewohnt für das System einzutreten, ist ein Phänomen, das der Erklärung bedarf. Immerhin waren sie in den Betrieben, Amtsstuben oder ihrer Nachbarschaft als ehrenamtlicher Parteisekretär, als Dozent des Parteilehrjahres, als Parteigruppenorganisator, Kampfgruppenmitglied, Wahlhelfer oder Mitglied im Wohngebietsausschuss der Gemeinde oder des Stadtbezirks tätig, nahmen pflichtbewusst an den sozialistischen (Fest-) Ritualen teil oder führten sogenannte Aussprachen mit ihren Mitarbeitern, die einen Antrag auf Ausreise gestellt hatten. Dass sie sich im Herbst 1989 nicht mehr für die SED einsetzten, in deren Namen sie jahrzehntelang gewirkt hatten, war keineswegs zwangsläufig. Warum folgten sie der Parteiführung nicht mehr?

Der Loyalitätsentzug erfolgte zwar still und leise, entfaltete in kurzer Zeit aber eine große Wirkung. Es gibt auch Anhaltspunkte dafür, dass die Massenaustritte keine spontane Reaktion waren, die allein auf die situative Dynamik der Herbstereignisse zurückgeführt werden könnte. Vielmehr spricht einiges dafür, dass dem scheinbar plötzlichen Zerfall innere Entwicklungen vorausgingen, die den lautlosen Zusammenbruch vorbereiteten. Schon von Januar bis Oktober 1989 hatten über 30 000 SED-Mitglieder ihren Austritt erklärt.[6] Diese Zahl ist bemerkenswert. Zwar war der Austritt aus der SED seit der Neuauflage des Parteistatuts von 1976 formal möglich. Doch in der Praxis wurden Austrittswillige von ihren Parteisekretären dazu gedrängt, diesen Wunsch zurückzunehmen. So lässt sich die in den 1970er- und 1980er-Jahren äußerst

4 Auch in den Reihen der NVA machten sich Zweifel an der Parteiherrschaft breit. Vgl. Süß, Walter: Staatssicherheit am Ende. Warum es den Mächtigen nicht gelang, 1989 eine Revolution zu verhindern, Berlin 1999, S. 315–322.

5 Vgl. Wittich, Dietmar: Mitglieder und Wähler der PDS, in: Brie, Michael/Herzig, Martin/Koch, Thomas (Hg.): Die PDS. Postkommunistische Kaderorganisation, ostdeutscher Traditionsverein oder linke Volkspartei? Empirische Befunde und kontroverse Analysen, Köln 1995, S. 58–80, insb. S. 60 f.

6 Vgl. Peters, Florian: Arbeitermythos und Staatspartei. Zusammensetzung und Rekrutierung von Mitgliedschaft und Funktionärskörper (1961–1989), unveröffentlichtes Manuskript, S. 30 f.

geringe Zahl der Austritte – durchschnittlich ca. 5000 jährlich – erklären.[7] Die rund 30 000 Austritte, die 1989 bis zum Herbst erfolgten, stellten somit eine Steigerung um das Sechsfache dar. Ob diese erhebliche Zunahme als wachsendes Selbstbewusstsein der Mitglieder oder als Ausdruck geschwächter Repressionskraft der Apparate zu deuten ist, soll in dieser Studie untersucht werden. Neben den quantitativen Befunden, die angesichts des Selbstverständnisses der SED mit ganz eigenen Schwierigkeiten verbunden sind und eine besonders kritische Lesart erfordern, lassen sich auch qualitative Veränderungen im Vorfeld der Herbstereignisse ausmachen. Ein Bericht des Ministeriums für Staatssicherheit mit dem euphemistischen Titel »Hinweise auf beachtenswerte Reaktionen von Mitgliedern und Funktionären der SED zu einigen aktuellen Aspekten der Lage in der DDR und zum innerparteilichen Leben« dokumentierte Anfang September 1989 den desolaten Zustand: Zahlreiche Parteimitglieder träten demnach mit Auffassungen und Verhaltensweisen in Erscheinung, die sie kaum noch von Parteilosen unterscheide. Immer mehr Parteimitglieder würden von der SED abrücken und ihren Austritt mit der Versorgungsmisere, einer von der Basis entrückten Parteiführung und massiven Informationsdefiziten begründen. Die Auswertungsoffiziere konstatierten zudem, dass viele Genossen resignieren würden, weil sie sich mit ihren Problemen alleingelassen fühlten. Hauptamtliche Funktionäre würden in ihren Argumenten hilflos wirken und unbequemen Fragen aus dem Wege gehen.[8]

Diese Beobachtungen bilden den Ausgangspunkt des vorliegenden Buches, in dem zwei Leitfragen verfolgt werden: Einerseits geht es darum, welche Entwicklungen, Ereignisse und Konflikte Mitglieder und Funktionäre an der Basis der Partei resignieren ließen, bis sie schließlich in Scharen aus der SED austraten. Warum und inwiefern fühlten sie sich »alleingelassen«, wie die Auswertungsoffiziere der Staatssicherheit Anfang September 1989 zu berichten wussten? Gab es in den 1980er-Jahren an der SED-Parteibasis einen Erosionsprozess, der den inneren Zusammenhalt der politischen Organisation unterschwellig aushöhlte und der dem von außen als plötzlich erscheinenden Zerfall vorausging? Dies führt andererseits zu der Frage,

7 Vgl. Abteilung Parteiorgane: Analyse über die Entwicklung der Mitgliederbewegung der SED im Jahre 1976, Anlage Nr. 7 zum Protokoll 01/77 vom 5.1.1977, in: SAPMO-BArch, DY 30/J IV 2/3/2541, Bl. 2; Abteilung Parteiorgane: Analyse über die Entwicklung der Mitgliederbewegung der SED im Jahre 1977, Vorlage an das Sekretariat des Zentralkomitees, 21.12.1977, in: SAPMO-BArch, DY 30/J IV 2/3A/3084, o. Bl.; Abteilung Parteiorgane: Analyse über die Entwicklung der Mitgliederbewegung der SED im Jahre 1978, Anlage Nr. 8 zum Protokoll Nr. 2 vom 4.1.1979, in: SAPMO-BArch, DY 30/J IV 2/2/1760, Bl. 7; Abteilung Parteiorgane: Analyse über die Entwicklung der Mitgliederbewegung der SED im Jahre 1979, 20.12.1979, in: SAPMO-BArch, DY 30/J IV 2/3A/3431, Bl. 3, Abteilung Parteiorgane: Analyse über die Entwicklung der Mitgliederbewegung der SED mit dem X. Parteitag und im Jahre 1985, in: SAPMO-BArch, DY 30 IV/2/2.039/81, Bl. 4, Abteilung Parteiorgane: Analyse über die Entwicklung der Mitgliederbewegung der SED im Jahre 1986, Anlage Nr. 1 zum Protokoll Nr. 7 vom 21.1.1987, in: SAPMO-BArch, DY 30/J IV 2/3/4067, Bl. 12.

8 Vgl. Mitter, Armin/Wolle, Stefan: Ich liebe euch doch alle! Befehle und Lageberichte des MfS Januar bis November 1989, Berlin 1990, S. 148–150.

was die SED an ihrer Basis eigentlich zusammenhielt. Wie gelang es dem Parteiapparat, so viele Menschen in die Reihen der Staatspartei zu integrieren, und warum engagierten sich die Mitglieder im Alltag so zahlreich für die SED? Taten sie es aus Überzeugung, Zwang, weil sie sich davon Vorteile erhofften oder aus Mangel an Alternativen? Was war Sinn und Zweck der vielen ereignislosen Parteiversammlungen in den Amtsstuben, Betrieben oder der Nachbarschaft? Die beiden Schwerpunkte der Kohäsion und Erosion zielen auf die übergeordnete Frage und das zentrale Erkenntnisinteresse dieser Untersuchung, welche Funktion der Parteibasis für das politische System – und konkret für dessen lang währende rätselhafte Stabilität[9] wie auch dessen späteren Zerfall – zukam: Welche Rolle nahmen Parteimitglieder in der Staatspartei und in der Gesellschaft ein, was unterschied sie im Alltag von Parteilosen, und warum konnten sie diese Rolle schließlich immer schlechter erfüllen?

Fragen nach der Funktion der SED-Parteibasis wurden in der Forschung bisher stark vernachlässigt, da ihr – anders als den Parteiapparaten oder der Staatssicherheit – schlichtweg keine herausgehobene Bedeutung für die Herrschaftssicherung beigemessen wurde. In Überblicksdarstellungen zur Geschichte der DDR werden die Parteimitglieder als eine überwiegend passive, aus Opportunisten, Karrieristen und Mitläufern bestehende Gruppe beschrieben, was die Massenaustritte letztlich belegen würden.[10] Dieser Logik zufolge musste im Moment des Machtzerfalls zwangsläufig ein Loyalitätsverlust bei den Anhängern einsetzen, und die Massenproteste im Herbst 1989 demaskierten die Parteibasis demnach als irrelevante Größe und das Parteileben als funktionsloses Gehäuse.

Doch hält diese eingängige Vorannahme, den Parteimitgliedern abseits der Partei- und Sicherheitsapparate keine nennenswerte Bedeutung für die Stabilität der Parteiherrschaft einzuräumen, einer genaueren Betrachtung nicht stand: Erstens machte bereits die Masse an Mitgliedern die SED auch an ihrer Basis zu einem relevanten machtpolitischen wie gesellschaftlichen Faktor. Nach 1945 gelang es keiner anderen deutschen Partei, auch nur annähernd so viele Mitglieder zu gewinnen und in ihren Reihen zu organisieren. 1987 befand sich die SED mit 2 328 331 Mitgliedern und Kandidaten auf dem Höhepunkt ihrer Mitgliederentwicklung.[11] In den 1980er-Jahren

9 Vgl. Port, Andrew: Die rätselhafte Stabilität der DDR. Arbeit und Alltag im sozialistischen Deutschland, Bonn 2010.

10 Vgl. Schroeder, Klaus (unter Mitarbeit von Steffen Alisch): Der SED-Staat. Partei, Staat und Gesellschaft 1949–1990, München 1998, S. 406. Siehe auch: Kowalczuk, Ilko-Sascha: Endspiel. Die Revolution von 1989 in der DDR, Bonn 2009, S. 39 f. Auch für Ralph Jessen hatte der überwiegende Teil der Mitglieder keine tiefere politische Bindung und sich aus opportunistischen Gründen der Partei untergeordnet, was im Zusammenbruch der SED sichtbar geworden sei. Vgl. Jessen, Ralph: Partei, Staat und »Bündnispartner«. Die Herrschaftsmechanismen der SED-Diktatur, in: Judt, Matthias (Hg.): DDR-Geschichte in Dokumenten. Beschlüsse, Berichte, interne Materialien und Alltagszeugnisse, Bonn 1998, S. 35.

11 Horst Dohlus: Bericht über die Entwicklung der Mitgliederbewegung der SED im Jahre 1987, Sitzung

war jeder sechste Erwachsene im Besitz eines Parteibuches.[12] Damit konnte sie mehr Anhänger vorweisen als alle bundesdeutschen Parteien zusammengenommen.[13] Die Staatspartei bestand eben nicht nur aus der Parteiführung und den sogenannten Apparatschiks, sondern war durch ihre vielen Mitglieder tief in der Gesellschaft verankert.

Zweitens war die SED sowohl für Parteimitglieder als auch für Parteilose eine kaum zu ignorierende Größe im alltäglichen Leben, was auf die strukturelle Verknüpfung von Arbeitswelt und Partei zurückzuführen ist. Zwar war die SED auch in den Wohngebieten durch Parteigruppen repräsentiert. Als Partei Neuen Typs organisierte sie ihre Mitglieder jedoch überwiegend nach dem sogenannten Produktionsprinzip. Dadurch war sie an den Arbeitsstätten, in Betrieben, Instituten und Behörden präsent und stellte bereits strukturell einen Machtfaktor dar. Größere Arbeitgeber verfügten über eigene Parteiapparate, deren hauptamtliche Funktionäre nicht nur die Betriebsdirektoren, Behörden- oder Institutsleitungen kontrollierten. »Die Partei« war auch in Gestalt ihrer Parteiorganisationen in den Belegschaften präsent. Die SED-Mitglieder unter den Beschäftigten aller Arbeitsstätten der DDR kamen jeden Montag nach der Arbeit zu Parteiversammlungen oder -schulungen zusammen; die Veranstaltungen hatten Pflichtcharakter. Während ihre parteilosen Kollegen den Heimweg antraten, tat sich für die SED-Mitglieder ein ganz eigener Handlungs- und Erfahrungsraum auf. Im Alltag erschöpfte sich die Präsenz der Partei damit jedoch nicht. Die Genossen übten die Parteiherrschaft auch außerhalb der Organisation durch vielfältige ehrenamtliche Funktionen aus etwa in den Wohngebietsausschüssen der Nationalen Front, dem Freien Deutschen Gewerkschaftsbund (FDGB), der Jugendorganisation Freie Deutsche Jugend (FDJ) oder der Gesellschaft für Deutsch-Sowjetische Freundschaft (DSF). Sie repräsentierten die Staatspartei außerdem bei Festritualen wie den Maidemonstrationen oder den Aufmärschen zum Republikgeburtstag. Funktional waren Parteimitglieder die Klammer zwischen Partei und Gesellschaft: Zwar bildete das Parteileben einerseits einen nach außen abgeschlossenen Erfahrungsraum. Doch teilten Parteimitglieder andererseits Lebenslage und Arbeitswelt mit ihren parteilosen

und Protokoll des Politbüros des ZK der SED, 5.1.1988, in: SAPMO-BArch, DY 30/JIV 2/2/2254, Anlage Bl. 1.

12 Das Statistische Jahrbuch der DDR weist für das Jahr 1979 insgesamt 10515010 Personen im erwerbsfähigen Alter und 3034571 im Rentenalter aus, was insgesamt eine Zahl von 13549581 Bürgern ergibt. Im selben Jahr konnte die SED insgesamt 2130923 Mitglieder und Kandidaten vorweisen. Bis 1987, dem Höhepunkt ihrer Mitgliederentwicklung, konnte sie noch einmal knapp 200000 Mitglieder hinzugewinnen. Vgl. XXI. Bevölkerungsstruktur und Entwicklung 1979, in: Staatliche Zentralverwaltung für Statistik (Hg.): Statistisches Jahrbuch der Deutschen Demokratischen Republik 1980, 25. Jahrgang, Berlin (Ost) 1980, S. 346–347. Zur Mitgliederzahl für das Jahr 1979 vgl. Abteilung Parteiorgane: Analyse über die Entwicklung der Mitgliederbewegung der SED im Jahre 1979, 20.12.1979, in: SAPMO-BArch, DY 30/J IV 2/3A/3413, Bl. 2.

13 Der SPD gehörten auf dem Höhepunkt ihrer Mitgliederentwicklung in den Jahren 1976/77 gut eine Million Menschen an; CDU und CSU kamen 1983 auf 734000 Mitglieder; die FDP zählte 1981 knapp 87000 Mitglieder. Vgl. Alemann, Ulrich von: Das Parteiensystem der Bundesrepublik Deutschland, Opladen 2000, S. 138.

Kollegen oder Nachbarn. Die Genossen waren angehalten, die Politik der SED vor Ort zu implementieren und zu vermitteln.

Schließlich maß drittens auch der Parteiapparat den Mitgliedern eine große Bedeutung bei der Herrschaftssicherung zu. Er wendete erhebliche Kräfte auf, um Parteimitglieder zu organisieren und zu mobilisieren. Der zentrale Parteiapparat stellte sicher, dass ständig neue Genossen rekrutiert wurden, und die Parteikontrollkommissionen sorgten auf zentraler und regionaler Ebene für die »Einheit und Reinheit« der Partei: Sie bestraften nicht anpassungsbereite Mitglieder oder drohten Strafen an, um eine möglichst hohe Teilnahme am Parteileben zu erreichen. Die Aktivitäten der Parteiorganisationen waren genauestens orchestriert, und der zentrale Parteiapparat wollte penibel genau unterrichtet werden über die Teilnahme an den Mitgliederversammlungen und den Massendemonstrationen an sozialistischen Festtagen, den Wahlen der Parteisekretäre der GO, über konforme wie nicht konforme Äußerungen von Parteimitgliedern und die Stimmungen und Meinungen in den Parteiorganisationen. Die unzähligen Berichte der Abteilung Parteiorgane und der Parteikontrollkommissionen aller Ebenen sind heute stumme Zeugnisse dieser Anstrengungen. Die genannten Aspekte verdeutlichen, dass die Mitglieder einer Partei Neuen Typs weder machtpolitisch noch gesellschaftlich eine zu vernachlässigende Größe darstellten. Für das Funktionieren und letztlich für die Stabilität der Parteiherrschaft waren die Genossen an der Basis vielmehr von großer Bedeutung. Doch worin diese genau bestand bzw. welche konkrete Funktion Parteimitglieder im Gesamtsystem einnahmen, ist bisher kaum Gegenstand der Forschung gewesen. Offene Fragen sind ebenso, wie sich diese Funktion wandelte, was Parteimitglieder zur Teilhabe bewegte und warum sie im Herbst 1989 nicht mehr bereit waren, sich für die SED einzusetzen.

Der Fokus auf Kohäsions- und Erosionskräfte innerhalb der Staatspartei eröffnet ein ganzes Spektrum an Untersuchungsthemen. Ein Komplex widmet sich dem Parteileben und seiner Bedeutung für den inneren Zusammenhalt: Wie bewegten sich Parteimitglieder in dieser militärischen Organisationswelt des sogenannten »Demokratischen Zentralismus«, in der sie sich den von der Parteiführung gefassten Beschlüssen unterzuordnen hatten, stets die Parteidisziplin beschworen wurde und eine Rhetorik vorherrschte, die mit Begriffen wie »Einheit«, »Reinheit«, »Geschlossenheit«, »Kampf«, »Feind« oder »Abweichung« durchzogen war? Wie setzten Parteimitglieder diese aus heutiger Sicht so eigenartigen Regeln im Alltag um? Welche soziale Bedeutung kam den Versammlungen zu bzw. welchen Sinn hatte es, daran teilzunehmen? Erlangten die Parteimitglieder dadurch einen Wissensvorsprung, der sich im Alltag auszahlte? Hatten sie leichteren Zugriff auf knappe Güter? Zu untersuchen ist aber auch der Stellenwert repressiver Elemente: War es womöglich schlichtweg das drohende demütigende Parteiverfahren im Kreise aller Genossen, das zur pflichtbewussten Teilnahme motivierte? Grundsätzlich ist in diesem Zusammenhang zu klären, welche machtpolitische Bedeutung dem Parteileben zugedacht war und wie sich die Organisationsregeln und innerparteilichen Herrschaftsstrategien wandelten. Über das Organisationsleben mit seinen Kohäsionskräften hinaus stellt sich auch die Frage nach der Identifikationskraft der SED-Programmatik: Welchen Stellenwert hatten für die Mitglieder die Legitimationserzählungen des Antifaschismus, der sozialen Gleichheit oder des Friedensstaates? War es also der Glaube an die Sache, der der Bindung zur SED zugrunde lag, oder waren es eher die Familienbande, das berufliche Umfeld oder einfach die Aussicht auf eine bestimmte Berufskarriere?

Umgekehrt widmet sich die Untersuchung auch den Erosionskräften: Welche Ereignisse und Konflikte führten dazu, dass die Integrationsmechanismen an Kraft einbüßten? Wie ist in diesem Kontext die Entutopisierung[14] der gesellschaftspolitischen Programmatik der SED unter Honeckers Konsumsozialismus einzuordnen? Wie reagierten Parteimitglieder auf die in den 1980er-Jahren spürbar abnehmende Wirtschaftskraft und die zunehmend schlechter werdenden Lebensbedingungen? Welchen Einfluss hatten die Entspannungspolitik der »menschlichen Erleichterungen«, die Konsumwelt des Westens und die Reformbestrebungen Gorbatschows auf die innerparteiliche Tektonik? Generell ist zu fragen, ob Parteimitglieder andere Themen und Probleme verhandelten als Parteilose. Bildeten die Genossen an der Basis im Alltag eine herausgehobene Gruppe? Gab es eine die staatssozialistische Gesellschaft prägende Trennlinie zwischen Parteimitgliedern und Nichtmitgliedern, oder waren Distinktionskriterien jenseits des Parteibuches wirkmächtiger?

Aus Perspektive der Parteiführung stellte sich die Bedeutung der Parteizugehörigkeit und die Rolle von Parteimitgliedern in der Gesellschaft eindeutig dar: Sie verstand ihre Anhänger als Glaubensgemeinschaft, was sie auf die Formel brachte: »Wo ein Genosse ist, da ist die Partei!« Wenn diese Losung das Selbstverständnis der SED auch überdeutlich zum Ausdruck bringt, so sagt dies noch nichts darüber aus, wie dieser Anspruch vor Ort konkret umgesetzt wurde und was er für die Mitglieder bedeutete. Genau hier setzt die vorliegende Untersuchung an, die die Mitgliederschaft als sozialen Akteur versteht.[15] Erst ein genauer Blick auf die Mitglieder der Staatspartei und darauf, wie sie im Alltag innerhalb und außerhalb der SED-GO als »Genossen« agierten, lässt ein tieferes Verständnis über den Charakter einer kommunistischen Partei sowjetischen Typs als Akteur in der staatssozialistischen Gesellschaft zu. Dies kann dazu beitragen, die Stabilität der DDR und ihren Untergang zu erklären.

14 Vgl. Meuschel, Sigrid: Legitimation und Parteiherrschaft in der DDR, Frankfurt a. M. 1992.

15 Die Dissertation ist Teil des Forschungsprojekts »Die SED zwischen Mauerbau und Mauerfall. Gesellschaftsgeschichte einer kommunistischen Staatspartei« des Zentrums für Zeithistorische Forschung, das die Verankerung der SED in der Gesellschaft und ihre Wahrnehmung durch die Gesellschaft in den Mittelpunkt stellt. Siehe auch: Bahr, Andrea: Parteiherrschaft vor Ort. Die SED-Kreisleitung Brandenburg 1961–1989, Berlin 2016; Bergien, Rüdiger: Im »Generalstab der Partei«. Organisationskultur und Herrschaftspraxis in der SED-Zentrale (1946–1989), Berlin 2017.

2. Theoretisches Vorverständnis

Glaubensgemeinschaft und Staatspartei – die soziokulturelle Perspektive

Wie jedoch lässt sich die soziale Dimension der SED-Mitgliederschaft theoretisch und methodisch fassen, und welches Vorverständnis von Partei und Gesellschaft kann der Untersuchung als Ausgangspunkt dienen? Zwei Vorstellungen über die Mitgliederschaft sind besonders präsent: Erstens war und ist das Selbstbild der SED, das einer Glaubensgemeinschaft gleicht, besonders wirkmächtig. Sie verstand sich bzw. ihre Anhänger als »freiwilligen Kampfbund Gleichgesinnter« und als gesellschaftliche Avantgarde.[16] Dieser Anspruch wurzelte in der Denkfigur einer leninistischen Partei der Berufsrevolutionäre und wurde durch den gesellschaftlichen Außenseiterstatus der Mitglieder der kommunistischen Partei im (vor-)revolutionären Russland, in der Weimarer Republik, der frühen DDR oder der Bundesrepublik genährt. Dieses Selbstverständnis einer Glaubensgemeinschaft fand sogar musikalischen Niederschlag. Der Schriftsteller Louis Fürnberg schuf zur Gründung der DDR die Hymne »Das Lied der Partei«. Darin stilisierte er die politische Organisation zur mythischen Gemeinschaft, die dem Einzelnen Versorgung, Schutz und inneren Halt biete.[17] Das Charisma der Partei[18] speiste sich jedoch nicht allein aus der Magie der Gemeinschaftlichkeit. Es war die an Militärverbänden orientierte innere Geschlossenheit, die zu den meistgefürchteten und -bewunderten Eigenschaften kommunistischer Parteien gehörte und von deren unvergleichlicher Bindekraft die Literatur der Renegaten berichtet.[19] Auch heute ist der Mythos der Partei als Erinnerungsort noch präsent.[20] Obwohl sich einige also durchaus von der SED und ihrer Gesellschaftsutopie stark angezogen fühlten – neben den Genossen in den Apparaten betraf dies insbesondere das Milieu der Künstler und Intellektuellen[21] –, suggeriert das Selbst-

16 Vgl. Statut der Sozialistischen Einheitspartei Deutschlands, Berlin (Ost) 1976, S. 5.

17 »Sie hat uns alles gegeben. Sonne und Wind und sie geizte nie. Wo sie war, war das Leben. Was wir sind, sind wir durch sie. Sie hat uns niemals verlassen. Fror auch die Welt, uns war warm. Uns schützt die Mutter der Massen. Uns trägt ihr mächtiger Arm. Die Partei, die Partei, die hat immer recht!« Zitiert nach: Fürnberg, Louis: Echo von links. Kämpfende Kunst, Berlin (Ost) 1959, S. 250–254.

18 Für Martin Sabrow bilden konsensuelle Vernunft, kollektive Stärke und Zukunftsgewissheit die Bestandteile dieses Charismas. Vgl. Sabrow, Martin: Das Charisma des Kommunismus, Überlegungen zur Anwendung des Weberschen Herrschaftstypus auf die DDR, in: ders. (Hg.): ZeitRäume, Potsdamer Almanach des Zentrums für Zeithistorische Forschung 2006, Berlin 2007, S. 162–174.

19 So etwa Wolfgang Leonhard, Robert Havemann oder auch Lew Kopelew. Vgl. Koenen, Gerd: Was war der Kommunismus, Göttingen 2010, S. 8.

20 Vgl. Florath, Bernd: Die Partei, in: Sabrow, Martin (Hg.): Erinnerungsorte der DDR, Bonn 2010, S. 77–87.

21 Vgl. Land, Rainer/Possekel, Ralf: Namenlose Stimmen waren uns voraus. Politische Diskurse von Intellektuellen aus der DDR, Bochum 1994. Mittenzwei, Werner: Die Intellektuellen. Literatur und Politik in Ostdeutschland 1945–2000, Leipzig 2001.

bild einer Glaubensgemeinschaft doch irreführend, dass sich die gesamte Mitgliederschaft durch gemeinsame politische Werthaltungen ausgezeichnet hätte. Anders aber als bei der KPD der Weimarer Zeit oder der frühen Bundesrepublik wandelte sich die SED nach 1945 von einer Gesinnungsgemeinschaft der Linken zu einer Staatspartei, die in den 1970er- und 1980er-Jahren über zwei Millionen Mitglieder hatte. Diese Größenordnung und der Sachverhalt, dass für viele Berufskarrieren ein Parteibuch Voraussetzung war, legen nahe, dass die Massenpartei keineswegs ausschließlich aus orthodoxen Glaubensbrüdern und -schwestern bestand, sondern durch ein Konglomerat unterschiedlicher Haltungen, Überzeugungen und Parteibindungen gekennzeichnet war. Nicht der Glaube war das einende Band, das die zahlreichen Mitglieder der Staatspartei zusammenhielt, sondern die Organisationsregeln einer Partei Neuen Typs.

Aus struktur- und institutionengeschichtlicher Perspektive war die SED eine diktatorische Herrschaftsinstitution der Moderne, die ihre Suprematie mit ihrer Weltanschauung legitimierte. Sie herrschte nicht nur über Staat und Gesellschaft, sondern auch über ihre Mitglieder. Seit 1949 war sie Partei Neuen Typs und folgte dem sowjetischen Modell: Der »Demokratische Zentralismus« samt der geforderten Parteidisziplin und der strikten Unterordnung unter die jeweils übergeordnete Führung und ihre Beschlüsse gehörte zu den zentralen Organisationsprinzipien der Staatspartei. Im Rahmen von sogenannten Parteisäuberungen wurden Ende der 1940er- bis Anfang der 1950er-Jahre reihenweise andersdenkende und nicht anpassungsbereite Mitglieder ausgeschlossen – ein Prozess, der auch als Stalinisierung beschrieben wurde.[22] Seither waren alle Formen der Gruppenbildung streng untersagt, und über die »ideologische Reinheit« herrschten bis Ende 1989 die Parteikontrollkommissionen auf allen Hierarchieebenen. So bekundete man mit dem Parteieintritt »nicht nur die Zugehörigkeit zu einer politischen Gesinnungsgemeinschaft, sondern trat zugleich in eine der Herrschaftselite durch ein besonderes Disziplinar- und Loyalitätsverhältnis verbundene Dienstklasse ein«.[23] Parteidisziplin, Kadernomenklatur, Fraktionsverbot, Parteiaufträge, die Parteibefehlen gleichkamen, das Unterwerfungsritual der Kritik und Selbstkritik bei Parteiverfahren oder die Pflicht zur aktiven Mitwirkung am Parteileben und allen von der SED initiierten Aktivitäten prägten das Innere der politischen Organisation, die ebenso Kader- wie Massenpartei war.[24] Von diesem normativen Gerüst ausgehend ist ein zweites Bild verbreitet, das die Mitglieder als Unterworfene eines repressiven, übermächtigen und perfekt funktionierenden Apparates versteht. Ob Glaubensgemeinschaft oder Unterworfene eines repressiven

22 Vgl. Malycha, Andreas: Die SED. Geschichte ihrer Stalinisierung 1946–1953, Paderborn 2000. Siehe auch: Weber, Hermann: Die DDR 1945–1990, 5. Aufl., München 2012. Stern, Carola: Porträt einer bolschewistischen Partei. Entwicklung, Funktion und Situation der SED, Köln 1957.

23 Jessen: Partei, Staat und »Bündnispartner«, S. 32.

24 Vgl. Weber: Die DDR, S. 175.

Machtapparates, beide Deutungsangebote verstehen Parteimitglieder als Objekte einer totalitären Organisation[25], deren Anhänger – binären Moralkategorien folgend – aufrichtig Überzeugte, geschickt agierende Karrieristen oder passive Mitläufer waren.[26] Zweifelsohne war die SED eine diktatorische Partei totalitärer Prägung. Doch muss man sich von einseitigen Perspektiven, die allein dem Selbstverständnis der Parteielite folgen oder aber alles einer übermächtigen Parteiführung unterordnen, lösen, um Parteimitglieder als eigenständige Akteure in den Blick nehmen zu können.[27]

Vor diesem Hintergrund folgt die Untersuchung dem Konzept Alf Lüdtkes, das »Herrschaft als soziale Praxis« versteht und damit die Perspektive von der Intention der Herrschaftselite und den Strukturen auf das Handeln und die Interaktion von Akteuren lenkt.[28] Es basiert auf der Vorstellung Max Webers, Herrschaft als asymmetrische Machtbeziehung zu verstehen, die sich jedoch nicht in autoritärer Befehlsgewalt erschöpft, sondern auch des Handelns der Beherrschten bedarf. Herrschaft ist demnach die Chance, für einen Befehl Gehorsam zu finden. Fügsamkeit kann dabei »rein aus Opportunitätsgründen geheuchelt, aus materiellem Eigeninteresse praktisch geübt, aus individueller Schwäche und Hilflosigkeit als unvermeidlich hingenommen werden«.[29] Davon ausgehend betont Lüdtke das wechselseitige Abhängigkeitsverhältnis von Herrschenden und Beherrschten und versteht die Umsetzung und Aneignung von Strukturen oder »Handlungsbedingungen« als soziale Praxis von Herrschaft. Regeln und Strukturen existieren demnach nicht per se, sondern erst dann, wenn sie von Akteuren angeeignet und reproduziert werden. Das Handeln derjenigen, die Herrschaft praktizieren oder für sich reklamieren, vollzieht sich dabei in einem sozialen Kräftefeld, in dem die Machtverhältnisse ausgehandelt werden.[30] Erweitert wurde dieses Verständnis von Herrschaft als sozialer Praxis durch das Konzept des »Eigen-Sinns«[31], das von Thomas Lindenberger auch für die DDR-For-

25 Das auf die Politikwissenschaftler Carl Joachim Friedrich und Zbigniew Brzezinski zurückgehende Totalitarismus-Modell zur Deutung kommunistischer Parteien sowjetischen Typs war im Kalten Krieg wie auch nach dem Systemumbruch von 1989/90 wirkmächtig. Vgl. dies.: Totalitarian Dictatorship and Autocracy, Cambridge 1956. Siehe auch: Arendt, Hannah: The Origins of Totalitarianism, New York 1951.

26 Vgl. Kowalczuk: Endspiel, S. 39 f. oder auch Bock, Helmut: Partei – Staat – bürokratische Kaste, in: Modrow, Hand/Wolf, Herbert (Hg.): Ansichten zur Geschichte der DDR, Bd. III, Bonn/Berlin 1994, S. 83.

27 Die Charakterisierung »totalitär« reicht zur Analyse der Herrschaft und ihrer Funktionsweisen nicht aus. Eine Zusammenfassung des Diskussionstandes liefert: Fitzpatrick, Sheila/Geyer, Michael (Hg.): Beyond Totalitarianism. Stalinism and Nazism Compared, Cambridge 2009.

28 Vgl. Lüdtke, Alf: Einleitung, Herrschaft als soziale Praxis, in: ders. (Hg.): Herrschaft als soziale Praxis. Historische und sozial-anthropologische Studien, Göttingen 1991, S. 9–63.

29 Weber, Max: Wirtschaft und Gesellschaft. Grundriss der verstehenden Soziologie, 5. Aufl., Tübingen 1972, S. 123.

30 Vgl. Lüdtke: Herrschaft als soziale Praxis, S. 12–14.

31 Vgl. ders.: Eigen-Sinn. Fabrikalltag, Arbeitererfahrungen und Politik vom Kaiserreich bis in den Faschismus, Hamburg 1993.

schung fruchtbar gemacht wurde. Es zielt auf den deutenden und sinnproduzierenden Aspekt des Handelns. »Eigen-Sinn« umfasst die Haltungen und Motive, welche die Akteure mit ihren Handlungen verfolgen, also welchen Sinn sie ihrer Beteiligung geben bzw. daraus gewinnen.[32] Demnach waren Parteimitglieder nicht bloß der SED und ihren Regeln unterworfen, sondern vielmehr eigenständige Akteure, die die Organisationsregeln und Anforderungen im Alltag reproduzierten und ihrem Handeln Sinn beimaßen. Erst durch ihre aktive Teilhabe am Parteileben am Arbeitsplatz oder im Wohngebiet und die Ausübung ehrenamtlicher Funktionen außerhalb der Partei konnte sich die Parteiherrschaft in der alltäglichen Lebenswelt entfalten. Der »Eigen-Sinn«, den sie ihrem Handeln beimaßen, kann Auskunft über die Integrationskraft der politischen Organisation geben.

Die soziale Praxis des Parteilebens, also die Rolle der einfachen Mitglieder in Partei und Gesellschaft sowie der ihrem Engagement innewohnende »Eigen-Sinn«, bedarf jedoch der gesellschaftlichen und historischen Kontextualisierung, um Wandlungsprozesse sichtbar machen zu können. Als analytisches Raster der Untersuchung dient daher der praxeologische Ansatz, der nicht nur Mikro- und Makrogeschichte miteinander verknüpft, sondern auch die sozial- und kulturhistorischen Ebenen verbindet: Das Handeln und die sozialen Praktiken von Akteuren werden nicht losgelöst, sondern gemeinsam mit Denkstilen und Diskursen betrachtet. In Anlehnung an Pierre Bourdieu werden gesellschaftliche Strukturmerkmale mit den Situationsdeutungen sozialer Akteure verknüpft.[33] Es handelt sich also um eine konzeptionelle Erweiterung, die Handlungen und Sinnstiftungen soziokulturell einbettet.[34] Die Strukturen des Politischen werden erst durch die Akteure und ihr Handeln hervorgebracht, reproduziert oder verändert.[35]

Diesem Verständnis folgend war die SED Staatspartei, deren Selbstbild ihren Traditionskern bildete: Der Anspruch einer Glaubensgemeinschaft zu gleichen, wurzelte in den Erfahrungen der KPD der Weimarer Zeit und den Organisationsprinzipien einer leninistischen Partei sowjetischen Typs. Diese Traditionen bildeten den Geist, der

32 Vgl. Lindenberger, Thomas: Die Diktatur der Grenzen. Zur Einleitung, in: ders. (Hg.): Herrschaft und Eigen-Sinn in der Diktatur. Studien zur Gesellschaftsgeschichte der DDR, Köln u. a. 1999, S. 13–44, hier S. 21–26.

33 Vgl. Reichardt, Sven: Praxeologische Geschichtswissenschaft. Eine Diskussionsanregung, in: Sozial. Geschichte 22 (2007) 3, S. 43–65, hier S. 44 f. Siehe auch: Bourdieu, Pierre: Politik, Schriften zur Politischen Ökonomie 2, Berlin 2003, S. 97–116.

34 Im Kontrast zu diesem akteurszentrierten Ansatz steht etwa die jüngst erschienene Studie von Pavel Kolár, der sich auf die kommunistische Diskurswelt konzentriert. Er untersucht den Wandel der kommunistischen Utopie und konstatiert die Existenz eines »Poststalinismus«. Die Sinnwelt dieser neuen Epoche habe sich nicht mehr durch die Vorstellung einer perfekten Gesellschaftsordnung ausgezeichnet, sondern einen prozessualen Charakter gehabt. Im Zentrum habe der Glaube an eine schrittweise Verbesserung der bestehenden Verhältnisse gestanden. Vgl. Kolář, Pavel: Der Poststalinismus. Ideologie und Utopie einer Epoche. Köln, Weimar, Wien 2016.

35 Vgl. Sieder, Reinhard: Sozialgeschichte auf dem Weg zu einer historischen Kulturwissenschaft?, in: Geschichte und Gesellschaft 20 (1994), S. 445–468, hier S. 448.

den Strukturen der Staatspartei innewohnte. Die daraus erwachsenen Parteinormen beanspruchten bis 1989 Gültigkeit und wurden von den Mitgliedern im Alltag reproduziert und auch verändert. Diese Perspektive auf die SED und ihre Mitgliederschaft bedarf jedoch der Präzisierung. Da Parteimitglieder an der Basis nicht allein Angehörige der politischen Organisation waren, sondern auch Teil der Gesellschaft, gilt es, den soziokulturellen Blick auf Partei und Gesellschaft genauer zu skizzieren.

Die Mitgliederschaft der Staatspartei

Die SED war seit ihrer Umwandlung zu einer Partei Neuen Typs Staatspartei, die hinsichtlich ihrer Mitgliederschaft durch drei Charakteristika gekennzeichnet war: die Konstruktion als Arbeiter- und Kaderpartei, das Organisationsprinzip des »Demokratischen Zentralismus« und ideologische Integrationsangebote.

Zunächst war die SED das Ergebnis minutiöser Konstruktionsarbeiten, die sich aus dem Selbstverständnis als Arbeiter- und Kaderpartei ableiteten. Als selbstproklamierte Arbeiterpartei beanspruchte sie die Tradition der Arbeiterbewegung für sich und wollte diese fortführen.[36] Der Parteiapparat unternahm daher große Kraftanstrengungen, um Arbeiter zu rekrutieren, und schreckte auch vor statistischen Manipulationen nicht zurück. Zugleich war die SED Kaderpartei, die aus dem Interesse der Machtsicherung agierte und die Organisationsinstanz für die Funktionseliten darstellte. Dieser doppelte Kern war für die Mitgliederschaft konstitutiv, die funktional in drei Gruppen gegliedert werden kann.

Einer Pyramide gleichend war ganz oben die Gruppe der Spitzenfunktionäre im Partei- und Staatsapparat angesiedelt, die jene Personen umfasste, welche mit Entscheidungsmacht ausgestattet waren.[37] Unterhalb dieser kleinen obersten Ebene bildeten die Funktionseliten eine zweite, viel größere Gruppe, die horizontal in verschiedene Sektoren gegliedert werden kann: Diese sozialistische Dienstklasse bestand zunächst aus der Machtsicherungselite, die hauptamtliche Funktionäre und den gesamten Sicherheitsbereich mit Militär, Polizei und Staatssicherheit umfasste. Daneben ist eine Legitimationselite zu erkennen, die bei der (Partei-)Presse, an den (Partei-)Hochschulen und im Kunst- und Bildungsbereich tätig war – also Journalisten, Gesellschaftswissenschaftler, (Staatsbürgerkunde-)Lehrer, aber auch Künstler. Einem weiteren Sektor sind der Verwaltungsstab staatlicher Behörden sowie die Management-Elite zuzuordnen. Letztere umfasste Spezialisten wie Ökonomen und

36 Vgl. Kleßmann, Christoph: Arbeiter im »Arbeiterstaat« DDR. Deutsche Traditionen, sowjetisches Modell, westdeutsches Magnetfeld (1945–1971), Berlin 2007, S. 12.

37 Vgl. Solga, Heike, »Systemloyalität« als Bedingung sozialer Mobilität im Staatssozialismus, am Beispiel der DDR, in: Berliner Journal für Soziologie 4 (1994), S. 523–542. Siehe auch: Huinink, Johannes (Hg.): Kollektiv und Eigensinn. Lebensläufe in der DDR und danach, Berlin 1995, S. 524–528.

Ingenieure, die in zeitgenössischer Rhetorik als »wissenschaftlich-technische Intelligenz« firmierten.

Die Basis der Pyramide unterhalb der kleinen Gruppe der Spitzenfunktionäre und der breiten und heterogenen Dienstklasse bildeten die »einfachen« Parteimitglieder. Dazu sind die legitimatorisch so wichtigen (Industrie-)Arbeiter zu zählen, aber auch Genossenschaftsbauern, Rentner, Hausfrauen, Studenten, Schüler und die wenigen selbstständig Tätigen. Der hier verwendete Begriff der Parteibasis bezieht sich jedoch nicht allein auf diese »einfachen« Parteimitglieder. Er zielt auch auf die unteren Leitungsebenen der Dienstklasse. Zwar ist es wichtig, sich der funktionalen Unterscheidung von Dienstklasse und einfachen Mitgliedern bewusst zu sein. Im Alltag jedoch teilten Industriearbeiter und ihre direkten Vorgesetzten, Schüler und Lehrer, Studenten und Dozenten wie auch hauptamtliche Parteisekretäre von GO ihre Lebens- und Arbeitswelt. Sie alle gehörten der GO ihrer Arbeitsstätte an und durchlebten gemeinsam das Parteileben, wobei sich je nach Position unterschiedliche Wahrnehmungen ergaben. Damit ist auch der Unterschied zur Parteibasis einer demokratisch verfassten Partei in pluralistischen Parteiensystemen umrissen. Während dort nämlich die Summe der Mitglieder ohne hauptamtliche Parteifunktion als Basis firmiert, handelt es sich bei einer marxistisch-leninistischen Partei sowjetischen Typs um Organisationsangehörige, die funktional eine untergeordnete Position im politischen System einnehmen.

Neben der präzise konstruierten Mitgliedschaft stellte die spezifische Organisationsverfassung des »Demokratischen Zentralismus« ein zweites Merkmal der Staatspartei dar. Sie war für die Genossen durch die weitgehende Abwesenheit kontroverser politischer Diskussionen und Meinungsbildungsprozesse erfahrbar. Um das SED-Parteileben in den Blick nehmen und die Funktion der Versammlungen und Zusammenkünfte analysieren zu können, wird es aus soziokultureller Perspektive betrachtet. Zunächst werden die Organisationsregeln ihrer Genese nach rekonstruiert. Seit den 1950er-Jahren bestimmten die »Leninschen Normen des Parteilebens« als unverrückbarer Kanon das Innenleben der SED an ihrer Basis. Damit implementierte und konservierte die Parteiführung unter der Bedingung gesicherter politischer Herrschaft die militarisierte politische Kultur des Parteikommunismus der Vorkriegszeit in den Organisationsalltag der Staatspartei. In dieser spezifischen Atmosphäre bewegten sich Parteimitglieder: Wie sie die Regeln reproduzierten, sich aneigneten, deuteten und umdeuteten, wird als soziale Praxis der leninistischen Organisationswelt verstanden.[38] Mit dieser Perspektive auf das Parteileben soll nicht allein die

38 Alexei Yurchak unterstreicht in seiner Studie zum kommunistischen Jugendverband Komsomol die vielfältigen Eigeninteressen der Akteure, die sie mit der Teilnahme an den inhaltsleeren Ritualen der Jugendorganisation verbanden. Vgl. Yurchak, Alexei: Everything Was Forever, Until It Was No More. The Last Soviet Generation, Princeton 2005.

den Parteimitgliedern zugedachte Rolle, sondern auch der Eigen-Sinn, den sie ihrem Handeln beimaßen, in den Blick genommen werden. Welche Elemente integrativ wirkten, wie und ab wann sich Wandlungs- und Erosionsprozesse unter dem Panzer der Normen des Parteilebens ausmachen lassen, gilt es zu untersuchen. Dabei wird die Hypothese verfolgt, dass nicht nur repressive Elemente wie Parteiverfahren und Strafen für Kohäsionskraft sorgten, sondern weitere Faktoren von Bedeutung waren, die der Teilhabe und dem Handeln der Genossen Sinn verliehen und Geltungskraft des Normalen erwarben. Davon ausgehend wird das Parteileben als Sinnwelt verstanden, in der Handlungsweisen, Einstellungen, herrschende Denkstile, Semantiken und Grenzen des Sagbaren als im Alltag schlicht gegebene Strukturen und somit als Selbstverständlichkeit wahrgenommen wurden.[39]

Ein drittes Charakteristikum der Staatspartei bildeten schließlich ideologische Integrationsangebote. Mit ihrer Programmatik versuchte sie Anerkennung und Unterstützung nicht nur bei ihren Anhängern, sondern auch in der Bevölkerung zu mobilisieren. Die großen Legitimationserzählungen des Fortschrittsglaubens, des Wohlfahrts- und Gleichheitsversprechens sowie des Antifaschismus, die eine Abgrenzung und Überlegenheit gegenüber Westdeutschland zum Kern hatten, stießen in unterschiedlichen Mitgliedermilieus auf Zuspruch und Rückhalt. Zwar wandelte sich die generationelle Zusammensetzung der Mitgliederschaft wie auch die gesellschaftspolitischen Rahmenbedingungen seit den 1950er-Jahren. Doch blieben die charakteristischen Elemente der minutiös konstruierten Mitgliederschaft, der militarisierten Organisationsverfassung und der ideologischen Integrationsangebote konstant. Diese drei Grundmerkmale der SED als Staatspartei prägten ihre Rolle in der staatssozialistischen Gesellschaft. Sie strukturierten ihr inneres Leben und definierten die Rolle der Parteimitglieder in Relation zu ihrem sozialen Umfeld, in dem sie als Nachbarn, Kollegen und Vorgesetzte die Staatspartei im Alltag repräsentierten, für deren Politik mobilisierten, Akzeptanz stifteten oder auch disziplinierend aktiv wurden.

Die staatssozialistische Gesellschaft

Nicht nur im Inneren der Staatspartei entfalteten die politischen Normen soziale Wirkung, sondern auch in der Gesellschaft der DDR. Diese wird hier nicht als entdifferenziert und »stillgelegt« verstanden.[40] Zwar war sie diktatorisch verfasst und von der Staatspartei beherrscht. Doch wäre es verkürzt, sie allein als dem Willen der Parteiführung unterworfen zu betrachten. Die Bevölkerung der DDR soll stattdessen – wie

39 Sabrow, Martin: Sozialismus als Sinnwelt. Diktatorische Herrschaft in kulturhistorischer Perspektive, in: Potsdamer Bulletin für Zeithistorische Studien 40/41, Potsdam 2007, S. 9–23, hier S. 18.

40 Vgl. Meuschel: Legitimation und Parteiherrschaft in der DDR. Siehe auch: Lepsius, Rainer M.: Die Institutionenordnung als Rahmenbedingung der Sozialgeschichte der DDR, in: Kaelble, Hartmut/Kocka, Jürgen/Hartmut, Zwahr (Hg.): Sozialgeschichte der DDR, Stuttgart 1994, S. 17–30.

auch die Mitgliederschaft der SED – als sozialer Akteur gesehen werden. Sie war in ihrer soziopolitischen Schichtung wie in ihrem sozialen Handeln staatssozialistisch verfasst.[41] Idealtypisch nahmen die Spitzenpositionen in Partei- und Staatsapparat den obersten Rang in der Pyramide der Gesellschaftsordnung ein, gefolgt von der Dienstklasse sowie der sozialistischen Arbeiterklasse, die den untersten Rang einnahm.[42] Neben dieser funktionalen wirkte eine zweite, politisch-kulturelle Hierarchisierung. Als Ausdruck einer Gegenprivilegierung wurden »Arbeiter« im Vergleich zu höherqualifizierten Positionen relativ hoch entlohnt, wobei das Verständnis »arbeiterlicher« Tätigkeiten am industriellen Ideal orientiert war: der körperlich schweren Arbeit oder der Spezialistentätigkeit in Industriegroßbetrieben. Auch das Leitungspersonal wurde relativ hoch bezahlt, wobei politische Loyalität als Anforderung hinzukam.[43] Neben dieser Einkommensprivilegierung der »arbeiterlichen« Tätigkeiten erhielten die Angehörigen der Machtsicherungseliten ein überdurchschnittliches Gehalt. Politisch-bürokratische Zuteilungsmechanismen, die neben dem Geldeinkommen existierten, verstärkten diesen Effekt. In kommunistischen Systemen kam es im Kontext der genannten privilegierten Tätigkeiten mithin zu einer Bevorzugung des männlichen Geschlechts, jungen und mittleren Alters (unterhalb der Rentengrenze) sowie politischer und ethnisch-kultureller Konformität. Benachteiligt wurden entsprechend geringe Erwerbs- und körperliche Leistungsfähigkeit, weibliches Geschlecht, hohes Alter sowie politisch oder ethnisch-kulturell abweichende Eigenschaften.[44] Den soziopolitischen Kern der staatssozialistischen Gesellschaft stellten Parteimitglieder dar, die verstärkt in Zentren der Industrie und Verwaltung sowie bei den bewaffneten Organen anzutreffen waren.[45]

41 In der Sowjetologie hat sich mittlerweile eine neue Kulturgeschichte des Stalinismus entwickelt, die einen alltagsgeschichtlichen Schwerpunkt hat. Soziales Handeln, Diskurse und Identitäten bilden den Schwerpunkt der Untersuchungen, um die Ursachen und Folgen des Großen Terrors besser erklären zu können, als es das Totalitarismusmodell vermag. Vgl. Kotkin, Stephen: Magnetic Mountain. Stalinism as a Civilization, Berkeley u. a. 1995. Siehe auch: Hellbeck, Jochen: Revolution on my Mind. Writing a Diary under Stalin, Cambridge 2006.

42 Vgl. Solga: »Systemloyalität«, S. 523–542. Siehe auch: Huinink, Johannes (Hg.): Kollektiv und Eigensinn. Lebensläufe in der DDR und danach, Berlin 1995. Siehe auch: Hübner, Peter: Einleitung: Antielitäre Eliten?, in: ders. (Hg.): Eliten im Sozialismus. Beiträge zur Sozialgeschichte der DDR, Köln 1999, S. 9–35.

43 Hier und im Folgenden Gieseke, Jens: Soziale Ungleichheit im Staatssozialismus. Eine Skizze, in: Zeithistorische Forschungen/Studies in Contemporary History, Online-Ausgabe, 10 (2013) 2, URL: http://www.zeithistorische-forschungen.de/2-2013/id=4493 (Zugriff: 3.7.2017), Druckausgabe: S. 171–198.

44 Vgl. ebd.

45 Stephen Kotkin sieht das sozialistische Establishment als Kern sozialistischer Gesellschaften. Zu dieser »Uncivil Society« zählt er Partei- und Staatsfunktionäre, den Sicherheitsbereich und Intellektuelle, die gemeinsam mit ihren Familienangehörigen etwa 5 bis 7 Prozent der Gesamtbevölkerung ausmachten. Den Gegenpol zur sozialistischen Elite bildeten die Kirchen als »Second Society«. Vgl. Kotkin, Stephen: Uncivil Society. 1989 and the Implosion of the Communist Establishment, New York 2009, S. 11–13.

Die Bevölkerung agierte in den politischen Strukturen des Staatssozialismus. In den 1980er-Jahren waren 97 Prozent der Erwerbstätigen im FDGB organisiert, 75 Prozent der Jugendlichen zwischen 14 und 25 Jahren gehörten der FDJ an, 97 Prozent aller Bauern der Vereinigung der gegenseitigen Bauernhilfe (VdgB).[46] Das soziale Handeln sowie die damit einhergehenden vielfältigen Eigeninteressen und Erfahrungshorizonte vollzogen sich in den gegebenen Strukturen, reproduzierten und modifizierten sie.[47] Die soziale Wirklichkeit der Organisationsgesellschaft[48] war somit doppelt konstituiert und bestand aus den Strukturen der Parteiherrschaft einerseits und den darin handelnden Akteuren andererseits, die sich die Strukturen für ihre Zwecke zu eigen machten. Anhand zweier lokaler Fallstudien zeichnete Jan Palmowski eben diese »hidden transcripts« nach, die sich – hier im Rahmen der Heimatbewegung des Kulturbundes der DDR – unterhalb der sichtbaren Ebene des »public transcripts« entfalteten.[49] Wenn Palmowski auch konstatiert, »the state and its functionaries reached deep into the community and the workplace, and affected even the most mundane aspects of everyday life«,[50] lässt er der SED und ihren Mitgliedern jedoch keine besondere Aufmerksamkeit zukommen. Dabei waren sie im Alltag das zentrale Bindeglied zwischen Partei und Gesellschaft.

Um die Rolle von Parteimitgliedern in der komplexen Industriegesellschaft und im politischen System der DDR auszuloten, muss ihr Handeln in der staatssozialistisch verfassten politischen Öffentlichkeit analysiert werden. Während die SED Informationen zu kontrollieren und zu steuern suchte, brodelte in der Gesellschaft beständig die Gerüchteküche.[51] Neben dem hierarchisierten Zugang zu Informationen existierten verschiedene Kommunikationsräume, in denen sich Parteilose wie SED-Mitglieder im Alltag bewegten. Der öffentliche Raum, Presseerzeugnisse, aber auch Parteiveranstaltungen waren vom Offizialdiskurs der SED bestimmt. Daneben existierten aber auch »kleine Öffentlichkeiten« als Räume des Sagbaren, wo sich Meinungen und Diskurse freier entfalten konnten, etwa im Kreise der Familie oder unter Freunden, am Arbeitsplatz, beim Schlangestehen oder bei Lesungen.[52]

46 Glaeßner, Gert-Joachim: Die andere deutsche Republik. Gesellschaft und Politik in der DDR, Wiesbaden 1989, S. 189.

47 Vgl. Jessen, Ralph: Die Gesellschaft im Staatssozialismus. Probleme einer Sozialgeschichte der DDR, in: Geschichte und Gesellschaft 21 (1995), S. 96–110, hier S. 103 f.

48 Vgl. Pollack, Detlef: Kirche in der Organisationsgesellschaft. Zum Wandel der gesellschaftlichen Lage der evangelischen Kirchen in der DDR, Stuttgart 1994.

49 Vgl. Palmowski, Jan: Inventing a Socialist Nation. Heimat and the Politics of Everyday Life in the GDR 1945–1990, Cambridge 2009.

50 Ebd., S. 11.

51 Vgl. Horváth, Ágnes/Szakolczai, Árpád: Information Management in Bolshevik-type Party States: A version of the Information Society, in: East European Politics and Societies 5 (1991) 2, S. 268–305, insb. S. 292 f.

52 Vgl. Gieseke, Jens: Whom did the East Germans trust? Popular Opinion on Threats of War. Confrontation and Détente in the GDR, 1968–89, in: Kreis, Reinhild/Klimke, Martin/Ostermann, Christian

Wie sich Parteimitglieder in diesen Kommunikationsräumen bewegten, ihre Rolle als Genossen ausübten oder von ihr abrückten, ist von Bedeutung, um das Beziehungsgeflecht von Herrschaftsorganisation und Gesellschaft im Staatssozialismus erfassen zu können. Dabei ist die Zentralperspektive zu verlassen und in die Welt der Industriebetriebe, Verwaltungen, Dienststellen und Nachbarschaften einzutauchen. Denn nur auf der Mikroebene lassen sich das soziale Handeln, Wahrnehmungen und Wandlungsprozesse aufspüren.

3. Forschungsstand

Trotz ihrer Bedeutung als Gelenkstelle zwischen Gesellschaft und Parteiherrschaft hat die Mitgliederschaft der SED als Forschungsgegenstand nur partiell Aufmerksamkeit erfahren, und eine historische Soziologie der SED-Mitgliederschaft steht bisher aus.[53] Das liegt einerseits daran, dass in der Parteiengeschichte die klassisch politikgeschichtliche Perspektive und damit das Interesse an der Parteiführung, ihrer Politik und Programmatik dominiert, womit die Geschichte der SED häufig unmerklich in eine Geschichte der DDR übergeht.[54] Andererseits wurde der Mitgliederschaft nach ihrer Stalinisierung in den 1950er-Jahren gegenüber der Parteiführung und ihren Apparaten wenig Bedeutung für die Stabilität des politischen Systems eingeräumt.[55] Die Forschungslandschaft nimmt sich daher recht fragmentarisch aus. Die normativen Rahmenbedingungen des Innenlebens der SED an der Parteibasis wurden ausführlich beschrieben.[56] Löst sich der Blick jedoch von den Organisationsregeln und

(eds.): »Trust, but verify«. Confidence and Distrust From Détente to the End of the Cold War, Stanford 2016, S. 143–166.

53 Vgl. Niethammer, Lutz: Erfahrungen und Strukturen. Prolegomena zu einer Geschichte der Gesellschaft der DDR, in: Kaelble, Hartmut/Kocka, Jürgen/Zwahr, Hartmut (Hg.): Sozialgeschichte der DDR, Stuttgart 1994, S. 95–115, hier S. 105. Das Gleiche gilt auch für die Mitgliederschaft der KPdSU, während die KPD als soziale Bewegung und Gesinnungsgemeinschaft bereits Gegenstand von Forschungen wurde. Vgl. Mallmann, Klaus-Michael: Kommunisten in der Weimarer Republik. Sozialgeschichte einer revolutionären Bewegung, Darmstadt 1996; Weitz, Eric: Creating German Communism 1890–1990. From Popular Protests to Socialist State, Princeton 1997; Kössler, Till: Abschied von der Revolution. Kommunisten und Gesellschaft in Westdeutschland 1945–1968, Düsseldorf 2004.

54 Vgl. Malycha, Andreas: Die SED in der Ära Honecker. Machtstrukturen, Entscheidungsmechanismen und Konfliktfelder in der Staatspartei 1971 bis 1989, München 2014 sowie ders./Winters, Peter Jochen: Die SED. Geschichte einer deutschen Partei, München 2009.

55 Vgl. ders.: Die SED. Geschichte ihrer Stalinisierung 1946–1953, Paderborn 2000.

56 Vgl. Herbst, Andreas/Stephan, Gerd-Rüdiger/Winkler, Jürgen (Hg.): Die SED. Geschichte, Organisation, Politik. Ein Handbuch, Berlin 1997; Mestrup, Heinz: Die SED. Ideologischer Anspruch, Herrschaftspraxis und Konflikte im Bezirk Erfurt (1971–1989), Jena 2000, S. 157–187. Speziell zum Parteilehrjahr siehe: Kluttig, Thekla: Parteischulung und Kaderauslese in der Sozialistischen Einheitspartei Deutschlands 1946–1961, Berlin 1997; Haritonow, Alexander: Ideologie als Institution und soziale Praxis. Die Adaption des höheren sowjetischen Parteischulungssystems in der SBZ/DDR (1945–56), Berlin 2004; Allinson, Mark: Das Parteilehrjahr der SED. Konfliktfeld zwischen Par-

richtet sich auf die Fragen, welche Funktion dem Parteileben zukam und welche Integrationskraft von ihm ausging, hält die Forschung zwei Deutungen bereit. Einerseits wird es als Ort der Disziplinierung verstanden. Vor allem die Parteisäuberungen Ende der 1940er- bzw. Anfang der 1950er-Jahre prägten das Bild einer durch die Parteiführung unterdrückten Parteibasis. Im Fokus dieser Betrachtungen stehen daher insbesondere Parteiverfahren, Strafen und die Parteikontrollkommission.[57] Im Kontrast zur repressiven Integrationskraft des Parteilebens, das SED-Mitglieder zur Teilhabe und Unterordnung zwang, stehen Selbstbeschreibungen ehemaliger Genossen für die Zeit nach der Herrschaftsdurchsetzung. Sie empfanden die vielen Parteiversammlungen als ritualisierte Pflichtveranstaltungen und damit als Ort quälender Langeweile. Die in den Westen geflüchtete und aus der SED ausgeschlossene Schriftstellerin Irene Böhme bemühte in ihrer 1982 erschienenen Reportage über die Mentalität der Ostdeutschen die Anekdote, dass ein alter Genosse, ein erfahrener Kämpfer aus den Tagen des kommunistischen Jugendverbandes der 1920er-Jahre, einem jungen Genossen in der Parteiversammlung den Tipp gab: »Schreib alles mit, dann schläfst Du nicht ein.«[58] An dieses Bild der institutionalisierten Eintönigkeit, das sich überwiegend aus Erfahrungsberichten speist, knüpfen neuere Forschungen wie Alexei Yurchaks Studie zum sowjetischen Jugendverband Komsomol an. Die Praxis der poststalinistischen Organisationswelt ist von ihm mit dem Begriff des »performative shift« charakterisiert worden. Damit beschreibt er das Phänomen, dass es nicht darauf ankam, die Botschaften der Parteiführung zu glauben, sondern sie als Dogmen zu akzeptieren. Dann boten die Strukturen der Organisationswelt die Möglichkeit, vielfältige Eigeninteressen zu verfolgen.[59] Beide Deutungen des Parteilebens – als Ort

teiführung und Massenbasis. Grundlagen, Ziele und Problembereiche (Hefte zur DDR-Geschichte, Bd. 129), Berlin 2013.

57 Vgl. Klein, Thomas/Otto, Wilfriede/Grieder, Peter: Visionen. Repression und Opposition in der SED, Frankfurt (Oder) 1996; Klein, Thomas: Reform von oben? Opposition in der SED, in: Poppe, Ulrike/Eckert, Rainer/Kowalczuk, Ilko-Sascha (Hg.): Zwischen Selbstbehauptung und Anpassung. Formen des Widerstandes und der Opposition in der DDR, Berlin 1995, S. 125–141; Kowalczuk, Ilko-Sascha: Widerspruch und abweichendes Verhalten in der SED, in: Materialien der Enquete-Kommission »Aufarbeitung von Geschichte und Folgen der SED-Diktatur in Deutschland« (12. Wahlperiode des Deutschen Bundestages), hg. v. Deutschen Bundestag, Baden-Baden/Frankfurt a. M. 1995, Bd. VII/2, S. 1031–1079; ders.: Die Herrschaft der Parteibürokratie. Disziplinierung, Repression und Widerstand in der SED, in: Aus Politik und Zeitgeschichte 17–18/1996, S. 3–12; ders.: »Für die Einheit und Reinheit der Partei«. Die innerparteilichen Kontrollorgane der SED in der Ära Ulbricht, Köln 2002.

58 Böhme, Irene: Die da drüben. Sieben Kapitel DDR, Berlin 1982, S. 48. Siehe auch: Otto, Wilfriede: Zu Normen und Ritualen im SED-Alltag, in: Timmermann, Heiner (Hg.): Die DDR – Erinnerung an einen untergegangenen Staat, Berlin 1999, S. 295–306; dies.: Normen und Rituale im SED-Alltag, in: Elm, Ludwig/Keller, Dietmar/Mocek, Reinhard (Hg.): Ansichten zur Geschichte der DDR, Bd. VII, Berlin 1997, S. 319–352.

59 Vgl. Yurchak: Everything Was Forever, Until It Was No More. Zu diesem Ergebnis kam auch Jan Palmowski in seiner Studie zur Heimatbewegung des Kulturbundes der DDR. Vgl. Palmowski: Inventing a Socialist Nation. Auch Martin Sabrow beschreibt diese doppelte Dimension der sozialistischen Wirklichkeit unter Verwendung des Begriffs Herrschaftsdiskurs. Der Herrschaftsdiskurs bestand einerseits als objektive Macht – etwa in institutionalisierter Form. Andererseits hatte er auch eine subjektive

der Repression oder als leeres Gehäuse – geben jedoch Wandlungsprozessen und der Frage nach Erosionen wenig Raum. Hier knüpfen die Arbeiten von Michel Christian an, der den Wandel des SED-Parteilebens im Vergleich mit der Tschechischen KPC untersucht und anhand des Umtauschs der Parteidokumente seit den 1960er-Jahren eine Strategie der innerparteilichen Integration und Partizipation konstatiert hat.[60]

Zur Charakterisierung des Parteilebens und seiner Kohäsionskraft ist es jedoch unzureichend, die Organisationswelt als abgeschottete Herrschafts- und Erfahrungswelt zu verstehen. Auch wenn die Parteiversammlungen hinter verschlossenen Türen stattfanden, muss das Parteileben in seinen Verflechtungen mit der sie umgebenden Lebens- bzw. Arbeitswelt analysiert werden. Hierzu liefern Betriebsstudien Anhaltspunkte. Schließlich war die SED nach dem Produktionsprinzip organisiert und an allen Arbeitsstätten präsent. Kamen mehr als drei Parteimitglieder zusammen, mussten sie eine GO bilden. Bei mehr als 150 Mitgliedern wurde diese in Abteilungsparteiorganisationen (APO) und in Parteigruppen – die kleinste organisatorische Einheit – untergliedert. Zugleich agierte in großen Betrieben, Verwaltungen oder Forschungseinrichtungen ein hauptamtlicher Parteiapparat, die sogenannte Betriebsparteileitung. Diese war nicht nur für die Parteimitglieder an der Arbeitsstätte zuständig, sondern trug angesichts der Führungsrolle der SED politische Verantwortung für die Planerfüllung (des Betriebs) und war somit Teil der Betriebs-, Instituts- oder Behördenleitung.[61] Zwar behandeln Betriebsstudien die Partei und ihre Mitgliederschaft nur am Rande. Doch liefern sie, wie etwa die Arbeiten von Thomas Reichel zeigen, Einblick in die SED als Herrschaftsinstanz in den Betrieben, wobei das Konfliktpotenzial zwischen der Partei- und Betriebsleitung herausgearbeitet wird.[62] Sie beschreiben die SED als

Ebene, die sich durch individuelle Rezeption und Reproduktion konstituierte. Vgl. Sabrow, Martin: Einleitung, Geschichtsdiskurs und Doktringesellschaft, in: ders. (Hg.): Geschichte als Herrschaftsdiskurs. Der Umgang mit der Vergangenheit in der DDR, Köln 2000, S. 13 und 16.

60 Vgl. Christian, Michel: Ausschließen und disziplinieren. Kontrollpraxis in den kommunistischen Parteien der DDR und der Tschechoslowakei, in: Droit, Emmanuel/Kott, Sandrine (Hg.): Die ostdeutsche Gesellschaft. Eine transnationale Perspektive, Berlin 2006, S. 53–70; ders.: Parteileben in der KPTsch und in der SED (1945–1989), Ansätze für eine vergleichende Gesellschaftsgeschichte der herrschenden Parteien in der Tschechoslowakei und in der DDR, in: Reznik, Milos/Rosenbaum, Katja (Hg.): Die ČSSR und die DDR im historischen Vergleich. Gemeinsamkeiten und Unterschiede zweier staatssozialistischer Systeme in Mitteleuropa, Leipzig 2013, S. 10–30. Auch Edward Cohn konstatierte einen Wandel in der Disziplinierungspraxis der KPdSU, die in der Chruschtschow-Ära weniger repressiv und stärker integrativ gewesen sei. Vgl. ders.: Sex and the Married Communist. Family Troubles, Marital Infidelity, and Party Discipline in the Postwar USSR, 1945–64, in: The Russian Review 68 (2009), S. 429–450.

61 Zu den Verflechtungen und Ausprägungen von Parteizugehörigkeit, Parteieinfluss und Berufslogik liefert Inga Markovits eine dichte Beschreibung aus dem Kreisgericht in Lüritz. Vgl. dies.: Gerechtigkeit in Lüritz. Eine ostdeutsche Rechtsgeschichte, München 2006, S. 181–227.

62 Vgl. Reichel, Thomas: Die »durchherrschte Arbeitsgesellschaft«, in: Hürtgen, Renate/Reichel, Thomas (Hg.): Der Schein der Stabilität. DDR-Betriebsalltag in der Ära Honecker, Berlin 2001, S. 85–110; ders.: »Sozialistisch arbeiten, lernen und leben«. Die Brigadebewegung in DDR (1959–1989), Köln

machtpolitischen Faktor und liefern auch Rückschlüsse auf die Wahrnehmung der Parteizugehörigkeit. So hat etwa Leonore Ansorg den unterschiedlichen Wahrnehmungshorizonten große Aufmerksamkeit eingeräumt: Obwohl Arbeiterinnen häufig zum Eintritt gedrängt wurden und ihre Loyalität meist eindeutig ihren Kolleginnen galt, wurden sie doch auch als Vermittler der Betriebs- und Parteileitung in Anspruch genommen. Leiterinnen der mittleren Betriebshierarchie reflektierten ihre Parteizugehörigkeit als Hebel zur Durchsetzung ihrer eigenen Interessen.[63]

Über diese verschiedenen Verflechtungen mit dem Berufsleben hinaus war die SED in ihrem inneren Zusammenhalt von weiteren Faktoren geprägt. Sie war auch eine Generationen- und Milieuerfahrung. Die erfahrungsgeschichtliche Perspektive erlaubt es, einfache, moralisch aufgeladene Annahmen von Gläubigen und Karrieristen zu überwinden und ein tiefer gehendes Verständnis der Bindungskräfte zu erhalten. So waren die Lebenswege der Altkommunisten – insbesondere jene der Parteiführung – aufs Engste mit der Parteiprogrammatik verwoben. Ihr Erfahrungshaushalt war geprägt vom gesellschaftlichen Außenseiterstatus und der Unterdrückung in der Weimarer Zeit, von Verfolgung, Widerstand und Exil während der Zeit des Nationalsozialismus und schließlich vom Staatsaufbau in Ostdeutschland. Aus dieser Erfahrungswelt speiste sich eine starke Bindung zur SED.[64] Auch die sogenannte Aufbaugeneration der um 1929 Geborenen fühlte sich in besonderer Weise mit der SED verbunden: Neben den Bildungs- und Aufstiegserfahrungen wirkte, wie Lutz Niethammer konstatiert, ein politisch-moralischer Generationenvertrag mit den Gründungsvätern als soziopolitisches Rückgrat. Die Mischung aus den biografisch beglaubigten Leidensgeschichten der Parteiführung, einem latenten Schuldge-

2011; Hürtgen, Renate: Zwischen Disziplinierung und Partizipation. Vertrauensleute des FDGB im DDR-Betrieb, Köln 2005; Kott, Sandrine: Le communisme au quotidien. Les entreprises d'État dans la société est-allemande, Berlin 2001; dies.: Die SED im Betrieb, in: Gieseke, Jens/Wentker, Hermann (Hg.): Die Geschichte der SED. Eine Bestandsaufnahme, Berlin 2011, S. 210–238; Friedreich, Sönke: Autos bauen im Sozialismus. Arbeit und Organisationskultur in der Zwickauer Automobilindustrie nach 1945, Leipzig 2008.

63 Vgl. Ansorg, Leonore: »Ick hab immer von unten Druck gekriegt und von oben«. Weibliche Leitungskader und Arbeiterinnen in einem DDR-Textilbetrieb. Eine Studie zum Innenleben der DDR-Industrie, in: Archiv für Sozialgeschichte 39 (1999), S. 123–165; Schüle, Annegret: »Die Spinne«. Die Erfahrungsgeschichte weiblicher Industriearbeit im VEB Leipziger Baumwollspinnerei, Leipzig 2001, S. 294–331; Weil, Francesca: Soziale Verhaltensmuster in sächsischen Betrieben zwischen 1970 und 1997, in: Deutschland Archiv 4/1998, S. 547–564; Hübner, Peter: Durch Planung zur Improvisation. Zur Geschichte des Leitungspersonals in der staatlichen Industrie der DDR, in: Archiv für Sozialgeschichte 39 (1999), S. 197–233; Wagner-Kyora, Georg: Vom »nationalen« zum »sozialistischen« Selbst. Zur Erfahrungsgeschichte deutscher Chemiker und Ingenieure im 20. Jahrhundert, Stuttgart 2009.

64 Vgl. Epstein, Catherine: The Last Revolutionaries. German Communists and their Century, Cambridge 2003. Siehe auch: Sabrow, Martin: Der führende Repräsentant. Erich Honecker in generationsbiographischer Perspektive, in: Zeithistorische Forschungen/Studies in Contemporary History, Online-Ausgabe, 10 (2013) 1, URL: http://www.zeithistorische-forschungen.de/1-2013/id=4665 (Zugriff: 3.7.2017), Druckausgabe: S. 61–88.

fühl der Jüngeren und der Verheißung eines moralischen Neuanfangs gekoppelt mit Aufstiegschancen banden die Aufbaugeneration in einer politischen Generationensymbiose an die Altkommunisten. Diese Bindung lähmte die Jungen jedoch darin, politisch eigenständig zu handeln.[65] Dorothee Wierling hat herausgearbeitet, dass sich die Parteierfahrung und -bindung für die Kinder der sozialen Aufsteiger anders darstellte: Die in die DDR Hineingeborenen erlebten die SED wie auch die FDJ und die Polytechnische Oberschule als Organisationsinstanz und damit schlicht als eine gegebene Größe im Alltag. Die Parteizugehörigkeit war weniger politisches Bekenntnis als Familientradition und damit Ausdruck der Zugehörigkeit zu einem bestimmten Milieu.[66]

Der erfahrungsgeschichtliche Ansatz mit seinen Selbstdeutungen hat jedoch Grenzen.[67] Es gab parallel auch alternative Entwicklungen, Deutungen und Vorstellungen, die sich in den unterschiedlichen Milieus abbildeten. Die Atmosphäre des Parteilebens und der Stellenwert der Parteizugehörigkeit gestalteten sich bei Rentnern und Hausfrauen der Wohnparteiorganisationen[68] anders als bei den Tschekisten des Ministeriums für Staatssicherheit (MfS)[69] oder dem Offizierskorps der Nationalen Volksarmee (NVA)[70]. Berufsethos und Parteiprogrammatik waren in Professionen der Machtsicherung wie auch in Berufen, die stark der Ideologievermittlung dienten – etwa bei Journalisten oder Pädagogen –, eng miteinander verknüpft. In technischen, naturwissenschaftlichen und auch ökonomischen Berufen standen Parteierfordernisse und Berufsverständnis dagegen häufig in Konflikt zueinander.[71] Neben den Machtsicherungs- und Experteneliten fühlte sich die gesellschaftswissenschaftliche und künstlerische (Partei-)Intelligenz besonders zum Projekt Sozialismus hingezo-

65 Vgl. Niethammer, Lutz: Volkspartei neuen Typs? Sozialbiographische Voraussetzungen der SED in der Industrieprovinz, in: Prokla 3/1990, S. 40–70; ders.: Erfahrungen und Strukturen, S. 95–115. Allgemein zu Generationen: Ahbe, Thomas/Gries, Rainer/Schüle, Annegret (Hg.): Die DDR aus generationengeschichtlicher Perspektive. Eine Inventur, Leipzig 2006.

66 Vgl. Wierling, Dorothee: Geboren im Jahr Eins. Der Jahrgang 1949 in der DDR. Versuch einer Kollektivbiographie, Berlin 2002. Beispielhaft auch Bisky, Jens: Geboren am 13. August, der Sozialismus und ich, Berlin 2004. Siehe auch für die UdSSR: Raleigh, Donald J.: Soviet Baby Boomers. An Oral History of Russia's Cold War Generation, Oxford 2011.

67 Vgl. Gieseke, Jens/Jessen, Ralph: Die SED in der staatssozialistischen Gesellschaft, in: Gieseke, Jens/ Wentker, Hermann (Hg): Die Geschichte der SED. Eine Bestandsaufnahme, Berlin 2011, S. 48 f.

68 Vgl. Passens, Katrin: Der Zugriff des SED-Herrschaftsapparates auf die Wohnviertel (Beiträge zur Diktaturforschung, Hg. Forschungsstelle Widerstandsgeschichte), Berlin 2003.

69 Vgl. Gieseke, Jens: Die hauptamtlichen Mitarbeiter der Staatssicherheit. Personalstruktur und Lebenswelt 1950–1989/90, Berlin 2000. Siehe auch: Schumann, Silke: Parteierziehung in der Geheimpolizei. Zur Rolle der SED im MfS der fünfziger Jahre, Berlin 2000.

70 Vgl. Fingerle, Stephan: Waffen in Arbeiterhand? Die Rekrutierung des Offizierskorps der Nationalen Volksarmee und ihrer Vorläufer, Berlin 2001.

71 Vgl. Wagner-Kyora: Vom »nationalen« zum »sozialistischen« Selbst. Das Spektrum aus herrschaftsnahen und -fernen Berufen bzw. Arbeitsfeldern lässt sich auch anhand des Anteils der Parteimitglieder unter den Hochschullehrern der DDR in den verschiedenen Studiengängen ablesen. Jessen, Ralph: Akademische Elite und kommunistische Diktatur. Die ostdeutsche Hochschullehrerschaft in der Ulbricht-Ära, Göttingen 1999, S. 401.

gen.[72] Wenn es auch gelang, weite Teile der sozialistischen Dienstklasse an die Partei und ihre Programmatik zu binden, handelte es sich doch um ein Generationenprojekt, dem schon bald ein destabilisierendes Element innewohnte: In den 1970er-Jahren setzte eine Selbstrekrutierung der Dienstklasse ein. Die Kinder der Funktionseliten hatten erheblich bessere Karrierechancen als Arbeiterkinder.[73]

An diese Beobachtungen zu Kohäsionsfaktoren schließt sich die Frage an, wann und warum sie an Wirkkraft einbüßten. In der Forschung ähneln sich die Bilder zur DDR-Gesellschaft und zur SED-Mitgliederschaft: Spätestens seit dem Mauerbau war die dynamische Zeit der Herrschaftsdurchsetzung mit Repression, Mobilisierung und politischen Krisen beendet. Nun setzte eine Phase der »Normalisierung«[74] ein, die auch als »Fürsorgediktatur«[75] charakterisiert worden ist: Ein unausgesprochenes Tauschgeschäft aus Versorgung und Anpassung sorgte für eine prekäre Stabilität der Parteiherrschaft, die 1989 scheinbar plötzlich zerfiel. Zwar fehlt es nicht an Deutungsangeboten, die den Untergang der DDR dem wirtschaftlichen Niedergang, der Anziehungskraft des Westens oder dem Ende des machtpolitischen Stabilitätsankers, der Sowjetunion, zuschreiben.[76] Insgesamt ist die Honecker-Ära in der Forschung jedoch weitaus weniger in den Fokus geraten als die 1950er-Jahre. Das gilt insbesondere für die SED und ihre Basis.

Auch hinsichtlich der SED dominiert das Bild einer nach den Parteisäuberungen, den Kämpfen um die Entstalinisierung und den Disziplinierungen nach dem Mauerbau einsetzenden langen Phase der Ruhe zwischen Parteiführung und Mitgliedschaft, die 1989 scheinbar plötzlich in einen massiven Loyalitätsverlust umschlug. Zwar gerieten einzelne Dissidenten wie Bahro oder das Spiegel-Manifest in den Blick der Forschung.[77] Auch wurde mit dem Machtantritt Gorbatschows eine gewisse Repolitisierung und Mobilisierung konstatiert.[78] Doch welche Konflikte nach der Phase der Herrschaftsdurchsetzung die Organisationswelt und das Leben der Mitglieder im Alltag bestimmten, inwieweit sich gesellschaftliche Spannungslinien im Inneren der SED abbildeten und auf welche Weise diese Konflikte destabilisierend wirk-

72 Vgl. Mittenzwei: Die Intellektuellen. Siehe auch: Land/Possekel: Namenlose Stimmen.

73 Vgl. Solga: »Systemloyalität«, S. 523–542. Siehe auch: Jessen, Ralph: Mobility and Blockage during the 1970s, in: Jarausch, Konrad H. (Hg.): Dictatorship as Experience, Towards a Socio-Cultural History of the GDR, New York 1999, S. 341–360.

74 Vgl. Fulbrook, Mary (Hg.): Power and Society in the GDR, 1961–1979. The ›Normalisation of Rule‹?, Oxford 2009.

75 Vgl. Jarausch, Konrad H.: Realer Sozialismus als Fürsorgediktatur. Zur begrifflichen Einordnung der DDR, in: APuZ 20/1998, S. 33–46.

76 Vgl. Jarausch, Konrad H./Sabrow, Martin (Hg.): Weg in den Untergang. Der innere Zerfall der DDR, Göttingen 1999.

77 Vgl. Herzberg, Guntolf/Seifert, Kurt: Rudolf Bahro. Glaube an das Veränderbare. Eine Biographie, Berlin 2002. Geppert, Dominik: Störmanöver. Das »Manifest der Opposition« und die Schließung des Ost-Berliner »Spiegel«-Büros im Januar 1978, Berlin 1996.

78 Vgl. Klein/Otto/Grieder: Visionen.

ten, liegt weitgehend im Dunkeln. Zwar hat Jens Gieseke anhand von MfS-Stimmungsberichten herausgearbeitet, dass die sich verschärfende Versorgungskrise, die Westreisethematik sowie der Machtantritt Gorbatschows zentrale gesellschaftliche Konfliktfelder der 1970er- und 1980er-Jahre darstellten. Doch wird ihre Dimension für Parteimitglieder nur am Rande behandelt.[79] Anhaltspunkte für innerparteiliche Konfliktfelder und Wandlungen liefern auch Selbstzeugnisse zeitgenössischer Akteure der Staatspartei, kritisch-selbstreflexive Schriften ehemaliger Parteihistoriker und Gesellschaftswissenschaftler aus dem Institut für Marxismus-Leninismus sowie der Akademie für Gesellschaftswissenschaften beim Zentralkomitee (ZK) der SED. In ihnen wird meist der Machtantritt Gorbatschows als Wendepunkt beschrieben.[80] So haben sich etwa SED-Gesellschaftswissenschaftler ausgiebig zu ihren Reformüberlegungen geäußert.[81] Doch stehen sie nur für einen kleinen Ausschnitt der Mitgliederschaft. Welche Resonanz und Relevanz Gorbatschow und die Reformdebatten unter Parteimitgliedern in Industriebetrieben hatten, ist dagegen offen.

Dieses Ungleichgewicht ist auch für die Zerfallsphase der SED festzustellen. So wird die SED in jüngeren Gesamtdarstellungen zur friedlichen Revolution als passiv-anachronistischer Machtblock in der DDR-Gesellschaft gesehen, dem die Handlungsfähigkeit im revolutionären Geschehen entglitt.[82] Studien zum Zerfall der Staatspartei beschreiben die Mitgliederschaft überwiegend als homogene Gruppe und nehmen allein den kleinen Kreis der SED-Reformer als handelnde Akteure in den Blick. So werden insbesondere die Machtkämpfe und Rettungsinitiativen vor und während des Sonderparteitags im Dezember 1989 untersucht, ohne dass die massenhaften Austritte besondere Aufmerksamkeit erfahren.[83] Doch gerade die Gleich-

79 Vgl. Gieseke, Jens: »Seit Langem angestaute Unzufriedenheit breitester Bevölkerungskreise« – Das Volk in den Stimmungsberichten des Staatssicherheitsdienstes, in: Henke, Klaus-Dietmar (Hg.): Revolution und Vereinigung. Als in Deutschland die Realität die Phantasie überholte, München 2009, S. 130–148; ders.: Bevölkerungsstimmungen in der geschlossenen Gesellschaft. MfS-Berichte an die DDR-Führung in den 1960er- und 1970er-Jahren, in: Zeithistorische Forschungen/Studies in Contemporary History, Online-Ausgabe, 5 (2008) 2, URL: http://www.zeithistorische-forschungen.de/2-2008/id=4491 (Zugriff: 30.6.2017), Druckausgabe: S. 236–257.

80 Stellvertretend: Modrow, Hans: Die Perestroika. Wie ich sie sehe. Persönliche Erinnerungen und Analysen eines Jahrzehnts, das die Welt veränderte, Berlin 1998; Kuczynski, Jürgen: Schwierige Jahre mit einem besseren Ende? Tagebuchblätter von 1987 bis 1989, Berlin 1990; Bortfeldt, Heinrich: Von der SED zur PDS. Wandlung zur Demokratie?, Bonn 1992.

81 Vgl. Brie, André: Ich tauche nicht ab. Selbstzeugnisse und Reflexionen, Berlin 1996; Kirschner, Lutz: Gesellschaftskonzeptionelle Vorstellungen der SED-Reformer in den 80er Jahren, in: Timmermann, Heiner (Hg.): Die DDR in Deutschland: ein Rückblick auf 50 Jahre, Berlin 2001, S. 477–493; Land, Rainer/Possekel, Ralf: Fremde Welten. Die gegensätzliche Deutung der DDR durch SED-Reformer und Bürgerbewegung in den 80er Jahren, Berlin 1998; Land, Rainer/Possekel, Ralf: Namenlose Stimmen waren uns voraus. Segert, Dieter: Das 41. Jahr. Eine andere Geschichte der DDR, Wien 2008.

82 Vgl. Kowalczuk: Endspiel, S. 35–43; Neubert, Ehrhart: Unsere Revolution. Die Geschichte der Jahre 1989/90, München 2009.

83 Vgl. Florath, Bernd: Die SED im Untergang, in: ders. (Hg.): Das Revolutionsjahr 1989. Die demokratische Revolution in Osteuropa als transnationale Zäsur, Göttingen 2011, S. 63–104; Süß, Walter: Der Untergang der Staatspartei, in: Henke, Klaus-Dietmar (Hg.): Revolution und Vereinigung 1989/90. Als

zeitigkeit von Massenaustritten und Rettungsinitiativen lässt Rückschlüsse auf unterschiedliche Parteibindungen und Gruppen in der Mitgliederschaft zu, die erst im Moment des Zerfalls Sichtbarkeit erlangten. Auch parteisoziologische Studien liefern Anhaltspunkte für die soziale und mentale Verfassung der verbliebenen Mitglieder.[84]

Für die vorliegende Untersuchung zur SED-Mitgliederschaft ist es lohnenswert, vergleichend Studien zur KPdSU und zu den Blockparteien, aber auch zur NSDAP heranzuziehen.[85] Der Blick auf andere Diktaturen schärft einerseits die Wahrnehmung für Charakteristika des eigenen Forschungsgegenstandes. Andererseits ermöglicht der Vergleich mit der Innenwelt der KPdSU und ihrer Bruderparteien, Befunde zu gewichten und zu generalisieren, wodurch ein tieferes Verständnis kommunistischer Parteien Neuen Typs erlangt werden kann.

In der jüngeren NS-Forschung ist weitgehend unbestritten, dass den unteren Parteiinstanzen der NSDAP, den Ortsgruppen mit ihren Zellen- und Blockleitern, eine wichtige Rolle bei der Durchsetzung und Aufrechterhaltung der Parteiherrschaft zukam. Die erstaunliche Stabilität des NS-Regimes sei nicht allein mit dem Hitler-Mythos zu erklären, wie Carl-Wilhelm Reibel herausgearbeitet hat, sondern liege auch im Wirken der lokalen Parteiapparate begründet. Die Ortsgruppenverwaltungen hatten demnach eine zentrale Bedeutung im Netzwerk aus Betreuung und Verfolgung. Sie stellten das alltägliche Funktionieren der Diktatur vor Ort sicher.[86] Wenn nun in

in Deutschland die Realität die Phantasie überholte, München 2009, S. 284–306; Booß, Christian: Der Sonderparteitag der SED im Dezember 1989, in: DA 6/2009, S. 993–1002; Segert: Das 41. Jahr; Moreau, Patrick: Die SED in der Wende, in: Kuhrt, Eberhard/Buck, Hannsjörg F./Holzweißig, Gunter (Hg.): Die SED-Herrschaft und ihr Zusammenbruch, Opladen 1996, S. 289–339; Falkner, Thomas/ Gysi, Gregor: Sturm aufs große Haus. Der Untergang der SED, Berlin 1990.

84 Vgl. Chrapa, Michael/Wittich, Dietmar: Die Mitgliedschaft, der große Lümmel. Forschungsbericht zur Mitgliederbefragung der PDS 2000, Berlin/Halle 2001; Moreau, Patrick/Lang, Jürgen: Was will die PDS?, Frankfurt a.M. 1994; Bortfeldt: Von der SED zur PDS.

85 Auch die westliche Parteienforschung untersucht Parteibindungen. Neuere Forschungen widmeten sich etwa der westdeutschen Parteienlandschaft, die immer weniger an Milieus und Sozialprofilen orientiert, sondern von Mitgliedern geprägt sei, für die Kosten-Nutzen-Kalküle ein zentrales Motiv für die Parteibindung bilden. Vgl. Biehl, Heiko: Parteimitglieder im Wandel, Partizipation und Repräsentation, Wiesbaden 2005. Insgesamt dominieren sozialwissenschaftliche Theorieangebote wie der sozial-strukturelle-Ansatz (Ressourcentheorie), Milieutheorien, das sozial-ökonomische-Modell (Rational-Choice-Theorie) oder sozial-psychologische Ansätze (Ann-Arbor-Modell). Vgl. Alemann: Das Parteiensystem. Doch gehen diese theoretischen Modelle zur politischen Partizipation und gesellschaftlichen Verankerung der Parteien von einem pluralistischen Parteiensystem aus, in dem unterschiedliche Meinungen miteinander konkurrieren und sich frei entfalten können. Die Besonderheiten einer marxistisch-leninistischen Partei Neuen Typs in der staatssozialistischen Gesellschaft geraten mit diesen Theorieangeboten jedoch nicht in den Blick.

86 Vgl. Reibel, Carl-Wilhelm: Das Fundament der Diktatur. Die NSDAP-Ortsgruppen 1932–1945, Paderborn 2002. Zur Bedeutung der unteren Parteiinstanzen zur Aufrechterhaltung der Diktatur siehe auch: Wagner, Caroline: Die NSDAP auf dem Dorf. Eine Sozialgeschichte der NS-Machtergreifung in Lippe, Münster 1998; Riechert, Hansjörg/Ruppert, Andreas: Herrschaft und Akzeptanz. Der Nationalsozialismus in Lippe während der Kriegsjahre. Analyse und Dokumentation, Opladen 1998; Schmiechen-Ackermann, Detlef: Der »Blockwart«. Die unteren Parteifunktionäre im nationalsozialistischen Terror- und Überwachungsapparat, in: VfZ 48 (2000), S. 575–602.

einer vergleichenden Betrachtung festgehalten werden kann, dass die Mitglieder und lokalen Funktionäre sowohl der NSDAP als auch der SED vor Ort als Vermittler der Parteiherrschaft agierten, so müssen doch zwei zentrale Unterschiede konstatiert werden. Neben der Verfolgungs- und Vernichtungsdynamik, die der SED völlig abging, ist dies der Stellenwert der Parteibasis im Gesamtsystem: Die NSDAP mit ihrem für die Wohnviertel geschaffenen Blockwartsystem war zwar unverzichtbar, aber dennoch ein untergeordnetes Element im diktatorischen Herrschaftsgefüge des NS-Staates. Die SED bildete dagegen bis hinunter in die Betriebe das Machtzentrum in der DDR-Gesellschaft.[87]

Die zentrale Stellung von Parteimitgliedern im sozialistischen Gesellschaftssystem hat Edward Cohn anhand der innerparteilichen Disziplinierungspraxis der KPdSU herausgearbeitet.[88] Diese veränderte sich – beginnend bereits in der späten Stalin-Ära – in den Jahren unter Chruschtschow: Anstatt Parteimitglieder als Dissidenten reihenweise auszuschließen und zu bestrafen, war die Disziplinierung nun darauf gerichtet, moralisch fragwürdiges Verhalten zu sanktionieren. Auch drohte nicht gleich der Parteiausschluss oder eine Strafe. Stattdessen griffen integrative Maßnahmen: Durch »Überzeugen« und »Erziehen« wurde Druck ausgeübt, um das Mitglied zum »richtigen« Verhalten zu bewegen. Die neue soziale Disziplinierung der Mitgliederschaft stand ganz im Zeichen der Gesellschaftspolitik der KPdSU, die darauf zielte, die Folgen des Zweiten Weltkriegs und die damit einhergehenden wirtschaftlichen und sozialen Probleme in der sowjetischen Gesellschaft zu beheben. KPdSU-Mitglieder sollten im Alltag helfen, diese Politik zu implementieren und Probleme wie Korruption, ausbleibende Unterhaltszahlungen oder Alkoholismus zu bekämpfen. Damit traten sie gleichzeitig als Vermittler einer sozialistischen Werteordnung auf, die in der sozialistischen Elite und Gesellschaft Akzeptanz finden sollte. So verdeutlicht die Disziplinierungspraxis den Wandel der KPdSU von einer revolutionären Kampf- zur Staatspartei. Inwieweit diese Befunde auf das SED-Parteileben und die gesellschaftliche Rolle ihrer Mitglieder übertragbar sind, ist Gegenstand der Untersuchung. Die soziokulturelle Erforschung der Mitgliederschaft kommunistischer Parteien sowjetischen Typs steht insgesamt jedoch noch ganz am Anfang. Das gilt insbesondere für die vergleichende Perspektive.[89] Eine Pionierrolle kommt hier Michel Christian mit seinen komparatistischen Arbeiten zur KPC und SED zu.[90]

87 Vgl. Schmiechen-Ackermann, Detlef: Die Staatsparteien NSDAP und SED als lokale Vermittlerinstanzen der Diktatur, in: Heydemann, Günther/Oberreuter, Heinrich (Hg.): Diktaturen in Deutschland. Vergleichsaspekte, Strukturen, Institutionen und Verhaltensweisen, Bonn 2003, S. 176 f.

88 Hier und im Folgenden: Cohn, Edward: The High Title of a Communist. Postwar Party Discipline and the Values of the Soviet Regime, Illinois 2015.

89 Vgl. Bergien, Rüdiger/Gieseke, Jens: Communist Parties Revisited. Socio-Cultural Approaches to Party Rule in the Soviet Bloc, 1956–1991, New York/Oxford 2018.

90 Christian, Michel: Camarades ou apparatchiks? Les communistes en RDA et en Tchécoslovaquie (1945–1989), Paris 2016; ders.: Parteileben in der KPTsch und in der SED (1945–1989). Ansätze

4. Quellen und Methode

Wie lässt sich nun eine Untersuchung, die die Parteibasis als sozialen Akteur versteht, operationalisieren? Oder anders gefragt: Wie kann man Kohäsionsfaktoren und subkutanen Erosionsprozessen auf die Spur kommen? Die Überlieferungssituation ist durch zwei Besonderheiten gekennzeichnet. Einerseits stammen Erfahrungsberichte über die innere Verfassung der SED überwiegend von Spitzenfunktionären, (Partei-) Intellektuellen und Künstlern. Diese heterogene und artikulationsfreudige Gruppe, der etwa Dissidenten wie Wolfgang Leonhard oder Rudolf Bahro zuzurechnen sind, prägt bis heute das Bild der SED als repressiver Unterdrückungsapparat oder als Ort der Langeweile. Was es jedoch für die stets umworbenen Industriearbeiter im Alltag bedeutete, Parteimitglied zu sein, oder wie Ingenieure oder Ökonomen in Industriebetrieben ihre Parteizugehörigkeit erlebten, bleibt auf dieser Quellengrundlage weitgehend unklar. Andererseits hat der Parteiapparat zwar eine reichliche Hinterlassenschaft produziert, der Aussagewert dieser bürokratischen Überlieferungen ist aber sehr begrenzt.[91] Allein die Abteilung Parteiorgane des ZK kann eine alle Jahrzehnte der DDR abdeckende Fülle von Berichten über die Stimmung und Aktivitäten der GO vorweisen, die sie für die Parteiführung verfasste. Auch die berüchtigte Zentrale Parteikontrollkommission (ZPKK) hat – neben den jährlichen Analysen über Parteiverfahren und Eingaben von Parteimitgliedern – Berichte über Untersuchungen einzelner GO, über Umtauschaktionen und Kontrollen der Parteibücher sowie Sitzungsprotokolle hinterlassen.

Diese Berichte sind nützlich, da sie ein gewisses Gesamtbild davon geben, über welche Themen Parteimitglieder häufig sprachen und welche Konflikte und Regelbrüche an der Tagesordnung waren. Was die Mitglieder an der Basis jedoch tatsächlich gesagt haben, ist auf dem mehrstufigen Weg über Kreis- und Bezirksleitungen in der Regel entweder verzerrt worden oder ganz auf der Strecke geblieben. Die Verfasser wollten ihre Parteigliederungen gut dastehen lassen und Nachfragen oder Untersuchungen durch die höhere Ebene vermeiden. Diese Schönfärberei konnte schon bei den Sekretären der GO einsetzen. Belanglos sind die im ZK-Apparat gesammelten und erstellten Berichte dennoch nicht. Sie sagen freilich viel mehr darüber aus, wie die oberste Parteiebene sich das Parteileben vorstellte und wünschte, als über das, was sich dort tatsächlich abspielte. Zugleich sind diese Berichte in einem wirklichkeitsfremden Duktus verfasst, in einer rituellen Sprache und unter Verwen-

für eine vergleichende Gesellschaftsgeschichte der herrschenden Parteien in der Tschechoslowakei und in der DDR, in: Reznik, Milos/Rosenbaum, Katja (Hg.): Die ČSSR und die DDR im historischen Vergleich. Gemeinsamkeiten und Unterscheide zweier staatssozialistischer Systeme in Mitteleuropa, Leipzig 2013, S. 10–30.

91 Die entsprechenden Dokumente bewahrt die Stiftung Archiv der Parteien und Massenorganisationen der DDR im Bundesarchiv (SAPMO-BArch) auf.

dung verschleiernder Sozialkategorien, die die wahren Akteure und Konflikte oft nur andeuten und dem Leser eine gewisse Übung in der Deutung der SED-Ideologeme abverlangen. Inga Markovits berichtete aus ihren Recherchen zum Rechtsalltag in der DDR über nicht enden wollende Wortschlangen sozialistischer Parteiveröffentlichungen. Nach der Lektüre einer Seite Text fiel es ihr schwer zu sagen, was darin stand. Schließlich erhielt sie den Tipp, die Berichte von hinten zu lesen. Nach seitenlangen politisch-ideologischen Erläuterungen fand sich das Problem, das den Grund für die Abfassung darstellte, wie ein Nachgedanke erst am Schluss.[92] Dieser Aufbau ist für die Überlieferungen der SED charakteristisch und insbesondere ein Phänomen der Honecker-Jahre. In den 1950er- und 1960er-Jahren benennen die Berichte noch eindeutig Konflikte – danach werden sie immer nichtssagender. Was kontroverse Debatten angeht, schweigen sie dann bis 1989, wie Sandrine Kott konstatiert hat.[93] Hinweise über Konflikte und zentrale Themen an der Parteibasis lassen sich den Parteiberichten also nur begrenzt entnehmen.

Diese Überlieferungssituation macht drei methodische Weichenstellungen erforderlich. Zunächst wird ein mikrohistorischer Zugriff gewählt, um das Leben in den GO in den Blick zu bekommen. Untersuchungsgegenstand dieser lokalen Tiefenbohrungen ist das ehemalige Stahlwerk der etwa 30 Kilometer westlich von Potsdam gelegenen Stadt Brandenburg an der Havel.[94] Damit stehen ebenjene Segmente der Mitgliederschaft im Zentrum der Untersuchung, die sich bisher kaum wahrnehmbar über ihre Parteierfahrungen geäußert haben, obwohl sie als Industriearbeiter und Leitungskader sowie Spezialisten in Industriebetrieben zentrale Gruppen in der SED und in der Gesellschaft darstellten. Zugleich sind die regionalen Parteiüberlieferungen aufschlussreicher. Sie zeigen in größerer Detailschärfe Konflikte von Parteimitgliedern und Probleme des Parteilebens. So geben die Protokolle der Kreisparteikontrollkommission (KPKK) Brandenburg Auskunft über die einzelnen Vergehen gegen Parteinormen und beschreiben das Verhalten der angeklagten Genossen des Stahlwerks und anderer Betriebe oder Einrichtungen der Stadt. Zudem bieten der Bezirk Potsdam und die Kreisstadt Brandenburg eine überdurchschnittlich gute Überlieferungssituation. Berichte über die Lage der Mitgliederschaft sind hier auf Bezirks- und Kreisebene überwiegend bis Ende des Jahres 1989 erhalten, während sie etwa für die Bezirke Frankfurt (Oder) oder Cottbus meist bereits Anfang der 1970er-Jahre abbrechen und nur vereinzelt bis Anfang der 1980er-Jahre reichen.[95] Einschränkend

92 Vgl. Markovits: Gerechtigkeit in Lüritz, S. 205.

93 Vgl. Kott: Die SED im Betrieb, S. 218. Siehe auch: Fulbrook, Mary: Methodologische Überlegungen zu einer Gesellschaftsgeschichte der DDR, in: Bessel, Richard/Jessen, Ralph (Hg.): Die Grenzen der Diktatur. Staat und Gesellschaft in der DDR, Göttingen 1996, S. 274–297.

94 In der Untersuchung wird die Havelstadt verkürzt als Brandenburg bezeichnet, womit durchweg die Stadt vor den Toren Potsdams gemeint ist und nicht das 1990 gegründete Bundesland.

95 Die Überlieferungen befinden sich im Brandenburgischen Landeshauptarchiv (BLHA).

ist gleichwohl anzumerken, dass die regionalen Quellen zwar eine erheblich größere Tiefenschärfe der innerparteilichen Probleme liefern als die republikweite Zusammenschau der Berliner Parteizentrale. Doch sind auch den Überlieferungen der SED-Kreisleitung, der Betriebsparteileitung des Stahlwerks und ihrer GO die rituelle Sprache und die Perspektive des Parteiapparates inhärent.

Um diese einseitige Perspektive aufzubrechen und die subjektiven Erfahrungen und Wahrnehmungen der Parteimitglieder des Stahlwerks in den Blick zu bekommen, wird neben dem mikrohistorischen Zugriff die Oral History als Methode und Quelle einbezogen.[96] Hierzu wurden Interviews mit zehn ehemaligen Beschäftigten des Stahlwerks mit Parteibuch geführt. Dieses Sample ist zustande gekommen durch persönlich vermittelte Kontakte des Fördervereins Stahlmuseum Brandenburg an der Havel, durch Zufallsbekanntschaften und Personen, die sich auf einen Zeitungsartikel hin meldeten. Bei der Auswahl der Interviewpartner wurde versucht, eine möglichst große Varianz nach Alter, Beruf und Position in der Partei zu erzielen. Das Sample besteht aus einfachen Parteimitgliedern, die lediglich am Parteileben teilnahmen, aus Mitgliedern, die ehrenamtliche Funktionen ausübten, etwa als Propagandist im Parteilehrjahr oder als Mitglied der Parteileitung der GO, sowie aus zwei hauptamtlichen Parteisekretären, die im Stahlwerk tätig waren. Es wurde auch ein Gespräch mit einer parteilosen Produktionsarbeiterin geführt, die den Werbungsbemühungen der SED trotzte. Zudem wurde darauf geachtet, in diesem männlich geprägten Industriemilieu auch mit weiblichen Beschäftigten zu sprechen. So befindet sich im Sample eine Kranfahrerin, die fast allein unter Männern am Stahlofen arbeitete und die ihre Rolle als Frau in einer Männerdomäne reflektierte. Gleiches gilt für eine diplomierte Metallurgin, die bis zur höchsten Managementebene des Werks aufstieg. Dieses breite Sample ermöglicht ein multiperspektivisches Bild von Erfahrungshorizonten. Die Interviews wurden thematisch und biografisch angelegt. Im ersten Teil berichteten die Befragten über ihren Lebensweg, im zweiten Teil des Interviews ging es um Fragen, die sich auf ihre subjektiven Erfahrungen mit der SED und ihre eigene Parteimitgliedschaft bezogen. Auch wenn alle Gesprächspartner konkret nach ihrem Parteieintritt, dem Ende ihrer Mitgliedschaft, Funktionen, die sie in der SED oder anderen Organisationen ausübten, und nach dem Parteileben befragt wurden, waren die Interviews offen angelegt. Die Gespräche wurden aufgezeichnet und anschließend transkribiert. Sie dauerten im Durchschnitt etwa drei Stunden, was einem Umfang der Transkripte von etwa 100 Seiten entspricht. Die Namen der Gesprächspartner wurden allesamt durch erfundene Pseudonyme ersetzt.

96 Vgl. Wierling, Dorothee: Oral History, in: Maurer, Michael (Hg.): Aufriss der Historischen Wissenschaften. Neue Themen und Methoden der Geschichtswissenschaft, Bd. 7, Stuttgart 2003, S. 81–151, insb. S. 110. Siehe auch: Flick, Uwe/Kardoff, Ernst von/Steinke, Ines (Hg.): Qualitative Forschung. Ein Handbuch, Hamburg 2000; Obertreis, Julia/Stephan, Anke (Hg.): Erinnerungen nach der Wende. Oral-History und (post)sozialistische Gesellschaften, Essen 2009.

Bei den retrospektiv geschilderten Erfahrungen handelt es sich um Erinnerungskonstruktionen, denen mit kritischer Distanz begegnet werden muss. Die Aussagen über Erfahrungen mit der Parteimitgliedschaft sind nicht Abbild der vergangenen Wirklichkeit, sondern sozial geformt und konstruiert. In ihnen finden sich die Wirkungen sozialer Bezüge und Kollektive.[97] Mit Blick auf die politische Teilhabe ist den Schilderungen mit abwägender Skepsis zu begegnen. Mögliche Blindstellen der Erinnerung, etwa die bewusste oder unbewusste repressive Wirkung des Handelns innerhalb und außerhalb der Organisationswelt, sind zu reflektieren. Darüber hinaus ist grundsätzlich davon auszugehen, dass die heutige negative Bewertung der SED-Mitgliederschaft in der Öffentlichkeit den Rückblick der ehemaligen Mitglieder prägt. Sie geraten damit unweigerlich in eine Erzählsituation, die von Rechtfertigungsdruck und entsprechend strukturierten Narrativen geprägt ist. Doch liegt der Wert der mündlichen Quellen gerade in ihrer Subjektivität.[98] Das gilt umso mehr angesichts der Überlieferungen des Parteiapparates mit der wirklichkeitsfremden Sprache und den verschleiernden Sozialkategorien. Allein anhand dieser retrospektiven Schilderungen lässt sich analysieren, wie sich Parteimitglieder in den Parteistrukturen bewegten, welche Themen und Konflikte die Parteiöffentlichkeit tatsächlich dominierten, wie sie die Parteinormen in ihrem Sinne nutzten und welchen Sinn sie ihrem Engagement beimaßen. Nur unter Einbeziehung dieser subjektiven Deutungen lassen sich Parteimitglieder als soziale Akteure im Sinne des praxeologischen Ansatzes untersuchen. Und nur so lässt sich analysieren, von welchen Faktoren Integrationskräfte ausgingen, die den Zusammenhalt der Partei an der Basis bedingten.

Eingedenk dieser Chancen und Grenzen der Oral History ist zudem eine weitere Besonderheit zu reflektieren, die Interviews von anderen Quellen wie den bürokratischen Berichtsquellen unterscheidet: Der Historiker ist (Mit-)Produzent und hat Einfluss auf die Gesprächssituation. Als Historikerin, die im katholischen Rheinland aufwuchs, zur Zeit des Mauerfalls Grundschülerin war und keine familiären Bindungen nach Ostdeutschland hat, bestand eine biografische Distanz zum Forschungsthema, die sich jedoch mit einer großen Neugierde verband. Ebendiese Konstellation prägte auch die Gesprächssituationen. Anfangs wurde mir, der Westdeutschen, zuweilen mit Skepsis begegnet. Diese wich jedoch nach kurzer Zeit einer großen Offenheit, die mir aufgrund meines Interesses an den Beschreibungen und Perspektiven der Befragten und aufgrund meiner biografischen Distanz entgegengebracht wurde. Das gilt insbesondere für Gesprächspartner älterer Geburtsjahrgänge, deren Biografien eng mit der Staatspartei verbunden waren. Ihre anfängliche Vorsicht schien mit der

97 Vgl. Wierling: Oral History, S. 99.

98 Vgl. ebd., S. 88. Vehemente Kritiker der Oral History betrachten das Interview als Artefakt, das nichts über die gelebte Vergangenheit aussage, sondern allein Produkt der Gesprächssituation sei. Vgl. Welzer, Harald: Das Interview als Artefakt. Zur Kritik der Zeitzeugenforschung, in: BIOS 13 (2000) 1, S. 51–63.

Sorge verbunden, eine erneute Entwertung ihrer (Berufs-)Biografie erfahren zu müssen. Nachdem sie ihre Skepsis aber einmal abgelegt hatten, waren sie es, die äußerst bereitwillig der interessierten Zuhörerin Auskunft über das Innere ihrer vergangenen Parteiwelt gaben. Nur einmal wurde eine Interview-Anfrage abgelehnt.

In den Interviews dominiert das Narrativ eines erfüllten Berufslebens, in dem sich die Rolle der SED zunächst marginal ausnahm. »Die Partei« wurde von Facharbeitern weitaus stärker mit dem in Berlin regierenden Politbüro assoziiert als mit dem eigenen Umfeld. Erst im Verlauf der Gespräche konnten Erinnerungen an die verschiedenen Aktions- und Handlungsfelder innerhalb wie außerhalb des Parteilebens aktiviert werden. Dabei zeigte sich eine enge Verflechtung von Berufs- und Parteileben, die den Gesprächspartnern retrospektiv häufig selbst fremd erschien und als einstige Normalität im Gespräch teilweise kaum erklärbar war. Für Ingenieure oder Ökonomen in Leitungspositionen war die Partei dagegen omnipräsent. Diese unterschiedlichen Erfahrungen und Wahrnehmungsdimensionen ermöglichen es, ein komplexes und differenziertes Bild der Innenwelt der SED-Parteibasis zu skizzieren.

Mit dem mikrohistorischen Schwerpunkt und den subjektiven Deutungen werden vor allem Kohäsionsfaktoren untersucht. Um darüber hinaus aber auch Erosionsprozesse in den Blick zu nehmen, liegt der diachrone Schwerpunkt der Studie auf den 1980er-Jahren. Damit geraten auch die Jahre vor dem Amtsantritt Gorbatschows ins Blickfeld, der für die SED eine Zäsur bedeutete. Im Fokus stehen gesellschaftliche wie innerparteiliche Konfliktfelder des Spätsozialismus, wobei punktuell auch Rückblicke unternommen werden, um den Ursprung und die Genese eines (innerparteilichen) Konflikts zu skizzieren. Vor allem geht es bei der diachronen Analyse jedoch um die Frage, wie sich die Konflikte zuspitzten und auf welche Weise die Entwicklungen innerparteiliche Integrationsfaktoren entkräfteten. Der zeitliche Schwerpunkt auf den 1980er-Jahren bietet den Vorteil, verschiedene Mitgliedersegmente untersuchen zu können. Zwar stehen auch hier die Stahlwerker und ihre Vorgesetzten im Zentrum, doch geraten weitere Milieus wie (Partei-)Intellektuelle und Künstler sowie Subgruppen der Machtsicherungselite, aber auch Jugendliche in den Blick, sodass ein breites innerparteiliches Panorama gezeichnet werden kann. Denn die verschiedenen Themen und Konfliktfelder der 1980er-Jahre waren, so die Vorannahme, für die einzelnen Mitgliedersegmente von unterschiedlicher Relevanz. Erst das Zusammenspiel der Spannungslinien, ihre Berührungspunkte und Ungleichzeitigkeiten lassen Erosionsprozesse in ihrer gesamten Dimension in Erscheinung treten. Gleichwohl birgt dieser diachrone Zuschnitt die Gefahr einer teleologischen Verengung der Forschungsperspektive in dem Sinne, dass die 1980er-Jahre allein als Vorgeschichte des bekannten Endes der Staatspartei erscheinen könnten. Um einer solchen Verkürzung entgegenzuwirken, werden auch hier die subjektiven Wahrnehmungen der Akteure in die Analyse einbezogen: Für sie waren die Entwicklungen schließlich nicht vorhersehbar, ein mögliches Ende des politischen Systems erschien unvorstellbar.

Um die innerparteilichen Konfliktfelder der 1980er-Jahre und ihr Erosionspotenzial analysieren zu können, bilden zudem die Stimmungsberichte des Ministeriums für Staatssicherheit (ZAIG-Berichte) eine zentrale Quellengruppe. Zwar zeichnen sie sich ebenso wie die Parteiquellen durch Akklamationssequenzen aus, die den Berichten vorangestellt sind. Auch werden die Stimmen aus der Bevölkerung in dem Raster der sozialistischen Sozialkategorien dargestellt, sodass teilweise unklar bleibt, ob mit der Kategorie »Arbeiter« wirklich Industriearbeiter gemeint waren oder sich auch Mitarbeiter des Ministeriums verdeckt zu Wort meldeten.[99] Kritische Stellungnahmen werden zudem ausschließlich als minoritäre Positionen dargestellt. Dennoch ist diese Quellengruppe für die Fragestellung aufschlussreich. Zum einen produzierte die Staatssicherheit keine regelmäßige Berichterstattung. So ist bereits die Auswahl der Anlässe interessant sowie die regelmäßig eingangs getroffene Aussage, wie intensiv die Reaktion der Bevölkerung zu einem bestimmten Thema oder Ereignis ausfiel. Trotz geheimdienstlicher Sichtweise mit ihrem Fokus auf Feindtätigkeiten sind den Stimmungsberichten in der Bevölkerung kursierende Meinungen und Ansichten zu entnehmen, womit sie eine Art Tiefenbohrung in die Gesellschaft darstellen und in komprimierter Form durchaus objektive Problemlagen widerspiegeln.[100] Auch Parteimitglieder werden in den Berichten als eigene Gruppe benannt, entweder explizit als SED-Mitglieder oder als sogenannte progressive Kräfte. Ihre Konflikte und Sichtweisen werden in den Berichten viel deutlicher skizziert als in den SED-Quellen. Dort geraten Konflikte erst in den Blick, wenn Parteimitglieder gegen Parteinormen verstoßen, etwa bei verbotenen Westkontakten von Geheimnisträgern. In den Stimmungsberichten des MfS dagegen werden Parteimitglieder nicht nur als Teil der politischen Organisation, sondern auch der Gesellschaft betrachtet, die sich mehr Information zu politischen Ereignissen wünschten, Schwierigkeiten hatten, die Linie der Partei vor Ort zu vertreten, oder auch mit politischen Entscheidungen der Parteiführung nicht einverstanden waren. In den Stimmungsberichten der 1960er- und 1970er-Jahre tauchen sie eher vereinzelt auf. In den 1980er-Jahren werden ihre Sichtweisen und Problemlagen dagegen immer ausführlicher geschildert, was ein erster Hinweis auf den Wandel innerhalb der SED ist. Dass sich die Lage bis 1989 immer mehr zuspitzte, ist auch den Quellen selbst anzumerken: Die Akklamationssequenzen fielen seit Mitte der 1980er-Jahre immer kürzer aus, und Besorgnis über die emotional aufgeladene negative Stimmung prägte den Ton. Die Lage

99 Vgl. Gieseke: Die hauptamtlichen Mitarbeiter der Staatssicherheit, S. 270 f.

100 Vgl. Gieseke, Jens: Annäherungen und Fragen an die »Meldungen aus der Republik«, in: ders. (Hg.): Staatssicherheit und Gesellschaft. Studien zum Herrschaftsalltag in der DDR, Göttingen 2007, S. 97 f.; Münkel, Daniela: Die DDR im Blick der Stasi 1989, in: APuZ 21–22/2009, S. 27; Engelmann, Roger: Zum Quellenwert der Unterlagen des Ministeriums für Staatssicherheit, in: Henke, Klaus-Dietmar/Engelmann, Roger (Hg.): Aktenlage. Die Bedeutung der Unterlagen des Staatssicherheitsdienstes für die Zeitgeschichtsforschung, Berlin 1996, S. 23–39, insb. S. 28.

wurde von den Auswertungsoffizieren der Zentralen Auswertungs- und Informationsgruppe (ZAIG) im MfS immer stärker als Krise wahrgenommen. Diese Tendenz fällt bei den Parteiberichten weniger stark aus, sie lässt sich darin eher vereinzelt konstatieren. Auffällig ist an den zentralen und regionalen Parteiberichten, dass nicht etwa die Zahl von Parteiverfahren, Eingaben von Parteimitgliedern oder Austritten exorbitant stieg, sondern die Artikulationsbereitschaft der Parteimitglieder wuchs. Ihre Äußerungen fielen in der rigiden und sanktionierten Parteiöffentlichkeit immer drastischer aus. Um den in den Stimmungsberichten und Parteiquellen skizzierten Konflikten verschiedener Mitgliedersegmente mehr Tiefenschärfe zu verleihen, werden in diesem Buch Ego-Quellen wie Zeitenzeugeninterviews, Tagebücher, Eingaben von Parteimitgliedern und auch selbstreflexive Schriften ehemaliger Parteihistoriker und Gesellschaftswissenschaftler ausgewertet.

Für die Phase des Zerfalls der SED werden hier zudem die Überlieferungen des zentralen Konsultations- und Informationszentrums der SED herangezogen, die das Archiv Demokratischer Sozialismus (ADS) der Rosa-Luxemburg-Stiftung bewahrt. Jene Kontaktstelle im Haus des ZK wurde am 16. November 1989 zur Vorbereitung auf den Sonderparteitag eingerichtet; sie empfing und dokumentierte die Anliegen von etwa 17 000 Kontaktsuchenden, in der Mehrzahl noch Parteimitglieder. Die Dokumente liefern einen instruktiven Einblick in die zerfallende Staatspartei, lassen empörte Parteimitglieder, verzweifelte Parteifunktionäre in den Betrieben und sich um ihre Zukunft sorgende Mitarbeiter der Staatssicherheit und des Parteiapparates hörbar werden. Sie wandten sich Hilfe suchend oder anklagend an die Parteizentrale. Anhand der Überlieferung der nur einen Monat existierenden Kontaktstelle, der letzten vom Parteiapparat gefertigten Berichte sowie der Zeitzeugenberichte werden die unterschiedlichen Verhaltensweisen in der Umbruchsituation und der rapide Loyalitätsverlust der Staatspartei analysiert.

5. Untersuchungsaufbau

Ausgehend von dieser theoretisch-methodischen Rahmung erstreckt sich die Untersuchung auf vier Felder. Den beiden Analyseschwerpunkten, die sich der Kohäsion und Erosion widmen, ist eine Akteur-Skizze vorangestellt, die der Untersuchung als Ausgangspunkt dient. Kapitel II zeichnet zunächst Umrisse der Sozialstruktur der SED Ende der 1980er-Jahre nach, um daran anschließend ein Panorama der Mitgliedermilieus zu entwerfen, die 1979 die Innenwelt der Staatspartei bestimmten. Anhand der politischen Vorgeschichte und Sozialisation werden verschiedene politische Milieus mit ihren unterschiedlichen Erfahrungshorizonten und Wertvorstellungen erkundet. Dies soll ein Bild der unterschiedlich gelagerten Parteibindungen liefern, die die Staatspartei in den 1980er-Jahren prägten. Anknüpfend an diesen allgemeinen

Überblick wird das spezifische Parteimilieu der Industriestadt Brandenburg erkundet, das den mikrohistorischen Schwerpunkt der Untersuchung bildet. Neben den Charakteristika der Stahlwerker werden die Parteistruktur im Werk, das soziale Profil der Parteiorganisation sowie die Atmosphäre des Parteilebens umrissen, um die Merkmale der Parteikultur des Stahlwerks aufzuzeigen.

Im Anschluss an diese einführenden Erkundungen zur sozialen und mentalen Verfassung der Mitgliederschaft stehen das Parteileben und seine Kohäsionskräfte im Fokus. Kapitel III historisiert einleitend die Lenin'schen Parteinormen, die seit den 1950er-Jahren den unveränderlichen Rahmen der Innenwelt der Partei bildeten. Nach der Skizzierung ihrer Genese wird die soziale Praxis in diesen Strukturen der Organisationswelt analysiert, wobei sowohl die sich wandelnden Herrschaftspraktiken zur Steuerung der Mitgliederschaft als auch die Reaktionen und das Handeln der Parteimitglieder in den Blick genommen werden. Zunächst richtet sich die Aufmerksamkeit auf den Parteieintritt. Die Folgen der Mitgliederpolitik mit ihren Rekrutierungspraktiken werden dabei ebenso beleuchtet wie die sich wandelnde Motivation, der Staatspartei beizutreten. Bei Eintritt erhielt das neue Mitglied ein Parteibuch, das es als Angehörigen der Staatspartei auswies und zur Dokumentation des Mitgliedsbeitrags diente. Es war zugleich Symbol der Gemeinschaft der Kommunisten, sodass bei Verlust oder Beschädigung eine Parteistrafe drohte. Mit dem Parteibuch verband sich auch das alle zehn Jahre stattfindende Bekenntnisritual des Umtauschs, später auch Kontrolle der Parteidokumente genannt, das die Mitgliederschaft zur Unterordnung unter die Linie der Parteiführung zwang. Berühmt und berüchtigt sind die Parteisäuberungen, die Anfang der 1950er-Jahre mit dem Umtausch der Parteibücher durchgeführt wurden. Doch lässt sich seit den 1960er-Jahren ein Wandel der Herrschaftspraxis ablesen, der in den folgenden Abschnitten anhand der Disziplinierungspraxis und der Parteiöffentlichkeit vertiefend betrachtet wird. Damit stehen nicht nur die Grenzen des Sagbaren im Fokus, sondern auch das, was auf den Parteiversammlungen Gegenstand der Verständigung war. So wird analysiert, wie Parteimitglieder mit den sich wandelnden Anforderungen umgingen und sie für ihre Zwecke nutzten. Hieran schließt sich vertiefend eine Analyse der staatlichen Leiter bzw. der Fachleute in unteren und mittleren Managementpositionen an, um die Handlungsspielräume und Verflechtungen mit dem Berufsalltag sowie die Praxis und soziale Funktion der Parteischulungen auszuloten. Aus der Analyse der Disziplinierungspraxis, der Parteiöffentlichkeit und des staatlichen Leiters als zentralem Akteur der GO ergibt sich ein Bild der Kohäsionsfaktoren des Parteilebens, das nicht nur die Funktion der Parteibasis im Herrschaftsgefüge, sondern auch die Rolle der Parteimitglieder in der Gesellschaft verdeutlicht.

Wie und wodurch diese Integrationskräfte im Laufe der 1980er-Jahre an Wirkung einbüßten, steht im Zentrum von Kapitel IV. Mit der Versorgungskrise, der wachsenden Präsenz des Westens und dem Amtsantritt Gorbatschows werden die zentralen gesellschaftlichen Konfliktfelder der 1980er-Jahre und ihre spezifische Dimension für Parteimitglieder untersucht. Dabei geraten nicht nur unterschiedliche Mitgliedersegmente in den Blick, sondern auch die Strategien der Parteiführung, der es immer weniger gelang, ihre Anhänger zu integrieren, und die zunehmend aggressiv reagierte. Die verschiedenen subkutanen Konfliktlinien mit ihren Erosionseffekten und Eskalationsstufen werden in diesem Kapitel bis zum Ende des Jahres 1988 verfolgt, um ein differenziertes Bild der Innenwelt zu zeichnen, bevor diese prekäre Situation 1989 kippte und mit den Massenaustritten die Zerfallsphase einsetzte. Wie es um die Mitgliederschaft Ende 1988 bestellt war, ob einzelne Integrationsfaktoren noch wirksam waren oder die Innenwelt der SED eher einem Kartenhaus glich, das bei der nächsten Erschütterung zwangsläufig in sich zusammenbrechen würde, wird im Zwischenfazit diskutiert.

Schließlich stehen in Kapitel V das Jahr 1989 und die Analyse der Staatspartei zwischen Zerfall und Transformation im Zentrum. Zunächst werden die äußeren und inneren Ereignisse dargestellt, die letztlich den Ausschlag für die Massenaustritte gaben, wobei der letzte Umtausch der Parteidokumente besonders im Fokus steht. Während es in den Jahrzehnten zuvor gelang, mit diesem Ritual die Mitgliederschaft hinter der Politik der Parteiführung zu versammeln, passierte 1989 das genaue Gegenteil: Anstatt sich zur SED zu bekennen, nutzten so viele wie nie zuvor den Umtausch zum Austritt. Nach den auslösenden Ereignissen sollen die verschiedenen Verhaltensweisen im Zerfallsprozess genauer analysiert werden: Wer die Partei verließ und warum, wird ebenso untersucht, wie diejenigen, die sich von der Parteiführung emanzipierten und für die weitere Existenz der Partei engagierten. Die unterschiedlichen Verhaltensmuster des Loyalitätsentzugs geben Einblick in unterschiedliche Parteibindungen, die erst im Zerfall sichtbar wurden.

II. Die Mitglieder der Staatspartei

1. Umrisse der Sozialstruktur Ende der 1980er-Jahre

Richtet sich der Blick auf die Mitgliederschaft der SED, so ist zunächst von Interesse, wer in der sozialistischen Einheitspartei organisiert war und warum. Mit diesen scheinbar einfachen Fragen nach der Sozialstruktur und der politischen Bindung ergeben sich jedoch erhebliche methodische Schwierigkeiten. Schon die Frage nach dem »Wer« lässt sich nicht leicht beantworten: Ende 1989 bzw. 1990 wurde im Zuge der Transformation der SED zur PDS die zentrale Mitgliederkartei vernichtet. Außerdem sind die SED-eigenen Statistiken, die etwa einen Arbeiteranteil von knapp 60 Prozent ausweisen, mit ihren sozialen Kategorien eher Ausdruck eines in Zahlen gegossenen Selbstbildes als seriöse Information über die reale soziale Struktur der Mitgliederschaft.[1] Eine konsistente historische Rekonstruktion der Sozialstruktur der SED für den gesamten Zeitraum ihrer Existenz steht bisher aus.[2] Einblicke in die soziale Verfasstheit der SED liefern lediglich eine kursorische Darstellung der Sozialstruktur des Jahres 1989, die auf Untersuchungen des Soziologen Dietmar Wittich fußt,[3] sowie eine neue Studie, die die parteiinterne statistische Berichterstattung kritisch rekonstruiert, indem sie die verschleiernden Kategorisierungen der Mitgliederstatistik historisiert.[4] Diese beiden Arbeiten bilden die Grundlage für die folgende Annäherung an die soziale Zusammensetzung der SED in den 1980er-Jahren. Ausgangspunkt bei der Betrachtung der Mitgliederschaft ist, dass die SED entgegen ihrer eigenen Rhetorik, die einen »Kampfbund Gleichgesinnter« beschwor, nie eine autonome Gesinnungsgemeinschaft darstellte. Sie war zu jeder Zeit eine

1 1979 wurde der Arbeiteranteil in der internen Statistik mit insgesamt 56,9 Prozent (1 212 247 Mitglieder) ausgewiesen. Vgl. Abteilung Parteiorgane: Analyse über die Entwicklung der Mitgliederbewegung der SED im Jahre 1979, 20.12.1979, in: SAPMO-BArch, DY 30/J IV 2/3A/3413, Bl. 2.

2 Bisher wurden allein die Anfangsjahre untersucht sowie die Teilsegmente NVA und MfS. Vgl. Hutter, Franz-Josef: Die Sozialstruktur der SED-Mitgliedschaft in ihren Anfangsjahren, in: Poppe, Ulrike/Eckert, Rainer/Kowalczuk, Ilko-Sascha (Hg.): »Mit uns zieht die neue Zeit …«. Die SED zwischen Kriegsende und Mauerbau, Tagung vom 12. bis 14. April 1996, Berlin 1998, S. 31–37; Gieseke: Die hauptamtlichen Mitarbeiter der Staatssicherheit; Malycha: Die SED, Geschichte ihrer Stalinisierung; Fingerle: Waffen in Arbeiterhand.

3 Vgl. Suckut, Siegfried/Staritz, Dietrich: Alte Heimat oder neue Linke? Das SED-Erbe und die PDS-Erben, in: Deutschland Archiv 24 (1991), S. 1039–1049.

4 Vgl. Peters: Arbeitermythos und Staatspartei.

sorgfältig geformte Massenpartei, die den Höhepunkt ihres Organisationsgrades in den 1970er- und 1980er-Jahren erreichte. Die seit 1975 über zwei Millionen Personen umfassende Mitgliederschaft hatte zudem einen doppelten Kern: Da sich die SED als Arbeiter- und Kaderpartei verstand, waren in ihren Reihen ebenso die sozialistische Dienstklasse zu finden wie »echte« Industriearbeiter.

Zunächst bildeten die Angehörigen der Machtsicherungselite eine beachtliche Größe: 225 000 hauptamtliche Funktionäre in SED und Massenorganisationen (9,8 Prozent) und 275 000 Angehörige aus dem Militär- und Sicherheitsbereich (12 Prozent) machten Ende der 1980er-Jahre gemeinsam über 20 Prozent der Mitgliederschaft aus.[5] Zur Dienstklasse ist auch die Gruppe der Legitimationselite zu zählen. Neben den Intellektuellen (Wissenschaftlern und Künstlern), deren Zahl unter den SED-Mitgliedern im Herbst 1989 mit ca. 50 000 bis 100 000 SED-Mitgliedern beziffert wurde,[6] müssen zu diesem Mitgliedersegment insbesondere Gesellschaftswissenschaftler der (Partei-)Hochschulen und Parteiinstitute, Journalisten der (Partei-)Zeitungen und (Staatsbürgerkunde-)Lehrer gezählt werden. Allein Lehrer bzw. Akademiker im Bildungswesen machten (im Jahr 1988) mit 122 000 Mitgliedern einen Anteil von 5,3 Prozent an der Mitgliederschaft aus.[7] Insgesamt dürfte der Sektor der Ideologieproduktion und -vermittlung einen Anteil von etwa 10 Prozent der Mitgliederschaft gehabt haben. Des Weiteren müssen jene Mitglieder zur Dienstklasse gezählt werden, die in leitenden Positionen in Staatsverwaltung und Wirtschaft tätig waren. Dieser Personenkreis der Verwaltungs- und Managementelite machte in den 1980er-Jahren rund 220 000 Genossinnen und Genossen aus, was 9,6 Prozent der Gesamtmitgliederschaft entsprach.[8] Demnach waren in den 1980er-Jahren insgesamt etwa 40 Prozent der SED-Mitglieder den Funktionseliten zuzuordnen.

Neben der sozialistischen Dienstklasse bildeten die Industriearbeiter eine bedeutsame Größe. Die Parteiführung unternahm bereits seit den 1960er-Jahren statistische Manipulationen, um offiziell einen Arbeiteranteil von nahezu 60 Prozent vorweisen zu können.[9] Der Anteil von »in der Produktion tätigen« Arbeitern wurde intern im Jahr 1970 auf ca. 34 Prozent und im Jahr 1988 auf 32,9 Prozent beziffert.[10] Dies entspricht 650 000 bis 750 000 Genossinnen und Genossen. Nicht zuletzt war diese hohe Zahl den massiven Rekrutierungsbemühungen geschuldet. Die Zahl der Genossenschaftsbauern in den Reihen der SED kam dagegen nicht über 80 000 bis 100 000 Mitglieder hinaus.[11] Neben den Produktionsarbeitern und Genossenschaftsbauern

5 Suckut/Staritz: Alte Heimat oder neue Linke?, S. 1040.
6 Ebd., S. 1041.
7 Peters: Arbeitermythos und Staatspartei, S. 34 f.
8 Ebd. Siehe auch: Suckut/Staritz: Alte Heimat oder neue Linke?, S. 1041.
9 Mitgliederstatistik des Jahres 1987, in: Neues Deutschland, 6.1.1988, S. 3.
10 Peters: Arbeitermythos und Staatspartei, S. 33 f. Suckut und Staritz konstatieren für den Herbst 1989 einen Arbeiteranteil von 34,3 Prozent. Vgl. Suckut/Staritz: Alte Heimat oder neue Linke?, S. 1040.
11 Peters: Arbeitermythos und Staatspartei, S. 35 f.

sind auch Rentner zur Parteibasis zu zählen, die 1988 einen beachtlichen Anteil von 15,6 Prozent (362 909 Genossinnen und Genossen) ausmachten. Zudem waren 50 884 Schüler und Studenten (im Jahr 1987) in den Reihen der SED zu finden.[12]

Die Besonderheit der Sozialstruktur der SED bestand jedoch nicht nur darin, dass Industriearbeiter und die Angehörigen der Dienstklasse die dominierenden Lager der Mitgliederschaft bildeten. Die Staatspartei war zudem männlich geprägt. Zwar war sie stets bestrebt, ihren Frauenanteil zu erhöhen. Doch kam dieser nie über ca. ein Drittel hinaus. 1971 belief sich der Anteil der Frauen in der SED auf 28,7 Prozent (547 874), 1979 bereits auf 32,9 Prozent (700 699 Genossinnen) und 1987 sogar auf 36,2 Prozent (842 680 Genossinnen).[13] Trotz dieser graduellen Steigerung blieben Genossinnen in der SED im Vergleich zu ihrem Anteil an der Bevölkerung stets unterrepräsentiert.[14] Dieses Phänomen ist auf die Mitglieder- und Gesellschaftspolitik der Staatspartei zurückzuführen, die »arbeiterliche« und damit männliche und körperlich herausfordernde sowie Spezialistentätigkeiten in der Industrie idealisierte und Tätigkeiten der Machtsicherung bevorzugte. Am Stahlhochofen, unter Ingenieuren mit Hochschulabschluss oder bei den bewaffneten Organen waren Frauen also eine Seltenheit. Allerdings stand nur eine kleine Minderheit der Genossinnen ausschließlich als Hausfrauen am Herd.[15] Insgesamt war der Grad der Berufstätigkeit von Frauen in der DDR sehr hoch. Doch waren sie eher in den unteren Rängen der Einkommensskala in »typisch weiblichen« Berufen zu finden.[16] Selbst technisch qualifizierte Frauen füllten mit ihrer Tätigkeit überwiegend die Automatisierungslücken in der Industrie.[17] Dies spiegelte sich auch in der Staatspartei wider: Genossinnen waren in sozialen Berufen, im Gesundheitswesen, an Schulen und im Handel stark vertreten.[18]

12 Mitgliederstatistik des Jahres 1987, in: Neues Deutschland, 6.1.1988, S. 3. Siehe auch: Peters: Arbeitermythos und Staatspartei, S. 36.

13 Abteilung Parteiorgane: Analyse über die Entwicklung der Mitgliederbewegung in der SED seit dem VIII. Parteitag und im Jahre 1975, Berlin, 15.1.1976, in: SAPMO-BArch, DY 30/J IV 2/2 J 7064, Bl. 5. Vgl. Abteilung Parteiorgane: Analyse über die Entwicklung der Mitgliederbewegung der SED im Jahre 1979, 20.12.1979, in: SAPMO-BArch, DY 30/J IV 2/3A/3413, Bl. 2. Siehe auch: Mitgliederstatistik des Jahres 1987, in: Neues Deutschland, 6.1.1988, S. 3.

14 In der Gesamtbevölkerung im arbeitsfähigen Alter (10 515 010) herrschte 1979 mit 5 261 880 Mio. Frauen ein leichter Überschuss gegenüber den 5 253 130 Mio. Männern. Vgl. Staatliche Zentralverwaltung für Statistik: Statistisches Jahrbuch 1980 der Deutschen Demokratischen Republik, 25. Jahrgang, Berlin (Ost) 1980, S. 346.

15 1979 waren 33 469 Genossinnen als Hausfrauen tätig. Vgl. Abteilung Parteiorgane, Analyse über die Entwicklung der Mitgliederbewegung der SED im Jahre 1979, 20.12.1979, in: SAPMO-BArch, DY 30/J IV 2/3A/3413, Bl. 2.

16 Gieseke: Soziale Ungleichheit im Staatssozialismus, S. 10.

17 Merkel, Ina: Leitbilder und Lebensweisen von Frauen in der DDR, S. 369.

18 Der Anteil der Genossinnen im Sozialwesen betrug 78,5 Prozent, im Gesundheitswesen 70,9 Prozent, an allgemeinbildenden Schulen 68,9 Prozent und im Handel 61,7 Prozent. Mitgliederstatistik des Jahres 1987, in: Neues Deutschland, 6.1.1988, S. 3.

Dieses Bild ergibt sich auch bei den Parteifunktionen: 1983 waren 21,8 Prozent von insgesamt 86 023 Parteisekretären einer Grundorganisation (GO) oder Abteilungsparteiorganisation (APO) weiblich.[19] Unter den nur 4874 hauptamtlichen Parteiarbeitern an der Basis lag der Frauenanteil 1984 mit insgesamt 19,3 Prozent sogar etwas darunter.[20] Gemessen an ihrer Präsenz in der Staatspartei waren sie weniger stark in Parteifunktionen vertreten – insbesondere als Hauptamtliche. In einem Bereich des Parteiapparates waren Frauen allerdings überrepräsentiert: 49,1 Prozent der Betriebszeitungsredakteure und 32,3 Prozent der Leiter von (Partei-)Bildungsstätten waren weiblich – diese Sektoren der Ideologievermittlung an der Basis wurden von der Staatspartei mit hauptamtlichen »Parteiarbeitern« betrieben.[21] Wie entscheidend die Berufsbranche für die Präsenz von weiblichen Parteisekretären an der Basis war, verdeutlichen folgende Zahlen aus dem Jahr 1981: Im vornehmlich männlich dominierten Industrie- und Baugewerbe waren nur 8 Prozent der hauptamtlichen Parteisekretäre von GO weiblich. In der Textilindustrie jedoch, wo Frauen den überwiegenden Teil der Beschäftigten ausmachten, lag die Frauenquote dagegen bei 42,4 Prozent.[22] Diese grobe Skizze der sozialen Zusammensetzung der SED in den 1980er-Jahren lässt jedoch keinen Rückschluss auf unterschiedliche Parteibindungen und die mentale Verfassung der Mitgliederschaft zu. Was aber band die Genossinnen und Genossen an die SED, und welche politischen Milieus prägten das Innere der Staatspartei?

2. Politische Milieus im real existierenden Sozialismus

Ende des Jahres 1979 konnte die Parteiführung wieder einmal einen Mitgliederrekord vermelden: Die SED zählte mit 2 130 923 Mitgliedern und Kandidaten so viele Genossen in ihren Reihen wie nie zuvor.[23] Seit den Parteisäuberungen Ende der 1940er- und Anfang der 1950er-Jahre wuchs die SED stetig. 1975 hatte die Mitgliederzahl erstmals die Zwei-Millionen-Grenze überschritten. 1987 erlebte die Staatspartei mit

19 Abteilung Parteiorgane: Information über die kadermäßige Zusammensetzung der gewählten Leitungen der Grundorganisationen, Abteilungsparteiorganisationen und Ortsleitungen, 30.11.1983, in: SAPMO-BArch, DY 30 27971, Bl. 1–3.

20 Abteilung Parteiorgane: Information über die kadermäßige Zusammensetzung der hauptamtlichen Parteiarbeiter in den GO der Partei, 18.6.1984, in: SAPMO-BArch, DY 30 27971, Bl. 1–3.

21 Ebd., Bl. 3.

22 Abteilung Parteiorgane: Information über die kadermäßige Zusammensetzung der hauptamtlichen Parteisekretäre und stellvertretenden Sekretäre der 157 Kombinate der Industrie und des Bauwesens sowie der Sekretäre der Grundorganisationen, die hauptamtlich in diesen Kombinaten tätig sind, 29.9.1981, in: SAPMO-BArch, DY 30 27971, Bl. 2.

23 Abteilung Parteiorgane: Analyse über die Entwicklung der Mitgliederbewegung der SED im Jahre 1979, 20.12.1979, in: SAPMO-BArch, DY 30/J IV 2/3A/3413, Bl. 2.

2 328 331 Mitgliedern und Kandidaten den Höhepunkt ihres Organisationsgrads.[24] Doch welche unterschiedlichen Parteibindungen, Erfahrungshorizonte und politische Vorgeschichten hatten sich bis Ende der 1970er-Jahre in der Zwei-Millionen-Partei angesammelt, und welche Mitgliedergruppen prägten sie?

Zunächst sind die beiden Gruppen der alten Kommunisten und Sozialdemokraten zu nennen, die 1979 quantitativ jedoch kaum noch ins Gewicht fielen und bereits 1946 in der Minderheit waren: Die im April 1946 neu gegründete SED mit ihren damals knapp 1,3 Millionen Mitgliedern setzte sich aufgrund des energischen Wettstreits von KPD und SPD um Neumitglieder in den Monaten und Wochen vor dem Vereinigungsparteitag bereits zu fast zwei Dritteln aus Angehörigen zusammen, die vor 1933 in keiner der beiden Arbeiterparteien organisiert waren.[25] Dieser Trend zur Marginalisierung der alten Kommunisten und Sozialdemokraten setzte sich mit den Parteisäuberungen fort. Innerhalb der kleinen und sehr heterogenen Gruppe der Altkommunisten, die von Westemigranten, der in Moskau gebildeten »Ulbricht-Gruppe« und Kommunisten mit Verfolgungs- und Widerstandsbiografien geprägt war, dominierten die Moskauer Exilanten. Sie besetzten die Spitzenpositionen in Partei und Staat. Auch nach dem Machtwechsel von Ulbricht zu Honecker blieben – trotz punktueller Verjüngung mit Personen wie etwa Günter Mittag (Jahrgang 1926) – die Spitzenämter von ihnen besetzt. Diese Dominanz der Altkommunisten in der Parteispitze steht jedoch im krassen Gegensatz zu ihrer geringen Präsenz an der Basis der Partei.[26] Dort wurden sie durch Neumitglieder ohne Bindung zum linken Lager quantitativ verdrängt. Die innerparteiliche Konkurrenz mit den Exilkommunisten und die Parteisäuberungen dezimierten die Gruppe der traditionellen Linken weiter. Der Parteiführung gelang es nicht einmal, die Hälfte dieses Potenzials für sich zu mobilisieren. Die Spaltung erfolgte also nicht etwa zwischen alten Kommunisten und den quantitativ dominierenden Sozialdemokraten,[27] sondern zwischen Organisationsbereiten und Distanzierten in beiden linken Lagern.[28]

1979 hatten die wenigen übrig gebliebenen Sozialdemokraten und Altkommunisten an der Basis der SED das Rentenalter erreicht. Wie ihre Altersgenossen, die vor

24 Malycha/Winters: Die SED, S. 415.

25 Vgl. Malycha: Die SED, Geschichte ihrer Stalinisierung, S. 216.

26 Ende der 1980er-Jahre machte das Historikerteam um Lutz Niethammer bei ihrer Zeitzeugensuche in verschiedenen Industriezentren der DDR die Erfahrung, dass politisch aktiv gebliebene Altkommunisten an der Basis eine dünne und kaum auffindbare Schicht waren. Vgl. Niethammer, Lutz/Plato, Alexander/Wierling, Dorothee: Die volkseigene Erfahrung, eine Archäologie in der Industrieprovinz der DDR, 30 biographische Eröffnungen, Berlin 1991, S. 48 f., 62 f., 182–220.

27 Vgl. Bouvier, Beatrix: Ausgeschaltet! Sozialdemokraten in der Sowjetischen Besatzungszone und in der DDR 1945–1953, Bonn 1996.

28 Vgl. Niethammer: Volkspartei neuen Typs?, S. 42–47, hier S. 45. Siehe auch: ders.: Die SED und »ihre« Menschen. Versuch über das Verhältnis zwischen Partei und Bevölkerung als bestimmendem Moment innerer Staatssicherheit, in: Suckut, Siegfried/Süß, Walter (Hg.): Staatspartei und Staatssicherheit. Zum Verhältnis von SED und MfS, Berlin 1997, S. 312 f.

ihrer SED-Mitgliedschaft keinem der beiden linken Lager angehört hatten, waren sie im Wohngebiet organisiert. Dort bestritten die Ruheständler mit den wenigen Hausfrauen und selbstständig Tätigen die Mitgliederversammlungen. Parteimitglieder im Rentenalter machten 1979 immerhin 13,3 Prozent der gesamten Mitgliederschaft aus. 283 100 Mitglieder waren über 65 Jahre alt und damit 1914 oder früher geboren worden.[29] In der zweiten Hälfte der 1980er-Jahre stieg die Zahl der Ruheständler noch einmal an und erreichte 1988 mit 362 909 Genossinnen und Genossen einen Anteil von 15,6 Prozent.[30] Unter ihnen war auch eine beachtliche Zahl von ehemaligen NSDAP-Mitgliedern. Wie viele ehemalige Nazis in den Reihen der SED genau waren, lässt sich nur schwer beantworten. Einer SED-internen Einschätzung lag die Quote 1954 bei 8,6 Prozent unter den SED-Mitgliedern und bei 9 Prozent unter den Kandidaten. Die Dunkelziffer lag vermutlich viel höher, da nicht wenige Mitglieder über ihre Verwicklungen mit dem NS-Regime schwiegen – aus Scham oder auch aus Sorge, das für die berufliche Position notwendige Parteiabzeichen nicht zu erhalten.[31]

So unterschiedlich ihre politischen Vorgeschichten und Haltungen auch waren, sie alle teilten die bedrückenden Erfahrungen zweier Weltkriege, sozialer Verwerfungen und Massenarbeitslosigkeit in der Weimarer Republik sowie der Entbehrungen der Nachkriegszeit. Trotz dieser für alle extremen Erfahrungen nahmen die Mitglieder der KPD eine besondere Stellung ein: Sie waren gesellschaftliche Außenseiter gewesen, deren Erfahrungshorizont von Wohnungsnot, harter körperlicher Arbeit, tyrannischen Vorgesetzten und mangelndem Zugang zu Bildung geprägt war. Die kommunistische Partei hatte mit ihrem Emanzipationsversprechen und der Solidarität der Parteigemeinschaft Halt und Schutz geboten. Dies galt insbesondere zu Zeiten der Verfolgung unter den Nationalsozialisten.[32] Die besonders enge Bindung an die SED, die sich aus diesem Erfahrungshaushalt speiste, galt 1979 ebenso für die Inha-

29 Abteilung Parteiorgane: Analyse über die Entwicklung der Mitgliederbewegung der SED im Jahre 1979, 20.12.1979, in: SAPMO-BArch, DY 30/J IV 2/3A/3413, Bl. 2.

30 Peters: Arbeitermythos und Staatspartei, S. 36. Vorkriegsmitglieder waren in den Industriebetrieben präsent. In den Verwaltungen und bei den bewaffneten Organen waren sie dagegen kaum zu finden. Christian, Michel: Parteileben in der KPTsch und in der SED, S. 13 f.

31 Danyel, Jürgen: Die SED und die »kleinen Pg's«. Zur politischen Integration der ehemaligen NSDAP-Mitglieder in der SBZ/DDR, in: Leo, Annette/Reif-Spirek, Peter (Hg.), Helden, Täter und Verräter. Studien zum DDR-Antifaschismus, Berlin 1999, S. 177–196; Meenzen, Sandra: Lebenslüge Antifaschismus. Der Umgang der SED mit einer NSDAP-Vergangenheit, in: Horch und Guck 4/2011, Heft 74, S. 10–13; Zu NS-belasteten politischen Mitarbeitern im ZK- und Staatsapparat: Bergien, Rüdiger: Das Schweigen der Kader. Ehemalige Nationalsozialisten im zentralen SED-Parteiapparat – eine Erkundung, in: Kundrus, Birthe/Steinbacher, Sybille (Hg.): Kontinuitäten und Diskontinuitäten. Der Nationalsozialismus in der Geschichte des 20. Jahrhunderts, Göttingen 2013, S. 134–153; Kuhlemann, Jens: Braune Kader, Ehemalige Nationalsozialisten in der Deutschen Wirtschaftskommission und der DDR-Regierung (1948–1957), gekürzte und sich aktualisierende Internetausgabe der gleichnamigen Dissertation (Universität Jena, 2005), in: https://jenskuhlemann.wordpress.com (Zugriff 23.6.2017).

32 Zur politischen Kultur der KPD der Weimarer Zeit vgl. Weitz: Creating German Communism, S. 233–279. Siehe auch: Epstein: The Last Revolutionaries, S. 16–70; Mallmann: Kommunisten in der Weimarer Republik; Sabrow: Der führende Repräsentant, S. 61–88.

ber von Spitzenämtern wie für die wenigen Ruheständler mit KPD-Vorgeschichte, die in den Wohngebietsorganisationen der SED organisiert waren. Diese Generation war mit den autoritären Parteistrukturen bzw. mit der Parteidisziplin verwachsen.

In den 1950er-Jahren kam die Gruppe der sozialen Aufsteiger hinzu, die den Kern der Mitgliederschaft bildete. Sie waren 1979 um die 50 Jahre alt und agierten mit Eifer in der Staatspartei. Gemeint ist die Generation der um 1929 Geborenen, die auch als FDJ- oder Aufbaugeneration firmiert[33] und außergewöhnliche Berufsaufstiege erlebt hatte.[34] Legt man großzügigere Maßstäbe bei der Vermessung der sogenannten Aufbaugeneration an, stimmt sie zu großen Teilen mit den Jahrgängen der 1929 bis 1938 Geborenen in der SED überein. Die 41- bis 50-Jährigen bildeten laut Mitgliederstatistik des Jahres 1979 mit 22,9 Prozent (488 817 Mitglieder) quantitativ die stärkste Alterskohorte in der Mitgliederschaft. Würde man die 51- bis 60-Jährigen (Jahrgänge 1919 bis 1928), die mit 17,1 Prozent (363 448 Mitglieder) ausgewiesen wurden, hinzurechnen, ergäbe sich sogar eine Gesamtzahl von 40 Prozent.[35] Diese Anzahl ist nicht mit den sozialen Aufsteigern deckungsgleich. Doch muss eine Konzentration dieser Gruppe bei den zwischen 1925 und 1935 Geborenen konstatiert werden, die quantitativ nicht unerheblich gewesen sein dürfte.

Die sozialen Aufsteiger der Aufbaugeneration waren in der Machtsicherungselite, aber auch in den anderen Segmenten der Funktionseliten vertreten: Sie bekleideten Leitungsfunktionen in der staatlichen Verwaltung, in der Wirtschaft, im Bildungswesen oder waren unter den Künstlern und Wissenschaftlern zu finden. Im Zuge des Elitenaustauschs benötigte die SED Ende der 1940er- und in den 1950er-Jahren Kader: Die Positionen des verdrängten Bürgertums in Wirtschaft, Wissenschaft und Verwaltung mussten mit neuen, zur politischen Ordnung loyal eingestellten Personen besetzt werden; für die neu eingerichteten (Partei-)Institutionen war ebenfalls Personal zu gewinnen. Das Augenmerk galt besonders der aus der Arbeiterschaft stammenden Jugend, die aufgrund ihres Alters kaum NSDAP-Mitglied und in die Verbrechen der Nazis verstrickt gewesen sein konnte. Lutz Niethammer stellt fest, dass diese Politik, aus Arbeiterkindern neue Eliten zu rekrutieren, das sozialgeschichtliche Rückgrat der Lebensfähigkeit der DDR in den 1950er- bis 1970er-Jahren darstellte.[36] Der soziale Aufstieg der Arbeiterkinder schuf eine breite loyale Führungsschicht. Aus Sicht der Akteure bildete das soziale Schicksal der Eltern, die Arbeiter gewesen waren oder sich als ungelernte Tagelöhner oder Landarbeiter verdingt hatten, eine Kontrastfolie

33 Vgl. Ahbe/Gries/Schüle: Die DDR aus generationengeschichtlicher Perspektive. Zum aktuellen Diskussionsstand vgl. Ahbe, Thomas: Deutsche Generationen nach 1945, in: APuZ 3/2007, S. 1–11.

34 Vgl. Solga: »Systemloyalität«, S. 523–542. Siehe auch: Huinink, Johann: Kollektiv und Eigensinn.

35 Abteilung Parteiorgane: Analyse über die Entwicklung der Mitgliederbewegung der SED im Jahre 1979, 20.12.1979, in: SAPMO-BArch, DY 30/J IV 2/3A/3413, Bl. 2.

36 Hier und im Folgenden: Niethammer: Volkspartei neuen Typs?, S. 40–70, hier S. 57.

zu ihrer eigenen Bildungs- und Aufstiegserfahrung.[37] Die Angehörigen der sogenannten Aufbaugeneration verfügten über keine eigene Erinnerung an die Weimarer Zeit. Ihr Erfahrungshorizont war geprägt durch Hitler-Jugend, Krieg und Vertreibung, den Zusammenbruch von 1945 gefolgt von politischer Neuorientierung, wirtschaftlicher Not, Entbehrungen und Improvisationsleistungen. Sie konnten auf keine politische Tradition zurückblicken, sondern nur auf politisches Scheitern. Aus diesem spezifischen Erfahrungshorizont speiste sich, so Lutz Niethammer, eine politische Generationensymbiose der Aufbaugeneration mit der Gruppe der Altkommunisten der Parteiführung, die für die Kohäsionskraft der Staatspartei sowie für die Stabilität der DDR von zentraler Bedeutung war. Die eingeräumten Aufstiege der neuen Dienstklasse sowie die moralische Unantastbarkeit der herrschenden Parteispitze, die durch ihre Biografien den Antifaschismus beglaubigten, bedingten diese Generationensymbiose, der damit zugleich eine rückwärtsgewandte und biologisch todgeweihte Legitimation innewohnte. Die Generation der aufgestiegenen Arbeiterkinder konnte sich nicht von der politisch-moralischen Aura der aus dem KZ zurückgekehrten alten Genossen der Führungsspitze als antifaschistische Ersatzväter lösen. Das ideologische Angebot an die Jugend bestand einerseits darin, die Schuld am Faschismus allein »dem Kapital« zuzuschreiben. Andererseits wurde die Macht der Herrschenden moralisch unterlegt, indem ihre Ausübung und Zentralisierung im Sinne Lenins ganz in den Dienst der »Ausgebeuteten« gestellt wurde. Politische Partizipation bedeutete für sie nicht, aktiv mitzugestalten, sondern sich an der Ausführung einer vorgegebenen Politik zu beteiligen.[38]

Seit den 1970er-Jahren stießen in großer Zahl Personen zur Staatspartei, die keine Erinnerungen mehr an den Zweiten Weltkrieg hatten und die in die DDR hineingeboren waren. 1979 bestand die Mitgliederschaft zu 23 Prozent aus jungen Genossen: Die 26- bis 30-Jährigen (also die zwischen 1949 und 1953 Geborenen) machten einen Anteil von 11 Prozent (237 513 Mitglieder) aus. Die jüngste Gruppe, die 18- bis 25-Jährigen (also die zwischen 1954 und 1961 Geborenen), hatte einen Anteil von 12 Prozent (255 121 Mitglieder). So stand die SED 1979 hinsichtlich ihres Jugendanteils der Gesamtgesellschaft in nichts nach: In der Mitgliederschaft wie in der Bevölkerung war fast jeder Vierte unter 30 Jahre alt.[39] Doch war dieser Anteil hart erarbeitet. In ihren Anfangsjahren hatte die SED Schwierigkeiten, dauerhaft

37 Besonders eindringlich ist diese Erfahrung für die langjährige Potsdamer Oberbürgermeisterin Brunhilde Hanke beschrieben worden. Vgl. Heye, Uwe-Carsten/Dalichow, Bärbel: »Wir wollten ein anderes Land«. Eine Familiengeschichte aus der DDR, München 2010.

38 Niethammer: Volkspartei neuen Typs?, S. 61–66, insb. S. 63 f.

39 Die Gruppe der unter 30-Jährigen in der SED umfasste im Jahr 1979 insgesamt 492 634 Mitglieder bei einer Gesamtzahl von 2 130 923 Mitgliedern und Kandidaten. Abteilung Parteiorgane: Analyse über die Entwicklung der Mitgliederbewegung der SED im Jahre 1979, 20.12.1979, in: SAPMO-BArch, DY 30/J IV 2/3A/3413, Bl. 2. Die Bevölkerung der DDR bestand im selben Jahr aus insgesamt 12 859 045 Personen über 18 Jahren. Die 18- bis 30-Jährigen umfassten insgesamt 3 393 889 Personen.

junge Kandidaten zu gewinnen. Eine nachhaltige Verjüngung setzte erst im Laufe der 1960er-Jahre ein, sodass bis 1971 der Anteil der 18- bis 30-jährigen Mitglieder auf beinahe 20 Prozent stieg und bis 1986 sogar auf 23,6 Prozent anwuchs.[40] Diese Konsolidierung ist nicht zuletzt auf die Rekrutierungskampagnen zurückzuführen, die sich seit dem Mauerbau verstetigten und regelmäßig im Vorlauf von Parteitagen oder zu besonderen Jahrestagen durchgeführt wurden.[41]

Diese jüngeren Mitglieder waren 1979 sowohl in der Industriearbeiterschaft sowie in den Macht- bzw. Funktionseliten zu finden. Sie leisteten entweder ihren Wehrdienst ab, waren als Lehrlinge und Studenten in der Ausbildung oder bereits als Berufseinsteiger in der städtischen Verwaltung, in Industriebetrieben oder auch bei der Staatssicherheit tätig. So unterschiedlich auch ihr sozialer Hintergrund und ihr Tätigkeitsfeld sein mochten, einte diese Gruppe die Erfahrung als Nachkriegsgeneration. Die Berliner Mauer sowie die Teilung der Welt in zwei machtpolitische Blöcke, die wechselhafte Außenpolitik aus Annäherung und Abgrenzung bzw. Aufrüstung prägten ebenso ihren Horizont wie die Konsumwelt des Westens. Westfernsehen und DM-Besitz waren für sie genauso selbstverständlich wie der Besuch der Polytechnischen Oberschule, die Mitgliedschaft in der FDJ und für die männlichen Vertreter der Wehrdienst. Diese Einrichtungen bildeten die zentralen politischen Sozialisationsinstanzen. So war die Parteizugehörigkeit für sie häufig nicht viel mehr als eine weitere Mitgliedschaft, die sich in den staatlich geordneten Lebenslauf einfügte und daher als Normalität empfunden wurde.[42] Die politische Alltagserfahrung war von dem Empfinden bestimmt, trotz Engagements letztlich keinen Einfluss auf die politische Entwicklung nehmen zu können, was zunehmend die Akzeptanz des politischen Systems unterminierte.[43]

Seit Beginn der 1970er-Jahre hinterließen die Prinzipien der gebauten Mitgliederschaft ihre Spuren, was eine Spaltung der jüngeren Parteimitglieder nach sich zog. Bereits Anfang der 1960er-Jahre verengten sich die vormals weit geöffneten Aufstiegskanäle langsam. In den 1970er-Jahren zeigte dieser Trend deutliche Auswirkungen und verschärfte sich in den 1980er-Jahren. Für die Alterskohorte der zwischen 1951 und 1953 Geborenen war es ungleich schwerer, beruflich aufzusteigen, als für ihre Eltern. Diese Entwicklung führte dazu, dass sich die Dienstklasse seit den

Vgl. XXI. Bevölkerungsstruktur und Entwicklung 1979, in: Staatliche Zentralverwaltung für Statistik: Statistisches Jahrbuch der Deutschen Demokratischen Republik 1980, S. 345–352.

40 Malycha/Winters: Die SED, S. 414 f.

41 Vgl. Peters: Arbeitermythos und Staatspartei, S. 18.

42 Hier und im Folgenden: Wierling: Geboren im Jahr Eins, S. 445–464; beispielhaft auch Bisky, Jens: Geboren am 13. August. Der Sozialismus und ich, Berlin 2004.

43 Vgl. Förster, Peter: Die Entwicklung des politischen Bewusstseins der DDR-Jugend zwischen 1966–1989, in: ders./Friedrich, Walter/Starke, Kurt (Hg.): Das Zentralinstitut für Jugendforschung Leipzig 1966–1990. Geschichte, Methoden, Erkenntnisse, Berlin 1999, hier S. 160–162, Trend zur generellen Abnahme der Zustimmung zum System siehe S. 78–81.

1970er-Jahren zunehmend aus sich selbst heraus rekrutierte.[44] Das Nachsehen hatten ausgerechnet Arbeiterkinder. In den 1970er- und 1980er-Jahren verringerten sich ihre Chancen, einen höheren beruflichen Status zu erreichen, deutlich. Bereits für die Jahre 1964 und 1965 berichtete die Zentrale Parteikontrollkommission (ZPKK) über enttäuschte Mitglieder, die die SED verlassen wollten, weil der erhoffte Aufstieg mit der Aussicht auf eine bessere Bezahlung ausblieb.[45] Während sich bei ihnen Frust über mangelnde berufliche Chancen ausbreitete, war das Parteibuch für ihre Altersgenossen, die aus einem systemloyalen Elternhaus stammten, das der Dienstklasse angehörte, nicht mehr politisches Bekenntnis wie noch für ihre Eltern, sondern vielmehr Ausdruck der Zugehörigkeit zu ihrem sozialen Umfeld.[46]

Ob anpassungsbereite Altkommunisten und Sozialdemokraten im Rentenalter, ehemalige NSDAP-Mitglieder, engagierte und in die Jahre gekommene soziale Aufsteiger, junge frustrierte Arbeiterkinder oder die Sprösslinge der Dienstklasse: Sie alle bildeten 1979 die SED. Doch nicht allein die Gesamtheit der politischen Milieus kennzeichnet die mentale Verfasstheit der SED im real existierenden Sozialismus, sondern auch deren spezifische Konstellation: Die jeweiligen Milieus waren nämlich in unterschiedlichen Machtsphären besonders präsent. Während die Parteiführung von Altkommunisten beherrscht wurde, war die Dienstklasse von den ca. 50-Jährigen sozialen Aufsteigern und ihren Kindern dominiert. In der Industriearbeiterschaft waren Altkommunisten eine Seltenheit. Dagegen war hier die Gruppe der Unpolitischen und Distanzierten infolge der Rekrutierungspolitik unter den (Fach-)Arbeitern der Industriebetriebe besonders verbreitet. Allerdings war diese Gruppe auch in den Reihen der Funktionselite zu finden. Unter den (Industrie-)Arbeitern dürfte seit den 1970er-Jahren zudem die Gruppe der frustrierten jungen Mitglieder zugenommen haben, die sich beruflich abgehängt fühlten. Diese Konstellation wurde für die Kohäsionskraft jedoch zunehmend prekär: Während die Gruppe der sozialen Aufsteiger die Leitungsfunktionen besetzten und sicherstellten, dass auch ihre Kinder den Eintritt in die sozialistische Dienstklasse schafften, den Altkommunisten der Parteiführung jedoch nicht die Stirn bieten konnten, waren die jüngeren Generationen – insbesondere die Arbeiterkinder – mit einem Status quo konfrontiert, der ihnen geringe Gestaltungsmöglichkeiten einräumte. Der mitgliederpolitischen Rezeptur für die Kohäsion der Staatspartei wohnte somit auch ein destabilisierendes Moment inne.

44 Hier und im Folgenden: Solga: »Systemloyalität«, S. 523–542. Siehe auch: Huinink: Kollektiv und Eigensinn.

45 Vgl. Zentrale Parteikontrollkommission: Einschätzung der Streichungen von Mitglieder und Kandidaten aus der Partei, 19.7.1965 in: SAPMO-BArch, DY 30/IV A 2/4/82, o. Bl.

46 Vgl. Wierling: Geboren im Jahr Eins, S. 445–464. Siehe auch: Wierling, Dorothee: How Do the 1929ers and the 1949ers Differ? In: Fulbrook, Mary (Hg.): Power and Society in the GDR, 1961–1979. The »Normalisation of Rule«?, Oxford 2009, S. 204–219.

3. Parteimitglieder in der Industrieprovinz

Die politische Sozialisation mit ihren unterschiedlichen Erfahrungshorizonten war zentral für die verschieden gelagerten Parteibindungen in der Mitgliederschaft. Jedoch gab es noch weitere Dimensionen der Innenwelt der SED. Auch die unterschiedlichen Lebens- und Arbeitsbereiche prägten den Alltag der Parteimitglieder. Die Atmosphäre des Parteilebens war im MfS eben anders gelagert als an der Akademie der Künste oder in Industriebetrieben. Angesichts der gebauten Mitgliederschaft gab es zwei Typen von SED-Hochburgen: Zunächst waren da die Verwaltungszentren wie Ost-Berlin und die Bezirksstädte, wo Angehörige der Dienstklasse und der Machtsicherungselite besonders stark vertreten waren. Daneben bildeten die Standorte der klassischen Groß- und Schwerindustrie Kerngebiete der SED-Präsenz, die sich durch einen besonders hohen Anteil von Industriearbeitern in der Mitgliederschaft auszeichneten.

Die innere Komplexität dieser Milieus macht jedoch für die weitere Untersuchung eine Auswahl erforderlich. Im Kontrast zu den retrospektiv artikulationsfreudigen kritischen Intellektuellen aus der Wissenschaft und dem Kunst- und Kulturbetrieb werden die Parteimitglieder der Industrieprovinz in den Blick genommen, wobei die Stadt Brandenburg an der Havel und das dortige Stahlwerk stellvertretend für die Partei in der Industrieprovinz betrachtet werden. Die in der Nähe Potsdams gelegene Kreisstadt war Standort eines Stahlwerks, das nicht nur größter Arbeitgeber der Region war, sondern dessen Belegschaft durch Facharbeiter geprägt war. Das Milieu der Industriearbeiterschaft ist auch deshalb von besonderem Interesse, da es anders als in westlichen Ländern durch die Industriepolitik der SED konserviert wurde und zudem auch die Kerngruppe ihrer politischen Legitimationsstrategie bildete.[47] Zugleich rückt damit fast nebenbei das Milieu der technischen Experten bzw. der Ingenieure als Teil der sozialistischen Dienstklasse in den Fokus, das ebenfalls die Lebenswelt im Werk prägte. So ermöglicht die Konzentration auf das Stahlwerk also einen differenzierten Einblick in die Welten der sozialistischen Arbeiter- und Dienstklasse. Doch was zeichnete das Stahlwerkmilieu aus? Welche Atmosphäre prägte Brandenburg, das Werk und das dortige Parteileben?

47 Vgl. Kleßmann: Arbeiter im »Arbeiterstaat«, S. 9–40, insb. S. 18.

Das Stahlwerkmilieu in Brandenburg an der Havel

Heute erinnert nicht mehr viel an das einst große, lärmende und qualmende Werk im Westen der Stadt Brandenburg, das als einer der wichtigsten Stahlproduzenten der DDR[48] das industrielle Herz des Bezirks Potsdam bildete und mit zuletzt fast 10 000 Beschäftigten größter Arbeitgeber und Lebensader der Stadt war.[49] Der von einem Kreis umschlossene rote Stern, auf dem in weißer Farbe der Buchstabe B für Brandenburg prangte, war Markenzeichen des VEB Stahl- und Walzwerk Brandenburg (SWB). 1993 stellte das Werk seine Produktion ein. Nur das 1980 in Betrieb genommene Elektrostahlwerk produziert unter dem Dach des italienischen Riva-Konzerns heute noch Stahl. Das Gelände fungiert seit Mitte der 1990er-Jahre als Industrie- und Gewerbepark mit Autohäusern, Glasereien und Ingenieur- wie Baugesellschaften – dazwischen ein aus der Gründerzeit übrig gebliebenes kleines Gebäude, das einen Asia-Imbiss beherbergt. Ein kleiner Teil des alten Werks wurde als Industriemuseum konserviert, das die Erinnerung an den Koloss bewahren soll, der fast ein Jahrhundert die Stadt und das Leben vieler Brandenburger prägte.[50]

Die Stadt an der Havel stand seit jeher ein wenig im Schatten der östlich gelegenen Nachbarstädte Potsdam und Berlin. Doch profitierte sie zugleich vom Wachstum beider Zentren. Auch durch die Nähe zum westlich gelegenen Magdeburg bildete sich zunächst eine Handels- und Handwerkstradition aus, bis sich die Havelstadt mit der Industrialisierung zu einem bedeutenden Zentrum der Metallindustrie entwickelte. 1912 wurde das Stahlwerk gegründet, das 1926 in den Flick-Konzern »Mitteldeutsche Stahlwerke« eingegliedert wurde und in beiden Weltkriegen einen wichtigen Standort der Rüstungsproduktion darstellte. Brandenburg wandelte sich seit der Zeit der Weimarer Republik zu einer modernen Industrie- und Verwaltungsstadt, deren Anziehungskraft in einer stetig steigenden Einwohnerzahl zum Ausdruck kam, die während der DDR-Zeit fast die Schwelle von 100 000 erreichte, aber nie überschritt.[51] Mit dem Wiederaufbau des Stahlwerks 1949 und der Ausrichtung der Wirtschaftspolitik auf die Schwerindustrie wurde die traditionell vielfältige Wirt-

48 Vgl. Treskow, Sieglinde von/Sponholz, Wolfgang: Stahlstandort am Silokanal, in: Heinrich, Gerd (Hg.): Stahl und Brennabor. Die Stadt Brandenburg im 19. und 20. Jahrhundert, Potsdam 1998, S. 419–431.

49 Vgl. hier und im Folgenden: Segert, Astrid: Das traditionelle Arbeitermilieu in Brandenburg. Systemische Prägung und regionale Spezifika, in: Vester, Michael/Hofmann, Michael/Zierke, Irene (Hg.): Soziale Milieus in Ostdeutschland. Gesellschaftliche Strukturen zwischen Zerfall und Neubildung, Köln 1995, S. 289–329.

50 Der Förderverein Stahlmuseum Brandenburg an der Havel e.V. ist Träger des Industriemuseums Brandenburg an der Havel, das seit dem Jahr 2000 Besuchern offensteht. Vgl. http://www.industriemuseum-brandenburg.de/050_hof4.htm (Zugriff: 20.8.2014).

51 Schwarzer, Thomas/Schweigel, Kerstin: Brandenburg. Industriestadt zwischen Stahlmodell und wirtschaftlicher Vielfalt, in: Vester; Hofmann/Zierke: Soziale Milieus in Ostdeutschland, S. 230–288.

Abb. 1: Das alte Stahlwerk am Silokanal war lange Zeit Lebensader der Stadt Brandenburg an der Havel, o. D.

schaftsstruktur überformt. Brandenburg wurde »Stahlstadt«, wobei die rauchenden Schornsteine nicht nur die Stadtsilhouette prägten, sondern auch Eingang in das Stadtwappen fanden.[52]

Ebendiese Entwicklung hinterließ Spuren in der Sozialstruktur der Kreisstadt. Die Sozialwissenschaftler Thomas Schwarzer und Kerstin Schweigel ordnen für den Zeitpunkt Anfang der 1980er-Jahre etwa 17 Prozent der Brandenburgerinnen und Brandenburger der Macht- und Bildungselite zu.[53] Dazu zählen sie höhere Positionen im Partei- und Staatsapparat oder Sicherheitsbereich sowie Angehörige der technischen Intelligenz wie auch der medizinischen, pädagogischen, wissenschaftlichen und kulturellen Intelligenz. Den überwiegenden Teil der Einwohner zählen sie zur sogenannten gesellschaftlichen Mitte, die bei ihnen 71 Prozent ausmacht. Die dominante Gruppe dieser Mitte bilden Facharbeiter aus der Industrie und dem

52 Vgl. Heß, Klaus: Das Stahl- und Walzwerk und die Stadt Brandenburg, in: Förderverein Stahlmuseum (Hg.): 90 Jahre Stahl aus Brandenburg. Zeitzeugen berichten, Berlin 2005, S. 65–67. Siehe auch: Bahr: Parteiherrschaft vor Ort, S. 173–189. Zu Gesellschaft, Alltag und Herrschaft sozialistischer Industriestädte siehe auch: Springer, Philipp: Verbaute Träume, Herrschaft, Stadtentwicklung und Lebensqualität in der sozialistischen Industriestadt Schwedt, Berlin 2006; Kotkin: Magnetic Mountain.

53 Hier und im Folgenden: Schwarzer; Schweigel: Brandenburg, S. 269–271.

staatlichen Verkehrswesen. Daneben sind auch mittlere und untere Positionen im Dienstleistungsbereich, in Büro- und Verwaltungsberufen sowie in den Bereichen Gesundheit, Bildung und Kultur in dieser Kategorie enthalten. Während die Gruppe der Facharbeiter überwiegend aus Männern bestand, wurden die Dienstleistungsberufe hauptsächlich von Frauen ausgefüllt. Das untere Ende dieser von Schwarzer und Schweigel entworfenen Sozialhierarchie bilden mit 12 Prozent die sogenannten Randbelegschaften. Hierzu zählen die Sozialwissenschaftler Hilfstätigkeiten sowie gering qualifizierte Arbeitnehmer. Die Verfestigung dieser Sozialstruktur erfolgte angesichts der Arbeitsplatzgarantie mit der Privilegierung der Macht- und Bildungselite durch exklusive Beziehungsnetzwerke, lohnpolitische Zugeständnisse an die Mitte sowie umfassende soziale Absicherung der Randbelegschaften. Prägend für das Sozialklima der Havelstadt waren die vielen Facharbeiter der Industrie, die einem traditionellen Arbeitermilieu zuzuordnen sind. Zugleich prägte milieuübergreifend »Werkstolz« die Atmosphäre – die Belegschaften identifizierten sich mit ihren Betrieben und verfügten über eine ausgeprägte Wahrnehmung hinsichtlich der Differenzen in Sozialprestige, Bezahlung und weiteren Leistungen. Den Kern bildeten die örtlichen Stahlarbeiter. Sie genossen überdurchschnittliche Löhne, betriebliche Sozialleistungen, einen hohen Status im SED-Offizialdiskurs und traten entsprechend selbstbewusst auf. Stahlwerker und die übrigen Brandenburger trennte deswegen eine gehörige Kluft.[54]

Noch heute klingt die spezielle Atmosphäre des Stahlwerks in den Erinnerungen seiner einstigen Mitarbeiter nach. Milieuübergreifend präsent ist die gute Versorgung: Südfrüchte, das günstige und gute Kantinenessen, Geschenktüten an Feiertagen und auch Bezugskarten für Milch und Cola waren an der Tagesordnung, wie sich der Werksanitäter Jürgen Schubert und seine Frau Elke, Kranfahrerin am Stahlofen, erinnern. Diese Sonderversorgung sei »nicht schlecht« gewesen, wenngleich ihre Qualität im Laufe der 1980er-Jahre abnahm. Das Ehepaar schildert einmütig: »Det war halt nicht mehr so dolle wie am Anfang [mit den Südfrüchten, S.P.].«[55]

Auch die Betriebspoliklinik, die Sanitätsstelle, das Kinderdorf mit Krippen-, Kindergarten- und Hortplätzen, das Kinderferienlager, die Ferienheime sowie die Kultur- und Sporthalle standen den Stahlwerkern exklusiv zur Verfügung.[56] Die Mitarbeiter

54 Vgl. Segert: Das traditionelle Arbeitermilieu in Brandenburg, S. 289–364, hier insb. S. 292–309. Astrid Segert skizzierte vier Eigenheiten, welche ostdeutsche traditionelle Arbeitermilieus gegenüber westdeutschen unterscheiden. Dies sind eine hohe Erwerbstätigkeit von Frauen, ein subkutaner Generationenbruch bei den Lebensansprüchen der Generationen, eine stark beeinträchtigte politische Artikulationsfähigkeit, die sich betrieblich in einem System informeller Verhaltensweisen organisierte, und die Betriebszentrierung. Vgl. ebd., S. 293–295.

55 Interview mit Elke und Jürgen Schubert am 4.8.2010, Transkript der Audiodatei, S. 12.

56 Vgl. Industriemuseum Brandenburg an der Havel (Hg.): Ein Jahrhundert Stahl aus Brandenburg im sozialen und politischen Umfeld, Dokumentation zur Dauerausstellung, Brandenburg 2000, S. 9 u. 11.

Abb. 2: Die Brigade Uhrig im Stahlwerk in Brandenburg an der Havel, o. D.

konnten darüber hinaus in den Werksiedlungen aus den 1920er- und 1950er-Jahren, dem Wohngebiet Brandenburg Nord sowie dem in den 1980er-Jahren errichteten Neubaugebiet Hohenstücken nah und günstig wohnen. Auf die Nachfrage, ob es in der Stadt nicht auch Unmut über die Besserstellung der Stahlwerker gegeben habe, verneint Jürgen Schubert unter Zustimmung seiner Frau: »Det war, die wussten auch, im Stahlwerk, det is ne schwere Arbeit. Die haben's och verdient, sollen sie es och kriegen.«[57]

Man kann bezweifeln, dass alle Brandenburger das tatsächlich so sahen, aber mit dem Verweis auf die harte Tätigkeit erscheinen die sozialen Differenzen noch heute legitimiert. Die körperlich anstrengende und gefährliche Arbeit an den zwölf Siemens-Martin-Öfen und den Walzstraßen prägt bis heute das Bewusstsein auch jener, die fernab in der Verwaltung und Leitung des Werks tätig waren. Zwar verschwanden seit den 1960er-Jahren die Zangen, mit denen die Stahlstangen per Muskelkraft gehoben worden waren, und auch die Stahlöfen wurden von Braunkohle auf Erdgas umgestellt. Trotz dieser Erleichterungen blieb die Arbeit eine körperliche Herausforderung. Auf Heinz Grabowski, der in den 1960er-Jahren als hauptamtlicher Parteisekretär in der Betriebsparteileitung des Stahlwerks begann, machte die Knochenarbeit großen Eindruck. Anerkennend schildert er:

57 Interview mit Elke und Jürgen Schubert am 4.8.2010, Transkript der Audiodatei, S. 4.

»Und zu meiner Zeit, det war Anfang der sechziger Jahre, zweete Knochenarbeit war jewesen, wenn sie den Stahl abgestochen haben. Det is ja och in großen Pfannen. 150, 120 Tonnen. Und glühend heiß wie ne Suppe. Und um det zum Walz, zum Walzen zu bringen, musste man den Stahl aus der großen Tonne in Kokillen vergießen. So, und da liefen die Leute dann mit Holzpantinen, mit wat anderem konnte ja nicht zu viel (unverständlich) sein. Det musste ja alles ordnungsjemäß technologisch sein, damit der Stahl in Ordnung ist. Man kann det nicht eenfach auskippen, wie ne Suppe. [...] Das war eine viehische Arbeit. Also wer, war schlimm. Und det waren och die meisten Leute, ick sag's mal, die kamen auch von überall wegen des Jeldes. Vom Lande von überall und wollten ja nu ihr jutet Jeld verdienen. Aber et war ne Knüppelei. Die kriegten dann Sonderrationen Milch und alles so wat.«[58]

Näher dran als der Parteisekretär war Elke Schubert, die 1970 ihre Lehre zur Metallurgin begonnen hatte. Als Kranfahrerin bestückte sie die Stahlöfen mit Schrott, war am Leitstand tätig und half beim Abstich, indem sie sich die Holzlatschen überzog und ihren Kollegen am heißen Gießzug zur Hand ging. Es gehörte zum Stahlwerker-Ethos, über die harte körperliche Arbeit selbst als Frau nicht viele Worte zu verlieren. So erklärt sie recht einsilbig: »Ja, aber det hat man eben halt gemacht. Man hat sich kein Kopp gemacht drüber, det war so, ja.«[59]

Als belastend empfand die Kranführerin hingegen Dreck, Lärm sowie Hitze im Sommer und Kälte im Winter. In ihrem Kranhäuschen unter dem Dach der Werkhalle gab es keine funktionierende Klimaanlage, sodass sie sich im Sommer mit einem Eimer kalten Wassers für die Füße behalf oder im Winter mit mehreren Hosen übereinander der Kälte trotzte. Auch die Schichtarbeit war ihr eine Last. Durch das Vier-Schicht-System war das Werk rund um die Uhr in Betrieb, selbst an Weihnachten durften die Hochöfen nicht erkalten. Kompensiert wurden diese Strapazen durch den kollegialen Zusammenhalt, der ihr als Frau in der männlich dominierten Gemeinschaft zugutekam. Sie schildert, dass sie an Weihnachten ihre Schicht etwas früher verlassen konnte: »[...] haben die Männer uns nach Hause geschickt, haben die Männer halt die Arbeit mitgemacht, damit wir Weihnachten bei den Kindern zu Hause sein konnten. Ja, det war eben äh, äh, een Kollektiv, eben.«[60]

Trotz hoher Erwerbstätigkeit von Frauen waren körperlich anstrengende Tätigkeiten überwiegend in männlicher Hand.[61] Auch Ingrid Kirchhoff, damals Ingenieu-

58 Interview mit Heinz Grabowski am 3.12.2010, Transkript der Audiodatei, S. 25.
59 Interview mit Elke und Jürgen Schubert am 4.8.2010, Transkript der Audiodatei, S. 5.
60 Ebd., S. 4 f.
61 Vgl. Segert: Das traditionelle Arbeitermilieu in Brandenburg, S. 293–295. Charakteristisch war die verbreitete Berufstätigkeit von Frauen unter Beibehaltung des »Monopols« auf Haus- und Familienarbeit. Zur »Mutti«-Politik vgl. Gerhard, Ute: Die staatlich institutionalisierte »Lösung« der Frauenfrage. Zur Geschichte der Geschlechterverhältnisse in der DDR, in: Kaelble, Hartmut/Kocka, Jürgen/Zwahr, Hartmut (Hg.): Sozialgeschichte der DDR, Stuttgart 1994, S. 390–392.

rin in leitender Position, erinnert sich, schon im Ingenieurstudium mit Schwerpunkt Metall wie auch als leitende Technikerin im Werk in einer absoluten Männerdomäne tätig gewesen zu sein. Während Elke Schubert am Stahlofen Wert darauf legte, keine Diskriminierung wahrgenommen zu haben, und den offenen, manchmal rauen Umgangston schätzte, weil sie dort ohne Rücksicht ihre Meinung äußern konnte, erinnert sich Ingrid Kirchhoff sehr genau an die feinen Unterschiede. Sie machte die Erfahrung, sich immer erst durchsetzen zu müssen, und stellt fest:

> »Also, als Frau in so ner Männerriege [zurecht]zukommen, ist erstmal schwierig. Äh, ich habe immer gesagt, sie müssen das Doppelte leisten, um anerkannt zu werden. Erstmal. Um überhaupt in diese äh Männerhierarchie äh Namen sich zu machen. Aber, wenn sie das haben, ist das kein Problem mehr. Äh, dann sag ich, kommt der Neid von vielen schon wieder durch. Bei den Männern. Dass sie gut sind. Dann sind die neidisch teilweise, ja? Also, und das merken sie denn auch. Dann kriegen sie denn so Sticheleien, so ja? Aber, aber um dort hinzukommen, äh, ist es schwierig, ja?«[62]

Ihre Erfahrungswelt war von individueller Leistungsbereitschaft geprägt und der Schwierigkeit, sich trotz hart erworbener Kompetenzen im Kollegenkreis als Frau erst durchsetzen zu müssen, um Anerkennung zu erfahren. Doch anders als ihre Erzählung zunächst suggeriert, schien nach einer Bewährungszeit, in der sie das Doppelte leistete, der Status als Spezialistin keineswegs gesichert. Da sie mit ihrem Berufsweg das sozialistische Idealbild der berufstätigen Frau und durch ihren Karriereweg den Erfolg des Sozialismusprojekts beglaubigte, stand sie häufiger im Fokus der Partei bzw. der Betriebsparteizeitung »Roter Stahl«.[63] Ihr war die Aufmerksamkeit nicht nur aus Bescheidenheit unangenehm. Eine offizielle Herausstellung ihrer Leistung als Frau konnte auch ihre hart erarbeitete Anerkennung bzw. Gleichstellung unter den männlichen Kollegen des Fachbereiches ins Wanken bringen. Sie schildert: »Äh, man muss dann aufpassen, man wird dann teilweise zum Aushängeschild, und das ist och nicht gut. Weil denn wieder äh solche Sachen kommen, dass sie sagen, ach ja, das ist ne Frau, die müssen sie ja so zeigen, ja?«[64]

Diese Aufmerksamkeit unter Anrufung des Offizialdiskurses konnte ihre erarbeitete Gleichstellung stören. Von den knapp 10 000 Beschäftigten des Werks war etwa ein Viertel weiblich.[65] Doch nicht nur innerhalb des Werks, auch in der Havelstadt stellten die Berufsbiografien von Elke Schubert als Facharbeiterin und Ingrid

62 Interview mit Ingrid Kirchhoff am 19.3.2011, Teil 2 des Transkripts der Audiodatei, S. 14 f.
63 Vgl. Merkel: Leitbilder und Lebensweise von Frauen in der DDR, S. 359–382.
64 Interview mit Ingrid Kirchhoff am 19.3.2011, Teil 2 des Transkripts der Audiodatei, S. 14 f.
65 1988 arbeiteten im Werk 9051 Personen, darunter 2525 Frauen. Treskow/Sponholz: Stahl und Brennabor, S. 429.

Kirchhoff als Ingenieurin mit Leitungsposten eine Ausnahme dar. 71 Prozent aller erwerbstätigen Frauen verrichteten »typisch« weibliche Tätigkeiten.[66]

Die besonders gute und privilegierte Versorgung, welche die körperlich harte Arbeit unter schweren Bedingungen kompensieren sollte, die weithin erfahrene Kollegialität und die männlich dominierten Bereiche im Management und am Stahlofen – in der Kultur der »Arbeiterlichkeit«[67] waren diese körperlich herausfordernden Arbeitsplätze an der Ofenbühne besonders prestigeträchtig[68] – prägten den Sozialraum Stahlwerk ebenso wie der raue Umgangston. Ingrid Kirchhoff erlebte als Leiterin die Umgangsformen, aber auch das Selbstbewusstsein der Arbeiter ihres Bereiches als Herausforderung:

> »Und, und nu ist man auch in so einem Beruf, der, der es gibt keine Feinheiten im Stahlwerk. Sie sind an, sie müssen ganz schön was einstecken, wenn sie zu den Arbeitern gehen. Das geht alles und auch mit Ausdrücken. Sie dürfen da nicht zimperlich sein, ja? Det geht gar nicht, ja? Und ich sag ja, meine Bekannten haben immer gesagt, du mit deinem Stahlwerksjargon kommst schon wieder an? (lacht) Ja, es ist so. Es ist wirklich so. Aber nachher hat' ich keine Probleme [mehr].«[69]

Diese Schilderung verweist auf ihre habituelle Distanz zu den Arbeitern, deren deftiger Umgangston nicht der ihre war. Obschon der Satz, nachher habe sie keine Probleme mehr damit gehabt, andeutet, dass sie lernte, damit zurechtzukommen, blieb ihr dieser Umgang »ohne Feinheiten« fremd. Übernahm sie etwa bewusst oder unbewusst den »Stahlwerksjargon« und übertrug ihn in den Kreis ihrer Bekannten, wurde sie schnell auf dieses unpassende Verhalten hingewiesen. Doch nicht die wenig überraschende Distanz zwischen akademisch ausgebildeten Leitern bzw. Managern und ihren in der Produktion tätigen Mitarbeitern scheint bemerkenswert, sondern das Selbstbewusstsein der Arbeiter, denen man als Leiter nicht ängstlich oder, wie Ingrid Kirchhoff es ausdrückt, nicht zimperlich gegenübertreten durfte. Neben einem sicheren Auftreten galt es, der Kritik standzuhalten, die mit wenig Rücksicht artikuliert werden konnte. Doch waren es offenbar nicht nur Vorgesetzte, die ein dickes Fell haben mussten. Selbst Mitarbeiter des hauptamtlichen Parteiapparates im Werk schien die Autorität der SED nicht vor diesem Selbstbewusstsein zu schützen. So konstatiert Heinz Grabowski, dass es Instrukteure der Kreisleitung Brandenburg – immerhin das

66 Frauen waren überwiegend in folgenden Bereichen tätig: sozialer Dienstleistungsbereich, Schreib-, Kaufmännisch- und Verwaltungstätige, konsumbezogene Dienstleistungen, Fernmeldewesen und Fertigungstätige in den typischen Frauenbranchen. Schwarzer/Schweigel: Brandenburg, S. 269.

67 Vgl. Wolfgang Engler: Die Ostdeutschen. Kunde von einem verlorenen Land, Berlin 1999.

68 Vgl. Gieseke: Soziale Ungleichheit im Staatssozialismus.

69 Interview mit Ingrid Kirchhoff am 19.3.2011, Teil 2 des Transkripts der Audiodatei, S. 15.

regionale Machtzentrum der SED – kaum gewagt hätten, dem Betrieb einen Besuch abzustatten. Er schildert das Verhalten der Stahlwerker als grob:

> »[...] Na, wie det so is. Basis. Sind Rüpels. Vor allen Dingen die aus dem Stahlwerk, det waren janz schlimme Rüpels. Wir waren alle ne deftige Sprache jewöhnt. So unjefähr wie, kann ich mir vorstellen, die Kumpels im Ruhrjebiet. Da wurden nicht feine Worte jebraucht. Da haben se öfters mal zu hören bekommen: Du A-loch. So. Aber det musste man fressen. Da jab's nüscht. Wer sich da als Mimose bewegt hat, der konnte gleich jehen. Den haben die ausjelacht. Also, det Verhältnis war nicht so, immer so jut.«[70]

Wenn diese Aussage von Heinz Grabowski auch aus dem Erzählzusammenhang des Verhältnisses zwischen Kreisleitung und Stahlwerk herrührt, das von Spannungen gekennzeichnet gewesen sei, kann man sich nicht des Eindrucks erwehren, dass diese Schilderung auch das Verhältnis des Parteiapparates im Werk mit den Stahlarbeitern beschreibt. Auch Parteisekretär Grabowski brauchte als »Parteiarbeiter« in der Werkshalle gute Nerven, um nicht seine Autorität einzubüßen und als »Mimose« zu gelten. Ihm erging es ähnlich wie der leitenden Ingenieurin Kirchhoff. Autorität war nicht automatisch durch die Hierarchie gegeben, sondern musste erworben und teilweise auch gegen das Selbstbewusstsein der Arbeiter im Werk durchgesetzt oder ausgehandelt werden. Diese Erinnerungsmuster verweisen auf einen konfliktreichen Arbeitsalltag, der zwar durch verschiedene materielle wie immaterielle Vorzüge abgemildert wurde, aber dennoch von der Durchsetzungsfähigkeit der verschiedenen Gruppen (Arbeiter bzw. Facharbeiter, technische Spezialisten, Experten und Leiter) sowie von der SED in Gestalt des betrieblichen Parteiapparates geprägt war. Ausgehend von der Sozialstruktur und den retrospektiven Narrativen ergibt sich das Bild, dass das Milieu der Stahlarbeiter im Werk wie in der (Arbeiter-)Stadt quantitativ und qualitativ die dominierende Gruppe darstellte. Die materiellen Vorzüge als Werksangehörige sowie das sozialistische Idealbild des männlichen, deutschen Facharbeiters der Schwerindustrie vereinnahmend traten sie gegenüber ihren Vorgesetzten wie gegenüber Vertretern des hauptamtlichen Parteiapparates äußerst selbstbewusst auf. Wie sich dieses betriebsspezifische Kolorit aus sozialpolitischen Vorzügen, der schweren, aber auch prestigeträchtigen Arbeit in der Produktion und der Dominanz der Stahlarbeiter mit ihrer rauen Sprache ins Parteileben übersetzte, soll im Folgenden geschildert werden.

70 Interview mit Heinz Grabowski am 3.12.2010, Transkript der Audiodatei, S. 11.

Parteistruktur und -kultur im Stahlwerk

Nicht allein durch seine volkswirtschaftliche Bedeutung und Größe, sondern auch aufgrund des Organisationsgrades war das Werk in der Havelstadt tonangebend. 1980 erreichte Brandenburg mit 94953 Einwohnern die höchste Einwohnerzahl seiner Geschichte.[71] Einen wichtigen Anteil daran hatte das Stahlwerk, das mit der Inbetriebnahme des Elektrostahlwerks im selben Jahr ein republikweiter Magnet für Arbeitnehmer wurde. Die Belegschaft vergrößerte sich von 7524 Arbeitern und Angestellten im Jahr 1977 auf 9239 bis 1982.[72] Die SED-Kreisleitung vermerkte im Jahr 1981 bei 7489 Beschäftigten einen Organisationsgrad von 28,6 Prozent.[73] Fast ein Drittel aller Beschäftigten waren also Mitglied der SED.[74] Damit nahm das Stahlwerk im Vergleich zu anderen Betrieben der Havelstadt einen Spitzenwert ein. Im Bau- und Montagekombinat waren knapp 15 Prozent und im Bekleidungswerk 8 Prozent der Belegschaft mit einem Parteibuch ausgestattet. Nur der Rat der Stadt und der Rat des Kreises erreichten mit 55 Prozent und 52 Prozent SED-Mitgliedern einen höheren Organisationsgrad.[75] Auch angesichts der Gesamtmitgliederzahl von 13216 Mitgliedern und Kandidaten in der Kreisstadt Brandenburg war die Mitgliederstärke des Werks beachtlich.[76]

Die Parteiorganisation des Stahlwerks zeichnete sich insbesondere durch ihre männliche Prägung aus. Nur knapp 17 Prozent der Mitglieder waren weiblich, was angesichts der ohnehin geringen Beschäftigung von Frauen im Werk eine unterdurchschnittliche Präsenz darstellte. Seit den 1970er-Jahren belief sich die Zahl der weib-

71 Schwarzer/Schweigel: Brandenburg, S. 257.

72 Industriemuseum Brandenburg an der Havel (Hg.): Ein Jahrhundert Stahl aus Brandenburg im sozialen und politischen Umfeld. Dokumentation zur Dauerausstellung, Mai 2000, S. 12.

73 1981 registrierte die KL Brandenburg 2136 SED-Mitglieder im Stahlwerk. Im November desselben Jahres korrigierte sie diese Zahl nach oben auf 2285 Mitglieder. Vgl. Organisationsgrad und Parteischulbesuch ausgewählter Betriebe und Einrichtungen 1981, in: BLHA, Rep. 531 Brbg. Nr. 1843.

74 Die Zahl der Parteimitglieder im Werk blieb mit ca. 2000 Genossen in den 1980er-Jahren stabil: 1980: 2175; 1983: 2201; 1988: 2016. Vgl. ZBPL SWB: Statistische Übersicht Mitgliederversammlung 20.1. –20.2.1980, in: BHLA, Rep. 532 GO SED Stahlwerk, Nr. 4127, o. Bl.; ZBPL SWB: Teilnahme MV [Mitgliederversammlung] Monat Mai 1983, in: BLHA, Rep. 532 GO SED Stahlwerk, Nr. 6135, o. Bl.; ZBPL SWB: Beteiligung MV Monat Januar/Februar 1988, in: BHLA, Rep. 532 GO SED Stahlwerk, Nr. 6236, o. Bl.

75 Organisationsgrad und Parteischulbesuch ausgewählter Betriebe und Einrichtungen, 1981 in: BLHA, Rep. 531 Brbg. Nr. 1843.

76 Abteilung Parteiorgane/Sektor Mitgliederbewegung: o.T., Mitgliederstand für den 2.6.1981, Brandenburg 23.6.1981, in: BLHA Rep. 531 Brbg. Nr. 1843, o. Bl. Die soziale Zusammensetzung zeichnet sich aus den Statistiken der Kreisleitung eher schemenhaft ab. Demnach waren 62,5 Prozent der Mitglieder Arbeiter. Diese Gruppe bestand zu 65,2 Prozent aus unmittelbar als Arbeiter Tätigen. Der regionale Parteiapparat zählte auch hauptamtliche Funktionäre (14 Prozent), Schüler und Studenten (0 Prozent) sowie (Arbeiter-)Rentner (20,8 Prozent) als Arbeiter. Genossenschaftsbauern machten mit 5,4 Prozent einen geringen Teil der Mitgliedschaft aus, die Intelligenz dagegen mit 20,4 Prozent fast ein Viertel. Ausgeklammert aus dieser Statistik ist der gesamte Sicherheitsbereich.

Abb. 3: Das Auditorium der SED-Kreisdelegiertenkonferenz in der sogenannten Stahlhalle des Stahlwerks in Brandenburg an der Havel, Januar 1984

lichen Beschäftigten auf etwa ein Viertel.[77] Detailliertere Informationen zur sozialen Zusammensetzung der Belegschaft sind nicht überliefert, sodass die weitere Deutung der sozialen Beschaffenheit der Parteiorganisation an Grenzen stößt. Der geringe Anteil von 12,5 Prozent Jugendlichen unter 25 Jahren veranschaulicht, dass Männer im mittleren und fortgeschrittenen Erwerbsalter die Mitgliederschaft dominierten. Von insgesamt 2285 Mitgliedern und Kandidaten im November des Jahres 1981 waren fast drei Viertel als Arbeiter in der Produktion tätig (1546 = 67,7 Prozent), knapp ein Viertel fiel in die Kategorie Intelligenz (564 = 24,7 Prozent). Zur Kategorie »Angestellte« wurden 117 Parteimitglieder (5,1 Prozent) gezählt. Diese soziale Zusammensetzung korreliert mit dem Bildungsgrad. Fast 90 Prozent der SED-Mitglieder des Stahlwerks waren Facharbeiter, wobei 16 Prozent über eine Meisterqualifikation und

77 In den 1980er-Jahren waren etwa ein Viertel der Beschäftigten Frauen. Vgl. Industriemuseum Brandenburg an der Havel (Hg.): Ein Jahrhundert Stahl aus Brandenburg im sozialen und politischen Umfeld, Dokumentation zur Ausstellung, Mai 2000, S. 12.

knapp 30 Prozent über einen Hochschul- oder Fachhochschulabschluss verfügten.[78] Gemessen an der Gesamtbelegschaft war nicht nur der Organisationsgrad bemerkenswert, sondern auch der Arbeiteranteil. Jeder vierte unmittelbar in der Produktion tätige Arbeiter war in Besitz eines Parteibuches.[79] Doch belegen diese Zahlen nicht notwendig eine starke Affinität von Stahlarbeitern zur SED. Vielmehr müssen sie als Ausdruck der massiven Werbungsbemühungen der Staatspartei in der Schwerindustrie betrachtet werden. Schließlich bildeten Stahlarbeiter die Kerngruppe der Parteiideologie.

Die rund 2300 Parteimitglieder waren nach dem Produktionsprinzip organisiert, sodass sich die betriebliche Organisation auch in der Parteistruktur abbildete. Die elementare Organisationseinheit im Betrieb war die GO, die bei mindestens drei Parteimitgliedern am Arbeitsplatz gegründet werden musste. Bei einer hohen Mitgliederstärke (ab 150 Genossen) wurde zur besseren Handhabe diese GO wiederum in APO unterteilt. Den kleinsten organisatorischen Zusammenschluss bildeten die Parteigruppen in den jeweiligen APO oder GO, welche die Genossen Kollegen etwa einer Abteilung als Parteieinheit zusammenfasste. Sie wurden von einem Parteigruppenorganisator angeleitet, der immer ehrenamtlich agierte. Auch die GO oder APO verfügten über einen Sekretär und weitere Leitungsmitglieder. Der Parteisekretär war ab einer bestimmten Größe und Bedeutung der Parteieinheit hauptamtlich beschäftigt.[80] Die SED-Mitglieder des Stahlwerks waren in den Jahren 1983/84 in 19 GO zusammengefasst, die wiederum in 49 APO untergliedert waren. Die größten GO waren die des (alten) Stahlwerks mit 262 und die GO Hauptmechanik mit 383 Mitgliedern. Auch die Betriebsberufsschule bildete mit 128 Genossen eine große APO. Die kleinste Organisationseinheit war die Betriebspoliklinik mit nur 16 Mitgliedern. Insgesamt waren 69 APO- und GO-Sekretäre mit der politischen Organisation befasst.[81] Sie unterstanden wiederum der Zentralen Betriebsparteileitung (ZBPL), die als Parteiapparat im Betrieb die Parteimitglieder anleitete und mobilisierte. Während die Mitarbeiter der ZBPL als hauptamtliche Parteiarbeiter tätig waren, wurde der überwiegende Teil der Sekretäre der GO und APO nicht vom Parteiapparat besoldet, sondern war ehrenamtlich tätig. Neben dem ersten Parteisekretär des Werks, der die

78 Abteilung Parteiorgane der SED-Kreisleitung Brandenburg/Havel: Zusammensetzung der Mitglieder und Kandidaten nach ausgewählten GO, Jahresbericht 1981, Stand: November 1981, in: BLHA, Rep. 531 Brbg. Nr. 1843, o. Bl.

79 Nach der Statistik der SED-Kreisleitung Brandenburg waren 1981 von insgesamt 5538 Arbeitern im Werk 1543 SED-Mitglieder. Abteilung Parteiorgane der SED-Kreisleitung Brandenburg/Havel: Organisationsgrad und Parteischulbesuch ausgewählter Betriebe und Einrichtungen, in: BLHA, Rep. 531 Brbg. Nr. 1843, o. Bl.

80 Vgl. Prieß, Lutz: Die Organisationsstruktur, in: Herbst/Stephan/Winkler: Die SED, S. 124–144.

81 ZBPL SWB: Information über die Vorbereitung der Parteiwahlen 1983/84 auf der Grundlage der Wahldirektive des Zentralkomitees der SED, 12.9.1983, in: BLHA, Rep. 532 GO SED Stahlwerk, Nr. 6135, o. Bl.

Stellung eines Parteiorganisators des ZK einnahm und damit direkt an die Berliner Parteizentrale angebunden war, waren drei Stellvertreter und zwei Parteisekretäre von verschiedenen APO hauptamtlich im Werk beschäftigt.[82] Dieses Bild der überwiegend ehrenamtlich tätigen Parteisekretäre ist typisch. 1983 zählte der Parteiapparat republikweit insgesamt 86 023 Parteisekretäre einer GO oder APO.[83] Nur 4874 Parteiarbeiter waren hauptamtlich an der Basis tätig.[84]

Die Parteileitung des Werks war neben der Chefetage mit dem Generaldirektor zentrale Machtsäule des Werks und machte den Parteieinfluss auch auf das Management geltend. Nicht allein wegen der Mitgliederstärke, sondern auch wegen der wirtschaftlichen Bedeutung stand dem hauptamtlichen Parteiapparat des Werks ein vom ZK eingesetzter Parteiorganisator vor, der direkt der Abteilung Metallurgie des ZK der SED unterstand.[85] Die Berichte nach Berlin, die einerseits die Planerfüllung und Schwierigkeiten im Produktionsablauf, andererseits Stimmungen, Meinungen und Mobilisierungsaktionen der GO zum Gegenstand hatten, verweisen auf die doppelte Funktion der Betriebsparteileitung: die politische Mobilisierung der Mitgliederschaft und Belegschaft sowie die Kontrolle der wirtschaftlichen Leitung des Werks. Auch die Kreisleitung wurde über Aktivitäten im Werk unterrichtet, wobei Berichte über die politische Mobilisierung von Parteimitgliedern dominierten. Die aufgrund der wirtschaftlichen Bedeutung direkte Anbindung an das ZK machte das Werk gegenüber der SED-Kreisleitung zu einem äußerst einflussreichen regionalen Akteur. Bei ehemaligen Werksangehörigen spiegelte sich dieses Phänomen in der Wahrnehmung zweier Machtzentren in Brandenburg wider: der SED-Kreisleitung und des Stahlwerks.[86] Diese Wahrnehmung dürfte sich noch verstärkt haben, als das Werk 1979 Stammbetrieb des Kombinats VEB Qualitäts- und Edelstahl-Kombinat wurde.[87]

Zwar war der Einfluss der SED-Kreisleitung durch die Anbindung des Werks an das ZK in Berlin begrenzt. Doch leitete und kontrollierte sie die Betriebsparteileitung bei der Steuerung der Parteiorganisation des Werks. So wurden etwa Parteistrafen

82 SED Kreisleitung Brandenburg/Havel: Gliederung der Nomenklatur, 16.1.1970, in: BLHA, Rep. 531 Brbg. Nr. 1298, Bl. 9.

83 Abteilung Parteiorgane: Informationen über die kadermäßige Zusammensetzung der gewählten Leitungen der Grundorganisationen, Abteilungsparteiorganisationen und Ortsleitungen, 30.11.1983, in: SAPMO-BArch, DY 30/27971, Bl. 1.

84 Abteilung Parteiorgane: Informationen über die kadermäßige Zusammensetzung der hauptamtlichen Parteiarbeiter in den Grundorganisationen der Partei, 18.6.1984, in: SAPMO-BArch, DY 30/27971, Bl. 1. Siehe den Abschnitt III.4 in dieser Arbeit.

85 Jene wurden im Laufe der 1970er-Jahre mit dem Ausbau der Kombinate in den Stammbetrieben von Kombinaten der Industrie und des Bauwesens eingesetzt. 1981 gab es republikweit 157 Parteiorganisatoren des ZK in 157 zentral geleiteten Kombinaten. Vgl. Herbst/Stephan/Winkler: Die SED, S. 510f. Siehe auch: Information über die kadermäßige Zusammensetzung der hauptamtlichen Parteisekretäre, in: SAPMO-BArch, DY 30/27971, Bl. 1.

86 Vgl. Bahr: Parteiherrschaft vor Ort, S. 219–226.

87 Kinne, Helmut: Geschichte der Stahlindustrie der DDR, Düsseldorf 2002, S. 111.

vom Sekretariat der Kreisleitung bestätigt, wobei die Strafen nicht selten nach oben oder unten korrigiert wurden. Auch die politische Anleitung der Parteisekretäre aller Einrichtungen und Betriebe des Kreises war das Metier des örtlichen Parteiapparates.[88] Doch nicht allein das ambivalente Verhältnis zwischen Werk und SED-Kreisleitung war charakteristisch für die Machtverhältnisse vor Ort. Auch innerhalb der Führungsspitze des Werks konnte sich die Beziehung zwischen zentraler Parteileitung und Betriebsleitung spannungsreich gestalten. Angesichts der konkurrierenden Logiken parteipolitischer und ökonomischer Erfordernisse führte die Kontrolle der Planerfüllung bzw. des Managements der Werksleitung nicht selten zu Konflikten. Auch war der Betriebsleiter bzw. der Generaldirektor Parteimitglied, sodass er angehalten war, Kompromisse mit der Parteileitung auszuhandeln.[89]

Neben der Kontrolle der Planerfüllung war die Betriebsparteileitung mit der Verwaltung der Parteiorganisation befasst. Der Parteiorganisator des ZK hatte drei Stellvertreter, die sich zum einen dem Feld Organisation/Kader und zum anderen der Agitation und Propaganda widmeten. Während der erste Bereich die parteiliche Organisationsstruktur und die Überprüfung von Personal- bzw. Kaderentscheidungen im staatlichen Leitungsbereich wie auch bei Parteifunktionen zum Kern hatte,[90] bestand das zweite Aufgabenfeld in der Betreuung und Kontrolle des Parteilehrjahres der SED-Mitglieder im Werk, in der Erstellung der Betriebszeitung »Roter Stahl«, dem Betriebsfunk sowie dem Herstellen von Flugblättern und dem »Erforschen der Stimmung und Meinung«, wie Heinz Grabowski, der diese Funktion in den 1960er-Jahren im Werk bekleidete, erläutert.[91] Um zu eruieren, was die Belegschaft und insbesondere die Stahlarbeiter im Alltag bewegte, konnte er aus zwei Quellen schöpfen. Zunächst spielte die wöchentliche Anleitung der Sekretäre der GO und APO montagvormittags eine wichtige Rolle. Sie artikulierten in diesem

88 Vgl. Bahr: Parteiherrschaft vor Ort, S. 64–88.

89 Kott: Die SED im Betrieb, S. 235. Zum Verhältnis zwischen Betriebsleiter und Betriebsparteisekretär Weil, Francesca: Der Betrieb als sozialer Raum zwischen Anpassung und Verweigerung, in: Timmermann, Heiner (Hg.): Die DDR – Erinnerung an einen untergegangenen Staat, Berlin 1999, S. 306–339.

90 Im Stahlwerk waren insgesamt 155 Funktionen in der Zentralen Leitung enthalten, die der Kadernomenklatur unterlagen und über deren Besetzung die Betriebsparteileitung entschied. Dazu gehörten u. a. folgende Posten: die Mitglieder der Zentralen Leitung der BPO, Mitglieder der GO-Leitungen und deren Sekretäre, Vorsitzende und Stellvertreter der Gewerkschafts- und FDJ-Organisation, der DSF, KdT, GST, BSG, DRK, Vorsitzender und Stellvertreter der ABI-Betriebskommission, Leiter bzw. Kader und Polit.-Stellvertreter in den Bereichen der sozialistischen Landesverteidigung, konkret festgelegte Stellen der staatlichen Leitung, Messe-, Reise- und Auslandskader. Bei weiteren 95 Nomenklaturstellen bestand gegenüber der BPO-Leitung Informationspflicht. Vgl. Vorlage für die Kaderkommission der Kreisleitung Brandenburg der SED, 10.7.1986, in: BLHA, Rep. 532 GO SED Stahlwerk Nr. 6138, Bl. 2.

91 1970 bestand die Betriebsparteileitung neben dem 1. Sekretär aus drei Stellvertretern, die ebenfalls hauptamtlich tätig waren. SED-Kreisleitung Brandenburg/Havel: Kreisnomenklatur, 16.1.1970 in: BLHA, Rep. 531 Brbg. Nr. 1298, Bl. 9.

Gremium die Schwierigkeiten vor Ort, wobei aus Perspektive des einstigen Sekretärs der ZBPL deutliche Worte gebraucht wurden. Er schildert die Atmosphäre als spannungsreich:

> »Jeder hat da ne kleene Rechenschaft abjelegt, oder Probleme uffjeworfen, die et, die et jab, und da jing det och immer deftig zu, wenn hier Anleitung war der Parteisekretäre. Die haben och ihre Meinung jesagt. Und wie jesagt, det waren ja alles, bis uff zwei, Walzwerk-, Stahlwerk-Ehrenamtliche. Ja? Die haben da, die haben da frank und frei ihre Meinung, und det war die Hauptquelle, woraus man die Meinung jeschöpft hat, ja? Weil, wenn se da drei Stunden zusammensitzen, da jibt's janz schön Stoff, ja?«[92]

Die als »frei« empfundene Atmosphäre dieser Zusammenkunft dürfte der Tatsache geschuldet gewesen sein, dass es sich überwiegend um ehrenamtliche Sekretäre handelte.[93] Sie teilten nicht allein die Lebenslage und Probleme der Basis. Da sie ihr Salär nicht vom Parteiapparat bezogen, mussten sie sich ihrem Arbeitsbereich zugehörig fühlen und hatten auch weniger Scheu, offener zu reden. So nahmen sie die Rolle als Agenten für ihre Genossen Kollegen ein, indem sie »frank und frei« Probleme in der Versorgung oder im öffentlichen Nahverkehr ansprachen. Die Offenheit blieb jedoch auf diese spezifischen Felder beschränkt. Kritische politische Meinungsäußerungen und Debatten zogen Sanktionen nach sich, sodass die Deutungshoheit der SED nicht verletzt wurde, um keine Disziplinierung zu riskieren. Diese Sagbarkeitsregeln bestimmten nicht nur das Forum der Parteisekretäre, sondern auch die Mitgliederversammlungen der Parteiorganisationen. Politische Äußerungen jenseits des Offizialdiskurses wurden gemieden, und das Artikulationsfeld der Versorgung wurde besonders intensiv genutzt. Nicht nur die Monatsberichte der GO an die ZBPL vermitteln diesen Eindruck. Auch Parteisekretär Grabowski beschreibt rückblickend diese Atmosphäre der Mitgliederversammlungen, die für ihn ebenfalls eine Quelle darstellten, um die Stimmung und Meinungen »zu erforschen«. Als Hauptamtlicher war auch er einer GO zugeordnet. Er gehörte der Parteigruppe 3 der APO Drahtstraße an. Aus seiner Perspektive wurde in den größeren Mitgliederversammlungen oder den kleinen Zusammenkünften der Parteigruppen kein Blatt vor den Mund genommen: »Die haben jesagt: Was ist denn deine Meinung, Heinz? Hast du ne Meinung dazu oder hast du keene, wat is'?«[94]

Als Repräsentant des Parteiapparates im Werk schien er sich in diesem Kreis besonders kritischen Nachfragen stellen zu müssen, die er rückblickend als »sehr per-

92 Interview mit Heinz Grabowski am 3.12.2010, Transkript der Audiodatei, S. 20f.

93 Nur zwei Parteisekretäre von Abteilungsparteiorganisationen waren hauptamtlich tätig. SED-Kreisleitung Brandenburg/Havel: Gliederung der Nomenklatur, 16.1.1970, in: BLHA, Rep. 531 Brbg. Nr. 1298, Bl. 9.

94 Interview mit Heinz Grabowski am 3.12.2010, Transkript der Audiodatei, S. 20f.

sönliche offensive Auseinandersetzung« beschreibt und durchaus positiv bewertet. Doch scheint er damit auch sehr unter Druck gesetzt worden zu sein. Immerhin war er als Angehöriger der Betriebsparteileitung für alle Angelegenheiten, die das Werk und seine Belegschaft betrafen, verantwortlich und musste gegenüber der übergeordneten Parteiebene wie auch gegenüber den Mitgliedern an der Basis auskunftsfähig sein. Wenn er auch in seinen Ausführungen immer wieder die Nähe zur Belegschaft in der Produktion betont, zeugen seine Schilderungen eher von einer großen Distanz zwischen dem Parteiapparat und den Mitarbeitern, insbesondere den Stahlarbeitern (ob mit oder ohne Parteibuch), deren Geisteshaltung es »zu erforschen« galt.

Diese aufgrund der Größe der Parteiorganisation und der wirtschaftlichen Bedeutung profilierten Leitungsstrukturen des Parteiapparates prägten neben dem innerparteilichen Artikulationsfeld der Versorgung die politische Kultur im Werk, die als sehr hierarchisch wahrgenommen wurde. So empfand es etwa Michael Frei, der 1979 als 26-jähriger Ökonom nach Brandenburg zog, um im Stahlwerk eine Stelle in der Abteilung Absatz anzutreten. In Berlin war er zuvor in der Modebranche im Bereich Einkauf/Materialwirtschaft tätig gewesen. Vom VEB Konfektion kommend nahm er als Seiteneinsteiger die Eigenheiten der Stahlbranche, die auch im Innenleben der SED ihren Ausdruck fanden, besonders sensibel wahr. Er empfand die (Partei-) Atmosphäre als autoritär und muffig:

> »Die in der Konfektion, das war, können Sie sich vorstellen, alles ein bisschen lockerer. Da liefen die Designerinnen und das und das. Da war also auch Partei nicht so altbacken. Hier in diesem hierarchisch geordneten, strukturierten Betrieb mit ausgeprägter Befehlsstruktur, weil, das war ein Schwerpunktbetrieb der Industrie. Die sagten zu mir: ›Ja, wenn bei euch mal die Nähmaschinen stillstehen, aber hier darf kein Ofen ausgehen.‹ So, das war also hier so. Ein Stahlwerker, der ist mehr. Und diese Denkart, die zog sich richtig durch, und die spielte auch in der Hierarchie eine Riesenrolle. Und, äh das merkte man natürlich dann auch in der Parteistruktur oder auch in der Rangordnung, äh, das war alles so ein bisschen bieder ernst bisweilen, nicht? En bisschen bieder ernst und erst im Laufe der Jahre hat man dann auch Leute gefunden, äh, mit denen man auch in der Partei sehr, sehr offen reden konnte. Sehr offen.«[95]

In seiner Quereinsteigerwahrnehmung schienen die Leitungs- und Parteistrukturen des Werks besonders autoritär, wobei dieser Eindruck durch die intensive wirtschaftspolitische Förderung der Schwerindustrie und die Bevorzugung der Stahlarbeiter verstärkt wurde. Das sich daraus speisende Selbstbewusstsein der Branche dominierte auch die innerparteiliche Atmosphäre, die Michael Frei als »bieder«, »ernst« und »altbacken« empfand. Für ihn als politisch interessiertes und kritisch eingestelltes

95 Interview mit Michael Frei am 6.12.2010, Transkript der Audiodatei, S. 5.

Parteimitglied dauerte es einige Jahre, bis er Gleichgesinnte fand, mit denen er ohne Hemmungen sprechen konnte. Diese innere Distanz zur »biederen« Parteikultur im Werk konnte im Alltag zur Herausforderung werden. Schließlich war die SED auch an der Basis äußerst präsent und forderte ein nicht unerhebliches Maß der Freizeit ihrer Mitglieder ein – auch wenn sich dies allein in passiver Teilnahme niederschlug.

Jeden Montag nach getaner Arbeit kamen überall in der DDR SED-Mitglieder zu Parteiversammlungen zusammen, während ihre parteilosen Kollegen den Heimweg antraten. So stand entweder die Mitgliederversammlung der GO an oder die Zusammenkunft der kleineren Parteigruppe. Einmal im Monat wurde auch eine Unterrichtssitzung im Rahmen des Parteilehrjahres abgehalten. Montag war »Tag der Partei« und das Erscheinen Pflicht. Unentschuldigtes Fehlen konnte eine Parteistrafe nach sich ziehen. Dieser Pflichtkatalog gehörte zum Standardprogramm eines jeden Parteimitglieds, welches sich bei der Übernahme einer Funktion – etwa der des Parteisekretärs – deutlich erweiterte. Jenseits dieses Kanons war die Präsenz an sozialistischen Festtagen – etwa die Teilnahme an der Maidemonstration – für Genossen ebenso verbindlich wie die Erfüllung von Parteiaufträgen, wie beispielsweise die Übernahme einer ehrenamtlichen Funktion im Wohnbezirk oder die »Aussprache« mit einem ausreisewilligen Kollegen, um ihn oder sie zur Rücknahme des Ausreiseantrags zu drängen. Durch die Schichtarbeit im Stahlwerk war es jedoch nicht möglich, alle Genossen am frühen Montagabend zu versammeln. Anwesend sein konnten nur die Mitglieder, die normale Arbeitszeiten hatten, was die Verwaltung wie etwa die Kaderabteilung oder den kaufmännischen Bereich mit Rechnungswesen und Finanzen einschloss. Unter den Facharbeitern der Produktion konnten nur jene an der einmal monatlich stattfindenden Versammlung der APO oder GO teilnehmen, die der Früh- oder Spätschicht zugeteilt waren. Die technische Leiterin, Ingrid Kirchhoff, konstatierte jedoch, dass die Versammlungen nicht abends, sondern während der Arbeitszeit abgehalten wurden. Die Parteiversammlungen hätten gegen zwei Uhr begonnen, als die Frühschicht zu Ende war. Manchmal nahmen auch noch einige Mitglieder der zu dieser Zeit schon arbeitenden Spätschicht an der Versammlung teil, wenn sie nicht so stark von der Arbeit in Anspruch genommen wurden. Für die leitende Ingenieurin Kirchhoff hatten es diejenigen mit normalen Arbeitszeiten jenseits des Schichtrhythmus am besten, »weil die ja bis viere arbeiten mussten. War denn die Parteiversammlung um zweie. Haben die denn, hinterher sind sie gleich Friede, Freude nach Hause gegangen. So war das.«[96]

Diese Handhabe der Versammlungspflicht zog also ungleiche Belastungen nach sich. Jene mit normalen Büroarbeitszeiten hörten früher auf zu arbeiten. Für die Frühschicht schloss sich nach einem anstrengenden Arbeitstag die Parteiversammlung

96 Interview mit Ingrid Kirchhoff am 19.3.2011, Teil 2 des Transkripts der Audiodatei, S. 10.

an. So erinnert sich die Kranfahrerin Elke Schubert, dass ihr manchmal die Augen zugefallen seien: »[…] nach acht Stunden arbeiten, war man fertig und man hat denn genug gehabt.«[97]

Nicht nur die Arbeitsumstände beeinflussten die Atmosphäre der Versammlungen, sondern auch das soziale Milieu, das den Arbeitsbereich dominierte. Während der hauptamtliche APO-Sekretär Heinz Grabowski in seiner Parteieinheit in der Drahtstraße des Walzwerks erlebte, dass SED-Mitglieder kein Blatt vor den Mund nahmen und Antworten auf ihre Fragen einforderten, machte Karin Gutschow als junge Ingenieurin eine andere Erfahrung. In der zweiten Hälfte der 1980er-Jahre war sie im Bereich Bilanzierung tätig und erlebte in ihrer Parteiorganisation keine lebhaften Wortbeiträge. Sie schildert die Parteiversammlungen ihres Bereiches als ereignislos und routiniert:

> »[…] sagen wir mal hier in den Produktionsbereichen Stahlwerk und so, da ging das bestimmt manchmal heiß her. Kann ich jetzt natürlich nichts drüber sagen, aber bei uns waren ja im Prinzip mehr oder weniger alles, wie man so schön gesagt hat, Intelligenz, Intelligenzler im Bereich. Waren ja alles studierte Leute, und da hat man anders gesprochen.«[98]

Wenn sie auch selbst keine Parteiversammlung im Produktionsbereich miterlebte, schloss sie ausgehend vom offenen und teilweise als rau empfundenen Umgangston der Stahlarbeiter auf eine hitzige Atmosphäre im Parteileben. Im Gegensatz zu dieser Vorstellung gestalteten sich ihre Versammlungen als ruhige und wenig emotionale Zusammenkünfte. Doch nicht allein der unterschiedliche Habitus, sondern das Selbstbewusstsein der Stahlarbeiter gegenüber ihren Vorgesetzten und Vertretern des Parteiapparates begründete Unterschiede im Parteileben des Werks. Auch Ingrid Kirchhoff, Mitglied der Parteileitung ihrer GO und technische Leiterin, berichtete, dass in den Versammlungen ihrer Parteiorganisation »offen« gesprochen worden sei. Damit meint sie, dass Versorgungsprobleme, Schwierigkeiten im Arbeitsablauf oder auch Mängel im öffentlichen Nahverkehr häufig thematisiert worden seien.[99] Ihr Narrativ schließt an die Schilderung des hauptamtlichen Parteisekretärs Heinz Grabowski an, der in Bezug auf die Anleitung der Parteisekretäre die offene Atmosphäre betonte, in der jeder »frank und frei« seine Meinungen habe sagen können. Das Artikulationsfeld der Versorgung schien gerade von Stahlarbeitern intensiv genutzt worden zu sein, auch um sich davor zu schützen, die politischen Dogmen anstimmen und paraphrasieren zu müssen, denn es gehörte allerlei Übung dazu, sich »politisch korrekt« in der kanonisierten Denkwelt der SED und des Marxismus-Leninismus zu

97 Interview mit Elke und Jürgen Schubert am 4.8.2010, Transkript der Audiodatei, S.32.
98 Interview mit Karin Gutschow am 22.11.2010, Transkript der Audiodatei, S. 9.
99 Vgl. Interview mit Ingrid Kirchhoff am 19.3.2011, Teil 2 des Transkripts der Audiodatei, S. 21.

bewegen. Freie Diskussionen im Sinne demokratischer Parteien, wo sich verschiedene Haltungen, Kontroversen und Meinungsbildungsprozesse abspielen, waren im Inneren der SED als kommunistischer Partei sowjetischen Typs absent. Der 1979 zum Stahlwerk gekommene Ökonom Michael Frei schilderte die Parteiarbeit an der Basis rückblickend als »sehr, sehr unspektakulär. Die einen waren froh, wenn sie keine kritischen Fragen kriegten. Die anderen waren froh, wenn sie in Ruhe gelassen wurden. Die Diskussionsfreude fand außerhalb im Freundeskreis statt.«[100]

Diese Handhabe, kritische Themen und offene politische Diskussionen ins Private zu verlegen, war weitverbreitet. Aus dem Geschilderten ergibt sich das Bild, dass nicht allein ausgeprägte Leitungsstrukturen charakteristisch für die Parteipräsenz im Stahlwerk waren, sondern auch die Dominanz der Stahlarbeiter in der Parteiorganisation. Zwar traten jene auch in der Parteiöffentlichkeit äußerst selbstbewusst auf, doch galten auch für sie die Sagbarkeitsregeln der Partei Neuen Typs, sodass innerparteilich insbesondere das Artikulationsfeld der Versorgung bemüht wurde. Trotz der (habituellen) Distanzen zwischen den hauptamtlichen Mitarbeitern des Parteiapparates im Werk, den Ingenieuren wie Ökonomen mit und ohne Leitungsfunktion und den Stahlarbeitern ist rückblickend die Ritualität des Parteilebens milieuübergreifend ein dominantes und verbindendes Narrativ. Sofern nicht gerade betriebliche oder kommunale (Versorgungs-)Probleme die Gemüter der versammelten Genossen bewegten, waren die Teilnehmer häufig passiv.[101] Wenn jedoch die Versammlungen als inhaltsleeres Ritual empfunden und lediglich als Pflichtveranstaltung absolviert wurden, stellt sich die Frage, warum dem Parteileben seitens der SED so große Bedeutung beigemessen wurde. Hatte es eine Funktion für die Kohäsionskraft der Parteibasis, oder wurde es allein aus legitimatorischen Gründen als Massenpartei mitgeschleppt? Dieser Frage soll im folgenden Kapitel nachgegangen werden.

100 Interview mit Michael Frei am 6.12.2010, Transkript der Audiodatei, S. 49.
101 So auch: Böhme: Die da drüben, S. 48 f.

III. Kohäsionskräfte des SED-Parteilebens. Soziale Praxis in der Lenin'schen Organisationswelt

1. Parteieintritt und Parteikultur

Mit dem Eintritt in die Staatspartei eröffnete sich dem frisch gebackenen Kandidaten[1] und künftigen SED-Mitglied das Parteileben: ein Erfahrungsraum, der parteilosen Bürgern verschlossen blieb und den spezifische Regeln und Rituale bestimmten. Jeden Montag fanden sich republikweit die Genossen nach der Arbeit zur Mitgliederversammlung der Grundorganisation (GO), der kleineren Parteigruppenversammlung oder zum Parteilehrjahr zusammen. Die Teilnahme war Pflicht. Bei Verstößen drohte ein Parteiverfahren, in dem nachlässige oder renitente Mitglieder Selbstkritik im Kreise aller Genossen üben mussten und in aller Regel eine Strafe davontrugen. Jenseits der Disziplinierungen, die den Zusammenkünften auf unangenehme Weise Spannung verliehen, war die Mitgliederversammlung üblicherweise kein Forum des politischen Meinungsstreits oder kontroverser Diskussionen. Die Mehrheit der Mitglieder fügte sich der von oben vorgegebenen Parteilinie, um keine Repressionen zu riskieren. So dominieren in der Forschung wie auch in der Öffentlichkeit zwei Deutungen des Parteilebens: Einerseits wird es als Ort der Disziplinierung verstanden, als repressive Einrichtung der Parteiführung zur Unterdrückung der Parteibasis. Insbesondere die Parteisäuberungen Ende der 1940er bzw. Anfang der 1950er-Jahre prägten diese Perspektive.[2] Andererseits existiert für die Zeit nach der Herrschaftsdurchsetzung das Narrativ der routinierten und ritualisierten Pflichtveranstaltung. Neuere Forschungen, wie etwa Alexei Yurchaks Studie zum sowjetischen Jugendverband Komsomol, unterstreichen hingegen die vielfältigen individuellen Eigeninteressen der Akteure, die sie mit der Teilnahme an den inhaltsleeren Ritualen verfolgten.[3] Wie also sind die Zusammenkünfte zu bewerten? Hatte das »Parteileben«

1 1949 wurde der Kandidatenstatus zur Kontrolle der Mitgliederentwicklung eingeführt und betrug für Arbeiter ein Jahr, für alle anderen potenziellen Neumitglieder zwei Jahre. Mit dem neuen Statut von 1954 wurde die Kandidatenzeit für langjährige und junge Arbeiter nochmals auf ein halbes Jahr verkürzt. Mit der nächsten Änderung des Parteistatuts 1963 wurde die Kandidatenzeit schließlich einheitlich auf ein Jahr festgelegt. Vgl. Peters: Arbeitermythos und Staatspartei, S. 7–12.

2 Vgl. Florath: Die SED im Untergang, S. 63–104; Klein: »Für die Einheit und Reinheit der Partei«; Klein/Otto/Grieder: Visionen; Malycha: Die SED, Geschichte ihrer Stalinisierung.

3 Vgl. Yurchak: Everything Was Forever, Until It Was No More. Siehe auch: Palmowski: Inventing a Socialist Nation.

Funktionen, die für den inneren Zusammenhalt der Parteiherrschaft von Relevanz waren? Und welche Rolle kam davon ausgehend der Parteibasis innerhalb der SED und in der Gesellschaft der DDR zu? Der Frage, ob und welche Kohäsionskräfte vom Parteileben ausgingen, wird im Folgenden in vier Schritten nachgegangen: Zunächst werden die Parteikultur und der Parteieintritt untersucht, anschließend die Disziplinierungspraxis, die Parteiöffentlichkeit und anhand der staatlichen Leiter die Hierarchien innerhalb der GO. Im Fokus steht dabei die soziale Praxis, die hinter der Fassade der offiziellen Rhetorik von »Einheit und Geschlossenheit« den Alltag der SED-Innenwelt prägte: Wie wandelten sich die innerparteilichen Regeln, wie bewegten sich Parteimitglieder in diesem normativen Rahmen, und welche soziale Funktion kann daraus abgeleitet werden?

Die »Leninschen Normen des Parteilebens« und die Renaissance der Partei seit 1953

Den normativen Rahmen der Innenwelt der SED bildeten die »Leninschen Normen des Parteilebens«. Sie stellten die Richtschnur des innerparteilichen Handelns dar und umfassten ein ganzes Bündel von Organisationsprinzipien, die im Statut der Partei aufgeführt waren. Im Zentrum stand der »Demokratische Zentralismus«, wonach Beschlüsse der Parteiführung bindend waren und eine straffe Parteidisziplin galt. Daneben gehörten zu den Lenin'schen Parteiregeln die »innerparteiliche Demokratie« sowie die »Kollektivität der Leitung«, die Aktivität der Parteimitglieder, »Kritik und Selbstkritik« sowie das Verbot der »Fraktionsmacherei« und »Gruppenbildung«. Diese innerparteilichen Regeln definierten nicht allein den diktatorischen Charakter der SED. Sie waren unhinterfragter Rahmen und bestimmten seit den 1950er-Jahren als unverrückbares Dogma das Innenleben der Staatspartei. Noch 1975 erschien im Parteiverlag Dietz das Heft »Erfahrungen bei der Anwendung der Leninschen Normen des Parteilebens in den GO der SED«.[4] Offenbar schien dem erst seit Kurzem im Amt tätigen Parteichef Erich Honecker eine Beglaubigung der bereits lange gültigen Organisationsprinzipien mit dieser Broschüre notwendig. Die Botschaft der innerparteilichen Kontinuität unter dem neuen 1. Sekretär verdeutlicht zugleich die zeitgenössische Unantastbarkeit dieses Kanons, der nicht nur auf Parteimitglieder wie eine starre und überzeitliche Größe gewirkt haben dürfte. Auch im heutigen Rückblick auf die Parteiherrschaft haben die Lenin'schen Normen diese Aura.

4 Gurke, Konrad/Ossig, Horst: Erfahrungen bei der Anwendung der Leninschen Normen des Parteilebens in den Grundorganisationen der SED, Berlin (Ost) 1975.

Ihren Ursprung hatten sie in Lenins Konzept der Kampforganisation von Berufsrevolutionären, das er zwischen 1901 und 1902 entwickelt hatte.[5] Mit dem Ziel, eine Revolution herbeizuführen, die der absolutistischen Zarenherrschaft den Garaus machen sollte, entwarf er in Anlehnung an Marx das Modell einer zentralisierten und disziplinierten Partei von Berufsrevolutionären. Diese sollte die Arbeiterbewegung konspirativ leiten, um den politischen Umsturz herbeizuführen, was Lenin selbst auf die Formel brachte: »Gebt uns eine Organisation von Revolutionären – und wir werden Russland aus den Angeln heben!«[6]

Der entscheidende Unterschied dieses Modells zu den Vorstellungen Marx' lag darin, dass der Leitgedanke Lenins die Konspiration darstellte. Freie Diskussionen bzw. politische Freiheit waren für ihn nicht von Bedeutung. Dagegen war die Geheimhaltung leitendes Prinzip, um – angesichts der politischen Unterdrückung im Zarenreich – das Überleben der Organisation sicherzustellen und den politischen Umsturz zu ermöglichen.[7] Hinter dem Begriff »Demokratischer Zentralismus« verbirgt sich ebendieses Organisationsmodell, das den Geist des politischen Untergrunds atmete und letztlich die Revolution ermöglichen sollte. Im Exil befindlich und auf das Ende der Zarenherrschaft hoffend wählte Lenin in seiner Schrift den Krieg als Analogie, um die Bedeutung der Konspiration für die sich noch zu formierende Kampfpartei der Berufsrevolutionäre zu unterstreichen:

> »Besteht eine solche Organisation, so wird der Glaube an die Kraft der Partei sich um so mehr festigen und um so weiter ausbreiten, je konspirativer diese Organisation sein wird – und bekanntlich kommt es ja im Krieg vor allem darauf an, nicht nur der eigenen Armee Glauben an die eigene Kraft einzuflößen, sondern auch den Feind und alte neutrale Elemente von der Kraft dieser Armee zu überzeugen (...).«[8]

Die Bolschewiki stellten unter Lenin in der Praxis zunächst nichts weiter als einen Verbund von Gesinnungsgenossen und Freunden dar, der vom Zentralkomitee (ZK) in Moskau zusammengehalten wurde. Erst mit dem Bürgerkrieg erhielten sie neue Mitglieder, Aufgaben und eine neue Struktur.[9] Lenin erzwang 1921 das Fraktionsverbot, und in der Öffentlichkeit inszenierte die Parteiführung von nun an Rituale der Einheit. Diese kollektiven Disziplinierungsmaßnahmen, die bald zu den »Leninschen

5 Vgl. Lenin, Wladimir I.: Was tun? Brennende Fragen unserer Bewegung, 1902, in: ders.: Werke, Bd. 5, Berlin (Ost) 1955, S. 357–541.

6 Ebd., S. 483.

7 Vgl. Schapiro, Leonhard: Die Geschichte der Kommunistischen Partei der Sowjetunion, Berlin 1962, S. 52–55.

8 Lenin: Werke, S. 486 f.

9 Vgl. Baberowski, Jörg: Verbrannte Erde, Stalins Herrschaft der Gewalt, München 2012, S. 116–122, insb. S. 117. Siehe auch: Rigby, Thomas H.: Communist Party Membership in the U.S.S.R. 1917–1967, Princeton 1968, S. 59–109.

Normen des Parteilebens« gezählt werden sollten, standen ganz im Zeichen des Bedrohungsgefühls der Bolschewiki während des Bürgerkriegs: Die Omnipräsenz von Feinden machte es erforderlich, Angriffen durch inneren Zusammenhalt zu trotzen. So wurde die innerparteiliche Disziplin zur Kampfstrategie erhoben, Abweichung mit sozialer Ächtung bestraft. Die Ausschaltung der innerparteilichen Kritiker war zugleich eine wichtige Vorbedingung für den Aufstieg Stalins, der sich bald als unangefochtener Zuchtmeister der Parteidisziplin erweisen sollte.

Nach Lenins Tod begann die Verehrung des Revolutionsführers, die beinahe sakrale Züge trug. Der Körper des Toten wurde für die Ewigkeit konserviert und in einem Mausoleum auf dem Roten Platz zur Ehrerbietung aufgestellt. Neben der Umbenennung von Straßen und Plätzen widmete sich die Parteiführung auch den Schriften Lenins und sprach jetzt vom Leninismus. Sie erschuf einen Kanon von Glaubenssätzen, den jedes Parteimitglied anerkennen und auf den es aktiv Bezug nehmen musste, wenn es sich zu Wort meldete. Allein der neue Generalsekretär, Josef Stalin, entschied über die Inhalte des neu geschaffenen Leninismus und über die Grenzen des Sagbaren. Diese Kanonisierung der Ideologie diente Stalin dazu, seine Gewaltherrschaft mit Verweis auf höhere Ziele zu legitimieren.[10] Um zum unangefochtenen Alleinherrscher zu werden, machte er sich auch die bereits von Lenin implementierte innerparteiliche Disziplinierung zunutze und baute sie aus: Das innerparteiliche Ritual der Selbstkritik wurde 1928 zunächst zur Steigerung der Effizienz von Wirtschaft und Verwaltung erfunden. Diese Kommunikationsform zur Verbesserung der Arbeitsdisziplin wandelte sich rasch in ein Erziehungs- und Unterwerfungsinstrument, um traditionelle Loyalitätsverhältnisse und Umgangsformen aufzubrechen.[11] Damit verschob sich die Bedeutung der innerparteilichen Disziplinierung: Während sie unter Lenin ganz im Zeichen der Revolution und des Bürgerkriegs gestanden hatte, wurde sie unter Stalin zur Implementierung und Ausweitung seiner Alleinherrschaft ausgebaut. Mit den Parteisäuberungen der 1930er-Jahre begann eine Dynamik der Gewalt, die allein den Zweck verfolgte, die Patronage- und Clanstrukturen aufzubrechen, um die Macht des Zentrums durchzusetzen. Damit einher ging die (Selbst-) Zerstörung der Partei und ihrer Eliten.[12] Die Partei wurde so zu einer Hülle reduziert, die allein Stalin ausfüllte. Der durch ihn geschaffene Leninismus und die innerparteiliche Selbstkritik sollten jedoch seine Lebenszeit überdauern.

Nach dem Tod Stalins setzte mit dem neuen Parteichef Nikita Chruschtschow eine weitreichende gesellschaftspolitische Reformphase ein. Diese Neuorientierung hatte die Abkehr von der allmächtigen Führerfigur Stalin zum Kern. Anstatt eines

10 Vgl. Baberowski: Verbrannte Erde, S. 117 und 128.

11 Vgl. Erren, Lorenz: »Selbstkritik« und Schuldbekenntnis, Kommunikation und Herrschaft unter Stalin, München 2008, S. 93–134.

12 Vgl. Baberowski: Verbrannte Erde, S. 261–294.

Alleinherrschers wurde nun die kollektive Führung zum leitenden Prinzip erhoben.[13] In Anlehnung an dieses neue Herrschaftsprinzip fand die »Kollektivität der Leitung« Eingang in den Kanon der »Leninschen Normen des Parteilebens«. Flankiert wurde diese neue Maxime mit Reformen im Recht, im Sozial- und Rentenwesen sowie in der Kommunikation zwischen Staat und Gesellschaft. Die Politik setzte nun verstärkt auf Pazifizierung, Integration und Partizipation weiter Teile der Bevölkerung. Der neue Politikstil ging nämlich von der Prämisse aus, die Probleme der Nachkriegszeit besser lösen und die komplexer werdenden Strukturen der fortgeschrittenen Industrialisierung besser steuern zu können, wenn weite Teile der Gesellschaft integriert und mobilisiert würden.

Die einschneidenden Veränderungen erfassten auch die Partei: Hatte sie unter Stalin einen Bedeutungsverlust erlitten, erfuhr sie nun eine Renaissance. Zunächst erhielt der Parteiapparat wieder eine Funktion: Er war nun für die Lösung von Wirtschafts- und Produktionsfragen verantwortlich. Schließlich war die Kampforganisation der Revolutionäre längst historische Reminiszenz und die ursprüngliche Rolle der KPdSU damit obsolet geworden. Die Wiederbelebung erstreckte sich jedoch nicht allein auf die Apparate, sondern auch auf die Basis. Mitglieder wurden aktiviert, Parteischulungen ausgedehnt. Die Mitgliederzahlen verdoppelten sich zwischen 1945 und 1964 von rund 5,7 auf über 11 Millionen Mitglieder. Mit diesem Wachstum wurde die Präsenz der Parteibasis in der Gesellschaft ausgeweitet. Parteimitglieder dienten nun auch als Vermittler und waren Klammer zwischen Parteiherrschaft und Gesellschaft.[14] Doch welche Funktion der Parteiarbeit zukam und welche Rolle die Parteibasis in Partei und Gesellschaft konkret einnahm, ist für die KPdSU wie für die SED eine offene Forschungsfrage und soll für die Staatspartei der DDR im Folgenden analysiert werden.

Für das Verständnis des SED-Parteilebens ist zunächst wichtig, dass die »Leninschen Normen des Parteilebens«, die den Rahmen des Innenlebens vorgaben, kein von Lenin einmal erschaffenes Regelwerk darstellten, das seit jeher Gültigkeit besessen hätte. Stattdessen handelte es sich um ein historisch gewachsenes Normengerüst, das lediglich in monolithischer Gestalt daherkam. Erst mit der unter Chruschtschow

13 Hier und im Folgenden: Schröder, Hans-Henning: »Lebendige Verbindung mit den Massen«, Sowjetische Gesellschaftspolitik in der Ära Chruscev, in: VfZ 34 (1986) 4, S. 523–560. Siehe auch: Gorlitzki, Yoram: Party Revivalism and the Death of Stalin, in: Slavic Review Vol. 54,1 (1995), S. 1–22; Merl, Stephan: Entstalinisierung, Reformen und Wettlauf der Systeme 1953–1964, in: Plaggenborg, Stefan (Hg.): Handbuch der Geschichte Russlands. Bd. 5/1: 1945–1991. Vom Ende des Zweiten Weltkriegs bis zum Zusammenbruch der Sowjetunion. Stuttgart 2002, S. 175–318; Bohn, Thomas/Einax, Rayk/Abeßer, Michel (Hg.): De-Stalinisation Reconsidered. Persistence and Change in the Soviet Union, Frankfurt a. M. 2014.

14 Eine systematische Untersuchung der Parteibasis der KPdSU und des Parteilebens steht aus. Allerdings hat Edward Cohn den Wandel der Disziplinierungspraxis der KPdSU in der Chruschtschow-Ära untersucht. Vgl. Cohn: The High Title of a Communist. Zur Mitgliederentwicklung unter Chruschtschow vgl. Rigby: Communist Party Membership in the U.S.S.R., S. 296–323.

eingeleiteten Wiederbelebung der Partei wurde dieser Kanon zum Dogma erhoben, ihm also seine zentrale Funktion als Richtschnur des innerparteilichen Handelns zugewiesen. So treten im Juli 1953 die »Leninschen Normen des Parteilebens« in einem Artikel der Abteilung Propaganda und Agitation beim ZK der KPdSU im Parteiorgan *Neues Deutschland* in die ostdeutsche Öffentlichkeit. Anlässlich des 50-jährigen Jubiläums der KPdSU wurden darin die »von Lenin ausgearbeiteten festen Normen des Parteilebens« beschrieben.[15] Dieser Kanon beanspruchte für Mitglieder der Staatspartei nun Geltung.

Die Präsenz der SED vor Ort und der Druck zum Parteieintritt

Obwohl die 1946 gegründete SED eine ganz andere Vorgeschichte als ihre Bruderpartei in der Sowjetunion hatte, stand sie ganz unter dem Einfluss der KPdSU und der von Chruschtschow eingeleiteten Wiederbelebung der Partei. Auch die SED war stets damit beschäftigt, quantitativ und qualitativ zu wachsen. Seit Ende der Parteisäuberungen Anfang der 1950er-Jahre stieg ihre Mitgliederzahl stetig und erreichte 1987 mit 2 328 331 den Höhepunkt.[16] Von den gut 13 Millionen Ostdeutschen im erwerbsfähigen und im Rentenalter war also jeder Sechste im Besitz eines Parteibuches – und die Staatspartei damit tief in der Gesellschaft verankert.[17] Die stete Vergrößerung war jedoch nicht etwa Ausdruck einer wachsenden Zustimmung zur Politik der Partei, wie es die Offizialrhetorik beschwor. Vielmehr war das expandierende Mitgliedervolumen Ausdruck ihres Selbstverständnisses als Massenpartei, und mit gehörigem Kraftaufwand wurde dieses Selbstbild in die Realität übertragen. Dahinter stand das Bedürfnis, in allen Bereichen der Gesellschaft als »führende Kraft« zu agieren. Um diesen Machtanspruch umzusetzen, musste die Partei vor Ort präsent sein. Entsprechend war ihre Mitgliederpolitik von einem Wachstumszwang geprägt.

Doch wurde der Mitgliederkorpus nicht nur quantitativ den von oben vorgegebenen Erwartungen angepasst. Auf einer qualitativen Ebene standen zwei Zielsetzungen miteinander in Konflikt, nämlich Arbeiter- *und* Kaderpartei zu sein, was Spuren in der Mitgliederpolitik hinterließ. Produktionsarbeiter als Mitglieder zu werben, erwies sich dabei stets als besondere Herausforderung.[18] In den 1950er-Jahren setzte die Parteiführung nach den Säuberungen auf ein Anreizsystem: Arbeitern wurde eine verkürzte Kandidatenzeit zuteil, oder sie mussten geringere Parteibeiträge zahlen. Doch brachte die Entwicklung zur Staatspartei soziale Aufstiegschancen für Par-

15 Fünfzig Jahre Kommunistische Partei der Sowjetunion, in: Neues Deutschland, 30.7.1953, S. 6.

16 Abteilung Parteiorgane: Bericht über die Entwicklung der Mitgliederbewegung der SED im Jahre 1987, 5.1.1988, in: SAPMO-BArch, DY 30/JIV 2/2/2254, Sitzung und Protokoll des Politbüros des ZK der SED, Anlage Bl. 1–13. Siehe auch: Malycha/Winters: Die SED, S. 415.

17 Siehe den Abschnitt I.1 in dieser Arbeit.

18 Hier und im Folgenden vgl. Peters: Arbeitermythos und Staatspartei, S. 5–24.

teimitglieder mit sich, die den Arbeiteranteil in der Mitgliederschaft abschmelzen ließen. Diesem Phänomen versuchte die Parteiführung mit Werbekampagnen zu begegnen, die sich in den 1960er-Jahren – nach dem Mauerbau – verstetigten und ritualisierten. Regelmäßig fanden im Vorlauf von Parteitagen, zu Jahrestagen oder Jubiläen Werbekampagnen statt, die das das Mitgliederwachstum sichern sollten. Diese Rekrutierungspraxis wurde von statistischen Tricks flankiert, um in der Außendarstellung einen Arbeiteranteil von ca. 60 Prozent erreichen zu können. Parteiintern hatte die SED-Führung den Arbeiteranteil bei ca. 37 Prozent festgeschrieben. Die kreative Eingruppierungspraxis verschleierte, dass es stets schwierig blieb, ausreichend Produktionsarbeiter für die SED zu gewinnen. In den 1970er-Jahren wurde für sie gar eine feste Aufnahmequote von 75 Prozent festgeschrieben, die im Vorlauf zum IX. Parteitag jedoch etwas gelockert wurde, damit die SED 1975 die Marke von zwei Millionen Mitgliedern überschreiten konnte.

Übersetzt in die Praxis bedeutete dies für Parteisekretäre, dass sie im Idealfall junge Produktionsarbeiter vorzugsweise aus einer Schlüsselindustrie – der Chemie, dem Baugewerbe oder der Stahlindustrie – werben sollten. Umgekehrt blieben die Türen für andere Beitrittswillige insbesondere in den letzten beiden Jahrzehnten verschlossen, wenn sie nicht die gewünschten Attribute mitbrachten. So schilderte rückblickend eine Hörfunkassistentin, die sich erst im mittleren Lebensalter entschloss, Mitglied zu werden, vom Parteisekretär ihres Betriebs mit den Worten abgewiesen worden zu sein: »Sie sind Angestellte und über vierzig – das kann die Partei nicht gebrauchen.«[19]

Das Narrativ der verwehrten Mitgliedschaft hatte im Industriesektor, wie etwa im Stahlwerk in Brandenburg, Seltenheitswert. Gerade in dieser sogenannten Schlüsselindustrie wollte die SED präsent sein, sodass ein regelrechter Druck zum Parteieintritt ausgeübt und erfahren wurde. Diesen Druck schildern nicht allein Parteisekretäre und Produktionsarbeiter im Werk, sondern auch staatliche Leiter. Sie spielten als Parteimitglieder bei der Rekrutierung neuer Genossen eine herausgehobene Rolle, wie etwa die ehemalige Leiterin der Technischen Kontrolle im Werk. Von einer guten Kollegin geworben trat Ingrid Kirchhoff 1969 der SED bei. Ihren eigenen Eintritt empfindet sie – verglichen mit späteren Erfahrungen – nicht als Zwang: »Aber das war, wie gesagt, äh 69. Da haben sie noch nicht solchen Druck ausgeübt äh, wie nachher in den 70er- oder 80er-Jahren, ja? Wo sie dann mit Gewalt eben die Leute haben wollten, ja?«[20]

Sie erläuterte sodann, wie die Parteileitung des Stahlwerks Druck aufbaute und sie die Vorgaben als belastend empfand:

19 Fraumann, M.: Die DDR war ein Teil meines Lebens, Ein deutsches Geschichtsbuch 1918–2000, Berlin 2009, S. 166f.

20 Interview mit Ingrid und Gerhard Kirchhoff am 8.9.2011, Transkript der Audiodatei, S. 70.

»Wir mussten ja ständig vor der BPO [Betriebsparteiorganisation] Rechenschaft ablegen, wen wir geworben haben, und mussten uns auch rechtfertigen, warum wir es nicht geschafft haben. Und es hatte jeder ne Auflage. Ich hatte zum Beispiel für das eine Jahr vier Genossen zu werben. Und ich habe nicht einen gekriegt, ja?«[21]

Bereits in einem früheren Interview mit Ingrid Kirchhoff berichtete sie, dass es im Laufe der 1980er-Jahre immer schwieriger für sie geworden sei, Mitglieder zu gewinnen: »Ja, Anfang der 80er war es noch einfacher, ja. Aber so 85, 86, (das Telefon klingelt) und so, da war das ganz, ganz schlimm. Da kriegten sie keinen mehr, ja?«[22]

Während an dieser Stelle ihre Erzählung durch ein Telefongespräch abbricht, ging sie im zweiten Interview erneut auf die sich zuspitzende Situation Ende der 1980er-Jahre ein. Sie erklärte, dass ihr schlicht die Argumente ausgegangen seien, um Mitarbeiter als Genossen zu werben. Es seien allgemeine Missstände ins Feld geführt worden, die sie nicht habe ausräumen können. So schildert sie ihre Werbungsversuche als Fehlschläge: »Sie konnten ja darauf kaum noch antworten teilweise, ja? Det war schon ne sehr vertrackte Situation, speziell in den letzten so drei, vier Jahren war das ganz schlimm. Ja. Da kriegten Sie kaum einen hinter dem Ofen vor.«[23]

Diese Erfahrung, kaum noch Kandidaten für die SED gewinnen zu können, machte sich ab 1988 in der Mitgliederstatistik bemerkbar. Erstmals seit 1955 war die SED mit einem absoluten Verlust konfrontiert. Zwar fiel der Verlust mit 0,14 Prozent äußerst gering aus,[24] doch hatten ebendiese Haarrisse für eine bis ins Detail gesteuerte Mitgliederpolitik Symbolwert. Auch in IM- und Stimmungsberichten des Ministeriums für Staatssicherheit (MfS) werden Schwierigkeiten bei der Gewinnung von Kandidaten für die SED artikuliert. Ein Bericht vom Juli 1989 meldete etwa, dass trotz der Vergabe von Parteiaufträgen die Kandidatenwerbung gescheitert sei. Aufgrund von Versorgungsmängeln, bürokratischen Erscheinungen sowie wegen des hohen Parteibeitrags »sehe sich kein Arbeiter veranlasst, Mitglied der SED zu werden«.[25]

Ingrid Kirchhoff erinnert sich an den Druck, der auf sie als Leiterin ausgeübt wurde, mit großem Unbehagen. Die Situation, sich bei nicht erbrachter Quote vor der

21 Ebd., S. 70 f.
22 Interview mit Ingrid Kirchhoff am 19.3.2011, Transkript der Audiodatei, S. 11.
23 Interview mit Ingrid und Gerhard Kirchhoff am 8.9.2011, Transkript der Audiodatei, S. 72.
24 Zwar wurden 1988 insgesamt 52 006 Kandidaten in die SED aufgenommen. Doch schieden im selben Zeitraum 55 885 Mitglieder aus – durch Tod, Ausschluss, Streichung, Austritt oder Übersiedlung in die BRD. Insgesamt konnte der Parteiapparat 2 324 995 Mitglieder und Kandidaten im Jahr 1988 vorweisen. Im Vorjahr hatte die SED den Zenit ihrer Mitgliederentwicklung erreicht: Die Staatspartei bestand 1987 aus 2 328 331 Mitgliedern und Kandidaten. Abteilung Parteiorgane: Mitgliederentwicklung des Jahres 1988, Anlage Nr. 1 zum Protokoll Nr. 4, 10.1.1989, in: SAPMO-BArch DY 30/J IV 2/3/4347, o. Bl. Siehe auch: Malycha/Winters: Die SED, S. 416.
25 MfS-Hauptabteilung XX: Hinweise zu Stimmungen/Reaktionen der Bevölkerung, 27. Juli 1989, BStU, MfS, HA XX II, Nr. 5484/1, Bl. 41.

Betriebsparteileitung des Werks rechtfertigen zu müssen, empfand sie wie den autoritären Tonfall als erniedrigend. Die Schwierigkeiten bei der Kandidatengewinnung Ende der 1980er-Jahre, als sie zusätzlich Druck von unten erfuhr, haben sich somit in ihr Gedächtnis gebrannt. Nach ihren Methoden zur Kandidatengewinnung befragt, erläuterte sie, dass sie sich üblicherweise jene Mitarbeiter ausgeguckt habe, die durch gute fachliche Arbeit glänzten. Mit Verweis auf das noch fehlende politische Engagement für den Ausbau der Karriere habe sie die Verbindung aus Parteibuch und beruflichem Aufstieg bei der Werbung offen thematisiert. Dieser Hinweis konnte seitens des Mitarbeiters natürlich nicht nur als Lob, sondern auch als Mahnung oder sogar Drohung verstanden werden. Die auf das berufliche Fortkommen zielende Strategie wurde, wie Ingrid Kirchhoff schildert, häufig angewandt. Daneben konnte auch die moralische Daumenschraube angelegt werden. So erwähnt sie, auch an die Bringschuld appelliert zu haben: »Guck mal. Du hast alle Vorteile genossen. Du konntest studieren, ohne dass dein Studium einen Pfennig Geld gekostet hat. Im Gegenteil, du hast ein Stipendium gekriegt. Du hast alle Vorteile dieses Staates genossen.«[26]

Dabei ist sie sich im Rückblick über den Druck, den sie selbst bei der Werbung ausübte, im Klaren. Vermutlich war es leichter, Mitarbeiter mit akademischem Hintergrund für die Partei zu werben, denn sie waren in der Regel aufstiegsorientierter als Produktionsarbeiter. Doch konnte allein die Situation, vom Vorgesetzten auf den Eintritt angesprochen zu werden, auch als Druck empfunden werden. Nicht jeder brachte den Mut auf, »Nein« zu sagen. Auch Beharrlichkeit konnte aus Perspektive der Leiter zielführend sein. Davon berichtet Karin Gutschow, einstige Ingenieurin im Stahlwerk. 1980 trat die 1956 Geborene in die SED ein, nachdem ihr Vorgesetzter sie mehrfach angesprochen hatte. »Der Bereichsleiter hat zigmal mit mir gesprochen. Und denn bin ich dann halt, irgendwann hab' ich gesagt, ja jetzt pff is' ok, jetzt mache ich's und denn.«[27]

Den stetig wiederkehrenden Werbungsversuchen hatte sie schlichtweg nachgegeben. Neben diesem auf vielen Hierarchieebenen festzustellenden und so häufig erfahrenen Druck zum Parteieintritt konnte der Aufnahme jedoch auch ein Zugehörigkeitsbedürfnis vorausgehen, von dem etwa Elke Schubert, Jahrgang 1954, im Interview berichtet. Als Kranfahrerin war sie in der Produktion des Stahlwerks in Brandenburg tätig und trat 1972 der SED bei. Sie wurde von einem Arbeitskollegen, der in ihrer Schicht ehrenamtlicher Parteisekretär war, angesprochen und empfand die Situation im Rückblick nicht als Zwang. Auf die Frage, warum sie der SED beigetreten sei, fiel es ihr schwer, eine Antwort zu finden. Nach der Mitgliedschaft bei den Jungen Pionieren und der Freien Deutschen Jugend (FDJ) sei es für sie ein natürlicher Schritt gewesen, im Erwachsenenalter der SED beizutreten. Zudem sei die Partei-

26 Interview mit Ingrid und Gerhard Kirchhoff am 8.9.2011, Transkript der Audiodatei, S. 72.
27 Interview mit Karin Gutschow am 22.11.2010, Transkript der Audiodatei, S. 2.

zugehörigkeit für sie ein wesentliches Element des Arbeitsalltags gewesen: »Det war ebend halt so, ick habe da gearbeitet, ick kannte det so von von der Arbeit her, weil die meisten waren in der Partei und da ist man denn halt in der Partei gegangen.«[28]

Auch wenn die Mitgliederzahlen für ihren speziellen Arbeitsbereich nicht mehr rekonstruiert werden können, zeichnete sich das Stahlwerk insgesamt durch eine hohen Organisationsgrad aus: Fast ein Drittel aller Beschäftigten war Parteimitglied, und immerhin jeder vierte in der Produktion tätige Arbeiter war in Besitz eines Parteibuches.[29] Von dieser hohen Mitgliederdichte konnte eben auch eine soziale Sogwirkung ausgehen, die den Parteieintritt zu einer Selbstverständlichkeit werden ließ. Freilich dürfte ebendieses Empfinden der Zugehörigkeit für Angestellte in der Verwaltung oder im Sicherheitsbereich noch stärker ausgeprägt gewesen sein, wenn ihre berufliche Stellung nicht ohnehin automatisch mit dem Besitz des Parteibuches verknüpft war.

Hier drängt sich die Frage auf, welche inneren Beweggründe jenseits des Drucks und sozialer Sogwirkung dazu motivierten, der SED beizutreten. Rückblickend lässt sich dies jedoch nicht verlässlich ermitteln. Zudem muss davon ausgegangen werden, dass nicht ein einzelner Faktor, sondern eine Mischung von Motiven dafür ausschlaggebend waren. Die einzelnen Beweggründe waren äußerst vielfältig und individuell. Neben dem erhofften beruflichen Aufstieg, der mangelnden Kraft Nein zu sagen oder dem Zugehörigkeitsgefühl zu den in der SED organisierten Arbeitskollegen konnte etwa das Bedürfnis nach persönlicher Anerkennung eine Rolle spielen, die im privaten Umfeld ausblieb.[30] Einigen bot die Parteizugehörigkeit Schutz, den etwa der Parteisekretär bei Konflikten mit der eigenen Brigade gewähren konnte.[31] Auch spielte der Wunsch nach Teilhabe und politischem Engagement eine Rolle, der mit der Vorstellung einherging, nur innerhalb der Parteiorganisation Veränderungen oder Verbesserungen für den eigenen Lebensbereich herbeiführen zu können. So schildert Uwe Förster, ehemaliger Ingenieur im Stahlwerk Brandenburg und Jahrgang 1943, dass das Bedürfnis nach Mitgestaltung ein Eintrittsmotiv für ihn gewesen sei:

> »Äh, wie gesagt, eingetreten bin ich äh aus der Erkenntnis, wenn man nicht mitmacht in so einer Partei, die die führende Rolle nun mal hatte, dann kann man auch nichts ändern an dem Staat, in dem man lebt. Und da ich aus diesem Staat nicht flüchten wollte, äh blieb mir aus dieser Sicht nichts anderes übrig, als irgendwann mal einzutreten.«[32]

28 Interview mit Elke und Jürgen Schubert am 2.8.2010, Transkript der Audiodatei, S. 21.

29 Siehe den Abschnitt II.3 in dieser Arbeit.

30 Vgl. Ernst, 66 Jahre, Gärtner, in: Eckhart, Gabriele: So sehe ick die Sache. Protokolle aus der DDR. Leben im Havelländischen Obstanbaugebiet, Köln 1984, S. 31.

31 Vgl. Fraumann, M.: »Die DDR war Teil meines Lebens«, S. 258. Auch Dorothee Wierling beobachtete, dass die Parteizugehörigkeit Sicherheit und Schutz bedeuten konnte. Vgl. Wierling: Geboren im Jahr Eins, S. 532 f.

32 Interview mit Uwe Förster am 3.11.2011, Transkript der Audiodatei, S. 1.

Im Verlauf des Interviews kommt Förster noch einmal auf seinen Beweggrund zurück. Er bekräftigt sein damaliges Bedürfnis nach Teilhabe: »Ich habe irgendwann gemerkt, dass es doch äh – wie gesagt – äh ich habe geglaubt, dass man eben, wenn man in der Partei drin ist, dass man da noch irgendwas ein bisschen mehr bekleistern kann.«[33]

Eingedenk seiner positiven Grundhaltung gegenüber dem sozialistischen Ordnungsmodell bildete der Wunsch nach Gestaltung den inneren Antrieb für seinen Eintritt. Für den Ingenieur handelte es sich rückblickend um Idealismus, den er seinem jugendlichen Alter zuschreibt. Kurz vor Abschluss seines Ingenieurstudiums trat er im Alter von 30 Jahren der SED bei. Angesichts der als langweilig empfundenen Parteiversammlungen und des Drucks, der im Berufsleben auf Genossen ausgeübt wurde, machte sich jedoch schnell Ernüchterung breit. Für ihn war es letztlich »mehr Zwang als Liebe, da in der Partei«.[34]

Michael Frei, der im Stahlwerk in leitender Stellung im Bereich Verkauf/Inland tätig war und die Aufnahme wegen des als höchst unsympathisch empfundenen Parteisekretärs zunächst ablehnte, fragte sich im Verlauf des Interviews:

> »Warum bist du reingegangen? Also irgendwo war das sicherlich in erster Linie das naive Gefühl: Wenn du etwas änderst, dann kannst du es nur von innen machen. [...] Karriere eigentlich weniger. Da war ich weniger drauf getrimmt. Bin ich auch später nie gewesen. So, wie Sie auch sehen. Wir leben also sehr, sehr normal.«[35]

Wenn ihm die beruflichen Perspektiven, die sich mit einem Parteibuch eröffneten, auch bewusst waren, will er seinen Eintritt auch rückblickend nicht allein als pragmatischen Schritt verstanden wissen. Neben diesen mannigfaltigen Eintrittsmotiven, bei denen Idealismus und Pragmatismus miteinander einhergehen konnten, stellt sich noch einmal besonders die Frage nach politischen Haltungen und Beweggründen und ihrer Bedeutung beim Eintritt. Sucht man nach der Anziehungskraft der Ideale des Sozialismus, so gewinnt man in der untersuchten Industrieprovinz ein ernüchterndes Bild. Erzählungen über Erweckungserlebnisse oder bewusste politische Zustimmung zu innen- oder außenpolitischen Zielsetzungen der SED finden sich nicht bzw. kaum. Stattdessen wird der Parteieintritt häufig als »Normalität« bezeichnet und als »logischer« Schritt empfunden. Diese so häufig beschriebene Normalität unterlag jedoch einem historischen Wandel, der an die unterschiedlichen Erfahrungen der Generationen gekoppelt war. So schildert der ehemalige Industrieökonom und Leiter im Verkauf des Stahlwerks Brandenburg, Günther Dornheim, seinen Eintritt als selbst-

33 Ebd., S. 32.
34 Ebd., S. 90.
35 Interview mit Michael Frei am 6.12.2010, Transkript der Audiodatei, S. 4.

verständlich: »Für mich war eigentlich logisch, und da gab es keenen Widerspruch zu, zu meiner sonstigen Entwicklung oder so meiner Auffassung, dass ich Mitglied der Partei wurde.«[36]

Der 1936 geborene Dornheim trat 1957 als Schüler der Arbeiter-und-Bauern-Fakultät (ABF) der SED bei und bezeichnete im Rückblick die dort verbrachten drei Jahre als die besten seines Lebens. Seine frühen Lebensjahre waren insbesondere durch Gewalt- und Verlusterfahrungen geprägt – der Tod seines Vaters während der letzten Kriegshandlungen, die Vergewaltigung seiner Mutter durch russische Soldaten, das durch Bomben zerstörte Heim, der Überlebenskampf der unmittelbaren Nachkriegszeit. An diese Kriegserlebnisse schloss sich eine Bildungs- und Aufstiegserfahrung an, die für seine Altersgenossen nicht unüblich war. Nach dem Abitur, das er an der ABF ablegte, folgte das Diplomstudium als Industrieökonom. Im Anschluss begann seine Berufslaufbahn in einem Magdeburger Betrieb, in dem er es bereits mit 28 Jahren zum Hauptabteilungsleiter brachte. 1966 wechselte er nach Brandenburg ins Stahlwerk und war dort bis 1990 in leitender Stellung im Verkauf tätig. Sein sozialer Aufstieg und das Schicksal seiner Eltern bildeten gemeinsam mit seinen Erlebnissen aus der NS-Zeit einen Erfahrungshorizont, der die sozialistischen Werte des Antifaschismus, des Friedensstaates und der sozialen Gleichheit zu beglaubigen schien. Günther Dornheim, der stellvertretend für die viel beschriebene Aufbaugeneration der DDR betrachtet werden kann,[37] schildert eine Aufbruchstimmung in den 1950er- und 1960er-Jahren, die für ihn mit dem Besuch der ABF einsetzte: »Und, äh, da wurde erstmal so Einfluss auf uns jenommen und es wurde, ja, wir wurden so erzogen, dass wir unsere ganze Kraft dafür eingesetzt haben, dass das nicht wieder passiert. Also kein Krieg, ne friedliche Entwicklung und ne soziale Entwicklung für alle Menschen.«[38]

Die Erlebnisse der Kriegs- und unmittelbaren Nachkriegszeit sowie die Bildungschancen formten einen vitalen Resonanzraum, der den Eintritt in die Staatspartei als logischen Schritt erscheinen ließ. Dabei suchte Dornheim nicht aktiv die Zugehörigkeit; auch er wurde geworben, wie er, zu seinem Parteieintritt befragt, zunächst antwortet: »Das war nicht meine Entscheidung. Ich bin angesprochen worden.«[39] Auch wenn er sich nicht mehr erinnern kann, wer ihn ansprach, betont er zugleich, dass kein Druck auf ihn ausgeübt worden sei. Das politische Bekenntnis sei ihm als natürlicher Schritt erschienen.

36 Interview mit Günther Dornheim am 29.11.2010, Transkript der Audiodatei, S. 18.
37 Vgl. Ahbe, Thomas/Gries, Rainer/Schüle, Annegret: Die DDR aus generationsgeschichtlicher Perspektive. Eine Inventur, Leipzig 2006.
38 Interview mit Günther Dornheim am 29.11.2010, Transkript der Audiodatei, S. 3 f.
39 Ebd., S. 15.

Von ebendieser Selbstverständlichkeit berichtete auch die bereits zitierte, 20 Jahre jüngere Ingenieurin Karin Gutschow (Jahrgang 1956). Obwohl sie – anders als Günther Dornheim – die wiederholte Ansprache ihres Vorgesetzten als Druck empfunden hatte, verband sie ihre Parteizugehörigkeit nicht allein mit Zwang. Vielmehr beschreibt sie ihre Motivation zum Parteieintritt mit den Worten: »Äh, das war einfach so. Ich war so erzogen.«[40] Aufgrund ihrer politischen Sozialisation, die bereits im Elternhaus mit der Parteimitgliedschaft ihres Vaters einsetzte und sich dann in den Kinder- und Jugendorganisationen als Jungpionierin und FDJlerin fortsetzte, erschien ihr der Parteieintritt als etwas Selbstverständliches. Er war weniger Ausdruck eines politischen Bekenntnisses als Bestandteil ihres sozialen Umfeldes.[41] Auch ihr Ehemann war Parteimitglied. Während sie rückblickend ihren beruflichen Aufstiegsplänen eine geringe Bedeutung für den Beitritt beimisst, räumt sie jedoch zugleich ein: »So hab' ick mir eigentlich gedacht, schaden kann's nicht – und so bin ich halt in die Partei gekommen.«[42]

Neben dem äußeren Druck durch ihren Vorgesetzten und pragmatischen Erwägungen stellte der Eintritt aufgrund ihres sozialen Umfeldes und ihrer Erziehung etwas dar, das nicht hinterfragt wurde. Diese Bedeutungsverschiebung des »Selbstverständlichen« – vom bewussten politischen Bekenntnis hin zur Entpolitisierung – vollzog sich sukzessive zwischen den Generationskohorten, von jenen, die die Kriegs- und unmittelbare Nachkriegszeit mit allen Entbehrungen erlebt hatten, hin zu denjenigen, die in den neuen Staat mit seinen Bildungsangeboten und sozialen Absicherungen hineingeboren worden waren. Während für Günther Dornheim die Bildungschance eine entscheidende Erfahrung war, kehrte sich dieser Erfahrungshorizont bei Karin Gutschow um. Das Abitur und das Studium nahmen in ihrer Erzählung keinen besonderen Stellenwert ein. Ebendieser generationelle Wandel bildete sich häufig auch innerhalb einer Familie ab: Während etwa Lothar Bisky, Jahrgang 1941, als Flüchtlingskind durch die Armut der Nachkriegszeit geprägt war und mit seinem Parteieintritt 1963 während seines Studiums eine Aufbruchstimmung verbindet,[43] stellte sich die Situation für seinen Sohn Jens, Jahrgang 1966, ganz anders dar. Niemand sei überrascht gewesen, so berichtete Jens Bisky, als er kurz vor den Abiturprüfungen Kandidat der SED geworden sei:

40 Interview mit Karin Gutschow am 22.11.2010, Transkript der Audiodatei, S. 2.

41 Dieses Muster beobachtete bereits Dorothee Wierling beim Jahrgang 1949. Vgl. Wierling: Geboren im Jahr Eins, S. 445–464.

42 Interview mit Karin Gutschow am 22.11.2010, Transkript der Audiodatei, S. 3.

43 Vgl. Oechelhaeuser, Gisela: Lothar Bisky: »So tief bücke ich mich nicht!«, Berlin 1993, S. 9–35

»Die Aufnahme war nach Statut und ohne Feierlichkeiten erfolgt, der Eintritt für mich eine Selbstverständlichkeit gewesen, ein Akt, der kein langes Nachdenken erforderte. Ich zahlte nun noch mehr Beiträge für Mitgliedschaften, es gab eine Versammlung mehr im Monat. Weiter hatte sich nichts geändert. Ich war nicht mit allem zufrieden, aber doch grundsätzlich einverstanden.«[44]

Während die Erfahrungen der unmittelbaren Nachkriegszeit den Wahrnehmungshorizont des Vaters prägten, stellten für den Sohn die Sozialisation in einer systemtreuen Familie und sein Engagement in der FDJ den Erfahrungshintergrund dar, der bei ihm, wie es scheint, fast automatisch zum Parteieintritt führte. Als er seine SED-Mitgliedschaft rückblickend reflektierte, stellte er beinahe mit Erstaunen fest: »Das war nie meine Partei gewesen, aber drin war ich doch.«[45]

Der hier am Beispiel der Familie Bisky beschriebene Bedeutungswandel des Eintritts illustriert zugleich die Selbstrekrutierung der sozialistischen Dienstklasse, die sich verheerend auf die Integrationskraft des politischen Systems auswirkte. Während sich für ältere Generationskohorten im Zuge des Elitenaustauschs Bildungs- und Berufskarrieren eröffneten, die mit Blick auf ihre soziale Herkunft enorm waren, verengten sich für die nachfolgenden Generationen die Aufstiegsschleusen. Hatte die Systemloyalität für die Elterngeneration aufgrund schlechterer Herkunftsressourcen eine kompensatorische Funktion, kehrte sich diese Situation für ihre Kinder um. Die Herkunft aus der sozialistischen Dienstklasse in Kombination mit Systemloyalität wurde zur Bedingung, um aufsteigen bzw. ebenfalls der Dienstklasse angehören zu können. Das Nachsehen hatten die Kinder der Arbeiterklasse. Ausgerechnet sie hatten seit den 1970er-Jahren geringe Aufstiegschancen – selbst wenn sie der SED angehörten.[46] Diese fatale Entwicklung wirft ein anderes Licht auf die von Ingrid Kirchhoff Ende der 1980er-Jahre erfahrene Situation, trotz Parteiauftrags im Stahlwerk kaum mehr Kandidaten werben zu können. Ihr wohl schlagkräftigstes Argument, die Karriere mit Parteibuch besser ausbauen zu können, dürfte für aufstiegsorientierte Arbeiter wie eine leere Floskel gewirkt haben. Längst hatte sich bei ihnen zu diesem Zeitpunkt wohl die Erkenntnis verfestigt, dass ein Parteibuch allein für die gewünschte Berufslaufbahn nicht ausreichte.

44 Bisky, Jens: Geboren am 13. August. Der Sozialismus und ich, Berlin 2004, S. 106 f.

45 Ebd., S. 200.

46 Die hier konstatierte Systemloyalität folgt einer weiten Definition, wobei unter machtkonformem Verhalten entweder die Mitgliedschaft in der SED oder in einer Blockpartei, aber auch die Funktion in einer von der Partei abhängigen Organisation gezählt wurde. Vgl. Solga: »Systemloyalität«, S. 523–542. Siehe auch: Huinink: Kollektiv und Eigensinn.

Das Parteidokument und Rituale der Parteikultur

War der Mitgliedsantrag einmal ausgefüllt, tat sich dem neu gewonnenen Kandidaten eine besondere Organisations- und Erfahrungswelt auf. Dabei handelte es sich keineswegs allein um aus der Sowjetunion importierte Normen und Gepflogenheiten. Auch der Geist der KPD lebte in der Kultur der Einheitspartei weiter: Loyalität zur Sowjetunion, Parteiarbeit mit hingebungsvollem Engagement sowie Klasse, Kampf und Solidarität bildeten die zentralen Kategorien der politischen Kultur der KPD.[47] Diese hatte sich in den 1920er-Jahren in einem gesellschaftspolitischen Klima entwickelt, das von massiven Konflikten und Spannungen geprägt war. Die KPD war eine Partei der Außenseiter. Sie stellte ein spezifisches Segment in der Arbeiterklasse dar, ohne je eine breite Massenbasis für sich mobilisieren zu können. Unterdrückung und Mangel prägten den Alltag der kommunistischen Underdogs: Wohnungsnot, Arbeitslosigkeit, kaum Zugang zu Bildung, tyrannische Vorgesetzte, eine gewalttätige Polizei sowie Hunger und harte körperliche Arbeit. Ein Gefühl der Ungerechtigkeit und ein Bedürfnis nach Befreiung bestimmten das geistige Klima, sodass Marx' Schriften und Lenins Parteimodell als Deutungsangebote und Lösungswege der eigenen Existenz Sinn verliehen. Kampf und Solidarität waren keine abgegriffenen ideologischen Floskeln, sondern Überlebensstrategie gegen die tagtäglich erfahrene Unterdrückung. Die Methode der Konspiration und die Obsession mit dem Feind waren wie der Blick zur Sowjetunion, wo bereits eine erfolgreiche Revolution stattgefunden hatte, Motivation und zugleich Charakteristikum der Parteikultur. Nicht nur die Weimarer Zeit, sondern auch die Illegalität und gnadenlose Verfolgung während des Nationalsozialismus waren für den deutschen Kommunismus prägend. Der Widerstand bestärkte das Gefühl der Isolation und des Andersseins, und der Überlebenskampf im Konzentrationslager, im spanischen Bürgerkrieg, im sowjetischen Exil oder das Ausharren im westlichen Ausland verliehen dieser Generation im späteren Staatssozialismus eine Aura der moralischen Überlegenheit.

Die politische Kultur der KPD wurde mit der SED wiederbelebt. Sie war nicht allein durch die sogenannten Altkommunisten, die nun überwiegend Spitzenpositionen in Staat und Partei bekleideten, personifiziert. Sie war auch für alle Mitglieder im Parteileben erfahrbar. Die besonderen Regeln im Umgang mit dem Parteibuch übertrugen beide Traditionslinien, die politische Kultur der KPD sowie Lenins Konzept der konspirativen Kampforganisation, in den staatssozialistischen Alltag. So erforderte die Handhabe des Parteidokuments besondere Vorsicht. Verließ etwa ein Mitglied oder Kandidat der SED das Territorium der DDR, um in einer Auslandsvertretung tätig zu sein, musste das Mitgliedsbuch oder auch die Kandidatenkarte in

47 Hier und im Folgenden: Weitz: Creating German Communism 1890–1990, S. 233–279; Epstein: The Last Revolutionaries, S. 16–70. Siehe auch: Mallmann: Kommunisten in der Weimarer Republik.

der Kreisleitung abgegeben werden. Diese leitete die Dokumente wiederum über die Bezirksleitung an die Abteilung Parteiorgane des ZK in Berlin weiter, wo sie für die Dauer des Auslandsaufenthaltes aufbewahrt wurden. Auch jene, die vorübergehend als Montagekräfte und Spezialisten im Ausland tätig waren, mussten ihr Mitgliedsbuch bzw. die Kandidatenkarte bei ihrer Kreisleitung hinterlegen. Bei Urlaubs-, Besuchs- oder Delegationsreisen ins Ausland reichte es, das Dokument zu Hause zu lassen. Reisen in den kapitalistischen Westen erforderten jedoch immer, das Parteibuch bei der Kreisleitung zu hinterlegen.

Nicht nur außerhalb des Territoriums der DDR, sondern auch im Inneren existierten Regeln, die das Parteidokument und damit die Organisation vor vermeintlichen Gefahren schützten. So wurden Mitgliedsbücher, Kandidatenkarten und Registraturunterlagen nicht auf dem Postweg, sondern nur in dafür vorgesehenen verplombten Kuriertaschen versandt. Verlor ein Genosse sein Parteibuch, entschied die Mitgliederversammlung darüber, so die Richtlinie, ob ein neues Dokument ausgestellt werden konnte.[48] Der Verlust zog stets ein Parteiverfahren nach sich, das auf der Mitgliederversammlung verhandelt und gemeinhin mit einer Rüge geahndet wurde. Diese anachronistischen Verhaltensvorschriften waren nicht etwa nur ein blasses Zitat einer längst vergangenen Zeit der Gefahr und Bedrohung, sondern – sogar noch in den 1980er-Jahren – im Alltag wirkmächtig. So schildert die Journalistin Hanna Voß rückblickend ihr Parteiverfahren, das in der zweiten Hälfte der 1980er-Jahre gegen sie angestrengt worden war.[49] Bei einem Restaurantbesuch hatte sie ihre Handtasche samt Parteibuch verloren, sodass sich die damalige Studentin vor ihrer Abteilungsparteiorganisation (APO) rechtfertigen musste. Obwohl sie sonst eine reformfreudige junge Genossin gewesen sei, habe sie sich während der Parteiversammlung ausgiebiger für ihr sogenanntes Fehlverhalten entschuldigt, als es zu dieser Zeit in der Partei erforderlich war, konstatiert sie rückblickend unangenehm berührt. Die Situation der Anklage sowie die erlernte »Ehrfurcht vor dem Dokument«[50] löste bei ihr eine innere Dynamik der Selbstbezichtigung aus.

Diese ritualisierte Verknöcherung mutet nicht nur im Rückblick absurd an. Schließlich war die SED als Staatspartei das genaue Gegenteil zu einer aus dem Untergrund agierenden politischen Gruppe. Auch zeitgenössisch war Parteimitgliedern dieser Anachronismus durchaus bewusst. Doch blieb ihnen nichts weiter übrig, als sich an diese aus der Zeit gefallenen Regeln zu halten, wollten sie keine Parteistrafe riskieren. Der verordnete Umgang mit dem Parteibuch konservierte die politische Kultur der KPD mit ihrem Außenseiterstatus, Geheimbundhabitus und der

48 Bei einer Übersiedlung ins Ausland musste das Parteibuch dem Sekretär der Grundorganisation gegeben werden. Vgl. Richtlinie für die organisationstechnische Arbeit der Partei (Beschluss des Sekretariats des ZK vom 15.9.1972), in: SAPMO-BArch, DY 30/J IV 2/3 1916, o. Bl.

49 Vgl. Wierling: Geboren im Jahr Eins, S. 458–464.

50 Ebd., S. 459.

omnipräsenten Bedrohung durch Feinde. So wurde beispielsweise im Gebäude der Kreisleitung der Stadt Bandenburg die Neuausstellung der Parteidokumente in zusammenhängenden Räumen vollzogen, die durch Sicherheitsschlösser, Siegel und Vorhängeschlösser abgesichert waren und nach Feierabend durch die bewaffneten Organe bewacht wurden.[51] Ein reales Bedrohungsszenario lag diesen Maßnahmen nicht zugrunde.

Neben dieser symbolischen Funktion des Parteibuches als Sinnbild der Gemeinschaft der Kommunisten und ihrer Bedrohung fungierte es auch als Herrschaftsinstrument, das keineswegs starr war, sondern einem Wandel unterlag. Im Zyklus einer Dekade wurde ein Umtausch der Parteidokumente durchgeführt. In diesem Rahmen mussten Parteimitglieder in persönlichen Gesprächen ihre Loyalität bekunden. Die erste Aktion dieser Art fand zwischen 1950 und 1951 statt. Reihenweise wurden Parteimitglieder als vermeintliche innerparteiliche Gegner ausgeschlossen. Im Zuge dieser sogenannten Überprüfung, die den Charakter einer Parteisäuberung stalinistischer Manier trug, wurden etwa 750 000 Mitglieder und Kandidaten aus der SED entfernt.[52] Diese innerparteiliche Repressionswelle drückte der Aktion zwar einen prägenden Stempel auf.[53] Doch im Vergleich zur Überprüfung in den frühen Jahren wandelte sich die 1960, 1970 und zuletzt 1989 durchgeführte Praxis des Umtauschs der Mitgliedsbücher von einer Exklusions- zu einer Integrationsmaßnahme. Die Zahl der Entfernungen aus der Partei verringerte sich stetig von 13 029 im Jahr 1960 über 8706 im Jahr 1970 auf schließlich 6151 Mitglieder und Kandidaten während der Kontrolle der Dokumente im Jahr 1980 – bei gleichzeitig steigender ehrenamtlicher Einbeziehung weiter Teile der Mitgliederschaft. Waren 1960/61 noch 3,4 Prozent der Angehörigen der Partei an der Durchführung der Umtauschaktion aktiv beteiligt, verdoppelte sich ihre Zahl 1970 auf 8 Prozent und erhöhte sich 1980 sogar auf 14 Prozent.[54]

Während diese Maßnahme Anfang der 1950er-Jahre »Überprüfung« genannt wurde, erhielt sie ab 1960 die Bezeichnung »Umtausch der Mitgliedsbücher«, worunter sie auch 1970 und zuletzt 1989 firmierte. Da die Dokumente im Jahr 1970 mit einer Gültigkeit von 20 Jahren versehen worden waren, fanden 1980 und 1985 Kontrollen der Mitgliedsbücher sowie eine Überprüfung und Aktualisierung der Registraturunterlagen statt, was nicht mit einem kollektiven Umtausch einherging.[55] Trotz dieser unterschiedlichen Bezeichnungen und bürokratischen Handhabe war diesen

51 Überprüfungsbericht der Kreisrevisionskommission Brandenburg/Havel (Land) zur Arbeit der SED-Kreisleitung mit den Parteidokumenten (30.11.1960), in: BLHA, Rep. 531 Brbg. Nr. 969, Bl. 1.

52 Diese Zahl gilt für den Zeitraum von 1948 bis 1951. Christian: Ausschließen und disziplinieren, S. 53–70, hier S. 58.

53 Vgl. Umtausch der Mitgliedsbücher, in: Herbst/Stephan/Winkler: Die SED, S. 523 f.

54 Christian: Ausschließen und disziplinieren, S. 53–70.

55 Vgl. Mestrup: Die SED, S. 510 f.

Aktionen gemein, dass sich die Apparate ein genaues Bild über die Größenordnung und die Zusammensetzung der Basis verschaffen wollten. Eine jahrelange Beitragsdokumentation im Parteibuch machte zudem einen Umtausch auch aus ganz praktischen Erwägungen erforderlich. Entscheidend war jedoch, dass dieser Prozess an persönliche Gespräche gekoppelt war. Diese dienten einerseits dazu, die Mitglieder – wie in Aussprachen üblich – auf den herrschenden Diskurs zu verpflichten und damit die Autorität der Partei herzustellen und zu bekräftigen.[56] Andererseits erhielten die Apparate ein Bild über Stimmungen und Meinungen der Basis. Somit waren nicht allein die Disziplinierung der Parteiangehörigen und die damit verbundene Formierung der Einheit und Geschlossenheit von Bedeutung, sondern auch die Integration und Kooperation weiter Teile der Mitgliederschaft. Dem diente die bereits angesprochene ehrenamtliche Beteiligung bei den Umtauschaktionen; zudem zeigte der Parteiapparat seit den 1960er-Jahren auf allen Ebenen großes Interesse an in den Gesprächen artikulierten »Hinweisen«, »Kritiken« und »Vorschlägen«. Während die Artikulation solcher Kritiken zwar innerhalb der Grenzen des Sagbaren verlief, machten sich die Mitglieder an der Basis dieses Instrument doch zunutze, um ihre Anliegen vorzutragen und sich Gehör zu verschaffen. Die Kooperation lieferte dem Parteiapparat zugleich ein Bild von Themen und Problemen, sodass er gegebenenfalls regulativ eingreifen konnte, bevor sich ein Problemstau entwickelte. Damit wandelte sich dieses Herrschaftsinstrument, wie bereits Michel Christian zeigen konnte, von einer repressiven und strafenden zu einer integrativen Maßnahme.[57] Dieser Wandel lässt sich auch auf der erfahrungsgeschichtlichen Ebene ermitteln. In Erinnerungsberichten wird der Umtausch der Parteibücher nicht als Ausnahmesituation, in der Unsicherheit oder gar Angst vorherrschte, beschrieben. Vielmehr reiht sich diese Episode, wenn man sich überhaupt an sie erinnert, in die empfundene Routine des Parteilebens ein. So schildert der ehemalige Leiter im Verkauf des Stahlwerks Brandenburg, Günther Dornheim, den Umtausch der Mitgliedsbücher als reine Formsache:

> »Jedes Mal, wenn die Parteidokumente umgetauscht wurden, ich habe das zweimal bewusst erlebt, hat man immer gesagt: ›Ja und dann wird überprüft, ob man noch Genosse sein kann.‹ Und so weiter. Aber das war gar nicht so. Das wurde also, ja, da wurden Dokumente umjetauscht, und äh es kam da nicht zu irgendwelchem Druck oder irgend so etwas, ja? Das, das war also nicht der Fall. Aber das hat man eben damals aus der Zeit der Sowjetunion, da war das so übernommen und hat das dann hier versucht, naja, halt so oberflächlich, so wegloofen lassen, ja?«[58]

56 Vgl. Yurchak: Everything Was Forever, Until It Was No More, S. 14–33.
57 Vgl. Christian: Ausschließen und disziplinieren, S. 61–65.
58 Interview mit Günther Dornheim am 29.11.2010, Transkript der Audiodatei, S. 82.

Dass der hier beschriebenen Routine, die lediglich oberflächlich absolviert worden sei, jedoch eine wichtige Herrschaftsfunktion zukam, verdeutlichen die Berichte der SED-Kreisleitung Brandenburg zur Kontrolle der Parteidokumente im Jahr 1980. Eine Information, die aus der Kreisleitung an die Parteileitungen der GO im Kreis erging, erläuterte den Parteiarbeitern vor Ort, worauf es bei der Führung der Gespräche ankam. So wollte der regionale Parteiapparat nicht nur darüber informiert sein, welche Genossen die Teilnahme an dieser Maßnahme verweigerten und ob der oder die Einzelne über die Grundzüge der Politik der Partei und ihren außenpolitischen Kurs auskunfts- und damit agitationsfähig war. Zentral war die Einschätzung des eigenen Engagements, wobei Vorschläge zur Verbesserung der eigenen politischen Aktivität im Arbeitskollektiv, in den Massenorganisationen oder im Wohngebiet unterbreitet werden sollten. Zugleich konnten auch Vorschläge und Hinweise etwa zur Arbeit der Parteileitung oder der Vorgesetzten eingebracht werden.[59] Letztlich war die Mobilisierung der Parteimitglieder vor Ort für den Apparat von entscheidender Bedeutung. Er legte Wert darauf, den vorgegebenen Zeitplan der republikweit durchgeführten Kontrollen einzuhalten, und drang deshalb auf eine zügige Gesprächsführung. Zur Orientierung galt die Prämisse, dass ein Gespräch von höchstens zwei Genossen, nämlich dem Parteisekretär und einem Parteileitungsmitglied, geführt und etwa 30 Minuten umfassen sollte. Nur bei Problemen sollte bis zu einer Stunde aufgewendet werden. In den Hinweisen zur Dokumentenkontrolle wies der 2. Sekretär der Bezirksleitung Potsdam, Ulrich Schlaak, die regionalen Parteiapparate auf den obersten Grundsatz hin, der da lautete: »Es gibt keine Dokumentenkontrolle an sich.«[60] Die breite Einbeziehung und Mobilisierung der Mitglieder war das zentrale Anliegen des Apparates.

Vor diesem Hintergrund wurden von der Kreisleitung Brandenburg während der Aktion im Jahr 1980 insgesamt 4772 Kritiken, Hinweise und Vorschläge dokumentiert, wovon 59 an die Kreisleitung zur Bearbeitung weitergereicht wurden.[61] Die meisten Hinweise handelten von Schwierigkeiten in der Produktion. An zweiter Stelle standen Vorschläge zur Verbesserung der Arbeits- und Lebensbedingungen, gefolgt von Hinweisen zur Verbesserung der Arbeit der Parteileitung und des »innerparteilichen Lebens«. In der Kategorie »Sonstiges« wurden Probleme der Beschaffung von Arbeitsschutzkleidung und Ersatzteilen, Versorgungs- und Preisfragen sowie Anliegen hinsichtlich des Berufsverkehrs festgehalten. Der regionale Parteiapparat war im Zuge der Umtauschaktionen nicht allein mit der Dokumentation der Schwierigkeiten vor Ort betraut, sondern auch mit der Überwachung ihrer Lösung.

59 Vgl. 2. Sekretär der SED-Bezirksleitung Brandenburg: Hinweise zur Dokumentenkontrolle, 18.2.1980, in: BLHA, Rep. 531 Brbg. Nr. 1844, o. Bl.

60 Ebd.

61 Hier und im Folgenden: Bericht der Kreisleitung Brandenburg über den Ablauf und die Ergebnisse der Dokumentenkontrolle 1980, o. T., o. D., in: BLHA, Rep 531 Brbg. Nr. 1844, o. Bl.

Es war Aufgabe der Parteileitung der GO, die vorgebrachte Kritik oder Anregung im Beisein der Genossen »operativ« zu klären. Nur wenn sie selbst nicht in der Lage war, das Problem aus der Welt zu schaffen, wurde das Anliegen an die Kreisleitung weitergeleitet. Das betraf insbesondere Wohnungs- und Versorgungsprobleme sowie andere kommunale Angelegenheiten, wie etwa Verbesserungen der Straßenverhältnisse und des öffentlichen Nahverkehrs. Auch Kritik an der Arbeit der Kreisleitung wurde von Genossen vorgebracht, die eine bessere Anleitung und Informationen zu aktuellen Problemen wünschten. Die ausführliche Berichterstattung des regionalen Parteiapparates macht deutlich, wie zentral die Regulierungsfunktion war, die die Kontrollaktion hatte.

Dieses Instrument der Gesellschaftssteuerung zeigt jedoch nicht allein die sich von Repression zu Integration wandelnde Herrschaftsstrategie des Parteiapparates gegenüber der Basis. Der Blick auf die Parteimitglieder verdeutlicht, dass sie keineswegs verängstigt gegenüber ihrer Partei- und Kreisleitung auftraten oder sich von dieser steuern ließen. Vielmehr nutzten sie die von der SED errichteten Strukturen für ihre Anliegen und Bedürfnisse. Diese wurden durchaus selbstbewusst vorgetragen, wie der 2. Sekretär der Kreisleitung Brandenburg, Heinz Bormeister, in seinem Abschlussbericht 1980 an die Bezirksleitung Potsdam konstatierte. Insbesondere bei Problemen, die den Arbeitsbereich beträfen, gehe es in den Gesprächen zumeist sehr lebhaft und kritisch zu, während der politisch-ideologische Gehalt schwach ausgeprägt und – aus Sicht des 2. Kreissekretärs – zu erhöhen sei.[62] Die Perspektive der Kreisleitung verweist auf den Umgang der Mitglieder mit der Kontrollaktion, die sie bewusst als Gelegenheit wahrnahmen, persönliche und berufliche Probleme zu artikulieren und ihre Behebung einzufordern. Zugleich konnte sich die Gesprächssituation jedoch auch als bloße Absolvierung einer eingeforderten Choreografie gestalten. Nur ganz selten entfernten die Kreisleitungen tatsächlich Mitglieder aus der Partei, dies galt auch für Brandenburg. 38 der 12 778 Mitglieder und Kandidaten mussten die Partei verlassen – die meisten von ihnen, weil sie nicht an Parteiversammlungen teilnahmen oder keine Beiträge mehr zahlten.[63] Wie die Umtauschaktionen zeigen, hatte spätestens seit den 1960er-Jahren eine Pazifizierung zwischen Apparat und Parteibasis eingesetzt. Der Parteiapparat setzte bei den Aktionen anstelle von Säuberungen vielmehr darauf, die Mitglieder zu integrieren, zu aktivieren und aus ihren Rückmeldungen Impulse für Kurskorrekturen zu ziehen. Die Mitglieder selbst konnten sich kooperativ zeigen und durchaus mit gewisser Aussicht auf Erfolg Eigeninteressen in die Gespräche einbringen. Die Umtausch-

62 Bormeister, Heinz: Bericht über die Realisierung des Beschlusses der 11. Tagung des ZK zur Kontrolle der Parteidokumente, 11.3.1980 in: BLHA, Rep 531 Brbg. Nr. 1844, o. Bl.

63 SED-Kreisleitung Brandenburg: Parteiverfahren, die im Zusammenhang mit der Kontrolle der Parteidokumente erfolgten, 16.6.1980, in: BLHA, Rep. 530 Pdm. Nr. 5798, Bl. 1–4.

aktionen liefern freilich nur einen groben Eindruck vom Parteileben. Um mehr Aufschluss zu geben, waren sie zu selten. Deshalb werden im Folgenden weitere Felder des praktischen Parteilebens untersucht.

2. Disziplinierungspraxis nach dem Mauerbau

Das bekannteste Element des SED-Parteilebens stellt das Bestrafungswesen dar, und das Bild vom Parteileben als Ort der Repression ist besonders wirkmächtig. Die Parteiverfahren und das Unterwerfungsritual der Kritik und Selbstkritik lassen heute so manchen an das Brainwashing moderner Psycho-Sekten denken.[64] Berüchtigt war auch die Parteikontrollkommission, die angebliche innerparteiliche Feinde aufspürte und als Zuchtmeister renitenter Genossen agierte.[65] Nicht allein die Parteisäuberungen zu Beginn der 1950er-Jahre trugen zu diesem Bild bei. Verschiedene zeitgenössische wie retrospektive Schilderungen liefern Einblicke in die beklemmende Atmosphäre und die spezifischen Dynamiken von Parteiverfahren.[66] Für den Angeklagten konnte ein solches Verfahren einem Albtraum gleichkommen. So besang etwa der Liedermacher Wolf Biermann in einer Ballade aus dem Jahr 1965 ihre einschüchternde Kraft: »Ich habe diese Nacht geträumt von Hexen und von Drachen, von alten Weibern, die mit mir Parteiverfahren machen.«[67]

Doch waren Bestrafungen keineswegs an der Tagesordnung, und nur wenige Parteimitglieder machten überhaupt diese Erfahrung. Wie der Blick auf die Überlieferungen der Zentralen Parteikontrollkommission (ZPKK) zeigt, waren Parteiverfahren selten. Seit Ende der 1950er-Jahre halbierte sich ihre Zahl auf rund 25 000 Verfahren jährlich. Nach dem Mauerbau pendelte sie sich dann bei ca. 13 000 Parteiverfahren pro Jahr ein. Anfang der 1970er-Jahre erhöhte sich die Zahl auf rund 18 000 und sank bis Ende des Jahrzehnts wieder auf um die 15 000 Parteiverfahren jährlich. In den 1980er-Jahren registrierte die ZPKK jährlich durchschnittlich 20 000 Verfahren. Die jeweiligen Anstiege lassen sich im Jahr 1961 mit dem gewachsenen Repressionsbedürfnis nach dem Mauerbau und in den Jahren 1970 und 1980 mit dem Umtausch der

64 Vgl. Jessen: Partei, Staat und »Bündnispartner«, S. 33.

65 Vgl. Klein: »Für die Einheit und Reinheit der Partei«.

66 Stellvertretend: Leonhard, Wolfgang: Die Revolution entlässt ihre Kinder, Köln 2010, Erstausgabe 1955, S. 270–289, 654–660; Böhme: »Die da drüben«, S. 53–60. Der DEFA-Film »Spur der Steine«, der 1966 verboten wurde, stellte das Parteiverfahren des Parteisekretärs Werner Horrath ins Zentrum der Erzählung. Ausgehend von den Anklagen im Parteiverfahren wird in Rückblenden erzählt, wie der Parteisekretär in diese unangenehme Situation geriet.

67 Biermann, Wolf: Das macht mich populär, 1965, in: Biermann, Wolf/Biermann, Pamela: Alle Lieder, Köln 1991, S. 164–169.

Parteidokumente erklären.[68] Eine erneute Steigerung zeigt sich 1988. Im Vergleich zum Vorjahr zog die Zahl um 3000 Parteiverfahren an, wobei es sich überwiegend um Ausschlüsse handelte – ein Indiz für eine gewachsene Unzufriedenheit in der Mitgliederschaft.

Insgesamt verdeutlichen die Zahlen der ZPKK, dass – gemessen an der Mitgliederzahl – die Disziplinierungsrate nach dem Mauerbau bis zum Zerfall der Parteiherrschaft stetig unter einem Prozent der Mitglieder lag. Während das Bild des Parteilebens als Ort der Repression suggeriert, dass innerparteiliche Disziplinierungen sehr präsent waren, handelte es sich tatsächlich um ein Randphänomen. Doch wie ist dieser Befund zu erklären? Es wäre zu kurz gegriffen, die Mitgliederschaft nach den Parteisäuberungen allein als eingeschüchterte, konforme Masse zu bewerten. Vielmehr liegt die Vermutung nahe, dass – wie bereits bei den Umtauschaktionen beobachtet – das Repressionsbedürfnis des Parteiapparates sank. Zwar blieben Parteistrafen für die Kohäsionskraft der SED stets ein zentrales Instrument, doch wandelte sich ihr Charakter. Begreift man zudem die Disziplinierungen nicht ausschließlich als Unterdrückungsinstrument, sondern als Teil der innerparteilichen Kommunikation, treten Wandlungsprozesse hervor, die soziale Funktionen der SED an der Basis sichtbar machen.

Parteiverfahren im Zeichen der Integration

Die entscheidende Weichenstellung für einen Wandel der Disziplinierungspraxis wurde 1954 im Zuge des IV. Parteitags vorgenommen. Obschon zu diesem Zeitpunkt in den Parteiorganisationen noch das Bestrafen und somit der Parteiausschluss gegenüber dem Erziehen und der Reintegration dominierte,[69] sollte fortan eine integrative Praxis angewandt werden. Zwar blieb es stets Ziel der Kontrollkommissionen, sogenannte Feinde bzw. gegen die Autorität der Staatspartei agierende Mitglieder auszuschließen. Nun galt jedoch auch, »solchen Parteimitgliedern und Kandidaten, die nicht aus Feindschaft zur Partei die Parteidisziplin verletzt haben, durch kameradschaftliches Erziehen zu helfen, ein richtiges Verhältnis zur Partei zu finden,

68 ZPKK: Allgemeine Einschätzung der Ergebnisse der Tätigkeit der PKK, 20.3.1968, in: SAPMO-BArch, DY 30/IV A 2/4/66, o.Bl.; ZPKK: Ergebnisse der Arbeit der ZPKK seit dem VIII. Parteitag, in: SAPMO-BArch, DY 20 15355, o. Bl; ZPKK: Anzahl der Parteistrafen und Streichungen seit 1976, in: SAPMO-BArch, DY 30 15364, Anlage 3 und Anlage 4; ZPKK: Statistische Analyse über die im Jahr 1988 durchgeführten Parteiverfahren und erfolgten Löschungen von Parteiverfahren, Anzahl der Parteistrafen und Streichung seit 1981 – DDR gesamt, in: SAPMO-BArch, DY 30 11075, Anlage 3 und Anlage 4. Siehe auch den Abschnitt III.1 in dieser Arbeit.

69 Vgl. Matern, Hermann: Bericht der Zentralen Parteikontrollkommission, in: Protokoll der Verhandlungen des IV. Parteitages der Sozialistischen Einheitspartei Deutschlands, 30. März bis 6. April 1954, Berlin (Ost) 1954, S. 208.

sie der Partei zu erhalten«[70]. Mitglieder sollten nun also erzogen und reintegriert werden, lautete die auch in der sowjetischen KPdSU verfolgte Maxime der poststalinistischen Autoritätsreproduktion.[71] Dieses neue Paradigma blieb bis zum Ende der Parteiherrschaft in Kraft. Die Parteikontrollkommissionen zogen sich aus den GO zurück. Zuvor hatten sie ganze GO überprüft und massenweise Parteimitglieder ausgeschlossen.[72] Nun führten die GO-Leitungen Parteiverfahren selbst durch; und die Mitglieder der GO sollten sich untereinander »erziehen«. Allerdings war diese Praxis mit Anlaufschwierigkeiten verbunden, wie die Zentrale Revisionskommission 1956 kritisierte. Die Kontrollkommissionen in den Kreisen überprüften weniger, ob die von der GO verhängte Parteistrafe angemessen war, sondern nahmen selbst das Zepter in die Hand, damit es überhaupt zu einem Parteiverfahren kam.[73]

Die Bandbreite der Strafen reichte vom Ausschluss als höchster Parteistrafe über die Rüge bzw. die strenge Rüge bis hinab zur Verwarnung, die lediglich einer Ermahnung gleichkam. Ausschlüsse wurden gegen jene Mitglieder verhängt, die die Autorität der Partei und ihre Politik offen in Frage gestellt oder angegriffen hatten. Dieses Verhalten machte sie aus Perspektive der Kontrollkommissionen zu Feinden. Streichungen aus der SED-Mitgliederliste erfolgten dann, wenn Mitglieder zwar konform agierten, aber nicht zur Teilhabe mobilisiert werden konnten. 1963 wurde ganz im Sinne der Integrationspolitik das Spektrum der Ermahnungen erweitert. Mit dem VI. Parteitag wurden diese sogenannten »parteierzieherischen Mittel« ausgebaut und neben der bereits existierenden »Verwarnung« die »Kritik« und die »Missbilligung« eingeführt.[74] Diese Vorstufen zu Parteistrafen sollten den Spielraum der GO bei der Disziplinierung erweitern. Doch kamen sie in der Praxis ohne Eingreifen der Kontrollkommissionen kaum zur Anwendung.[75] Ausgehend von diesen auf Integration zielenden politischen Weichenstellungen stellt sich die Frage, wie sie sich im Disziplinierungsverhalten niederschlugen, welche Themen bzw. Normverletzungen als »feindlich« behandelt wurden bzw. zum Ausschluss führten.

Auf zentraler Ebene wie auch im Kreis Brandenburg verschoben sich die Konfliktfelder: Seit den 1970er-Jahren dokumentierten die Kontrollkommissionen eine immer stärkere Anziehungskraft des Westens auf die Mitgliederschaft. In der

70 Entwurf für neue Richtlinien für Parteiverfahren, 23.11.1954, in: SAPMO-BArch, DY 30/IV 2/4/8, Bildung und Tätigkeit der ZPKK, o. Bl.

71 Vgl. Cohn: Sex and the Married Communist, S. 437–438; ders.: The High Title of a Communist.

72 Vgl. Mählert, Ulrich: »Die Partei hat immer recht!« Parteisäuberungen als Kaderpolitik in der SED (1948–1953), in: ders./Weber, Hermann (Hg.): Terror. Stalinistische Parteisäuberungen 1936–1953, Paderborn 2001, S. 351–457, hier S. 421 f.

73 Vgl. Zentrale Revisionskommission: Zur Tätigkeit der Parteikontrollkommissionen, 12.9.1956, in: SAPMO-BArch, DY 30/IV 3, 56, o. Bl.

74 Protokoll des VI. Parteitages der Sozialistischen Einheitspartei Deutschlands, 15.–21. Januar 1963, Bd. IV, Berlin (Ost) 1963, S. 415.

75 Vgl. Analysen, Einschätzungen und Statistiken der ZPKK und BPKK über Parteistrafen, Bd. 1, 1969, in: SAPMO-BArch, DY 30/IV A 2/4/72, o. Bl.

Rhetorik des Parteiapparates handelte es sich bei der zunehmenden Westorientierung unter den SED-Mitgliedern um den »verstärkten Druck des Gegners«. Der Apparat beobachtete mit Sorge »ideologische Aufweichungen«. Dieser Problematik widmete die ZPKK mehrere Dossiers, zuletzt 1982.[76] Offenbar erreichte der Feindbildverlust mit dem Strauß-Kredit 1983 auch den Parteiapparat.[77] »Agenten« und »Spione«, »Fraktionisten« oder auch »antisowjetisches Verhalten« und »Gruppenbildung« waren Feindbild-Kategorien, die immer mehr verblassten – letztere verschwand zu Beginn der 1980er-Jahre ganz aus den Protokollen. Die wachsende Anziehungskraft des Westens zeigte sich zunächst an der steigenden Zahl von Republikflüchtigen und Ausreiseantragstellern unter den SED-Mitgliedern. Seit den 1970er-Jahren waren jährlich ca. 300 derartige Fälle registriert worden. Analog zur Gesamtentwicklung in der DDR verdreifachte sich 1984 ihre Zahl und stieg auf 912 Fälle an. Ab 1985 schnellte die Zahl dann weiter nach oben. (siehe die folgende Tabelle)

Sicherlich sind diese Zahlen gemessen an der Größe der Mitgliederschaft von über zwei Millionen äußerst gering. Doch ist der Anstieg ein Indikator dafür, dass die SED eng mit den Krisensymptomen der DDR-Gesellschaft verwoben war und selbst zu erodieren begann.

Viel häufiger als dieser offene Bruch mit Partei und Staat waren, ausweislich der Parteiverfahren, heimliche Westkontakte von Geheimnisträgern, etwa Leitungspersonal in Betrieben oder Funktionäre in Parteien und Massenorganisationen.[78] Verstöße gegen diese Kontaktverbote betrafen nicht nur Verbindungen zu Familienangehörigen im Westen.[79] 1982 konstatierte die ZPKK vielmehr, dass in den letzten Jahren und in jüngster Zeit gezielt Kontakt mit Bürgern aus dem Westen geknüpft werde,

76 ZPKK: Einschätzung über Auswirkungen des sich ständig verschärfenden internationalen Klassenkampfes und der zugespitzten imperialistischen Konfrontationspolitik auf Parteimitglieder, 7.12.1982, in: SAPMO-BArch, DY 30 11055. Siehe auch: ZPKK: Zusammenfassende Einschätzung über das Wirken der imperialistischen Ideologie auf Mitglieder und Kandidaten der Partei, 28.5.1971, in: SAPMO-BArch, DY 30/IV A 2/4; ZPKK: Information für die ZPKK über politisch-ideologische Aufweichungserscheinungen sowie partei- und staatsfeindliche Aufassungen und Handlungen, die sich im Ergebnis des verstärkten ideologischen Drucks des Gegners bei einzelnen Parteimitgliedern abzeichnen, 29.6.1978, in: SAPMO-BArch, DY 30 11047.

77 Vgl. Sabrow, Martin: Vertrauter Feind, objektiver Gegner, kollegialer Konkurrent. Zum Wandel des Bildes vom »Anderen« in der sozialistischen Legitimationskultur der DDR, in: Gries, Rainer/Satjukow, Silke (Hg.): Unsere Feinde, Konstruktionen des Anderen im Sozialismus, Leipzig 2004, S. 255–276. Sabrow, Martin (Hg.): 1989 und die Rolle der Gewalt, Göttingen 2012. Süß, Walter: Von der Ohnmacht des Volkes zur Resignation der Mächtigen. Ein Vergleich des Aufstandes in der DDR 1953 mit der Revolution von 1989, in: VfZ 52 (2004) 3, S. 441–477.

78 Siehe auch den Abschnitt IV.2 in dieser Arbeit.

79 Auch für die NVA stellte das Unterlaufen des Kontaktverbots im Laufe der 1980er-Jahre ein immer größeres Problem dar. Vgl. Wenzke, Rüdiger: Zwischen »Prager Frühling« 1968 und Herbst 1989. Protestverhalten, Verweigerungsmuster und politische Verfolgung in der NVA der siebziger und achtziger Jahre, in: ders. (Hg.): Staatsfeinde in Uniform? Widerständiges Verhalten und politische Verfolgung in der NVA, Berlin 2005, S. 262–268, Siehe auch: Rogg, Matthias: Armee des Volkes? Militär und Gesellschaft in der DDR, Berlin 2008, S. 383–387.

Jahr	Anzahl
1986	1294
1987	1697
1988	1969
1989 / 1. Halbjahr	1135

Republikflüchtige und Ausreiseantragsteller in der Mitgliederschaft nach Angaben der ZPKK

um daraus Vorteile zu ziehen. »Dabei spielt die Sucht nach Devisen bzw. Westmark zunehmend eine Rolle«, notierte die Kommission.[80] Die Versuchung, trotz Kontakteinschränkung in Besitz von DM zu gelangen, wuchs parallel zu den anziehenden Versorgungsschwierigkeiten, sodass sich die Westwährung seit den 1970er-Jahren zur heimlichen Zweitwährung entwickelte.[81] So konnten mit DM problemlos Versorgungslücken überbrückt und Konsumwünsche erfüllt werden, was besonders bitter für Bürger ohne Zugang zu Westgeld war. In Zusammenhang mit dieser Problematik wurden in den 1980er-Jahren in der Parteiöffentlichkeit zunehmend Zweifel an der Wirtschafts-, Versorgungs- und Reisepolitik der SED artikuliert. Zu Beginn des Jahrzehnts vergrößerten sich die Versorgungslücken merklich,[82] und der darüber empfundene Frust entlud sich nun auch vermehrt in Parteiversammlungen.

Neben der sich verstärkenden Anziehungskraft des Westens und dem wachsenden Frust über Wirtschafts- und Versorgungsschwierigkeiten verweisen zwei 1988 eingeführte Rubriken »feindlichen« Verhaltens auf eine emotionalere und aggressiver werdende Stimmung an der Parteibasis. Die neuen Kategorien »Prinzipienloses, kapitulantenhaftes Verhalten« und »Opportunismus/Revisionismus und Nationalismus« verdeutlichten nicht nur die zunehmende innere Abkehr, sondern zeigen auch eine gestiegene Artikulationsbereitschaft. 1988 wurden 3000 Parteiverfahren mehr als im Vorjahr abgehalten, die den Ausschluss nach sich zogen – ein Trend, der sich 1989 fortsetzte. Anfang des Jahres 1989 stellte die ZPKK in ihrem Jahresrückblick fest, dass Parteimitglieder in jüngster Zeit in außergewöhnlich aggressiver Weise gegen den Kurs der Parteiführung auftreten. Grund dafür war unter anderem das Verbot der Zeitschrift *Sputnik*.[83] Dass es an der Basis der Partei brodelte und sich die meisten Mitglieder innerlich längst von der SED verabschiedet hatten, zeigt sich auch daran, dass die meisten nicht bereit waren, ihre Genossen zur Ordnung zu rufen und zu

80 ZPKK: Einschätzung über Auswirkungen des sich ständig verschärfenden internationalen Klassenkampfes und der zugespitzten imperialistischen Konfrontationspolitik auf Parteimitglieder, 7.12.1982, in: SAPMO-BArch, DY 30 11055, Bl. 6.

81 Siehe auch den Abschnitt IV.2 in dieser Arbeit.

82 Siehe auch den Abschnitt IV.1 in dieser Arbeit.

83 Siehe auch den Abschnitt IV.3 in dieser Arbeit.

disziplinieren, »[…] weil sie nicht sicher genug sind, ihnen der Mut dazu fehlt, z.T. aber auch, weil sie ähnliche Positionen vertreten oder Zweifel haben, diese jedoch nicht offen äußern, um nicht ›anzuecken‹«.[84]

1988 war die Lage an der Parteibasis desolat, aber noch verhielten sich die meisten Mitglieder zumindest äußerlich loyal – das sollte sich erst ab dem Sommer 1989 ändern. Zuvor, in den 1970er- und 1980er-Jahren, bildeten zusammengefasst die stärker werdende Anziehungskraft des Westens, die wachsenden Versorgungs- und Wirtschaftsschwierigkeiten sowie das Verhalten der Parteiführung im Angesicht von Glasnost und Perestroika die zentralen Konfliktfelder in der Mitgliederschaft, in deren Zuge Parteiausschlüsse erfolgten. Obwohl die Problemlagen von den meisten erkannt wurden, waren der offene Konflikt und der darauffolgende Parteiausschluss kein weitverbreitetes Phänomen. Der Ausschluss blieb trotz des Anstiegs 1988 eine Seltenheit.

Die Behandlung der hier skizzierten und von den Kontrollkommissionen als »feindlich« eingestuften Verhaltensweisen nahm durchschnittlich nur ca. 20 Prozent aller Parteiverfahren ein. Etwa ein weiteres Viertel der Verfahren hatte Gesetzesverletzungen zum Gegenstand, da das Statut mit Blick auf die gesellschaftliche Vorbildfunktion von Parteimitgliedern verlangte, Genossen in diesem Fall auch parteiseitig zur Verantwortung zu ziehen. Diebstahl, Körperverletzung oder Vergehen gegen die Straßenverkehrsordnung zogen eine Parteistrafe nach sich – in schweren Fällen auch den Ausschluss.

Fast die Hälfte der Parteiverfahren drehte sich um die »Verletzung der Normen des Parteilebens und der sozialistischen Verhaltensweisen«. Damit war eine Bandbreite von Regelverletzungen des innerparteilichen, staatlichen, beruflichen wie privaten Bereiches angesprochen, die zusammengefasst als Ordnungswidrigkeiten und unsittliches Verhalten charakterisiert werden können. Konkret ging es dabei etwa um häufiges unentschuldigtes Fehlen bei der Mitgliederversammlung, den nicht oder nicht in korrekter Höhe entrichteten Parteibeitrag, den Verlust des Parteidokuments, die Verweigerung eines Parteiauftrags beispielsweise zur Teilnahme an der Betriebskampfgruppe oder einer politischen Schulung, die ungenügende Wahrnehmung einer ehrenamtlichen Funktion etc. Auch Verletzungen der Staatsdisziplin wurden geahndet, etwa die Nichtteilnahme an der Volkskammer- oder Kommunalwahl. Besonders häufig rückten staatliche Leiter in den Fokus, weil sie sich nicht der Eingaben und Beschwerden ihrer Mitarbeiter angenommen oder ihre dienstlichen Kontroll- bzw. Aufsichtspflichten vernachlässigt hatten. Neben der Staatsdisziplin standen auch Regelverletzungen am Arbeitsplatz im Fokus des Parteidisziplinarwesens. Wegen übermäßigen Alkoholkonsums am Arbeitsplatz, Unpünktlichkeit, »Arbeitsbumme-

84 ZPKK: Statistische Analyse über die im Jahr 1988 durchgeführten Parteiverfahren und die erfolgten Löschungen von Parteistrafen, 10.1.1989, in: SAPMO-BArch, DY 30/11075, Bl. 8.

lei« oder unentschuldigten Fehlens erlebten SED-Mitglieder Parteiverfahren, die eine Strafe nach sich zogen. Davon waren besonders häufig (Industrie-)Arbeiter und einfache Angestellte betroffen. Neben Verstößen gegen die Partei-, Staats- und Arbeitsdisziplin konnten verheiratete Parteimitglieder auch wegen Untreue belangt werden, was als Moralverstoß und somit als Verletzung der sogenannten »sozialistischen Verhaltensweise« seinen Niederschlag in den Analysen der Kreisparteikontrollkommissionen (KPKK) fand.

Trotz dieses breiten Spektrums an Regelverletzungen waren GO und ihre Leitungen im Alltag kaum pflichtversessene Wächter kommunistischen Wohlverhaltens. Die SED-Kreisleitungen und ihre Kontrollkommissionen hatten daher stets einen genauen Blick auf die Parteiorganisationen vor Ort, gegen deren Trägheit sie dauerhaft ankämpften. So betonte die KPKK in Brandenburg an der Havel in ihren Analysen noch in den 1980er-Jahren, dass die Leitungen der GO Unterstützung bei Parteiverfahren benötigten. Darunter verstand die Kommission vorbereitende Konsultationen und Absprachen mit den Parteisekretären sowie die Teilnahme von Mitgliedern der Kreisleitung an den Mitgliederversammlungen.[85] Dabei verfolgte die Kommission das Ziel, die Autorität der SED zu festigen: Sie kontrollierte nicht allein, dass entsprechend der Richtlinien die »richtige« Strafe ausgesprochen wurde, sondern dass es überhaupt zu Parteiverfahren kam.[86] Insbesondere bei Gesetzesverletzungen beklagte sie häufig eine falsche Handhabe in den GO. Diese Parteiverfahren, die wegen Vergehen gegen die Straßenverkehrsordnung, Körperverletzung oder kleinerer Diebstähle eingeleitet werden mussten, wurden von den Mitgliedern an der Basis als doppelte Bestrafung empfunden, sodass häufig der pflichtbewusste Charakter der angeklagten Person hervorgehoben wurde, um eine geringe Strafe zu begründen. Jene wurde nicht selten von der KPKK nach oben korrigiert.[87] Bei gerichtlich geahndeten Straftaten war ein Ausschluss jedoch unumgänglich. Für die GO bestand in diesem Fall kein Handlungsspielraum, den Genossen Kollegen oder Nachbarn vor einer doppelten Bestrafung zu bewahren.

Insbesondere der Parteiausschluss schien in der Wahrnehmung von Parteimitgliedern eine nachhaltige Wirkung zu haben. So beklagte ein Bericht der ZPKK,

85 Vgl. KPKK Brandenburg: Analyse der im Jahre 1986 durchgeführten Parteiverfahren, 18.12.1986, in: BLHA, Rep. 531. Brbg. Nr. 2105, Bl. 1–10. Siehe auch: KPKK Brandenburg: Analyse der im Jahre 1987 durchgeführten Parteiverfahren, 23.12.1987, in: BLHA, Rep. 531. Brbg. Nr. 2235, Bl. 1–11.

86 Besonders kleinere Grundorganisationen und Parteiorganisationen in der Landwirtschaft führten häufig keine Parteiverfahren durch, was die Kreisleitung Brandenburg beklagte. Sie ließen sich weniger gut kontrollieren als große Parteiorganisationen in der Industrie. Aber auch in den beiden größten Betrieben Brandenburgs, im Stahlwerk und im Getriebewerk, musste nicht selten Druck durch die Kreisparteikontrollkommission ausgeübt werden. Vgl. KPKK Brandenburg: Statistische Analyse der Parteiverfahren 1976, 21.1.1977, in: BLHA, Rep. 531 Brbg. Nr. 1550, o. Bl.

87 Vgl. KPKK Brandenburg: Analyse der im Jahre 1983 durchgeführten Parteiverfahren, 7.12.1983, in: BLHA, Rep. 531 Brgb. Nr. 2105, Bl. 9.

dass ehemalige Mitglieder, die einst aus der SED ausgeschlossen worden waren, es besonders schwer bei ihrer Wiederaufnahme in die Partei haben. Obwohl sie durch aktive Arbeit zeigten, dass sie ihre Lehren gezogen haben, werde ihrer Wiederaufnahme durch ein dogmatisches Verharren auf alten Fakten nicht zugestimmt: »Sie bleiben praktisch auf ewig abgestempelt.«[88] Nicht nur weil mit dem Ausschluss aus den Reihen der SED berufliche Konsequenzen einhergehen konnten, sondern weil dieser Entfernung eben auch ein Stigma anhaftete, tendierten GO dazu, bei Regelverletzungen den betreffenden Genossen nur zu streichen, statt ihn auszuschließen. Da die Ansicht verbreitet war, dass nur Feinde und Kriminelle ausgeschlossen werden, registrierte die Kontrollkommission auch bei ernsten Vergehen von Mitgliedern, die einen Ausschluss rechtfertigten, liberale Entscheidungen der GO.[89] Doch nicht nur Konflikte mit Gesetz und Ordnung, auch »Verletzungen der Arbeitsdisziplin«, wie »Arbeitsbummelei« und Alkoholkonsum am Arbeitsplatz, scheinen in den Parteiorganisationen in Brandenburg ungern als Parteiverfahren behandelt worden zu sein. Für die GO war eine Mahnung durch den Vorgesetzten bzw. eine persönliche Aussprache und Aufforderung zur Besserung ausreichend. Man vermied es, diesen Konflikt zum Gegenstand einer parteilichen Auseinandersetzung in der Mitgliederversammlung zu machen.[90] Dabei handelte es sich keineswegs um ein Brandenburger Spezifikum. Republikweit konstatierte die ZPKK liberales Verhalten der GO in Hinblick auf die parteiliche Ahndung beruflicher und persönlicher Verstöße. Auch 1987 registrierte die ZPKK »immer noch Scheu, respektive sogar Ablehnung, sich mit ihnen wegen der Verletzungen der Leninschen Normen des Parteilebens bzw. ihrer unsozialistischen Verhaltensweisen und ihres negativen Verhaltens zum demokratischen Zentralismus auseinanderzusetzen«.[91]

Wie ein Rückblick zeigt, beklagte der Apparat schon in den 1960er-Jahren, dass solche Verfahren »schleppend oder gar nicht« durchgeführt werden. In den Auseinandersetzungen werde nur formal diskutiert und stattdessen das Gespräch unter vier

88 ZPKK: Analysen, Einschätzungen und Statistiken der ZPKK und BPKK über Parteistrafen Bd. 1, gesamtes Jahr 1965, in: SAPMO-BArch, DY 30/IV A 2/4/60, o. Bl.

89 ZPKK: Einschätzung der ZPKK über eine Reihe von Hemmnissen in der Erziehungsarbeit, die im Zusammenhang mit Streichungen von Mitgliedern und Kandidaten aus der Partei zusammenhängen, 8.11.1973, in: SAPMO-BArch, DY 30/15352, o. Bl.

90 KPKK Brandenburg: Analyse der Parteiverfahren wegen Verletzung der Partei-, Staats- und Arbeitsdisziplin, Zeitraum v. 1.1.1986–30.6.87, 4.8.1987, in: BLHA, Rep. 531 Brbg. Nr. 2235, Bl. 4. Siehe auch: KPKK Brandenburg: Einschätzung von Parteiverfahren und Untersuchungen, die 1976 wegen Verletzungen der Partei- und Staatsdisziplin durchgeführt wurden, 24.2.1977, in: BLHA, Rep. 531 Brbg. Nr. 1550, o. Bl.

91 ZPKK: Statistische Analyse über die im Jahre 1986 durchgeführten Parteiverfahren und erfolgten Löschungen von Parteistrafen, Berlin, den 14.1.1987, in: SAPMO-BArch, DY 30 11063, Bl. 7.

Augen bevorzugt.[92] Die Abneigung, berufliche und persönliche Konflikte politisch zu werten und in einer Mitgliederversammlung zum Gegenstand eines Parteiverfahrens zu machen, war in der poststalinistischen Zeit dauerhaft verbreitet.

Die GO waren nicht nur träge, Parteiverfahren durchzuführen. Die Disziplinierungspraxis war zudem von sozialen Unterschieden in der Mitgliederschaft geprägt. Trotz der formalen Gleichheit der Parteimitglieder gab es ein deutliches Gefälle entlang beruflicher Hierarchien. So hebt ein Bericht der ZPKK hervor, dass bei Arbeitern wesentlich häufiger Ausschlüsse oder Streichungen als Parteistrafen beschlossen werden als Rügen oder strenge Rügen. Der Grund dafür lag nicht etwa darin, dass Angehörige dieser Personengruppe häufiger schwerwiegende Regelverletzungen begingen als andere. Sie hatten schlichtweg geringere Machtmittel als ihre Vorgesetzten, sodass bei ihnen laut Kontrollkommission »härtere Maßstäbe angewendet werden als bei Genossen der Intelligenz und bei Angestellten«.[93]

Bei Letzteren erfolgte in der Regel keine politische Bewertung ihres »Fehlverhaltens« in der Mitgliederversammlung. Stattdessen klärten die Parteisekretäre diese Angelegenheiten vorzugsweise in einem persönlichen Gespräch, da »das Ansehen dieser Genossen nicht zerstört werden soll«.[94] Dafür waren nicht unbedingt altruistische Motive ausschlaggebend. Parteisekretäre von GO übten ihre Funktion überwiegend ehrenamtlich aus, sodass es sich bei dem sogenannten »Genossen Angestellten«, der diszipliniert werden sollte, nicht nur um einen Kollegen, sondern auch um einen Vorgesetzten handeln konnte.[95] Berufliche Hierarchien und Machtkonstellationen wurden möglichst nicht berührt. Ohne diese Rücksichtnahme hätte der Arbeitsalltag ungemütlich werden können. Aus dem gleichen Grund übten Arbeiter auch keine Kritik, wenn doch einmal ein Vorgesetzter in der Mitgliederversammlung zu seinem »Fehlverhalten« Stellung beziehen musste. Sie befürchteten, wie die Analyse der ZPKK konstatierte, eine spätere Benachteiligung.[96]

Ihr beruflicher Einfluss ermöglichte es Leitern bzw. Kadern, Druck auf ihr Umfeld auszuüben, um sich dem Disziplinarsystem zu entziehen. Das betraf insbesondere Wirtschaftsfunktionäre wie Betriebsleiter, Abteilungsleiter, LPG-Vorsitzende sowie hauptamtliche Mitarbeiter im Partei- und Staatsapparat oder in Massenorganisationen. Selbstverständlich konnte sie eine Parteistrafe oder gar der Parteiausschluss viel empfindlicher als etwa Industriearbeiter treffen und sogar das Ende der beruflichen Laufbahn bedeuten. So beklagte das Zentrale Kontrollorgan der SED, dass das

92 ZPKK: Analysen, Einschätzungen und Statistiken der ZPKK und BPKK über Parteistrafen, Bd. 1, gesamtes Jahr 1967, in: SAPMO-BArch, DY 30/IV A 2/4/66, o. Bl.

93 ZPKK: Zur politischen Wertung der durchgeführten Parteiverfahren 1969, 12.2.1970, in: SAPMO-BArch, DY 30/IV a 2/4/72, o. Bl.

94 Ebd.

95 Siehe auch den Abschnitt III.4 in dieser Arbeit.

96 ZPKK: Zur politischen Wertung der durchgeführten Parteiverfahren 1969, 12.2.1970, in: SAPMO-BArch, DY 30/IV a 2/4/72, o. Bl.

unparteimäßige Verhalten von Kadern vor Ort häufig schon länger bekannt sei. Die Genossen der GO und ihrer Parteileitungen würden es jedoch aus Furcht vor eigenen Nachteilen nicht wagen, das Verhalten der Funktionäre zu kritisieren.[97] Auch fühlten sich einige Parteileitungen, wie ein anderer Bericht des Zentralen Kontrollorgans betonte, den Auseinandersetzungen mit ihren staatlichen Leitern nicht gewachsen.[98] Besonders Leiter und Wirtschaftsfunktionäre in kleinen und mittleren GO, so meldete die Bezirksparteikontrollkommission (BPKK) Berlin an die Zentrale, verstehen es, durch Redegewandtheit berechtigte Vorwürfe ihnen gegenüber abzuschwächen oder beiseitezuschieben, sodass die Genossen nicht selten verunsichert werden.[99] Zudem konnte diese Dominanz beruflicher Logiken auch zur Folge haben, dass insbesondere in Industriebetrieben erfolgreichen Fachkräften politische Freiräume eingeräumt wurden, was die ZPKK beargwöhnte. Sie stellte fest,

> »dass einzelne Mitglieder zu bestimmten Fragen der Politik unserer Partei eine ›eigene‹ oder ›besondere‹ Meinung haben, ohne dass eine prinzipielle Klärung auf der Grundlage des Programms bzw. des Status herbeigeführt wird. Da die Betreffenden nicht selten zuverlässig arbeiten, gute Fachkräfte sind, sehen die Leitungen mitunter über ihre falschen Auffassungen und Unklarheiten hinweg.«[100]

Diese pragmatische Handhabe politischer Vorgaben war für Betriebe charakteristisch, in denen ökonomische Erfordernisse im Alltag höher rangierten als parteipolitische Normen. Die Disziplinierungspraxis war jedoch nicht allein von beruflichen Logiken bestimmt. Das soziale Milieu war ebenfalls von Bedeutung, sodass etwa in herrschaftsnahen Bereichen, wie im Ministerium des Inneren oder im MfS, weniger Parteistrafen als etwa in Industriebetrieben zu verzeichnen waren. Die Abhängigkeit zwischen Berufs- und Parteizugehörigkeit wirkte sich auch auf die Handhabe von Parteiverfahren aus. So konstatierte etwa die KPKK Berlin-Mitte, wo drei Viertel der Mitglieder im Parteiapparat, in Ministerien oder in partei- und regierungsnahen Institutionen und Verwaltungen beschäftigt und parteilich organisiert waren, eine republikweit unterdurchschnittliche Anzahl von Parteiverfahren. Das war nicht allein

97 ZPKK: Analysen, Einschätzungen und Statistiken der ZPKK und BPKK über Parteiverfahren, Bd. 1, gesamtes Jahr 1965, Auswertung der Analysen der Bezirksparteikontrollkommissionen, in: SAPMO-BArch, DY 30/IV A2/4/60, o. Bl.

98 ZPKK: Allgemeine Einschätzung der Ergebnisse der Tätigkeit der PKK, 20.3.1968, (Analysen, Einschätzungen und Statistiken der ZPKK und BPKK über Parteiverfahren, Bd. 1, gesamtes Jahr 1967), in: SAPMO-BArch, DY 30/IV A 2/4/66, o. Bl.

99 BPKK Berlin: Bericht über die Erfahrungen der BPKK bei der Bearbeitung von Parteiverfahren, Einsprüchen, Beschwerden und Untersuchungen in der Zeit vom 1.1.1963–30.6.1966, 12.12.1966 (Berichte über die Tätigkeit d. ZPKK seit dem VI. Parteitag der SED, Analysen, Einschätzung, Statistiken über Parteiverfahren), in: SAPMO-BArch, DY 30/IV A 2/4/1, o. Bl.

100 ZPKK: Arbeitsmaterial über Erfahrungen bei der Durchführung von Parteiverfahren von Dezember 1976 bis November 1977, 4.1.1978, in: SAPMO-BArch, DY 30/15357, o. Bl.

auf ein besonders diszipliniertes Verhalten dieser Parteimitglieder zurückzuführen. Die niedrige Disziplinierungsquote war auch dem Common Sense geschuldet, Regelverletzungen in Aussprachen und ohne Parteiverfahren zu klären. So beklagte die ZPKK, dass »die Bereitschaft bei solchen Genossen, sofort selbstkritisch zum eigenen Verhalten Stellung zu nehmen«, diese Tendenz begünstige.[101] Angesichts der Bedrohung, die ein Parteiverfahren für die berufliche Stellung, Perspektive und Autorität bedeutete, war diese Handhabe abseits der Parteiöffentlichkeit eine Art verbreiteter Kompromiss.

Die Differenzen in der Disziplinierungspraxis spiegeln sich in der sozialen Zusammensetzung der Disziplinierten wider. Arbeiter bildeten mit Abstand die Gruppe mit den meisten Parteiverfahren, gefolgt von Angehörigen der Nationalen Volksarmee (NVA), leitenden Wirtschaftskadern und Angestellten. Dagegen handelte es sich bei hauptamtlichen Funktionären im Parteiapparat, in Massenorganisationen, im Staatsapparat sowie bei Mitarbeitern des Ministeriums für Staatssicherheit, des Innenministeriums oder auch bei Angehörigen der Intelligenz und des Bildungswesens um Personengruppen, die kaum Parteiverfahren erlebten. Neben herrschaftsnahen oder -fernen Milieus wirkte sich insbesondere die berufliche Position auf innerparteiliche Handlungsspielräume aus. Dieses Machtgefälle zwischen sogenannten Kadern auf der einen Seite und Arbeitern bzw. einfachen Angestellten auf der anderen Seite regulierten die Parteikontrollkommissionen. Ihre Aufmerksamkeit galt in besonderem Maße der Kontrolle sogenannter Kader, die nicht nur als fachliche Vorgesetzte, sondern auch als »Erzieher der sozialistischen Kollektive«[102] die Autorität der SED vor Ort repräsentierten. Zugleich versuchten sie, insbesondere Arbeiter in der Partei zu halten, sodass im Zuge der Überprüfung von Parteiverfahren bereits ausgesprochene Strafen gegen Arbeiter häufig abgeschwächt wurden. Auch die KPKK Brandenburg war bestrebt, dem Trend der vielen Entfernungen von Arbeitern aus der SED entgegenzuwirken, und forderte, dass statt des direkten Parteiausschlusses häufiger parteierzieherische Mittel ausgesprochen werden sollten.[103]

Das auf Integration zielende Bestrafungswesen der SED führte dazu, dass die soziale Disziplinierung der Mitgliederschaft seit den 1960er-Jahren den Schwerpunkt der Tätigkeit der Kontrollkommissionen bildete. Parteiausschlüsse gegen Mitglieder, die den offenen Konflikt suchten und die Deutungshoheit der SED verletzten, gab es kaum. Dagegen war das parteiliche Ahnden von Ordnungswidrigkeiten sowie moralischem Verhalten an der Tagesordnung. Anders als die Konfliktfelder, die sich

101 Ebd.

102 ZPKK: Allgemeine Einschätzung der Ergebnisse der Tätigkeit der PKK, 20.3.1968 (Analysen, Einschätzungen und Statistiken der ZPKK und BPKK über Parteiverfahren, Bd. 1, gesamtes Jahr 1967), in: SAPMO-BArch, DY 30/IV A2/4/66, o. Bl.

103 KPKK Brandenburg: Analyse der Parteiverfahren im Jahr 1973, 17.12.1973, in: BLHA Rep. 531 Brbg. Nr. 1550, o. Bl.

im Laufe der Jahrzehnte wandelten, blieben die Themen und Anlässe der Sozialdisziplinierung konstant. Gleichbleibend war auch die Trägheit der Genossen, einander zu disziplinieren. Insgesamt war den Mitgliedern eine sehr pragmatische Handhabe politischer Vorgaben gemein. Dieser Pragmatismus zeigt sich auch anhand der parteiinternen Eingaben.

Parteiinterne Eingaben und die SED als soziale Steuerungsinstanz

Die Kontrollkommissionen waren nicht allein mit Disziplinierungen betraut, sondern auch mit der Bearbeitung von Einsprüchen und insbesondere mit Beschwerden bzw. Eingaben von Parteimitgliedern. Bei dieser Regulierungsfunktion handelt es sich um eine bislang kaum beachtete Tätigkeit, die jedoch einen großen Teil der Arbeit der Kommissionen ausmachte. Zwar war das Phänomen, dass sich Parteimitglieder mit Beschwerden an den Parteiapparat wandten, nicht neu. Doch erfuhr die parteiinterne Eingabe Anfang der 1960er-Jahre einen Bedeutungszuwachs – auch dies war Teil der neuen Integrationsstrategie der SED gegenüber ihren Mitgliedern. Mit der Änderung des Statuts von 1963 wurde die Möglichkeit ausgeweitet, sich an höhere Parteiorgane zu wenden. Der Zusatz, dass ein Mitglied eine »auf das Wesen der Sache eingehende Antwort auf seine Eingabe«[104] verlangen könne, zeigte deutlich den neuen Stellenwert. Einen wesentlichen Impuls für diese formale Stärkung des beschwerdeführenden Parteimitglieds dürfte bereits der Eingabenerlass von 1961 geliefert haben. Gegenüber der letzten Verordnung von 1953 führte er zu einem Ausbau des Eingabewesens, indem den Petenten erstmals zugesichert wurde, dass die Eingabe keinen Nachteil mit sich bringen dürfe. Daraufhin setzte in den 1960er-Jahren ein regelrechter Eingabenboom ein, der die Eingabe zum universellen Instrument der Konfliktregulierung avancieren ließ.[105] Nach dem Mauerbau baute die SED also nicht allein ihre innerparteilichen Erziehungsinstrumente aus. Dass nun auch die parteiinterne Eingabe als Regulierungs- und Problemlösungsinstrument eine große Bedeutung erfuhr, zeigt, dass die SED vor Ort als soziale Steuerungsinstanz agieren wollte. Gemäß ihrem Allzuständigkeitsanspruch empfahl sie sich ihren Mitgliedern als Problemlöser.

Die Parteiführung blieb dieser Strategie treu und verfeinerte in den folgenden Jahren das Instrumentarium. Der Ausbau des Eingabewesens und die verbesserte

104 Statut der Sozialistischen Einheitspartei Deutschlands, 9. Aufl., Berlin (Ost) 1968, S. 28.

105 Vgl. Mühlberg, Felix: Informelle Konfliktbewältigung. Zur Geschichte der Eingabe in der DDR, Dissertation, Philosophische Fakultät der Technischen Universität Chemnitz, 27.7.2000, S. 178 f., in: http://www.qucosa.de/recherche/frontdoor/?tx_slubopus4frontend[id]=urn:nbn:de:bsz:ch1-200000651 (Zugriff: 21.5.2016). Siehe auch: Zatlin, Jonathan R.: Ausgaben und Eingaben. Das Petitionsrecht und der Untergang der DDR, in: Zeitschrift für Geschichtswissenschaft 45 (1997) 10, S. 902–917.

Integration und Partizipation von Parteimitgliedern erforderten eine Professionalisierung der Parteiapparate. Sie sollten die Beschwerden dazu nutzen, sich einen besseren Überblick über die politisch-ideologische Lage an der Basis der Partei zu verschaffen. »Bei weitem noch nicht alle Parteiorgane und ihre Apparate haben die Auswertung der Analysen über die Eingaben zu einem festen Bestandteil ihrer Arbeit gemacht«, kritisierte der Bericht der Zentralen Revisionskommission auf dem VI. Parteitag 1963.[106] Denn Eingaben von Parteimitgliedern sollten nun nicht nur verstärkt als Instrument zur Kontrolle der Parteiorganisationen und der staatlichen Organe dienen, sondern regelmäßig und systematisch auch über Konfliktfelder und Stimmungen an der Basis der Partei informieren. So enthielten die Statistiken über Parteistrafen seit 1964 ebenso eine qualitative und quantitative Auswertung der von den Parteikontrollkommissionen bearbeiteten Eingaben.[107] Eine erneute Änderung der apparatsinternen Handhabe erfolgte zum Januar 1969. Im Zuge der sogenannten »wissenschaftlichen Führungstätigkeit«[108] wurde die Erfassung und Auswertung von Eingaben und Beschwerden vereinheitlicht. Auf Kreis- und Bezirksebene waren die Kontrollkommissionen nun angehalten, einen sogenannten Primärbeleg zu jeder Eingabe auszufüllen, der mit Hilfe eines Schlüssels die Erfassung vereinheitlichen und die politische Auswertung effizienter gestalten sollte. Während diese Standardisierungen den Informationstransfer zwischen Zentrale und Territorium optimieren sollten, sodass Eingaben-Analysen seit Beginn der 1970er-Jahre eine eigene Größe im Berichtswesen bildeten, nahm zugleich ihre Aussagekraft ab: Qualitative Aussagen traten gegenüber quantitativen Angaben mehr und mehr zurück.

Aus der Perspektive von Parteimitgliedern schien sich die Eingabe im Laufe der 1960er-Jahre mehr und mehr als probates Mittel der Konfliktlösung zu entwickeln. Auch wenn die Anzahl der Eingaben an die Parteikontrollkommissionen nicht lückenlos rekonstruiert werden kann, lässt sich eine Tendenz ablesen: Mit Beginn der systematischen Erfassung im Jahr 1963 lagen 3544 an die Kontrollkommissionen gerichtete Beschwerden vor. Diese Zahl stieg 1965 auf 5169 Eingaben und erreichte damit einen vorübergehenden Höhepunkt, um sich dann in den 1970er-Jahren bei um die 3000 jährlich einzupendeln. Seit 1981 stieg das Aufkommen von Jahr zu

106 Bericht der Zentralen Revisionskommission an den VI. Parteitag der Sozialistischen Einheitspartei Deutschlands, in: Protokoll des VI. Parteitages der Sozialistischen Einheitspartei Deutschlands, Berlin (Ost) 1963, S. 286–289, insb. S. 289.

107 Es wurden in den Jahren 1963 3544, 1964 4701, 1965 5169 und 1966 4140 Eingaben an die Parteikontrollkommissionen gerichtet. Vgl. ZPKK: Berichte über die Tätigkeit der ZPKK seit dem VI. Parteitag der SED, Analysen, Einschätzungen, Statistiken über Parteiverfahren, Untersuchungen, Eingaben, Beschwerden, Tätigkeiten des BPKK 1963–1967, in: SAPMO-BArch, DY 30/IV A 2/4/1.

108 Die »Grundsätze der wissenschaftlichen Führungstätigkeit der Partei« wurden von der 2. Tagung des ZK der SED am 6. u. 7. Juli 1967 beschlossen, und bildeten die Grundlage für den Ausbau des innerparteilichen Informationssystems sowie den Ausbau der parteiinternen Eingaben. Vgl. ZPKK: Arbeitstagung der ZPKK mit den Vorsitzenden und Stellvertretenden der BPKK am 26. April 1968, in: SAPMO-BArch, DY 30/IV A 2/4/21.

Jahr und erreichte in der zweiten Hälfte des Jahrzehnts durchschnittlich etwa 4000 Eingaben.[109] Diese Menge nimmt sich im Vergleich zu den republikweiten Eingaben an staatliche Stellen gering aus. Nach vorsichtigen Schätzungen lag die Gesamtzahl der Eingaben an die verschiedenen offiziellen Einrichtungen wohl bei mindestens 500 000 jährlich.[110] Obwohl das Aufkommen der Eingaben an die Kontrollkommissionen relativ gering erscheint, nahm ihre Bearbeitung in den Bezirken und Kreisen doch »einen großen Teil der Arbeit der Kontrollkommissionen in Anspruch«,[111] wobei überwiegend die Kommissionen auf Kreisebene als Adressaten in Anspruch genommen wurden.[112] Neben der Erfassung mündlicher und schriftlicher Beschwerden musste im Zuge der Bearbeitung immer ein persönliches Gespräch mit dem Verfasser und gegebenenfalls mit weiteren Personen geführt werden, das zu dokumentieren war. Schließlich musste auch ein Abschlussbericht verfasst werden. Dauerte die Erledigung jedoch länger als eine Woche, sollte der Einsender einen Zwischenbericht erhalten.[113] Der dafür nötige Verwaltungsaufwand band viele Ressourcen. Zudem gestaltete sich die Bearbeitung mancher Eingaben auch komplex und langwierig.[114]

Gemäß der neuen Rolle der SED als soziale Steuerungsinstanz wandelten sich auch die Themen der Beschwerden und Einsprüche, mit denen sich die Mitglieder an den Parteiapparat bzw. an die Kontrollkommissionen wandten. In den 1950er-Jahren beschwerten sich Parteimitglieder zumeist über die Entlassung aus ihrer Funktion oder Arbeitsstelle. Viele Kontrollkommissionen in den Bezirken und Kreisen waren deshalb mit der Vermittlung neuer Arbeitsstellen für diese Genossen »stark in An-

109 Es wurden in den Jahren 1980 3604, 1985 4528, 1986 4469, 1987 4324 und 1988 4081 Eingaben an die Parteikontrollkommissionen gerichtet. Vgl. ZPKK: Einschätzung von Problemen und Erfahrungen aus Eingaben an die Parteikontrollkommission der SED im Jahre 1980, 9.3.1981, in: SAPMO-BArch, DY 30/11097 Bl. 1–11; Erich Mückenberger an die Vorsitzenden der Bezirksparteikontrollkommissionen am 5. März 1986, in: SAPMO-BArch, DY 30/11097, Bl. 1–4. Siehe auch: ZPKK: Statistische Analyse über die im Jahre 1986 durchgeführten Parteiverfahren und erfolgten Löschungen von Parteistrafen, 14.1.1987, in: SAPMO-BArch, DY 11063, o. Bl.; ZPKK: Analyse der von der Parteikontrollkommission im Jahre 1988 bearbeiteten Eingaben, 17.2.1989, in: SAPMO-BArch, DY 30/11068, Bl. 1–12. Für die 1970er-Jahre vgl. ZPKK: Information über Eingaben, die durch die PKK im Jahre 1971 bearbeitet und abgeschlossen wurden, 8.1.1972, in: SAPMO-BArch, DY 30/30 /IV A 2/4 47, o. Bl. sowie SAPMO-BArch, DY 30/15355.

110 Zatlin: Ausgaben und Eingaben, S. 906. Jonathan Zatlin distanziert sich von den Zahlen Felix Mühlbergs. Mühlberg schätzt, dass in den 1980er-Jahren die Millionenmarke überschritten wurde. Vgl. Mühlberg: Informelle Konfliktbewältigung, S. 224 f.

111 ZPKK: Analysen, Einschätzungen und Statistiken der ZPKK und BPKK über Parteistrafen, Bd. 1, Gesamtes Jahr 1964, in: SAPMO-BArch, DY 30/IV A 2/4/57, o. Bl.

112 Siehe hierzu ZPKK: Einschätzung von Problemen und Erfahrungen aus Eingaben an die Parteikontrollkommissionen der SED im Jahre 1980, 9.3.1981, in: SAPMO-BArch, DY 30/11097, Bl. 1–11.

113 ZPKK: Konzeption zur Berichterstattung der BPKK vor der ZPKK, 9.11.1964, in: SAPMO-BArch, DY 30 IV A 2/4/41, o. Bl.

114 Vgl. ZPKK: Beschwerden aus den Bezirken Berlin und Gera an die ZPKK im Jahr 1964 (Analysen, Einschätzungen und Statistiken der ZPKK und BPKK über Parteistrafen, Bd. 1, gesamtes Jahr 1964), in: SAPMO BArch, DY 30/IV A 2/4/57, o. Bl.

spruch genommen«.[115] Diese Problematik nahm im Lauf der Jahrzehnte einen immer geringeren Stellenwert ein. Die Eingaben-Analyse aus dem Jahr 1988 führte den Bereich der »Verletzung der Kaderprinzipien« als eigenes Konfliktfeld schließlich nicht mehr auf. Dagegen wuchs im Laufe der 1980er-Jahre der Bereich der »vielfältigen, persönlichen Probleme« stark an. Die Themen und Konfliktfelder, denen sich die Parteikontrollkommissionen gegenübersahen, differenzierten sich immer stärker aus.

Trotz dieser Vielfältigkeit lassen sich einige Themenkomplexe identifizieren, die dauerhaft die Gemüter von Parteimitgliedern bewegten und bei denen sie Hilfe und Unterstützung von den Kontrollkommissionen erwarteten. Zunächst stellten arbeitsrechtliche Probleme ein wesentliches Thema der Eingaben dar, wobei ungewollte Versetzungen etwa von Industriearbeitern oder die Ablösung hauptamtlicher Funktionäre wegen Parteistrafen oder Nichteignung den Gegenstand bildeten. Auch Beurteilungen durch Werk- und Kaderleiter wurden nicht selten in Eingaben beanstandet, weil es den Betreffenden infolge zu kritischer Evaluierungen schwerfiel, eine neue Position zu finden.[116] Diese vom Parteiapparat so bezeichneten »Verletzungen der Kaderprinzipien« bezogen sich auch auf Auslandseinsätze. So trug es sich zu, dass Betriebs- oder Kaderleiter mit Mitarbeitern mit Parteibuch über einen Auslandseinsatz verhandelten, ohne vorher die Kaderunterlagen gelesen zu haben. Erst als sich die betreffende Person bereits auf den Einsatz vorbereitete, wurde entdeckt, dass sie sich wegen Westverwandtschaft oder zurückliegender Straftaten nicht für den Einsatz eignete. Um diesen Fehler zu verbergen, wurden fiktive Ablehnungen der Bezirks- oder Kreisleitung vorgeschoben, die im Zuge der Beschwerden des enttäuschten Parteimitglieds an den Parteiapparat aufflogen.[117]

Neben dem arbeitsrechtlichen Bereich nahmen kommunale Probleme und somit Beschwerden über Mitarbeiter und Funktionäre der örtlichen Räte, des VEB Gebäudewirtschaft und der Bau- und Dienstleistungsbetriebe großen Raum ein. Insbesondere Wohnungsprobleme waren Gegenstand, wobei Parteimitglieder nicht selten bereits Eingaben an die entsprechende staatliche Stelle gerichtet hatten, die jedoch unbeantwortet geblieben waren. Die Verschleppung von Anträgen war ebenso eine Quelle des Unmuts wie der Umgangston einzelner Mitarbeiter.[118] Ein einklagbares Recht auf die Beantwortung einer Eingabe hatten weder Parteilose noch SED-Mit-

115 ZPKK: Bericht über die Tätigkeit der Parteikontrollkommissionen vom IV. Parteitag bis zum November 1954, in: SAPMO-BArch, DY 30/IV 2/4/8, Bl. 192–196.

116 ZPKK: Analysen, Einschätzungen und Statistiken der ZPKK und BPKK über Parteistrafen, Bd.1, gesamtes Jahre 1964, in: SAPMO-BArch, DY 30/IV A 2/4/57, o. Bl.

117 Mückenberger, Erich: An die Vorsitzenden der Bezirksparteikontrollkommissionen am 21.8.1981, in: SAPMO-BArch, DY 30/11097, Bl. 1–3.

118 ZPKK: Einschätzung von Problemen und Erfahrungen aus Eingaben an die Partiekontrollkommissionen der SED im Jahre 1980, 9.3.1981, in: SAPMO-BArch, DY 30/11097, Bl. 1–11. Siehe auch: ZPKK: Analysen, Einschätzungen und Statistiken der ZPKK und BPKK über Parteistrafen, Bd. 1, gesamtes Jahr 1964, in: SAPMO-BArch, DY 30/IV A 2/4/57, o. Bl.

glieder.[119] Letztere nutzten jedoch die durch ihre Mitgliedschaft zusätzlich eingeräumte Möglichkeit, Fragen bzw. Kritik und Eingaben an höhere Parteiorgane zu richten, um mit Verweis auf ihre Systemloyalität Druck auszuüben. In diesem Zusammenhang richteten sie ebenso »verschiedenste persönliche Anliegen« an die Parteikontrollkommissionen, die etwa zivilrechtliche Probleme zum Gegenstand hatten. Sie bezogen sich auf den Bau von Eigenheimen, Garagen, Bungalows. Die Eingabenverfasser wollten Entscheidungen staatlicher Stellen nicht akzeptierten und legten deshalb bei der örtlichen Parteizentrale Beschwerde ein.[120]

Zudem forderten SED-Mitglieder auch die Unterstützung der Parteikontrollkommission als Vermittlerin bei Konflikten im privaten Umfeld ein. Denn nicht selten hatten die Schreiben Streitigkeiten mit den Nachbarn, aber auch Eheprobleme zum Inhalt. Häufig wandten sich (verlassene) Ehefrauen an »die Partei«, um sich für Kränkungen zu revanchieren, die sie durch untreue Ehemänner erlitten hatten. Sie hofften, »die Partei« möge den Partner zur Räson bringen. Es scheint, als hätte sich damit häufig der Wunsch nach Bestrafung verbunden, die die Partei dann unter Bezug auf die moralische Vorbildfunktion von Kommunisten vollziehen sollte. Vor diesem Hintergrund ist die Beschwerde einer Ehefrau aus dem Jahr 1973 zu deuten. Sie wandte sich an die KPKK Brandenburg, weil ihr Ehemann, APO-Sekretär in einem großen Betrieb der Stadt, sie wegen einer anderen Genossin seiner APO verließ, mit der er sie zuvor bereits betrogen hatte. In ihrer Eingabe machte sie die Kontrollkommission darauf aufmerksam, dass die Parteiorganisation und zentrale Parteileitung des Betriebs »unkritisch reagierten«, weil sie »keine parteimäßigen Auseinandersetzungen zum parteischädigenden Verhalten des APO-Sekretärs«[121] durchgeführt hätten. Dabei wurde die Parteifunktion des Genossen ins Feld geführt, um den Handlungsdruck auf die Parteikontrollkommission zu erhöhen.

Nicht nur die im Parteistatut festgeschriebene umfassende Vorbildfunktion von Parteimitgliedern bildete die Grundlage für diesen Tätigkeitsbereich der Kontrollkommissionen. Auch beriefen sich diese Eingabeverfasserinnen auf die »zehn Gebote der sozialistischen Moral«, die Walter Ulbricht auf dem V. Parteitag 1958 verkündet hatte. In Anlehnung an das neunte Gebot – »Du sollst sauber und anständig leben und deine Familie achten«[122] – forderten sie von der Partei, ihren Ehemann als Genossen »parteimäßig« zur Verantwortung zu ziehen und die Entscheidungen der Gerichte zu beeinflussen, wenn dieser die Scheidung anstrebte, sie selbst aber keine Trennung wollten. So konstatierte die ZPKK in ihrem Bericht aus dem Jahr 1964,

119 Zatlin: Ausgaben und Eingaben, S. 907.

120 Vgl. ZPKK: Analyse der von den Parteikontrollkommissionen im Jahre 1988 bearbeiteten Eingaben, 12.2.1989, in: SAPMO-BArch, DY 30/11068, Bl. 1–12.

121 KPKK Brandenburg: Analyse der Beschwerden im 1. Halbjahr 1973 der Kreisparteikontrollkommission, 20.6.1973, in: BLHA Rep. 531 Brbg. Nr. 1555, o. Bl.

122 Ludz, Peter Christian (Hg.): DDR Handbuch, 2. Aufl., Köln 1979, S. 743 f.

es bedürfe »oft erst längerer Diskussionen mit den Genossen [Ehefrauen, S.P.], um ihnen klarzumachen, dass sie etwas von der Partei verlangen, was ihr nicht zusteht. Die Partei muss und wird erzieherisch auf ihre Mitglieder einwirken.«[123] Der »feindliche« Parteiausschluss gehörte nicht mehr zur Strategie der SED. Vielmehr stand die »Erziehung« im Vordergrund. Notfalls sollten die Genossen auch durch Drohungen integriert werden.[124]

Während Ehescheidungen selbst keinen Grund für eine Parteistrafe darstellten, führte eheliche Untreue als Vergehen gegen die sozialistische Moral und Lebensweise zu Disziplinierungen, die tendenziell häufiger zur Anwendung kamen, wenn die betreffende Person eine (höhere) Parteifunktion und damit eine stärkere Vorbildfunktion hatte. Eheliche Treue galt als staatssozialistische Bürgerpflicht.[125] Dabei scheint es, als hätten die GO und der Parteiapparat die Sanktionierung von Untreue in der Ehe in den 1970er- und 1980er-Jahren nicht mit großem Aktionismus betrieben, sondern den Beschwerden gekränkter oder auch von Eifersucht getriebener Ehefrauen gezwungenermaßen nachgegangen. Noch 1986 wandten sich eine Genossin und eine Parteilose an die KPKK in Brandenburg, weil sie behaupteten, dass ihre Ehemänner »unmoralische Beziehungen zu anderen Frauen« pflegten.[126] Die Kommission konnte jedoch beide eifersüchtigen Ehefrauen beruhigen. Im Zuge der Recherchen der Hauptamtlichen konnten keine heimlichen Liebesaffären aufgedeckt werden. Dieses Phänomen, die Parteikontrollkommission gezielt für private Anliegen zu nutzen, ist auch bei Parteilosen festzustellen, wobei sie sich in der Regel über das Fehlverhalten einzelner Genossen beschwerten, »dabei insbesondere [...] Frauen über das unmoralische Verhalten ihrer Ehemänner«.[127]

Den absoluten Schwerpunkt der Tätigkeit der Kontrollkommissionen machten jedoch Konflikte am Arbeitsplatz aus. Knapp die Hälfte aller Eingaben befassten sich mit Streitsituationen zwischen Vorgesetzten und ihren Mitarbeitern, Korruption oder defizitären Arbeitsbedingungen. Auch hinter der Kategorie »innerparteiliche Probleme«, eigentlich organisatorische Mängel der Parteiarbeit erfassend, verbargen sich überwiegend Konflikte zwischen Vorgesetzen und Mitarbeitern. Neben der falschen Beitragskassierung oder der »Vernachlässigung« durch den Parteisekretär wurde das falsche oder autoritäre Verhalten des Leiters bzw. des Vorgesetzten beklagt. Konflikte

123 ZPKK: Analyse, Einschätzungen und Statistiken der ZPKK und BPKK über Parteistrafen, Bd. 1, gesamtes Jahr 1964, in: SAPMO-BArch, DY 30/IV A 2/4/57, o. Bl.

124 Vgl. Cohn: Sex and the Married Communist, S. 437 f.

125 Vgl. Markovits: Gerechtigkeit in Lüritz, S. 95–121, insb. S. 118.

126 KPKK Brandenburg: Analyse der Eingabenbearbeitung im Jahr 1986 der Kreisparteikontrollkommission Brandenburg, in: BLHA, Rep. 531 Brbg. Nr. 1555, o. Bl. In den Unterlagen der KPKK sind keine Eingaben gekränkter Ehemänner über untreue Ehefrauen zu finden.

127 BPKK Schwerin: Übersicht über die seit dem VI. Parteitag durchgeführten Parteiverfahren und Untersuchungen sowie über die bearbeiteten Beschwerden, 25.11.1966 (Berichte über die Tätigkeit der ZPKK seit dem VI. Parteitag der SED), in: SAPMO-BArch, DY 30/IV A 2/4/1, o. Bl.

am Arbeitsplatz spielten naturgemäß auch in den Mitgliederversammlungen eine wichtige Rolle, die seitens der Industriearbeiter oder auch von einfachen Angestellten genutzt wurden, um Mängel in Bezug auf Arbeits- und Versorgungsbedingungen zu artikulieren.[128] So beinhalteten viele Beschwerden »Unterdrückung von Kritik« in den GO. Die Kontrollkommissionen stellten bei solchen Eingaben fest, dass die Probleme anderen Leitern und auch Parteisekretären zwar bekannt seien, die Missstände und Mängel jedoch geduldet, bagatellisiert oder nach Vieraugengesprächen als geklärt betrachtet werden.[129] Wiewohl einfache Beschäftigte wesentlich häufiger Parteiverfahren erlebten als ihre Vorgesetzten, so machten sie umgekehrt auch am meisten von der Eingabe Gebrauch. Fast ein Drittel aller Eingaben stammte von Arbeitern, gefolgt von Wirtschaftskadern und der Gruppe der Hausfrauen und Rentner. Die wenigsten Eingaben brachten demgegenüber Angehörige der Parteiapparate, der Intelligenz und der bewaffneten Organe vor.[130] Die Konfliktlinien zwischen Vorgesetzen und ihren Mitarbeitern prägten auch die innerparteiliche Atmosphäre. Viele Beschwerden richteten sich dementsprechend gegen einen autoritären Leitungsstil, da Hinweise und Kritik von Arbeitern nicht genug beachtet werden, was insbesondere die Verbesserung der Arbeits- und Lebensbedingungen betreffe.[131]

Dies zeigt sich etwa anhand der Kollektiveingabe von Parteilosen und SED-Mitgliedern des Dessauer Verkehrsbetriebs an die KPKK im Jahr 1971. Sie löste schließlich eine Untersuchung der Kommission aus, in deren Zuge die Kontrolleure feststellten, dass die dort verantwortlichen Leiter die »führende Rolle der Arbeiterklasse« missachtet und kein Vertrauen zur »Kraft der Arbeiterklasse« hätten, weil sie sich gegenüber den Vorschlägen der Arbeiter arrogant und überheblich verhalten würden. Hinter diesen Formulierungen verbarg sich letztlich die soziale Distanz zwischen Leitern und Arbeitern, welche die Kommission im Zuge ihrer Untersuchung deutlich herausarbeitete: Aus Perspektive der Vorgesetzten des Dessauer Verkehrsbetriebs würden die Arbeiter über ein niedriges Qualifikationsniveau verfügen und keinen Willen haben, sich weiterzuqualifizieren. Sie können daher die Probleme nicht richtig einschätzen, »weil sie keine Ahnung haben und sie kritisieren nur Mängel, um für sich Freizeit rauszuschlagen«.[132]

Anlass der Eingabe war, dass die Leiter sich nicht für die »Vorschläge und Hinweise« zur Verbesserung des Berufsverkehrs eingesetzt hatten und auch die Parteileitung keine Unterstützung gegeben hatte. Interessenkonflikte zwischen den Berufs-

128 Siehe auch den Abschnitt III.3 in dieser Arbeit.

129 Vgl. ZPKK: Einschätzung von Problemen und Erfahrungen aus Eingaben an die Parteikontrollkommissionen der SED im Jahre 1980, 9.3.1981, in: SAPMO-BArch DY 30/11097, Bl. 5.

130 ZPKK: Eingabenanalyse aus den Jahren 1980 und 1986, in: SAPMO-BArch DY 30/11097.

131 ZPKK: Informationen über Eingaben, die durch die PKK im Jahre 1971 bearbeitet und abgeschlossen wurden, in: SAPMO-BArch DY 30/IV A 2/4/47, o. Bl.

132 Ebd.

hierarchien konnten somit eine gleichsam politische Note erhalten, wenn Vorgesetzte die unter anderem in den Mitgliederversammlungen geäußerte Kritik an Arbeits-, Lebens- und Versorgungsbedingungen nicht ernstnahmen und sich nicht für eine Verbesserung einsetzten. Eng damit verknüpft waren »Verletzungen der Partei- und Staatsdisziplin« sowie der sozialistischen Leitungstätigkeit. Auch wenn die Bezeichnungen variierten, fasste die Zentrale darunter Planmanipulationen, leichtfertigen Umgang mit Ressourcen sowie schlechte Arbeitsorganisation und -disziplin zusammen, die in Eingaben an die Kontrollkommissionen von Beschäftigten (mit und ohne Parteibuch) als Misswirtschaft beanstandet wurden, womit sich die Verfasser gegen Korruption und Verwahrlosung aussprachen.

Daraus ergibt sich das Bild, dass den Parteikontrollkommissionen neben der Aufrechterhaltung der Deutungshoheit die Funktion zukam, staatliche Leiter und haupt- wie ehrenamtliche Parteisekretäre als sogenannte Kader in Betrieben und staatlichen Behörden zu kontrollieren sowie (Industrie-)Arbeiter und einfache Angestellte zu integrieren. Waren die staatlichen Leiter und die Parteisekretäre nicht in der Lage oder willens, die Probleme und Konflikte der Beschäftigten und Bewohner von Stadt oder Gemeinde zu lösen, gerieten sie durch Eingaben in den Fokus der örtlichen Parteikontrollkommissionen. Nicht selten lösten Eingaben Untersuchungen in den Parteiorganisationen aus, die Parteiverfahren nach sich zogen.[133]

Während über das Parteibuch, das die berufliche Position und Perspektive absicherte, direkt disziplinarisch Druck ausgeübt werden konnte, galt auch der GO vor Ort die Aufmerksamkeit der Kontrollkommission. Ihre Leitung, der neben dem Parteisekretär in der Regel auch der staatliche Leiter sowie weitere Mitglieder angehörten, hatte ebenfalls die Pflicht, Konflikte vor Ort zu lösen und wenn nötig dem staatlichen Leiter seine gesellschaftspolitischen Pflichten vor Augen zu führen. Diese idealtypische Konstellation wurde besonders in Industriebetrieben aber von ökonomischen Logiken bestimmt. Hier dominierte der staatliche Leiter mit seiner fachlichen Autorität und beruflichen Position meist das Parteigremium des Arbeitsbereiches. Ein Seitenblick auf die Eingaben an den Staatsratsvorsitzenden verdeutlicht die Funktion der GO bzw. der staatlichen Leiter und Parteisekretäre als Steuerungsinstanz vor Ort: Während in Eingaben an staatliche Adressen die Themen Wohnraumversorgung, Reiseverkehr und Versorgungsmängel dominierten,[134] beschwerten sich SED-Mitglieder bei der KPKK über falsche Entscheidungen von Leitern und

133 Die Kontrolle und Durchführung von Parteiverfahren, die Behandlung von Eingaben und die Durchführung von Untersuchungen wurde von den Kontrollkommissionen als Einheit behandelt und in den »Grundsätzen für die Arbeit der PKK der SED« nachträglich durch den Beschluss des Sekretariats des ZK vom 23. Februar 1972 formalisiert. Protokoll der Sitzung des Sekretariats des ZK vom 23.2.1972, in: SAPMO-BArch DY 30/J IV 2/3/1842, o. Bl.

134 Vgl. Mühlberg, Felix: Eingaben als Instrument informeller Konfliktbewältigung, in: Badstübner, Evemarie (Hg.): Befremdlich anders. Leben in der DDR, 2. Aufl., Berlin 2000, S. 234–238. Siehe auch: Mühlberg: Informelle Konfliktbewältigung.

Mitarbeitern staatlicher Behörden oder brachten (innerparteiliche) Konflikte mit Vorgesetzen vor. Die Parteikontrollkommissionen wurden von den Betroffenen als Kontroll- und Schlichtungsinstanzen einbezogen, um mit Hilfe der Autorität der Partei ihre Interessen durchzusetzen. Ebenso verhielten sich Parteilose: Ein Drittel aller an die Parteikontrollkommissionen gerichteten Eingaben stammten von Personen ohne Parteibuch. Ihre Anliegen unterschieden sich nicht von denjenigen der SED-Mitglieder. Sie wandten sich ebenfalls wegen arbeitsrechtlicher Angelegenheiten, etwa bei einem ungerechtfertigten Verweis durch ihren Vorgesetzten oder aber wegen falscher Behandlung ihrer Eingabe zu einer Wohnungsangelegenheit durch verantwortliche Kader der städtischen Verwaltung, an die Kontrollkommission in Brandenburg.[135] Allerdings hatte ihre Beschwerde – wegen des fehlenden Parteibuches – nur dann Geltung, wenn sie sich gegen einen Genossen und sein Fehlverhalten als Ehemann bzw. Ehefrau, als Verwaltungsangestellten der Stadt, als Nachbarn oder Vorgesetzten richtete. Mitglieder hatten dagegen den Vorteil, allein aufgrund ihrer Zugehörigkeit zur Staatspartei gehört zu werden. Auch benutzen sie ihre Loyalität, um ihren Anliegen Nachdruck zu verleihen.

Insgesamt ergibt sich das Bild, dass die SED seit 1954 ihre Aufmerksamkeit im Zeichen der Integrationspolitik immer mehr auf das Soziale richtete: Nach dem Mauerbau entwickelte sie sich vor Ort zu einer sozialen Steuerungsinstanz, was sich an der dominierenden sozialen Disziplinierung, aber auch an den parteiinternen Eingaben ablesen lässt. Während Parteikontrollkommissionen überwiegend als Kontroll- und Schlichtungsinstanzen mit der Überprüfung des »richtigen« Verhaltens von Parteimitgliedern und mit dem Funktionieren des Alltagslebens befasst waren, machten sich Parteimitglieder umgekehrt ihre Zugehörigkeit zur SED zunutze, um ihre Anliegen und Interessen durchzusetzen. Zugleich ging damit auch die Erwartung einher, dass die Kontrollkommission bzw. »die Partei« in der Lage sei, ihre Probleme zu beheben. Doch im Laufe der 1980er-Jahre wurde es für den Apparat immer schwieriger, diese Erwartungshaltung zu erfüllen. Krisensymptom war jedoch nicht etwa eine erheblich steigende Zahl von Eingaben. Von jährlich etwa 3000 wuchs das Aufkommen in den 1980er-Jahren lediglich auf ca. 4000 Eingaben an. Nicht die Anzahl der Beschwerden, sondern deren Tonfall veränderte sich: Er wurde schärfer, emotionaler und auch selbstbewusster. Die Analyse der ZPKK aus dem Jahr 1986 stellte erstmals heraus, dass einzelne Genossen ihre weitere Mitgliedschaft in der Partei von der Durchsetzung bestimmter Forderungen abhängig machten. Diese Situation verschärfte sich 1988. Parteimitglieder drohten nun sogar mit dem Austritt und kritisierten explizit die Politik der SED. So heißt es in der Analyse:

135 Vgl. KPKK Brandenburg: Analyse der Eingabenbearbeitung im Jahr 1986, in: BLHA, Rep. 531 Brbg. Nr. 1555, o. Bl.

»Zugenommen haben im Jahre 1988 solche Eingaben, die prinzipielle Auseinandersetzung mit ihren Verfassern erforderlich machten, weil sie sich gegen die Generallinie der Partei wandten, die Erfolge unseres sozialistischen Staates negierten und z.T. in provokatorischer und aggressiver Weise gegen die bewährte Politik der Partei auftraten sowie Forderungen nach einer grundsätzlichen Korrektur erhoben.«[136]

Mit diesen Mitgliedern verfuhr man 1988 in bewährter Manier: Jene, »die die Politik der Partei angriffen, die Partei zu erpressen versuchten, die uneinsichtig und unbelehrbar blieben«, erhielten eine Parteistrafe oder wurden aus der SED ausgeschlossen.[137] Die sich zuspitzende Wirtschafts- und Versorgungskrise führte die Parteikontrollkommissionen an die Grenzen ihrer Steuerungsfähigkeit und ihrer Möglichkeiten zur Konfliktregulierung und ließ die Frustration in der Mitgliederschaft massiv wachsen.

Der Austritt und die Grenzen der Integrationspolitik

Nachdem 1963 die sogenannten »erzieherischen Mittel« und die parteiinterne Eingabe eingeführt worden waren, kam es 1976 mit der neuen Option zum Parteiaustritt zur Implementierung eines weiteren Regulierungsinstruments, das jedoch die Grenzen des Integrationskurses deutlich machte.[138] Bis 1954 war der Parteiaustritt im Statut noch vorgesehen. Im Zuge des IV. Parteitags war er aber abgeschafft worden, da die Parteiführung die Machtbasis der SED in der Gesellschaft bzw. ihre Präsenz vor Ort in Gefahr sah.[139] 20 Jahre später hatte sich die Situation grundlegend geändert. Die SED war 1975 mit erstmals über zwei Millionen Mitgliedern tief in der Gesellschaft verankert,[140] sodass die Parteiführung die Wiedereinführung der Austrittsmöglichkeit wagte. Während 1976 zunächst nur 816 Austritte erfasst wurden, stieg die Zahl im folgenden Jahr schon auf 4466 an und bewegte sich fortan bei etwa 5000 Austritten jährlich – eine verschwindend geringe Zahl bei einer millionenstarken Mitgliederschaft.[141] Mit der Wiedereinführung wurden die Austritte seit 1976

136 ZPKK: Analyse der von den Parteikontrollkommissionen im Jahre 1988 bearbeiteten Eingaben, 17.2.1989, in: SAPMO-BArch, DY 30/11068, Bl. 2–3.
137 Ebd.
138 Beschluss des Sekretariats des ZK: »Ergänzung zur ›Richtlinie für die organisations-technische Arbeit der Partei‹ – Beendigung der Mitgliedschaft durch Austritt aus der Partei«, 16.6.1976, in: SAPMO-BArch, DY 30/J IV 2/3 2460, o. Bl.
139 Vgl. Peters: Arbeitermythos und Staatspartei, S. 11 f.
140 Siehe die Abschnitte II.1 und II. 2 in dieser Arbeit.
141 Folgende Austrittszahlen wurden von der Abteilung Parteiorgane für die einzelnen Jahre verzeichnet: 1976: 816; 1977: 4466; 1978: 4668; 1979: 5449; 1981: 4984; 1982: 5279; 1983: 5417; 1984: 5250; 1986: 5563. Vgl. Abteilung Parteiorgane: Analyse über die Entwicklung der Mitgliederbewegung der SED im Jahre 1976, Anlage Nr. 7 zum Protokoll 01/77 vom 5.1.1977, in: SAPMO-BArch, DY 30/J IV 2/3/2541, Bl. 2; Abteilung Parteiorgane: Analyse über die Entwicklung der Mitgliederbewegung

zentral erfasst. Doch gab es sie auch vorher. Nur sind sie in den Überlieferungen nicht sichtbar, da sie als »Streichung« oder »Ausschluss« gehandhabt wurden. Letzterer ging mit einem Parteiverfahren einher.

Ende 1974 berichtete etwa die KPKK Brandenburg, dass seit 1971 insgesamt 79 Austrittserklärungen in ihrer Region eingegangen seien, in deren Folge Parteiverfahren angestrengt worden seien, weil diese Personen kategorisch ihren Austritt gefordert haben.[142] Darunter waren 44 Arbeiter, 21 Rentner sowie fünf Angestellte, zwei Angehörige der Intelligenz, drei LPG-Bauern und vier Hausfrauen. Sie alle waren nicht mehr bereit, den Pflichten eines Parteimitglieds nachzukommen, also regelmäßig an den Mitgliederversammlungen teilzunehmen, Solidaritäts- und Parteibeiträge zu zahlen oder in der Kampfgruppe des Betriebs mitzuwirken. Einige erklärten, zum Parteieintritt überredet oder mit Zugeständnissen angesichts ihrer religiösen Bindung gelockt worden zu sein. Andere legten dar, sie haben mit dem Eintritt ihre beruflichen Ziele befördern wollen, was sich letztlich nicht eingestellt habe. Viele nutzen ihren Renteneintritt zum »stillen Austritt«, indem sie die Ummeldung zur Wohnparteiorganisation unterließen. Die berufsbegleitende Mitgliedschaft fand mit dem Renteneintritt ihr Ende. Einige wenige nahmen etwa Wohnungsprobleme, einen abgelehnten Antrag auf Ehrenrente oder arbeitsrechtliche Probleme zum Anlass, die Partei durch eine Austrittserklärung unter Druck zu setzen. Vereinzelt wurden auch die Unzufriedenheit über die Rentenhöhe und Versorgungsprobleme als Austrittsgrund genannt. Die KPKK in Brandenburg notierte:

> »Dabei wurden solche Meinungen geäußert, wie – Unsere Lebenshaltung wird laufend teurer; Wir würden zuviel Waren exportieren und in unseren Außenhandelsgeschäften benachteiligt werden; So lange nach dem Krieg dürfte es keine Versorgungsprobleme mehr geben, wie sie bei uns in Industriewaren, Möbel und Ersatzteilen bestehen.«[143]

der SED im Jahre 1977, Vorlage an das Sekretariat des Zentralkomitees, 21.12.1977, in: SAPMO-BArch, DY 30/J IV 2/3A/3084, o. Bl.; Abteilung Parteiorgane: Analyse über die Entwicklung der Mitgliederbewegung der SED im Jahre 1978, Anlage Nr. 8 zum Protokoll Nr. 2 vom 4.1.1979, in: SAPMO-BArch, DY 30/J IV 2/2/1760, Bl. 7; Abteilung Parteiorgane: Analyse über die Entwicklung der Mitgliederbewegung der SED im Jahre 1979, 20.12.1979, in: SAPMO-BArch, DY 30 /J IV 2/3A/3431, Bl. 3; Abteilung Parteiorgane: Analyse über die Entwicklung der Mitgliederbewegung der SED mit dem X. Parteitag und im Jahre 1985, in: SAPMO-BArch, DY 30 IV/2/2.039/81, Bl. 4; Abteilung Parteiorgane: Analyse über die Entwicklung der Mitgliederbewegung der SED im Jahre 1986, Anlage Nr. 1 zum Protokoll Nr. 7 vom 21.1.1987, in: SAPMO-BArch, DY 30/J IV 2/3/4067, Bl. 12.

142 Hier und im Folgenden: KPKK Brandenburg: Analyse über Parteiverfahren, die auf Grund von Austrittserklärungen durchgeführt wurden, 7.11.1974, in: BLHA, Rep. 531 Brbg. Nr. 1550, o. Bl.

143 Ebd.

Vor dem Erfahrungshorizont der bewusst erlebten Nachkriegszeit mit all ihren Entbehrungen und Improvisationsleistungen war die auch 1974 in Brandenburg spürbare kurze Warendecke nicht selten Anlass für Frustration, die vereinzelt zum Parteiaustritt führte. Der zitierte Bericht der KPKK Brandenburg aus dem Jahr 1974 wurde vermutlich im Zuge der Entscheidungsfindung über die Einführung des Parteiaustritts in Auftrag gegeben. Er zeigt deutlich die Nebenwirkungen der Mitgliederpolitik. Um als Staatspartei nicht allein die gesellschaftliche Elite in den eigenen Reihen zu haben, sondern auch Massen- und aus Gründen der Selbstlegitimation insbesondere Arbeiterpartei zu sein, zeigten die kampagnenmäßig durchgeführten Werbungsbemühungen Rückwirkungen. Viele waren allein deshalb Parteimitglied geworden, weil sie an der Werkbank tätig waren und dem Druck zum Beitritt nichts entgegenzusetzen hatten. Andere, die auf einen beruflichen Aufstieg gehofft hatten, wandten sich enttäuscht von der SED ab, als die erhoffte Karriere ausblieb. Mitte der 1970er-Jahre war der Prozess des Elitenaustauschs abgeschlossen und für nachkommende Generationen wurde es – wie oben bereits dargestellt – ungleich schwerer, in die sozialistische Dienstklasse aufzusteigen.[144] Was jedoch bewog die Parteiführung dazu, den Austritt wieder ins Statut aufzunehmen? Immerhin verstand sie sich als »Kampfbund Gleichgesinnter«, aus dem man nur ausgeschlossen oder gestrichen werden konnte, je nachdem ob man als Feind enttarnt worden oder unfähig war, die Pflichten zu erfüllen. Warum gewährte sie ab 1976 austrittswilligen Genossen das selbstbestimmte Verlassen?

Die Entscheidung erfolgte im Zuge des IX. Parteitags im Mai 1976. Dem Beschlussprotokoll des Sekretariats des ZK ist weder zu entnehmen, ob diese Änderung lediglich im Gleichklang mit der KPdSU erfolgte, noch liefert es Hinweise darauf, ob es in der Parteiführung dazu Debatten oder gar Kontroversen gab.[145] Die Überlieferungen vermitteln vielmehr den Eindruck, dass die Neuerung nicht als Risiko gesehen wurde – im Gegenteil: In der Führungsriege schien das Selbstbewusstsein über die Machtstellung der SED in der Gesellschaft gewachsen zu sein, was diese Änderung als nicht fragwürdig erscheinen ließ. Schließlich gab es bei einer Mitgliederzahl von über zwei Millionen keinen Grund, an der gesellschaftlichen Verankerung der SED zu zweifeln. Von Selbstsicherheit zeugen etwa die Worte des Vorsitzenden der ZPKK, Erich Mückenberger. Er ließ die Vorsitzenden der BPKK auf dem Weiterbildungslehrgang in Kleinmachnow 1976 wissen: »Genossen! Was die Möglichkeit des Austritts aus der Partei betrifft, so hat sich die Parteiführung davon leiten las-

144 Vgl. Solga: »Systemloyalität«, S. 523–542. Siehe auch: Huinink: Kollektiv und Eigensinn.

145 Beschluss des Sekretariats des ZK am 16. Juni 1976 »Ergänzung zur ›Richtlinie für die organisationstechnische Arbeit der Partei‹ – Beendigung der Mitgliedschaft durch Austritt aus der Partei«, in: SAPMO-BArch, DY 30/J IV 2/3 2460. Siehe auch: Arbeitsprotokoll SAPMO-BArch, DY 30/JIV 2/4 A 2843, o. Bl.

sen, dass unsere Partei fest gefügt ist, und zwar sowohl politisch-ideologisch, wie organisatorisch.«[146] In seinem Schlusswort am Ende der mehrtätigen Arbeitstagung unterstrich er dieses Empfinden erneut: »Noch nie waren unsere Partei und unser Staat und unser Bruderbund mit der Sowjetunion so stark wie heute, noch nie waren wir uns unserer Sache und unseres Sieges so sicher wie heute.«[147]

Diese vom Spitzenpersonal empfundene fest gefügte Stabilität war Voraussetzung für die Implementierung der Austrittsoption: Nun fühlte man sich stark genug, um renitenten Genossen den Austritt schließlich zu gewähren. Diese Haltung wurde an die unteren Parteiebenen weitergegeben, sodass der Vorsitzende der Brandenburger KPKK im selben Jahr in einer Arbeitsberatung seine Kollegen aufklärte: »Einen Austritt stellt nur derjenige, dem die Partei nicht zur politischen Heimat geworden ist. Wenn wir uns von solchen Mitgliedern trennen müssen, verlieren wir nichts.«[148]

Abgesehen vom großen Selbstbewusstsein schien angesichts des enormen Wachstums der SED auch ein neues Regulierungsinstrument nötig, das erziehungsresistenten Genossen neben der Streichung einen weiteren Ausweg ermöglichte. Wie bereits der Brandenburger Bericht aus dem Jahr 1974 deutlich macht, hatte insbesondere die Rekrutierungspolitik dazu geführt, dass eine Reihe nicht integrationsbereiter, frustrierter Mitglieder in den GO zu finden waren, die ihren Austritt forderten. Dies zeigt auch der Bericht der Abteilung Parteiorgane des ZK vom Dezember 1977. Ein Jahr nach Einführung wollte die Parteiführung wissen, wer unbedingt die SED verlassen wollte. Unter den 5282 Ausgetretenen waren drei Viertel Arbeiter.[149] Genossenschaftsbauern, Angehörige der Intelligenz und Rentner machten nur ca. 5 Prozent aus, Hausfrauen weitere 3,4 Prozent. Ebenfalls drei Viertel der Ausgetreten waren zwischen 26 und 50 Jahre alt und somit im mittleren Lebens- und Berufsalter.

Nach Einschätzungen der Kontrollkommission handelte es sich bei 60 Prozent um inaktive Mitglieder, die sich trotz »kameradschaftlich geführter Gespräche« weigerten, ihren Austrittswunsch zurückzuziehen und wieder am Parteileben teilzunehmen. Wie auch schon der drei Jahre ältere Bericht aus Brandenburg konstatierte, handelte es sich um Genossen, die weder bereit waren, an den Mitgliederversammlungen

146 Mückenberger, Erich: Referat auf dem Weiterbildungslehrgang der ZPKK in Kleinmachnow, 15.11.1976, in: SAPMO-BArch, DY 30/15411, Bl. 69.

147 Schlusswort des Vorsitzenden der ZPKK auf dem Weiterbildungslehrgang in Kleinmachnow am 19.11.1976, in: ebd., o. Bl.

148 KPKK Brandenburg: Protokoll der KPKK-Sitzung am 10.6.1976, in: BLHA, Rep. 531 Brbg. Nr. 1549, o. Bl.

149 Der Arbeiteranteil lag mit 3912 Austritten bei 74 Prozent, wobei selbst nach der Differenzierung »darunter unmittelbar als Arbeiter tätig« noch 3217 Austritte gezählt wurden. Abteilung Parteiorgane des ZK: Information über die Beendigung der Parteimitgliedschaft durch Austritt, 13.12.1977, in: SAPMO-BArch, DY 30/27877, o. Bl.

teilzunehmen, noch den Parteibeitrag in der richtigen Höhe zu zahlen. Neben dieser Mehrheit von Verweigerern nutzten 20 Prozent ihre Erklärung als Aushandlungsprozess. Unverhohlen drohten sie mit dem Austritt, würde die Partei sie nicht in Bezug auf ihre Lohn- und Gehaltsforderungen, nicht erhaltenen Ferien- bzw. Krippenplätze oder auch bei ihren Wohnungsproblemen unterstützen. Neben dieser aus Sicht der Parteileitungen »erpresserischen« Strategie seien ca. 8 Prozent der Ausgetretenen »unter falschen Voraussetzungen« der Partei beigetreten. Die Vorteile, die sie sich von der Mitgliedschaft erhofft hatten, waren nicht eingetreten. Gleichzeitig waren sie von den Verpflichtungen, welche die Parteizugehörigkeit mit sich brachte, überfordert. Neben den Verweigerern, den Selbstbewussten und den gerade skizzierten Enttäuschten lässt sich eine letzte Gruppe benennen, die als Aussteiger charakterisiert werden kann und 10 Prozent der Ausgetretenen ausmachte. Darunter befanden sich jene, die im Zuge einer abgelehnten Besuchsreise nach Westdeutschland oder im Zusammenhang mit einer geplanten Übersiedlung in den Westen den Bruch mit der Partei vollzogen. Andere gaben religiöse Gründe dafür an, aus der SED austreten zu wollen. Diese Mischung aus Verweigerern, Verzweifelten, Enttäuschten und Aussteigern, die sich überwiegend aus Arbeitern zusammensetzten, verweist auf ein gehöriges Frustpotenzial, das sich in der Mitgliederschaft parallel zu deren Wachstum kumulierte. Dem Parteiaustritt kam daher eine Ventilfunktion zur weiteren Stabilisierung zu: Frustrierten Parteimitgliedern sollte dieser Schritt gewährt werden, um in der betreffenden GO eine Druckentlastung zu bewirken.

Trotz des gewachsenen Selbstbewusstseins der Parteiführung und der Ventilfunktion, die dem Parteiaustritt zukam, blieb die empfundene fest gefügte Stabilität jedoch stets prekär. Dessen war sich auch die Parteiführung bewusst, sodass sie den Austrittswilligen hohe Hürden auferlegte. Für die Leitungen der GO blieb die Handhabe dieser Angelegenheit stets heikel. Denn vor diesem Gremium aus Parteisekretär, staatlichem Leiter und weiteren Arbeitskollegen mit Parteibuch musste der Austritt erklärt werden, und dieses Gremium entschied dann auch, dem Wunsch zu entsprechen oder ihn abzulehnen. Nicht selten wurde der Austrittswunsch verwehrt, wie etwa bei der Potsdamer Schriftstellerin Sigrid Grabner. Sie haderte Ende der 1980er-Jahre mit ihrer fast 25 Jahre währenden Parteizugehörigkeit und entschloss sich zum Austritt, der ihr jedoch verweigert wurde. Am 23. April 1988 schrieb sie in ihr Tagebuch:

> »Gestern erhielt ich Austrittserklärung und meinen Brief von der Parteileitung des Potsdamer [Schriftsteller-] Verbandes zurück, mit einem von sechs Mitgliedern der Parteileitung unterzeichneten Schreiben. Sie könnten und wollten nicht auf mich verzichten, schreiben sie und wünschen mir ›Gorbatschowsche Geduld‹. Von Gorbatschowschen Mut schreiben sie nichts. Auf elegante Weise haben ›meine Freunde‹ das Problem für sich aus der Welt geschafft. Kein Aufsehen erregender Austritt = keinen Ärger; ließen meinen Brief wie ein

> heißes Eisen fallen. Wir können und wollen nicht auf dich verzichten. Punkt. Wir sind ja mit dir einer Meinung. Punkt. Wie nun weiter?«[150]

Diese den Konsens und die Gemeinschaft beschwörende Verweigerung, sie aus der Mitgliedschaft zu entlassen, rief bei ihr nicht nur Ratlosigkeit, sondern auch Verärgerung hervor. Aus Perspektive der Parteileitung dürfte es sich jedoch tatsächlich um ein »heißes Eisen« gehandelt haben. Eine Gewährung des Austrittswunsches hätte weitere Austrittswillige in der GO bestärken können, ebenfalls die Partei zu verlassen, wobei das Leitungsgremium dann selbst ins Visier des Parteiapparates und seiner Kontrollorgane geraten wäre. Obwohl vereinzelte Austrittsgesuche legitim waren, sofern sie nicht die Politik und die SED selbst kritisierten, galt es, der Gefahr einer Kettenreaktion Einhalt zu gebieten: Mehrere Austritte in einer GO evozierten eine Untersuchung der Parteikontrollkommission.

Aus Gründen der Autoritätsreproduktion und nicht zuletzt aus einer Selbsterhaltungslogik heraus war die konkrete Handhabe von Austrittserklärungen also prekär. Generell sah die Regelung zum Parteiaustritt vor, dass das Leitungsgremium der GO den Austritt allein bestätigen und die Mitgliederversammlung davon in Kenntnis setzen soll, sofern kein Vergehen gegen die Partei vorlag.[151] In letzterem Fall hätte statt des Austritts ein Parteiverfahren eingeleitet werden müssen. Auch während eines solchen Verfahrens durfte kein Austritt zugelassen werden, damit das Mitglied dem Ausschluss nicht zuvorkommen konnte. Obwohl formal die Möglichkeit des Austritts eingeräumt wurde, durfte in der Praxis die Autorität »der Partei« nicht in Frage gestellt werden: Parteileitung und Kontrollkommission beanspruchten gegenüber dem abtrünnigen Mitglied das letzte Wort. Ihnen kam eine Gatekeeper-Funktion zu, indem sie jeweils darüber entschieden, wann ein Austritt legitim war oder eine Streichung oder der »feindliche« Ausschluss erfolgen sollte. Doch waren die Grenzen fließend und der Parteiapparat um die »richtige« Handhabe vor Ort besorgt. So erklärte der Vorsitzende der Brandenburger Parteikontrollkommission nach einer Anleitung durch die BPKK im Kreise seiner Kollegen, dass GO es sich nicht einfach machen dürfen, indem sie etwa Genossen, die inaktiv seien, zum Austritt bewegen. Auch solle man alte und kranke Genossen nicht austreten lassen, sondern Verständnis aufbringen.[152] Es galt, die Austritte so gering wie möglich zu halten und frustrierte

150 Tagebucheintrag von Sigrid Grabner am 23. April 1988, in: Brandenburgisches Literaturbüro. Siehe auch: Tagebuchportal des Brandenburgischen Literaturbüros, http://www.zeitstimmen.de/index.php?page=tgb&is_autor=8t (Zugriff: 14.8.2017). Siehe auch: Grabner, Sigrid: Jahrgang ’42. Mein Leben zwischen den Zeiten, Leipzig 2003.

151 Beschluss des Sekretariats des ZK: »Ergänzung zur ›Richtlinie für die organisations-technische Arbeit der Partei‹ – Beendigung der Mitgliedschaft durch Austritt aus der Partei«, 16.6.1976, in: SAPMO-BArch, DY 30/J IV 2/3 2460, o. Bl.

152 KPKK Brandenburg: Protokoll der KPKK-Sitzung am 10.6.1976, in: BLHA, Rep. 531 Brbg. Nr. 1549, o. Bl.

Parteimitglieder in Aussprachen zur weiteren Teilhabe zu bewegen. Ebendiese Bedeutung der »Erziehung« erläuterte Erich Mückenberger, Vorsitzender der ZPKK, auf dem bereits erwähnten Weiterbildungslehrgang im Jahr 1976 seinem Auditorium:

> »Es stimmt, Schwankenden und Zweiflern, denen haben wir zu helfen, dass sie zu einem parteilichen Rückgrat kommen, das ist die Pflicht auch aller Grundorganisationen. Als PKK sehen wir immer zuerst die Genossin oder den Genossen, sehen seine Bewährung im Sinne der Partei, tragen durch unsere Tätigkeit bei, bestehende Konflikte im Sinne der Partei zu lösen.«[153]

Leitlinie war es demnach, den Parteiaustritt möglichst zu verhindern. Bei feindlichen Handlungen bzw. Äußerungen sollte dagegen der Ausschluss beschlossen werden. Wann jedoch der häufig schmale Grat zwischen systemimmanenter bzw. legitimer Kritik und oppositioneller Haltung überschritten war, lag im Ermessen der GO. Diese zeigten sich dabei nicht selten überfordert. Die Mitglieder der Brandenburger Kontrollkommission benötigten von ihrem Vorsitzenden noch 1982 Nachhilfe. Er erläuterte die richtige Handhabe von Austritt und Ausschluss in einer Sitzung:

> »Er hob dabei besonders hervor, dass in Fällen, wo Parteimitglieder ihren Austritt aus der Partei erklären, das wichtigste Kriterium für die Eröffnung eines Parteiverfahrens ist, ob solche Erklärungen auf feindlichen Motiven beruhen. In Fällen der ungenügenden politischen Reife und mangelnder Parteiverbundenheit ist der Austrittserklärung durch die PL [Parteileitung] zuzustimmen, wenn der Betreffende in den Aussprachen nicht zu parteimäßigem Verhalten zu bewegen ist.«[154]

Trotz vielfacher »Hilfestellungen« blieb die Handhabe von Austritten vertrackt. Auch 1989 musste die ZPKK noch einräumen, dass eine Reihe von Sekretären der GO und auch Vorsitzende von KPKK Schwierigkeiten bei der Beurteilung von Austrittserklärungen hätten.[155] Sie tendierten dazu, dem Austrittswunsch einfach zuzustimmen, obwohl aus Sicht des Parteiapparates ein parteifeindlicher Ausschluss angemessen gewesen wäre. Letztlich schreckte diese restriktive Praxis aus systemimmanenter Begründung und einer zu überstehenden Aussprache mit der Parteileitung der GO viele Mitglieder vom Austritt ab. So schildert rückblickend etwa Jürgen Schubert,

153 Schlusswort des Vorsitzenden der ZPKK auf dem Weiterbildungslehrgang in Kleinmachnow am 19.11.1976, in: SAPMO-BArch, DY 30/15411, o. Bl.

154 KPKK Brandenburg: Protokoll der Sitzung der Kreisparteikontrollkommission vom 7.4.1982, in: BLHA, Rep. 531 Brbg. Nr. 2099, o. Bl.

155 Müller, Werner: Aufgaben und Schwerpunkte der Arbeit der Parteikontrollkommissionen der SED bei der Durchführung von Parteiverfahren, Referat für die Arbeitsberatung in Üdersee vom 31.1. bis 3.2.1989, in: BStU, MfS SED-KL 4575, Bl. 496–552, insb. Bl. 541–544.

ehemaliger Sanitäter im Stahl- und Walzwerk Brandenburg, auf die Frage, ob er selbst einmal versucht habe, aus der SED auszutreten, oder Kollegen kannte, denen es so erging:

> »Naja, doch. Bei der SMH [Schnelle Medizinische Hilfe] nachher, ja. Da warn äh zwee, also vom, vom, vom DRK, da waren einige, die wollten austreten, und da gab's denn och ganz böse Parteiverfahren, und denen wurde denn och, äh, wurden denn och, äh, bewährte Genossen zur Seite gestellt, die sie denn wieder auf den richtigen Weg zurückbringen sollten. Also da hab ick's 'n paar Mal erlebt, ja. Aber ansonsten nich, ne.«[156]

Diese Schilderung bezieht sich auf seine spätere Arbeitsstelle bei der Schnellen Medizinischen Hilfe, wo er in der zweiten Hälfte der 1980er-Jahre tätig war. Obwohl er Austrittsgesuche inklusive »böser Parteiverfahren« dort ein paar Mal erlebt habe, ordnete er dies im Rückblick als randständige Erfahrung ein, die er »ansonsten« nicht gemacht habe. Auf die Nachfrage, ob es diese Austrittswünsche auch schon zu einem früheren Zeitpunkt an seinem Arbeitsplatz gegeben habe, sagte er:

> »Also ick habe eigentlich in der Richtung keene Leute kennengelernt, die jetzt gesagt haben: Wir wollen aus de' Partei austreten. Hab' ich eigentlich keene kennengelernt. Weil, man wusste als Genosse, det man eigentlich keene Chance hatte, da wieder rauszukommen, wenn man da eenmal drin is.«[157]

Wenn er auch kurz zuvor geschildert hatte, Austrittsgesuche bei Genossen Kollegen erlebt zu haben, widersprechen sich aus seiner Perspektive diese beiden Äußerungen nicht. Diese Begebenheit schien so selten, dass das Empfinden dominierte, »da nicht wieder rauszukommen«. Die geringen Austrittszahlen von durchschnittlich 5000 Austritten jährlich untermauern diese Wahrnehmung. Wenngleich der Austritt seit 1976 formal möglich war, wurde er durch die hohen Hürden doch kaum in Anspruch genommen: Zu groß war die Wahrscheinlichkeit, dass der Wunsch – wie bei der bereits zitierten Potsdamer Schriftstellerin – abgeschmettert wurde. Zudem wirkte auch die Ungewissheit einschüchternd, welche Folgen dieser Schritt nach sich ziehen könnte. Schließlich herrschte keine Gewissheit darüber, ob dem Austrittsgesuch allein eine unangenehme Aussprache mit der Parteileitung folgen oder aber ein »böses Parteiverfahren« eingeleitet werden würde.

156 Interview mit Elke und Jürgen Schubert am 4.8.2010, Transkript der Audiodatei, S. 55 f.
157 Ebd.

Erste Krisensymptome zeigten sich 1987, als die Zahl der Austritte erstmals auf 8467 anstieg und im folgenden Jahr auf 8748 anwuchs.[158] Angesichts der enormen Mitgliederstärke scheint diese Zunahme auf den ersten Blick nicht der Rede wert zu sein. Doch aufgrund der restriktiven Praxis kommt diesen geringfügigen Ausschlägen nach oben bereits Signalwirkung zu. Der Anstieg glich einem Vorbeben. 1989 schlug dieser Trend nämlich in eine Austrittswelle um: Zwischen Januar und Oktober traten 31 012 Mitglieder und Kandidaten aus der SED aus; zwischen November 1989 und Januar 1990 verließen über 600 000 Mitglieder geradezu fluchtartig die Partei.[159] Der Austritt als Ventil zur Druckentlastung verkehrte sich ins Gegenteil: Anstatt vereinzelt frustrierte Mitglieder aus der SED zu entlassen, um die Organisation zu stabilisieren, setzte ab 1987 erst schleichend und ab der ersten Jahreshälfte 1989 immer schneller und massiver ein Kontrollverlust ein. Schließlich verdeutlicht dieses Regulierungsinstrument die Grenzen der Integrationspolitik und der sozialen Steuerung. Mit dem steten Wachstum der Partei zog auch das Frustrationspotenzial an, das mit dem Austritt minimiert werden sollte. Doch war dieses Instrument äußerst ambivalent und blieb für die Parteileitungen der GO stets eine delikate Angelegenheit.

3. Parteiöffentlichkeit im real existierenden Sozialismus

Mitgliederversammlungen waren für das SED-Parteileben konstitutiv: Einmal monatlich und immer montags nach Feierabend fanden sich in der gesamten DDR die Parteimitglieder eines Arbeitsbereiches zur Versammlung ihrer GO zusammen. Doch was geschah im Kreise der Genossen, und was prägte ihre Zusammenkünfte? Auch wenn das Bild der repressiven Partei weitverbreitet ist, hat sich gezeigt, dass Parteiverfahren seit Ende der 1950er-Jahre ein absolutes Randphänomen und Parteimitglieder zudem äußerst disziplinierungsträge waren. So war auch der regionale Parteiapparat seit dem Mauerbau weniger mit Bestrafungen als mit der Steuerung des Soziallebens beschäftigt: Während er kontrollierte, ob Parteimitglieder die Regeln des Miteinanders befolgten und die Pflichten zum Funktionieren der Lebens- und Arbeitswelt erfüllten, erwarteten Genossen an der Basis umgekehrt vom Apparat Unterstützung bei ihren Anliegen. Aber was bedeutete dies für die monatlichen Zusammenkünfte?

Rückblickend schildern Parteimitglieder einmütig die Belanglosigkeit und die lähmende Langeweile der Pflichtveranstaltungen, die entweder der Tagesordnung

158 Abteilung Parteiorgane: Bericht über die Mitgliederbewegung 1987, Anlage Nr. 3 zum Protokoll Nr. 1 der Sitzung des Politbüros vom 5.1.1988, in: SAPMO-BArch, DY 30/J IV 2/2/2254, Bl. 13–27; Abteilung Parteiorgane: Bericht über die Mitgliederentwicklung 1988, Anlage 1 zum Protokoll Nr. 4 der Sitzung des Politbüros vom 10.1.1989, in: SAPMO-BArch, DY 30/J IV 2/3 4347, Anlage 5, Bl. 1.

159 Peters: Arbeitermythos und Staatspartei, S. 30 f.

aus Referat, Diskussion und Organisatorischem folgten oder Forum für Vorträge des staatlichen Leiters über die Planerfüllung waren. Dass Parteimitglieder etwa im Stahlwerk in Brandenburg nach ihrer langen Schicht am späten Montagnachmittag gegen den Schlaf ankämpften, ist nur allzu nachvollziehbar.[160] Diametral entgegengesetzt zu diesem Erzählmuster der Lethargie steht das Bild von den Genossen als Auguren und Eingeweihte, die am Herrschaftswissen teilhatten und über mehr Informationen verfügten als Parteilose. Auf Parteiversammlungen seien sie mit Exklusivinformationen versorgt worden, was diese zu interessanten und informativen Veranstaltungen gemacht habe.[161] Auch die »Exklusivität« der Versammlungen trug zu dieser Aura bei. Schließlich blieben die Türen des Versammlungsraums für Parteilose verschlossen. Doch wie sind diese konkurrierenden Erinnerungsbilder zu erklären? Was wurde konkret hinter verschlossenen Türen besprochen bzw. verhandelt? Und schließlich: Welche soziale Funktion kam dieser Pflichtveranstaltung zu?

»ZK-Informationen« als Wissensvorsprung

Die Parteiöffentlichkeit bezog ihre Logik aus der kontrollierten und regulierten Öffentlichkeit der DDR. Das Informationsmonopol der SED hatte einen künstlich erzeugten Mangel und damit einen großen Informationshunger zur Folge: Einerseits waren der Parteiapparat und die Parteiführung getrieben von der Sorge, was die Bevölkerung und die Parteibasis dachten, welche Meinungen verbreitet waren und welche Stimmung im Land herrschte. Mit Hilfe von Stimmungsberichten der Staatssicherheit und Informationen aus den GO war der Parteiapparat intensiv darum bemüht, ein Bild von der öffentlichen Meinung zu erhalten. Zwischen 1964 und 1979 existierte sogar ein Meinungsforschungsinstitut beim ZK der SED.[162] Andererseits brodelte in der Bevölkerung aufgrund des äußerst begrenzten Zugangs zu Informationen ständig die Gerüchteküche.[163] Die Gesellschaft der DDR war also nicht atomisiert und stillgelegt. Sie war vielmehr gekennzeichnet durch unterschiedliche, hierarchische Zugänge zu Informationen und durch spezifische Kommunikationsräume, in denen sich Parteimitglieder wie Parteilose im Alltag bewegten: Presseerzeugnisse oder auch Parteiveranstaltungen waren Teil des öffentlichen Raums, der von der Offizialsprache bestimmt wurde. Daneben existierten jedoch auch »kleine Öffentlichkeiten«, in denen sich Meinungsäußerungen und Diskurse freier entfalteten – etwa im

160 Siehe den Abschnitt II.3 in dieser Arbeit. Zur Routine und Eintönigkeit der Parteiversammlungen siehe auch: Wierling: Geboren im Jahr Eins, S. 452, Böhme: Die da drüben, S. 46–52.

161 Vgl. ebd., S. 46–52.

162 Vgl. Niemann, Heinz: Meinungsforschung in der DDR. Die geheimen Berichte des Instituts für Meinungsforschung an das Politbüro der SED, Köln 1993.

163 Horváth, Ágnes/Szakolczai, Árpád: Information Management in Bolshevik-type Party States, S. 292 f.

Kreise der Familie, unter Freunden, am Arbeitsplatz, beim Schlangestehen oder auch bei Lesungen.[164] Einer Umfrage des Instituts für Meinungsforschung beim ZK der SED aus dem Jahr 1968 zufolge, die in großen Industriebetrieben im Bezirk Karl-Marx-Stadt durchgeführt wurde, fand die Mehrheit der Befragten die politischen Diskussionen am Arbeitsplatz unter den Kollegen am interessantesten und war stark interessiert an Informationen über politische Ereignisse.[165] Doch welche Informationsquellen standen der Allgemeinheit zur Verfügung?

Die beiden zentralen überregionalen Medien zur aktuellen Berichterstattung waren die Tageszeitung *Neues Deutschland* sowie die Fernseh-Nachrichtensendung *Aktuelle Kamera*. Der bereits zitierten Umfrage des Meinungsforschungsinstituts zufolge waren die Massenmedien die wichtigste Informationsressource. Das *Neue Deutschland* hatte für Parteimitglieder jedoch einen besonderen Stellenwert. 70 Prozent der Leserschaft war im Besitz eines Parteibuches.[166] Dabei waren nicht allein Informationen über aktuelle Ereignisse von Interesse. Ebenso wichtig an der Lektüre war der sogenannte Standpunkt. Das *Neue Deutschland* als Zentralorgan der SED lieferte die Realitätsdeutung der Parteiführung und somit einen Orientierungsrahmen. Neben dieser Informationsgrundversorgung gab es die Parteipublizistik, die sich an eine spezielle Leserschaft wandte: Die Zeitschrift *Neuer Weg* etwa richtete sich wie auch die Schriftenreihe *Der Parteiarbeiter* an Parteisekretäre zur Gestaltung des Parteilebens, die theoretische Zeitschrift *Einheit* an Parteiintellektuelle, und die vom ZK herausgegebene Broschüre *Was und Wie – Informationen, Argumente, Übersichten für den Agitator* war eine periodisch erscheinende Handreichung, die Detailwissen zu aktuellen Themen lieferte und für Parteisekretäre wie Leiter des Parteilehrjahres interessant sein konnte. Insgesamt war diese Spezialliteratur wie auch die Grundversorgung aus *Neues Deutschland* und *Aktueller Kamera* allen zugänglich, wenn sie vereinzelt auch etwas schwerer zu bekommen war.

Doch konkurrierte die Informations- und Deutungshoheit der SED ständig mit dem Westfernsehen. Während in den 1960er-Jahren nur jeder zweite Haushalt in der DDR über ein Fernsehgerät verfügte, hatte bis Anfang der 1980er-Jahre beinahe jeder Bürger ein TV-Gerät in den eigenen vier Wänden und damit in der Regel die

164 Vgl. Gieseke: Whom did the East Germans trust?

165 Institut für Meinungsforschung beim ZK der SED: Bericht über eine Umfrage zu einigen ökonomischen und politischen Problemen, Berlin, 25.11.1968, in: Niemann: Meinungsforschung in der DDR, Dokument XII., S. 325. Die Bedeutung der sogenannten »kleinen Öffentlichkeiten« für die Gesellschaft der DDR beschreibt auch Michael Meyen, der anhand von Leitfaden-Interviews ebenfalls feststellt, dass die Öffentlichkeit am Arbeitsplatz einen herausgehobenen Stellenwert hatte. Beschäftigte empfanden rückblickend, frei ihre Meinung geäußert zu haben. Vgl. Meyen, Michael: Denver Clan und Neues Deutschland, Mediennutzung in der DDR, Berlin 2003, S. 56–63.

166 Ergebnisse der Leserbefragung des Neuen Deutschland, Zentralorgan der Sozialistischen Einheitspartei Deutschlands, Juli 1964. Ich danke Jens Gieseke für die Überlassung dieses Materials. Siehe auch: Meyen: Denver Clan und Neues Deutschland, S. 112–119.

Möglichkeit, unabhängig von den Vorstellungen der SED Informationen sowie Unterhaltung aus dem Westen zu konsumieren.[167] Parallel zur Verbreitung von Fernsehgeräten verbesserte sich der Empfang von Westfernsehen. Mitte der 1960er-Jahre war es bereits 85 Prozent der Fernsehbesitzer möglich, Sendungen der BRD-Kanäle zu empfangen. 1977 erhöhte sich die Empfangsquote noch einmal auf 90 Prozent.[168] Wohnte man nicht gerade im Dresdener »Tal der Ahnungslosen« oder gehörte im Laufe der 1980er-Jahre zu den verschwindend wenigen Haushalten ohne TV-Gerät, standen DDR-Bürgern zwei sehr unterschiedliche Quellen zur Verfügung, aus denen sie ihre Informationen schöpften und aus denen sich ihre Meinungen speisten. Bei zunehmender Verbreitung von Fernsehgeräten und der gleichzeitigen Verbesserung des Empfangs von Westsendern stieg auch das Bedürfnis nach mehr Informationen.[169]

Die SED-Parteiführung konnte die Verbreitung des Westfernsehens nicht aufhalten. Während Anfang der 1960er-Jahre mit Aktionen wie »Blitz kontra NATO-Sender« der Konsum noch aktiv bekämpfte wurde, setzte im Laufe der 1960er-Jahre eine sukzessive Tolerierung ein. Im Mai 1973 verkündete Erich Honecker auf dem 9. Plenum des ZK der SED, dass jeder in der DDR Westmedien nach Belieben ein- und ausschalten könne.[170] Diese Kapitulation galt auch gegenüber Parteimitgliedern, die ebenfalls Westfernsehen konsumierten. Doch mussten sie keine parteilichen Sanktionen fürchten, solange sie schwiegen. In einer Arbeitssitzung der KPKK Brandenburg im Jahr 1975 erläuterte der Vorsitzende den Umgang mit dieser Doppelmoral: »Zur Frage des Westfernsehens legte Gen. Jakubowski nochmals dar, dass wir dann ein Parteiverfahren führen werden, wenn der betreffende Genosse die Politik des Klassengegners weiterverbreitet.«[171]

Offenbar hatten seine Kollegen ihre Mühe im Umgang mit dem Fehlen eines eindeutigen Verbots, weshalb der Vorsitzende mehrmals die Handhabe erläutern musste. Schon zwei Jahre zuvor war die Tolerierung des Konsums von Westfernsehen bei

167 Meyen, Michael: Einschalten, Umschalten, Ausschalten? Das Fernsehen im DDR-Alltag, Leipzig 2003, S. 38.

168 Ebd., S. 53 f. Siehe auch: ders.: Die ARD in der DDR. In: Aus Politik und Zeitgeschichte, 20/2010, S.29.

169 Meyen: Einschalten, Umschalten, Ausschalten?, S. 63–69. Fernsehen war die liebste Freizeitbeschäftigung der West- und Ostdeutschen. Für Letzere ermittelte die Zuschauerforschung in den 1970er- und 1980er-Jahren, dass Unterhaltungssendungen am beliebtesten waren und das Bedürfnis über wichtige Ereignisse informiert zu werden an zweiter Stelle stand. Vgl. Meyen: Denver-Clan und Neues Deutschland, S. 42. Die meisten DDR-Bürger betrachteten die Berichterstattung der Ost- wie Westmedien jedoch stets mit Skepsis. Vgl. Meyen: Denver-Clan und Neues Deutschland, S. 63–68.

170 Wolle: Die heile Welt der Diktatur, S. 69 f. In den 1980er-Jahren bildeten sich sogar West-Antennengemeinschaften, die von der SED toleriert wurden. Vgl. Kuschel, Franziska: Schwarzhörer, Schwarzseher und heimliche Leser. Die DDR und die Westmedien, Göttingen 2016.

171 KPKK: Zweite Auswertung der Schulungskonferenz der BPKK und Bestätigung des Arbeitsplanes für das 1. Halbjahr 1975, 16.2.1975, in: BLHA, Rep. 531 Brbg. Nr. 1548, o. Bl.

Genossen Thema in der KPKK gewesen. Im Zuge der Auswertung einer Arbeitstagung auf Bezirksebene wurden die Kommissionsmitglieder in Brandenburg 1973 aufgeklärt:

> »Zum Westfernsehen wurde gesagt, dass manche Genossen meinen, das gehöre zum guten Ton – diese Genossen irren sich. Auch in der Einstellung der Genossen zu den Publikationsorganen der eigenen Klasse und des Klassengegners zeigt sich ihr Verhältnis zur Partei. Wir können das Problem nicht schlechthin mit Parteiverfahren lösen. Aber wir dürfen uns dazu nicht liberal verhalten. Wo Genossen die bürgerliche Ideologie verbreiten, werden sie zur Verantwortung gezogen«[172]

Nicht nur die Mitglieder der KPKK schienen mit dieser Handhabe überfordert. Auch Genossen an der Basis empfanden so. Sie waren durch ihre Parteizugehörigkeit dazu angehalten, bei offenen Diskussionen über Sendungen des Westfernsehens etwa am Arbeitsplatz »parteilich« zu argumentieren, um »den Westen« zu diskreditieren. Doch waren viele dazu nicht bereit. Sie fühlten sich »ideologisch nicht stark genug« und bevorzugten daher eine eindeutige Regelung durch ein Verbot.[173] Insgesamt sahen sie jedoch in den Gesprächen über Westsendungen nichts Unrechtes. Sie vertraten die Auffassung, »dass man beide Seiten hören muss, um sich ein ›objektives‹ Urteil bilden zu können«.[174] Parteimitglieder unterschieden sich in der Mediennutzung in der Regel nicht von Parteilosen. Allein für Angehörige der NVA galt ein Westfernseh-Verbot.[175] Zur Orientierung im Alltag war die Berichterstattung in den ostdeutschen Medien trotz der Informationslücken etwa über Kriminalität, Havarien und Versorgungsmängel wichtig. Für Genossen gehörte ebenfalls die Kenntnis des parteilichen Standpunktes dazu. Westdeutsche Nachrichtensendungen dienten dazu, die heimische Berichterstattung zu überprüfen, Lücken festzustellen und schlichtweg eine andere Meinung zu hören.[176] Zum »Informiertsein« gehörte somit nicht nur die Lektüre des *Neuen Deutschlands*, sondern auch die Kenntnis der Sendungen des Westfernsehens, wollte man den Gesprächen am Arbeitsplatz folgen können.

In dieser Gemengelage aus verschiedenen Öffentlichkeiten und Informationsressourcen positionierten sich Parteimitglieder mit ihren Meinungen und waren gleich-

172 KPKK: Protokoll der Sitzung der KPKK am 23.8.73, Auswertung der Arbeitstagung der BPKK, in: BLHA, Rep. 531 Brbg. Nr. 1546, o. Bl.

173 ZPKK: Auswertung der Analysen der Bezirksparteikontrollkommissionen (Analysen, Einschätzungen und Statistiken der ZPKK und BPKK über Parteistrafen, Bd. 1, gesamtes Jahr 1965), in: SAPMO-BArch, DY 30/IV A 2/4/60, o. Bl.

174 Ebd.

175 Müller, Christian Th.: Tausend Tage bei der »Asche«. Unteroffiziere in der NVA, Berlin 2003, S. 308–311. Michael Meyen entwickelte eine Typologie verschiedener Mediennutzertypen in der DDR, siehe auch: Meyen: Denver Clan und Neues Deutschland, S. 151–216.

176 Ebd., S. 63–69.

zeitig dazu angehalten, die Realitätsdeutung der SED zu vertreten. Die Vermittlerrolle kam ihnen zwar qua Parteizugehörigkeit zu. Doch wurde diese Funktion Ende der 1960er-Jahre erheblich aufgewertet. Seitdem wurde die Parteibasis mit einem Wissensvorsprung ausgestattet, der sie einerseits stärker ideell an die Partei binden und andererseits befähigen sollte, besser als Ideologievermittler gegenüber Parteilosen auftreten zu können. Bereits 1957 wurde im ZK-Apparat ein interner Informationsdienst für die Partei(-basis) eingerichtet. Walter Ulbricht ließ in einem Rundschreiben alle ersten Bezirks- und Kreissekretäre wissen, dass diese »Informationen« als Argumentationshilfe zur »Entlarvung und Widerlegung der feindlichen Propaganda« dienen sollten. Sowohl durch »prägnante Formulierungen führender Genossen« als auch mit Hilfe von Faktenmaterial sollte »die Richtigkeit unserer Argumente« nachgewiesen werden.[177] Herausgegeben von der Abteilung Agitation und Propaganda erschien von nun an ein Informations-Bulletin im monatlichen Rhythmus – und wenn nötig häufiger –, um »feindliche Propaganda« zu widerlegen und die Haltung der Parteiführung zu Diskussionen in anderen sozialistischen Staaten darzulegen. Neben außenpolitischen Themenfeldern waren auch die DDR betreffende, »geplante und vorbereitete Maßnahmen auf politischem, wirtschaftlichem und kulturellem Gebiet und eventuell auftretende Schwierigkeiten« Gegenstand des Bulletins.

Dieses interne Mitteilungsblatt aus der Parteizentrale brachte damit exklusive (Vorab-)Informationen an einen erlesenen Empfängerkreis: Der Kurierdienst der Partei belieferte Angehörige des Parteiapparates (Mitglieder und Kandidaten des ZK, alle Abteilungsleiter des ZK, alle Bezirks- und Kreisleitungen sowie die Vorsitzenden der Massenorganisationen und der Nationalen Front) und Ideologieproduzenten, wie die Parteihochschule, Parteischulen auf Bezirks- und Kreisebene, die Chefredakteure der Massenpresse und des Rundfunks sowie die Chefredakteure der Parteipresse. Neben der Machtsicherungs- und Ideologieelite wurde jedoch auch die Parteibasis versorgt: Die Parteisekretäre der wichtigsten Großbetriebe des Landes (ca. 100) waren als Adressaten vorgesehen. Sie sollten die Inhalte dieser »ZK-Informationen«[178] an

177 Rundschreiben Walter Ulbrichts an die 1. Sekretäre der Bezirks- und Kreisleitungen über die Herausgabe eines internen Informationsdienstes durch die Abteilung Agitation und Propaganda, Berlin, 6.5.1957, in: SAPMO-BArch, DY 30 9231 (Informationsaustausch des Leiters des Büros des Politbüros mit der Abteilung Agitation im ZK der SED), o. Bl. Siehe auch: Sekretariat des ZK: Beschluss über die Herausgabe eines internen Informationsdienstes durch die Abteilung Agitation und Propaganda, 2.5.1957, in: SAPMO-BArch, DY 30/J IV 2/3/559 57, o. Bl.

178 Der Begriff »ZK-Informationen« wird im Folgenden durchweg für diesen Informationskanal gebraucht. Diese rückwirkende Namensgebung dient der besseren Orientierung. Denn das parteiinterne Mitteilungsblatt erschien lediglich unter dem Titel »Informationen«. Von Zeitgenossen wurde es auch als »Parteiinformation« bezeichnet. Diese Bezeichnung ist jedoch sehr unspezifisch und kann leicht zu Verwechslungen führen, da prinzipiell jede mündliche oder schriftliche Information an den Parteiapparat oder auch vom Parteiapparat jeder Ebene als »Parteiinformation« bezeichnet werden kann. Vgl. Lorenz, Walter/Gerber, Karl: Die Parteiinformation in den Grundorganisationen, Berlin (Ost) 1972, S. 19.

die Basis vermitteln. 1968 wurde dieser interne Informationsdienst massiv ausgeweitet, d.h. der Empfängerkreis deutlich vergrößert.[179] Die Auflage stieg von insgesamt 3000 Exemplaren auf fast 100 000. Mit den Abgeordneten der Volkskammer und den Politabteilungen des Ministeriums für Verkehrswesen und der Zollverwaltung wurde nun auch der staatliche Bereich versorgt sowie der Sicherheitsbereich bestehend aus Armee, Geheimdienst und Innenministerium bedacht. Damit waren nun nicht nur alle Bereiche der Machtsicherungselite in die Empfängerliste aufgenommen. Besonders ins Gewicht fiel auch die Ausstattung aller Sekretäre von GO und kleineren APO. Allein 61 911 von insgesamt 97 507 Exemplaren waren dafür vorgesehen. In der Folge erhielten die Sekretäre aller GO seit 1968 per Post exklusive Direktinformationen aus der Parteizentrale. Doch was veranlasste die Parteiführung, dieses Integrationsinstrument so massiv auszubauen?

Die stärkere Beteiligung der Parteibasis am Herrschaftswissen der Parteiführung erfolgte laut Beschluss des Sekretariats des ZK im Zuge der sogenannten »Grundsätze der wissenschaftlichen Führungstätigkeit der Partei«, die kurz zuvor auf der 2. Tagung des ZK im Juli 1967 beschlossen wurden. Damit stand die Ausweitung dieser ZK-Informationen ganz im Zeichen der Reform des Parteiapparates.[180] Nach dem Mauerbau wurden beginnend mit der Wirtschaft (Neues Ökonomisches Systen der Planung und Leitung, kurz: NÖSPL) eine Reihe von Reformen angestoßen, etwa im Bildungssystem. Der Zeitgeist dieser Phase lässt sich mit dem Begriff »Wissenschaftlichkeit« umreißen, mit dem politische Entscheidungen legitimiert wurden. Gemeint war die Überzeugung, eine sozialistische Industriegesellschaft aufzubauen, indem komplexe gesellschaftliche Prozesse mit den Instrumenten der Kybernetik und Systemtheorie optimiert und effizienter gesteuert werden.[181] Motor der sogenannten »wissenschaftlich-technischen Revolution« war jedoch auch das Erfordernis, eine wachsende und komplexer werdende Nachkriegswirtschaft und -gesellschaft politisch steuern zu müssen. In diesem Sinne erfolgte 1963/64 die Reorganisation des Parteiapparates mit der Einführung des Produktionsprinzips.[182] Die Verwaltungsreform folgte dem russischen Vorbild, wobei ganz überwiegend die oberen Ebenen des Parteiapparates von dieser Reorganisation betroffen waren: Einzelne Funktionsbereiche im Parteiapparat erhielten zur Entlastung Suborganisationen. Dem Territorialprinzip wurde somit ergänzend das Produktionsprinzip zur Seite gestellt. Davon waren die GO nicht betroffen. Sie waren ohnehin nach dem Produktionsprinzip

179 Hier und im Folgenden: Sekretariat des ZK: Beschluss über das Informationssystem des ZK der SED für die Sekretäre der Grundorganisationen der Partei, 17.1.1968, in: SAPMO-BArch, DY 30/J IV 2/3A 1533, o.Bl.

180 Vgl. Malycha/Winters: Die SED, S. 159–167.

181 Vgl. Staritz, Dietrich: Geschichte der DDR, Erweiterte Neuausgabe, Frankfurt a.M. 1996, S. 218–229.

182 Hier und im Folgenden: Ludz, Peter Christian: Parteielite im Wandel, Funktionsaufbau, Sozialstruktur und Ideologie der SED-Führung, Köln/Opladen 1970, S. 74–77.

organisiert, sodass beide Prinzipien den Aufbau der SED bereits zuvor bestimmt hatten. Die Reformen zielten darauf, überforderte Bezirks- und Kreisleitungen zu unterstützen. Aufgrund wachsender Industrie- und Landwirtschaftsbetriebe waren sie zunehmend mit der Aufgabe überfordert, ihre Territorien adäquat zu steuern und Probleme zu lösen. Eine nach dem Produktionsprinzip durchgeführte Erweiterung des Parteiapparates sollte auch dadurch Abhilfe schaffen, dass nun fachlich ausgebildete jüngere Kader zum Zuge kommen sollten.

Um die komplexer werdende Gesellschaft besser steuern zu können, wurde 1966 erneut eine Verwaltungsreform des Parteiapparates angestoßen, die diesmal auch die Parteibasis betraf. Die sogenannten »Grundsätze der wissenschaftlichen Führungstätigkeit der Partei«[183] sollten die politische Steuerung der Gesellschaft optimieren helfen, indem das System der Parteiinformationen verändert wurde. Das betraf einerseits den Informationsfluss aus den GO an die übergeordneten Parteiorgane. Die Einführung der elektronischen Datenverarbeitung sollte diesen Prozess optimieren, und der Parteiapparat hoffte, so ein noch besseres Bild über die Lage vor Ort zu erhalten.[184] Andererseits ging damit auch die Ausweitung der ZK-Informationen einher. Alle GO sollten nun Exklusivinformationen aus der Parteizentrale erhalten, um anstehende Veränderungen kommunizieren und für Akzeptanz und Unterstützung werben zu können. Mit den ZK-Informationen wurden sie nun ausführlicher und früher unterrichtet. Zugleich hatte der Parteiapparat damit auch einen Kanal für Testballons installiert: Durch die Parteiinformationen aus den GO an die übergeordneten Parteiebenen erfuhr der Apparat, wie Parteimitglieder und ihre Arbeitskollegen ohne Parteibuch auf diese anstehenden Änderungen reagierten, noch bevor die Allgemeinheit über das *Neue Deutschland* in Kenntnis gesetzt wurde. Kurzum: 1967 wurde die GO als Filiale zur Gesellschaftssteuerung weiter ausgebaut, indem die Rolle von Parteimitgliedern als Ideologievermittlern massiv aufgewertet wurde. Diese verstärkte Integration der Parteibasis in die politische Organisation zeigt, dass ihr zur Steuerung der Gesellschaft eine größere Bedeutung beigemessen wurde. Doch welchen Stellenwert hatten die ZK-Informationen für Parteimitglieder?

In den Erinnerungen von Parteimitgliedern spielen ZK-Informationen und ein damit einhergehender Wissensvorsprung in der Regel keine Rolle. Es scheint, als seien sie vielen nicht bekannt gewesen oder als hätten sie eine so geringe Bedeutung gehabt, dass ihre Existenz schlichtweg vergessen wurde. Allein im Erinnerungsbild

183 Büro Günter Mittag: Grundsätze der politischen Führungstätigkeit der Partei, in: SAPMO-BArch, DY 3023/762, o. Bl. Im Zuge der 13. Tagung des ZK der SED im September 1966 wurde diese Reform angestoßen. Vgl. Bericht des Politbüros des ZK an die 13. Tagung des ZK der SED (Einführung der Datenverarbeitung), in: SAPMO-BArch, DY 3023/28.

184 Zum Phänomen der unehrlichen Berichterstattung an höhere Parteiorgane siehe Niemann, Mario: »Schönfärberei und Schwarzmalerei«. Die Parteiinformation der SED, in: Brunner, Detlev/Niemann, Mario (Hg.): Die DDR – eine deutsche Geschichte. Wirkung und Wahrnehmung, Paderborn u. a. 2011, S. 159–185; Bergien: Im »Generalstab« der Partei«.

der von den Dogmatikern der Parteiführung unterdrückten Reformer der Parteibasis finden sie einen Platz. Rückblickend wird die ZK-Information Nr. 245 »Zum einheitlichen und geschlossenen Handeln der Mitglieder und Kandidaten der SED«[185] als »berüchtigt« beschrieben und als Einschüchterung parteiinterner Kritiker erinnert.[186] Reformorientierte Parteimitglieder empfanden diese Aufforderung im Klima von Glasnost und Perestroika als Kampfansage. Abseits der Zuspitzung des Konflikts zwischen »Dogmatikern« und »Reformern« im Zuge der Politik Gorbatschows scheinen ZK-Informationen im Alltag jedoch keine Rolle gespielt zu haben. Die ausbleibende Erinnerung hängt dabei nicht nur mit der überwiegend ereignislosen Parteiöffentlichkeit zusammen, die im Rückblick kaum erklärbar scheint. Auch der Zugang zu dieser Spezialinformation war von Relevanz. Die Handhabe der ZK-Informationen unterlag besonderen Regeln der Geheimhaltung: Sie wurden an den Parteisekretär der GO per Post verschickt, der mit Empfang das Papier unter Verschluss halten musste. Die Inhalte durften der Mitgliederversammlung nur mündlich dargelegt werden. Das Vervielfältigen oder der auszugsweise Abdruck waren nicht gestattet.[187]

Abseits des Parteisekretärs bekamen alle anderen Mitglieder der GO das Papier nur auf Nachfrage zu Gesicht. Sie durften es lediglich einsehen und sich Notizen machen. Diese Regeln konservierten den Geheimbundhabitus der SED, und auch das Erscheinungsbild der ZK-Informationen wurde der Tradition der Konspiration gerecht. Sie erschienen überwiegend im DIN-A5-Format als Faltheft ohne Hinweis auf den Herausgeber und ohne Datum. Allein das Wort »Informationen« fand sich als Titel auf jeder der schlicht gehaltenen Ausgaben. Gleich darunter war auf der linken Seite die Nummerierung des jeweiligen Erscheinungsjahres zu finden – auf der Rechten war die seit ihrem Erscheinen fortlaufende Nummerierung festgehalten. Diese klandestine Handhabe erklärt, warum sich etliche Parteimitglieder an die Existenz solcher Informationen nicht erinnern. Für Parteisekretäre hatte die ZK-Information jedoch eine herausgehobene Bedeutung: In einer stark kontrollierten und regulierten Öffentlichkeit kam dieser privilegierte Zugang zu Informationen einem Autoritätstransfer gleich. Schließlich hatten Parteisekretäre im Vergleich zu Mitgliedern ohne Funktion insbesondere die Aufgabe, die Politik der SED zu verbreiten und zu vertreten. Die Relevanz der ZK-Informationen verdeutlichen Briefe von Parteisekretären an die Abteilung Agitation des ZK, in denen sie um Zusendung

185 ZK-Information: Zum einheitlichen und geschlossenen Handeln der Mitglieder und Kandidaten der SED, 1988/4, Nr. 245, in: BStU, MfS, ZOS 1495, Bl. 1–8. Der Inhalt dieser ZK-Information findet sich auch in: Herbst/Stephan/Winkler: Die SED, S. 797–800.

186 Klein, Thomas: Zu Opposition und Widerstand in der SED, in: Herbst/Stephan/Winkler: Die SED, S. 214. Siehe auch: Florath: Die SED im Untergang, S. 77.

187 Rundschreiben Walter Ulbrichts an die 1. Sekretäre der Bezirks- und Kreisleitungen über die Herausgabe eines internen Informationsdienstes durch die Abteilung Agitation und Propaganda, Berlin, 6.5.1957, in: SAPMO-BArch, DY 30 9231 (Informationsaustausch des Leiters des Büros des Politbüro mit der Abteilung Agitation im ZK der SED), o. Bl.

mehrerer Exemplare baten. Oder um die nachträgliche Zusendung, denn es kam vor, dass den Parteisekretär lediglich ein leerer Briefumschlag erreichte. So bat etwa der Parteisekretär einer Ingenieurschule 1979 das ZK, »[…] mir diesmal vorgesehene Information doch noch zu übermitteln, da sie für uns immer eine große Hilfe und Quelle guten Wissens sind.«[188]

Auch der Sekretär der GO des Rates des Kreises Borna hob in seinem Schreiben an das ZK der SED die Bedeutung des internen Informationsdienstes hervor: »In unserer Grundorganisation werden die ›Informationen‹ unserer Parteiführung seit langem sehr geschätzt und gut genutzt. […] Die APO-Leitungen nutzen sie in den Mitgliederversammlungen.«[189] Doch erreiche ihn seit einigen Monaten anstatt der üblichen elf Exemplare nur noch eines. So schloss er seinen Brief mit der Forderung: »Wir wünschen uns die Information – Argumentation – Beschlusserläuterungen wie bisher. Papier einzusparen gäbe es vielfach andere Möglichkeiten.«[190]

Während die Bedeutung der ZK-Informationen für Parteisekretäre evident ist, stellt sich die Frage, welchen Stellenwert sie für die übrigen Mitglieder der GO hatten. Warum und wie konnten sie »große Hilfe und Quelle guten Wissens« sein, wie es der Parteisekretär einer Ingenieurschule 1979 formulierte? Für die Mitglieder einer GO waren ZK-Informationen nicht per se relevant, sondern themenabhängig von Interesse. So richteten sich etwa die Information Nr. 99 des Jahres 1973 zum Thema »Aktuelle Fragen der Verwirklichung der Kulturpolitik« oder die Nr. 175 aus dem Jahr 1979 »Zur gegenwärtigen Lage in der Demokratischen Republik Afghanistan« an einen speziellen Adressatenkreis.[191] Sie konnten jedoch auch Themen von allgemeinem Interesse behandeln, wie etwa zu Reisemöglichkeiten oder zur Versorgung, und lieferten dazu Informationen, die nicht in den DDR-Medien veröffentlicht wurden.[192] So verhielt es sich beispielsweise mit der Information Nr. 152 aus dem Jahr 1977 »Zur Versorgung mit Kaffee- und Kakaoerzeugnissen«. 1977 erlebte die DDR eine Kaffeekrise.[193] Als auf dem Weltmarkt die Kaffeepreise stark anzogen, war die

188 Brief der Parteiorganisation der Ingenieurschule für Feinwerktechnik Glashütte Sachsen vom 27.9.1979, in: SAPMO-BArch DY 30 9231 (Informationsaustausch des Leiters des Büros des Politbüro mit der Abteilung Agitation im ZK der SED), o. Bl.

189 Brief der SED-GO des Rat des Kreises Borna vom 28.8.1980, in: ebd.

190 Ebd.

191 Beide ZK-Informationen gehören zu den Überlieferungen der Parteiorganisation des MfS. Vgl. BStU, MfS, HA VI, Nr. 15399.

192 Vgl. ZK-Information: Neue Regelungen über Reisen von Bürgern der DDR nach dem Ausland, Information 1988/13, Nr. 254, in: BStU, MfS – HA VI, Nr. 15338, GO 318 KfZ-Wesen des MfS, Bl. 411–418. Vgl. Siehe die Abschnitte IV.1 und IV.2 in dieser Arbeit. Siehe auch: ZK-Information: Zum neuen Wartburg, 1988/11, Nr. 252, in: BStU, MfS – HA VI, Nr. 15338, GO 318 KfZ-Wesen des MfS, Bl. 395–410.

193 Dietrich, Anne: Kaffee in der DDR. »Ein Politikum ersten Ranges«, in: Berth, Christiane/Wierling, Dorothee/Wündrich, Volker (Hg.): Kaffeewelten. Historische Perspektiven auf eine globale Ware im 20. Jahrhundert, Göttingen 2015, S. 225–248; Sigmund, Monika: Genuss als Politikum. Kaffeekon-

Parteiführung gezwungen, weniger Kaffee zu importieren. In der Folge stiegen die Preise für vorhandene Sorten, und preiswertere wurden durch einen neuen und äußerst unbeliebten Mischkaffee ersetzt. Während parteilose DDR-Bürger im Frühsommer 1977 noch ahnungslos waren, was sie ab dem 1. August in den Geschäften, Betriebskantinen und Gaststätten erwartete, waren Parteimitglieder bereits mit dieser ZK-Information über die anstehenden Veränderungen unterrichtet worden.[194]

Erst am 23. September, als auch wirklich der letzte Rückkehrer aus dem Sommerurlaub die Veränderung im Kaffeesortiment bemerkt haben musste, erschien im *Neuen Deutschland* ein Artikel zu den Ursachen.[195]

Neben dem zeitlichen Vorsprung hielt die ZK-Information mehr Details zu den Hintergründen bereit als die viel später einsetzende Presseberichterstattung. Auch die Deutung und argumentative Einordnung waren hilfreich: Die Erklärung, mit einem globalen Problem konfrontiert zu sein, das auch westliche Länder betreffe, nahm in der ZK-Information größeren Raum ein als im *Neues-Deutschland*-Artikel. Demnach sollte der Mischkaffee »Kaffee-Mix« die Folgen der Kaffeekrise für Einkommensschwache abfedern, womit die Partei trotz schwieriger globaler Wirtschaftslage ihre Sozialpolitik einlöse – so die Argumentation. Die Realitätsdeutung musste nachvollziehbar sein, um die Politik der SED glaubhaft vertreten zu können. Die Kürzungen im Kaffeesortiment und die lange ausbleibende Berichterstattung in der Presse schlugen hohe Wellen der Empörung in der Bevölkerung. Bis der Artikel im *Neuen Deutschland* erschien, ächzten Parteimitglieder, insbesondere Parteisekretäre und staatliche Leiter, unter der Belastung, allein diese Maßnahme in der aufgeheizten Stimmung erläutern und vertreten zu müssen. In »Parteiinformationen« bzw. in Monatsberichten an die Kreisleitungen berichteten sie über die schlechte Stimmung und baten um weitere Erklärungen, insbesondere jedoch um eine begleitende Berichterstattung in der Presse, um entlastet zu werden.[196] Diesem Bedürfnis wurde dann mit dem Artikel im *Neuen Deutschland* entsprochen.

Die Frage nach der Relevanz von ZK-Informationen für die Parteibasis lässt sich also nicht pauschal beantworten. Die Vorstellung, dass diese Geheiminformationen aus der Parteizentrale ein Raunen in der Mitgliederversammlung ausgelöst hätten, wäre ebenso überzogen wie die Annahme, dass sie im Alltag überhaupt keine Rolle spielten. ZK-Informationen stießen dann auf Interesse, wenn die darin erläuterten

sum in beiden deutschen Staaten, Berlin 2015. Siehe dazu auch ausführlich Abschnitt IV.1 in dieser Arbeit.

194 ZK-Information: Zur Versorgung mit Kaffee- und Kakaoerzeugnissen, 1977/6, Nr. 152, in: BStU, MfS, SED-KL 3944, Bl. 149 f.

195 Mitteilung des Ministeriums für Handel und Versorgung, in: Neues Deutschland, 23.9.1977, S. 2.

196 ZAIG: Weitere Hinweise über Reaktionen der Bevölkerung zu den Maßnahmen des Ministerrates der DDR zur Versorgung mit Kaffee und Kakaoerzeugnissen, 1.9.1977, in: Bispinck, Henrick (Bearb.): Die DDR im Blick der Stasi 1977. Die geheimen Berichte an die SED-Führung, Göttingen 2012, S. 226–228. Siehe den Abschnitt IV.1 in dieser Arbeit.

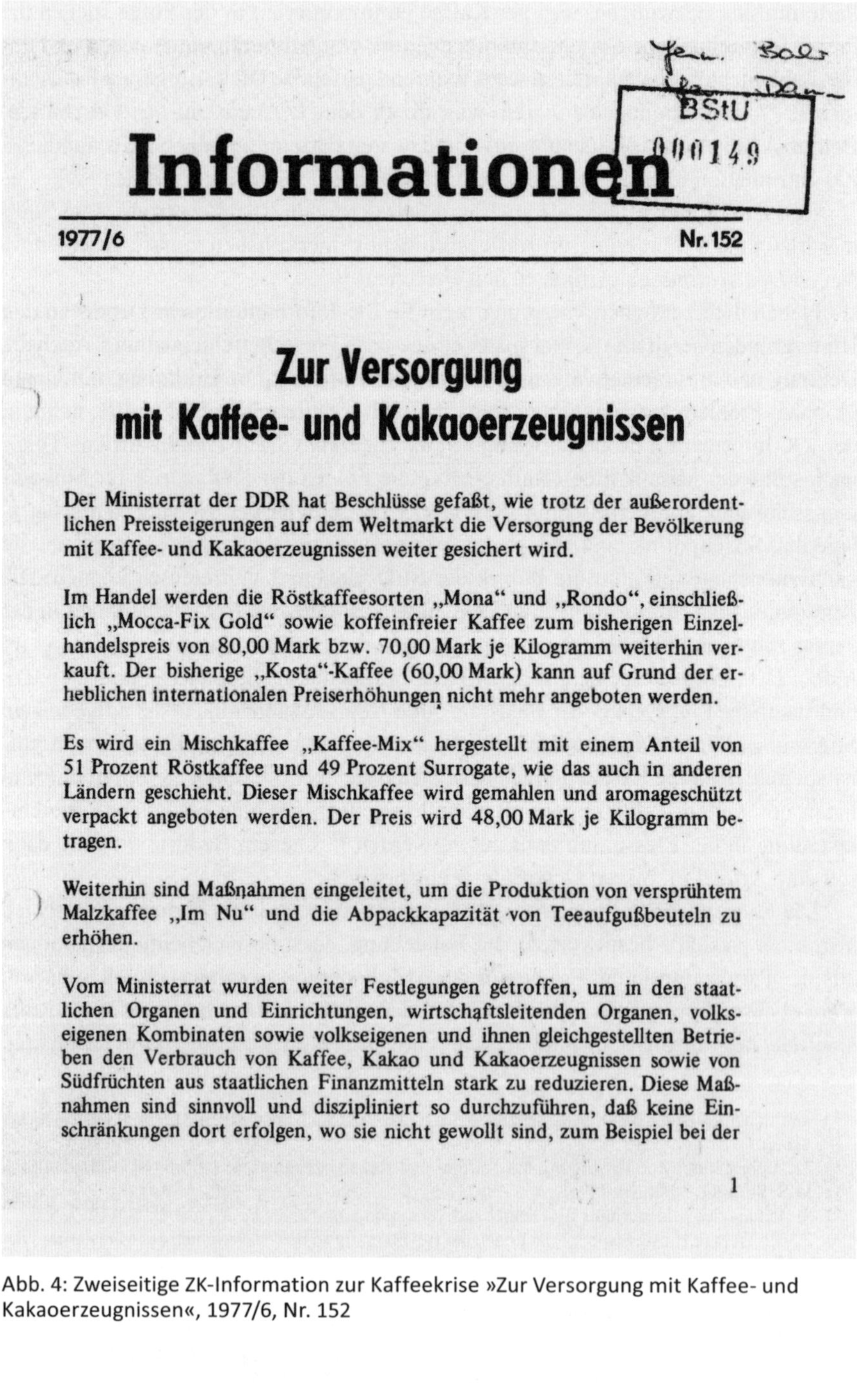

BStU
000149

Informationen

1977/6 Nr. 152

Zur Versorgung mit Kaffee- und Kakaoerzeugnissen

Der Ministerrat der DDR hat Beschlüsse gefaßt, wie trotz der außerordentlichen Preissteigerungen auf dem Weltmarkt die Versorgung der Bevölkerung mit Kaffee- und Kakaoerzeugnissen weiter gesichert wird.

Im Handel werden die Röstkaffeesorten „Mona“ und „Rondo“, einschließlich „Mocca-Fix Gold“ sowie koffeinfreier Kaffee zum bisherigen Einzelhandelspreis von 80,00 Mark bzw. 70,00 Mark je Kilogramm weiterhin verkauft. Der bisherige „Kosta“-Kaffee (60,00 Mark) kann auf Grund der erheblichen internationalen Preiserhöhungen nicht mehr angeboten werden.

Es wird ein Mischkaffee „Kaffee-Mix“ hergestellt mit einem Anteil von 51 Prozent Röstkaffee und 49 Prozent Surrogate, wie das auch in anderen Ländern geschieht. Dieser Mischkaffee wird gemahlen und aromageschützt verpackt angeboten werden. Der Preis wird 48,00 Mark je Kilogramm betragen.

Weiterhin sind Maßnahmen eingeleitet, um die Produktion von versprühtem Malzkaffee „Im Nu“ und die Abpackkapazität von Teeaufgußbeuteln zu erhöhen.

Vom Ministerrat wurden weiter Festlegungen getroffen, um in den staatlichen Organen und Einrichtungen, wirtschaftsleitenden Organen, volkseigenen Kombinaten sowie volkseigenen und ihnen gleichgestellten Betrieben den Verbrauch von Kaffee, Kakao und Kakaoerzeugnissen sowie von Südfrüchten aus staatlichen Finanzmitteln stark zu reduzieren. Diese Maßnahmen sind sinnvoll und diszipliniert so durchzuführen, daß keine Einschränkungen dort erfolgen, wo sie nicht gewollt sind, zum Beispiel bei der

1

Abb. 4: Zweiseitige ZK-Information zur Kaffeekrise »Zur Versorgung mit Kaffee- und Kakaoerzeugnissen«, 1977/6, Nr. 152

medizinischen Betreuung von Patienten in Krankenhäusern, der Versorgung von Kindern in Kindereinrichtungen und Ferienlagern, der Betreuung von Bürgern in Feierabend- und Pflegeheimen sowie ähnlichen Betreuungsaufgaben.

Die Regierung mußte bei ihren Festlegungen von der Tatsache ausgehen, daß im Vergleich zum Jahre 1975 die Weltmarktpreise für Rohkaffee und Kakao-Bohnen um das 4–5fache gestiegen sind. Würden wir Rohkaffee und Kakao-Bohnen in der ursprünglich vorgesehenen Menge importieren, so müßten wir dafür angesichts dieser riesigen Preissteigerungen im laufenden Fünfjahrplan **zusätzlich** die gewaltige Summe von rund drei Milliarden Valuta-Mark aufwenden. Über diese Devisen verfügt die DDR nicht.

Die ungewöhnlichen Preissteigerungen für Rohkaffee und Kakao-Bohnen auf dem kapitalistischen Weltmarkt zwingen heute alle Länder, die nicht über eigenes Aufkommen an Kaffee und Kakao verfügen, dieser komplizierten Situation in irgendeiner Weise durch entsprechende Maßnahmen zu begegnen. In vielen Ländern, einschließlich in sozialistischen, sind solche Maßnahmen bereits getroffen worden, zum Beispiel in Gestalt erheblicher Preiserhöhungen für Röstkaffee und Kakaoerzeugnisse. Dadurch ist dort der Kaffeeverbrauch zurückgegangen. In einigen kapitalistischen Ländern sind bereits Mischkaffeesorten im größeren Umfang als früher im Angebot. In der BRD beispielsweise die Sorte „Jota Sport", die 50 Prozent Bohnenkaffee enthält. In Frankreich wird in zunehmendem Maße in Restaurants und Cafés Mischkaffee serviert. Auch in den USA ist der Verbrauch von Kaffee um 40 Prozent zurückgegangen. In verstärktem Maße wird dafür Mischkaffee bzw. Tee getrunken.

Auch für uns sind Konsequenzen angesichts der genannten Bedingungen um so zwingender, als die DDR bei Rohkaffee und Kakao-Bohnen ausschließlich auf den Import aus nichtsozialistischen Ländern angewiesen ist. Einfuhren aus sozialistischen Ländern sind nicht möglich. Das bedeutet, daß jedes Kilogramm Kaffee und Kakao-Bohnen auf dem Weltmarkt gegen freie Devisen gekauft werden muß.

Mit den jetzt getroffenen Maßnahmen haben wir uns für eine Variante entschieden, die auch unter diesen äußerst komplizierten Bedingungen unserem Grundanliegen der erfolgreichen Verwirklichung der Hauptaufgabe Rechnung trägt.

scheidungen aufgeschoben werden können. Die „Neue Zürcher Zeitung" kommentierte am 22. September in einem Kor-

Manöver operieren können, bis sie endgültig auf dem Müllhaufen der Geschichte gelandet sind. Ki.

Mitteilung des Ministeriums für Handel und Versorgung

Berlin (ADN). Das Ministerium für Handel und Versorgung hat sich erneut mit der Frage befaßt, wie trotz der außerordentlichen Preissteigerung auf dem Weltmarkt die Versorgung mit Kaffee auch in Zukunft gesichert werden kann.

Dabei mußte es von der Tatsache ausgehen, daß im Vergleich zum Jahre 1975 die Weltmarktpreise für Rohkaffee um das Vier- bis Fünffache gestiegen waren und gegenwärtig noch das Drei- bis Vierfache betragen. Gleichzeitig ist bis Mitte September der Kaffeeverbrauch in der DDR – trotz der seit August weggefallenen Sorte „Kosta" – um 2290 Tonnen, das sind 8,5 Prozent gegenüber dem gleichen Zeitraum des Vorjahres, gestiegen. Der Jahresverbrauch 1977 wird 56 000 Tonnen Rohkaffee betragen.

Die DDR gibt also im Jahre 1977 300 Millionen Dollar für den Import von Kaffee aus. Die ungewöhnlichen Preissteigerungen für Rohkaffee auf dem Weltmarkt zwingen heute alle Länder, die nicht über ein eigenes Kaffeeaufkommen verfügen, dieser Situation durch entsprechende Maßnahmen zu begegnen. In vielen Ländern ist infolge der Erhöhung der Einzelhandelsverkaufspreise der Verbrauch von Kaffee erheblich zurückgegangen. In den USA sogar um 40 Prozent. Dafür wird in vielen kapitalistischen Ländern im verstärkten Maße Mischkaffee bzw. Tee angeboten und getrunken.

Durch die gegenwärtig günstige Entwicklung des Außenhandels ist das Ministerium in der Lage, daß die bekannten Kaffeesorten „Mona" und „Rondo" zum bisher üblichen Preis überall angeboten werden. Gleichzeitig werden in der nächsten Zeit in den Delikatgeschäften bzw. in gleichgestellten Spezialgeschäften weitere ausgewählte Kaffeesorten zu den entsprechend höheren Preisen angeboten.

Die Qualität der Mischkaffeesorte „Kaffee-Mix" wird verbessert und künftig zum Preis von 4,– Mark pro 125 g-Packung im Einzelhandel verkauft. Ihre Qualität entspricht bereits jetzt der in anderen Staaten angebotenen Sorten, sie kann jedoch bisher noch nicht in allen Kaffeemaschinen eingesetzt werden.

Der Verkauf von „Malzkaffee" erfolgt weiterhin zu dem bisherigen Preis von –,25 Mark pro 250 g, „Im Nu" für 100 g 2,– Mark und „Kaffeeersatzmischung" für –,22 Mark pro 250 g-Packung.

Abb. 5: Meldung zur Kaffeekrise im *Neuen Deutschland* vom 23. September 1977, S. 2

Themen relevant für den jeweiligen Lebens- oder Arbeitsbereich waren. Sie lieferten einen Wissensvorsprung, der Parteimitglieder in der Informationshierarchie der DDR-Öffentlichkeit privilegierte und praktische Vorteile mit sich bringen konnte. Die ZK-Information zur Kaffeeversorgung bot etwa jenen Parteimitgliedern ohne Zugang zu Westkaffee und mit geringerem Einkommen die Möglichkeit, ihren Kaffeevorrat auszubauen, bevor die günstigen Sorten aus den Ladenregalen verschwanden. Nicht zuletzt hing die Relevanz der Informationen mit der innerparteilichen Position und dem Berufsfeld zusammen: Parteisekretären und anderen Mitgliedern, die durch ihren Beruf stark in die Ideologievermittlung eingebunden waren, wie etwa (Staatsbürgerkunde-)Lehrern, kamen das Informations-Surplus, der Autoritätsgewinn durch die klandestine Handhabe und die Realitätsdeutung entgegen. Schließlich hatten sie durch ihre Tätigkeit im Alltag eine herausgehobene Rolle in der Ideologievermittlung. Der Parteistandpunkt und Detailwissen waren für ihre Aufgabe, Akzeptanz für die Politik der SED zu stiften, zentral. Natürlich waren ZK-Informationen nicht der einzige Weg, der Parteibasis Herrschaftswissen zukommen zu lassen. Auch die mündlichen Anleitungen der Parteisekretäre durch die Kreisleitungen waren von Bedeutung. Immerhin wurden hier die Probleme vor Ort verhandelt und Netzwerke unter den Genossen geknüpft.[197] So verschieden die Informationskanäle sein mochten, sie verweisen auf die vermittelnde und agitierende Rolle von Parteimitgliedern an der Basis. Ob sie diese mit viel Verve ausfüllten, hing insbesondere von ihrer Parteifunktion und ihrem Beruf ab.

Die Parteiversammlung als Artikulationsforum

Während ZK-Informationen den Trott der monatlichen Versammlungen aufbrechen und die Zusammenkünfte durchaus zu interessanten und informativen Veranstaltungen werden lassen konnten, waren die Sitzungen in der Regel nicht von Gesprächen oder gar Diskussionen über neueste politische Entwicklungen oder über die Programmatik der SED bestimmt. Insbesondere im industriellen Bereich beklagte der Parteiapparat dauerhaft die Trägheit der Genossen darin, über politisch-ideologische Themen zu sprechen. Charakteristisch war etwa die Mitteilung der Bezirksleitung Karl-Marx-Stadt an die Parteizentrale im Jahr 1978 über Probleme in der Parteiorganisation des VEB Vereinigte Baumwollspinnereien und Zwirnereien Flöha. Dort sei »nach wie vor eine solche Praxis vorherrschend, dass wenn Referate und Beschlüsse erarbeitet werden, diese eine Einmannarbeit des Parteisekretärs ist bzw. mit Unterstützung des Beauftragten der KL [Kreisleitung] erfolgt.«[198]

Beim Meinungsaustausch über politisch-ideologische Probleme herrsche in den Mitgliederversammlungen noch »viel Anonymität«, wie die Bezirksleitung weiterhin einräumte. Parteimitglieder hatten gute Gründe, sich zurückhaltend zu verhalten. Es bestand beispielsweise kein Interesse, sich freiwillig nach der Arbeit durch intensive Lektüre über die Politik der Partei oder über aktuelle politische Ereignisse eingehend zu informieren. Neben schlichtem Desinteresse herrschte laut Bezirksleitung aber auch

> »die Befürchtung, etwas Falsches zu sagen, weil das eventuell Meinungsstreit oder Auseinandersetzungen nach sich ziehen könnte; die Scheu, vor einem größeren Kreis zu sprechen; die untereinander bestehenden kollegialen, teils persönlichen Verbindungen, die manchen Genossen abhält, die Haltung eines anderen zu kritisieren«.[199]

197 Vgl. Bahr: Parteiherrschaft vor Ort, S. 66–89.
198 Hier und im Folgenden: Bezirksleitung Karl-Marx-Stadt an die ZK-Abteilung Parteiorgane, Sektor Parteiinformation, 13.2.1978, in: SAPMO-BArch, DY/30/IV B 2/5, o. Bl.
199 Ebd.

Es bedurfte also an Vorbereitung und Konzentration sowie eines gewissen Selbstbewusstseins und Geschicklichkeit, um sich souverän im Offizialdiskurs zu bewegen und die sozialen Beziehungen am Arbeitsplatz nicht zu beeinträchtigen – keine leichte Aufgabe, die die meisten Parteimitglieder zumindest in (Industrie-)Betrieben zu umgehen versuchten. Dennoch waren die Zusammenkünfte nicht von kollektivem Schweigen bestimmt. Es konnte auf Mitgliederversammlungen sogar sehr lebendig zugehen. Derselbe Bericht betonte, dass in den Parteiorganisationen dann »offen und freimütig« diskutiert werde, wenn es um Themen gehe, die das tägliche Leben berührten. Innen- und außenpolitische Ereignisse waren dann interessant, wenn sie alltäglich erfahrene Schwierigkeiten betrafen, insbesondere Versorgungsfragen. Neben kommunalen Themen und Problemen wurden außerdem Angelegenheiten des Betriebs diskutiert: verschmutzte Toiletten, kaputte Heizungen in Werkhallen sowie überfüllte Straßenbahnen zur Rushhour oder fehlende Waren in Kaufhausregalen.[200] Damit ging die Erwartung einher, dass der staatliche Leiter oder der Parteisekretär die aufgeworfenen Probleme lösen würde. Betriebliche Probleme konnten vor Ort geregelt werden. Kommunale Angelegenheiten, wie etwa Schwierigkeiten im öffentlichen Nahverkehr, wurden an die Kreisleitung zur Behebung weitergeleitet. Betriebliche Angelegenheiten oder Probleme in der kommunalen Versorgung und Infrastruktur zu thematisieren, war jedoch keine Eigenheit von Industriebetrieben des Bezirks Karl-Marx-Stadt oder des Kreises Brandenburg/Havel. Das Sprechen über Probleme des Alltags bestimmte im Allgemeinen die Atmosphäre von Mitgliederversammlungen.

Diese Dominanz von praktischen Fragen war außerdem kein Spezifikum der 1970er oder 1980er-Jahre. Mitgliederversammlungen waren schon in den 1950er-Jahren Orte der Verständigung über das Alltägliche: Die Artikulation von Problemen mit der Infrastruktur in der Nachbarschaft bzw. des Wohngebiets gehörte ganz selbstverständlich zum Themenspektrum.[201] Diese Form der Mitwirkung wurde seitens des Parteiapparates als »innerparteiliche Demokratie« verstanden und gefördert. Denn Parteimitglieder sollten »mithelfen bei der Entwicklung der Politik der Partei und Vorschläge für die bessere Durchführung der Beschlüsse« machen.[202] Doch wurde dem erst in den 1960er-Jahren ein größerer Stellenwert eingeräumt. Bis dahin waren die Parteiapparate an der Basis mit dem Aufbau der Parteiorganisation in den Betrieben und der innerparteilichen Autoritätsdurchsetzung befasst. 1949 stimmten etwa

200 Böhme: Die da drüben, S. 51; Otto: Normen und Rituale im SED-Alltag, S. 334 f. und vgl. Monatsberichte der Grundorganisationen im SWB, in: BLHA, Rep. 532 SED-GO Nr. 4126–4127 und BLHA, Rep. 532 SED-GO Nr. 6133–6238.

201 Otto: Zu Normen und Ritualen im SED-Alltag, S. 297 f.

202 Protokoll der Verhandlungen der II. Parteikonferenz der SED, 9.–12. Juli 1952, Berlin (Ost) 1952, S. 496.

noch ganze Ortsgruppen gegen Beschlüsse der Regierung.[203] Neben der innerparteilichen Machtdurchsetzung, die auch als Stalinisierung bezeichnet wird,[204] stellte in den 1950er-Jahren auch die traditionelle Präsenz und Unterstützung der SPD in Industriebetrieben die SED vor Herausforderungen.[205] Der Parteiapparat musste zudem erhebliche Kraft zur Durchsetzung der Organisationsdisziplin aufwenden. Das betraf neben der regelmäßigen Entrichtung des Parteibeitrags insbesondere die Teilnahme an den Mitgliederversammlungen. Gerade im ländlichen Raum war der mangelhafte Besuch der Versammlungen ein Problem.[206] Teilweise hatte die SED erhebliche Schwierigkeiten, auch nur die Hälfte der Genossen zur Teilnahme zu bewegen.[207] Noch 1962 erschien etwa in der Rudolstädter Ausgabe der thüringischen Tageszeitung *Volkswacht* ein Artikel, der das Problem der Anwesenheit auf Mitgliederversammlungen thematisierte. Unter dem Titel »Wenn die Partei ruft, gilt es!« war hier vom Traktoristen »Genosse Puls« die Rede, der am Montagabend lieber zum Landfilm als zur Parteiversammlung geht, weil er keinen Fernseher zu Hause hat.[208]

Mit der Professionalisierung der regionalen Parteiapparate und dem steten Anstieg der Mitgliedschaften – was auch die staatlichen Leiter und damit die Vorgesetzten umfasste – wuchs aber vor Ort das Kontrollnetz. Genossen, die gar nicht zur Teilnahme zu mobilisieren waren, wurden aus den Mitgliederlisten gestrichen. Während sich die Einhaltung der Parteidisziplin zu verfestigen begann, wurden zu Beginn der 1960er-Jahre ökonomische Fragen des Betriebes auf Parteiveranstaltungen stärker thematisiert. Auch zuvor waren betriebliche Probleme und ihre Lösung Gesprächsthema. Mit der Wirtschaftsreform NÖSPL erhielt diese Thematik jedoch größeren Raum. Schnell wurde innerhalb des Apparates aber die Kritik laut, dass die politisch-ideologische Arbeit nun gegenüber ökonomischen Problemen und Themen des jeweiligen Betriebs eine untergeordnete Rolle spiele.[209] Diese Klage riss nicht

203 Otto: Zu Normen und Ritualen im SED-Alltag, S. 297 f.

204 Vgl. Malycha: Die SED. Geschichte ihrer Stalinisierung.

205 Kott: Die SED im Betrieb, S. 229.

206 Bericht der Zentralen Revisionskommission, in: Protokoll der Verhandlungen des IV. Parteitages der sozialistischen Einheitspartei Deutschland, 30.3–6.4.1954, Berlin (Ost) 1954, S. 194–206. Siehe auch: Stern: Porträt einer bolschewistischen Partei, S. 281; Otto: Zu Normen und Ritualen im SED-Alltag, S. 300.

207 Kott: Die SED im Betrieb, S. 220. Siehe auch: Abteilung Parteiorgane: Analyse zum vorläufigen Abschlussbericht über die durchgeführten Wahlberichtsversammlungen in den Grundorganisationen, 14.5.1955, in: SAPMO-BArch, DY 30/IV 2/5/131, o. Bl.

208 Beim sogenannten Landfilm handelte es sich um öffentliche Filmvorführungen zur politischen Bildung, die Landgemeinden ohne Kino angeboten wurden. Vgl. Wenn die Partei ruft, gilt es, in: Volkswacht, Ausgabe Rudolstadt, Nr. 80, 3.4.1962. Ich danke Franziska Kuschel für diesen Hinweis.

209 Staritz: Geschichte der DDR, S. 226. Siehe auch: ZPKK: Auswertung der Analysen der Bezirksparteikontrollkommissionen 1965 (Analysen, Einschätzungen und Statistiken der ZPK und BPKK über Parteistrafen, Bd. 1, gesamtes Jahr 1965), in: DY 30/IV A 2/4/60, o. Bl.

ab. Noch 1982 kritisierte ein Instrukteursbericht an den Mitgliederversammlungen in Brandenburg, dass diese eher Produktionsberatungen glichen.[210]

Probleme im Wohngebiet und am Arbeitsplatz waren in Mitgliederversammlungen Dauerbrenner. Seit den 1960er-Jahren professionalisierte der Parteiapparat seinen Umgang mit den von ihm so genannten »Hinweisen, Vorschlägen und Kritiken« aus den GO. Der Beschluss über die »Grundsätze der wissenschaftlichen Führungstätigkeit der Partei« von 1967 läutete auch die elektronische Datenverarbeitung ein, was Konsequenzen für den Informationsfluss nach oben hatte.[211] Die Monatsberichte aus den GO, die den informationshungrigen Parteiapparat mit Themen und Problemen aus der Mitgliederversammlung versorgten, wurden nun vereinheitlicht. Ein Standardbogen sollte den Informationstransfer übersichtlicher gestalten, die Inhalte vergleichbarer machen und die Dokumentation für die Parteisekretäre vor Ort erleichtern.[212]

Anhand der Optimierung der innerparteilichen Verwaltungsarbeit wird deutlich, wie hoch der Stellenwert der Informationen aus den GO mittlerweile für den Parteiapparat war. So beschloss die Kreisleitung Brandenburg im Zuge der Einführung der einheitlichen Berichterstattung, die »Hinweise, Vorschläge und Kritiken« nun wie Eingaben zu behandeln: Die Anliegen wurden listenmäßig erfasst, an die jeweilige Abteilung der Kreisleitung, der Stadtverwaltung oder des Betriebs zur Bearbeitung weitergeleitet und ihre Lösung kontrolliert. Damit wurde eine eingespielte Praxis in einen Beschluss gegossen. Schließlich kontrollierte die Kreisleitung bereits seit einigen Jahren und mit einigem Erfolg, wie die Abteilung Parteiorgane zufrieden feststellte, die Bearbeitung der Hinweise aus den GO. Doch wurde die Einführung der einheitlichen Berichtsbögen zum Anlass genommen, diese Arbeit weiter zu optimieren: Die Parteileitungen der GO sollten nun auch vor Ort in Mitgliederversammlungen durch die Kreisleitung über den Stand der Bearbeitung unterrichtet werden. Außerdem forderte sie von den Parteileitungen und staatlichen Leitern noch mehr Initiative, den Stand der Bearbeitung genau im Auge zu behalten.[213]

210 SED-Bezirksleitung Potsdam: Zuarbeit des Sektors Operativ zum Monatsbericht November 1982, 25.11.1982, in: BLHA, Rep. 530 Nr. 7014, o. Bl. Siehe auch: SED-Bezirksleitung Potsdam: Bericht aus dem Sektor Operativ zur politischen Lage und zu den sich aus den Beschlüssen des IX. Parteitages ergebenden Schwerpunktaufgaben des Kreises Brandenburg, 28.10.1976 in: BLHA, Rep. 530 Nr. 4877, o. Bl. Ich danke Andrea Bahr für diese Hinweise.

211 Büro Günter Mittag: Grundsätze der politischen Führungstätigkeit der Partei, in: SAPMO-BArch, DY 3023/762, o. Bl. Im Zuge der 13. Tagung des ZK der SED im September 1966 wurde diese Reform angestoßen. Vgl. Bericht des Politbüros des ZK an die 13. Tagung des ZK der SED (Einführung der Datenverarbeitung), in: SAPMO-BArch DY 3023/28.

212 Die Parteiführung gab dazu eine ZK-Information heraus. Vgl. ZK-Information: Zum Informationssystem der Partei, 1970/2, Nr. 38, in: SAPMO-BArch DY 30/9232 Abteilung Agitation des ZK, Bd. 2: 1967–1970. Siehe auch: Bergien: Im »Generalstab der Partei«.

213 Abteilung Parteiorgane der SED-KL Brandenburg: Einschätzung der Arbeit der Kreisleitung Brandenburg zur Realisierung der Hinweise, Vorschläge und Kritiken aus den Grundorganisationen im Zusammenhang mit dem Umtausch der Parteidokumente und welche Lehren ergeben sich daraus für

Insgesamt wird erneut deutlich, dass die SED den von der Parteibasis aufgeworfenen Problemen im Verlauf der 1960er-Jahre immer mehr Aufmerksamkeit widmete: Während sich anfangs der Parteiapparat mit der Einführung der parteiinternen Eingabe der Mitgliederschaft als soziale Steuerungsinstanz empfahl, wuchs nun auch den GO mit der zunehmenden Bedeutung der »Hinweise, Vorschläge und Kritiken« diese Funktion zu. Die Relevanz dieses Instruments wurde oben auch bereits anhand des Umtauschs der Parteidokumente deutlich.[214] Bis Ende der 1960er-Jahre wurden die GO im System der Parteiherrschaft also zu Filialen der Gesellschaftssteuerung entwickelt: Parteimitglieder sollten nicht nur als Ideologievermittler agieren, sondern sich vor Ort mit Hilfe des Parteiapparates für die Lösung von Problemen engagieren.

Welche Bedeutung maßen Parteimitglieder diesem Problemlösungsangebot durch die Parteileitung der GO bei? In Interviews mit ehemaligen Stahlwerksangehörigen ist immer wieder die Rede davon, dass in Parteiversammlungen »frank und frei« ausgesprochen worden sei, was im Alltag nicht funktionierte. Die Artikulation alltäglicher Schwierigkeiten stellte jedoch nicht einfach eine Ausweichstrategie dar, um den Offizialdiskurs zu umgehen. Vielmehr verband sich damit die Erwartung, dass sich die Parteileitung dieser Probleme annahm und eine Lösung herbeiführte. Die Bandbreite der Themen erläuterte Ingrid Kirchhoff, ehemalige Leiterin im Stahlwerk Brandenburg:

> »Also da gab es kein Pardon. Also da, da haben sie schon wirklich hier oder, wollen wir mal sagen, oder hier, die sind ja alle mit den Straßenbahnen gekommen, oder mit den Bussen gekommen, dass dann gesagt wurde: ›Also, Kinder, die Busse sind so voll! Da müsste mal mit dem Rat der Stadt gesprochen werden, dass die mal mehr Busse einsetzen.‹ Oder, oder es war im Kindergarten vielleicht was nicht in Ordnung. Sie, die, die Arbeits-, die Fahrtzeiten sind nicht so ausgerichtet, dass sie rechtzeitig zur Arbeit kommen, weil sie erst noch die Kinder abgeben müssen, und so was alles, ja? So. Im Prinzip alles, alle Themen kamen da auf den Tisch.«[215]

Auch Versorgungsmängel waren ein wichtiges Thema, wie sie ergänzend hinzufügt. Für Ingrid Kirchhoff war die Parteiversammlung ein Artikulationsforum, in dem Probleme vor Ort offen angesprochen werden konnten: »Es wurde über alles gesprochen. Und da, da hat auch keiner ein Blatt vor den Mund genommen. Da wurde wirklich ehrlich gesprochen, wat nicht in Ordnung ist, ja?«[216]

die Verwirklichung der Beschlüsse des VIII. Parteitages, Potsdam, 20.7.1971, in: BLHA, Rep. 530 Nr. 3911, Bl. 1–5.

214 Siehe den Abschnitt III.1 in dieser Arbeit.

215 Interview mit Ingrid Kirchhoff am 19.3.2011, Teil 2, Transkript der Audiodatei, S. 20f.

216 Ebd.

Die hier angesprochene Offenheit bezog sich freilich nur auf Versorgungsprobleme sowie betriebliche und kommunale Schwierigkeiten. Dieses Erinnerungsbild korrespondiert mit dem eingangs zitierten Bericht der Bezirksleitung Karl-Marx-Stadt aus dem Jahr 1978, der konstatierte, dass in Mitgliederversammlungen »offen und freimütig« diskutiert werde. Das galt jedoch nur, solange nicht der Offizialdiskurs aufgegriffen bzw. in Frage gestellt wurde. Zweifel oder gar Kritik an der Politik der SED blieben ausgespart. Als Mitglieder der Parteileitung waren die staatlichen Leiter dafür verantwortlich, sich der aufgeworfenen Probleme anzunehmen. Für Ingrid Kirchhoff stellte es sich so dar: »Also diese Fragen, die wir nicht klären konnten, hat der Parteisekretär denn zum Anlass genommen, bei der Zentralen Parteileitung dort Vorsprache zu halten. Ja?«[217]

Von den staatlichen Leitern dürfte die zusätzliche Verpflichtung, sich der Probleme des Alltags anzunehmen, auch als Belastung empfunden worden sein. Die Parteimitglieder forderten durchaus selbstbewusst Unterstützung durch die Partei ein. Dennoch mussten sie ihre Worte, mit denen sie ihre Beschwerden vorbrachten, genau wählen und abwägen, wie sich Jürgen Schubert, ehemaliger Sanitäter im Werk, und seine Frau Elke Schubert, die als Kranfahrerin in der Produktion tätig war, genau erinnern. Eingedenk der »richtigen Gesprächstaktik« schildern sie rückblickend, dass sie und ihre Kollegen ganz selbstbewusst Missstände angesprochen und vom Parteisekretär regelrecht eingefordert haben, dass dieser sich für Verbesserungen einsetzte.[218] Mit diesem Engagement verband sich ein positiver Effekt, wie Jürgen Schubert schildert:

> »Und denn, war's aber auch, wie gesagt, schon vorhin schon gesagt, äh, teilweise auch, oder oft nötig, dass man denn tatsächlich erstmal wat verändert hat. Ob et nun von Dauer war, oder ob et tatsächlich, äh, äh, äh, die endgültige bessere Lösung war, det blieb dahingestellt, aber […] man hat erstmal wat verändert. Und man hatte auch dat Gefühl, irgendwo, äh, wat bewegen zu können. Nachher nicht mehr, aber zumindestens bis Mitte der 80er-Jahre. Hat man wirklich och selbst das Gefühl: Jawohl, wenn ick jetzt dahingehe, oder bei den äh Parteiversammlungen oder Parteilehrjahr wat sage, et ändert sich wat. Et wird besser. Ja, und teilweise wurde et sogar auch besser. Nachher denn nicht mehr, aber bis dahin, doch schon, ja.«[219]

Die Lösungskompetenz des Apparates wurde also von Parteimitgliedern ernst genommen und eingefordert, wovon auch die zahlreichen Monatsberichte aus den GO zeugen. Und tatsächlich wurden die Schwierigkeiten in der Regel auch behoben und

217 Ebd.
218 Interview mit Elke und Jürgen Schubert am 4.8.2010, Transkript der Audiodatei, S. 18 f.
219 Ebd., S. 34 f.

mit Hilfe des »Parteikanals« Abhilfe geschaffen. Somit erschien das politische Engagement sinnvoll, da eine Verbesserung für die Arbeitskollegen oder die Nachbarschaft erreicht werden konnte. Es stellte sich das Gefühl ein, etwas bewirken zu können, wie der Sanitäter schildert. Natürlich konnte die Rolle als Vermittler des Sozialen ebenso von Parteisekretären eingenommen werden. Häufig fühlten sie sich jedoch – wie auch staatliche Leiter – von einfachen Parteimitgliedern der GO, die das Versorgungsversprechen der SED selbstbewusst einforderten, unter Druck gesetzt. Sie notierten ab 1970 in standardisierten Monatsberichten die Probleme und hofften auf Unterstützung durch die Kreisleitung. So schildert Hans Plischka, ehemaliger hauptamtlicher Parteisekretär des Stahlwerks in Brandenburg, rückblickend:

> »Wir haben ja monatlich en Bericht jeschrieben. Als Parteisekretär haste monatlich en Bericht jeschrieben über die Arbeit im Betrieb, alle Argumentationen, alle Diskussionen, die jelaufen sind praktisch, die die Menschen hatten, zu der Zeit eben der Kreisleitung informiert und erwarteten natürlich Rückantwort zu bestimmten Fragen.«[220]

Zu den »bestimmten Fragen« gehörten ebenjene Themen, die Parteisekretäre und staatliche Leiter vor Ort nicht selbst lösen konnten, wie etwa die genannten Probleme im öffentlichen Nahverkehr oder auch bei der Versorgung. Die oft beschriebene Mecker-Gesellschaft der DDR[221] war somit auch Ausdruck der inneren Funktionsweise der Parteiherrschaft: Tagtäglich erfahrene Schwierigkeiten wurden nicht kritisch von der Medienlandschaft reflektiert, sondern in Teilöffentlichkeiten – insbesondere am Arbeitsplatz unter Kollegen – verhandelt.[222] Die Parteiöffentlichkeit, die überwiegend am Arbeitsplatz zu finden war, wurde wiederum als Artikulationsforum genutzt, um Unterstützung bei diesen Angelegenheiten über den »Parteikanal« zu erhalten. Umgekehrt erfuhr der Parteiapparat von der Stimmung vor Ort und organisierte Lösungen. Kurzum: Das »Meckern« war immanenter Bestandteil des politischen Systems, in dem den GO die Funktion als Steuerungsinstanzen zukam.

Wie in der Schilderung des Sanitäters angedeutet, schien diese Steuerungskompetenz im Laufe der 1980er-Jahre zu versiegen. Auch der bereits zitierte hauptamtliche Parteisekretär des Stahlwerks, Hans Plischka, machte die Erfahrung, dass sich der Informationsrückfluss aus den Parteiapparaten in die GO in den 1980er-Jahren zumindest qualitativ verschlechterte. »Ja, et blieb nicht aus, aber det war eigentlich, das, was wir dann als Information jekriegt haben, in die Grundorganisationen, war eben nicht so, dass wir det als befriedigend ansehen konnten.«[223]

220 Interview mit Hans Plischka am 12.11.2010, Transkript der Audiodatei, S. 25.
221 Vgl. Port: Die rätselhafte Stabilität der DDR, S. 149–157.
222 Meyen: Denver Clan und Neues Deutschland, S. 56–63, insb. S. 59.
223 Interview mit Hans Plischka am 12.11.2010, Transkript der Audiodatei, S. 25 f. Siehe den Abschnitt IV.1 in dieser Arbeit.

Nicht nur Erinnerungsberichten, sondern auch den SED-Überlieferungen ist zu entnehmen, dass die Steuerungskompetenz der SED von Parteimitgliedern ernst genommen wurde, jedoch im Laufe der 1980er-Jahre an ihre Grenzen kam: Seit 1987 wurden die Monatsberichte aus den GO des Stahlwerks immer länger und glichen regelrechten Mängellisten.[224] Während der Informationsrücklauf in die GO des Stahlwerks 1985 noch funktionierte und Genossen darüber in Kenntnis gesetzt wurden, dass sich die Kreisleitung sowie der Rat der Stadt gemeinsam um die Versorgungsengpässe kümmerten, blieben Ende 1987 solche Informationen über Lösungsinitiativen immer öfter aus. In den Monatsberichten wurde der Unmut der Parteimitglieder darüber dokumentiert.[225] Wie und warum es zur Erosion dieser Steuerungsfunktion kam, wird in Kapitel IV eingehend behandelt.

Festzuhalten ist, dass die GO in den 1960er-Jahren zu Steuerungsinstanzen ausgebaut wurden. Den Mitgliedern der Parteibasis wuchs damit eine soziale und agitierende Vermittlerrolle zu: Sie hatten die Aufgabe, die Realitätsdeutung der Parteiführung vor Ort zu vertreten und bei Schwierigkeiten im (beruflichen) Alltagsleben mit Hilfe des Parteiapparates Abhilfe zu organisieren. Diese Rollen erschienen ihnen sinnvoll, da sie vom Wissensvorsprung und dem Autoritätstransfer beruflich oder persönlich profitieren konnten oder aber in ihrer Rolle als Vermittler des Sozialen Anerkennung von (parteilosen) Kollegen oder Nachbarn erfuhren. Freilich galt es auch, die repressive Rolle auszuüben, falls Genossen oder auch Parteilose Regeln der Parteiherrschaft missachteten. Doch blieb dies eher die Ausnahme. Die Innenwelt der Parteibasis war stattdessen geprägt von der Steuerung des wenig aufregenden Alltagslebens: dem Bearbeiten von Klagen über kaputte Heizungen in der Werkhalle oder über Lücken in den Regalen der Geschäfte, dem Schreiben von Monatsberichten an die Kreisleitung oder dem Abheften der neuesten ZK-Informationen, die dann im Panzerschrank verschwanden.

Mit dem Machtantritt Honeckers erfuhr die Vermittlerrolle von Parteimitgliedern eine Aufwertung im Selbstverständnis der SED. Die Gesellschaftskonzeption Walter Ulbrichts war noch vom Idealbild einer »sozialistischen Menschengemeinschaft« geprägt. Darunter wurde die Partizipation und das politische Engagement weiter Teile der Bevölkerung etwa in der Nationalen Front, in den Brigaden der sozialistischen Arbeit oder in Hausgemeinschaften verstanden, sodass ein harmonisches Zusammenleben den Sozialismus kennzeichnen sollte.[226] Während Ulbricht versuchte, sich mit

224 Auch Sönke Friedreich machte diese Beobachtung für die GO des VEB Sachsenring. Friedreich: Autos bauen im Sozialismus, S. 365 f.

225 APO-Berichtsprotokolle des SWB, 15.12.1987, in: BLHA, Rep. 532, Nr. 6234, o. Bl.

226 Unser guter Weg zur sozialistischen Menschengemeinschaft, 22.3.1969, in: Judt, Matthias: DDR-Geschichte in Dokumenten. Beschlüsse, Berichte, interne Materialien und Alltagszeugnisse, Bonn 1998, S.188. Realgeschichtlich führten die politischen und wirtschaftlichen Entwicklungen nicht

Anregend und fördernd

„Wenn du Einfluß auf andre Menschen ausüben willst, mußt du ein wirklich anregend und fördernd auf andre Menschen wirkender Mensch sein." Karl Marx schrieb das. Inge Ihlow (Bild Mitte) ist noch nicht mit allen Werken unserer Klassiker bekannt, sie wird im Herbst die Bezirksparteischule besuchen. Aber sie ist ein Mensch, der zu jedem guten Kontakt findet, weil sie immer das Gespräch sucht. Auch mit Isolde Staude, Gisela Michel, Isolde Niemeyer und Ingrid Müller (v. l. n. r.) aus ihrer Arbeitsgruppe.

Was zeichnet die 40jährige Inge Ihlow, Schaltanlagenmonteurin, Parteigruppenorganisator, seit 15 Jahren Mitglied der Partei und seit 10 Jahren im Betrieb, vor allem aus? Daß sie weiß, wie die Arbeiter fühlen, denken und handeln. Seit ihrem 17. Lebensjahr schreibt sie in jeden Fragebogen in die Rubrik „Tätigkeit": Arbeiterin – zuerst Hilfsarbeiterin, Angelernte, nun seit drei Jahren Facharbeiterin. Doch sie kann nicht nur Arbeitsgänge erläutern, sondern weiß auch zu erklären, was in der Welt geschieht, weil sie Denkanstöße gibt, immer sachlich auftritt, Kritik übt und fördert und über den Erfolgen von heute die Aufgaben von morgen nicht aus dem Blick verliert. In ihrer Arbeitsgruppe wird kein Parteiloser mit seinen Fragen allein gelassen. Viel bleibt jedoch noch zu tun, um Parteitagsansprüche zu erfüllen. Wie meistert das eine Parteigruppe? Inge Ihlow wünscht sich darüber eine rege ND-Debatte.

Wo ein Genosse ist – da ist die Partei

Was Inge Ihlow bewegt und auch ihre parteilosen Kollegen interessiert – wenige Tage vor dem 8. Februar

„Na, was gab's denn gestern?" – Inge Ihlow wundert sich gar nicht, wenn Parteilose so fragen und damit die Parteiversammlung vom Abend vorher meinen. Solche Gespräche sind üblich in den Werkhallen des VEB Starkstrom-Anlagenbau Dresden, der den verpflichtenden Namen „Otto Buchwitz" trägt. Die Kollegen interessieren sich dafür, was die führende Kraft in ihrem Bereich, die Parteigruppe oder Abteilungsparteiorganisation, beraten und beschlossen hat. Oder welche Lösungen sie für eine bestimmte Sache vorschlägt. Oder was die Partei zu einem aktuellen Ereignis sagt.

Gespickt mit Fragen wie ein Schaschlyk mit Speck

Überzeugte Menschen arbeiten schöpferischer

Genosse Gerhard Schulze, ein erfahrener Schlosser und Parteiaktivist, hatte Inges Überlegungen bestätigt, wenn er davon sprach, wie er durch sein Überwechseln in eine andere Gruppe und durch beharrliche Überzeugungsarbeit dort das vorher Unmögliche mit seinem Kollektiv möglich machte: Nicht maximal 12 Schaltgerüste am Tag, sondern 15! Überzeugte Menschen gehen mit größerer Schöpferkraft und tiefem Verständnis an die Lösung der Aufgaben heran und entfalten große persönliche Initiative.

Haben wir denn – so geht es ihr durch den Sinn – auch schon allen gründlich zum Bewußtsein gebracht, was Elektromeister Alfred Gebauer in seinem Diskussionsbeitrag ausführte?

Schließlich hatte Genossin Inge Ihlow noch ein drittes Anliegen vorgebracht: Jeder Genosse muß sich noch mehr als bisher klar darüber werden, daß er überall die Partei vertritt. Was vor ihr der junge Kandidat Ernst Roggatz in der Diskussion ausführte, hatte sie sehr bewegt. Wir drei Genossen am Band, so sagte Genosse Roggatz, vertreten bei den 15 Kollegen, die mit uns zusammenarbeiten, die Partei. Sie erwarten, daß wir ihnen ständig die Politik unserer Partei erläutern. Und niemand macht da einen Unterschied, ob ich erst Kandidat bin. In ihren Augen bin ich Partei. Dabei hilft mir die Kandidatenschulung sehr, sagte Ernst Roggatz.

Wir können auf keinen verzichten

Müssen wir nicht, so überlegte Inge

Planaufgaben sind 1971 im Bereich der Gruppe zu lösen? An Genossen Hofmann und Sinicke: Wie kann die Parteigruppe helfen, die Qualität der Erzeugnisse zu verbessern? An Genossen Eckstein: Welche Vorschläge gibt es für eine effektivere Materialökonomie? An Genossen Arnold und Wirsching: Wie ist das geistige Leben in den sozialistischen Kollektiven und im Jugendobjekt noch wirkungsvoller zu gestalten? An Genossen Müller: Was könnte unsere Gruppenversammlungen noch interessanter machen? An Genossen Roggatz: Welchen Einfluß muß die Parteigruppe auf die politische und fachliche Weiterbildung jedes Genossen nehmen?

Es versteht sich, daß auch die Gespräche zum Umtausch der Parteidokumente eine gute Grundlage für die Beantwortung zahlreicher Fragen bilden und in der Wahlversammlung Bericht

Abb. 6: Zeitungsseite aus dem *Neuen Deutschland* zur Kampagne »Wo ein Genosse ist – da ist die Partei«, 4. Februar 1971

diesen Vorstellungen vom Vorbild der Sowjetunion zu emanzipieren, suchte Honecker wieder die Nähe zur Bruderpartei und grenzte sich von seinem Vorgänger ab.[227] Er gab gegenüber der Marx'schen Utopie Lenins Vorstellung den Vorzug, wonach die Arbeiterklasse einer revolutionären Avantgarde bedürfe. Damit rückten die Partei

zur Schaffung einer »sozialistischen Menschengemeinschaft«, sondern endeten mit der Etablierung einer sozialistischen Klassengesellschaft. Vgl. Solga: »Systemloyalität«, S. 523–542. Siehe auch: Huinink, Johannes (Hg.): Kollektiv und Eigensinn. Lebensläufe in der DDR und danach, Berlin 1995.

227 Weber, Hermann: Wandlungen im Selbstverständnis der SED unter Honecker, in: Glaeßner, Gert-Joachim (Hg.): Die DDR in der Ära Honecker. Politik, Kultur, Gesellschaft, Opladen 1988, S. 284–296, insb. S. 288 f.

und die Vermittlerrolle der Parteimitglieder wieder stärker in den Vordergrund der sozialistischen Denkwelt, was sich in Honeckers Formel »Wo ein Genosse ist, da ist die Partei!« ausdrückte.[228] Begleitet wurde diese Revision der Gesellschaftskonzeption von einer Pressekampagne im *Neuen Deutschland* Anfang Februar 1971, als die Abdankung Ulbrichts bereits eingefädelt war.[229] Im *Neuen Deutschland* wurde eine Genossin Inge Ihlow des VEB Starkstrom-Anlagebau Dresden als Gallionsfigur inszeniert, die den Lesern die Alltagsdimension der Losung näherbringen sollte. So wunderte sich Genossin Ihlow am Dienstagmorgen nicht, wenn sie von parteilosen Kollegen gefragt wurde, was denn auf der Parteiversammlung am Montagabend beschlossen worden sei. »In ihrer Arbeitsgruppe wird kein Parteiloser mit seinen Fragen allein gelassen«,[230] wusste das *Neue Deutschland* zu berichten. Was die SED-GO vor Ort tat, um Probleme am Arbeitsplatz oder im Wohngebiet zu lösen, und was »die Partei« zu bestimmten Ereignissen sagte, sollte im Alltag des real existierenden Sozialismus besonders gegenüber Parteilosen handlungsleitend sein. Honeckers Formel »Wo ein Genosse ist, da ist die Partei!« blieb bis Ende 1989 bestehen und wurde noch von den Kreisleitungen ausgerufen, als die Partei längst dabei war sich aufzulösen.[231]

4. Der »staatliche Leiter« als zentraler Akteur

Um die Funktionstüchtigkeit der GO als Steuerungsinstanz zu gewährleisten, waren nicht nur Parteisekretäre, sondern auch die sogenannten »staatlichen Leiter« von zentraler Bedeutung. In volkseigenen Betrieben, Behörden oder Instituten arbeiteten sie als Ingenieure, Wissenschaftler, Ärzte, Ökonomen oder Meister in leitender Stellung. Diese Spezialisten in Leitungsfunktion waren Teil der sozialistischen Dienstklasse und somit in der Regel auch in Besitz eines Parteibuches. Die unteren Leitungsebenen der Dienstklasse werden in dieser Studie ebenso zur Parteibasis gezählt wie (Fach-)Arbeiter, Schüler, Studenten und Rentner, da sie nicht nur ihre Lebens- und Arbeitswelt im Alltag miteinander teilten, sondern auch den Erfahrungsraum des Parteilebens.[232]

228 Honecker, Erich: Für das Wohl des arbeitenden Menschen all unsere Kraft, Bericht des Zentralkomitees an den VIII. Parteitag der Sozialistischen Einheitspartei Deutschland, 15.–19. Juni 1971, in: ders.: Reden und Aufsätze, Bd. 1, Berlin (Ost) 1975, S. 209f.

229 Wo ein Genosse ist – da ist die Partei, in: Neues Deutschland, 4.2.1971, S. 3. Hans Modrow schildert seine Erinnerungen an die Kampagne. Vgl. Modow, Hans: Ich wollte ein neues Deutschland, 2. Aufl., München 1999, S. 160f.

230 Ebd.

231 Bahr, Andrea: »Wo ein Genosse ist – kämpft die Partei!«? Macht- und Bedeutungsverlust der SED-Kreisleitungen in Brandenburg an der Havel und im Bezirk Potsdam im Herbst 1989, in: Braun, Jutta/Weiß, Peter-Ulrich (Hg.): Agonie und Aufbruch. Das Ende der SED-Herrschaft und die Friedliche Revolution in Brandenburg, Potsdam 2014, S. 128–155.

232 Zur Definition des Begriffs »Parteibasis« siehe den Abschnitt I.2 in dieser Arbeit.

Funktional war die sozialistische Dienstklasse eine herausgehobene Gruppe, und strukturell sicherte das Nomenklatursystem den Parteieinfluss: Bis hinab zum Abteilungsleiter und Meister kontrollierte die Staatspartei die Leitungsfunktionen in Staat und Wirtschaft und verknüpfte berufliche Verantwortung mit politischer Loyalität.[233] Untersuchungen zum Leitungspersonal im industriellen Sektor haben ein besonders starkes politisches Engagement der staatlichen Leiter konstatiert, die eine oder mehrere ehrenamtliche Funktionen ausfüllten.[234] Neben dieser strukturell angelegten Doppelrolle war die SED in größeren Betrieben auch als Parteiapparat präsent, um die Planerfüllung und damit die Leistung der staatlichen Leiter zu kontrollieren und sie für die politische Mobilisierung einzuspannen. Trotz des Primats der Politik konnte es in der Praxis zu Kompetenzkonflikten zwischen dem hauptamtlichen Parteisekretär der Betriebsparteileitung und dem von ihm beaufsichtigten Betriebsdirektor kommen, der nicht immer zugunsten des Parteisekretärs ausfiel.[235] Doch hatte die SED spätestens seit den 1960er-Jahren ihre Kontrolle der Betriebe so weit etablieren können, dass der Betriebsdirektor im Konfliktfall die Parteileitung nicht ignorieren konnte und Kompromisse aushandeln musste.[236] Wie bildete sich diese Gemengelage aus Parteizugehörigkeit der staatlichen Leiter, ihrem starken politischen Engagement und ihrer Fachkompetenz in den GO ab? Im Folgenden wird die Rolle der staatlichen Leiter im Gefüge des Parteilebens analysiert und die These vertreten, dass sie für das Funktionieren der GO als Steuerungsinstanz die zentralen Akteure darstellten. Zudem gerät in den Blick, wie sie ihr politisches Engagement wahrnahmen und reflektierten.

Die Parteileitungen als Ort der Kader

Die strukturelle Verschränkung der Leitungstätigkeit und der Parteizugehörigkeit bedeutete in der Praxis, dass sich auch ein Leiter auf mittlerer Betriebsebene keineswegs allein auf seine Rolle als Spezialist beschränken konnte. Neben der Eigenlogik des Fachbereiches, wie beispielsweise ökonomischer Effizienz, mussten auch politische Prinzipien berücksichtigt werden. Fachliche und politische Erfordernisse standen in Betrieben jedoch nicht selten in Konflikt miteinander, sodass sich das

233 Vgl. Zimmermann, Hartmut: Überlegungen zur Geschichte der Kader und der Kaderpolitik in der SBZ/DDR, in: Kaelbe, Hartmut/Kocka, Jürgen/Zwahr, Hartmut (Hg.): Sozialgeschichte der DDR, Stuttgart 1994, S. 322–356.

234 Hübner, Peter: Durch Planung zur Improvisation. Zur Geschichte des Leitungspersonals in der staatlichen Industrie der DDR, in: Archiv für Sozialgeschichte 39 (1999), S. 197–233, insb. S. 231.

235 So hatte beispielsweise der seit 1974 amtierende Betriebsdirektor des VEB Sachsenring eine deutlich größere Machtfülle als der Parteisekretär der dortigen BPL. Vgl. Friedreich: Autos bauen im Sozialismus, S. 286–313, insb. S. 288.

236 Kott: Die SED im Betrieb, S. 210–238, insb. S. 232–235. Siehe auch: Kott: Le communisme au quotidien.

Verhältnis von staatlichem Leiter und hauptamtlichem Parteisekretär bzw. Parteiapparat spannungs- und konfliktreich gestalten konnte. Rückblickend berichtet etwa Gerhard Kirchhoff, einst Leiter im Tiefbaukombinat in Brandenburg, dass er auch der Parteileitung seines Betriebs über die Planerfüllung Bericht habe erstatten müssen. Er schildert dies als lästige Pflicht und unangenehme Situation:

> »Aber es waren eben auch Dinge, die die fachliche Arbeit betrafen. Also da hängten die sich auch rein. Beispielsweise zu der Zeit, als ich Produktionsdirektor war, da hatte ich äh zyklisch zu berichten über den Stand der äh, äh Planerfüllung uff allen möglichen Jebieten. Die haben zwar bloß die Hälfte verstanden davon, aber die wollten das jedes Mal hören, ja? […] Und haben dann noch ein paar dumme Fragen gestellt dazu.«[237]

Die Kontrollfunktion der Betriebsparteileitung führte zu der Situation, sich einem weitaus weniger fachkundigen Gremium unterordnen zu müssen, was von Gerhard Kirchhoff als äußerst unangenehme Situation, als Machtspiel empfunden wurde. Dem staatlichen Leiter als überlegenem Experten habe deutlich gemacht werden sollen, dass die Partei die entscheidende Instanz im Betrieb sei. Als besonders unerfreulich erinnert er sich an die sogenannten Anleitungen für den Arbeitsbereich des staatlichen Leiters, denn, so der Ingenieur Kirchhoff weiter: »Die wussten doch selber nicht wie et jemacht wird. Die haben dusseliges Zeug jeredet. Du musst mehr ideologisch Arbeiten mit den Jenossen. Und die anderen auch hier werben und Überzeugungsarbeit leisten und so.«[238]

Trotz der zeitlichen Distanz ist ihm die Verärgerung deutlich anzumerken, die auf eine spannungsreiche Beziehung zwischen Betriebsparteileitung und staatlichem Leiter verweist. Das »dusselige Zeug« bzw. die politische Lesart ökonomischer Erfordernisse waren kaum übertragbar auf die praktischen Anforderungen des Betriebsalltags. Als Beispiel führt Gerhard Kirchhoff einen Auftrag der Betriebsparteileitung für seine Beratungen mit den Betriebsdirektoren des Kombinats an:

> »Und denn haben die mir jesagt, was ich denen zu erzählen habe. Sollt ich politisch und ideologisch rangehen. Da haben die sich totjelacht. Da hat der gesagt: ›Du sorg mal dafür, dass wir Diesel haben, det wir Zement haben und det wir Kies haben und Splitt haben damit wir Beton machen können. Dann kannst du mit uns über ideologische Arbeit reden.‹«[239]

237 Interview mit Ingrid und Gerhard Kirchhoff am 8.9.2011, Transkript der Audiodatei, S. 20 f.
238 Ebd., S. 20.
239 Ebd., S. 21.

Letztlich musste Gerhard Kirchhoff zwischen den Anforderungen des Parteiapparates und seines Betriebs lavieren, um einerseits einen Autoritätsverlust unter den Kollegen zu vermeiden und andererseits keine Disziplinierungsmaßnahmen seitens der SED zu riskieren. Ebendiese Anforderungen, die miteinander in Konflikt geraten konnten, sind charakteristisch für die Rolle der staatlichen Leiter. Sie bemühen rückblickend häufig das Bild der SED als omnipräsenten Apparat im Betrieb, der alles entschieden habe. Angesichts des Einflusses der Partei beschreiben sie ihre Position oft als machtlos – ein Narrativ, das sich besonders retrospektiv ausbildete.[240] Die diesem Erzählmuster innewohnende Distanz zwischen Partei- und Berufslogik stellte sich im Alltag jedoch anders dar. Im Gegensatz zum Management kapitalistischer Wirtschaftsordnungen gab es in der sozialistischen Leitungspraxis immer auch eine zusätzliche Ebene politischer Anforderungen.[241] So erinnert sich Günther Dornheim, der als Leiter im Verkaufsbereich des Stahlwerks in Brandenburg tätig war, an seine politische und fachliche Tätigkeit als Gesamtheit. Er erläutert rückblickend:

> »Es war so ne Einheit. Äh, wenn man ne Funktion hatte, als Direktor oder ich als Bereichsleiter oder die Abteilungsleiter, denn haben die nicht nur ihre fachlichen Aufgaben zu lösen jehabt, sondern sie waren auch dafür verantwortlich, dass sich ihre Mitarbeiter entwickeln. Zum Beispiel diese Arbeit, der Kampf um den Titel Kollektiv der sozialistischen Arbeit, ja? Dass man das organisiert hat mit und unterstützt hat, ja? Und angeregt hat: ›Du lass uns doch mal machen.‹ Oder dass man zum Beispiel hier die Übung der Zivilverteidigungstruppen unterstützt hat, oder auch die Kampfgruppen, dass man das unterstützt hat. Das war also die Aufgabe, die eigentlich nicht zur fachlichen Seite jehörte, sondern das war eben die jesellschaftliche Seite.«[242]

Die politische Mobilisierung seiner Mitarbeiter gehörte für Günther Dornheim ebenso selbstverständlich zu seinen Aufgaben als Leiter wie die fachliche Steuerung seines Arbeitsbereiches. Die GO war der Ort, an dem diese Verschränkung besonders sichtbar wurde. Das Steuerungsgremium der GO war die sogenannte Parteileitung. Dieses Gremium konnte neben dem Parteisekretär und seinem Stellvertreter bis zu 20 Mitglieder umfassen. Der Vorsitzende der Betriebsgewerkschaftsleitung des Arbeitsbereiches wie auch der FDJ-Sekretär gehörten als assoziierte Mitglieder diesem Leitungsgremium an.[243]

240 Vgl. Friedreich: Autos bauen im Sozialismus 2008, S. 183 f. Siehe auch den Interviewband Schütt, Hans-Dieter/Zimmermann, Brigitte: ohnMacht. DDR-Funktionäre sagen aus, Berlin 1992.

241 Schütz, Gertrud u. a. (Hg.): Kleines politisches Wörterbuch, 7. vollständig überarbeitete Auflage, Berlin (Ost) 1988, S. 587 f.

242 Interview mit Günther Dornheim am 29.11.2010, Transkript der Audiodatei, S. 16 f.

243 Herbst: Die SED, S. 496.

Einen Eindruck über die soziale Zusammensetzung der Parteileitungen vermittelt ein Bericht der Abteilung Parteiorgane des ZK aus dem Jahr 1983. Demnach war dieses Gremium an der Basis der Partei männlich dominiert. Von den 467 948 Leitungsmitgliedern waren 30,8 Prozent weiblich.[244] Diese Quote entspricht in etwa dem Anteil von Frauen in der Mitgliederschaft, der 1979 bei ca. 33 Prozent lag. Unter den Parteisekretären einer GO oder APO waren dagegen nur 21,8 Prozent Frauen – bei hauptamtlichen Parteiämtern war die Quote mit 19,3 Prozent sogar noch geringer.[245] Obwohl die Parteiführung und ihre Apparate bemüht waren, Frauen für Parteiposten an der Basis zu gewinnen, und auch auf Zuwächse verweisen konnten, gelang dieses Anliegen nur in begrenztem Ausmaß. Parteiämter an der Basis der Partei wurden überwiegend von Männern bekleidet, die im mittleren oder fortgeschrittenen Alter waren. Knapp 40 Prozent der Leitungsmitglieder waren 1983 bereits länger als 20 Jahre SED-Mitglied und übten ihre Parteifunktion schon viele Jahre aus. Nur knapp ein Drittel der Leitungsmitglieder waren 30 Jahre oder jünger.[246] Zugleich verfügte jedes zweite Leitungsmitglied über einen Hoch- oder Fachhochschulabschluss. Unter den Parteisekretären hatten fast 70 Prozent diese fachliche Qualifikation.

Es zeigt sich, dass die Parteileitungen der GO von staatlichen Leitern geprägt waren – nicht selten bekleidete ein Leiter auch das Amt des Parteisekretärs.[247] Bereits in den 1950er-Jahren lässt sich die Tendenz feststellen, dass die Parteileitung von Vorgesetzten dominiert wurde. Fast die Hälfte der Leitungsmitglieder verfügte 1954 über eine abgeschlossene fachliche Ausbildung. In den 1950er-Jahren waren auch Altkommunisten häufig in diesem Leitungsgremium vertreten.[248]

Parteisekretäre und Mitglieder der Parteileitung übten ihre Funktion in der Regel ehrenamtlich aus. Im Jahr 1983 waren insgesamt 467 948 GO-Leitungsmitglieder und 86 028 Parteisekretäre im Amt.[249] Nur 4874 Parteisekretäre waren hauptamt-

244 Siehe hier und im Folgenden: Abteilung Parteiorgane: Kadermäßige Zusammensetzung der gewählten Leitungen der Grundorganisationen, Abteilungsparteiorganisationen und Ortsleitungen, 30.11.1983, in: SAPMO-BArch, DY 30/27971, Bl. 1–4.

245 Siehe den Abschnitt II.1 in dieser Arbeit.

246 Hier und im Folgenden: Abteilung Parteiorgane: Kadermäßige Zusammensetzung der gewählten Leitungen der Grundorganisationen, Abteilungsparteiorganisationen und Ortsleitungen, 30.11.1983, in: SAPMO-BArch DY 30/27971, Bl. 2.

247 So konstatierte ein Protokoll der Kreisparteikontrollkommission in Brandenburg, dass die meisten APO-Sekretäre im Stahl- und Walzwerk Brandenburg gleichzeitig auch staatliche Leiter waren. KPKK: Protokoll der Sitzung der KPKK, 26.3.1975, in: BLHA, Rep. 531 Nr. 1548, o. Bl. Diese Personalunion stellt auch Leonore Ansorg in ihrer Betriebsstudie fest. Vgl. Ansorg: »Ick hab immer von unten Druck gekriegt und von oben«, S. 144–149.

248 1955 hatten 17,4 Prozent der Leiungsmitglieder eine SPD- oder KPD-Vergangenheit. Abteilung Parteiorgane: Soziale Zusammensetzung der Parteileitungen der Grundorganisationen, Angaben über die Wahlberichtsversammlungen in den SED-Grundorganisationen 1954–55, 3.12.1954, in: SAPMO-BArch, DY 30/IV 2/5/131, o. Bl.

249 Abteilung Parteiorgane: Informationen über die kadermäßige Zusammensetzung der gewählten Leitungen der Grundorganisationen, Abteilungsorganisationen und Ortsleitungen, 30.11.1983, in: SAPMO-BArch, DY 30/27971, Bl. 1.

lich tätig. Sie setzten sich zusammen aus 2869 Sekretären einer GO, wovon weitere 166 als Parteiorganisatoren des ZK eingesetzt waren.[250] Daneben arbeiteten 808 Hauptamtliche als stellvertretende Sekretäre, 144 als Sekretäre einer APO, 307 als Bildungsstättenleiter und 746 als Redakteure einer Betriebszeitung. In den letzten beiden Sparten waren Frauen überrepräsentiert.[251] Drei Viertel der Hauptamtlichen stammten aus der Arbeiterklasse und hatten damit einen sozialen Aufstieg erlebt. Mehr als vier Fünftel (80,7 Prozent) waren vor ihrer Tätigkeit als Hauptamtliche selbst als Arbeiter tätig gewesen. Ihr Weg vom (Fach-)Arbeiter zum Parteiarbeiter vollzog sich meistens im eigenen Betrieb. Waren sie erst einmal für die SED hauptamtlich tätig, übten sie ihre Funktion in der Regel dauerhaft aus: 36 Prozent waren 1984 länger als fünf Jahre hauptamtlich tätig, 18,4 Prozent sogar über 15 Jahre. Die wenigen Hauptamtlichen firmierten wie auch die Mehrheit der ehrenamtlichen Parteisekretäre und der Leitungsmitglieder der GO als sogenannte Kader. Darunter fasste der Parteiapparat neben Inhabern von Parteifunktionen auch staatliche Leiter ohne Parteiamt sowie Nachwuchskräfte mit Hoch- und Fachhochschulausbildung.[252] Die Parteileitungen der GO waren somit der Ort der Kader, wobei die staatlichen Leiter dieses Gremium dominierten.

Die Zugehörigkeit zu diesem Leitungsgremium hatte keineswegs nur formalen Charakter. Der Parteileitung einer GO kam eine wichtige Kontroll- und Steuerungsfunktion in den Arbeitsbereichen zu. Die Leitung eines sozialistischen Betriebs ruhte auf drei Säulen: den staatlichen Leitern mit der Betriebsleitung an der Spitze, der Betriebsgewerkschaftsleitung des Freien Deutschen Gewerkschaftsbundes (FDGB) sowie der Betriebsparteileitung.[253] Diese Fäden aus fachlicher Steuerung, sozialen Aufgaben und politischer Mobilisierung liefen in der Parteileitung der GO zusammen. Parteisekretär, staatlicher Leiter und Gewerkschaftsvorsitzender als assoziiertes Mitglied verhandelten und koordinierten hier berufliche, soziale und politische Anliegen der Belegschaft und Mitgliederschaft des jeweiligen Arbeitsbereiches. Aus Perspektive der staatlichen Leiter handelte es sich um ein wichtiges Gremium, um den ihnen anvertrauten Arbeitsbereich zu steuern, was jedoch nicht immer konfliktfrei ablief.

Die Verteilung der Jahresendprämie bot beispielsweise häufig Konfliktstoff. Mit dem Machtantritt Honeckers und dem Programm der Einheit von Wirtschafts- und Sozialpolitik wurde die Stellung des FDGB im Betrieb gestärkt. Gewerkschaftsfunktionäre konnten nun bei der Verteilung von sozialen Gütern und Dienstleitungen

250 Hier und im Folgenden: Abteilung Parteiorgane: Informationen über die kadermäßige Zusammensetzung der hauptamtlichen Parteiarbeiter in den Grundorganisationen der Partei, 18.6.1984, in: SAPMO-BArch, DY 30/27971, Bl. 1–4.
251 Siehe den Abschnitt II.1 in dieser Arbeit.
252 Schütz: Kleines politisches Wörterbuch, S. 467.
253 Friedreich: Autos bauen im Sozialismus, S. 287.

mitbestimmen und nahmen Einfluss auf die Verwendung des Prämien-, Kultur- und Sozialfonds.[254] Diese Stellung des Gewerkschaftsfunktionärs veranschaulicht die Schilderung der ehemaligen Direktorin der Technischen Kontrolle im Stahlwerk Brandenburg. Ingrid Kirchhoff und ihr Ehemann konstatieren rückblickend, dass für alle Aufwendungen aus dem Kultur- und Sozialfonds die Unterschrift des Gewerkschaftsfunktionärs benötigt wurde. Dies galt auch für die Jahresendprämie. So erinnert sich Ingrid Kirchhoff:

> »Bei, bei der Verteilung der Jahresendprämie saßen die wirklich mit am Tisch, ich hab, der Leiter musste die Vorschläge machen, ich sag jetzt: ›Meier, Schultze, Lehmann kriegt tausend, tausendzweihundert, tausend so und so, so.‹ Und wenn der Gewerkschafter nicht einverstanden war, ging die Runde erneut los. Dann sagte er: ›Warum kriegt denn der hundert und mehr, und der hundert weniger, oder wenn ich mich sehe.‹«[255]

Diesen Aushandlungsprozess schildert sie als Belastung, da sie durch den Einfluss des Gewerkschaftsfunktionärs ihre Autorität als Leiterin unterminiert sah. Zugleich beschwerten sich Schichtarbeiter, wenn sie sich im Hinblick auf die Prämie nicht ausreichend bedacht fühlten, bei der Gewerkschaft und der Partei, weil, wie Gerhard Kirchhoff es ausdrückt, »sie dann über Gewerkschaft und Partei dem Leiter eene sengen wollten«.[256] Aus Perspektive des Ehepaars nutzten Schichtarbeiter ihre Möglichkeit, sich bei Gewerkschaft und Partei über den staatlichen Leiter zu beschweren, weidlich aus und sorgten somit für Druck von unten.[257] Tatsächlich hatten Arbeiter im Vergleich zu staatlichen Leitern eine geradezu autonome Stellung im Parteigefüge: Sie konnten über den beruflichen Hebel nur schwer sanktioniert werden und beglaubigten durch ihre Tätigkeit als Industriearbeiter zudem das Selbstbild der SED als Arbeiterpartei. Bezeichnenderweise wurden mit der Jahresendprämie nicht allein berufliches Engagement und Leistung prämiert, sondern auch politisches Engagement.

Das Mitspracherecht der Gewerkschaft und insbesondere des Parteisekretärs erstreckte sich auch auf sogenannte Kaderfragen. Stellenbesetzungen wurden in der Parteileitung behandelt, wobei die Bewerber für Leitungspositionen natürlich von höheren Parteiebenen bestätigt werden mussten. Ingrid Kirchhoff machte die Erfahrung, dass Personalfragen in der Parteileitung nicht nur einvernehmlich verhandelt wurden. Gerade der Parteisekretär, ein Mitarbeiter ihres Verantwortungsbereiches, konnte ihre Vorstellungen für die Stellenbesetzung durchkreuzen. Sie schildert:

254 Hürtgen: Zwischen Disziplinierung und Partizipation, S. 118–122.
255 Interview mit Ingrid und Gerhard Kirchhoff am 8.9.2011, Transkript der Audiodatei, S. 16.
256 Ebd.
257 Friedreich: Autos bauen im Sozialismus, S. 182; Ansorg: »Ick hab immer von unten Druck gekriegt und von oben«, S. 144–149; Niethammer: Volkspartei neuen Typs?, S. 53 und 59.

»Äh, naja, dass sie, sie mussten ja viele Sachen auch durchsetzen, mit Partei und Gewerkschaft. Und da kannte, konnte es vorkommen, dass das dann die Partei gesagt hat, ne, mit mir nicht. Ja? Obwohl das vernünftig war, wat man an, an Aufgaben durch oder äh, sag ich mal, wenn es um Kaderprobleme ging. Äh, wenn ein Abteilungsleiter eingesetzt werden sollte, denn war das so, dass die APO und die Gewerkschaft am Tisch saßen und ich da meine Vorstellungen entwickeln musste, und sagen, also für mich ist der, oder die für diesen Posten geeignet. So und dann kann das durchaus passieren, dass dann die Partei gesagt hat: ›Ne. Also, so nicht!‹«[258]

Das hier geschilderte Konfliktpotenzial mit dem Parteisekretär ergab sich für Ingrid Kirchhoff daraus, dass dieses Ehrenamt als Aufstiegsschleuse genutzt wurde. Für sie stellte sich die Situation rückblickend so dar:

»Es, es gab solche Leute, die unbedingt was werden wollten. Dann haben sie eben diesen Posten genommen. […] Als Ehrenamt. Weil sie dann ja überall dabei waren. Wenn ne Feier war, wenn irgendwas war, musste die APO, die Gewerkschaft und der staatliche Leiter, die drei, das Dreigestirn, war dann immer eingeladen, äh, automatisch. Wenn irgendwas war, […] um mit einigen in Kontakt zu kommen, und und auch das Sagen zu haben. Und die konnten ihnen, einen durchaus gefährlich werden.«[259]

Dass die Funktion des ehrenamtlichen Parteisekretärs einer GO oder APO wie hier geschildert Voraussetzung für den beruflichen Aufstieg sein konnte, ist auch einem Bericht der BPKK Berlin zu entnehmen. Er entstand im Zuge der Untersuchung der GO des Instituts für Arzneimittelwesen der DDR. Den Anlass lieferte ein Mitarbeiter, der das Amt des Parteisekretärs bekleidet hatte und 1983 in den Westen flüchtete. Im Zuge der Prüfung der GO beanstandete die ZPKK, dass das Parteileben von pragmatischen, statt von parteipolitischen Prämissen geprägt sei. Für die Auswahl des Parteisekretärs sei die momentane Verfügbarkeit und Belastbarkeit und nicht »politische Zuverlässigkeit und Qualität« entscheidendes Kriterium gewesen. Staatliche Leiter wie Bereichsleiter hätten wegen der starken Belastung im fachlichen Bereich nicht dieses Ehrenamt ausgeübt. Vielmehr habe sich die Praxis etabliert, dass qualifizierte Mitarbeiter des Instituts diese Funktion übernommen hätten, um sich damit für höhere Posten zu empfehlen. So unterstreicht der Bericht:

»Der häufige Wechsel des Parteisekretärs am Institut, vielfach waren sie nur eine Wahlperiode tätig, zeigt, dass diese Funktion als Bewährungsfeld für die fachliche Entwicklung betrachtet wurde. Es wird offen der Standpunkt vertreten, dass Hochschulkader wie B.

258 Interview mit Ingrid und Gerhard Kirchhoff am 8.9.2011, Transkript der Audiodatei, S. 12 f.
259 Ebd.

> die Voraussetzungen für die Funktion des Parteisekretärs besitzen müssen, sodass Partei- und Klassenverbundenheit, Durchsetzungsvermögen und Überzeugungskraft ungenügend beachtet werden.«[260]

Die Funktion des Ehrenamtes als Aufstiegsschleuse zog Konflikte mit dem Vorgesetzten bzw. dem staatlichen Leiter nach sich, die nicht nur Ingrid Kirchhoff sondern auch ihr Ehemann erfahren hatte. Er ergänzt: »Und da unterscheiden sich dann, die unterscheiden sich dann auch in diejenigen, die denn also äh, äh bereitwillig den Leiter unterstützt, und, und diejenigen, die äh denn ihre eigene Suppe kochen wollen. Und Knüppel zwischen die Beine schmeißen wollen.«[261]

Mit der Funktion des ehrenamtlichen Parteisekretärs erhielt ein ambitionierter Mitarbeiter des staatlichen Leiters einen Aktionsraum, den er sich für seine Interessen in Konkurrenz zu seinem Vorgesetzten zunutze machen konnte. Doch machte das Ehepaar auch die Erfahrung einer einvernehmlichen Zusammenarbeit. Bestand keine berufliche Konkurrenzsituation zwischen beiden, schien sich die gemeinsame politisch-ökonomische Steuerung reibungslos zu gestalten. Nicht nur Gerhard Kirchhoff erlebte diese bereitwillige Unterstützung seiner Vorstellungen. Auch seine Frau Ingrid konstatiert:

> »Äh, also ich hatte verschiedene Parteisekretäre. Der eine war so, dass man immer nicht wusste, wie er reagiert, ja? Und dann hat ich zuletzt ne Frau, also im Grunde genommen hat ich die fest im Griff. So muss man sagen, ja? Also da, da gab es nüscht was uns hindert, was hinderlich war.«[262]

Allerdings war die betreffende Parteisekretärin aus der Perspektive von Ingrid Kirchhoff keineswegs eine passive Person, die mit dieser Funktion überfordert gewesen wäre. Vielmehr habe sie sich aktiv um die Sorgen der Mitarbeiter gekümmert und das Vertrauen ihrer Kollegen genossen, die sich bei Problemen an sie gewandt hätten, da sie vorgetragene Anliegen gewissenhaft zur Bearbeitung an den Parteiapparat weitergeleitet habe.[263]

Während Parteisekretär und Leiter zwar Hand in Hand den Arbeitsbereich nach politischen, sozialen und ökonomischen Anforderungen steuerten, waren doch Letztere die zentralen Akteure an der Basis der Partei. Sie waren überwiegend in den Parteileitungen der GO vertreten, wo berufliche, soziale und politische Anliegen zu-

260 BPKK Berlin: Bericht über die Untersuchung in der Grundorganisation des Instituts für Arzneimittelwesen der DDR zum DDR-Verrat des ehemaligen Parteisekretärs, 29.7.1983, in: SAPMO-BArch DY 30/15331, Bl. 3.

261 Interview mit Ingrid und Gerhard Kirchhoff am 8.9.2011, Transkript der Audiodatei, S.13.

262 Ebd.

263 Siehe den Abschnitt III.3 in dieser Arbeit.

sammenflossen. Obwohl die Parteistrukturen formal zur Kontrolle der Leiter dienen sollten, wurden sie nicht selten von ihnen vereinnahmt. Sie machten sie sich für ihre Zwecke zunutze, um den Arbeitsbereich, für den sie verantwortlich waren, mit Hilfe der Parteiautorität weitreichender steuern und gestalten zu können. Berufliche Anforderungen reichten tief in die Partei hinein und prägten die Atmosphäre der Mitgliederversammlungen und Parteileitungssitzungen. In der Person des Leiters verschmolzen politische, soziale und berufliche Anforderungen. Sie waren verantwortlich für »das Ganze«, was sich nicht zuletzt darin ausdrückt, dass sie stärker als Mitglieder ohne Leitungsfunktion in die politische Mobilisierung eingebunden waren. Die Werbung neuer Parteimitglieder gehörte ebenso zu ihren Aufgaben wie etwa die Unterstützung der Kampfgruppen. Ebendieses genuin politische Engagement gestaltete sich im Laufe der 1980er-Jahre zunehmend problematischer. Nicht nur wurde es in der zweiten Hälfte des Jahrzehnts schwierig, Kandidaten zu gewinnen.[264] Auch außerhalb der Betriebe wurde der Einsatz für die SED prekärer. So berichtet Ingrid Kirchhoff von einem Parteiauftrag, der sie als Wahlhelfer verpflichtete: »So, wer Genosse war und nicht mitgemacht hat, wurde denn festgelegt, wurde man zur [Zentralen Betriebs-]Parteileitung zitiert und gesagt: ›Hör mal zu! In deinem Bereich fehlen noch so und so viel Wahlhelfer, wo du wohnst. Melde dich bitte gefälligst!‹«[265]

Als Wahlhelfer bestand die Aufgabe nicht allein darin, während der Wahl Strichlisten zu führen, sondern bereits im Vorfeld Nachbarn zu mobilisieren, insbesondere dann, wenn sie angekündigt hatten, nicht wählen zu gehen. Für Ingrid Kirchhoff stellt es sich rückblickend so dar: »Wahlschlepper. Die Leute, die nicht zur Wahl gekommen sind, da war mein Mann denn, musste denn klingeln gehen und fragen, warum sie nicht zur Wahl kommen. Ja.«[266]

Für Gerhard Kirchhoff wurde diese Aufgabe jedoch zunehmend unangenehm. Denn die sogenannten Wahlverweigerer fühlten sich keineswegs eingeschüchtert durch den Besuch, sondern machten selbstbewusst ihre Forderungen geltend.[267] Als sich im Verlauf der 1980er-Jahre die Versorgungssituation und die Unzufriedenheit der Brandenburger wie auch der Gesamtbevölkerung der DDR mehr und mehr zuspitzte, wurde es auch für die staatlichen Leiter immer schwerer, vor Ort die Autorität der SED durchzusetzen.[268] Die Sprach- und Hilflosigkeit, die Gerhard Kirch-

264 Siehe den Abschnitt III.1 in dieser Arbeit.
265 Interview mit Ingrid und Gerhard Kirchhoff am 8.9.2011, Transkript der Audiodatei, S. 21.
266 Ebd.
267 Siehe den Abschnitt V.1 in dieser Arbeit.
268 Rüdiger Schmidt verweist in Bezug auf die Bezirke Halle und Magdeburg auf den aggressiver werdenden Ton der Eingaben im Vorfeld der Kommunalwahlen 1989 und auf ein starkes Ansteigen der angekündigten Wahlverweigerungen. Schmidt, Rüdiger: »Rote Fahnen gegen weiße Kerzen«. Die DDR-Machteliten in den Bezirken Magdeburg und Halle und der Herbst 1989, in: Großbölting, Thomas/Kollmorgen, Raj/Möbius, Sascha/Schmidt, Rüdiger (Hg.): Das Ende des Kommunismus.

hoff angesichts der abnehmenden Steuerungskraft der Partei überkam, unterminierte nicht zuletzt auch seine Autorität als staatlicher Leiter. Das Engagement für die SED wurde zunehmend als Belastung empfunden, was auch das symbiotische Verhältnis aus SED und staatlichem Leiter störte: Während der Parteiapparat von der Autorität staatlicher Leiter als anerkannter Experten und Vorgesetzter profitierte und ihr berufliches Engagement mit parteilichen Aufgaben überformte, zogen Leiter Nutzen aus ihrer Loyalität zur Staatspartei. Sie war Bedingung ihres beruflichen Aufstiegs und sicherte ihre Teilhabe an Entscheidungsgremien. Kurzum: Man profitierte von der Autorität des anderen. Ebendiese Symbiose geriet durch die sich verschärfende Wirtschafts- und Versorgungskrise Ende der 1980er-Jahre in eine Schieflage.

Parteiwahlen als Kontrollinstrument

Die Parteisekretäre und alle anderen Mitglieder der Parteileitungen standen regelmäßig zur Wahl. Kleinere GO (bis zu 150 Mitglieder) wählten jährlich, größere GO (mehr als 150 Mitglieder) zweimal in fünf Jahren.[269] Natürlich handelte es sich bei den Parteiwahlen wie auch bei den Volkskammerwahlen nicht um freie und geheime Wahlen. Die Schriftstellerin und einstige Genossin Irene Böhme, die Anfang der 1980er-Jahre nach West-Berlin flüchtete und dort ihre Erfahrungen mit der DDR, der SED und dem Parteileben publizistisch verarbeitete, erklärte, dass bei der Wahl ihrer eigenen SED-GO alles routiniert über die Bühne gegangen sei. »Es dauert allerdings einige Stunden länger, meist einen halben Tag, weil die Wahlordnung mit Akribie einzuhalten ist und weil jeder Genosse seiner Pflicht nachzukommen hat, an diesem Tag zu sprechen.«[270] Angesichts der fehlenden politischen Mitbestimmung stellt sich die Frage, warum so viel Energie auf die Einhaltung dieses Rituals verwandt wurde. Schließlich band die Durchführung und Berichterstattung auf allen Ebenen der SED viele Kräfte.

Um die Funktion dieses Instruments zu ergründen, hat sich in jüngster Zeit eine kulturhistorische Perspektive etabliert: Die Einhaltung von politischen Ritualen ermöglichte die Verwirklichung von Eigeninteressen.[271] Im Sinne dieses »performative shifts« weist Hedwig Richter den Volkskammerwahlen der DDR nicht nur formale Aufgaben wie Machtlegitimation, Mobilisierung und Bekräftigung der Ideologie zu. Auch das Austauschverhältnis von materieller Versorgung und politischer Loyalität deutet sie – wie die Machtdemonstration der Unterordnung – als informelle

Die Überwindung der Diktaturen in Europa und ihre Folgen, Essen 2010, S. 135 und 139. Siehe auch: Kloth, Hans Michael: Vom »Zettelfalten« zum freien Wählen. Die Demokratisierung der DDR 1989/90 und die »Wahlfrage«, Berlin 2000.

269 Herbst/Stephan/Winkler: Die SED, S. 496.

270 Böhme: Die da drüben, S. 51 f.

271 Vgl. Yurchak: Everything Was Forever, Until It Was No More.

Abb. 7: Die SED-Grundorganisation des Berliner Transpress Verlags für Verkehrswesen während einer Wahlversammlung, Oktober 1984

Funktionen der Wahlen.[272] Korrespondierend mit diesen informellen Funktionen interpretiert Stephan Merl die Teilhabe ohne Mitsprache als Ausdruck eines paternalistischen Wahlsystems, das auf Stalins Wahlreform von 1936/37 zurückging.[273] Der damit eingeführten Wahlpflicht kam in der Sowjetunion die Aufgabe zu, lokale Funktionsträger zu kontrollieren und die vermeintliche Einheit zwischen Volk und Herrscher zu demonstrieren. Diese beiden Funktionen fußten auf der Denkfigur des weisen und wohlwollenden Zaren, dessen Fürsorge für das Volk durch inkompetente und korrupte Funktionsträger gestört werde, sodass deren Fehlverhalten im Zuge der Wahlen aufgedeckt werden sollte. Eine geringe Stimmabgabe wurde somit als Versagen der lokalen Funktionsträger gedeutet. Sie gaben den auf sie ausgeübten

272 Richter, Hedwig: Mass Obedience. Practices and Functions of Elections in the German Democratic Republic, in: Jessen, Ralph/Richter, Hedwig (Hg.): Voting for Hitler and Stalin. Elections under 20th Century Dictatorships, Frankfurt a. M. 2011, S. 118.

273 Merl, Stephan: Elections in the Soviet Union, 1937–1989. A View into a Paternalistic World from Below, in: Jessen/Richter (Hg.): Voting for Hitler and Stalin, S. 276–308.

Druck, eine hohe Beteiligung zu erzielen, an die Bevölkerung weiter. Insofern kam es zwischen beiden zu einem Tausch von Fürsorge gegen Loyalität, die sich in der Stimmabgabe ausdrückte. Gegenstimmen kam in diesem Kontext eine ambivalente gleich zweifach kritische Funktion zu. Während sie zum einen Dissens mit dem weisen Herrscher ausdrückten, deuteten sie zugleich auch auf Unzufriedenheit mit dem jeweiligen Kandidaten hin, der das Fürsorgeversprechen nicht eingelöst hatte. In jedem Fall riefen sie Repression gegen Wähler und lokale Funktionsträger hervor. Obwohl Merl bei diesem Erklärungsmodell die Kommunikation zwischen Bevölkerung und Partei im Blick hat, lässt sich das Konzept auch auf die Parteiwahlen an der Basis der SED übertragen: Sie dienten dazu, die zur Wahl stehende Parteileitung zu kontrollieren und die innerparteiliche Einheit zu demonstrieren, was ein Ausscheren oder gar Aufbegehren sinnlos erscheinen lassen sollte.

Ingrid Kirchhoff, die der Parteileitung ihrer GO angehörte, erlebte mehrfach Parteiwahlen, bei denen sie immer wieder in das Leitungsgremium gewählt wurde. Sie vergleicht den Ablauf rückblickend mit einer Vereinswahl, da man sich vorab auf die zu wählenden Kandidaten verständigt habe:

> »Dann ging das so los, dass einer aufstand und sagte, äh: ›Ich schlage, die Genossin Sowieso vor.‹ Und hat das kurz begründet. Dann kam die auf die Liste drauf. Ich, für mich musste auch einer stimmen. Ich konnte nicht automatisch reingehen. Da musste ein Genosse dann sagen: ›Ich schlage die Genossin Kirchhoff vor.‹ Aus den und den Gründen. Aber det wurde schon vorher so ein bisschen abgestimmt, ja? [...] Ja, wie es in ner Vereinswahl auch ist. So, so und dann wurde gewählt. Man hat mit Hand offen abgestimmt, zwar jede Stimme wurde gesa..., äh jeder Mann wurde gesagt, also wer ist jetzt für die Genossin Kirchhoff, denn Hand hoch und Genossin Sowieso und so wurde zwar öffentlich gewählt, aber mit Hand. So. Und dann war die APO-Leitung wieder für zwei Jahre bestückt.«[274]

An dieser Stellte hakt ihr Ehemann ein und winkt ab: »Ach, das stand doch schon alles vorher fest.«[275] Daraufhin lenkt Ingrid Kirchhoff ein und sagt: »Ja, die lagen meistens vorher fest. Äh, weil die alte APO war ja da, und hat schon dafür gesorgt und gesagt, wollt ihr alle wieder mitmachen? Und wenn die ja gesagt haben, also: ›Du schlägst den vor.‹ ›Du schlägst den vor.‹ Und so wurde det festgelegt, ja.«[276]

Die Schilderung vermittelt einen Eindruck davon, wie die Rollen zunächst aufgeteilt und in der Wahlversammlung gespielt wurden. Motiviert durch den Kommentar ihres Mannes, verdeutlicht sie, dass es sich nicht um freie und geheime Wahlen handelte. Für sie hatte die Parteiwahl den Charakter einer Vereinswahl, wo hinter

274 Interview mit Ingrid und Gerhard Kirchhoff am 8.9.2011, Transkript der Audiodatei, S. 39.
275 Ebd., S. 40.
276 Ebd.

den Kulissen Absprachen getroffen wurden. Unerwähnt bleibt ihr Eigeninteresse. Denn als staatliche Leiterin musste sie ein vitales Interesse gehabt haben, Teil des Entscheidungsgremiums Parteileitung zu sein bzw. zu bleiben, um etwa bei Personalfragen ihr Mitspracherecht und den Gestaltungsraum zu sichern. Letztlich waren die Parteisekretäre und Leitungsmitglieder dafür verantwortlich, dass die Parteiwahlen »klappten«: Sie stellten sicher, dass die auch vom SED-Apparat vorab bestätigten Personen gewählt wurden und das Wahlritual mit seiner festen Dramaturgie eingehalten wurde. Dazu gehörte zunächst, dass die Parteisekretäre wie auch die staatlichen Leiter eine hohe Beteiligung sicherstellten. Wie für alle Parteiveranstaltungen war die Teilnahme verpflichtend und die Information über ihre Einhaltung fester Bestandteil der innerparteilichen Berichterstattung. Unentschuldigtes Fehlen konnte nicht nur eine Parteistrafe für das betreffende Mitglied nach sich ziehen. Leitungsmitglieder und Parteisekretäre konnten ebenfalls zur Verantwortung gezogen werden, wenn viele Stühle leer blieben. Letztlich gab die Parteileitung den auf sie ausgeübten Druck an die Mitglieder weiter. Im Kreise der versammelten Mitglieder stellte die Parteileitung vor der Wahl ihren Rechenschaftsbericht zur Diskussion, der das berufliche, soziale und politische Engagement des Gremiums aufführte. Mangelndes politisches Engagement von Parteimitgliedern der GO war ein dauerhafter Kritikpunkt. Selbst bei Parteimitgliedern war es nicht immer leicht, sie zum politischen Engagement zu bewegen, sodass dieses Forum auch genutzt wurde, um Druck auf nicht aktive Mitglieder auszuüben. So konstatierte ein Informationsbericht der Bezirksleitung Potsdam über die Wahlen der Parteibasis in der Stadt Brandenburg: »In der Kreisparteiorganisation Brandenburg wurden in über der Hälfte der Wahlversammlungen solche Genossen [politisch inaktive Mitglieder, S.P.] beim Namen genannt und eine Änderung ihrer Haltungen unverzüglich verlangt.«[277]

Doch schien die Schaffung dieser, wie es im Bericht heißt, »freimütigen Atmosphäre« nicht selbstverständlich. Im Alltag dominierten persönliche und berufliche Beziehungen die Atmosphäre in den GO. Die Anforderung der Parteiapparate zur politischen Mobilisierung konnte manchmal schwer in dieses Beziehungsgeflecht, das auch von beruflichen Abhängigkeitsverhältnissen geprägt war, implementiert werden. So konnten Leiter etwa selbstbewussten Stahlarbeitern mit Parteibuch kaum politisches Engagement abverlangen. Vor diesem Hintergrund scheint vielmehr der Tenor eines Instrukteursberichts über die Arbeit der Kreisleitung Brandenburg bei der Durchführung der Parteiwahlen paradigmatisch. Demzufolge werden Genossen, die eine aktive Arbeit leisten, in den Berichtswahlversammlungen namentlich gewürdigt.

277 Schlaak, Ulrich (SED-BL Potsdam): Information über den weiteren Verlauf und die Ergebnisse der Parteiwahlen in den Parteigruppen, Abteilungsparteiorganisationen und Grundorganisationen, die nicht in Abteilungsparteiorganisationen untergliedert sind, 31.3.1987, in: SAPMO-BArch, DY 30/28837, o.Bl.

»Bei inaktiven oder Fehlverhalten von Genossen bleibt man oft allgemein und es kommt dann zu keiner herzhaften kritischen Atmosphäre. Beispielsweise im Rechenschaftsbericht der APO Konsum Produktion wird eingeschätzt: ›Es gibt Genossen, die im Kollektiv so auftreten, als wäre es ihnen peinlich, Mitglied der Partei zu sein.‹«[278]

Dieser Bericht zeigt, dass es sich als schwierig erweisen konnte, Genossen zu politischem Engagement zu bewegen, und eine Konfrontation gerne vermieden wurde. Dagegen wurden jene bestärkt, die bereits aktiv waren – eine offenbar erfolgreichere, aber in jedem Fall eine konfliktfreiere Strategie. Neben der politischen Mobilisierung hatte die Diskussion der Wahlversammlung insbesondere praktische Probleme des Alltags zum Gegenstand. Für den Parteiapparat stellte sich die Situation so dar, »dass das Bedürfnis vieler Genossen zu Problemen der täglichen Arbeit zu sprechen größer ist als beispielsweise zur antikommunistischen und anti-DDR-Hetze des Klassengegners«.[279]

Pragmatische Erfordernisse des Berufsalltags prägten somit nicht allein die Routineversammlungen der GO, sondern auch die Wahlversammlungen.[280] Als »Hinweise, Vorschläge und Kritiken« wurden auch in diesem Kontext Probleme vorgetragen und von der Parteileitung gesammelt und bearbeitet. Angelegenheiten, welche die Parteileitung vor Ort nicht lösen konnte, leitete sie zur Behebung an die Kreisleitung weiter.[281] Der regionale Parteiapparat interessierte sich genau für die vorgebrachten Probleme und ihre Behebung. So meldete die Bezirksleitung Potsdam an die Abteilung Parteiorgane des ZK, dass im Verlauf der Berichtswahlversammlungen im Jahr 1982 ca. 9300 »Vorschläge, Hinweise und Kritiken« erfasst worden seien,

»die während der Parteiwahlen noch nicht endgültig geklärt werden konnten. Davon betreffen etwa 60 Prozent Fragen und Probleme, die sich aus der Plandurchführung 1982 ergeben und sich im Wesentlichen auf die Sicherung eines kontinuierlichen Produktionsprozesses richten. Weitere 15 Prozent haben direkte Anliegen und Kritiken an staatliche und wirtschaftsleitende Organe zum Inhalt.«[282]

278 Instrukteursbericht zur Einschätzung der Arbeit der Kreisleitungen, Bericht über die bisherige Durchführung der Parteiwahlen im Kreis Brandenburg, 31.3.1977, in: BLHA, Rep. 530 Nr. 5947, Bl. 1.
279 Ebd.
280 Siehe den Abschnitt III.3 in dieser Arbeit.
281 Dieses Instrument wurde also nicht nur in den routinemäßigen Parteiversammlungen genutzt und bei der im Dekadenrhythmus durchgeführten Überprüfung der Parteidokumente, sondern auch im Rahmen der Wahlversammlungen.Vgl. ebd. sowie siehe den Abschnitt III.1 in dieser Arbeit.
282 SED-Bezirksleitung Potsdam: Ablschlussbericht über den Verlauf und die Ergebnisse der Parteiwahlen, 5.3.1982, in: SAPMO-BArch, DY 30/28830, o.Bl.

Wie oben bereits dargestellt, überwachte der Parteiapparat die Lösung der in der Wahlversammlung vorgebrachten Probleme. Die Parteileitung musste sich dieser annehmen und sich ernsthaft um eine Lösung bemühen, wollte sie nicht den Unmut der Parteimitglieder auf sich ziehen. Diese beschwerten sich nämlich mit parteiinternen Eingaben bei der Parteikontrollkommission über ihren staatlichen Leiter, wenn sie sich nicht ernst genommen fühlten.[283] Letztlich standen die Parteileitung und damit der Parteisekretär sowie der staatliche Leiter unter einem doppelten Druck: Sie waren einerseits verantwortlich für die politische Mobilisierung, wie etwa die Sicherstellung einer hohen Anwesenheit bei den Wahlversammlungen und die »planmäßige« Durchführung der Wahlen. Andererseits mussten sie die vorgebrachten Anliegen der Mitglieder ihrer GO ernst nehmen und sich für die Lösung von Problemen im Arbeitsbereich einsetzen, um keine Gegenstimmen zu kassieren. Denn auch diese riefen den Parteiapparat wieder auf den Plan, und es drohten eine Parteistrafe und die Absetzung von der Leitungsfunktion.

In den Berichtswahlversammlungen konnte auch Kritik an der Leistung der Parteileitung geübt werden. Gegenstimmen wurden vom Parteiapparat genauestens registriert. Viele Gegenstimmen riefen für ihn immer das Schreckgespenst einer oppositionellen Strömung hervor. Vereinzelte Gegenstimmen wurden dagegen als Unzufriedenheit mit der Leitungstätigkeit der GO gewertet. So meldete die Bezirksleitung Potsdam 1982 im Zuge der Parteiwahlen an die Abteilung Parteiorgane des ZK, dass es zu keiner wesentlichen Konzentration von Gegenstimmen gekommen sei.

> »Lediglich in der Grundorganisation der Hochschule für Film und Fernsehen Potsdam-Babelsberg mit einer Stärke von 111 Genossen erhielten der Parteisekretär, Genosse S., 10 und weitere Leitungsmitglieder 2 bis 8 Gegenstimmen. Nur 4 von 13 Leitungsmitgliedern wurden Einstimmig gewählt.«[284]

Zwar werden keine weiteren Informationen zu den Ursachen der Gegenstimmen im Bericht vermittelt, dennoch lässt sich die Vermutung anstellen, dass es sich hier im Kern nicht um oppositionelle Haltungen zur SED und ihrer Politik handeln dürfte. Die Gegenstimmen lassen sich vielmehr als Ausdruck eines Konflikts zwischen Parteileitung und den Mitgliedern der GO lesen, die ihre Funktionsträger als nicht kompetent genug ansahen, die Anliegen des Bereiches zu betreuen. So deutete beispielsweise auch die Abteilung Parteiorgane der Bezirksleitung Potsdam Gegenstimmen, die Parteisekretäre verschiedener GO im Zuge der Parteiwahlen 1971 erhielten, als Ausdruck der Unzufriedenheit der Genossen mit der Tätigkeit ihrer Parteileitung.

283 Siehe den Abschnitt III.2 in dieser Arbeit.

284 SED-Bezirksleitung Potsdam: Abschlussbericht über den Verlauf und die Ergebnisse der Parteiwahlen, 5.3.1982, in: SAPMO-BArch, DY 30/28830, o.Bl.

Nicht allein die Leitungsgremien der GO waren Kritik von unten ausgesetzt. Auch die Arbeit der Kreisleitungen konnte von den Genossen an der Basis kritisiert werden. So wünschten sich im Zuge der Parteiwahlen 1971 etwa einige GO aus Brandenburg, Potsdam und Falkensee, bei aktuellen politischen Ereignissen schneller Argumente und Informationen von ihrer Kreisleitung zu erhalten. Zudem forderten Parteisekretäre, von den regionalen Parteiapparaten schneller Antworten zu den in den monatlichen Berichtsbögen vermerkten »kritischen Hinweisen« zu bekommen.[285] Die Parteiwahlen dienten somit auch der Kontrolle der Leistung der Parteileitung.

Auch anhand der Parteiwahlen lassen sich schließlich in der zweiten Hälfte der 1980er-Jahre Krisensymptome festmachen. Sie drückten sich jedoch nicht in einer wachsenden Zahl von Gegenstimmen aus. Stattdessen wird ab 1987 anhand interner Berichte deutlich, dass das Steuerungs- und Regulierungsinstrument der »Hinweise, Vorschläge und Kritiken« an Grenzen stieß. Zwar zählte der Bericht der Bezirksleitung Potsdam an die Abteilung Parteiorgane des ZK verschiedene erfolgreiche Initiativen auf, die im Zuge der Parteiwahlen angestoßen wurden, um vorgebrachte Probleme zu lösen. So konnten im Berufsverkehr in Premnitz ein zweiter Bus eingesetzt oder in der Kaufhalle Kirchmöser-West die Ladenöffnungszeiten verlängert werden. Doch räumte die Bezirksleitung gegenüber der Berliner Parteizentrale erstmals ganz offen ein:

> »Insgesamt nehmen unter den kritischen Hinweisen Probleme der Zulieferung, der Material- und Ersatzteilbereitstellung einen breiten Raum ein. Sie werden gewissenhaft beantwortet, jedoch nicht immer zur Zufriedenheit der Genossen, da eine Reihe dieser Fragen durch die Betriebe selbst zurzeit nicht lösbar ist.«[286]

Die euphemistische Formulierung der Bezirksleitung kann jedoch nicht verhehlen, dass Parteimitglieder in den Betrieben des Bezirks äußerst frustriert waren, weil der Parteiapparat und auch die eigene Parteileitung an die Grenzen der Steuerungsfähigkeit stießen. Was der Teilnahme an den Parteiwahlen bis dato Sinn verliehen hatte, nämlich die Möglichkeit, Probleme vorzubringen, musste den Parteimitgliedern in den GO nun als nicht mehr lohnenswert erscheinen. Ebendieses Phänomen lässt sich im selben Jahr auch bei den Parteiversammlungen des Stahl- und Walzwerks ausma-

285 SED-Bezirksleitung Potsdam: Vorlage der Abteilung Parteiorgane für das Sekretariat der Bezirksleitung betr. Abschlussbericht über die Ereignisse der Parteiwahlen in den Grundorganisationen, 5.4.1971, in: BLHA, Rep. 530, Nr. 3824, o. Bl.

286 SED-Bezirksleitung Potsdam: Information an das ZK über den Verlauf der Parteiwahlen in den GO in den Kombinaten und Betrieben der Industrie, des Bau- und Transportwesens sowie der LPG und VEG und ihrer kooperativen Einrichtungen, 13.4.1987, in: SAPMO-BArch DY 30/28837, o. Bl.

chen: 1987 kritisierten Parteimitglieder, dass Antworten des regionalen Parteiapparates zur Lösung ihrer vorgebrachten Probleme immer häufiger ausblieben. Frustriert klagten sie, dass sich ihr Engagement nicht mehr lohne.[287]

Parteischulungen zur Autoritätsreproduktion

Neben der Steuerung des Sozialen stand die Ideologievermittlung im Mittelpunkt des Parteilebens der GO. Abseits der exklusiven und klandestinen ZK-Informationen, die eine aktuelle Berichterstattung samt politischer Einordnung lieferten, existierten weitere institutionalisierte Formen der Ideologievermittlung: das Parteilehrjahr und die Parteischulen. Hier wurden keine aktuellen Themen behandelt, sondern die theoretischen Grundlagen des offiziellen Weltbildes, des Marxismus-Leninismus, vermittelt. Diese Lehre galt nicht als Deutungsangebot, sondern als Wahrheit. In der Parteirhetorik war von der »objektiven Gesetzmäßigkeit« des Marxismus-Leninismus die Rede. Das Parteilehrjahr sollte nicht nur helfen, die einheitliche Lehre an der Basis durchzusetzen, sondern – einer säkularen Religion gleichend – Parteimitglieder zu glühenden Anhängern und Gläubigen machen, die die Lehre, einmal mit ihr vertraut gemacht, weitergaben.

Während der Aufbau und die differenzierten Strukturen der Parteischulungen sowie der sowjetische Einfluss auf das Parteischulungssystem erforscht sind,[288] werfen Funktion und Wirkung der Mitgliedererziehung Fragen auf. Denn gemessen an seinem Anspruch hatte der Parteiapparat versagt: Breite Teile der Mitgliederschaft hatten über Jahrzehnte hinweg die Leitideologie kaum verstanden und standen ihr oft teilweise oder sogar gänzlich ablehnend gegenüber.[289] Dennoch verwendete der Parteiapparat viel Energie darauf, die offenbar zwecklosen Parteischulungen durchführen zu lassen.

Um die Funktionen dieses Rituals zu ergründen, soll – wie bereits bei der vorangegangenen Analyse der Parteiwahlen – eine kulturhistorische Perspektive gewählt werden. Alexei Yurchak, der den Umgang mit politischen Ritualen anhand des sowjetischen Jugendverbandes Komsomol untersuchte, hebt hervor, dass sich seit den 1950er-Jahren sukzessive eine Standardisierung des Herrschaftsdiskurses vollzogen habe. Der daraus resultierende »autoritative Diskurs« sei starr, verknöchert und unverrückbar gewesen, sodass die Bedeutungsebene an Relevanz verloren habe.

287 Siehe den Abschnitt IV.1 in dieser Arbeit.

288 Vgl. Kluttig: Parteischulung; Haritonow: Ideologie als Institution und soziale Praxis. Auch die alltagsgeschichtliche Dimension der Parteischulen und der Aspekt, wie die Schulungsakteure die Rollenanforderungen auffassten, wurde zumindest für die 1950er- und 1960er-Jahre ausgelotet. Vgl. Kiepe, Jan: Für die Revolution auf die Schulbank. Eine alltagsgeschichtliche Studie über die SED-Funktionärsausbildung in Thüringen, Bonn 2016.

289 Allinson: Das Parteilehrjahr der SED.

In verschiedenen Kontexten sei der autoritative Diskurs nun immer gleich reproduziert worden. Die Dogmatisierung der Ideologie sei Ausdruck des hegemonialen Machtanspruchs der Partei gewesen, während die Akzeptanz und Reproduktion des autoritativen Diskurses mitsamt seinen Ritualen es dem Sowjetbürger ermöglicht habe, seine Eigeninteressen zu verfolgen.[290] Diesem Konzept folgend werden auch die Parteischulungen als ein Element der Herrschaftsrepräsentation verstanden, die der Autoritätsreproduktion und damit der Herrschaftssicherung dienten. Aus Perspektive der Parteimitglieder war die Teilnahme am Schulungssystem und die Wiederholung des autoritativen Diskurses[291] Voraussetzung, um ihre eigenen Interessen zu verfolgen. Diese Symbiose war jedoch nicht a priori gegeben, sondern musste durch die regelmäßige Durchführung des Parteilehrjahres immer wieder hergestellt werden. Auch hier spielten die staatlichen Leiter eine zentrale Rolle.

Lange war das Parteilehrjahr Sorgenkind des Apparates. Bereits seit 1945 veranstaltete die wiedergegründete Kommunistische Partei Bildungsabende und Bildungskreise, die jedoch äußerst schwach besucht waren.[292] Auch nachdem 1950 das für SED-Mitglieder verpflichtende Parteilehrjahr nach sowjetischem Vorbild eingeführt worden war, blieben fehlendes Engagement und mangelnde Teilnahme ein Dauerproblem. Schwierigkeiten hatte der Parteiapparat auch damit, genügend Dozenten bzw. Propagandisten zu rekrutieren. Erst nach dem Mauerbau setzte eine Konsolidierung bei der Teilnahme sowie der Gewinnung und Schulung von Zirkelleitern ein. In den 1970er- und 1980er-Jahren waren 90 Prozent der Mitglieder im Parteilehrjahr erfasst, die übrigen 10 Prozent aus Alters- oder Gesundheitsgründen entschuldigt. Maßgeblich für die Stabilisierung waren nicht allein der Ausbau und die Professionalisierung der regionalen Parteiapparate, die der Kontrolle und Anleitung der Propagandisten mehr Aufmerksamkeit schenkten. Es waren insbesondere staatliche Leiter, die dafür sorgten, dass das Ritual durchgeführt wurde: 1975 stammten nur 3 Prozent der Zirkelleiter aus der materiellen Produktion, während 50 Prozent leitende Kader aus Wirtschaft, Staat oder einer gesellschaftlichen Organisation sowie weitere 25 Prozent Meister und Angestellte waren. Dass dieses Ehrenamt insbesondere von Vorgesetzten ausgefüllt wurde, verstetigte sich in den folgenden Jahren. So verfügten zum Parteilehrjahr 1977/78 72,3 Prozent und zum Studienjahr 1982/84 75,2 Prozent der Propagandisten über einen Hoch- oder Fachhochschulabschluss. Überwiegend wurde dieses Ehrenamt dauerhaft ausgeübt: 1982 war ein Viertel der Propagandisten seit

290 Yurchak: Everything Was Forever, Until It Was No More, S. 1–29, insb. S. 14 f.

291 Auch Martin Sabrow beschreibt diese doppelte Dimension der sozialistischen Wirklichkeit unter Verwendung des Begriffs Herrschaftsdiskurs. Der Herrschaftsdiskurs bestand einerseits als objektive Macht – etwa in institutionalisierter Form. Andererseits hatte er auch eine subjektive Ebene, die sich durch individuelle Rezeption und Reproduktion konstituierte. Vgl. Sabrow, Martin: Einleitung, Geschichtsdiskurs und Doktringesellschaft, in: ders. (Hg.): Geschichte als Herrschaftsdiskurs. Der Umgang mit der Vergangenheit in der DDR, Köln 2000, S. 13 und 16.

292 Hier und im Folgenden: Allinson: Das Parteilehrjahr der SED, S. 12–24.

mindestens fünf Jahren als Zirkelleiter tätig, ein Drittel bereits länger als zehn Jahre. Auch die »marxistisch-leninistische Bildung« der Propagandisten konnte erhöht werden: Zum Studienjahr 1977/78 hatten 80 Prozent und 1982/84 bereits 90 Prozent eine Parteischule besucht.[293] Wie auch diejenigen, die in der Leitung ihrer GO ein Ehrenamt ausübten, verfügten die meisten Propagandisten über einen Abschluss der einjährigen Kreis- oder Betriebsparteischule.[294] 1954/55 hatte dagegen nur etwa ein Drittel der Leitungsmitglieder eine Parteischule besucht.[295] Der Parteiapparat wertete es als wichtigen Erfolg, dass fast alle Kader an der Basis Parteischulen durchlaufen hatten. Ein differenziertes Parteischulungssystem für die Bereiche Partei, Staat und Wirtschaft sowie für verschiedene Hierarchiestufen war im Laufe der 1960er-Jahre etabliert worden.[296] Die unterste Ebene dieser Schulungspyramide bildete das Parteilehrjahr.

Was wurde auf der einmal monatlich stattfindenden Schulungssitzung besprochen, und was wurde den Propagandisten, Leitungsmitgliedern und Parteisekretären von GO in den Kreis- bzw. Betriebsparteischulen vermittelt? Die inhaltlichen Säulen des Parteilehrjahres waren die Grundlagen des Marxismus-Leninismus, das jeweils aktuelle Programm der SED bzw. Parteitagsbeschlüsse, die Geschichte der KPdSU und der SED sowie die Werke von Marx, Engels und Lenin. Die Vermittlung der Theorie, Geschichte und Politik der SED diente nicht nur der Legitimierung des politischen Systems als Ganzem, sie sollte auch den jeweils aktuellen politischen Kurs rechtfertigen. Das Lehrangebot erweiterte und differenzierte sich im Laufe der Jahrzehnte, wobei zu Beginn der 1960er-Jahre auch der Reformversuch NÖSPL seine Spuren im Lehrplan hinterließ: Neben der Geschichte der Arbeiterbewegung war das Parteilehrjahrseminar zur Wirtschaftspolitik der SED am weitesten verbreitet.[297] Stärker als in den Jahren unter Ulbricht folgten die Inhalte seit dem Machtantritt Honeckers dem Rhythmus der Parteitage. Das sich ausweitende Lehrangebot richtete

293 ZK-Abteilung Parteiorgane: Information für das Sekretariat des ZK der SED über die Bezirksparteiaktivtagungen zur Eröffnung des Parteilehrjahres 1982/83 sowie über die Einstufung der Mitglieder und Kandidaten in das Parteilehrjahr und die Zusammensetzung der Zirkel und Seminare, 22.9.1982, in: SAPMO-BArch, DY 30/27974, o. Bl.

294 Unter den Leitungsmitgliedern von GO hatten 1983 knapp 72 Prozent und bei den Parteisekretären 85 Prozent einen Dreimonatslehrgang einer Bezirksparteischule besucht. In der Industrie- und Baubranche verfügten über 80 Prozent der Leitungsmitglieder und 90 Prozent der GO-Sekretäre über den Abschluss einer einjährigen Kreis- oder Betriebsparteischule. Vgl. ZK-Abteilung Parteiorgane: Information an das Sekretariat des Zentralkomitees über die kadermäßige Zusammensetzung der gewählten Leitungen der Grundorganisationen, Abteilungsparteiorganisationen und Ortsleitungen 30.11.1983, in: SAPMO-BArch, DY 30/27971, Bl. 2.

295 ZK-Abteilung Parteiorgane: Angaben über die Wahlberichtsversammlungen in den SED-Grundorganisationen, 195455, Soziale Zusammensetzung der Parteileitungen der Grundorganisationen, 3.12.1954, in: SAPMO-BArch DY 30/IV 2/5/131, o. Bl.

296 Abteilung Kaderfragen des ZK: Information über das System der Aus- und Weiterbildung der Parteikader, 7.9.1970, in: SAPMO-BArch, DY 30/IV A 2/11/4, o. Bl. Siehe auch: Kluttig: Parteischulung.

297 Hier und im Folgenden: Allinson: Das Parteilehrjahr der SED, S. 9–12.

sich dabei nicht allein nach den Schwerpunkten des jeweiligen politischen Kurses. Immer mehr Parteimitglieder hatten die Grundlagen des Marxismus-Leninismus sowie die Geschichte der KPdSU, der SED und der Arbeiterbewegung durchlaufen, sodass eine Differenzierung und Erweiterung des Angebots notwendig wurde.

Neben Parteimitgliedern absolvierten auch Parteilose die politischen Schulungen. So waren beispielsweise für das Parteilehrjahr 1982/84 insgesamt 233 219 Beschäftigte ohne SED-Parteibuch registriert. Knapp 60 Prozent davon waren Lehrer. Aber auch einfache parteilose Beschäftigte der Verwaltung nahmen am Parteilehrjahr teil. Es gehörte zur täglichen Berufspraxis und zum Rollenverständnis eines Verwaltungsangestellten oder Lehrers, agitationsfähig zu sein und das »richtige Weltbild« sowie die Grundzüge der aktuellen Politik vermitteln zu können. Die Reproduktion des autoritativen Diskurses bzw. das Erlernen der Fähigkeit, sich der offiziellen Formeln souverän schriftlich und mündlich bedienen zu können, war die Funktion des Parteilehrjahres und insbesondere der Parteischulen. Gerade die mündliche Kommunikation in dieser hoch formalisierten Sprache war für die meisten Mitglieder der Parteibasis eine Herausforderung. Bereits in Mitgliederversammlungen der GO wurde es häufig vermieden, über politisch-ideologische Themen zu sprechen. Viele sorgten sich, den autoritativen Diskurs nicht richtig zu reproduzieren oder das Netz der sozialen Beziehungen zu stören.[298]

Für Propagandisten des Parteilehrjahres, GO-Leitungsmitglieder und Parteisekretäre galt dies natürlich in besonderem Maße. Sie erlernten die »Agitationsfähigkeit« in Parteischulen. In der Einschätzung zum Studienjahr 1984/85 der Kreis- und Betriebsschulen des Marxismus-Leninismus in Brandenburg hieß es, die Mehrheit habe

> »Kenntnisse erworben, um die Wesenseinheit von Sozialismus und Frieden, die dialektische Einheit zwischen dem Kampf und die Sicherung des Friedens und der Sicherung des militärpolitischen Gleichgewichts sowie der dazu notwendigen Voraussetzungen, der weiteren ökonomischen Stärkung der DDR und der gesamten sozialistischen Staatengemeinschaft zu erkennen und in der politischen Argumentation nachzuweisen.«[299]

Es ging jedoch nicht allein darum, dass die Teilnehmer die Verknüpfung aus aktueller Außen- und Innenpolitik der SED mit leninistischer Theorie und dem Geschichtsbild nachvollziehen und eigenständig vermitteln konnten. Ihnen wurden auch praktische

298 Siehe den Abschnitt III.3 in dieser Arbeit. Zu den Herausforderungen und Techniken der Reproduktion des autoritativen Diskurses siehe auch: Yurchak: Everything Was Forever, Until It Was No More, S. 83–92.

299 Hier und im Folgenden: SED-Kreisleitung Brandenburg: Einschätzung des Studienjahres 1984/85 an der Kreis- und den Betriebsschulen des Marxismus-Leninismus, in: BLHA, Rep. 531 Brbg. Nr. 2032, Bl. 1–32.

Fertigkeiten der Parteiarbeit an die Hand gegeben. Zur »wirksamen politischen Arbeit der Grundorganisationen zur Führung der ökonomischen Prozesse« zählte der Parteiapparat etwa die Arbeit mit Kampfprogrammen und Leistungsvergleichen. Auch praktische Hinweise zur Gestaltung des Parteilehrjahres gehörten zum Lehrplan. Besonders hilfreich schienen diese praktischen Fertigkeiten jedoch nicht zu sein. Teilnehmer kritisierten etwa den Aufwand für diese Methoden, die nur dort durchführbar seien, wo hauptamtliche Parteisekretäre tätig seien. Auch wurden die Methoden selbst teilweise offen kritisiert: Leistungsvergleiche würden etwa zu »Zahlenhascherei« verführen. Auch gebe es keine Ehrlichkeit in der Informationstätigkeit nach oben. Diese Kritikpunkte wurden jedoch schnell in »klärenden Diskussionen« aus der Welt geräumt.

Insgesamt besuchten die Teilnehmer ein ganzes Jahr lang einmal wöchentlich die Kreis- oder Betriebsparteischule. 1985 war in Brandenburg immer donnerstags Parteischultag. Dem Lehrplan aus diesem Jahr zufolge hörten die Teilnehmer etwa am 28. November von 8 bis 10 Uhr den Vortrag des Genossen Dr. Ottinger von der Akademie für Staats- und Rechtstheorie zum Thema »Der Imperialismus als höchstes und letztes Stadium des Kapitalismus«, gefolgt von einem weiteren zweistündigen Vortrag zur wirksamen Gestaltung des Parteilehrjahres vom Leiter der Abteilung Agitation und Propaganda der Kreisleitung Brandenburg. Der Nachmittag war vorgesehen für eine Aussprache zur (historischen) Bedeutung des Verhältnisses von SED und KPdSU. Nicht nur dieser vollgepackte Stundenplan zeigt, dass die Einübung des autoritativen Diskurses mit Anstrengung verbunden war. Die Teilnehmer waren auch verpflichtet, einen Kurzvortrag zu halten, eine schriftliche Kontrollarbeit anzufertigen und am Ende des Studienjahres eine weitere, längere schriftliche Hausarbeit einzureichen. Am Ende des Parteischuljahres wurden die Leistungen nach dem Schulnotenprinzip bewertet.

Zu den Bewertungskriterien zählte zunächst die richtige Wiedergabe des autoritativen Diskurses, wobei außerdem »die wichtigen Argumente« – also die richtigen Schwerpunkte – zur Sprache gebracht werden mussten. Bestenfalls schaffte es der Absolvent, die Theorie mit aktueller Parteipolitik zu verbinden und daraus praktische Schritte für die Parteiarbeit abzuleiten. Neben dieser »richtigen Wiedergabe« war das freie Sprechen ein zentrales Bewertungskriterium, also die Wiedergabe »in freier Argumentation« und die »Auseinandersetzung mit falschen Auffassungen in freier Argumentation«. Zuletzt ging auch die Bereitschaft, eine ehrenamtliche Parteifunktion zu übernehmen, in die Beurteilung ein.

Die Überlieferungen vermitteln einen Eindruck davon, wie schwierig es war, »agitationsfähig« zu werden. Der Einschätzung zufolge hatten einige Teilnehmer des Studienjahres 1984/85 das Lernziel verfehlt. Sie haben große Mühe, so der Bericht, politisch zu überzeugen, da ihnen die Voraussetzung fehle, erworbenes Wissen zu vermitteln.

Sowohl Teilnehmer des Parteilehrjahres als auch Propagandisten erinnern sich an das Parteilehrjahr größtenteils als formal und langweilig. So schildern Elke und Jürgen Schubert, die beide im Stahlwerk in Brandenburg tätig waren, rückblickend die ermüdende Routine und die lebensfernen Inhalte. Auf die Frage, ob es auch interessante Sitzungen des Parteilehrjahres gegeben habe, entgegnet Jürgen Schubert:

»Ne. Det war immer detselbe. Immer wieder die Richtlinie, die von der Partei, von der obersten Partei rausgegeben wurden. Wie kann man die durchsetzen? Wie kann man die umsetzen? Ja. Immer wieder detselbe. Wat anderes gab's nicht. Denn war ja, denn gab's och mal ein paar Sachen, die man da aus dem kommunistischen Manifest (lacht) denn diskutiert hat.«[300]

Im Zuge der Schilderungen scheint sich auch Elke Schubert langsam wieder an den Ablauf der Lehrjahrssitzungen zu erinnern und ergänzt »Ja, hat ener gelesen. Hat wat vorgelesen«[301], und wird gleich wieder von ihrem Ehemann unterbrochen, der diese Information in seine weiteren Ausführungen einbaut: »Hat ener wat vorgelesen und so. Aber es war immer wieder detselbe. Da war nüscht, et war nüscht Greifbares. Nüscht Praktisches. Es war alles wirklich nur graue Theorie. Nicht umsetzbare, graue Theorie.«[302]

Die lebensfernen Inhalte bzw. die »graue Theorie« und der monotone Frontalunterricht machten das Parteilehrjahr zu einer Pflichtveranstaltung, die man schlichtweg hinter sich brachte. Auch in den Überlieferungen der KPKK Brandenburg finden sich Hinweise zum starren und eintönigen Ablauf. Im VEB Kühlbetrieb Brandenburg lief, wie die KPPK im Zuge einer Untersuchung ermittelte, der Unterricht so ab: »Zunächst erfolgt ein kleiner Vortrag und dann werden gezielte Fragen zu den einzelnen Problemen gestellt. Offene Fragen gibt es eigentlich nicht.«[303] Auch Ingrid Kirchhoff machte als staatliche Leiterin im Stahlwerk diese Erfahrung. Sie war Leitungsmitglied ihrer APO und für einen Kollegen, der als Propagandist im Parteilehrjahr tätig war, eingesprungen: »[…] der in Urlaub war. Und da wurde ich gebeten, das mal zu machen, ja. Aber im Grunde jenommen haben sie det vorgesabbelt, sag ich jetzt mal, wat in dem Buch drin stand, ja?«[304]

Mit dem hier angesprochenen Buch ist das Themenheft zum jeweiligen Seminar gemeint, das die inhaltlichen Schwerpunkte und Zielstellungen für den Dozenten

300 Interview mit Elke und Jürgen Schubert am 4.8.2010, Transkript der Audiodatei, S. 32 f.
301 Ebd.
302 Ebd.
303 KPKK Brandenburg: Untersuchung im VEB-Kühlbetrieb Magdeburg, Werk III Brandenburg, 30.6.1972, in: BHLA Rep. 531 Brbg. Nr. 1551, o.Bl.
304 Interview mit Ingrid und Gerhard Kirchhoff am 8.9.2011, Transkript der Audiodatei, S. 49 f.

bzw. Propagandisten beinhaltete.[305] Während die Teilnehmer des Parteilehrjahres gegen die Müdigkeit ankämpften, konnte für die Propagandisten dieser feste Rahmen, der tagesaktuelle Probleme ausklammerte, eine Erleichterung darstellen. Für den ehemaligen Leiter im Verkauf des Stahlwerks Brandenburg, Günther Dornheim, war die Tätigkeit als Propagandist genau deshalb attraktiv. Das Ehrenamt des Parteisekretärs oder Leitungsmitglieds der GO wäre für ihn dagegen eine Belastung gewesen:

> »Weil wenn sie dich dann gefragt haben, ja warum gibt's denn das nicht, warum haben wir denn Schwierigkeiten, warum ist es, ja, ja wat haste den Leuten jesagt, ja? Und die, da waren en Haufen Frauen bei mir da. Ja, wat ich denen jesagt, die sind doch och alle nicht doof. Und wenn ich da, die hätten, die haben doch alle bloß drauf gelauert, dass sie mich widerlegen konnten, wenn irgendwat war, ja?«[306]

Auf die Nachfrage, was er genau mit »lauern« und »widerlegen« meine, erklärt er, dass er häufig gefragt worden sei:

> »Ja, ja warum gibt's denn bei uns keene Jeans, warum kriegen wir denn da keine Möbel, und die Bettwäsche jetzt ein halbes Jahr hat's da nichts jejeben, und die Tochter, die braucht unbedingt, warum kriegen wir sie nicht?‹ Da kann ich nicht jedes Mal sagen, ›Ja, in Ägypten war wieder große Trockenheit (lacht), und die haben keine Baumwolle jeliefert, und wir konnten nicht.‹ Ja?!«[307]

Wenn die Formulierungen auch etwas zugespitzt erscheinen, verweist die Schilderung auf die unangenehme und teilweise absurde Situation, tagtägliche Dissonanzen erklären zu müssen. Die Mitarbeiter(innen) seines Arbeitsbereichs artikulierten selbstbewusst ihren Unmut und konnten insofern Druck auf ihre Vorgesetzten ausüben, als sie das Versorgungsversprechen einforderten. Günther Dornheim empfand diese Situation als äußert unangenehm, da für ihn seine Mitarbeiter nur darauf zu warten schienen, ihn als Repräsentanten der Partei in die Pflicht zu nehmen. Das Ehrenamt des Propagandisten ging dagegen mit der Erwartungssicherheit einher, aktuelle und damit kritische Themen ausblenden zu können. Umgekehrt war es für Parteimitglieder schwierig, sich der Verpflichtung zur Teilnahme zu entziehen, handelte es sich beim Dozenten doch in der Regel auch gleichzeitig um ihren Vorgesetzten.

Trotz dieser unterschiedlichen Perspektiven wurde das Parteilehrjahr auf beiden Seiten überwiegend als lästige Pflicht empfunden. Den Überlieferungen des Partei-

305 Beispielsweise: Autorenkollektiv: Politische Ökonomie des Sozialismus und ökonomische Strategie der SED. Parteilehrjahr der SED 1988/89, 2. Studienjahr (Studien und Seminarhinweise), Berlin (Ost) 1988.
306 Interview mit Günther Dornheim am 29.11.2010, Transkript der Audiodatei, S. 50.
307 Ebd.

apparates sind reichlich Beispiele zu entnehmen, dass Teilnehmer und Propagandisten den Aufwand überschaubar hielten. Häufig wurden das Parteilehrjahr und die Mitgliederversammlung zusammen durchgeführt,[308] wobei das Parteilehrjahr nur als kurzer Bestandteil von nicht mehr als einer Viertelstunde abgehalten wurde.[309] Manchmal fand es auch nur auf dem Papier statt.[310] Im Alltag standen in den Betrieben und auch Verwaltungen praktische Erfordernisse im Vordergrund, sodass das Parteilehrjahr nicht selten umgewidmet wurde. Anstatt politisch-ideologische Themen zu behandeln, wurden häufig Versorgungsfragen oder dienstliche Belange besprochen.[311] Die Umnutzung als Gesprächsforum für praktische Probleme am Arbeitsplatz konnte der Pro-forma-Veranstaltung Sinn verleihen.

Anders als das obligatorische Parteilehrjahr hielt die Betriebsparteischule offenbar auch interessante Sitzungen bereit. Diese Erfahrung machte zumindest ein ehemaliger Leiter im Bereich Verkauf/Inland des Stahlwerks in Brandenburg, Michael Frei:

> »Ich habe aber ein oder zweimal an der Betriebsschule ML teilgenommen. Das war schön. (lacht) Betriebsschule ML, da war also, Betriebsschule Marxismus-Leninismus, äh, da wurden dann die Leute mal hin delegiert, äh, aus Abteilungen und da fiel einmal im, ja, einmal im Monat war dann so ein Seminar oder ein ganzer Tag. Das war also dann eben auch, der war ja freigestellt, da war man freigestellt für den Tag. Dann wurde zudem, dann hat man mit Leuten unterschiedlicher betrieblicher Struktureinheiten zu tun gehabt, und dann war manchmal ein Dozent von außerhalb (Räuspern) oder auch einer von der, von intern. Und der hat dann zu irgendwelchen Themen gesprochen und darüber wurde diskutiert. Das war richtig Diskussion.«[312]

Auch wenn zu Beginn der Schilderung durch das Lachen kurz Ironie anklingt, wird Michael Frei im weiteren Verlauf seiner Darstellung ernst. Anregend fand er die Vorträge der Dozenten, die nicht nur aus der SED-Kreisleitung kamen. Neben Dr.

308 SED-Bezirksleitung Potsdam: Bericht über Erfahrungen und Ergebnisse bei der Durchführung des Parteilehrjahres 1984, in: SAPMO-BArch, DY 30/28834, o. Bl. Siehe auch: Allinson: Das Parteilehrjahr der SED, S. 12–24.

309 KPKK Brandenburg: Zwischeneinschätzung der Untersuchung in der GO des DRK-Krankentransport, Protokoll der Sitzung der KPKK am 13.1.1988, in: BLHA, Rep. 531 Bbrg. Nr. 2230, o. Bl.

310 KPKK Brandenburg: Untersuchung in der LPG Warchau-Golwitz, 15.3.1974, in: BLHA Rep. 531 Brbg. Nr. 1553, o. Bl.

311 KPKK Brandenburg: Zwischeneinschätzung der Untersuchung in der GO des DRK-Krankentransport, Protokoll der Sitzung der KPKK am 13.1.1988, in: BLHA Rep. 531 Bbrg. Nr. 2230, o. Bl. Siehe auch: SED-Bezirksleitung Karl-Marx-Stadt: Einschätzung der Partei- und Massenarbeit im Monat Dezember in den Betrieben des Bauwesens 12.1.1978, in: SAPMO-BArch DY/30/IV B 2/5, o. Bl. Auch Inga Markovits machte diese Beobachtung beim Kreisgericht Lüritz, wo praktische Justizprobleme in der »ideologischen Stunde« behandelt wurden. Vgl. Markovits: Gerechtigkeit in Lüritz, S. 206. Siehe auch den Abschnitt III.3 in dieser Arbeit.

312 Interview mit Michael Frei am 6.12.2010, Transkript der Audiodatei, S. 35 f.

Ottinger von der Akademie für Staats- und Rechtstheorie hielt im Studienjahr 1985 in Brandenburg etwa André Brie vom Institut für internationale Beziehungen einen Vortrag über die Beziehungen zwischen der DDR und der BRD.[313] Im restriktiven Informationssystem der Parteiherrschaft hatten Referate von Vertretern exponierter staatlicher Institutionen einen besonderen Stellenwert.[314] Neben interessanten Ausführungen von Parteiintellektuellen, betont Michael Frei, habe es richtige Diskussionen – natürlich innerhalb der Grenzen des Sagbaren – gegeben. Dass dies möglich war, führt er auf die überschaubare Gruppengröße von 12 bis 14 Teilnehmern zurück. So habe eine Atmosphäre der Vertrautheit entstehen können.[315] Eher am Rande erwähnt er, dass er in der Betriebsparteischule mit Leuten – überwiegend Leitern – aus allen Bereichen des Betriebs zusammenkam. Auch dieser Austausch dürfte äußerst interessant gewesen sein, da er dadurch Einblicke in andere Bereiche des Werks gewinnen konnte. Natürlich bot dieses wöchentliche Zusammentreffen auch die Möglichkeit des Netzwerkens. In seiner Erzählung erwähnt er, dass er Kontakte geknüpft habe, und stellt die besonders gute Atmosphäre der Teilnehmer untereinander heraus. An die schöne Abschlussveranstaltung »dieser Truppe« erinnert er sich gerne. Sie hätten »so ein Segelboot, ein großes Segelboot gemietet und sind dann, haben so eine schöne Abschlussfahrt gemacht, und, hier auf dem Brandenburger See. Also das war eine interessante Sache.«[316]

Der Besuch einer Betriebs- oder Kreisparteischule war eine Erfahrung, die sich von der Routine der üblichen Parteiveranstaltungen abhob. Dennoch war Parteischule und Parteilehrjahr gemein, dass die Teilnehmer den Inhalten keine herausgehobene Bedeutung beimaßen. Das Absolvieren der Veranstaltungen war überwiegend eine Pro-forma-Handlung, die es ermöglichte, die vielfältigen eigenen Interessen zu verfolgen.[317] So konnte die Tätigkeit als Propagandist für staatliche Leiter im Spektrum der Ehrenämter das kleinere Übel sein. Parteimitglieder konnten mit der Teilnahme am Parteilehrjahr ihre Loyalität unter Beweis stellen, die Bedingung für die berufliche Weiterentwicklung war, oder auch die Chancen erhöhen, bei persönlichen Anliegen Unterstützung durch die Parteileitung zu erfahren. Darüber hinaus bot der Besuch der Parteischulen die Chance, berufliche Netzwerke auszuweiten, mehr Informationen

313 Hier und im Folgenden: SED-Kreisleitung Brandenburg: Einschätzung des Studienjahres 1984/85 an der Kreis- und den Betriebsschulen des Marxismus-Leninismus, in: BLHA Rep. 531 Brbg. Nr. 2032, Bl. 1–32.

314 Diese Erfahrung machte in den 1970er- und 1980er-Jahren auch ein Beschäftigter der VEB Deutsche Schallplatten Berlin. Er schildert, instruktive Parteilehrjahre erlebt zu haben, weil ein Dozent der Hochschule für Planökonomie gewonnen wurde. Neben dem Surplus an Informationen herrschte auch hier angeblich eine größere Offenheit. Vgl. Unabhängige Autorengemeinschaft: »So habe ich das erlebt«, Spurensicherung IV, Niedergang der DDR, Ehrlich gekämpft und verloren, Schkeuditz 2002, S. 110–113.

315 Interview mit Michael Frei am 6.12.2010, Transkript der Audiodatei, S. 42.

316 Ebd., S. 35 f.

317 Yurchak: Everything Was Forever, Until It Was No More, S. 93–102.

etwa durch interessante Vorträge zu erhalten oder einfach Gemeinschaft zu erleben. Freilich war es auch möglich, dass einigen Parteimitgliedern die Anwendung des autoritativen Diskurses, etwa durch das Anfertigen von Texten oder auch durch freies Sprechen, Spaß machte und sie es außerhalb des Parteilebens in alltäglichen Situationen anwandten – was allerdings die Ausnahme gewesen sein dürfte.[318]

Um jedoch diese Eigeninteressen verfolgen zu können, war die bloße Teilnahme an Parteiveranstaltungen nicht ausreichend. Die Fähigkeit, den autoritativen Diskurs – in mündlicher oder schriftlicher Form – reproduzieren zu können, vergrößerte die Chance, eigene Anliegen durchzusetzen und somit sinnvolle Tätigkeiten innerhalb der Parteistrukturen zu verfolgen. Dies gilt insbesondere für Staatliche Leiter, die für die Aufrechterhaltung des Rituals des Parteilehrjahres die zentralen Akteure waren. Wer die Parteirhetorik souverän beherrschte, konnte sich auch ganz konkret die Strukturen der GO zunutze machen: Einfache Beschäftigte mit Parteibuch konnten den Druck auf Parteisekretäre und staatliche Leiter erhöhen, wenn sie ihre eigenen Bedürfnisse oder die Anliegen ihrer Kollegen in die Form des Offizialdiskurses kleideten; Parteisekretäre erhöhten die Chance auf Unterstützung durch den Parteiapparat, wenn sie die richtige Form für ihre Berichte beachteten; und staatliche Leiter konnten durch die souveräne Reproduktion des autoritativen Diskurses gegenüber Anforderungen des Parteiapparates Freiräume für die Gestaltung ihres Arbeitsbereiches gewinnen oder auch Druck auf Mitarbeiter mit Parteibuch ausüben, um Anforderungen des Parteiapparates oder beruflichen Erfordernissen Genüge zu tun.

Dieses System der Autoritätsreproduktion geriet mit den Reformen Gorbatschows ins Wanken: Glasnost und Perestroika brachen den festgefügten autoritativen Diskurs auf und reaktivierten die Bedeutungsebene – mit massiven Folgen für das Legitimitätsempfinden in Bevölkerung und Mitgliederschaft.[319] Erst im Zuge der Reformpolitik Gorbatschows wurde die Breschnew-Ära als Zeitalter der Stagnation empfunden.[320] Die Reformen im fernen Moskau stellten auch das System der Parteischulungen der SED und seine Inhalte in Frage. Die Parteiführung versuchte erfolglos, dieser Bedrohung Einhalt zu gebieten. Glasnost und Perestroika durften weder auf die politische Tagesordnung noch Raum im Lehrplan erhalten. So wurden Parteilehrjahrkurse zu den Werken Marx', Lenins und der Geschichte der KPdSU, die für den Zeitraum 1989 bis 1991 geplant waren, nach hinten verschoben und die laufenden Kurse um ein weiteres Jahr verlängert.[321] Der sich in der Sowjetunion rasch entwickelnde kritische Geschichtsdiskurs sollte unbedingt abgeblockt werden. Schon Ende Oktober 1987 beschloss das Politbüro, Schulen und Hochschulen eine

318 Vgl. ebd., S. 102–107, insb. S. 105.
319 Siehe den Abschnitt IV.3 in dieser Arbeit.
320 Yurchak: Everything Was Forever, Until It Was No More, S. 7.
321 Allinson: Das Parteilehrjahr der SED, S.12.

schriftliche Handreichung zur Geschichte der KPdSU zur Verfügung zu stellen.[322] Die knapp 60-seitige Broschüre »Handreichung für den Lehrgang Geschichte der KPdSU« widmete der Reformpolitik ganze zwei Seiten. So dürfte diese »Orientierung«, die auch für das Parteilehrjahr herangezogen wurde, gerade die Anhänger Gorbatschows in der Mitgliederschaft frustriert haben.[323] Sie hofften auf Reformen auch in der SED und fanden Wege, sich über die Veränderungen in der Sowjetunion abseits der von der SED autorisierten Quellen zu informieren. Ebendiese Erweiterung des ideologischen Raums stellte in wachsendem Tempo die etablierten Strukturen und Techniken der Autoritätsreproduktion in Frage.

5. Die Grundorganisation als Steuerungsinstanz. Zwischenfazit

Wie lässt sich nach diesen Erkundungen der Organisationswelt das Parteileben an der Basis der SED charakterisieren? Die bisherige Forschung sprach den immer montags nach Feierabend stattfindenden Versammlungen eine Bedeutung jenseits der Disziplinierung und Unterdrückung weitgehend ab. Aufgrund des Fehlens freier politischer Debatten und Kontroversen habe innerhalb der verknöcherten Rituale die institutionalisierte Langeweile regiert – bis das inhaltsleere Gehäuse mit den Massenaustritten im Herbst 1989 schließlich in sich zusammenbrach. Jenseits dieser politikgeschichtlichen Perspektive eröffnet ein soziokultureller Zugriff aber neue Einblicke. Er zeigt, dass vom Parteileben Kohäsionskräfte ausgingen, die weit über die disziplinierende Funktion hinausweisen und für die »rätselhafte Stabilität«[324] der Parteiherrschaft von zentraler Bedeutung waren. So nahmen die GO seit den 1960er-Jahren die Rolle von Steuerungsinstanzen im Alltag ein, die sich Parteimitglieder zunutze machten und damit ihrer Teilhabe Sinn verliehen.

Diese Funktion war das Resultat eines inneren Wandels, dessen Impulse maßgeblich aus dem fernen Moskau kamen. Die entscheidenden Weichenstellungen erfolgten nach dem Tod Stalins, als Chruschtschow eine Renaissance der Partei einleitete. Pazifizierung, Integration und Partizipation bestimmten von nun an das Verhältnis zwischen Partei und Bevölkerung sowie die Atmosphäre innerhalb der Partei. Das historisch gewachsene Regelwerk der »Leninschen Normen des Parteilebens« entwickelte sich in diesem neuen Zeitgeist zum Dogma, um fortan als unhinterfragbarer normativer Rahmen die Innenwelt der SED zu strukturieren. Die Lenin'schen Organisationsprinzipien verbanden sich problemlos mit dem Erfahrungshaushalt der

322 Sitzung des Politbüros, 20.10.1987, in: DY 30/J IV 2/2/2244. Siehe auch: Nakath, Monika: SED und Perestroika. Reflexion osteuropäischer Reformversuche in den 80er Jahren, Berlin 1993, S. 21 f.

323 Florath: Die SED im Untergang, S. 74; Siehe den Abschnitt IV.3 in dieser Arbeit.

324 Vgl. Port: Die rätselhafte Stabilität der DDR.

KPD, in deren Tradition sich die noch junge SED stellte: Klasse, Kampf, Solidarität, der gesellschaftliche Außenseiterstatus sowie die vermeintlich ständige Bedrohung von Feinden prägten nun auch – in ein scheinbar überzeitliches Regelwerk gegossen – die politische Kultur der Staatspartei.

Das schnelle Anwachsen der SED zur Massenpartei entsprach der Herrschaftsstrategie, vor Ort präsent zu sein. Die Parteiführung und ihr Apparat arbeiteten aber nicht nur am steten Wachstum der Mitgliederzahl, sondern auch an der qualitativen Zusammensetzung der Mitgliederschaft, wobei die Zielsetzungen unlösbar miteinander in Konflikt standen: Als Staatspartei galt es einerseits, die sozialistische Dienstklasse zu integrieren. Andererseits musste der Anspruch als Arbeiterpartei in die Realität übertragen werden, weshalb insbesondere Mitglieder in den Betrieben der Schwerindustrie rekrutiert wurden. Vor Ort, etwa im Stahlwerk in Brandenburg, konnte diese Mitgliederpolitik auch als Druck zum Eintritt wahrgenommen werden. Die Präsenz an strategisch bedeutsamen Orten – wie im Staatsapparat und in großen Industriebetrieben – war eine ebenso wichtige Voraussetzung für die Funktion des Parteilebens wie die Herrschaftsdurchsetzung mit den Parteisäuberungen zu Beginn der 1950er-Jahre, in deren Zuge die SED reihenweise Mitglieder ausschloss und ihren Ruf als Unterdrückungsmaschinerie begründete.

Wenngleich die Repression gegenüber Parteimitgliedern nie verschwand und als Bedrohungskulisse immer ein wichtiges Kohäsionselement blieb, rückten repressive Praktiken seit Mitte der 1950er-Jahre zunehmend in den Hintergrund. Sie wurden durch einen »erzieherischen« und integrierenden Kurs überlagert. Parteiverfahren waren in der Folge eine seltene Erfahrung für Mitglieder. Auch die inhaltlichen Schwerpunkte der Disziplinierung wandelten sich. Innerparteiliche Kritiker wie Robert Havemann, Rudolf Bahro oder zuletzt Rolf Henrich waren eine Seltenheit. An der Tagesordnung waren dagegen Strafen wegen beruflicher Regelverletzungen und moralischen Fehlverhaltens staatlicher Leiter und (Stahl-)Arbeiter mit Parteibuch: Korruption, Inkompetenz und Trunkenheit hießen die Feinde des Staatssozialismus. Darüber hinaus war die Partei aus Sicht der Kontrollkommissionen seit den 1970er-Jahren kaum mehr von Spionen und Agenten unterwandert. Stattdessen beobachteten die Kontrolleure zunehmend hilflos die Anziehungskraft der westlichen Konsumwelt auf die Mitgliederschaft.

Diese Sozialdisziplinierung war Ausdruck der neuen Rolle, die die SED seit dem Mauerbau immer stärker einnahm: Die GO wurden zu Steuerungsinstanzen ausgebaut, deren Kompetenzen in der Ideologievermittlung und der Verwaltung des Sozialen lagen. Probleme der Arbeits- und Lebensbedingungen waren Hauptgegenstand von Mitgliederversammlungen der GO, deren Parteileitungen um die Lösung der vorgebrachten Schwierigkeiten bemüht waren. Kommunale Angelegenheiten, die außerhalb des betrieblichen Einflusses standen, wurden zur Bearbeitung an die Kreisleitung weitergeleitet. Der Apparat der Kreisleitung verfeinerte im Laufe der

1960er-Jahre seine Methoden, die Bearbeitung der Anliegen der Mitglieder durch den Staatsapparat zu kontrollieren. Auch der Umtausch der Parteidokumente, der Anfang der 1950er-Jahre als Instrument zur Parteisäuberung genutzt worden war, stand seit den 1960er-Jahren ganz im Zeichen der Steuerung des Sozialen. Parallel dazu wurde mit dem Ausbau der ZK-Informationen 1968 die Aufgabe der Ideologievermittlung gestärkt. Hatten bis dahin nur ausgewählte Basisorganisationen die klandestinen Exklusivinformationen aus der Parteizentrale erhalten, bekamen nun alle GO-Parteisekretäre regelmäßig Post aus der Berliner Parteizentrale. SED-Mitglieder wurden über diesen Parteikanal früher als Parteilose über Veränderungen unterrichtet und mit mehr Hintergrundinformationen versorgt. Damit wuchs ihnen die Aufgabe zu, anstehende Änderungen oder (kommende) Ereignisse mit politischer Einordnung zu vermitteln – und umgekehrt die regionalen Apparate über Haltungen und Stimmungen zu informieren.

Aus diesen beiden Funktionen ergaben sich für Parteimitglieder die Rollen des Ideologievermittlers und des Verwalters des Sozialen. Die Teilhabe an diesem System war für sie sinnvoll: Es erhöhte die Chance, für persönliche Anliegen oder Angelegenheiten der Kollegen und Nachbarn Unterstützung zu erfahren. Wenn die GO-Parteileitung nicht weiterhelfen konnte oder wollte, wurde in Form von parteiinternen Eingaben auch der Parteiapparat hinzugezogen. Obwohl die Ideologievermittlung und das Sprechen über politisch-ideologische Inhalte weniger beliebt waren, barg doch auch dieses Engagement einen sozialen Mehrwert. Neben dem Wissensvorsprung durch ZK-Informationen diente die Parteirhetorik, die im Parteilehrjahr und in Parteischulen regelmäßig eingeübt wurde, als Vehikel, um sich souverän in den Parteistrukturen zu bewegen und diese für die eigenen Interessen nutzbar zu machen. Die Reproduktion des autoritativen Diskurses hatte insofern eine soziale Dimension.

Zur Aufrechterhaltung und zum Funktionieren dieser Kohäsionskräfte waren die staatlichen Leiter bzw. die leitenden Angestellten in Betrieben und Institutionen von zentraler Bedeutung. Das Nomenklatursystem gemeinsam mit dem Verständnis von Leitung im Sozialismus, wozu qua Definition auch die politische Steuerung gehörte, machten die sozialistische Dienstklasse zur funktional entscheidenden Gruppe in der Mitgliederschaft. Staatliche Leiter dominierten die GO-Leitungsgremien, waren häufig in Personalunion auch Parteisekretär und überwiegend als Propagandisten für die Durchführung des Parteilehrjahres verantwortlich. Fachliche und politische Aufgaben waren unauflöslich miteinander verknüpft. Diese Symbiose beruhte auf einem Transfer der Autoritäten in beide Richtungen: Die fachliche Autorität der staatlichen Leiter als Vorgesetzten half bei der Mobilisierung von Parteimitgliedern. Beim Parteilehrjahr konnte etwa erst eine gewisse Stabilität in der Durchführung erreicht werden, als seit den 1960er-Jahren überwiegend Vorgesetzte als Zirkelleiter fungierten. Umgekehrt konnten sie sich die Autorität der Partei für größere Handlungsspielräume in der Leitung ihres Arbeitsbereiches zunutze machen.

Ausgehend von dieser repressiven, sozialen und agitierenden (Sonder-)Rolle, die Parteimitglieder im politischen System und in der Gesellschaft einnahmen, ergibt sich das Bild, dass nicht die Parteizugehörigkeit selbst Trennlinie zwischen Gesellschaft und Mitgliederschaft war. Vielmehr verstärkte die SED-Mitgliedschaft die vorhandenen Hierarchien in der staatssozialistischen Gesellschaft. So wurden Industriearbeiter von ihrem sozialen Umfeld häufig trotz Parteibuches nicht als SED-Mitglieder wahrgenommen, sofern sie sich nicht des autoritativen Diskurses bedienten. Dagegen galten staatliche Leiter rundweg als »Genossen«, die selbst zwischen politischen und fachlichen Anforderungen und Logiken, die häufig miteinander in Konflikt standen, lavieren mussten. In der Außenwahrnehmung war die SED auch an der Basis Kaderpartei.[325] Selbst wenn Strukturen eines hauptamtlichen Parteiapparates in größeren Betrieben tendenziell als Fremdkörper wahrgenommen wurden, waren betriebliche und politische Aktivitäten nicht zwei voneinander getrennte Bereiche, sondern eng miteinander verwoben. Die GO bildeten als Steuerungsinstanz vor Ort die zentrale Schnittstelle zwischen Parteiherrschaft und Lebenswelt. Ebendies unterschied sie trotz funktionaler Ähnlichkeiten von dem von der NSDAP für die Wohnviertel entwickelten Blockwartsystem. Die Ortsgruppen waren zwar ein unverzichtbares, aber dennoch untergeordnetes Element im diktatorischen Herrschaftsgefüge des NS-Staates.[326] Die GO der SED waren dagegen Ausdruck der »führenden Rolle« der SED und zentrale Steuerungsinstanz in den Betrieben, Institutionen und Behörden.

Das Verhältnis von Partei und Gesellschaft, das weitgehend vom Bild der »durchherrschten Gesellschaft« (Kocka/Lüdtke) geprägt ist, lässt sich auch in umgekehrte Richtung wenden: Die »Industriegesellschaft« – dominiert von (Fach-)Arbeitern und (technischen) Spezialisten als staatlichen Leitern – prägte ebenso wie die Machtsicherungselite die Reihen der Staatspartei und somit die Atmosphäre des Parteilebens. Ihre Bedürfnisse und Konflikte machten nicht vor den Türen der Versammlungszimmer halt, sie bestimmten auch die Öffentlichkeit der vergesellschafteten Partei. Die Rolle der GO als Steuerungsinstanzen lud zur Partizipation und Mitwirkung ein, sodass die Rede von der Partizipationsdiktatur (Fulbrook) oder der Fürsorgediktatur (Jarausch) auch im Inneren der SED eine Entsprechung hat. Welche Konflikte jedoch im Inneren der Staatspartei in den 1980er-Jahren tobten oder auch nur schwelten, und welchen Einfluss sie auf die Kohäsionskräfte der SED an ihrer Basis hatten, soll im Folgenden erörtert werden.

325 Ansorg: »Ick hab immer von unten Druck gekriegt und von oben«, S. 123–165.

326 Schmiechen-Ackermann: Die Staatsparteien NSDAP und SED als lokale Vermittlungsinstanzen der Diktatur, S. 150–177, hier S. 176. Siehe auch: Reibel: Das Fundament der Diktatur; Wagner: Die NSDAP auf dem Dorf.

IV. Konfliktfelder im Krisenjahrzehnt

Die 1980er-Jahre erscheinen mit Blick auf die SED-Mitgliederschaft zunächst als ruhiges und politisch stabiles Jahrzehnt. Seit der Kritik des Philosophen und Parteimitglieds Rudolf Bahro am real existierenden Sozialismus[1] und dem kurz darauf erschienenen Spiegel-Manifest[2] Ende 1977 bzw. Anfang 1978 waren keine kritischen Stimmen aus dem Inneren der Staatspartei zu vernehmen. Auch die Zahlen der Zentralen Parteikontrollkommission (ZPKK) über Parteiverfahren zeigen Kontinuität und Stabilität: Seit 1980 bewegten sie sich bei ca. 20 000 jährlich. Erst ab 1988 setzte mit knapp 23 000 Parteiverfahren eine Steigerung ein.[3] Eine schwelende Krise, die sich im Inneren der SED ausbreitete, ist den Zahlen jedenfalls nicht zu entnehmen.

Dieses Bild der vermeintlich langen Ruhe zwischen Parteiführung und Mitgliederschaft, bis 1989 scheinbar plötzlich ein massiver Loyalitätsverlust einsetzte, bestimmt meist auch den Blick auf die Gesellschaft der DDR. Die Frage, ob es vor dem Machtantritt Gorbatschows überhaupt eine Krisenwahrnehmung gab, ist jüngst für die Gesellschaft der Sowjetunion diskutiert worden. Erst Glasnost und Perestroika hätten eine Krisenwahrnehmung in der Gesellschaft ausgelöst, weil die Reformen die relative Akzeptanz des politischen Systems unterminierten, so die kontrovers diskutierte These.[4] Zweifelsohne bedeutete die Reformpolitik der KPdSU auch eine Zäsur für die SED. Doch was ist von der These mit Blick auf die DDR-Gesellschaft und die SED-Mitgliederschaft zu halten? Im folgenden Kapitel soll gefragt werden,

1 Vgl. »Das trifft den Parteiapparat ins Herz«, in: Der Spiegel 35/1977, 22.8.1977, S. 30–32. Siehe auch: Bahro, Rudolf: Die Alternative. Zur Kritik des real existierenden Sozialismus, Köln u. a. 1977.

2 »Wir sind gegen die Einparteien-Diktatur«, in: Der Spiegel 1/1978, S. 21–24. »Korruption, wohin man blickt«, Das Manifest der ersten organisierten Opposition der DDR, Zweiter Teil, in: Der Spiegel 2/1978, 9.1.1978, S. 26–30.

3 Siehe den Abschnitt III.2 in dieser Arbeit.

4 Baberowski, Jörg: Criticism as Crisis, or Why the Soviet Union Still Collapsed, in: Journal of Modern European History 9 (2011), S. 148–166; Hildemeier, Manfred: »Well said is half a lie«, Observation on Jörg Baberowski's »Criticism as Crisis«, or Why the Soviet Union Still Collapsed, in: Journal of Modern European History 9 (2011), S. 289–297; Baberowski, Jörg: »Badly said is Badly Lied«, Reply to my Critics, in: Journal of Modern European History 10 (2012), S. 19–23. Auch für Stephen Kotkin begann der Zerfall der Parteiherrschaft mit den Reformen Gorbatschows. Vgl. Kotkin, Stephen: Armageddon Averted. The Soviet Collapse 1970–2000, Oxford 2008, S. 1, S. 68 f.

ob, wann und warum eine krisenhafte Situation wahrgenommen wurde. Mithin wird untersucht, ob ein innerer Erosionsprozess dem nach außen scheinbar plötzlichen Zerfall der SED vorausging.

Um die Themen in den Blick zu bekommen, die in den 1980er-Jahren in der Gesellschaft und hinter der monolithischen Fassade der sogenannten Einheitspartei für Zündstoff und Konflikte sorgten, sollen zunächst die politischen und gesellschaftlichen Rahmenbedingungen der Honecker-Jahre skizziert werden. Zwar blieb mit dem Amtsantritt des neuen 1. Sekretärs der SED 1971 der Legitimationskern, dass der Sozialismus das effizientere und gerechtere Gesellschaftssystem als der Kapitalismus sei, bestehen. Doch nun änderte sich die Strategie, dieses Versprechen umzusetzen. Anstelle von Reformen und Zukunftsoptimismus konzentrierte sich Honecker ganz auf die Gegenwart. Mit seiner Politik der »Einheit von Wirtschafts- und Sozialpolitik« verfolgte er einen Konsumsozialismus, der eine geradezu exzessive Sozialpolitik nach sich zog: das Wohnungsbauprogramm, die Stabilität von Verbraucherpreisen, die Subventionierung von Grundnahrungsmitteln und Dienstleistungen bei gleichzeitigem Import westlicher Konsumgüter. Der Schwerpunkt auf Konsuminteressen und sozialpolitischen Maßnahmen wurde außenpolitisch von der Entspannungspolitik begleitet.[5]

Mit dieser Strategie geriet die Parteiführung jedoch in eine sich immer schneller drehende Spirale von Problemen: Die Sozialpolitik überforderte die Wirtschaft, sodass die Auslandsverschuldung und die finanzielle Abhängigkeit vom Westen wuchsen, was wiederum eine Verringerung der politischen Handlungsspielräume nach sich zog.[6] Zugleich fehlten Mittel für dringende wirtschaftliche Investitionen. Während im Westen mit der Ölkrise das Zeitalter der Schwerindustrie zu Ende ging und ein Strukturwandel einsetzte, blieb in den staatssozialistischen Ländern der zunehmend unrentable »rust belt« erhalten.[7] Um den sozialistischen Wohlfahrtsstaat mit seiner überalterten Wirtschafts- und Infrastruktur zu finanzieren, implementierte

5 Hockerts, Hans Günter: Der deutsche Sozialstaat. Entfaltung und Gefährdung seit 1945, Göttingen 2011, S. 249–266; Gieseke, Jens: Die Einheit von Wirtschafts-, Sozial- und Sicherheitspolitik. Militarisierung und Überwachung als Probleme einer DDR-Sozialgeschichte der Ära Honecker, in: Zeitschrift für Geschichtswissenschaft 51 (2003) 11, S. 996–1021; Boyer, Christoph: Grundlinien der Sozial- und Konsumpolitik der DDR in den siebziger und achtziger Jahren in theoretischer Perspektive, in: Hürtgen, Renate/Reichel, Thomas (Hg.): Der Schein der Stabilität. DDR-Betriebsalltag in der Ära Honecker, Berlin 2001, S. 69–84, insb. S. 80–84; Skyba, Peter: Die Sozialpolitik der Ära Honecker aus institutionentheoretischer Perspektive, in: Boyer, Christoph/Skyba, Peter (Hg.): Repression und Wohlstandsversprechen. Zur Stabilisierung von Parteiherrschaft in der DDR und ČSSR, Dresden 1999, S. 49–62.

6 Malycha: Die SED in der Ära Honecker, S.177–256. Siehe auch: Skyba, Peter: Konsumsozialismus als Dogma. Statische Stabilisierungsstrategie und innere Erosion er SED-Diktatur in den siebziger Jahren, in: Müller, Stephan/Schaal, Gary/Tiersch, Claudia (Hg.): Dauer durch Wandel, Köln u. a. 2001, S. 255–267.

7 Kotkin: Armageddon Averted, S. 10–19.

die Parteiführung sogar Elemente des Systemkonkurrenten: Mit dem anziehenden Besuchsverkehr wurde 1974 der Privatbesitz der westdeutschen DM legalisiert und das Netz von Intershops ausgebaut. Dort konnten Ostdeutsche gegen Westwährung Westprodukte kaufen, was dem devisenhungrigen Staat DM zuführte. Doch nicht nur mit den Intershops wuchs im Alltag die Präsenz des Westens. In den 1970er- und 1980er-Jahren erreichte die westliche Konsum- und Populärkultur über Rundfunk und Fernsehen fast jedes Wohnzimmer in der DDR, sodass der Lebensstandard West die zentrale Vergleichsfolie für die Bevölkerung bildete.[8]

Diese gesellschaftspolitischen Rahmenbedingungen übersetzten sich im Alltag in zwei zentrale Konfliktfelder: Bevor Gorbatschow und seine Reformpolitik die Gemüter bewegte, sorgten der Versorgungsmangel und der ungleiche Zugang zu Westmark und Westreisen für Unmut.[9] Zwar war die schlechte Versorgung ein Dauerthema in der staatssozialistischen Gesellschaft. Doch wurde diese Problematik vor dem Hintergrund der immer präsenter werdenden Konkurrenzgesellschaft brisanter. Beide Themen waren miteinander verflochten und bargen politischen Sprengstoff, da sie die Legitimationserzählungen der gerechteren, besseren und effizienteren sozialistischen Gesellschaftsordnung und das Feindbild der zerstörerischen kapitalistischen Wertewelt unterminierten.

Allerdings waren diese Konfliktfelder der 1980er-Jahre auf unterschiedlichen Ebenen angesiedelt: Während die Versorgungsprobleme alltagspraktische Fragen der Lebens- und Arbeitsbedingungen und damit das Steuerungsversprechen der SED berührten, hatte die Reise- und Devisenfrage einen symbolischen Stellenwert. Zwar ging es auch hier zunächst um soziale Ungleichheit und materielle Desintegration. Doch untergrub diese Problematik die Abgrenzungspolitik und damit das Feindbild und Selbstverständnis der SED. Mit dem Machtantritt Gorbatschows und der Rezeption seiner Reformpolitik kehrte ab 1985 das Politische zurück in den gesellschaftlichen Diskurs. Doch wie wurden diese Konfliktfelder von der Mitgliederschaft wahrgenommen? Hatten sie etwa Rückwirkungen auf die Funktion der Grundorganisationen (GO) und auf die Rolle von Parteimitgliedern in der Gesellschaft? Immerhin waren die Parteiorganisationen in den Betrieben, Verwaltungen, Instituten oder Nachbarschaften mit ihren sozialen, agitatorischen und repressiven Aufgaben wichtige Steuerungsinstanzen und ihre Mitglieder soziale Vermittler.[10]

8 Meyen: Einschalten, Umschalten, Ausschalten?, S. 38.
9 Gieske: »Seit Langem angestaute Unzufriedenheit breitester Bevölkerungskreise«, S. 139 f.
10 Siehe den Abschnitt III.5 in dieser Arbeit.

1. Die Versorgungsfrage im Konsumsozialismus

Bohnenkaffee statt Bahro 1977

Gleich zwei Erschütterungen erfassten Ende der 1970er-Jahre die sogenannte Einheitspartei. »Das trifft den Parteiapparat ins Herz« überschrieb *Der Spiegel* am 22. August 1977 den Artikel über das bisher unbekannte SED-Mitglied Rudolf Bahro. Das Hamburger Nachrichtenmagazin veröffentlichte Auszüge aus dem Manuskript »Die Alternative«, in dem der Philosoph und Abteilungsleiter für wissenschaftliche Arbeitsorganisation im VEB Gummikombinat Berlin den real existierenden Sozialismus als erstarrte Politbürokratie beschrieb und einer scharfen Kritik unterzog.[11] Am 5. September 1977, knapp zwei Wochen nach Veröffentlichung des Spiegel-Artikels, publizierte der Deutsche Gewerkschaftsbund das Buch in Westdeutschland. Schon am Tag nach dem Erscheinen der Spiegel-Ausgabe wurde Bahro verhaftet und im Juni 1978 wegen Sammlung landesverräterischer Nachrichten und Geheimnisverrats zu acht Jahren Gefängnis verurteilt.[12]

Ein weiterer Paukenschlag ereignete sich keine sechs Monate später. Am 2. Januar 1978 verkündete wiederum *Der Spiegel* – dieses Mal allerdings auf der Titelseite – einen Bruch in der SED und verwies auf das Manifest einer parteiinternen Opposition. Unter der Überschrift »Wir sind gegen die Einparteien-Diktatur« wurden Auszüge aus einem Papier veröffentlicht, das als »Manifest der Opposition« bezeichnet wurde und auch als Spiegel-Manifest firmiert.[13] Die Regimekritiker gaben an, illegal in einem Bund Demokratischer Kommunisten Deutschlands (BDKD) organisiert zu sein. Damit lösten die Initiatoren wie auch zuvor Bahro in Westdeutschland ein großes Echo aus. Darunter waren auch kritische Töne, welche die Echtheit des Papiers und die Existenz einer oppositionellen Gruppe innerhalb der SED anzweifelten. Tatsächlich handelte es sich um keine organisierte innerparteiliche Opposition, sondern um eine kleine informelle Gruppe aus kritischen Wissenschaftlern, die nach der Veröffentlichung nicht in die Öffentlichkeit traten. Die Streitschrift war ein Alleingang des Wirtschaftswissenschaftlers und langjährigen MfS-Informanten Hermann von Berg, der die Veröffentlichung von im kleinen Kreis diskutierten Thesen offenbar nicht mit seinen Gesinnungsgenossen abgestimmt hatte.[14] Doch welches

11 »Das trifft den Parteiapparat ins Herz«, in: Der Spiegel 35/1977, 22.8.1977, S. 30–32.

12 Herzberg, Guntolf/Seifert, Kurt: Rudolf Bahro. Glaube an das Veränderbare. Eine Biographie, Berlin 2002, S. 190–212.

13 »Wir sind gegen die Einparteien-Diktatur«, in: Der Spiegel 1/1978, S. 21–24, »Korruption, wohin man blickt«. Das Manifest der ersten organisierten Opposition der DDR. Zweiter Teil, in: Der Spiegel 2/1978, 9.1.1978, S. 26–30.

14 Geppert, Dominik: Störmanöver. Das »Manifest der Opposition« und die Schließung des Ost-Berliner »Spiegel«-Büro im Januar 1978, Berlin 1996, S.119–130.

Echo riefen diese beiden Fälle von in kurzen Abständen medienwirksam platzierter Systemkritik durch (Partei-)Intellektuelle in der Mitgliederschaft hervor?

Während der Parteiapparat in hektische Betriebsamkeit verfiel, spielten beide Streitschriften für die Mehrheit der Mitglieder keine Rolle. Zu diesem Ergebnis kam die ZPKK, die im Juni 1978 resümierte, dass trotz einer forcierten, koordinierten und zielgerichteten ideologischen Beeinflussung durch die Massenmedien der BRD sowie durch persönliche Kontakte nur wenige Parteimitglieder der gegnerischen Propaganda erlegen seien.[15] Was die Parteiführung als Gefahr begriff, hatte die Parteibasis kaum zur Kenntnis genommen. Zumindest unter Produktionsarbeitern wurden die Thesen Bahros, wie die Staatssicherheit zu berichten wusste, kaum beachtet, unter Intellektuellen und wissenschaftlich-technischen Leitern in geringem Umfang diskutiert.[16] Auch das Spiegel-Manifest löste keine großen Diskussionen in Industriebetrieben aus, sondern wurde allein von Kulturschaffenden und Wissenschaftlern zur Kenntnis genommen.[17] Die geringe Resonanz in der Mitgliederschaft ist zunächst darauf zurückzuführen, dass weder der *Spiegel* noch die Schrift Bahros zugänglich waren und Informationen in altbekannten Feindbildschablonen über das *Neue Deutschland*, die *Aktuelle Kamera* sowie das westdeutsche Fernsehen vermittelt wurden.

So veröffentliche das *Neue Deutschland* am 23. August 1977 allein eine kurze Meldung des Allgemeinen Deutschen Nachrichtendienstes (ADN) über die Verhaftung Bahros als Spion, um dann erst wieder seine Verurteilung am 1. Juli 1978 zu verkünden. Die offizielle Berichterstattung zum Spiegel-Manifest fiel dagegen breiter aus.[18] In mehreren Artikeln wurde der Text als Machwerk des Bundesnachrichtendienstes (BND) bezeichnet, das gezielt den Entspannungsprozess beider Staaten stören solle. Auch SED-Mitgliedern standen über die Parteikanäle kaum mehr Informationen zur Verfügung als Parteilosen. Einen Tag nach der Veröffentlichung des zweiten Teils des Spiegel-Manifestes, in dem innere Probleme der DDR benannt und scharf kritisiert wurden, sandte Erich Honecker am 10. Januar 1978 ein Fernschreiben

15 ZPKK: Protokoll der 18. Sitzung der ZPKK, Tagesordnungspunkt 3, Information für die ZPKK über politisch-ideologische Aufweichungserscheinungen sowie partei- und staatsfeindliche Auffassungen und Handlungen, die sich im Ergebnis des verstärkten ideologischen Drucks des Gegners bei einzelnen Parteimitgliedern abzeichnen, 29.6.1978, in: SAPMO-BArch, DY 30 11047, o.Bl.

16 ZAIG: Hinweise auf Tendenzen der Unzufriedenheit in der Reaktion der Bevölkerung der DDR, 19.9.1977, in: Bispinck, Henrick (Bearb.): Die DDR im Blick der Stasi 1977. Die geheimen Berichte an die SED-Führung, Göttingen 2012, S. 223.

17 Malycha: Die SED in der Ära Honecker, S. 223 f.

18 Weiterer Spion des Geheimdienstes der BRD verhaftet, in: Neues Deutschland, 25.8.1977, S. 2; Wegen nachrichtendienstlicher Tätigkeit verurteilt, in: Neues Deutschland, 1.7.1978, S. 2. Vgl. zum Spiegel-Manifest: Zum Schaden für die Sache der Entspannung, in: Neues Deutschland, 9.1.1978, S. 2; Verleumdungen sollen Entspannung bremsen, in: Neues Deutschland, 13.1.1978, S. 2; Regierungserklärung von Kanzler Schmidt vor BRD-Bundestag, in: Neues Deutschland, 20.1.1978, S. 7; Provokation gegen die Entspannung, in: Neues Deutschland, 25.1.1978, S. 2.

an alle 1. Bezirkssekretäre der SED, das die Streitschrift als Machwerk des BND diskreditierte, welches den Kalten Krieg beflügeln wolle.[19] Dabei handelte es sich um die gleiche Argumentation wie im *Neuen Deutschland.* Die Kreisleitungen verbreiteten rasch die Worte Honeckers an die wichtigsten hauptamtlichen und ehrenamtlichen Funktionäre vor Ort. Die Bezirksleitung Karl-Marx-Stadt berichtete etwa nach Berlin, dass es der Kreisleitung Auerbach erstmalig gelungen sei, »innerhalb von 24 Stunden rund 1500 Parteiaktivisten, Funktionäre des Staatsapparates und der Massenorganisationen mit dem Standpunkt der Partei zur Verleumdungskampagne des *Spiegels* vertraut zu machen«.[20]

Trotz dieser Betriebsamkeit machte sich an der Parteibasis vereinzelt Frust über die Informationspolitik breit. So empfanden etwa SED-Mitglieder in Karl-Marx-Stadt die Berichterstattung in den heimischen Medien als viel zu allgemein. Sie habe die Neugier geweckt, die dann allein durch das Westfernsehen befriedigt worden sei. Ihr Wissensdurst speiste sich jedoch auch daraus, dass sie vereinzelt nach dem konkreten Inhalt und den Verfassern gefragt wurden. Ohne jedoch die Texte zu kennen, fiel es schwer, so die Bezirksleitung, gegen die häufig von Parteilosen vorgebrachte Meinung »Alles kann nicht erfunden sein, etwas wird davon schon stimmen« zu argumentieren.[21] So forderten parteiintern etwa Lehrkräfte der Ingenieurschule Breitenbrunn im Erzgebirge die Veröffentlichung der Dokumente, »damit Unsicherheiten im Gespräch mit den Schülern überwunden werden«.[22] Für die Parteiführung waren die Inhalte politisch jedoch zu brisant, um der Parteibasis auch nur auszugsweise Klarheit darüber zu verschaffen. Gerade das »Manifest der Opposition« kritisierte systemspezifische Wirtschaftsprobleme, Korruption und die wachsende soziale Ungleichheit durch steigende Preise, Delikat- und Exquisit-Läden sowie durch die Intershops.[23] Trotz einer gewissen Neugierde setzte kein breites, weite Teile der Bevölkerung und der Mitgliederschaft ergreifendes Interesse an den Systemkritiken ein; nachdrückliche Forderungen, die Texte zu veröffentlichen, blieben aus. Auch in Brandenburg beschäftigten die Pamphlete überwiegend die Parteiapparate. So hielt

19 Malycha: Die SED in der Ära Honecker, S. 221.

20 SED-Bezirksleitung Karl-Marx-Stadt: Bericht über die Kreisparteiaktivtagung und die Mitgliederversammlungen der Grundorganisationen zur Auswertung der 7. Tagung des ZK, 24.1.1978, in: SAPMO-BArch DY 30/IV B 2/5, o. Bl.

21 SED-Bezirksleitung Karl-Marx-Stadt: Information über Meinungen zu dem im Spiegel veröffentlichen neuesten Machwerk der Verleumdung gegen die DDR, 11.1.1978, in: SAPMO-BArch DY 30/IV B 2/5 o. Bl. Siehe auch: SED-Bezirksleitung Karl-Marx-Stadt: Bericht über die Kreisparteiaktivtagung und die Mitgliederversammlungen der Grundorganisationen zur Auswertung der 7. Tagung des ZK, 24.1.1978, in: ebd.

22 SED-Bezirksleitung Karl-Marx-Stadt: Information über Stimmung und Meinungen zu aktuell-politischen Problemen der Innen- und Außenpolitik, 27.1.1978, in: ebd.

23 »Korruption, wohin man blickt«, Das Manifest der ersten organisierten Opposition in der DDR – Zweiter Teil, in: Der Spiegel 2/1978, 9.1.1978, S. 26–30.

die Kreisparteikontrollkommission (KPKK) im März 1978 erleichtert fest: »Das Machwerk des Spiegels hatte keine Wirkung bei uns.«[24]

Das ausbleibende Echo ist nicht nur mit der fehlenden Zugänglichkeit der Texte zu erklären, sondern auch mit der zu dieser Zeit relativ stabilen Wirtschafts- und Versorgungslage. Zwar herrschte ein ausgeprägtes Bewusstsein über wirtschaftliche Probleme und soziale Ungleichheit. Doch funktionierten Wirtschaft und Versorgung trotz vereinzelter Schwierigkeiten noch weitgehend. Beide Systemkritiken konnten aufgrund einer abwesenden allgemeinen Krisenstimmung keine mobilisierende Kraft entfalten.

Dass der Versorgung gleichwohl nicht nur gesamtgesellschaftlich, sondern auch innerparteilich ein zentraler Stellenwert für die politische Stabilität zukam, zeigte sich an der bereits angesprochenen Kaffeekrise, die im Spätsommer 1977 die Gemüter bewegte. Denn auch wenn Bahro und das Spiegel-Manifest in der Mitgliederschaft kaum eine Rolle spielten, war die Lage an der Parteibasis – ob in Brandenburg oder republikweit – alles andere als ruhig. Auch hier herrschte wie in der Bevölkerung Empörung über die eingeschränkte Kaffeeversorgung.[25] Infolge der massiv steigenden Weltmarktpreise Ende 1976 sah sich die Parteiführung gezwungen, den Kaffeebohnenimport zu verringern. Ab dem 1. August 1977 wurden im Einzelhandel nur noch die teureren Sorten sowie ein neuer Mischkaffee namens »Kaffee-Mix« angeboten, der jeweils zur Hälfte aus Röstkaffee und Surrogaten bestand. Diese Mixtur war äußerst unbeliebt, und der Volksmund bezeichnete sie bald in Anlehnung an eine westdeutsche Kaffeemarke als »Erichs Krönung«. Sie sollte nicht nur im Einzelhandel die günstigeren Kaffeesorten ersetzen, sondern auch in allen Behörden und Einrichtungen, in der Armee, in Betriebskantinen sowie Gaststätten der Preisstufe II und III als Ersatz für den nun nicht mehr erschwinglichen hochwertigen Röstkaffee angeboten werden.[26]

Einen Monat nach Einführung konstatierte das MfS in einem Stimmungsbericht, dass die schlechte Kaffeeversorgung überall die Diskussionen bestimme. Gegenstand der Kritik war laut MfS nicht nur die Verknappung des Sortiments, sondern auch der Preis des unbeliebten »Kaffee-Mix«. Dieser sei nur unwesentlich günstiger als die preiswerteren, nun nicht mehr angebotenen normalen Kaffeesorten. Das werde als

24 KPKK Brandenburg: Protokoll der Sitzung vom 15.3.1978, in: BLHA, Rep.531 Brbg. Nr. 1819, o. Bl. Ebenso verhielt es sich mit der Veröffentlichung Rudolf Bahros. Vgl. KPKK Brandenburg: Protokoll der Sitzung am 13.10.77, in: BLHA Rep. 531 Brbg. Nr. 1818, o. Bl.

25 Malycha: Die SED in der Ära Honecker, S. 219 f.

26 Sigmund, Monika: Genuss als Politikum. Kaffeekonsum in beiden deutschen Staaten, Berlin 2015; Allinson, Mark: 1977. The GDR's Most Normal Year? in: Fulbrook, Mary (Hg.): Power and Society in the GDR 1961–1979, The ›Normalization of Rule‹?, New York 2009, S. 256–259; Gieseke: Bevölkerungsstimmungen, S. 253–254. Wünderich, Volker: Die »Kaffeekrise« von 1977. Genussmittel und Verbraucherprotest in der DDR, in: Historische Anthropologie 11 (2003), S. 240–261; Wolle, Stefan: Die heile Welt der Diktatur. Alltag und Herrschaft in der DDR, 1971 bis 1989, Bonn 1999, S. 199–201.

schleichende Preiserhöhung wahrgenommen.[27] Auch im Stahlwerk in Brandenburg diskutierte die Belegschaft über den Wegfall der günstigen Kaffeesorten.[28] Der Kern der Empörung betraf die mit der Verknappung deutlich spürbare soziale Ungleichheit in der Gesellschaft: Jene mit geringen Einkommen und ohne Westverwandtschaft waren von dieser Maßnahme besonders betroffen. Richtiger Kaffee war für sie nun schlichtweg unerschwinglich. Höhere Einkommensschichten oder jene mit Zugang zu DM genossen weiterhin unbekümmert hochwertigen Kaffee. Diese Konsumhierarchie zog sich ebenso durch die SED-Mitgliederschaft.

Doch nicht allein die Knappheit sorgte für massive Unzufriedenheit. Immer mehr Bürger und auch Parteimitglieder fragten nach den Ursachen. Während das Bedürfnis nach Informationen wuchs, schwiegen die heimischen Medien. Insbesondere Parteimitglieder bekamen diese Situation zu spüren. Ohne begleitende Presseberichterstattung wurde es ehrenamtlichen und hauptamtlichen Funktionären in den Betrieben und Wohngebieten überlassen, Hintergründe und Krisenmanagement der Parteiführung zu erläutern und zu vertreten. Denn mit einer Information des Zentralkomitees (ZK) wurden sie vorab über die anstehenden Änderungen und Hintergründe unterrichtet.[29] Diese Situation erwies sich jedoch zunehmend als Belastung, sodass an der Parteibasis der Wunsch nach einer breiten Presseberichterstattung stieg. Schließlich sei, so die vom MfS notierte verbreitete Meinung, ein »offenes und ehrliches Verhalten gegenüber der Bevölkerung bisher immer auf Verständnis gestoßen«.[30]

Knapp drei Wochen später, am 19. September 1977, berichtete die Staatssicherheit erneut über die Lage, die sich nun regelrecht zugespitzt hatte. Führende und mittlere leitende Kader bzw. staatliche Leiter und hauptamtliche Funktionäre in Betrieben hätten in Diskussionen keine überzeugenden Antworten mehr. Die politische Arbeit gestalte sich in den unteren Ebenen mittlerweile so schwierig, dass »sich progressive Kräfte deshalb von ihren Positionen zurückziehen und resignieren«.[31] Der Druck auf Vorgesetzte mit Parteibuch, aber auch auf Parteisekretäre von GO nahm zu, ohne dass sie der verbreiteten Frustration etwas entgegenzusetzen hatten – eine für den Parteiapparat alarmierende Situation. Schließlich wurde vier Tage später, am 23. Sep-

27 ZAIG: Weitere Hinweise über Reaktionen der Bevölkerung zu den Maßnahmen des Ministerrates der DDR zur Versorgung mit Kaffee und Kakaoerzeugnissen, 1.9.1977, in: Bispinck, Henrik (Bearb.): Die DDR im Blick der Stasi 1977. Die geheimen Berichte an die SED-Führung, Göttingen 2012, S. 226–228.

28 ZBPL: Informationsbericht der Betriebsparteiorganisation des Stahlwerks in Brandenburg, 16.9.1977, in: BLHA Rep. 532, Nr. 4126, o. Bl.

29 Siehe den Abschnitt III.3 in dieser Arbeit.

30 ZAIG: Weitere Hinweise über Reaktionen der Bevölkerung zu den Maßnahmen des Ministerrates der DDR zur Versorgung mit Kaffee und Kakaoerzeugnissen, 1.9.1977, in: Bispinck: Die DDR im Blick der Stasi 1977, S. 228.

31 ZAIG: Tendenzen auf Hinweise der Unzufriedenheit in der Reaktion der Bevölkerung der DDR, 19.9.1977, in: ebd., S. 229–234, hier S. 231.

tember 1977, im *Neuen Deutschland* eine längere Meldung des Ministeriums für Handel und Versorgung veröffentlicht, die unter der Überschrift »Weltmarktpreise und Kaffeeversorgung« über die Hintergründe berichtete. Wieder eine Woche später griff Honecker die Thematik in einer Rede auf.[32]

Die Kaffeekrise hatte noch eine weitere innerparteiliche Dimension. Denn das mangelnde Angebot an Kaffee war auch Gegenstand von Diskussionen in Mitgliederversammlungen, wobei die Parteileitungen der GO die aufgeworfenen Fragen »nach oben« weiterleiteten. Doch gerade der Parteileitung bzw. den Parteisekretären und staatlichen Leitern fiel es immer schwerer, in Diskussionen überzeugende Argumente zu bringen, da der Rücklauf mit Informationen über Lösungsinitiativen ausblieb. So hegten sie immer stärkere Zweifel, ob ihre Berichte über die schlechter werdende Stimmung an die Kreisleitungen bis nach ganz oben weitergeleitet wurden. Wie die Staatssicherheit zu berichten wusste, entstand so der Eindruck, dass in zentralen leitenden Organen teilweise keine klaren Vorstellungen über die den Durchschnittsbürger bewegenden Probleme vorhanden seien und deshalb die schwer erklärbaren Beschlüsse gefasst werden.[33] Nicht nur außerhalb der Parteiöffentlichkeit standen Parteisekretäre und staatliche Leiter mit Parteibuch unter Druck. Auch in den Mitgliederversammlungen waren sie in Erklärungsnot, da die soziale Steuerungsfunktion nicht griff.

Die Kaffeekrise war eine kurze Episode in der langen Geschichte des Versorgungsmangels. 1978 stabilisierten sich die Kaffeepreise auf dem Weltmarkt wieder, sodass sich die Situation entschärfte. Dennoch wird daran deutlich, welchen zentralen Stellenwert die Versorgungsfrage für die Parteibasis hatte. Bei Mängeln oder Missständen gerieten Parteimitglieder als Verwalter des Sozialen und als Ideologievermittler unter gewaltigen Erklärungs- und Handlungsdruck. Während es sich 1977 bei der Kaffeekrise noch um eine vorübergehende krisenhafte Situation handelte, wurde die Versorgungslage zu Beginn der 1980er-Jahre grundlegend schlechter, was die GO als Steuerungsinstanzen und die Parteimitglieder in ihrer Vermittlerrolle herausfordern sollte.

32 Mitteilung des Ministeriums für Handel und Versorgung, 23. September 1977, S. 2. Eine Woche später, am 27. September 1977, wurden Auszüge aus der Rede Erich Honeckers zur Eröffnung des Parteilehrjahres 1977/78 in Dresden abgedruckt, in denen die internationale Preisentwicklung für Kaffeeerzeugnisse als Ursache der Verschlechterung angeführt wurde. Vgl. Neues Deutschland, 27.9.1977, S. 4.

33 ZAIG: Tendenzen auf Hinweise der Unzufriedenheit in der Reaktion der Bevölkerung der DDR, 19.9.1977, in: Bispinck: Die DDR im Blick der Stasi 1977, S. 231.

Wirtschaftliche Talfahrt und wachsendes Schweigen 1980–1985

Die Konsumpolitik Honeckers, die auf stabile Preise und materiellen Wohlstand setzte, geriet bereits in der zweiten Hälfte der 1970er-Jahre an ihre Grenzen. Die wachsende Auslandsverschuldung und sich verschärfende Zahlungsprobleme ließen der Parteiführung keine andere Wahl, als an der Preisschraube zu drehen – auch wenn es politisch die Gefahr der Destabilisierung barg. Daher tat sie dies stillschweigend und mit allerlei Tricks: Neue bzw. veränderte Produkte sowie »Güter von hohem Gebrauchswert«, insbesondere Textilien und Schuhe, wurden mit höheren Preisen versehen. Allein »Waren des Grundbedarfs« waren vom schleichenden Preisauftrieb ausgenommen.[34] Ab 1980 wurde zudem der Export von Textilien und Bekleidung verstärkt; bei Obst und Gemüse wurden dagegen Importe fast vollständig vermieden, was im Alltag deutlich spürbare Engpässe nach sich zog.[35] Mitte September 1980 dokumentierte das MfS die schlechte Stimmung in der Bevölkerung. Nicht selten fanden sich Waren mit einem neuen Etikett und einem höheren Preis im gehobenen Sortiment wieder, ohne dass das Produkt selbst jedoch verändert bzw. spürbar verbessert worden wäre, was als versteckte Preiserhöhung erkannt wurde. Vor dem Erfahrungshorizont eines relativ beständigen Angebots in den 1970er-Jahren waren diese Versorgunglücken »[…] bei solchen Artikeln, mit denen vor Jahren noch stabil versorgt werden konnte«, Grund für massive Frustration.[36]

Parteimitglieder waren ebenfalls von der sich verschärfenden Versorgungskrise betroffen. Die auch im Staatssozialismus existierende soziale Spreizung bildete sich in Form der Einkommenshierarchie natürlich auch in der Mitgliederschaft ab. Abseits der Spitzenverdiener der Machtsicherungseliten gehörten (technische) Spezialisten in der Industrie den oberen Einkommensrängen an. Beide Gruppen waren stark in der Mitgliederschaft vertreten, wie auch Facharbeiter.[37] Diese wurden im Vergleich zu höherqualifizierten Tätigkeiten relativ hoch entlohnt, wobei qualifizierte und schwere körperliche Arbeit in der Schwerindustrie bevorzugt wurde. Umgekehrt

34 Malycha: Die SED in der Ära Honecker, S. 228–242, insb. S. 239 f.

35 Judt, Matthias: »Bananen, gute Apfelsinen, Erdnüsse u. a. sind doch keine kapitalistischen Privilegien«. Alltäglicher Mangel am Ende der 1980er Jahre in der DDR, in: DA online, 12.7.2013, URL: http://www.bpb.de/geschichte/zeitgeschichte/deutschlandarchiv/163470/bananen-gute-apfelsinen-erdnuesse-u-a-sind-doch-keine-kapitalistischen-privilegien?p=all (Zugriff: 14.8.2017). Siehe auch: Zatlin, Jonathan: The Currency of Socialism. Money and Political Culture in East Germany, Boston 2007, S. 110 f.

36 ZAIG: Hinweise zur Reaktion der Bevölkerung, 15.9.1980, in: BStU, ZAIG 4165, Bl. 1–4, hier Bl. 4. Dietrich Staritz konstatierte, dass seit Mitte der 1960er-Jahre ein breites, auch qualitativ gewachsenes Warenangebot Hand in Hand ging mit einer spürbaren Erhöhung der Einkommen. Beides war Basis für eine deutliche Verbesserung der materiellen Lebensbedingungen. So wuchs zwischen 1960 und 1970 etwa der Anteil der Haushalte, die über einen Fernseher, eine Waschmaschine, einen Kühlschrank oder ein Privatauto verfügten, massiv an. Vgl. Staritz: Geschichte der DDR, S. 229–231.

37 Siehe den Abschnitt II.1 in dieser Arbeit.

zählten ungelernte Tätigkeiten, die zudem körperlich wenig belastend waren und in kleinen, nicht industriellen Betrieben ausgeübt wurden, zu den unteren Einkommensrängen. Rentner, ethnische Minderheiten und politisch-soziale Außenseiter stellten die Gegengruppe zu den Spitzenverdienern im Sozialismus dar.[38] Immerhin machte die Gruppe der Rentner Ende der 1970er-Jahre 17,5 Prozent der SED-Mitglieder aus.[39] Gerade jene mit niedrigen Einkommen waren besonders empfindlich von dem zunehmenden Versorgungsmangel betroffen.

Die darüber empfundene Frustration entlud sich auch in der Parteiöffentlichkeit. Die abnehmenden Konsumchancen bzw. Mängel und Engpässe wurden nun nicht mehr einzeln benannt, sondern die Preis- und Wirtschaftspolitik der SED wurde als Ganzes in Frage gestellt. Ab Ende der 1970er-Jahre sind solche Fälle, die in einen Parteiausschluss mündeten, immer wieder in den Protokollen der KPKK Brandenburg zu finden. Die Anzahl dieser Begebenheiten stieg im Laufe der 1980er-Jahre nicht erheblich an. Jedoch verschärfte sich der Ton. Er wurde emotionaler. Im August 1980 wurde beispielsweise ein 40-jähriger Kranfahrer aus dem Stahlwerk Brandenburg wegen »parteifeindlicher Äußerungen« aus der SED ausgeschlossen. Er teilte im Beisein von Parteilosen, wie die KPKK berichtete, Bürger der DDR in drei Kategorien ein:

> »[…] in diejenigen, die sich alles, ohne anzustehen, kaufen können, weil sie Verwandte im kapitalistischen Ausland haben und Devisen besitzen; in jene, die viel Geld verdienen und sich in Exquisit- und Delikatläden versorgen können und in jene, die sich nichts leisten und keine hochwertigen Waren kaufen können und für ihr ›sauer verdientes‹ Geld noch anstehen müssen.«[40]

Dieser Schilderung ist deutlich ein bitterer Ton anzumerken – ganz offensichtlich zählte er sich selbst nicht zu den sorglosen Kunden. Seine Wahrnehmung dieser Konsumhierarchie stellte keineswegs eine Einzelmeinung dar, sondern war weitverbreitet. Schon 1977 notierte das MfS, dass über die Existenz von drei bzw. vier in der DDR verbreiteten Personengruppen vermehrt gesprochen werde:

> »[…] erstens den Arbeitern, Rentnern und anderen Bürgern mit niedrigem Einkommen und ohne Westgeld; zweitens Bürgern mit höheren Einkommen für Exquisitgeschäfte; drittens den Besitzern von Westgeld mit Zugang zum Intershop; sowie viertens privilegierte

38 Gieseke: Soziale Ungleichheit im Staatssozialismus, S. 171–198.
39 Siehe den Abschnitt II.1 in dieser Arbeit.
40 KPKK: Protokoll der Sitzung der KPKK Brandenburg, 13.8.1980, in: BLHA Rep. 531 Brbg. Nr. 1821, o. Bl.

Personen und hohe Funktionäre, die in ›besonderen Läden‹ kaufen würden, teure Westwagen führen und in keinerlei Hinsicht von irgendwelchen Sparmaßnahmen betroffen seien.«[41]

Diese Konsumhierarchie bildete sich auch in der Mitgliederschaft ab. Der frustrierte Kranfahrer aus dem Stahlwerk in Brandenburg machte zudem seinem Unmut darüber Luft, dass hochwertige Waren nur gegen Schmiergeld erworben werden könnten. Sein Ärger steigerte sich, bis er schließlich, das legt zumindest das kurze Protokoll der KPKK nahe, in der Mitgliederversammlung verkündete, nur Parteimitglied bleiben zu wollen, wenn seine materiellen Wünsche erfüllt würden. Auch weil er später seine Meinung nicht revidieren mochte, wurde er im August 1980 aufgrund »parteifeindlichen Verhaltens« aus der SED ausgeschlossen. Seine Frustration erklärt sich nicht nur durch die geringeren Konsumchancen. Die KPKK konstatierte außerdem:

»Im Zusammenhang mit der Auswertung des 12. Plenums des ZK brachte er in seinem Kollektiv zum Ausdruck, dass es immer mehr in der DDR bergab geht, alles schlechter geworden ist und die Parteiführung das nicht wahrhaben will und die Wirklichkeit entstellt wird.«[42]

Der Erfahrungshorizont einer besseren Versorgung in den 1970er-Jahren und die mit den Erfolgsmeldungen in der Presse offiziell tabuisierte Versorgungskrise erzeugten massiven Frust, der mit der Wahrnehmung einherging, dass es »immer mehr in der DDR bergab« gehe. Auch wenn eine solche Renitenz wie bei dem Kranfahrer und ähnlich heftige Reaktionen Anfang der 1980er-Jahre selten in den Protokollen der KPKK Brandenburg zu finden sind, verweisen sie doch auf eine angespannte Atmosphäre. Dies verdeutlicht auch eine von der Staatssicherheit abgefangene anonyme Eingabe. Am 1. April 1980 schrieben angebliche »Genossen, die es gut meinen«, an den Staatsrat:

»Als Genosse kann ich es nicht mehr mit ansehen, welche himmelschreiende Zustände in diesem, unseren Staate herrschen. Ich meine die Versorgung mit den lebensnotwendigen Artikeln für die Bevölkerung. Erst heute wieder sah ich eine große Schlange Menschen vor einem Laden stehen, die Seifenpulver (Spee) kaufen wollten, sogar mit Senf gibt es Schwierigkeiten. Solche Mängel gibt es auf fast jedem Gebiet. Die Leute schimpfen, schimpfen und ich meine nicht mal mit Unrecht. Wie kommt es nur, dass 35 Jahre nach

41 ZAIG: Hinweise auf Tendenzen der Unzufriedenheit in der Reaktion der Bevölkerung der DDR, 12.9.1977, in: BStU, ZA, ZAIG 4119, Bl. 4–7. Siehe auch: Gieseke: Bevölkerungsstimmungen, S. 254.
42 Ebd.

dem Krieg noch solche Zustände herrschen? Dafür findet niemand Verständnis! Es wird allerhöchste Zeit, dass hier ordnungsgemäße Verhältnisse eintreten, vorher war es doch auch möglich. Von keiner Seite erfährt man, welche eigentlichen Ursachen hier zu Grunde liegen. Warum wird die Bevölkerung nicht unterrichtet in dieser Richtung? So kann es doch keinesfalls weitergehen!! Eine sofortige Besserung der gegenwärtigen Verhältnisse erwartet die Bevölkerung der Deutschen Demokratischen Republik.«[43]

Der neue, anhaltende Mangel von Waren war zermürbend, und er erinnerte ältere Parteimitglieder an die Knappheit der Nachkriegszeit. Auch wenn es in der Eingabe nicht angesprochen wird, musste die Konsumwelt im Westfernsehen das Empfinden der wirtschaftlichen Talfahrt verstärken. Wie auch beim Kranfahrer aus dem Stahlwerk in Brandenburg zeigt diese angebliche Kollektiveingabe, dass mit den neuen, massiven Versorgungsschwierigkeiten das Informationsbedürfnis über die Ursachen und Hintergründe gewachsen war und die offizielle Tabuisierung den Frust verstärkte.

Parteimitglieder in ihrer Rolle als Verwalter des Sozialen und als Ideologievermittler wurden von dieser Situation herausgefordert. Als die Unzufriedenheit im September 1980 einen vorübergehenden Höhepunkt erreichte, notierte das MfS, Parteimitglieder seien in der Defensive und verfügten über keine überzeugenden Argumente.[44] Die Klagen über die heimlichen Preissteigerungen nahmen sogar im Laufe des Spätsommers an Schärfe zu – und damit auch die Sprachlosigkeit der Parteibasis. Es standen ihnen keine Informationen über die Hintergründe zur Verfügung, etwa durch eine ZK-Information.[45] Die regionalen Parteiapparate hatten keine Möglichkeiten, vor Ort eine nachhaltige Verbesserung der Situation zu erreichen, sodass der Parteikanal kaum für Abhilfe sorgen konnte. Hans Plischka, der als hauptamtlicher Parteisekretär im Stahlwerk in Brandenburg tätig war, schildert rückblickend, dass mit den wachsenden Versorgungsschwierigkeiten Ende der 1970er bzw. Anfang der 1980er-Jahre auch die innerparteilichen Informationen schlechter wurden. Ihm

43 Anonyme Eingabe an den Staatsrat, 1.4.1980, in: BStU, MfS HA XX 13426, Bl. 78.

44 ZAIG: Hinweise zur Reaktion der Bevölkerung, 5.9.1980, in: BStU, ZAIG 4165, Bl. 2–3.

45 Die Reihe der ZK-Informationen aus dem Jahr 1980 umfassten folgende Themen: ZK-Information: Zur Lage in der Demokratischen Republik Afghanistan, 1980/1, Nr. 179; ZK-Information: Die Aufgaben der Parteiorganisationen bei der weiteren Entwicklung der Zivilverteidigung, 1980/2, Nr. 180; ZK-Information: Zu Fragen der Hochschulpolitik der Partei, 1980/4, Nr. 182; ZK-Information: Manöver »Waffenbrüderschaft – 80«, 1980/5, Nr. 183; ZK-Information: Investitionen auf die sozialistische Rationalisierung, 1980/6, Nr. 184; ZK-Information: Zur langfristigen Sicherung des militärischen Berufsnachwuchses, 1980/7, Nr. 185; ZK-Information: Zur Anwendung der Mikroelektronik, 1980/8, Nr. 186; ZK-Information: Aktuelle Fragen des Kampfes der sozialistischen Staaten gegen das Wettrüsten, für Rüstungsbegrenzung und Abrüstung, 1980/9, Nr. 187; ZK-Information: Zur Regierungserklärung des BRD-Kanzlers Helmut Schmidt am 24. November 1980, 1980/10, Nr. 188, in: BStU, MfS, HA VI, Nr. 15399, sowie ZK-Information: Technische Sicherheit und technologische Ordnung erhöhen eine vordringliche politische Aufgabe, 1980/3, Nr. 181, in: BStU, MfS SED-KL, 3944.

zufolge sei es nicht mehr so gelaufen, »dass wir Aussagen genügend gekriegt haben oder Informationen dann zu der tatsächlichen Situation«.[46] Auf die Nachfrage, ob Informationen von der Kreisleitung ausblieben, präzisiert er:

»Ja, et blieb nicht aus, aber det war eigentlich, das, was wir dann als Information jekriegt haben, in die Grundorganisationen, war eben nicht so, dass wir det als befriedigend ansehen konnten. Das wir gesagt haben: ›Pass ma uff!‹ Du kannst erzählen, wat de willst, wenn's trotzdem draußen für die Frauen Schlüpfer, keene Schlüpfer, jab, jab ja keene, denn warn det eben keene Büstenhalter. Ick kann denen ja erzählen, wat se wollen, ja? Wenn der sagt: ›Morgen wird die Lieferung anjeliefert‹, ja, und man sieht det übermorgen, dann konntest du auch sagen: ›Du pass ma uff, hör uff zu meckern, ab morgen läuft det wieder.‹ Ja? Und so weiter. Aber det warn denn eben Aussagen oder Informationen, die nicht dazu beigetragen haben, da die Menschen weiter so zu überzeugen, dass du eben sagen konntest: ›So!‹«[47]

Im Laufe der 1980er-Jahre stellte sich keine nachhaltige Verbesserung der Versorgung ein, und auch die (innerparteiliche) Tabuisierung dieses Konfliktfeldes hielt an, sodass hauptamtliche Parteisekretäre wie Hans Plischka innerhalb und außerhalb der Parteiöffentlichkeit keine Antworten bzw. Lösungsinitiativen und Hintergrundinformationen aus den Parteiapparaten anzubieten hatten, um die Gemüter vor Ort zu beruhigen. Zwar versuchte die Parteiführung, diesem schleichenden Autoritätsverlust durch einzelne Initiativen entgegenzuwirken. Im November 1982 setzte etwa eine vorübergehende Entspannung der Versorgungssituation ein, und zwar aufgrund des Politbürobeschlusses zur »Sicherung der Versorgung und festtagstypischer Erzeugnisse«.[48] Laut Staatssicherheit herrschte nun die Meinung vor, dass die Partei- und Staatsführung offenbar doch über die reale Lage informiert gewesen sei, weshalb sie Maßnahmen zur stabileren Versorgung eingeleitet habe.[49] Doch handelte es sich eher um eine vorübergehende Beruhigung als um einen echten Stimmungsumschwung, was für Parteimitglieder sogar einen bitteren Beigeschmack hatte. Zwar profitierten sie von dieser Stabilisierung, da sie nun auch agitatorisch wieder in der Offensive waren. So erfolgte die Auswertung des Politbüro-Beschlusses in den GO – in jenen »der zentralen Einrichtungen und Institutionen zügig« – bereits

46 Interview mit Hans Plischka am 12.11.2010, Transkript der Audiodatei, S. 25 f.

47 Ebd., S. 26 f.

48 Sitzung des Politbüros: Information über die Versorgung der Bevölkerung im IV. Quartal 1982 in ausgewählten Einzelpositionen und festtagstypischen Erzeugnissen, 20.10.1982, in: SAPMO-BArch DY 30/J IV 2/2/1972, o. Bl.

49 ZAIG: Hinweise über aktuelle Gesichtspunkte der Reaktion der Bevölkerung der DDR im Zusammenhang mit Problemen der Volkswirtschaft und der Versorgung, 15.11.1982, in: BStU, ZAIG 4165, Bl. 33–40.

vor dem Einsetzen der Maßnahme, sodass in Arbeitskollektiven »politisch offensiv« das Gespräch geführt werden konnte. Eine begleitende Presseberichterstattung blieb jedoch aus, womit es allein den Genossen vorbehalten blieb, diese Initiative zu kommunizieren. Doch brachten sie kein Verständnis für das Schweigen der Presse auf, da »es für niemanden mehr ein Geheimnis sei, dass die DDR bedingt durch die außenwirtschaftlichen Belastungen Probleme hat, das Versorgungs- und Lebensniveau zu halten«.[50] Trotz des wachsenden Informationsbedürfnisses über die Ursachen der wirtschaftlichen Talfahrt blieb die Parteiführung bei der (innerparteilichen) Tabuisierung und verlor somit an Rückhalt bei Parteimitgliedern. Ohne Zusatzinformationen und Steuerungsoptionen vor Ort wurde die ordnende Kraft der GO unterminiert, mit der Folge, dass sich Parteimitglieder von ihrer Vermittlerrolle distanzierten.

Diese Situation verschärfte sich 1982, als sich der Versorgungsmangel auf die Delikat- und Exquisit-Läden ausweitete – und damit auch die Konsumenten in den mittleren und höheren Einkommensrängen erreichte. Exquisit-Läden waren Modehäuser, die zeitgemäße Bekleidung und Schuhe für den großen Geldbeutel anboten. Bei Delikatläden handelte es sich um Delikatessengeschäfte, deren feilgebotene Feinkost überwiegend importierte Waren umfasste.[51] Mit dem Importrückgang ab 1980 veränderte sich sukzessive das Sortiment, das nun überwiegend aus hochwertigen heimischen Produkten bestand. Ab 1982 mehrten sich die Beschwerden, dass die Warenpalette schmaler werde und man dort nur noch Produkte aus der DDR kaufen könne.[52] Gerade mittlere und höhere Einkommensgruppen fühlten sich nun in ihren Konsumbedürfnissen abgehängt, während jene in den unteren Einkommensrängen sich viele Produkte gar nicht mehr leisten konnten. Vieles verschwand aus dem Standardsortiment der Kaufhallen und war nur mehr im hochpreisigen Sortiment der Delikatläden zu finden. Der Unmut über den Produktrückgang in den unteren und mittleren Preisgruppen wuchs in den folgenden Jahren gewaltig.[53] Bis 1985 hatte sich diese Situation derart verschärft, dass die Meinung vorherrschte, »Mangelwaren seien nur noch zu hohen Preisen in den Exquisitgeschäften erhältlich. Das übersteige jedoch bei weitem die Möglichkeiten eines durchschnittlichen Einkommens.«[54]

50 Ebd., Bl. 30–35.

51 Merkel, Ina: Utopie und Bedürfnis. Die Geschichte der Konsumkultur in der DDR, Köln 1999, S. 243–276; Kaminsky, Annette: Konsumpolitik in der Mangelwirtschaft, in: Vollnhals, Clemens/Weber, Jürgen (Hg.): Der Schein der Normalität. Alltag und Herrschaft in der SED-Diktatur, München 2002, S. 81–112.

52 ZAIG: Hinweise über Reaktionen der Bevölkerung der DDR zu Fragen des Handels und der Versorgung 12.5.1982, in: BStU, 15.5.1982, ZAIG 4165, Bl. 19.

53 ZAIG: Zu einigen beachtenswerten Aspekten in der Reaktion der Bevölkerung der DDR im Zusammenhang mit Versorgungsfragen, 4.1.1985, in: BStU, ZAIG 4165, Bl. 44.

54 ZAIG: Hinweise auf beachtenswerte Reaktionen der Bevölkerung der DDR, 2.12.1985, in: BStU, ZAIG 4158, Bl. 74.

Der Einkauf in den gehobenen Geschäften war für mittlere Einkommensgruppen eben nur unregelmäßig möglich. Das betraf Parteilose wie SED-Mitglieder gleichermaßen. Doch Letztere waren angehalten, diese Situation zu erklären. Das MfS notierte, dass es den Parteimitgliedern immer schwerer falle, mit überzeugenden Gegenargumenten aufzutreten. Einige unter ihnen würden sogar resignieren und versuchen, derartigen Diskussionen aus dem Weg zu gehen.[55]

Der wirtschaftliche Sinkflug machte sich jedoch nicht nur auf Verbraucherebene bemerkbar, sondern auch in den Betrieben, wo Ersatzteile und Rohstoffe immer schwerer zu beschaffen waren. Schon Ende der 1970er-Jahre wuchs die Unzufriedenheit über Engpässe, Stillstandzeiten von Maschinen und mangelnde Arbeitsdisziplin.[56] Doch verzeichnete das MfS ab 1982 eine neue Qualität der Frustration: Gleichgültigkeit und Desinteresse seien unter allen Schichten der Bevölkerung verbreitet und wirken sich negativ auf die Leistungsbereitschaft und Arbeitsmoral aus. Der Mainstream werde von folgenden Ansichten bestimmt:

> »Warum sollen wir mehr produzieren, wenn wir für unser Geld nichts zu kaufen kriegen; Lohnt es sich angesichts des zunehmenden Mangels an Grundmaterialien und Rohstoffen noch, angestrengt zu arbeiten?; Es habe keinen Zweck, über Mängel zu reden, denn verändern könne man doch nichts; Man müsse alles an sich herankommen und vorbeiziehen lassen, keine übermäßige Initiative entwickeln und nicht negativ auffallen.«[57]

Die Atmosphäre war nicht allein von Resignation bestimmt. Es mehrten sich auch Zweifel an der Wirtschaftspolitik der SED, sodass Partei- und Gewerkschaftsfunktionäre aus Sicht des MfS zunehmend mit »gegnerischen Argumenten« konfrontiert wurden. Auch staatliche Leiter (ver-)zweifelten. Sie versuchten, Plandiskussionen mit Beschäftigten aus dem Weg zu gehen, verhielten sich passiv gegenüber Mängeln und Verstößen gegen die Arbeitsdisziplin. Die Auswertungsoffiziere wussten sogar zu berichten, dass Vorgesetzte der mittleren Leitungsebene vereinzelt erwägen, ihre Funktion niederzulegen.[58] Während das MfS unter führenden Wirtschaftsfunktionären bereits Ende der 1970er-Jahre Skepsis und Resignation angesichts der ökonomischen Schieflage dokumentierte, die selbst den ZK-Apparat in Teilen ergriff, erreichten die Zweifel an der Wirtschaftspolitik 1982 auch die (industrielle) Basis der Partei.[59]

55 Ebd.
56 Malycha: Die SED in der Ära Honecker, S. 220.
57 ZAIG: Hinweise über weitere aktuelle Gesichtspunkte der Reaktion der Bevölkerung der DDR im Zusammenhang mit Problemen der Volkswirtschaft und der Versorgung, 6.9.1982, in: BStU, ZAIG 4165, Bl. 22 f.
58 Ebd., Bl. 26 f.
59 Malycha: Die SED in der Ära Honecker, S. 263 f. sowie 268.

Dieser Trend sollte sich in den folgenden Jahren verschärfen. Ein instruktives Bild über die alarmierende Situation an der Parteibasis liefern die persönlichen Gespräche mit Parteimitgliedern, die der Parteiapparat republikweit im Spätsommer 1985 durchführte. Sie fanden zwischen dem 19. August und dem 11. Oktober in Manier des Umtauschs der Parteidokumente statt, wobei nach Abschluss kein Umtausch erfolgte, sondern eine Kontrollmarke in das Parteibuch geklebt wurde.[60] Die als »Prüfung und Aktualisierung der Registratur in den Grundorganisationen und Kreisleitungen der SED« bezeichnete Maßnahme diente nicht allein organisatorischen Bedürfnissen, sondern forderte in Vorbereitung auf den XI. Parteitag die Folgebereitschaft der Parteibasis ein.[61] Während der zentrale Abschlussbericht in formalisierter Sprache keine Konfliktfelder benennt und auch keine erhöhten Parteiaustritte im Vergleich zur letzten Kontrolle der Parteidokumente im Jahr 1980 ausweist,[62] liefert der Bericht der Kreisleitung Brandenburg ein kritischeres Bild über den Zustand der Parteibasis der Stadt, das stellvertretend für die Industrieprovinz der DDR herangezogen werden kann. Nach den üblichen affirmativen Phrasen thematisierte der Bericht, dass bei Produktionsarbeitern »eine gewisse Müdigkeit und Ablehnung zu weiteren Zusatz- und Sonderschichten spürbar« sei.[63] Die Arbeiter machten eine schlechte Arbeitsorganisation und mangelhafte Materialbilanzen für die Sonderschichten verantwortlich – und damit die Arbeit ihrer Vorgesetzten. Sonderschichten würden die schlechte Produktionssituation noch verstärken, da am Wochenbeginn das Material fehle, um kontinuierlich produzieren zu können. War Material verfügbar, würden wieder Sonderschichten anberaumt werden. Dieser Teufelskreis wurde auch von Arbeitern in Brandenburger Baubetrieben kritisiert. Nicht nur führe diese Situation dazu, dass bei der Vermittlung der politischen Linie die Worte und Auffassungen der Parteimitglieder im Arbeitskollektiv angezweifelt werden. Auch »der Glauben an die eigene Kraft geht verloren«.[64] Berufliches und politisches Engagement wurde durch die anhaltende Versorgungsmisere zunehmend als sinnlos empfunden. Selbst

60 Zum Umtausch der Parteidokumente siehe den Abschnitt III.1 in dieser Arbeit.

61 Sitzung des Sekretariats des ZK: Beschluss des ZK der SED über die Prüfung und Aktualisierung der Registratur in den Grundorganisationen und Kreisleitungen der SED sowie über vertrauensvolle, individuelle Gespräche mit allen Mitgliedern und Kandidaten der Partei, 9.1.1985, in: SAPMO-BArch, DY 30/J IV 2/3 A 4191, o. Bl.

62 Sitzung des Sekretariat des ZK: Bericht über die Prüfung und Aktualisierung der Registratur in den Grundorganisationen und Kreisleitungen der SED sowie die Durchführung vertrauensvoller individueller Gespräche mit allen Mitgliedern und Kandidaten der Partei in der Zeit vom 19. August bis zum 11. Oktober 1985, Protokoll Nr. 120, 16.10.1985, in: SAPMO-BArch, DY 30/J IV 2/3 Nr. 3882, o. Bl. Im Zuge der Gespräche erklärten 1359 Mitglieder ihren Austritt. Bei der Kontrolle Parteidokumente 1980 waren es 1685 Mitglieder. Vgl. Abschlussbericht der Kontrolle vom 28.4.1980, in: SAPMO-BArch, DY 30/J IV 2/3A 3469.

63 Abteilung Parteiorgane der SED-KL Brandenburg: Abschlusseinschätzung über den Verlauf und die Ergebnisse der persönlichen vertrauensvollen Gespräche mit den Mitgliedern und Kandidaten der Partei, 2.10.1985, in: BLHA, Rep. 531 Brbg. Nr. 2043, Bl. 1–17, hier Bl. 9.

64 Ebd.

die mittlere Leitungsebene war davon betroffen. Die Kreisleitung Brandenburg konstatierte, dass Abteilungsleiter, Bereichsleiter, Schichtingenieure, Meister, Technologen, Materialwirtschaftler, Transportverantwortliche und auch Werkstattleiter an ihre Grenzen gelangten.

> »Dieser Kreis der Parteimitglieder spricht von großen physischen und psychischen Belastungen, der Zunahme von Hektik, von Auseinandersetzungen mit leitenden Kadern übergeordneter Organe und Werktätigen, und nicht immer sehen sie sich in der Lage, sachlich und überzeugend um die Durchführung der Parteibeschlüsse zu kämpfen.«[65]

Nicht allein das mittlere Management in Bau- und Industriebetrieben war verstärkt einem doppelten Druck von oben und unten ausgesetzt. Auch Pädagogen im Kreis Brandenburg beklagten sich, dass es immer schwerer werde, gegenüber Schülern die politische Linie zu vertreten. Sie forderten mehr Informationen von oben. Mit den sich ausweitenden Versorgungsschwierigkeiten wuchsen gleichzeitig der Erklärungs- und Handlungsdruck auf Parteimitglieder, aber auch deren Zweifel an der Politik der Parteiführung sowie ihr Informationsbedürfnis. Die auch innerparteiliche Tabuisierung dieses brisanter werdenden Konfliktfeldes ließ das politische Engagement immer fragwürdiger und nutzloser erscheinen und die Vermittlerrolle erlahmen.

Krisenwahrnehmung und Steuerungsverlust 1986/87

Die wirtschaftliche Talfahrt war ab 1980 im Alltag deutlich spürbar und zog bis 1985 immer weitere Kreise: Sortimentslücken in Kaufhallen, schleichende Preiserhöhungen, die abnehmende Qualität der Produktpalette in Delikatläden, horrende Preise in Exquisit-Läden für Mangelware, Käuferschlangen bei Lieferung selten angebotener Waren, Ersatzteil- und Rohstoffmangel sowie Stillstandszeiten von Maschinen waren immer stärker Teil des frustrierenden (Betriebs-)Alltags. Parteimitglieder hatten dieser Situation kaum etwas entgegenzusetzen, sodass sie immer öfter schwiegen. Diese Situation sollte sich jedoch weiter zuspitzen. Bis Ende 1986 wurden die Versorgungsschwierigkeiten als »permanenter Zustand« wahrgenommen. Es verbreitete sich das Empfinden, so notierte das MfS, dass sich die DDR zu einer »Mangelgesellschaft« entwickele.[66] Für den Betriebsalltag lässt sich bereits ab Ende 1985 beobachten, dass die fehlende Wartung und Pflege von Maschinen als Zustand wahrgenommen wurde,

65 Ebd., Bl. 11.

66 ZAIG: Hinweise über Reaktionen der Bevölkerung der DDR zu Problemen des Handels und der Versorgung, 17.11.1986, in: BStU, ZAIG 4165, Bl. 53–60, insb. Bl. 60.

der bereits seit Jahren andauere.[67] Damit hatte 1986 eine Krisenwahrnehmung eingesetzt, die im folgenden Jahr einen massiven Schub erhalten sollte.

Ab 1985 lockerte die SED die Genehmigungspraxis für Privatreisen »in dringenden Familienangelegenheiten« nach Westdeutschland. Während zuvor pro Jahr nur ca. 60 000 Personen ihre Verwandten im Westen besuchten, waren es 1986 bereits 573 000, 1987 1,3 Millionen und 1988 rund 1,6 Millionen Bürger.[68] Die massiv zunehmenden Westreisen von DDR-Bürgern hatten jedoch einen Bumerangeffekt. Nach ihrer Rückkehr, so registrierte das MfS bereits im November 1986, werden Diskussionen über Versorgungslücken und Mängel durch ihre Schilderung befeuert. Nun wurde aus eigener Anschauung das Warenangebot auf beiden Seiten der Mauer verglichen – freilich zuungunsten der DDR. Zwar werden, so das MfS, die sozialen Leistungen der DDR hervorgehoben. Doch machte das Gesehene großen Eindruck: In überschwänglicher Form werde das Warenangebot im Westen dargestellt.[69] Nur wenige Monate später hatte sich diese Situation verschärft. Im Sommer 1987 registrierte das MfS, dass durch die wachsende Zahl der Westreisenden Vergleiche des Versorgungsniveaus immer häufiger angestellt werden, was schließlich zu Zweifeln an der Leistungskraft der Volkswirtschaft führe. Zudem werde »die angebliche Überlegenheit der kapitalistischen Produktionsweise herausgestellt«.[70] Die Auswertungsoffiziere der Staatssicherheit nahmen hier eine »feindliche Auffassung« als Mainstream wahr.

Diese Zweifel speisten sich nicht allein aus dem Wissen über ein besseres Warenangebot. In den Westen exportierte heimische Qualitätsware wie etwa Bekleidung wurde dort zu niedrigsten Preisen angeboten, während sie zu Hause als Mangelware nur für horrende Preise zu haben war. Diese Erfahrung machten auch Parteimitglieder. Auch sie unternahmen Besuchsreisen in den Westen, sofern sie dort wohnende Verwandte hatten.[71] So schildert der bereits zitierte Parteisekretär Hans Plischka, dass er im Sommer 1989 mit seiner Frau nach Westdeutschland gereist sei, um seinen Schwager zu besuchen. Nicht allein, dass die breite Warenpalette großen Eindruck auf seine Frau machte. Aufgebracht waren beide, als sie Strümpfe aus DDR-Produktion entdeckten. Noch im Rückblick empört sich Frau Plischka und hebt ihre Stimme:

67 ZAIG: Hinweise auf beachtenswerte Reaktionen der Bevölkerung der DDR, 2.12.1985, in: BStU, ZAIG 4158, Bl. 69.

68 Hertle, Hans-Hermann/Jarausch, Konrad H./Kleßmann, Christoph (Hg.): Mauerbau und Mauerfall. Ursachen, Verlauf, Auswirkungen, Berlin 2002, S. 301. Siehe auch: Hertle, Hans Hermann: Chronik des Mauerfalls. Die dramatischen Ereignisse um den 9. November 1989, Berlin 1996, S. 45. Siehe den Abschnitt IV.2 in dieser Arbeit.

69 ZAIG: Hinweise über Reaktionen der Bevölkerung der DDR zu Problemen des Handels und der Versorgung, 17.11.1986, in: BStU, ZAIG 4165, Bl. 53.

70 ZAIG: Weitere Hinweise über aktuelle Reaktionen der Bevölkerung zu Problemen des Handels und der Versorgung, 8.9.1987, in: BStU, ZAIG 4165, Bl. 73. Siehe auch: Gieseke: »Seit Langem angestaute Unzufriedenheit breitester Bevölkerungskreise«, S. 136.

71 Siehe den Abschnitt IV.2 in dieser Arbeit.

»Hier hergestellt, ja? Nach drüben verschoben. Und dann gab es sie dort für 99 Cent!«[72] Hans Plischka ergänzt korrigierend: »Pfennige, damals.«[73] In Brandenburg habe sie, schildert Frau Plischka weiter, 14 Mark auf die Ladentheke legen müssen, falls Strümpfe überhaupt im Regal zum Verkauf angeboten wurden. Diese mit eigenen Augen bezeugte »Verschleuderung« von DDR-Produkten wurde als Entwertung der eigenen Leistungen empfunden und verstärkte die Zweifel an der Wirtschaftspolitik. Während das Brandenburger Ehepaar erst im Sommer 1989 diese Erfahrung machte, herrschte bereits ein Jahr zuvor breite Empörung darüber. Das MfS notierte im Mai 1988, dass die Diskussionen über die Versorgungssituation mittlerweile in erheblichem Maße durch rückkehrende Westreisende beeinflusst werden: »Derartige Personen berichteten u. a. über wiederholt von ihnen getroffene Feststellungen des Verkaufs von hochwertigen DDR-Erzeugnissen zu ›Billigpreisen‹ und empörten sich über die vergleichsweise hohen Preise beim Verkauf gleichartiger Erzeugnisse in der DDR.«[74]

Die erhöhte Anzahl an Westreisen verstärkte also die Krisenwahrnehmung: Die Versorgungslage wurde durch den direkten Vergleich mit der BRD nun als derart miserabel empfunden, dass sich erhebliche Zweifel am eigenen Wirtschaftssystem auftaten. Begleitet wurde diese Demoralisierung durch eine groteske Erfolgsberichterstattung in den Medien, welche die Gemüter nur zusätzlich aufbrachte. Im April 1987 dokumentierte das MfS »teilweise sehr kritische und stark emotional geprägte Reaktionen auf Sortimentslücken, (Qualitäts-)Mängel bei Industriewaren, Konsumgütern und Grundnahrungsmitteln«.[75] Mit Nachdruck werden nun offene und ehrliche Antworten von zentralen Partei- und Staatsorganen gefordert.

Während in dieser zugespitzten Atmosphäre 1987 die Parteimitglieder zunehmend unter Druck gerieten, kam auch ein wichtiges innerparteiliches Integrations- und Steuerungsinstrument zum Erliegen. Im Stahlwerk in Brandenburg versagte »der Parteikanal«: Lösungsinitiativen des regionalen Parteiapparates für die in GO vorgebrachten kommunalen Probleme blieben nun ganz aus. Die Listen der Betriebsparteileitung (BPL) über die in den Mitgliederversammlungen vorgebrachten Versorgungsmängel wurden nicht nur immer länger.[76] Auch dokumentierte die BPL Klagen, dass trotz vielfältigen Hinweisen, Kritikpunkten und Informationen keine Rückmeldungen zu Versorgungsfragen und Problemen gegeben werden. Offenbar konnten

72 Interview mit Hans Plischka am 12.11.2010, Transkript der Audiodatei, S. 28.

73 Ebd.

74 ZAIG: Hinweise zu einigen aktuellen Aspekten der Reaktion der Bevölkerung, 27.5.1988, in: BStU, ZAIG 4158, Bl. 87.

75 ZAIG: Hinweise über Reaktionen der Bevölkerung zu Problemen des Handels und der Versorgung, 14.4.1987, in: BStU, ZAIG 4165, Bl. 62.

76 Auch Sönke Friedreich machte diese Beobachtung für die GO des VEB Sachsenring. Vgl. Friedreich: Autos bauen im Sozialismus, S. 365 f.

die SED-Kreisleitung und der Rat der Stadt die Problemdichte in Brandenburg nicht mehr bewältigen. Hatte 1985 der Rücklauf in die GO des Stahlwerks noch funktioniert und wurden Genossen darüber informiert, dass sich die Kreisleitung wie der Rat der Stadt gemeinsam um die Versorgungsengpässe in Wusterwitz und Kirchmöser kümmerten,[77] blieben Ende 1987 solche Antworten über Lösungsinitiativen immer öfter aus. Viele Parteimitglieder im Stahlwerk Brandenburg waren nun der Meinung, »dass es sich nicht mehr lohnt, über diese Fragen in der Parteiversammlung zu sprechen, weil die Parteileitung keine befriedigende Auskunft geben kann«.[78]

Die Erfahrung, dass der Parteikanal seine Unterstützung versagte, machten wenige Monate später auch Parteimitglieder im Transportwesen. Wie das MfS berichtete, waren sie enttäuscht und geradezu empört. Denn höhere Funktionäre unterstützten sie nicht, obwohl kaum noch ein Wagen fuhr.[79] Auch die Lage im Handel und in der Versorgung wurde immer dramatischer. Im Frühjahr 1988 registrierten insbesondere Parteifunktionäre und Mitarbeiter der Verwaltung sowie wirtschaftsleitender Organe besorgt wachsende Unzufriedenheit und spontane Unmutsbekundungen. Selbst Parteimitglieder und sogar Leitungskader beteiligten sich an Mängeldiskussionen in Betrieben, anstatt dagegen zu argumentieren.[80] Mit dem Versiegen der sozialen Steuerungsfunktion der GO zogen sich Parteimitglieder von ihrer Vermittlerrolle zurück.

Der Steuerungsverlust betraf jedoch nicht allein die GO, sondern auch den Staats- und Parteiapparat als ordnende Kraft. Zu Beginn des Jahres 1988 notierte das MfS die weitverbreitete Meinung, dass die Apparate damit überfordert seien, der krisenhaften Situation entgegenzutreten. Aus allen Bezirken häuften sich die Hinweise über Diskussionen, in denen zentralen und territorialen Organen die Fähigkeit abgesprochen werde, »die seit Jahren andauernden und in jüngster Zeit zugespitzten Versorgungsprobleme im Interesse der Werktätigen zu lösen«.[81] Immer stärker werde auch über die Ursachen der Misere spekuliert. Die verschiedenen Meinungen reichten von der Einschätzung, dass entscheidungsbefugte Mitarbeiter in der staatlichen Verwaltung sowie in der Industrie und im Handel schlicht unfähig seien, bis hin zu der Annahme, dass die Berichte über die wahre Lage nach oben manipuliert werden und die Partei- und Staatsführung dadurch in Unkenntnis über die reale Lage gelassen werde. Parteifunktionären, Mitarbeitern staatlicher Organe sowie Wirtschaftsfunktionären werde, so das MfS, immer zwingender die Frage nach den tatsächlichen

77 ZBPL: Informationsbericht für den Zeitraum 21.8. bis 20.9.1985 über Probleme, die in Mitgliederversammlungen angesprochen wurden, 20.9.1985, in: BLHA, Rep. 532, Nr. 6137, o. Bl.

78 APO-Berichtsprotokoll der SED im SWB über Meinungen zu Versorgungsfragen, 15.12.1987, in: BLHA Rep.532, Nr. 6234, o. Bl.

79 ZAIG: Hinweise zu einigen aktuellen Aspekten der Reaktion der Bevölkerung, 27.5.1988, in: BStU, ZAIG 4158, Bl. 81 f.

80 Ebd., Bl. 85 f.

81 ZAIG: Hinweise über einige beachtenswerte Aspekte der Reaktion der Bevölkerung zu Problemen des Handels und der Versorgung, 12.1.1988, in: BStU, ZAIG 4165, Bl. 77.

Ursachen der Versorgungsmisere gestellt. Doch auch sie wussten keine Antworten. Sie versuchten entweder den Fragen ganz aus dem Weg zu gehen oder zogen sich darauf zurück, die große politische Linie zu erörtern. Insgesamt machten sie, wie die Auswertungsoffiziere zu berichten wussten, einen ratlosen und überforderten Eindruck.[82] Darüber hinaus waren Mitglieder der Parteibasis immer weniger bereit, sich parteipolitisch bzw. gesellschaftlich zu engagieren.[83] Dieser vom MfS im Mai 1988 festgestellte Rückzug verstärkte sich in den folgenden Monaten. Im August desselben Jahres dokumentierten die Auswertungsoffiziere der Staatssicherheit:

> »In größer gewordenem Umfang seien solche Erscheinungen wie Nichteinhaltung und Nichtauslastung der Arbeitszeit, nachlassende Bereitschaft zum Erbringen zusätzlicher Leistungen, fehlendes Interesse an bis hin zur Ablehnung gesellschaftlicher Mitarbeit bzw. der Übernahme von Funktionen feststellbar.«[84]

Das Versiegen der innerparteilichen Integrationsmechanismen sowie das sich zuspitzende gesellschaftspolitische Klima, in dem immer lauter Erklärungen eingefordert wurden, führten zum Rückzug der Parteibasis als Vermittler und Repräsentant. Der Autoritätsverlust der SED an ihrer Basis war damit jedoch nicht zum Abschluss gekommen.

Der Wartburg-Skandal 1988

In die Phase des Rückzugs der Parteibasis fiel die Ankündigung eines neuen Pkw-Modells. Am 27. August 1988 berichtete das *Neue Deutschland*, dass auf der anstehenden Leipziger Herbstmesse der Wartburg 1.3 mit Viertaktmotor vorgestellt werde.[85] Allein diese Mitteilung löste einen regelrechten Skandal aus. Zwar existierte in der Parteidiktatur keine autonome Öffentlichkeit, doch wurden in »kleinen Öffentlichkeiten«[86] am Arbeitsplatz, beim Schlangestehen im Geschäft, bei der zufälligen Begegnung auf der Straße oder im Freundeskreis Argumente und Positionen ausgetauscht.[87] Die Entrüstung über das neue Gefährt entlud sich sogar in Parteiver-

82 Ebd., Bl. 78.

83 ZAIG: Hinweise zu einigen aktuellen Aspekten der Reaktion der Bevölkerung, 27.5.1988, in: BStU, ZAIG 4158, Bl. 82.

84 ZAIG: Hinweise über bedeutsame Aspekte der Reaktion der Bevölkerung, 1.8.1988, in: BStU, ZAIG 4158, Bl. 98.

85 »Wartburg« mit Viertakt-Motor, in: Neues Deutschland, 27.8.1988, S. 3.

86 Gieseke, Jens: Whom did the East Germans trust? Zur Problematik von Öffentlichkeit in der geschlossenen Gesellschaft siehe auch: ders.: Bevölkerungsstimmungen, S. 239–242.

87 Zu Öffentlichkeit im Sozialismus siehe auch: Sabrow, Martin: Politischer Skandal und moderne Diktatur, in: ders. (Hg.): Skandal und Diktatur. Formen öffentlicher Empörung im NS-Staat und in der DDR, Göttingen 2004, S. 16–23, insb. S. 22.

sammlungen. Ende September 1988 registrierte das MfS unter allen Schichten der Bevölkerung – insbesondere jedoch in Industriebetrieben, in der Verwaltung und unter Pädagogen – »in beachtlichen Umfang spontane, emotional stark geprägte, z. T. aggressive, überwiegend ablehnende Meinungsäußerungen« zur Mitteilung über das neue Pkw-Modell.[88] Die Empörung sei so stark gewesen, dass auch verbale Angriffe auf die Politik der SED nicht ausblieben. Viele Arbeits- und Gewerkschaftskollektive und sogar Parteigruppen beschwerten sich bei zentralen Staats- und Parteiorganen. Im Oktober notierten die Auswertungsoffiziere der Staatssicherheit, dass die Anzahl der Eingaben an zentrale staatliche Organe auf das Achtfache zum Vergleichszeitraum des Vorjahres angeschwollen sei.[89]

Gegenstand der Empörung war zunächst der massiv gestiegene Preis des Wagens. 30 200 Mark der DDR sollte das neue Modell kosten. Bisher musste man um die 20 000 Mark gespart haben.[90] Damit war der Wartburg nicht nur für den größten Teil der Bevölkerung unerschwinglich geworden. All jene, die schon auf der Warteliste standen, mussten nun erheblich mehr Geld als geplant aufbringen, weshalb nicht wenige auf die Trabant-Warteliste wechselten, was die Wartezeiten jedoch verlängerte.[91] Damit avancierte das neue Auto zum Symbol der anziehenden sozialen Spreizung in der Gesellschaft. Denn durch die andauernden, oftmals schleichenden Preiserhöhungen fühlten sich immer mehr Personen materiell abgehängt. Der Wartburg war gegenüber der Marke Trabant der Wagen der Oberklasse. Er war größer und eleganter, ihn zu erhalten erforderte eine längere Wartezeit und die Zahlung eines viel höheren Preises.[92] Die Kosten des neuen Modells führten der Mehrheit vor Augen, dass es offenbar eine Gruppe in der Gesellschaft gab, der es möglich war, diesen Wagen zu erwerben. Dies verstärkte das Empfinden der wachsenden sozialen Ungleichheit.

Zudem schürte die Kommunikation der Parteiführung den Ärger: Sie tabuisierte immer noch das weitverbreitete Empfinden einer Wirtschafts- und Versorgungskrise. Gleichzeitig sorgten die Äußerungen des Berliner Bezirkschefs Günter Schabowski Mitte September 1988 für »heftige kritische Diskussionen«. Auf der Berliner Bestarbeiterkonferenz erläuterte Schabowski, wahrscheinlich durch die Empörung über das

88 ZAIG: Hinweise zur Reaktion der Bevölkerung auf die in den Massenmedien der DDR erfolgten Veröffentlichungen zum Personenkraftwagen »Wartburg 1.3«, 26.9.1988, in: BStU, ZAIG 4241, Bl. 1–5, hier Bl. 2.

89 ZAIG: Weitere Hinweise zur Reaktion der Bevölkerung im Zusammenhang mit dem Pkw »Wartburg 1.3«, 27.10.1988, in: BStU, ZAIG 4241, Bl. 7–11, hier Bl. 7.

90 Menge, Marlies: Teure Liebe zum Auto, in: Die Zeit, 31.7.1981.

91 Auch die Ost-CDU-Basis war wegen des neuen Preises und der daraus entstandenen Schwierigkeiten empört. Vgl. Richter, Michael: Aufbruch an der Basis. Zur Situation in der Ost-CDU vom Beginn der Gorbatschowschen Reformpolitik bis zum Sonderparteitag im Dezember 1989. Eine Dokumentation, in: Historisch-Politische-Mitteilungen 8/2001, S. 200 und 227 f.

92 Wolle: Die heile Welt der Diktatur, S. 217 f.

neue Fahrzeug motiviert, die Neuerungen des bald zur Verfügung stehenden Modells, um den horrenden Preis zu rechtfertigen. Er schloss seine Ausführungen mit einem Scherz, der den meisten jedoch bitter aufstieß:

> »Neu sind Vergaser und das entsprechende Abgassystem, das Getriebe und das ganze Antriebssystem. Neugestaltet wurde das Fahrwerk. Verbessert wurde die Innenausstattung. Es wurden Maßnahmen zur Erhöhung der Lebensdauer der Karosserie getroffen. Für besonders Misstrauische sei hinzugesetzt: Fünf Räder, eins davon als Reserve, sind im Preis inbegriffen. Der Minister hat mir das ausdrücklich bestätigt.«[93]

Während diese flapsige Bemerkung im Auditorium Heiterkeit auslöste, führte sie außerhalb der Veranstaltung zu regelrechten Wutausbrüchen. Die Worte des Spitzenfunktionärs wurden als Verhöhnung der Arbeiter wahrgenommen.[94] Es verstärkte sich der Eindruck einer entrückten Parteispitze.

Auch angesichts der Technik und des Designs wurde der Preis als viel zu hoch und deshalb als unangemessen betrachtet. Abgesehen vom neuen Motor, der ausgerechnet von einem westdeutschen Autobauer stammte, hatte der Wagen wenig Neuerungen zu bieten. Im Sportclub Berlin-Grünau etwa herrschte die Meinung vor, dass der Wartburg trotz Neuerung »eine alte Oma mit einem Herzschrittmacher (alte Karosse mit neuem Motor)« sei.[95] Damit wurde das unerschwingliche Fahrzeug zugleich zum Symbol für die Schwäche der eigenen Wirtschaft, auch in puncto Innovation. Diese Wahrnehmung breitete sich durch die Schilderungen von immer mehr Westbesuchern seit nunmehr einem Jahr aus und erhielt durch den neuen Wartburg einen weiteren Schub. So wurden die Preispolitik und damit die politische Strategie der Einheit von Wirtschafts- und Sozialpolitik insgesamt als verfehlt angesehen. Die Kombination aus massiven Subventionen für Grundnahrungsmittel und unerschwinglich hohen Preisen für Konsumgüter wurde als nicht zeitgemäß betrachtet und offen abgelehnt. Diese Haltung gipfelte laut MfS in der Bemerkung: »Es nütze doch keinem Arbeiter, wenn Brötchen nur 5 Pfennige kosten, ein Wartburg aber für ihn unerschwinglich ist. Vom Leben erwarte man mehr als billige Brötchen.«[96]

Die Ablehnung der Sozial- und Wirtschaftspolitik der Parteiführung beherrschte laut MfS »in beachtlichem Umfang« die Gespräche der Beschäftigten der Industrie-

93 Ansprache Günter Schabowskis auf der 13. Berliner Bestarbeiterkonferenz am 17.9.1988. Zitiert nach: Judt, Matthias: DDR Geschichte in Dokumenten, Beschlüsse, Berichte, interne Materialien und Alltagszeugnisse, 2. Aufl., Berlin 1998, S. 142.

94 ZAIG: Weitere Hinweise zur Reaktion der Bevölkerung im Zusammenhang mit dem Pkw »Wartburg 1.3«, 27.10.1988, in: BStU, ZAIG 4241, Bl. 9.

95 Abteilung XX der MfS-BV Berlin: Reaktionen der Bevölkerung, 20.9.1988, in: BStU, MfS, BV Berlin, Abt. XX 3720, Bl. 103. Siehe auch: Zatlin: The Currency of Socialism, S. 225–227.

96 ZAIG: Hinweise zur Reaktion der Bevölkerung auf die in den Massenmedien der DDR erfolgten Veröffentlichungen zum Personenkraftwagen »Wartburg 1.3«, 26.9.1988, in: BStU, ZAIG 4241, Bl. 4.

betriebe und auch vieler dort tätiger Parteimitglieder.[97] Als fatal erwies sich in diesem Zusammenhang die ZK-Information zum neuen Wartburg. Mit insgesamt 16 Seiten hatte die interne Information für die Parteibasis einen deutlich größeren Umfang als üblich. In aller Ausführlichkeit wurden darin die technischen Neuerungen sowie die Investitionskosten zur Entwicklung des neuen Autos erläutert. Im Ergebnis, so die Sicht der Parteiführung, sei der hohe Preis gerechtfertigt, da er die hohen Entwicklungskosten abdecke und ein Gewinn erzielt werden solle, der zur Finanzierung der Sozialpolitik benötigt werde. Das veranlasste die Autoren zu der Schlussfolgerung: »Jeder wird verstehen, dass für solche hochwertigen Erzeugnisse, wie den neuen Wartburg, die Aufwendungen erwirtschaftet werden und ein Gewinn erzielt werden muss.«[98]

Tatsächlich brachte niemand dieser Logik Verständnis entgegen. Die Investitionen, das finale Produkt und sein Marktpreis standen in keinem nachvollziehbaren Verhältnis zueinander. Von dieser Position rückten auch die Mitglieder der Parteibasis nicht ab. Da half es auch nicht, dass in der ZK-Information auf immerhin acht Seiten aufgelistet wurde, welche staatlichen Subventionen zur Durchführung der Sozialpolitik getätigt wurden, quasi als Beleg, dass die Parteiführung es mit ihrer Politik ernst meine. Kurzum: Auch Parteimitglieder werteten das Missverhältnis von Preis und Produkt als Ergebnis einer verfehlten Politik. Daher wurden zentrale Argumentationen »von den Werktätigen, darunter auch vielen Mitgliedern und Funktionären der SED«, als wenig überzeugend empfunden.[99] Parteimitglieder empörten sich sogar über die ZK-Information, »die Autoren wüssten offenbar nicht mehr, wie es an der Basis aussieht, was die Werktätigen denken«.[100] Denn die Parteiführung thematisierte die schon zu Jahresbeginn mit großem Nachdruck gestellten kritischen Fragen nach den Ursachen der Wirtschafts- und Versorgungskrise weiterhin nicht. Sie ignorierte, dass den staatlichen Stellen und der SED zunehmend die Fähigkeit abgesprochen wurde, die Versorgungsprobleme zu beheben. Diese Zuspitzung, so stellte es sich für Bevölkerung und die Parteibasis dar, erreichte die Spitzenfunktionäre einfach nicht.

Somit konnte die Parteiführung auch keinen funktionalen Nutzen aus der ZK-Information ziehen. Im Gegenteil: Anstatt die Basis der Partei vom Kurs der Parteiführung zu überzeugen, war die Information für Parteimitglieder Anlass, den Kurs der Parteiführung weiter in Frage zu stellen. Die Preispolitik und die Effektivität

97 Ebd., Bl. 3–4.

98 ZK-Information: Zum neuen Wartburg, 1988/11, Nr. 252, in: BStU, MfS-HA VI Nr. 15338, Bl. 395–410, hier Bl. 401.

99 ZAIG: Hinweise zur Reaktion der Bevölkerung auf die in den Massenmedien der DDR erfolgten Veröffentlichungen zum Personenkraftwagen »Wartburg 1.3«, 26.9.1988, in: BStU, ZAIG 4241, Bl. 2.

100 ZAIG: Weitere Hinweise zur Reaktion der Bevölkerung im Zusammenhang mit dem Pkw »Wartburg 1.3«, 27.10.1988, in: BStU, ZAIG 4241, Bl. 8.

der Volkswirtschaft werden, wie das MfS dokumentierte, kritisch diskutiert.[101] Dazu gehörte auch der Zugang zu DM. Viele waren enttäuscht und frustriert darüber, dass sich Personen im Besitz der westlichen Währung alles leisten konnten, ohne sich entsprechend für Staat und Partei zu engagieren. Parteimitglieder ohne Westverwandtschaft und Zugang zu DM waren verbittert, dass sich ihr oft jahrelanges, zeitintensives und teilweise nervenaufreibendes Engagement für Partei und Gesellschaft nicht auszahlte. Sie fühlten sich trotz ihres loyalen Verhaltens durch die Preis- und Konsumpolitik benachteiligt.[102] Auch dieser Aspekt führte dazu, dass zentrale Argumentationen wie die ZK-Information zum Wartburg innerparteilich

> »überhaupt nicht oder nur formal ausgewertet bzw. angezweifelt und als unglaubwürdig zurückgewiesen werden, in Meinungsäußerungen in einzelnen Gesprächen bzw. auf Versammlungen offen eine von den zentralen Orientierungen abweichende Haltung zum Ausdruck gebracht wird […].«[103]

Diese Artikulation von abweichenden politischen Meinungen hätte eigentlich zum Parteiausschluss führen müssen – wie etwa bei dem Brandenburger Kranfahrer geschehen, der 1980 seine Unzufriedenheit mit der Preispolitik artikulierte. Was zuvor auf die kleinen Öffentlichkeiten beschränkt war, dehnte sich nun auf die Parteiöffentlichkeit aus. Während Parteimitglieder kaum noch ihre Vermittlerrolle ausüben konnten und wollten, überschritten sie nun auch immer öfter innerparteilich die Grenzen des Sagbaren. Im November 1988 berichtete das MfS sogar, dass in Arbeitskollektiven sowie auf Versammlungen der SED, befreundeter Parteien und gesellschaftlicher Organisationen, in wissenschaftlichen Einrichtungen und an Universitäten und Hochschulen immer offener Unzufriedenheit mit der wirtschaftlichen Entwicklung in der DDR und Zweifel an der Wirtschaftspolitik geäußert werden.[104] Derselbe Bericht konstatierte, dass immer mehr Personen es ablehnen würden, sich gesellschaftlich zu engagieren oder eine Funktion zu übernehmen. Jetzt kam es sogar vereinzelt zu Austrittserklärungen aus der SED.[105] Ebendiese letzte Stufe des Autoritäts- und Loyalitätsverlustes lässt sich nicht allein mit der Versorgungskrise erklären, sondern war weiteren Konfliktfeldern geschuldet, die in den folgenden Kapiteln untersucht werden.

101 Hier und im Folgenden: ZAIG: Weitere Hinweise zur Reaktion der Bevölkerung im Zusammenhang mit dem Pkw »Wartburg 1.3«, 27.10.1988, in: BStU, ZAIG 4241, Bl. 8–11.

102 Siehe den Abschnitt IV.2 in dieser Arbeit.

103 ZAIG: Weitere Hinweise zur Reaktion der Bevölkerung im Zusammenhang mit dem Pkw »Wartburg 1.3«, 27.10.1988, in: BStU, ZAIG 4241, Bl. 11.

104 ZAIG: Hinweise über einige beachtenswerte Entwicklungstendenzen in der Reaktion der Bevölkerung auf innenpolitische Fragen, 24.11.1988, in: BStU, ZAIG 4158, Bl. 110.

105 Ebd., Bl. 112.

2. Die Politik der Westöffnung und das schwindende Feindbild

Parteimitglieder und das Magnetfeld Westen

Neben der Versorgungslage waren die deutsch-deutschen Beziehungen in der Bevölkerung der DDR ein Dauerthema.[106] Trotz Mauerbau und einer immer stärker ausgebauten Staatsgrenze gelang nie eine komplette Abschottung vom westdeutschen Nachbarn. Im Gegenteil: Der Westen glich einem Magnetfeld, von dem eine starke Sogwirkung ausging. Für Parteimitglieder barg diese Anziehungskraft jedoch zusätzliche Probleme: Auf normativer Ebene war der Westen Klassenfeind und diente als negative Kontrastfolie zum eigenen Gesellschaftsmodell, was mit einem Zwang zur ideologischen Abgrenzung einherging. Daraus ergab sich für SED-Mitglieder die moralische Anforderung, der westdeutschen Referenz- und Konkurrenzgesellschaft ablehnend gegenüberzustehen und ihrem Informations-, Konsum- und Werteangebot zu entsagen. Entgegen diesen rigiden Normen wuchsen jedoch seit den 1970er-Jahren die wirtschaftlichen Verflechtungen der beiden deutschen Staaten und die Alltagspräsenz des Westens in der DDR. Dies führte zu wachsenden Konflikten, von denen die Mitgliederschaft in besonderem Maße betroffen war.

Zunächst spielte die zunehmende mediale Präsenz des Westens als politische Ersatzöffentlichkeit eine große Rolle.[107] Seit den frühen 1970er-Jahren duldete das SED-Regime das Hören und Sehen westdeutscher Sender. Ein Westfernsehverbot galt allein für Armeeangehörige. Auch bei SED-Mitgliedern tolerierte die Parteiführung den Konsum des Westfernsehens, solange die Genossen darüber Stillschweigen bewahrten und nicht die Realitätsdeutung »von drüben« verbreiteten. Diese Regelung war innerparteilich wenig bekannt, legitimierte aber eine längst übliche Verhaltensweise.[108] Zwar waren SED-Mitglieder aufgrund ihrer Parteizugehörigkeit moralisch verpflichtet, die Realitätsdeutung westdeutscher Sender argumentativ zu entkräften. Entsagen mussten sie den Westsendungen deshalb jedoch nicht.

Neben der medialen Präsenz kam dem Westen seit den 1970er-Jahren eine immer größere Bedeutung als materielle Gegenwelt zu. Seit 1974 war DDR-Bürgern der Besitz der westlichen Währung gestattet, sodass es zu einem Ausbau der Intershop-Präsenz kam. Zwischen 1970 und 1986 stieg die Zahl der Intershops von 270 auf 416.[109] In diesen Geschäften war Westware gegen Westwährung erhältlich. Auch

106 Gieseke: Bevölkerungsstimmungen, S. 236–257.

107 Zur Verbreitung von Fernsehgeräten und Westempfang in der DDR sowie zu den Fernsehgewohnheiten der DDR-Bürger vgl. Meyen: Einschalten, Umschalten, Ausschalten?, S. 38 und 53 und Meyen: Denver Clan und Neues Deutschland, S. 151–216.

108 Siehe den Abschnitt III.3 in dieser Arbeit. Siehe auch: Wolle: Die heile Welt der Diktatur, S. 69–71.

109 Zatlin: The Currency of Socialism, S. 261 und 265. Siehe auch: Volze, Armin: Die Devisengeschäfte der DDR. Genex und Intershop, in: Deutschland Archiv 11/1991, 24. Jahrgang, S. 1145–1159;

orientierten sich die einstigen Duty-free-Läden nun an den Konsumbedürfnissen der DDR-Bevölkerung. Weniger sichtbar war der Geschenkhandel Genex, über den Westdeutsche ihre Verwandten im Osten mit Westwaren oder Ostprodukten ohne Wartezeit beschenken konnten – freilich gegen harte DM. Auch Parteimitgliedern war der Besitz von DM und damit der Erwerb von Westprodukten gestattet.

Schließlich war Westdeutschland auch ein Reise- und Sehnsuchtsort, der nicht nur mit Freiheit, sondern vielfach auch mit Familie assoziiert wurde. Der Kontakt zu dort lebenden Verwandten wurde zum einen durch Briefe und Pakete aufrechterhalten. Seit 1972 waren Reisen »in dringenden Familienangelegenheiten« zudem auch für Nicht-Rentner möglich, wodurch der Reise- und Besuchsverkehr anwuchs. Zudem stieg die Zahl der Dienst- und Geschäftsreisen sogenannter Reisekader an.[110] Insbesondere unter den Reisekadern, aber auch unter den Privatreisenden waren Parteimitglieder vertreten. Das SED-Parteibuch selbst war kein Hindernis, Verwandte im Westen zu besuchen. Für zahlreiche Parteimitglieder bestand gleichwohl ein Kontakt- und Reiseverbot. Die Themen Westgeldbesitz und Westreisen entwickelten sich im Laufe der 1980er-Jahre zu einem virulenten Konfliktfeld in der Mitgliederschaft.

Die DM und die neue Zwei-Klassen-Gesellschaft 1977–1988

Die wachsende materielle Präsenz des Westens samt Aufstieg der DM als heimlicher Zweitwährung nahm ihren Anfang mit den Reiseerleichterungen, die 1972 im Zuge des Viermächteabkommens beschlossen wurden.[111] Bis 1979 stieg die Zahl der Reisen Westdeutscher in die DDR und nach Ost-Berlin um 265 Prozent auf 22 Millionen pro Jahr an.[112] Mit den Besuchern infolge der durchlässiger gewordenen innerdeutschen Grenze strömte auch die westliche Währung in die DDR. Durch die Legalisierung des DM-Besitzes für DDR-Bürger im Jahr 1974 und die daran anschließende massive Erhöhung der Intershop-Anzahl sollten dem Staatshaushalt Devisen zugeführt werden.

Obwohl es auch in der Sowjetunion und anderen Blockstaaten den Intershops ähnliche Einrichtungen gab, nahmen sie nirgendwo eine so zentrale Stellung ein wie in der Gesellschaft der DDR der 1970er- und 1980er-Jahre. Waren Westgeldbesitzer in den anderen Ostblockstaaten nämlich stets eine kleine Minderheit, trifft dies für

Schneider, Franka: Der Intershop, in: Sabrow, Martin (Hg.): Erinnerungsorte der DDR, Bonn 2010, S. 287–296; Allinson, Mark: 1977: The GDR's Most Normal Year? In: Power and Society in the GDR, 1961–1979. The ›Normalisation of Rule‹?, Oxford 2009, S. 259 f.

110 Hertle/Jarausch/Kleßmann: Mauerbau und Mauerfall. Siehe auch: Niederhut, Jens: Die Reisekader. Auswahl und Disziplinierung einer privilegierten Minderheit in der DDR, Leipzig 2005, S. 39–43.

111 Hertle/Jarausch/Kleßmann: Mauerbau und Mauerfall, S. 296 f.

112 Schöllgen, Gregor: Die Außenpolitik der Bundesrepublik Deutschland. Von den Anfängen bis zur Gegenwart, 3. Aufl., München 2004, S. 119.

die DDR keineswegs zu.[113] Zwar lässt sich die genaue Zahl der DDR-Bürger mit Westverwandten nicht ermitteln. Doch eine Vorstellung davon, wie verbreitet familiäre Bande über die Systemgrenze hinweg waren, liefert etwa das Zentralinstitut für Jugendforschung. Es stellte in zahlreichen Jugendstudien fest, dass etwa drei Viertel aller befragten Jugendlichen insbesondere Verwandte, aber auch Bekannte im Westen haben.[114] Mit der Politik der sukzessiven Westöffnung setzte nicht allein eine Verwestlichung der Lebensführung ein.[115] Vielmehr war es DDR-Bürgern mit Westkontakten und DM-Zugang möglich, sich sorglos im Intershop mit Produkten zu versorgen, die in Kaufhallen, Delikat- oder auch Exquisit-Läden nur manchmal oder gar nicht angeboten wurden. Schon zu Beginn des Jahres 1977 registrierte das MfS großen Ärger in der Bevölkerung, der vorwiegend bei jenen verbreitet war, »die einen festen Klassenstandpunkt zu unserem Staat besitzen«.[116] Aus ihrer Perspektive waren nun Unterschiede und Privilegien geschaffen worden, von denen nicht selten Personen profitierten, die Partei und Staat nicht unterstützten und sogar ablehnten. Nicht das Engagement für Staat und Partei entschied über den Zugang zur begehrten DM und Westware, sondern der Zufall. Doch wer gehörte zu »jenen mit einem festen Klassenstandpunkt«, die sich nun benachteiligt fühlten?

Insgesamt gab es drei verschiedene Gruppen mit unterschiedlichen Zugangsvoraussetzungen zur Westwährung und zu Westreisen. Zunächst war da der Kreis der Profiteure. Er setzte sich zunächst aus einer kleinen Gruppe von Personen zusammen, die der gesellschaftlichen Elite zuzurechnen sind: die NSW-Reisekader, wobei NSW für »Nichtsozialistisches Wirtschaftsgebiet« steht. Zu ihnen zählten überwiegend technische Spezialisten der Betriebe und Universitäten. Aber auch Seeleute, Künstler, Sportler und zum Teil auch Wissenschaftler unternahmen dienstlich Westreisen und erhielten Auslandsvergütungen. Bei diesen Personen war die Parteimitgliedschaft sehr verbreitet, jedoch keineswegs obligatorisch. Nur gut die Hälfte der Reisekader war Parteimitglied.[117] Neben dieser Minderheit bestand die Gruppe der Profiteure größtenteils aus Personen, die lediglich Verwandte im Westen hatten.

113 Zatlin: The Currency of Socialism, S. 243–285, insb. S. 245. In Polen hießen die Intershops »Pewex«, in der ČSSR »Tuzex«, in Bulgarien »Corecom« und in der UdSSR »Berioska«. Vgl. Ivanova, Anna: Shopping in Beriozka. Consumer in the Soviet Union, in: Zeithistorische Forschungen/Studies in Contemporary History, Online-Ausgabe, 10 (2013) 2, http://www.zeithistorische-forschungen.de/site/40209364/default.aspx (Zugriff: 3.7.2017). Der Besitz ausländischer Währung war in der Sowjetunion verboten. Allein Wneschposyltorg-Schecks wurden als Bezahlung akzeptiert.

114 Förster, Peter: Die Entwicklung des politischen Bewusstseins der DDR-Jugend zwischen 1966 und 1989, in: Friedrich, Walter/Förster, Peter/Starke, Kurt (Hg.): Das Zentralinstitut für Jugendforschung Leipzig 1966–1990. Geschichte, Methoden, Erkenntnisse, Berlin 1999, S.127.

115 Westprodukte dienten zunehmend der sozialen Distinktion. Zatlin: The Currency of Socialism, S. 255; Wierling: Geboren im Jahr Eins, S. 473–476.

116 ZAIG: Hinweise über Reaktionen verschiedener Bevölkerungskreise der DDR zur Erweiterung des Handelsnetzes der Intershop-Läden und des in diesem Handelsnetz eingesetzten Warensortiments, 17.2.1977, in: BStU, MfS, ZAIG 4108, Bl. 2–5, hier Bl. 2.

117 Niederhut: Die Reisekader, S. 43.

Neben dem Brief- und Paketverkehr wuchs seit den 1960er-Jahren der Personenkreis, der eine Besuchsreise in den Westen antreten durfte. Anfang der 1960er-Jahre war nur Rentnern eine Reise gestattet. Seit Beginn der 1970er-Jahre waren auch Reisen in sogenannten »dringenden Familienangelegenheiten« erlaubt. Die Zahl der Genehmigungen für Besuche von Westverwandten belief sich seither auf nur ca. 40 000 jährlich. Sie erhöhte sich ab 1982, als die Reiseanlässe ausgeweitet wurden, auf 60 000.[118] Der Anteil der Parteimitglieder unter den Westreisenden kann leider nicht quantifiziert werden.

Neben dieser heterogenen Gruppe der Profiteure existierte ein Personenkreis mit eingeschränkten Zugangsmöglichkeiten, der aus sogenannten »Geheimnisträgern« bestand. Dabei handelte es sich um Personen, die gehobene und höchste Posten in Ministerien, den städtischen Verwaltungen, wissenschaftlichen Instituten oder großen Betrieben einnahmen und besonderen Restriktionen unterlagen, falls sie über Verwandte im Westen verfügten. Auch Lehrer und hauptamtliche Mitarbeiter von Parteien und Massenorganisationen waren in besonderem Maße von Kontaktbeschränkungen betroffen. Da keine exakte Definition und berufliche Eingrenzung des Kreises der Geheimnisträger existierte, ist eine zahlenmäßige Erfassung nicht möglich. Doch ist davon auszugehen, dass es sich um eine quantitativ nicht unerhebliche Personengruppe handelte, die überwiegend der Dienstklasse zuzurechnen war. Allerdings unterlagen nicht nur Personen mit herausgehobener Position Kontaktbeschränkungen. Der Arbeitgeber entschied über den Geheimnisträgerstatus. So kam es vor, dass der Antrag auf eine Reise in dringenden Familienangelegenheiten abgelehnt wurde, der von Köchinnen für Schulspeisungen eingereicht worden war, weil man sie zum pädagogischen Personal zählte. Auch das Kantinenpersonal und Putzfrauen in Einrichtungen der Nationalen Volksarmee (NVA) wurden als Geheimnisträger eingestuft. Nicht selten wurden Personen in Betrieben oder Verwaltungen im Unklaren gelassen, ob und in welcher Form sie Kontakteinschränkungen oder einem Westreiseverbot unterlagen.[119]

Die Festlegung für Geheimnisträger im Staatsapparat von 1973 definierte diese konkreten Restriktionen. Demnach waren private Westreisen generell untersagt. Privater Kontakt war jedoch nicht kategorisch ausgeschlossen, sondern genehmigungspflichtig und je nach Rang offener oder enger gefasst. Etwa durften Personen, die Umgang mit »geheimen Kommando- oder Verschlusssachen« hatten, keinen West-

118 Hertle: Chronik des Mauerfalls, S. 45–48. Auch die Zahl der Geschäftsreisen in die Bundesrepublik wuchs: 1972 machten sich 9503 Reisekader auf nach Westdeutschland. 1988 waren es bereits 45 136. Vgl. Niederhut: Die Reisekader, S. 41.

119 Antwort der Bundesregierung bzw. des Parlamentarischen Staatssekretärs beim Bundesminister für innerdeutsche Beziehungen auf die kleine Anfrage einiger Abgeordneter und der Fraktion der FDP zu Kontaktverboten in der DDR, 21.8.1985, in: Deutscher Bundestag, 10. Wahlperiode, Drucksache 10/3744, S. 1–8.

besuch empfangen. Eine Ausnahme bei Verwandten ersten Grades konnte jedoch vom Vorgesetzten eingeholt werden. Postalische und auch indirekte Beziehungen etwa über den Ehepartner mussten ebenfalls genehmigt werden. Denjenigen, die lediglich Einsicht in »vertrauliche Verschlusssachen« nehmen durften, war eine etwas freiere Kontaktpraxis gestattet. Westbesucher mussten nicht Verwandte ersten Grades sein. Allerdings war auch hier eine Genehmigung vonnöten. Briefkontakte waren nur meldepflichtig und bedurften nicht der Zustimmung.[120] Damit unterlagen mittlere und höhere Leiter in Betrieben, der Verwaltung, wissenschaftlichen Einrichtungen und dem Bildungswesen als Geheimnisträger zwar einem privaten Westreiseverbot. Doch war auch ihnen der Kontakt zu ihren Verwandten im Westen mit Einschränkung möglich. Dagegen mussten beispielsweise Reisekader und ihre Familien jeglichen privaten Kontakt in den Westen abbrechen, was in den 1980er-Jahren allerdings weniger streng gehandhabt wurde als im vorangegangenen Jahrzehnt.[121] Anders als häufig angenommen waren die Restriktionen für die Gruppe der Geheimnisträger viel differenzierter und ambivalent.[122] Auch wenn die Zahl der Parteimitglieder unter den Geheimnisträgern nicht quantifiziert werden kann, muss aufgrund der beruflichen Stellung davon ausgegangen werden, dass das Parteibuch hier sehr verbreitet war.

Schließlich gab es noch die Gruppe der von Westkontakten Ausgeschlossenen. Darunter fielen nicht nur jene, die schlichtweg keine Familienangehörigen oder Bekannten in Westdeutschland hatten.[123] Von Westreisen und Westkontakten waren zudem die sogenannten bewaffneten Organe und damit Angehörige der Volkspolizei, des MfS, des Ministeriums des Inneren und der NVA kategorisch ausgeschlossen, selbst Feuerwehrleute waren davon betroffen.[124] Sie unterlagen einem strengen privaten Reise- und Kontaktverbot, das sogar die Familienangehörigen umfasste.[125] Bei

120 Büro des Politbüros: Festlegung über Geheimnisträger im Staatsapparat, Anlage Nr. 3 zum Protokoll Nr. 15/73, 10.4.1973, in: SAPMO-BArch DY 30/9165, o.Bl.

121 Niederhut: Die Reisekader, S. 58–63.

122 Vgl. Wettig, Gerhard: Die Entstehung der Voraussetzungen für das Ende der DDR, in: Jahrbuch für historische Kommunismusforschung (2009), S. 229–250, hier S. 230.

123 Mit der Ausreisewelle in den 1980er-Jahren verkleinerte sich diese Gruppe. Die Zahl wuchs von 21500 Antragstellern im Jahr 1980 auf 113500 im Jahr 1988 und allein 125400 im ersten Halbjahr 1989. Vgl. Eisenfeld, Bernd: Flucht und Ausreise, Macht und Ohnmacht, in: Kuhrt, Eberhard (Hg.): Opposition in der DDR von den 70er Jahren bis zum Zusammenbruch der SED-Herrschaft, Opladen 1999, S. 381–424, insb. S. 400; Hürtgen, Renate: Ausreise per Antrag. Der lange Weg nach drüben. Eine Studie über Herrschaft und Alltag in der DDR-Provinz, Göttingen 2014, S. 69.

124 Antwort der Bundesregierung bzw. des Parlamentarischen Staatssekretärs beim Bundesminister für innerdeutsche Beziehungen auf die kleine Anfrage einiger Abgeordneter und der Fraktion der FDP zu Kontaktverboten in der DDR, 21.8.1985, in: Deutscher Bundestag, 10. Wahlperiode, Drucksache 10/3744, S. 5.

125 Wenzke, Rüdiger: Zwischen »Prager Frühling« 1968 und Herbst 1989, S. 262–268. Siehe auch: Rogg, Matthias: Armee des Volkes?, S. 383–387.

diesem Personenkreis war eine Parteimitgliedschaft gerade in den Offiziersrängen obligatorisch.[126]

Damit trennte die Frage des Zugangs zu DM und zu Westreisen nicht SED-Mitglieder von Parteilosen. Stattdessen verlief der Riss quer durch die Mitgliederschaft. Das politisch intendierte System der Zugangsbeschränkungen betraf mit den Geheimnisträgern, die überwiegend der sozialistischen Dienstklasse zuzurechnen waren, und mit den bewaffneten Organen die zentralen Trägergruppen der Parteiherrschaft. Gerade sie fühlten sich bei zunehmender Öffnung zum Westen und der wachsenden Bedeutung der DM abgehängt.[127] Hinter der Gruppe »mit einem festen Klassenstandpunkt«, deren Klagen über Intershops das MfS 1977 dokumentierte, verbargen sich nicht allein engagierte Parteimitglieder ohne Westverwandtschaft, sondern auch Armeeangehörige, Volkspolizisten, (Staatsbürgerkunde-)Lehrer oder auch leitende Ingenieure mit Geheimnisträgerstatus und nicht zuletzt die Autoren selbst. Ihre Frustration war sowohl materieller als auch ideeller Natur. Als Parteimitglieder – insbesondere in gehobenen oder herrschaftsnahen Berufen – mussten sie die janusköpfige Politik der Westöffnung vertreten, die sie selbst benachteiligte. Innerparteilich gab es keine Hintergrundinformationen und zentrale Argumentationen, um dem Orientierungsbedürfnis zu begegnen und die Vermittlerrolle zu stützen. Selbst innerhalb des MfS herrschte Unklarheit und Unsicherheit. Der Stimmungsbericht konstatierte im letzten Abschnitt, dass ein Informationsbedarf über die weitere Entwicklung der Intershops im Ministerium bestehe, da Mitarbeiter in der operativen Arbeit zunehmend mit Frustration in der Bevölkerung konfrontiert seien, der sie sprachlos gegenüberstehen.[128]

Erst mit einem Artikel im *Neuen Deutschland* vom 27. September 1977 und damit ein halbes Jahr nach diesem alarmierenden Stimmungsbericht wurde diese Problematik von der Parteiführung aufgegriffen. Veröffentlicht wurden Auszüge aus der Rede Erich Honeckers, die er zur Eröffnung des Parteilehrjahres 1977/78 in Dresden vor Parteimitgliedern gehalten hatte. Die Intershops ordnete Honecker als vorübergehendes Phänomen ein, für das er jedoch keine Alternative sah:

126 Gieseke, Jens: Die hauptamtlichen Mitarbeiter der Staatssicherheit. Personalstruktur und Lebenswelt 1950–1989/90, Berlin 2000, S. 336f. Die Parteimitgliedschaft bei MfS-Mitarbeitern war obligatorisch. Bei Parteilosen handelte es sich um Zivilbeschäftigte und technische Mitarbeiter in Unteroffiziersrängen. Auch bei der NVA und der Volkspolizei war in den Offiziersrängen das Parteibuch obligatorisch. Vgl. Fingerle: Waffen in Arbeiterhand, S. 41–47; Lindenberger, Thomas: Volkspolizei. Herrschaftspraxis und öffentliche Ordnung im SED-Staat, 1952–1968, Köln 2003, S. 227.

127 Dem MfS war die Bedeutung der westlichen Konsumwelt bewusst. Zur Kompensation dieser Benachteiligung baute es die Sonderversorgungsläden für Angehörige des Ministeriums aus. Vgl. Gieseke: Die hauptamtlichen Mitarbeiter der Staatssicherheit, S. 375 und 444.

128 ZAIG: Hinweise über Reaktionen verschiedener Bevölkerungskreise der DDR zur Erweiterung des Handelsnetzes der Intershop-Läden und des in diesem Handelsnetz eingesetzten Warensortiments, 17.2.1977, in: BStU, MfS, ZAIG 4108, Bl. 5.

»Genossinnen und Genossen! Gestattet mir in diesem Zusammenhang noch einmal ein offenes Wort zu den Intershop-Läden. Diese Läden sind selbstverständlich keine ständigen Begleiter des Sozialismus. Wir können aber nicht an der Tatsache vorbeigehen, dass besonders der große Besucherstrom viel mehr Devisen unter die Leute bringt, als das früher der Fall war. [...] Natürlich übersehen wir nicht, dass nun Bürger der DDR, die keine Devisen besitzen, im gewissen Sinne im Nachteil gegenüber denen sind, die über solche Währung verfügen. Mit dieser Frage haben wir uns jetzt befasst und festgelegt, das Netz der Exquisitläden auszubauen, so dass in jedem Kreis Bürger unserer Republik die Möglichkeit haben, Waren der höheren Preisklassen für Mark der DDR zu kaufen.«[129]

Dieser Kommentar, der bis 1989 der zentrale Standpunkt der SED zu dieser Frage bleiben sollte, liest sich wie das Eingeständnis eines falschen politischen Weges, dessen Konsequenzen durch den Ausbau des Netzes der Delikat- und Exquisit-Läden abgemildert werden sollten.[130] Doch konnte der massive Ausbau der Ladenkette für den großen Geldbeutel die materiellen Desintegrationseffekte nicht auffangen.[131] Auch dürfte der Kommentar Honeckers weder den Ärger über den fehlenden Zugang zu DM besänftigt noch die Zweifel und Ablehnung dieser Politik ausgeräumt haben. Denn das zentrale moralische Problem, das sich mit der wachsenden Präsenz von Westprodukten einstellte, wurde von Honecker nicht thematisiert. Ebenso verhält es sich mit einer ZK-Information über den Genex-Geschenkdienst. Auf zwei Seiten wurde detailliert beschrieben, wie dieser Service funktioniert, um im letzten Absatz in nur zwei Sätzen auf die wirtschaftlichen Vorteile zu verweisen, die mit diesen zusätzlichen Valuta-Einnahmen einhergingen.[132] Auch hier fehlte eine Einordnung, wie diese wirtschaftlichen Motive mit dem politischen Imperativ der Abgrenzung vom Westen vereinbar waren. Vermutlich entstand diese ZK-Information als Reaktion auf das wachsende Informationsbedürfnis zu dieser Thematik. So beginnt der Text mit dem Satz: »Verschiedentlich wurde die Frage nach dem Wesen und der Funktion der Genex-Geschenkdienst-GmbH aufgeworfen.« Diese ZK-Information wurde jedoch nicht mit Titel, laufender Nummer und Erscheinungsjahr versehen, sodass sie wahrscheinlich nicht in Umlauf kam. Eine parteiinterne Handreichung zum Ausbau der Intershop-Kette blieb dagegen ganz aus. Die Sprachlosigkeit der Parteiführung war auch charakteristisch für das Parteileben an der Basis.

129 Honecker, Erich: Die sozialistische Revolution in der DDR und ihre Perspektiven, in: Neues Deutschland, 27. September 1977, S. 4.

130 Zatlin: The Currency of Socialism, S. 268 f.

131 Siehe den Abschnitt IV.1 in dieser Arbeit.

132 ZK-Information über den Genex-Geschenkdienst, Ohne Titel, ohne laufende Nummer, in: SAPMO-BArch DY 30/9233.

Für die Parteiöffentlichkeit der GO war die Handhabe von Westreisen und Westkontakten genauestens geregelt. Reisekader sowie privat in den Westen reisende und Westbesuch empfangende Parteimitglieder waren angehalten, in der Mitgliederversammlung über ihre Erfahrungen zu berichten. Denn aus der moralischen Verpflichtung, sich zum Sozialismus zu bekennen und dem westlichen Gesellschaftssystem zu entsagen, leitete die Parteiführung die Verhaltensanforderung ab, sich auf Begegnungen mit Westdeutschen politisch vorzubereiten. In persönlichen Gesprächen mit Verwandten und Bekannten, aber auch in Briefen galt es, die Politik der SED »offensiv und wirksam zu erläutern, die antikommunistische Propaganda sowie die friedensgefährdenden Machenschaften des Imperialismus überzeugend zu widerlegen und zu entlarven«.[133] Über den Ausgang dieser Gespräche und die von Westdeutschen geäußerten Ansichten sollten sie die Parteileitung ihrer GO unterrichten, die diese Begebenheit in der Mitgliederversammlung politisch auswerten sollte. Tatsächlich wurde diesen Regeln mit Trägheit, Desinteresse oder auch Ablehnung begegnet, und in den Mitgliederversammlungen herrschte zu dieser Thematik eisiges Schweigen. So beklagte die ZPKK nicht nur, dass diese Vorgaben kaum umgesetzt werden. So werde etwa häufig versäumt, vor Antritt einer Westreise das Parteibuch bei der Kreisleitung zu hinterlegen. Parteimitglieder lehnten es darüber hinaus regelrecht ab, Bericht zu erstatten. Die meisten umgingen jedoch die Anforderung, indem sie angaben, dass man mit seinen Freunden und Verwandten nicht über Politik gesprochen habe.[134] Auch sei etwa die Haltung verbreitet, »wenn ich mich mit meiner Tochter, die in der BRD wohnhaft ist, politisch auseinandersetzen soll, dann kommt sie nicht mehr zu Besuch«.[135]

Insgesamt herrschte an der Parteibasis ein verbreiteter Unwille, diese weit in die Privatsphäre reichenden Regeln umzusetzen. So räumte die ZPKK weiterhin ein, dass Parteileitungen von GO häufig keinen Überblick haben, wer Besuch empfange oder in den Westen reise.[136] Ganz im Gegensatz zur Versorgungsthematik, die ausgiebig in den Mitgliederversammlungen besprochen wurde, herrschte über Westreisen und Westkontakte Schweigen, das aus Sicht des Parteiapparates ein Dauerproblem darstellte. Noch 1985 räumte der Brandenburger Kreissekretär gegenüber der Be-

133 ZPKK: Kurzanalyse über einige Probleme aus Parteiverfahren, die wegen parteifeindlicher Handlungen, ideologischer Aufweichungserscheinungen sowie Verletzung der Beschlüsse der Partei auf dem Gebiet des Geheimnisschutzes durchgeführt wurden, 15.5.1975, in: SAPMO-BArch DY 30/15354, Bl. 1–10, insb. S. 8–10.

134 Ebd.

135 KPKK Brandenburg: Auswertung der Arbeitstagung der BPKK durch die KPKK Brandenburg, 14.6.1976, in: BLHA Rep. 531 Brbg. Nr. 1549, o. Bl.

136 ZPKK: Kurzanalyse über einige Probleme aus Parteiverfahren, die wegen parteifeindlicher Handlungen, ideologischer Aufweichungserscheinungen sowie Verletzung der Beschlüsse der Partei auf dem Gebiet des Geheimnisschutzes durchgeführt wurden, 15.5.1975, in: SAPMO-BArch DY 30/15354, Bl. 9.

zirksleitung Potsdam ein, dass es nach wie vor eine starke Zurückhaltung bei den Kommunisten gebe, über die Gespräche mit den Verwandten und Bekannten aus Westdeutschland zu informieren:

> »Nicht jeder Genosse möchte gleich in der Mitgliederversammlung oder im Arbeitskollektiv darüber reden. Manche befürchten Kritik, dass sie überhaupt Kontakte haben und es nicht gleich schaffen, aus dem Besucher einen Friedenskämpfer und DKP-Wähler zu machen. In individuellen Gesprächen erreichen wir größere Aufgeschlossenheit und dabei kann man sich dann auch verständigen, welche Gedanken im Kollektiv vorgetragen werden. Wir müssen vielen Genossen mehr Mut machen, dieses ›heiße Eisen‹ anzupacken.«[137]

Hier wird besonders die moralische Problematik der Westkontakte deutlich, die ein »heißes Eisen« darstellten. Zunächst herrschte über die unterschiedlichen und intransparenten Zugangsmöglichkeiten und Beschränkungen an der Parteibasis überwiegend Unwissen. Die ZPKK klagte etwa über »Überspitzungen«, da die Beschränkungen für Geheimnisträger und bewaffnete Organe in unzulässiger Weise auf alle Parteimitglieder ausgeweitet werden. In einigen GO werde daher »noch zu allgemein und zu formal und unberechtigt gegen jegliche Verbindungen zu Verwandten und Bekannten in der BRD polemisiert«.[138] Auch beim Westfernsehen hatten Parteimitglieder in den 1970er-Jahren noch ihre Probleme mit der Doppelmoral aus Konsumieren und Schweigen.[139] Daneben war es jenen, die über Westkontakte verfügten, offenbar äußerst unangenehm, in großer Runde erklären zu müssen, über diese Privilegien zu verfügen. Auch wenn es der Brandenburger Kreissekretär nicht explizit ansprach, musste dies ganz besonders für Geheimnisträger gelten, die als staatliche Leiter und Parteifunktionäre in den Betrieben und Behörden die Autorität der Partei besonders personifizierten. Wie sensibel dieses Thema war, zeigt die Eingabe eines langjährigen Parteimitglieds und Lehrers an Erich Honecker. Darin äußerte er sich nicht nur verbittert über die Ungerechtigkeit, dass jene mit Zugang zu DM einen höheren Lebensstandard hätten. Er beklagte insbesondere eine Doppelmoral bei staatlichen Leitern:

> »Haben wir es wirklich so nötig, uns unseren Wohlstand mit der westdeutschen Währung zu erkaufen? Ich kann es einfach nicht verstehen, dass wir es zulassen, dass die Bürger mit Geld aus der BRD einen höheren Lebensstandard erworben haben als unsere fleißigen

137 SED-KL Brandenburg: Monatsbericht des 1. Sekretärs der SED-Kreisleitung Brandenburg/Havel an den 1. Sekretär der SED-Bezirksleitung Potsdam, März 1985, in: BLHA Rep. 531 Brbg. Nr. 2091, o.Bl.

138 KPKK Brandenburg: Analyse über Auswirkungen feindlicher Einflüsse auf Mitglieder und Kandidaten unserer Partei – Überblick über Besucherreisen von Mitgliedern und Kandidaten in nicht sozialistische Länder, 30.6.1976, in: BLHA Rep. 531 Brbg. Nr. 1550, o.Bl.

139 Siehe den Abschnitt III.3 in dieser Arbeit.

Bürger unserer sozialistischen DDR? Wie kann die Partei und Regierung es zulassen, dass sehr viele staatliche Leiter und Parteifunktionäre ihren Wohlstand durch Währungen des westlichen Auslandes verbessern. Solche Funktionäre können in ihrer politischen Arbeit kein positives Echo erreichen. Unter Wohlstand verstehe ich z. B. Import von Autos, Garderobe, komplette Wohnzimmer und Badeeinrichtungen usw. Diese doch sehr engen Beziehungen von staatlichen Leitern zum westlichen Ausland sind doch sicher nicht sehr ungefährlich. Solche Leitungskader oder Parteifunktionäre sind in den Fällen berechtigt, Kaderakten einzusehen und zu führen. Solche Funktionäre sollten unsere Bürger von der Richtigkeit unserer Politik überzeugen und vor allen Dingen Vorbild sein. Kann eine gespaltene Persönlichkeit überzeugend sein? Hier liegt ein wesentlicher Grund dafür, dass in den letzten Jahren eine Unzufriedenheit in der Bevölkerung wächst, die uns allen auch international schadet.«[140]

Für Westkontakte von Vorgesetzten und hauptamtlichen Parteisekretären herrschte eine besonders sensible Wahrnehmung. Ein staatlicher Leiter, der im Arbeitskollektiv oder in der Mitgliederversammlung die Linie der Partei vertrat, aber mit dem VW Golf zur Arbeit fuhr oder sich in Westkleidung hüllte, untergrub die Autorität und Glaubwürdigkeit der SED-Politik. Für die GO-Mitglieder und für die parteilosen Kollegen spielte es dabei keine Rolle, ob sich die Person im Sinne der ohnehin nicht bekannten Geheimnisträgerverordnung an die Regeln hielt. Diese Ungleichheit verstärkte die Wahrnehmung einer korrumpierten Oberschicht. Damit verdichtete sich das moralische Dilemma dieser janusköpfigen Politik bei der Gruppe der Geheimnisträger.

Während in den Mitgliederversammlungen aus Trägheit, Desinteresse, Renitenz oder Scham dauerhaft Schweigen herrschte, wurde seit Ende der 1970er-Jahre die Zugangsfrage gerade von Parteimitgliedern ohne Westkontakte immer kontroverser und emotionaler diskutiert. Denn seit Ende der 1970er-Jahre wuchs die Präsenz und Bedeutung der DM und der Intershops erheblich: Während der Parteistaat im Jahr 1979 einen Umsatz von 774 Millionen DM erzielte, wuchsen die Einnahmen in den folgenden Jahren graduell und überstiegen seit 1985 eine Milliarde DM. Auch die Zahl der Shops erhöhte sich wie bereits erwähnt von 270 im Jahr 1970 auf 416 im Jahr 1986.[141] Die Frustration, die das MfS 1977 erstmals unter den Ausgeschlossenen dokumentierte, steigerte sich in den folgenden Jahren, sodass dieses kaum sichtbare und mit vielen Tabus belegte Konfliktfeld immer größere soziale Sprengkraft erlangte. 1979 unternahm die Parteiführung einen Versuch, die wachsende Präsenz der DM einzudämmen. Im April führte sie Forumschecks ein, die nun für DDR-Bürger alleiniges Zahlungsmittel im Intershop darstellten und in Bankfilialen gegen DM

140 Anonyme Eingabe eines Lehrers, 22.1.1980, in: BStU, MfS, HA XX 12286, Bl. 64–67.
141 Zatlin: The Currency of Socialism, S. 253 f., 261 sowie 265.

erhältlich waren. Zunächst hatte diese Regelung den wirtschaftlichen Vorteil für den Staat, die im Umlauf befindlichen Devisen schneller abschöpfen zu können.[142] Darüber hinaus dämmten sie die Präsenz der DM-Scheine im Alltag ein. Die Abteilung Parteiorgane des ZK dokumentierte in einem Stimmungsbericht vom April 1979, dass diejenigen ohne DM-Zugang diesen Schritt begrüßen, während jene in Besitz von Westgeld verunsichert seien und diese Regelung ablehnen würden.[143] Die Einführung von Forumschecks änderte jedoch nichts am eigentlichen Problem: Der Frust unter den Ausgeschlossenen wuchs mit der Ausweitung des Intershop-Netzes und der gleichzeitig wachsenden Versorgungskrise.

Die Konsequenzen der sukzessiven Entwicklung der DM zur Zweitwährung beschäftigte zunehmend auch die ZPKK. Die Parteikontrolleure beklagten, dass 1982 die Parteiverfahren gegen Geheimnisträger wegen unerlaubter Westkontakte angewachsen seien. Die Kontrolleure konstatierten wegen »Verletzung der Klassenwachsamkeit und des Geheimnisschutzes« 312 Vergehen – gegenüber 214 Fällen im Vorjahr.[144] Dieser Trend der zunehmenden Regelverstöße war auch bei den bewaffneten Organen – insbesondere bei der NVA – festzustellen.[145] Dass sich der Parteiapparat über die wachsende Anziehungskraft des Westens auf Parteimitglieder sorgte, verdeutlicht auch ein Dossier aus demselben Jahr.[146] Darin beklagte die ZPKK neben dem Verschweigen von Westkontakten durch Geheimnisträger auch eine »in den letzten Jahren und besonders in der jüngsten Zeit verstärkte und gezielte Kontaktaufnahme« mit westdeutschen Bürgern, die bei Urlaubsreisen, mit Mitarbeitern zeitweilig vertraglich in der DDR beschäftigter BRD-Firmen oder auch über Dritte zustande komme. So hatte etwa ein Richter eines Kreisgerichtes, der schriftlich angegeben hatte, keine Kontakte und Beziehungen zu seinen Westverwandten zu haben, laut ZPKK umfangreiche Geschenksendungen aus Westdeutschland empfangen. Mit Hilfe seines Nachbarn verschleierte er diesen Regelverstoß, indem er ihn als offiziellen Empfänger der Sendungen gewinnen konnte. Der Richter wurde aus der

142 DDR-Bürger waren verpflichtet, DM umgehend in Forumschecks umzutauschen. Ein Einkauf mit den Schecks konnte aber zu jedem Zeitpunkt erfolgen, sodass es der Parteiführung als Kreditinstrument diente. Zatlin: The Currency of Socialism, S. 255. Auch in anderen Ostblockstaaten existierten Forumschecks: »Vneshposyltorg« (cheki) in der Sowjetunion und »Tuzex-Koruna« in der Tschechoslowakei.

143 Abteilung Parteiorgane: Zweite Information über die Stimmung der Werktätigen zur Mitteilung der Pressestelle des Ministeriums für Außenhandel der DDR zur Einführung von Mark-Wertschecks, 6.4.1979, in: SAPMO-BArch DY 30/27997, o.Bl.

144 ZPKK: Statistische Analyse über die im Jahre 1982 durchgeführten Parteiverfahren und erfolgten Löschungen von Parteistrafen, 7.12.1982, in: SAPMO-BArch DY 30/11075, o.Bl.

145 Wenzke: Zwischen »Prager Frühling« 1968 und Herbst 1989, S. 262–268. Siehe auch: Rogg: Armee des Volkes?, S. 383–387. Für das MfS vgl. Gieseke: Die hauptamtlichen Mitarbeiter der Staatssicherheit, S. 376f.

146 Vgl. ZPKK: Einschätzung über Auswirkungen des sich ständig verschärfenden internationalen Klassenkampfes und der zugespitzten imperialistischen Konfrontationspolitik auf Parteimitglieder, 7.12.1982, in: SAPMO-BArch, DY 30/11055, Bl. 1–8 und Anlage Bl. 1–8.

SED ausgeschlossen und umgehend von seinem Posten abgelöst. Selbst wenn dies auch ein drastisches Beispiel sein mag und die Gesamtzahl von 312 Regelverstößen gemessen an der großen Personengruppe gering erscheint, wird doch deutlich, dass die zunehmende Unterwanderung der Kontaktregelung ein wachsendes Autoritätsproblem für die SED darstellte – zumal davon auszugehen ist, dass die Dunkelziffer der Regelverstöße um ein Vielfaches höher lag.[147]

Nicht nur Geheimnisträger fühlten sich durch die Restriktionen benachteiligt. Auch unter den Ausgeschlossenen verstärkte sich der Frust. Im Dezember 1985 notierte das MfS, dass die Intershops weiterhin kontrovers in der Bevölkerung diskutiert werden. Jede Neueröffnung, insbesondere in der Nähe von Wohngebieten mit unzureichenden Einkaufsmöglichkeiten, ziehe heftige und überwiegend ablehnende Meinungsäußerungen nach sich. Besonders emotional werde die wachsende Intershop-Kette von jenen ohne Westkontakte, mit Kontaktverbot oder -einschränkungen diskutiert. So konstatierte das MfS:

> »Zahlreiche Parteimitglieder, weitere progressive Kräfte aus Großbetrieben, Mitarbeiter staatlicher Organe, Angehörige der Nationalen Volksarmee (Berufssoldaten) und deren Familienangehörige äußern sich besorgt über den möglichen ideologischen Schaden, der ihrer Auffassung nach größer sei als der ökonomische Nutzen. [...] Ob gewollt oder nicht – so wird behauptet – würden die Nichtbesitzer von Devisen zu ›Menschen zweiter Klasse‹ herabgestuft; Vorteile hätten u. a. solche Personen, die eine negative Einstellung zu unserem Staat besitzen.«[148]

Ausgerechnet Geheimnisträger und Angehörige bewaffneter Organe, die zu den zentralen Trägern der Parteiherrschaft zählten, wähnten sich im Konsumabseits und der benachteiligten Gruppe einer neuen Zwei-Klassen-Gesellschaft zugehörig. Dass die Frage der Westkontakte immer größere Sprengkraft barg und dic Mitgliederschaft immer stärker in zwei Lager teilte, verdeutlicht auch die ZK-Information 245. Die Parteiführung sprach zu Beginn des Jahres 1988 die Problematik erstmals innerparteilich an:

> »Es darf keine Diskriminierung von Genossen geben, die Verwandte in der BRD oder anderen kapitalistischen Ländern haben und in brieflichen oder persönlichen Kontakt mit ihnen stehen. Zur Parteimoral gehört es auch, dass Kontakte zum kapitalistischen Ausland

147 Antwort der Bundesregierung bzw. des Parlamentarischen Staatssekretärs beim Bundesminister für innerdeutsche Beziehungen auf die kleine Anfrage einiger Abgeordneter und der Fraktion der FDP zu Kontaktverboten in der DDR, 21.8.1985, in: Deutscher Bundestag, 10. Wahlperiode, Drucksache 10/3744, S. 7.

148 ZAIG: Hinweise auf beachtenswerte Reaktionen der Bevölkerung der DDR, 2.12.1985, in: BStU, MfS ZAIG 4158, Bl. 76.

nicht verschwiegen werden. Die Partei verlangt nicht, dass sie ihrer Verwandtschaft abschwören. Ihnen dürfen daraus keine Nachteile irgendwelcher Art entstehen. Wesentlich ist, dass sie sich, wie es eines Kommunisten würdig ist, für die Ziele der Partei, für die Stärkung des Sozialismus, für die Sicherung des Friedens mit Leidenschaft und Hingabe im In- und Ausland einsetzen, und sich mit falschen und feindlichen Auffassungen, mit der Ideologie des Imperialismus auseinandersetzen, und die Beschlüsse der Partei anerkennen und danach handeln. Danach sind die Mitglieder und Kandidaten der Partei zu beurteilen. Ausnahmeregelungen über die Unterhaltung von Kontakten kann es im Wesentlichen nur für Genossen, die als Geheimnisträger verpflichtet sind, und der bewaffneten Organe geben. In der politisch-ideologischen Arbeit ist den Realitäten des Lebens Rechnung zu tragen. Deshalb gilt es, überall die Hindernisse aus dem Wege zu räumen, die einer ›doppelten Moral‹ Vorschub leisten.«[149]

Eigentlich richtete sich diese ZK-Information an die Gorbatschow-Sympathisanten in der Mitgliederschaft und forderte von ihnen, sich dem Kurs der Parteiführung unterzuordnen.[150] Doch fand in dieser Parteiinformation auch die Problematik der Westkontakte ihren Platz. Erstmals wurde seitens der Parteiführung innerparteilich eingeräumt, dass kein generelles Kontaktverbot für Parteimitglieder bestand, allein für Geheimnisträger und Angehörige bewaffneter Organe Ausnahmen galten – und dass diese Politik ein moralisches Problem darstellte. Zwar konnten sich Parteimitglieder durch die ZK-Information nun aufgeklärter fühlen. An der Problematik der Doppelmoral und der Frustration der Ausgeschlossenen änderte diese Information aus der Zentrale jedoch nichts. Im Gegenteil: Der Ärger bei jenen ohne Zugang zu DM steigerte sich in den nächsten Monaten zu regelrechten Wutausbrüchen. Im Zuge der Einführung des neuen Wartburgs im September desselben Jahres notierte das MfS – wie schon dargestellt – Enttäuschung, Verbitterung und die nun weitverbreitete Meinung, dass die DM zur zweiten Währung in der DDR geworden sei. Auch die Niveauunterschiede zwischen dem Warenangebot in normalen Läden und und jenem in Intershops werden immer deutlicher sichtbar. Die Auswertungsoffiziere notierten: »Dabei wird immer offener von der Herausbildung einer Zwei-Klassen-Gesellschaft in der DDR gesprochen – Bürger mit bzw. ohne ›Westgeld‹.«[151]

Das MfS kam zudem zu der alarmierenden Einschätzung, dass Parteimitglieder und Funktionäre immer weniger bereit seien, eine Politik mitzutragen, die sie benachteilige. Aufgrund der Kombination aus der forcierten materiellen Öffnung

149 ZK-Information: Zum einheitlichen und geschlossenen Handeln der Mitglieder und Kandidaten der SED, 1988/4, Nr. 245, in: BStU, MfS, HA VI, Nr. 15338, Bl. 331–338, hier Bl. 337. Siehe auch: Herbst/Stephan/Winkler: Die SED, S. 797–800.

150 Siehe den Abschnitt IV.3 in dieser Arbeit.

151 ZAIG: Weitere Hinweise zur Reaktion der Bevölkerung im Zusammenhang mit dem Pkw »Wartburg 1.3«, 27.10.1988, in: BStU, MfS, ZAIG 4241, Bl. 10–11. Siehe den Abschnitt IV.1 in dieser Arbeit.

gegenüber dem Westen und der sich verschärfenden Versorgungskrise büßte die Partei ihre Hoheit über den Zugang zu Ressourcen immer stärker ein, und politische Loyalität wurde zunehmend entwertet. Dies spaltete nicht nur die Mitgliederschaft in zwei Lager. Der Prozess der sozial-moralischen Desintegration hatte auch eine gesamtgesellschaftliche Dimension, die Sönke Friedreich als Entsolidarisierung beschreibt: Gerade auf der für die DDR-Gesellschaft so zentralen betrieblichen Ebene habe dieser Prozess der Spaltung gegen das Zusammengehörigkeitsgefühl der Betriebsbelegschaften gewirkt.[152] Die neue Zwei-Klassen-Gesellschaft bildete sich zudem nicht nur auf materieller Ebene ab. Die neuen sozialen Verwerfungen hatten auch eine ideelle Dimension: Das Feindbild verlor an klaren Konturen. Diese Problematik lässt sich insbesondere an der Westreisethematik ablesen, die neben der Devisenfrage ab der zweiten Hälfte der 1980er-Jahre erhebliche soziale Sprengkraft entwickelte.

Westannäherungen und Akzeptanzverlust der Reiserestriktionen 1983–1987

Mit den beiden Milliardenkrediten 1983 und 1984 von der Bundesregierung an die DDR sollten sich die materiellen und moralischen Konflikte um den Zugang zu DM, die seit Ende der 1970er-Jahre den Alltag bestimmten, auch auf der großen politischen Bühne abbilden. Die wirtschaftlichen Schwierigkeiten der DDR und die wachsende Abhängigkeit vom Westen wurden immer sichtbarer.[153] Bereits der erste Milliardenkredit wurde laut MfS breit rezipiert.[154] Während der westliche Rundfunk über das Kreditabkommen und die Vermittlerrolle von Franz Josef Strauß ausführlich berichtete, schwiegen die DDR-Medien, was für großen Unmut sorgte. Denn das Interesse an den Hintergründen der Kreditvereinbarung und an der Verwendung des Geldes war groß. Neben der Hoffnung auf eine baldige Verbesserung der Versorgungslage und auf Reiseerleichterungen für Westbesuche herrschte große Verwunderung darüber, dass mit dem Klassenfeind Geschäfte gemacht wurden. Laut MfS war die Ansicht verbreitet: »Einerseits stehen sich Kapitalismus und Sozialismus feind-

152 Friedreich: Autos bauen im Sozialismus, S. 196–205.

153 Vgl. Malycha: Die SED in der Ära Honecker, S. 257–288; Malycha/Winters: Die SED, S. 261–267; Steiner, André: Von Plan zu Plan. Eine Wirtschaftsgeschichte der DDR, Bonn 2007, S. 198–203; Raschka, Johannes: 1981 als Zäsur in der Entwicklung der DDR. Innenpolitischer Wandel als Folge außenpolitischer Veränderungen, in: Timmermann, Heiner (Hg.): Deutsche Fragen. Von der Teilung zur Einheit, Berlin 2001, S. 227–256.

154 Hier und im Folgenden ZAIG: Hinweis auf erste Reaktionen der Bevölkerung der DDR zum Abschluss eines Kreditabkommens zwischen der DDR und der BRD und zum Privatbesuch des CSU-Vorsitzenden Strauß in der DDR, in: BStU, MfS, ZAIG 4524, Wochenübersicht Nr. 30/83 am 25.7.1983, Anlage 4, Bl. 103–106.

lich gegenüber, andererseits borge sich der Sozialismus bei seinen Feinden Geld, um seine Wirtschaft zu stabilisieren. Wie sei das miteinander vereinbar?«[155]

Dieses ungewöhnliche Geschäft zwischen Honecker und Strauß ließ die Bevölkerung weit über die Gruppe der Parteimitglieder hinaus aufhorchen und verursachte Kopfschütteln. Die Auswertungsoffiziere notierten weiterhin, dass der in den Westmedien angekündigten Besuchsreise von Strauß in die DDR mit Ablehnung begegnet werde. Zahlreiche Parteimitglieder bringen zum Ausdruck, dass die DDR für diesen Besuch einen hohen Preis zahlen müsse. Politisch sei dieser Besuch fragwürdig und werde der DDR auf längere Sicht Schaden zufügen. Es ist anzunehmen, dass die Autoren des Berichtes diese Ansicht teilten. Neben den Rissen im Feindbild, die insbesondere die Angehörigen der Machtsicherungselite verunsicherten, wurde der Milliardenkredit auch als Indikator gewertet, dass es mit der Wirtschaft der DDR weiter bergab gehe. Laut MfS waren insbesondere »Mitarbeiter staatlicher und wirtschaftsleitender Organe« der unteren und mittleren Ebene sowie Lehrer und staatliche Leiter in Betrieben von dieser Sorge geplagt. Sie befürchteten die praktischen Konsequenzen der Kredittilgung und damit eine Verschlechterung der Versorgung. Sie sorgten sich davor, bald vor lückenhaften Ladenregalen zu stehen und ihren Mitarbeitern in der Produktion, ihren Schülern oder einer wachsenden Zahl von Eingabeverfassern diese Situation verständlich machen und Abhilfe zu organisieren zu müssen. Sie hatten wenig Hoffnung, dass sich die Versorgungslage in Zukunft bessern würde.

Als Franz Josef Strauß Ende Juli 1983 kurze Zeit nach der ersten Kreditvereinbarung während einer Privatreise in die DDR Erich Honecker am Werbellinsee zu einem Gespräch traf, erregte dies erneut die Gemüter. Erst im Frühjahr desselben Jahres hatte der CSU-Vorsitzende den Todesfall eines Transitreisenden bei einer Grenzkontrolle als Mordfall bezeichnet und damit nicht nur medialen Wirbel erzeugt, sondern auch die innerdeutschen Beziehungen auf eine Probe gestellt. So fiel auch die Reaktion der Mitgliederschaft auf das Treffen der beiden Politiker verheerend aus. Anfang August berichtete das MfS, dass in fast allen Bezirken der DDR »von progressiven und politisch interessierten Bürgern, darunter einem größeren Teil Arbeitern und Parteimitgliedern, der Empfang von Strauß in der DDR nicht verstanden und zum Teil direkt abgelehnt« werde.[156] Das MfS notierte, dass die Meinung verbreitet sei: »Jetzt sieht man überhaupt nicht mehr durch. Wird jetzt von der Führungsspitze ein anderer Kurs gefahren?«[157]

155 Ebd., Bl. 104.

156 ZAIG: Hinweis auf erste Reaktionen der Bevölkerung der DDR zum Gespräch des Generalsekretärs des ZK der SED und Vorsitzenden des Staatsrates der DDR, Genossen Honecker, mit dem Vorsitzenden der CSU und Ministerpräsidenten des Bundeslandes Bayern, Franz Josef Strauß, 1.8.1983, in: BStU, ZAIG 4525, Wochenübersicht Nr. 31/83, Anlage 4, Bl. 30–34.

157 Ebd., Bl. 32.

Die Annäherungen an den Klassenfeind ließen das Orientierungs- und Informationsbedürfnis der Parteimitglieder wachsen, sei es, weil es ihr Weltbild auf den Kopf stellte, sie eine sich verschlechternde Versorgungslage durch Westkredittilgungen fürchteten oder weil sie diesen politischen Kurswechsel schlichtweg nicht nachvollziehen und vertreten konnten. Doch erfolgten weder in der Presse noch innerparteilich einordnende Informationen.

Eine ganz ähnliche Situation ergab sich mit dem zweiten Milliardenkredit 1984. Während in der Öffentlichkeit Spekulationen über Versorgungsverbesserungen und Reiseerleichterungen kursierten und Ausreisewillige auf eine zweite Ausreisewelle hofften, waren SED-Mitglieder – insbesondere der Dienstklasse – pessimistisch gestimmt und verunsichert. Nicht nur galt ein weiterer großer Westkredit als Beweis für eine sich verschlechternde Wirtschaftskraft, der nun auch noch ein wachsender Schuldenberg zugemutet werde. Auch das politisch-moralische Problem, sich vom sogenannten Klassenfeind Geld zu leihen, war erneut Gegenstand von Diskussionen. Zum einen mache man sich durch diesen Kredit abhängig von der BRD. Und zum andern sei auch der »Hauch der Käuflichkeit« nicht zu übersehen.[158] Neben den politisch-moralischen und wirtschaftlichen Zweifeln wurde von Parteimitgliedern erneut die Informationspolitik kritisiert. Wie auch im Vorjahr berichtete allein der westliche Rundfunk ausführlich über das Geldgeschäft. Parteimitglieder hatten den Eindruck, immer stärker in die »ideologische Defensive« zu geraten.[159] Am 26. Juli 1984 wurde lediglich eine knappe ADN-Meldung im *Neuen Deutschland* veröffentlicht:

> »Zwischen der Deutschen Bank Luxemburg und der Außenhandelsbank der DDR wurde eine Kreditvereinbarung über 330 Millionen US-Dollar zu international üblichen Bedingungen abgeschlossen, die vom Präsidenten der Außenhandelsbank der DDR, Dr. Polze, unterzeichnet wurde.«[160]

Dem gewachsenen Informations- und Orientierungsbedürfnis in der Mitgliederschaft wurde diese kurze Meldung jedoch nicht gerecht. Die Parteimitglieder waren ebenso ratlos wie ihre parteilosen Kollegen und Nachbarn und konnten ihre Vermittlerrolle nicht ausüben. Begleitet wurde der zweite Milliardenkredit von einem außenpolitischen Scharmützel zwischen der UdSSR und der DDR. Die Parteiführung in Moskau betrachtete die Geschäfte zwischen der BRD und der DDR mit Skepsis und kritisierte diesen Kurs in zwei Artikeln, die in der *Prawda* Ende Juli und Anfang August 1984 erschienen. Zwar wurde der zweite Artikel nicht im *Neuen Deutschland* veröffent-

158 ZAIG: Zu einigen beachtenswerten Aspekten der Reaktion der Bevölkerung der DDR, 31.7.1984, in: BStU, ZAIG 4158, Bl. 53–54.
159 Ebd., Bl. 55–56.
160 Dr. Polze unterzeichnete Kreditvereinbarung, in: Neues Deutschland 26.7.1984, S. 5.

licht[161], doch entgingen weder der westdeutschen Presse die Reibungen zwischen den östlichen Verbündeten, noch blieben Parteimitgliedern diese Spannungen verborgen. Sie fühlten sich, wie das MfS zu berichten wusste, angesichts des ins Wanken geratenen Freund-Feind-Bildes verunsichert. Es herrsche die Befürchtung, dass sich die DDR durch den Kurs der Normalisierung gegenüber der BRD von ihrem wichtigsten Partner, der KPdSU, lösen könnte.[162] Diese Sorge war vermutlich insbesondere in den Reihen der Machtsicherungselite verbreitet. Erst jetzt sollte die lange Sprachlosigkeit der Parteiführung ein Ende finden.

Im August 1984 – einen Monat nach der Meldung im *Neuen Deutschland* – reagierte die Parteiführung endlich: Im *Neuen Deutschland* erschien ein Interview mit Erich Honecker mit dem Titel »Zu einigen aktuellen Fragen der Innen- und Außenpolitik«. Darin wurde die Dialogpolitik der DDR – angesichts der Kriegsgefahr durch die NATO – als Friedensstrategie eingeordnet. Zugleich bekräftigte Honecker das Bündnis mit der Sowjetunion. Für Parteimitglieder wurde zusätzlich eine ZK-Information herausgegeben, die ebenfalls das Interview enthielt und darüber hinaus mit einer 14-seitigen »Dokumentation von Kernaussagen zur Auseinandersetzung der SED mit dem Revanchismus der BRD« aufwartete, welche die Statements Honeckers der letzten drei Jahre über das Verhältnis der DDR zur BRD als Agitationshilfe auflistete.[163] Während die Rezeption der ZK-Information keinen Niederschlag in den MfS-Berichten fand, widmete die Geheimpolizei den Reaktionen auf das Interview einen eigenen Bericht. Darin wurde konstatiert, dass leitende und mittlere Kader in Betrieben und Einrichtungen sowie Funktionäre der Partei- und Massenorganisationen das Interview zwar als »gutes Argumentationsmaterial« ansehen. Angesichts der langen Sprachlosigkeit zu den Milliardenkrediten mag dieses Gefühl, endlich mit neuem Material ausgestattet worden zu sein, nachvollziehbar erscheinen. Jedoch wurden die Aussagen offensichtlich als unzureichend empfunden. So war die Meinung verbreitet, dass das Interview weniger den Bürgern der DDR oder den Parteimitgliedern gelte als dem Bündnispartner im Osten. Die Ausführungen im Interview würden allein bekannte Fakten beinhalten und aufreihen, jedoch »keine flexible Reaktion auf aktuelle politische Fragen« darstellen. Die materiellen und moralischen Probleme mit der wachsenden Bedeutung der DM wurden nicht aufgegriffen.

Die Annäherung zwischen DDR und BRD auf Spitzenebene sollte mit den Reiseerleichterungen bald auch im Alltag spürbar werden. Auf Weisung Honeckers wurden 1985 die Reiseanlässe und damit der Kreis der Anspruchsberechtigten liberaler

161 Malycha/Winters: Die SED, S. 272. Zum Konflikt zwischen der DDR und UdSSR siehe auch: Wettig: Die Entstehung der Voraussetzungen für das Ende der DDR, S. 232–234.

162 ZAIG: Zu ausgewählten Problemen der Reaktion der Bevölkerung, 16.8.1982, in: BStU, MfS, ZAIG 4178, Bl. 1–5, insb. Bl. 3.

163 ZK-Information: Zu einigen aktuellen Fragen der Innen- und Außenpolitik der DDR, 1984/6, Nr. 209, in: BStU, MfS, ZOS 980, Bl. 1–30.

gehandhabt. Neben den beiden Milliardenkrediten versetzte auch das KSZE-Gipfeltreffen im September 1983 in Madrid die DDR unter Zugzwang. Sie hatte sich verpflichtet, das Recht auf Freizügigkeit umzusetzen.[164] Besuchsreisen in den Westen, immer unter der Voraussetzung, dass dort Verwandte leben, waren seit 1972 auch unterhalb des Rentenalters gestattet – allerdings nur in Ausnahmefällen. Entsprechend selten waren Westreisen, deren Zahl sich auf ca. 40 000 jährlich belief und sich 1982 auf 60 000 erhöhte, als die Reiseanlässe ausgeweitet wurden. 1985 erfolgte mit der Anordnung Honeckers dann ein Einschnitt. Nun wurden Reisen auch bei »besonderen humanitären Anliegen« gestattet. Konkrete Hinweise auf Verwandtschaftsverhältnisse und Begründungen erhielt die Weisung nicht, sodass sie den Ermessensspielraum der Behörden bzw. der Volkspolizeikreisämter erweiterte. Die Zahl der privaten Besuchsreisen in den Westen schoss daraufhin nach oben: 1986 reisten über eine halbe Million Ostdeutsche in den Westen. Im Jahr darauf waren es bereits mehr eine Million.[165]

In einem Brief an die Bezirkssekretäre der SED machte Generalsekretär Honecker explizit darauf aufmerksam, dass die neue Reiseregelung auch für Mitglieder und Kandidaten der SED gelte.[166] Sie waren nicht qua Parteizugehörigkeit von der Genehmigung einer Westreise ausgeschlossen, dies betraf allein Geheimnisträger und Angehörige bewaffneter Organe. Wahrscheinlich sollten die Parteiapparate sensibilisiert werden, dass das Parteibuch kein Ausschlusskriterium der erweiterten Reisepraxis darstellen sollte. Denn selbst Geheimnisträger sollten sich bald nicht mehr zum Kreis der Ausgeschlossenen zählen: Im Mai 1985 wurde die Direktive über Geheimnisträger geändert. Zwar blieben die Kontaktregelungen mit ihren Einschränkungen und Ausnahmeregelungen bestehen, doch wurde das strikte private Westreiseverbot aufgehoben. Geheimnisträgern aller Stufen war nun »in begründeten Ausnahmefällen« eine private Besuchsreise nach Westdeutschland und West-Berlin gestattet.[167]

Offensichtlich war der Parteiführung bewusst, wie viel Konfliktstoff die Problematik barg, sodass sie mit diesem Zugeständnis die zentralen Trägergruppen der Parteiherrschaft milde stimmen wollte. Auch für die Angehörigen der bewaffneten Organe sollte das Gefühl der Benachteiligung durch die Kontaktbeschränkungen abgemildert werden. Zwar wurden für sie keine Ausnahmeregelungen zum privaten Westreiseverbot eingeführt. Da im Laufe der 1980er-Jahre das Kontaktverbot jedoch

164 Hier und im Folgenden: Hertle: Chronik des Mauerfalls, S. 45–48.

165 Ebd., S. 45–50. Im Jahr 1986 reisten 573 000 Ostdeutsche in den Westen, 1987 waren es 1,3 Millionen und 1988 rund 1,6 Millionen. Siehe auch Abschnitt IV.1 in dieser Arbeit.

166 Honecker, Erich: Rundschreiben an die 1. Bezirkssekretäre am 13.2.1985 (Anlage des Protokolls Nr. 32 der Sitzung des Sekretariats des ZK), in: SAPMO-BArch, DY 30/J IV 2/3 3794.

167 Büro des Politbüros: Beschluss zur Direktive über Geheimnisträger, 22.5.1985 (Protokoll Nr. 60, Anlage Nr. 15), in: SAPMO-BArch, DY 30/9165, Bl. 1–13.

immer häufiger unterlaufen wurde, reagierte die Parteiführung ab 1986/87 schrittweise mit Lockerungen und Zugeständnissen in der Kontaktpolitik. Kommandeuren der NVA war es möglich, einen Antrag auf Zusammentreffen mit einer Person aus dem Westen zu stellen. Unvorhergesehene Kontakte wurden nicht automatisch als Verstoß gegen die Dienstvorschrift gewertet. Auch sollte eine Regelverletzung nicht mehr zwangsläufig zum Ausscheiden aus dem Militärdienst führen.[168]

Obwohl die Parteiführung diese Zugeständnisse weder in der Presse noch über parteiinterne ZK-Informationen veröffentlichte, verbreiteten sich Informationen über die Reiselockerungen gerüchteweise. In diese Atmosphäre fiel das Interview Erich Honeckers mit der westdeutschen Wochenzeitung *Die Zeit*, das am 31. Januar 1986 parallel auch im *Neuen Deutschland* veröffentlicht wurde.[169] Dieses Interview stieß auf große Resonanz in der Bevölkerung, wie ein Stimmungsbericht der Staatssicherheit verdeutlicht.[170] Laut MfS löste das Interview überwiegend Verwunderung aus. Insbesondere die Offenheit Honeckers bei den Themen Reiseverkehr, Umweltschutz und Pkw-Produktion, »die bisher in der DDR nicht öffentlich angesprochen worden seien und teilweise ›als tabu‹ galten«, riefen große Aufmerksamkeit hervor.[171] Zur Verwunderung trug ebenfalls bei, dass Honecker diese Fragen ausgerechnet in einem Interview mit westdeutschen Journalisten offen ansprach. Zweimal äußerte er sich konkret zur Reisethematik. Auf die Fragen, ob es mehr Westreisen geben werde und ob das Reisealter herabgesetzt werden würde, antwortete der Generalsekretär unter anderem mit dem Hinweis: »Die DDR hat viel unternommen, um ihn [den Reiseverkehr, S.P.] zu fördern und wird das auch in Zukunft fortsetzen.«[172]

Im Verlauf des Interviews kamen die Journalisten Theo Sommer und Marlies Menge erneut auf diese Thematik zu sprechen. Sie betonten, dass Honecker bei Reisen in dringenden Familienangelegenheiten Großzügigkeit walten lassen wolle und bereits Verwandte zweiten Grades auch zu anderen als den festgelegten Anlässen gereist seien. Nicht nur war diese Information für den ostdeutschen Leser äußerst interessant. Noch aufschlussreicher waren die Einlassungen Honeckers, der diesen Kommentar nicht dementierte, sondern eingestand:

168 Vgl. Wenzke: Zwischen »Prager Frühling« 1968 und Herbst 1989, S. 262–268. Siehe auch: Rogg: Armee des Volkes?, S. 383–387.

169 Vgl. »Miteinander leben, gut miteinander auskommen«. Ein Zeit-Gespräch mit Erich Honecker. Den DDR-Staatsratsvorsitzenden interviewten Marlies Menge und Theo Sommer, in: Die Zeit, 31.1.1986, S. 3–6; sowie Erich Honecker: Wir sind für Frieden auf der Erde und im Kosmos; Interview des Generalsekretärs des ZK der SED und Vorsitzenden des Staatsrates der DDR für die BRD-Wochenzeitung »Die Zeit«, in: Neues Deutschland, 31.1.1986, S. 1.

170 ZAIG: Hinweise über Reaktionen der Bevölkerung der DDR auf das Interview des Genossen Erich Honecker für die BRD-Wochenzeitung »Die Zeit«, 17.2.1986, in: BStU, MfS ZAIG 4204, Bl. 1–5.

171 Ebd., Bl. 3–4.

172 Erich Honecker: Wir sind für Frieden auf der Erde und im Kosmos, Interview des Generalsekretärs des ZK der SED und Vorsitzenden des Staatsrates der DDR für die BRD-Wochenzeitung »Die Zeit«, in: Neues Deutschland, 31.1.1986, S. 1.

»Bei Besuchen in dringenden Familienangelegenheiten gibt es selbstverständlich Fortschritte. Hemmnisse gibt es immer in einem Staatswesen. Wir sind nicht ohne Bürokratie, und auch die BRD nicht. Ich möchte das aber nicht auf die Bürokratie schieben. Es ist überhaupt keine Frage, dass man in dringenden Familienangelegenheiten reisen kann. Natürlich wird da nicht gerade der Chef des Geheimdienstes reisen.«[173]

Damit löste der Parteivorsitzende ein großes Echo aus. Laut MfS fragte man sich nun, ob die Reiseeinschränkungen weiterbestehen oder bald alle in den Westen reisen dürfen.[174] Parteimitglieder hatten auf die sich jetzt häufenden Fragen nach konkreten Änderungen der Reisemodalitäten keine Antworten. Denn innerparteiliche Informationen blieben aus. Bürger erkundigten sich nun vermehrt in den Abteilungen für Pass- und Meldewesen der Volkspolizeikreisämter, ob angesichts des Interviews neue Reisemodalitäten gelten würden, was Leitungskader im Staatsapparat nervös machte und verunsicherte. Aus ihrer Sicht werde mit den im Interview dargelegten Reisemöglichkeiten die gegenwärtige Praxis von Genehmigungen auf den Kopf gestellt. Sie wissen nicht mehr, wie sie zu verfahren haben.[175] Die Verwirrung war jedoch nur von kurzer Dauer. Ab dem 1. Februar 1986 erging eine dienstliche Weisung des Innenministers, die von den Behörden stillschweigend praktiziert wurde. Nun stieg die Zahl der genehmigten Westreisen rapide an und damit auch die Erlebnisberichte der Rückkehrer mit erheblichen Konsequenzen für die Wahrnehmung der heimischen Wirtschafts- und Versorgungslage.[176]

Die Konsequenzen dieser still vollzogenen Lockerungen der Restriktionen bei Westreisen waren gewaltig und wurden von der Geheimpolizei im Zuge des Bonn-Besuchs Erich Honeckers im September 1987 registriert. Bereits im Vorfeld des ersten offiziellen Staatsbesuchs im Westen wiesen die Auswertungsoffiziere auf Vorbehalte unter Mitarbeitern im Außenministerium, Journalisten und bei den bewaffneten Organen hin. Während Angehörige der Machtsicherungselite und der Ideologieproduzenten fanden, dass Honecker mit seiner Annäherungspolitik zu weit gehe, hoffte die Mehrheit der Bevölkerung auf weitere Reiseerleichterungen.[177] Das konservative Lager in der Mitgliederschaft reagierte besorgt auf den Besuch und distanzierte sich

173 Ebd.

174 Hier und im Folgenden: ZAIG: Hinweise über Reaktionen der Bevölkerung der DDR auf das Interview des Genossen Erich Honecker für die BRD-Wochenzeitung »Die Zeit«, 17.2.1986, in: BStU, MfS, ZAIG 4204, Bl. 1–5,

175 Ebd., Bl. 4.

176 Siehe auch Abschnitt IV.1 in dieser Arbeit.

177 ZAIG: Hinweise zu ersten Reaktionen der Bevölkerung der DDR im Zusammenhang mit dem angekündigten Besuch des Generalsekretärs des ZK der SED und Vorsitzenden des Staatsrates der DDR, Gen. Erich Honecker, Berlin 30.7.1987, in: BStU, MfS, ZAIG 4229, Bl. 2–5. Siehe auch: ZAIG: Weitere Hinweise zur Reaktion der Bevölkerung im Zusammenhang mit dem angekündigten Besuch des Generalsekretärs des ZK der SED und Vorsitzenden des Staatsrates der DDR, Genossen Honecker, in der BRD, Berlin, 5.9.1987, in: ebd., Bl. 7–13.

von der Westpolitik Honeckers. Das MfS notierte, dass »eine beträchtliche Anzahl Mitglieder und Funktionäre der SED und weitere progressive Kräfte besonders älterer Jahrgänge« negative Auswirkungen des Besuchs befürchten würden.[178] In dem Bericht der Staatssicherheit wurde nun also eine Gruppe überwiegend älterer Parteimitglieder sichtbar, die vorwiegend in den Reihen der Machtsicherungselite zu finden war und die die noch härtere Garde hinter der sogenannten Beton-Fraktion im Politbüro darstellte.[179] Schon im Zuge des Milliardenkredits hatte sich unter diesen mit dem Feindbild verwachsenen Mitgliedern Unmut über die Annäherungspolitik verbreitet. Aus ihrer Sicht agierte der Generalsekretär erneut gegen ihre Überzeugung.[180]

Als wollten die Auswertungsoffiziere der Sorge des konservativen Lagers mehr Nachdruck verleihen, führten sie im Folgenden detailliert auf, dass die Ideologievermittlung im Alltag nun kaum mehr möglich sei. Lehrer und Dozenten werden immer häufiger damit konfrontiert, dass Jugendliche die Notwendigkeit des Feindbildes und sogar der Mauer in Frage stellten und verneinten. Es gelinge ihnen kaum mehr, diesen Meinungen entgegenzutreten. Das MfS notierte die Erwartung, von den Parteiorganen aller Ebenen überzeugende Argumentationen zu erhalten. Ebenso erging es Lehrern und Ausbildungsleitern im Stahlwerk Brandenburg. Sie klagten nicht nur, dass im Zuge des Bonn-Besuches insbesondere Jugendliche nun auf noch mehr Reisemöglichkeiten in den Westen hoffen. Sie sorgten sich insbesondere darum, dass »wir uns mit der weiteren Erhöhung der Besuchsreisen in die BRD mehr Diskussionen hereinholen, die schwer zu beantworten sind«.[181]

Die Reiseerleichterungen unterminierten die Abgrenzungspolitik und das Feindbild, womit nicht nur die Ideologievermittlung beeinträchtigt wurde. Sie unterhöhlten auch die Akzeptanz der bestehenden Reiserestriktionen. So konstatierte das MfS, dass Mitarbeiter von Behörden, der Volkspolizei und des Militärs Schwierigkeiten hätten bei der Gewinnung von »Berufskadern für die bewaffneten Organe sowie bei der Verpflichtung von Bürgern als Geheimnisträger, da sich immer weniger Bürger bereit fänden, auf Westkontakte zu verzichten«.[182] Die Auswertungsoffiziere der Staatssicherheit notierten sogar die alarmierende Entwicklung, dass nun immer mehr

178 Hier und im Folgenden: ZAIG: Weitere Hinweise zu Reaktionen der Bevölkerung auf den offiziellen Besuch des Generalsekretärs des ZK der SED und Vorsitzenden des Staatsrates der DDR, Genossen Honecker, in der BRD, 2. Zusammenfassung, Berlin, 16.9.1987, in: ebd., Bl. 19–29, hier Bl. 20.

179 Staritz: Geschichte der DDR, S. 348–349.

180 Mehr Kontur erhält diese konservative Gruppe bei der Rezeption des Ideologiepapiers. Siehe Abschnitt IV.3 in dieser Arbeit.

181 Monatsbericht GO Kader und Bildung im Stahlwerk Brandenburg, September/Oktober 1987, in: BLHA, Rep. 532, Nr. 6234, o. Bl. Siehe auch Abschnitt IV.1 in dieser Arbeit.

182 ZAIG: Weitere Hinweise zu Reaktionen der Bevölkerung auf den offiziellen Besuch des Generalsekretärs des ZK der SED und Vorsitzenden des Staatsrates der DDR, Genossen Honecker, in der BRD, 2. Zusammenfassung, Berlin, 16.9.1987, in: BStU, MfS ZAIG 4229, Bl. 21.

Personen in den Westen reisen wollen, um sich selbst von den Lebensverhältnissen zu überzeugen. Das betraf auch Parteimitglieder.[183] Die wachsende Zahl der Westreisenden weckte auch in der Mitgliederschaft Begehrlichkeiten. Sogar Geheimnisträger akzeptierten die ihnen auferlegten Restriktionen nicht mehr. Im selben Stimmungsbericht hieß es:

> »In unterschiedlichsten gesellschaftlichen Bereichen tätige Geheimnisträger, darunter Mitarbeiter in Forschungseinrichtungen von Kombinaten und Betrieben sowie Einrichtungen des Verkehrs- und Nachrichtenwesens, erklärten wiederholt, man bringe ihnen zwar Vertrauen im Zusammenhang mit ihrer beruflichen Tätigkeit, nicht aber im Falle beabsichtigter Reise in das nichtsozialistische Ausland entgegen. Dieser Widerspruch sei unverständlich und wecke den Wunsch nach Entpflichtung als Geheimnisträger.«[184]

Zwar wurde das generelle Westreiseverbot mit der Geheimnisträger-Direktive vom Mai 1985 aufgehoben und wurden Besuchsreisen »in begründeten Ausnahmefällen« gestattet. Es ist anzunehmen, dass die Ausnahmeregelung entweder kaum bekannt war oder aber restriktiv und uneinheitlich gehandhabt wurde. Insgesamt konnte das Zugeständnis an die Geheimnisträger bei dem nun um sich greifenden Akzeptanzverlust der Reiserestriktionen keine integrierende Wirkung entfalten. Betroffen war auch die Gruppe der Reisekader. Sie brachte etwa kein Verständnis mehr für die Regelungen auf, die bei langfristigen Auslandsaufenthalten Besuche von Verwandten und Ehepartnern untersagten oder eine Sperrung als Reisekader vorsahen, wenn ein Verwandter ersten Grades einen Ausreiseantrag stellte. Auch die intransparenten Genehmigungsverfahren verloren angesichts der gelockerten Westreiserestriktionen an Legitimation. Eine Person konnte als Reisekader abgelehnt werden, während die Privatreise zur Tante in den Westen genehmigt wurde.[185] Insgesamt hatte die Lockerung der Reisebeschränkungen eine verheerende Wirkung in der Mitgliederschaft: Unter Reisekadern, Geheimnisträgern und einfachen Parteimitgliedern ohne Westverwandte wurden die Restriktionen nicht mehr akzeptiert. Je mehr Personen privat in den Westen reisen durften, desto stärker wurde das Reisebedürfnis und desto größer empfanden die Ausgeschlossenen ihre Benachteiligung. Das konservative Lager rückte verbittert von Honecker ab, und die Vermittlung des Feindbildes gestaltete sich zunehmend als Spießrutenlauf.

183 Ebd., Bl. 25.
184 Ebd.
185 Niederhut: Die Reisekader, S. 131–133.

Vertiefung der Spaltung 1988/89

Die sozial-moralische Desintegration der Ausgeschlossenen eskalierte 1988 und 1989. Im Januar 1988 sorgte die Bekanntgabe über die Begrenzung des Umtauschs von Mark der DDR in tschechoslowakische Kronen auf maximal 438 Mark pro Jahr für massiven Unmut. Der Umtausch, für den die Regierung Valuta aufbringen musste, wurde schlichtweg zu teuer, sodass sich die Parteiführung zu dieser Begrenzung gezwungen sah. Da Reisen nach Polen stark reglementiert waren, stellte die ČSSR mangels Alternativen das beliebteste Reiseziel dar.[186] Ein Urlaub im Nachbarland wurde mit der neuen Umtauschregelung aber so gut wie unmöglich, und Parteimitglieder im Stahlwerk in Brandenburg beklagten, dass nun die letzte Möglichkeit eines relativ preisgünstigen Urlaubs im Ausland genommen worden sei.[187] Das MfS konstatierte republikweit Unverständnis und Ablehnung – insbesondere unter Parteimitgliedern.[188] Jene ohne Westverwandtschaft oder mit Kontakt- und Reiseverbot sahen nun keine Möglichkeit mehr, einen Urlaub im Ausland zu verbringen. Geheimnisträger und besonders Angehörige bewaffneter Organe fühlten sich durch diese Änderung massiv benachteiligt und sogar »für ihr berufliches und politisches Engagement noch bestraft«. Angesichts dieser Situation breitete sich Sarkasmus aus, und spontane Äußerungen wie: »Man solle doch gleich eine Mauer um die DDR ziehen«, waren keine Seltenheit. Die Auswertungsoffiziere vermerkten, dass Mitglieder und Funktionäre der SED erklärten, sie hätten so eine schlechte Stimmung unter Parteimitgliedern noch nicht erlebt. Die starke Frustration speiste sich jedoch auch aus der als mangelhaft empfundenen Informationspolitik der SED. Wie derselbe Bericht der Staatssicherheit weiter festhielt, haben sich Parteimitglieder in ihren Arbeitskollektiven unglaubwürdig gemacht: In westdeutschen Medien sei im Vorjahr über bevorstehende Beschränkungen im Reiseverkehr mit der ČSSR berichtet worden. Diese Berichterstattung haben Genossen als »Lüge des Gegners« verurteilt. Als diese Veränderungen kurze Zeit später jedoch eintraten, sei das für diese Parteimitglieder eine unangenehme Überraschung gewesen. Vor Ort haben sie einen Autoritätsverlust erlitten. Der Unmut über die Informationspolitik, der bereits im Zuge der Westkredite die Gemüter bewegte, wurde immer größer.

Zur selben Zeit bewegte ein weiteres Thema die Gemüter, das ebenfalls die SED-Informationspolitik und die Reisethematik zum Gegenstand hatte. Zwei Tage nach der

186 Müller, Claudia Andrea: Teure Touristen. Preise und Kosten der Urlaubsreisen von DDR-Bürgern in die Ostblock-Staaten, in: Horch und Guck 2/2009, S. 26–29. Siehe auch: Görlich, Christopher: Urlaub vom Staat. Tourismus in der DDR, Wien/Köln/Weimar 2012.

187 ZBPL SWB Brandenburg: Informationsbericht für die Zeit vom 19.12.1987 bis zum 20.1.1988, 18.1.1988, in: BLHA Rep. 532 SED-GO, Nr. 6236 o. Bl.

188 Hier und im Folgenden: ZAIG: Erste Hinweise zu Reaktionen der Bevölkerung auf die Festlegung über den Valutaerwerb bei privaten Reisen in die ČSSR und UVR, Berlin 22.1.1988, in: BStU, MfS, ZAIG 4235, Bl. 1–7.

Veröffentlichung der Begrenzung des Währungsumtauschs lösten die Verhaftungen von Bürgerrechtlern am Rande der Luxemburg-Liebknecht- »Kampfdemonstration« am 17. Januar 1988 ein großes Echo in der Mitgliederschaft aus. Dabei waren nicht die Verhaftungen Stein des Anstoßes, sondern die Ausweisungen einiger inhaftierter Bürgerrechtler in den Westen sowie die späte Berichterstattung in den heimischen Medien. Nicht nur bei Ausreiseantragstellern, die schon lange auf die erlösende Erlaubnis hofften, führte die Aussiedlung zu erheblichem Frust.[189] Auch unter Parteimitgliedern herrschte großer Unmut, der jedoch anders gelagert war. Das MfS wies darauf hin, dass »weite Teile der Mitgliedschaft« die Einleitung strafrechtlicher Maßnahmen begrüßt haben, nun aber der Gewährung der Ausreisegenehmigungen in den Westen Verwunderung, Enttäuschung und Unverständnis entgegenbringen.[190] Die Ausreise nach Westdeutschland wurde nicht als Strafe empfunden. Im Gegenteil: Der Westen als kollektiver Sehnsuchtsort sollte ausgerechnet für Systemgegner real werden. Dieses Empfinden herrschte vermutlich nicht nur bei jenen ohne Westverwandte, sondern auch in den Reihen der bewaffneten Organe vor, deren Angehörige einem strikten Westreiseverbot unterlagen. Auch war, wie etwa im Stahlwerk in Brandenburg, unter Parteimitgliedern das Unverständnis darüber verbreitet, warum »solche Elemente« nicht ihre rechtmäßige Strafe erhielten.[191] Dieses Empfinden war vermutlich in der kleinen Gruppe der älteren Hardliner besonders stark ausgeprägt.[192]

Letztlich untergrub die Ausweisung Oppositioneller in den Westen die Autorität politischer und staatlicher Normen, die Parteimitglieder im Alltag repräsentierten. Insbesondere Richter, Staatsanwälte und Mitarbeiter von Gefängnissen waren besorgt, dass damit ein Exempel statuiert worden sei und Antragsteller ihren Ausreisewunsch nun aggressiver verfolgen werden. Die Ausweisung der Regimegegner unterminierte ihre dienstliche Autorität, was bei ihnen eine Sinn- und Glaubwürdigkeitskrise auslöste.[193] Aus Sicht der Auswertungsoffiziere des MfS stellte sich die

189 ZAIG: Hinweise zu Reaktionen der Bevölkerung im Zusammenhang mit der Realisierung strafprozessualer Maßnahmen gegen feindlich-negative Kräfte, Berlin 2.2.1988, in: BStU, MfS ZAIG 4236, Bl. 1–7.

190 Hier und im Folgenden: ZAIG: Weitere Hinweise über Reaktionen der Bevölkerung auf die erfolgten Maßnahmen gegen feindlich-negative Kräfte, Berlin, den 11.2.1988, in: BStU, MfS ZAIG 4236, Bl. 8–14.

191 ZBPL des SWB Brandenburg: Informationsbericht für die Zeit vom 19.1.1988 bis zum 20.2.1988, 22.2.1988, in: BLHA, Rep. 532 SED-GO, Nr. 6236 o. Bl.

192 Die Verträge und Abmachungen mit dem Westen verengten den »operativen Spielraum« der MfS-Mitarbeiter immer mehr. Auch die Argumente, mit denen die Parteiführung ihren Wackelkurs begründete, überzeugte sie immer weniger. Vgl. Gieseke: Die hauptamtlichen Mitarbeiter der Staatssicherheit, S. 433–437.

193 So zog auch der Häftlingsfreikauf unter Gefängnismitarbeitern und unter Staatsanwälten und Richtern eine Sinnkrise nach sich. Vgl. Wölbern, Jan-Philipp: Der Häftlingsfreikauf aus der DDR 1962/63–1989. Zwischen Menschenhandel und humanitären Aktionen, Göttingen 2014, S. 418–435. Auch die Ausreisewelle hatte für MfS-Mitarbeiter erhebliche mentale Konsequenzen. Die Vernehmer der Staatssicherheit fühlten sich immer mehr in die Rolle von »Ausreiseberatern« gedrängt. Vgl. Gie-

Situation so dar, dass zwar nur »in Einzelfällen« – bei Kunst- und Kulturschaffenden, Lehrern und Mitarbeitern staatlicher Organe – die Meinung geäußert werde, dass die DDR mit der Ausweisung der Oppositionellen nun erpressbar geworden sei. Die Mehrheit schien aber offenbar schweigend diese Einschätzung zu teilen. Das MfS formulierte weiterhin sehr vorsichtig: »Es entstehe der Eindruck einer gewissen Führungslosigkeit in ideologischen Fragen, was in der gegenwärtigen innenpolitischen Situation zu ernstzunehmenden Resignationserscheinungen bei politisch progressiven Kräften führen könnte.«[194]

Die »ernstzunehmenden Resignationserscheinungen« waren längst omnipräsent. Weite Teile der Dienstklasse fühlten sich materiell wie ideell durch die Politik der Westöffnung abgehängt. Dafür war wiederum auch die Informationspolitik der SED verantwortlich. Während der westdeutsche Rundfunk erneut ausführlich über die Vorkommnisse berichtete, schwiegen die Medien der DDR, was in der Mitgliederschaft den Frust noch verstärkte. Das MfS registrierte umfangreiche und äußerst kritische Meinungsäußerungen über die heimischen Medien, die »erneut versagt« hätten.[195] Ein konkretes Bild vermitteln Stimmungsberichte aus dem Raum Berlin, wo sich etwa Lehrer von Berufsschulen des Bauwesens beklagten, dass keine Hintergründe über die Aktionen der Bürgerrechtler im Zuge der Luxemburg-Liebknecht-Demonstrationen mitgeteilt worden seien, sodass sie keine Antworten auf Fragen ihrer Schüler gehabt haben. Wörtlich, so das MfS, habe ihre Klage gelautet: »Wenn man nicht selber westliche Medien gehört oder gesehen hatte, wusste man nicht einmal, dass überhaupt etwas passiert war.«[196] Parteimitglieder haben das »lange Fehlen einer internen Parteiinformation« bemängelt.[197] Für die meisten erschien die ZK-Information im Februar einfach zu spät.[198] Einwohner aus Neuenhagen bei Berlin betonten etwa, die DDR-Medien haben erst zehn Tage nach den Vorfällen darüber berichtet, während die westliche Presse dies bereits zuvor ausführlich getan habe.

seke: Die hauptamtlichen Mitarbeiter der Staatssicherheit, S. 435. Die Westpolitik und der Umgang mit Ausreiseantragstellern führten auch bei Mitarbeitern der Kreisdienststelle Halberstadt zu Orientierungslosigkeit und Resignation. Vgl. Hürtgen: Ausreise per Antrag, S. 296–309, insb. S. 300. Zum Wandel des Feindbildes vgl. Sabrow, Martin: Vertrauter Feind, objektiver Gegner, kollegialer Konkurrent. Zum Wandel des Bildes vom »Anderen« in der sozialistischen Legitimationskultur der DDR, in: Gries, Rainer/Satjukow, Silke (Hg.): Unsere Feinde. Konstruktionen des Anderen im Sozialismus, Leipzig 2004, S. 255–275.

194 ZAIG: Weitere Hinweise über Reaktionen der Bevölkerung auf die erfolgten Maßnahmen gegen feindlich negative Kräfte, Berlin, den 11.2.1988, in: BStU, MfS ZAIG 4236, Bl. 10.

195 Ebd., Bl. 11.

196 Hauptabteilung XXII des MfS: Hinweise zu Stimmungen/Reaktionen der Bevölkerung, Berlin, 16.2.1988, in: BStU MfS HA XXII Nr. 54841/1, Bl. 313.

197 Ebd.

198 ZK-Information: Zur Festnahme von Personen wegen des begründeten Verdachts landesverräterischer Beziehungen, 1988/2, Nr. 243, in: BStU, MfS, HA VI, Nr. 15338, Bl. 307–310.

Nicht zum ersten Mal habe man diese Erfahrung gemacht.[199] Auch Parteimitglieder im Stahlwerk in Brandenburg beklagten die viel zu spät erhaltene Information.[200] Viele SED-Mitglieder sahen sich nicht mehr in der Lage, die Politik der Parteiführung nach außen zu vermitteln. Sie konnten die Schritte und Entscheidungen der SED-Führung selbst nicht nachvollziehen.

Die Desintegration der von Westreisen Ausgeschlossenen sollte sich im Laufe des Jahres 1988 sogar noch weiter zuspitzen. Grund dafür lieferte zunächst die leise Rücknahme der Westreiselockerungen. Die Parteiführung hatte offenbar die destabilisierende Wirkung erkannt. Das Politbüro beschloss am 23. Februar 1988, die Reiseregelungen wieder restriktiver zu handhaben. Gemeinsame Familienreisen in den Westen sollten nun nicht mehr zugelassen werden, die Verwandtschaftsverhältnisse zur Begründung der Reise eingeengt und die Antragsgründe verringert werden. Bei Hochschul- und Fachkadern bzw. Spezialisten sollte besonders gründlich überprüft werden, ob eine Reise gestattet werden könne. Gerade diese Personengruppe der Hochqualifizierten nutze häufig ihre Besuchsreise zur Flucht.[201] Die neuen Einschränkungen ließen die Gruppe der Ausgeschlossenen wieder anwachsen, was die Betroffenen nicht mehr akzeptierten. Im Mai 1988 beobachtete das MfS in Berlin etwa unter Unterhaltungskünstlern massive Unzufriedenheit und fand Hinweise, »die den Rückgang des Vertrauens von Genossen und loyal eingestellten Bürgern zu staatlichen und Parteiorganisationen beschreiben«.[202] Die mittlerweile merklich restriktivere Genehmigungspraxis rief »bei allen betroffenen Bevölkerungsschichten« Unverständnis und Verärgerung hervor. Neben diesem spürbaren, aber erneut nicht offen kommunizierten Kurswechsel sorgte die unterschiedliche Handhabe der Genehmigungspraxis in den Stadtbezirken ebenfalls für »Unruhe unter den Genossen«, wie der Bericht der Bezirksverwaltung Berlin weiter festhielt. Zugleich lösten Ablehnungen ohne Begründung und damit die fehlende Transparenz starke Verärgerung aus. Häufig würden folgende Fragen gestellt: »Was habe ich verbrochen? Welchen Fehler habe ich gemacht? Bin ich ein Mensch zweiter Klasse? Stimmt in meinen Familienverhältnissen etwas nicht? Bin ich nicht würdig? Ist mein Bekanntenkreis nicht in Ordnung?«[203]

199 Ebd., Bl. 329.

200 ZBPL SWB: Informationsbericht für die Zeit vom 19.1.1988 bis zum 20.2.1988, 22.2.1988, in: BLHA Rep. 532 SED-GO, Nr. 6236 o. Bl. Auch Staatsanwälte beklagten eine Verunsicherung von »treu zur Partei und zum Staat« stehenden Personen und hätten sich eine begleitende Berichterstattung gewünscht, die diese Entscheidung nachvollziehbar begründet hätte. Vgl. Wölbern: Der Häftlingsfreikauf, S. 423. Siehe auch: Hürtgen: Ausreise per Antrag, S. 300.

201 Hertle: Chronik des Mauerfalls, S. 48–49. Siehe auch: Raschka, Johannes: Justizpolitik im SED-Staat. Anpassung und Wandel des Strafrechts während der Amtszeit Honeckers, Köln 2000, S. 292 f.

202 Hier und im Folgenden: Abteilung XX BV MfS Berlin: Reisen in DFA und deren Rolle bei der öffentlichen Meinungsbildung, Berlin 11.5.1988, in: BStU, MfS, BV Berlin, Abt. XX Nr. 3720, Bl. 60–62.

203 Ebd., Bl. 62.

Der Versuch der Parteiführung, die Westreisethematik wieder zu steuern und die angespannte Lage zu stabilisieren, sollte die Situation noch verschlimmern, was sich Ende des Jahres 1988 erneut zeigte.[204] Im Dezember wurde eine neue Reiseregelung veröffentlicht, die die Besuchsreisen in dringenden Familienangelegenheiten regelte und am 1. Januar 1989 in Kraft trat. Ablehnungen von Reiseanträgen mussten nun begründet werden. Auch ein Einspruch konnte eingereicht werden, um gerichtlich nachzuprüfen, ob die Entscheidung den Gesetzen entspricht. Ziel der Verordnung war es, Übersiedlungsersuche wie Besuchsreisen in gesetzlich normierte Bahnen zu lenken, um den massiven innenpolitischen Druck abzubauen. Doch konnte die Situation damit nicht entschärft werden. Die »neue« Reiseverordnung fixierte weitgehend die gängige Praxis und beinhaltete keine wesentlichen Neuerungen. Letztlich ging von dieser Gesetzesinitiative keine Ordnungskraft aus.

Gerade bei den Ausgeschlossenen herrschte Frust, dass nur wieder jene mit Westverwandtschaft von der Regelung profitierten. So notierte das MfS, dass von »Personen verschiedenster Bevölkerungskreise, darunter viele progressive Kräfte«, die Meinung vertreten werde, dass mit dieser Regelung die »Spaltung« der Bevölkerung in zwei Klassen – in jene mit und in jene ohne Beziehungen/Kontakte zu Westdeutschen – weiter vertieft werde.[205] Aus Sicht von Personen ohne Westverwandtschaft und besonders für Angehörige bewaffneter Organe wurde mit diesem Gesetz die langjährige, stille, sie benachteiligende Praxis zementiert. Während die Hoffnung auf eine Westreise versiegte, war auch eine Urlaubsreise ins sozialistische Ausland kaum mehr möglich. Besonders groß war jedoch der Frust bei jenen, die von den Reiselockerungen profitiert hatten und jetzt wieder zum Kreis der Ausgeschlossenen zählten. Was sich seit dem Frühjahr 1988 gerüchteweise verbreitet hatte, war nun offiziell. Insbesondere die Regelung, dass Ehepartner mit angeheirateten Verwandten nicht mehr antragsberechtigt waren, stieß auf große Ablehnung und führte zu regelrechten Wutausbrüchen. Das MfS dokumentierte, dass diese Personen »in zunehmend unsachlicher, z.T. aggressiver Form, oft verbunden mit gegenüber Angehörigen der Deutschen Volkspolizei heftig vorgetragenen Vorwürfen der Engstirnigkeit und Herzlosigkeit« auftreten.[206] In der Gruppe der Wieder-Ausgeschlossenen befanden sich auch Parteimitglieder. Sie wandten sich nun ganz offen gegen die sie benachteiligende Politik und drohten vermehrt sogar mit der Niederlegung von Funktionen und dem Austritt aus der Partei.

204 Hier und im Folgenden: Raschka: Justizpolitik im SED-Staat, S. 289–296. Siehe auch: Süß, Walter: Staatssicherheit am Ende. Warum es den Mächtigen nicht gelang, 1989 eine Revolution zu verhindern, Berlin 1999, S. 144–148.

205 Hier und im Folgenden: ZAIG: Hinweise zu Reaktion der Bevölkerung auf die Verordnung über Reisen von Bürgern der DDR nach dem Ausland vom 30. November 1988, Berlin, 27.1.1989, in: BStU, MfS, ZAIG, Nr. 4246, Bl. 2–11.

206 Ebd.

Damit war in der Mitgliederschaft eine neue Qualität im Konflikt um Westreisen erreicht. Nicht nur wurden die Restriktionen kaum mehr akzeptiert. Vielmehr wurde es zum Prüfstein der Folgebereitschaft, dass nun vormals Westreiseberechtigte zum Kreis der Ausgeschlossenen gehörten. Mitarbeiter der Verwaltung und Volkspolizisten bekamen den Frust der neuen Ausgeschlossenen im Alltag immer stärker zu spüren. Der Parteiführung entglitt die Steuerungsfähigkeit. Laut MfS werden Staatsbedienstete häufig »zum ›Prellbock‹ und ›Blitzableiter‹ für spontane Reaktionen solcher Personen, deren Anträge abgelehnt wurden«.[207] Schließlich sah sich die Parteiführung gezwungen, dem Druck von unten nachzugeben: Mit Wirkung zum 1. April 1989 wurde die Einschränkung für Ehegatten zurückgenommen und damit wieder zur vorherigen Praxis zurückgekehrt.[208] So konnte im Sommer 1989 auch der hauptamtliche Parteisekretär des Stahlwerks in Brandenburg, Hans Plischka, seine Frau begleiten, die ihren Bruder in Westdeutschland besuchte. Dort entdeckten sie zu ihrem Entsetzen die bereits erwähnten Damenstrümpfe aus DDR-Produktion zu Billigpreisen.[209]

Die Gemüter waren aufgebracht, und auch im Fall der Reiseverordnung hatte sie die (innerparteiliche) Informationspolitik nicht besänftigen können. Zwar erfolgte eine ZK-Information an Parteimitglieder,[210] doch für viele Genossen war es laut MfS-Bericht unverständlich, dass

> »bereits gleichlaufend mit der Herausgabe der Parteiinformation Nr. 254 die westlichen Massenmedien über die neue Verordnung informierten. Gleich, woher sie diese Informationen haben, wäre es unsererseits klüger gewesen, wenigstens mit einer kurzen Pressenotiz auf die am 14.12.1988 beabsichtigte Veröffentlichung der neuen Verordnung hinzuweisen, als fast zwei Wochen den westlichen Medien Spielraum für ihre Argumentation zu gewähren.«[211]

Erneut machten die Parteimitglieder also die Erfahrung, schneller über das Westfernsehen informiert worden zu sein. Sie waren kaum mehr fähig und willens, die janusköpfige Politik der Parteiführung im Alltag zu vertreten. Für die sukzessive Auflösung der SED als handlungsleitende Einheit spielte aber auch die Reformpolitik Moskaus eine entscheidende Rolle. Die Auswirkungen der Reformen Gorbatschows auf das SED-Parteileben sollen daher im folgenden Kapitel dargestellt werden.

207 Ebd., Bl. 11.
208 Süß: Staatssicherheit am Ende, S. 147.
209 Siehe Abschnitt IV.1 in dieser Arbeit.
210 ZK-Information: Neue Regelungen über Reisen von Bürgern der DDR nach dem Ausland, 1988/13, Nr. 254, in: BStU, MfS-ZOS 1487, Bl. 1–8.
211 Hauptabteilung XIX: Information über Reaktionen und Meinungsäußerungen von Beschäftigten des Verantwortungsbereiches zur Verordnung über Reisen von Bürgern der DDR nach dem Ausland vom 30. November 1988, Berlin, 20.12.1988, in: BStU, MfS, HA XIX 4818, Bl. 42–44, hier Bl. 44.

3. Gorbatschow und die Öffnung des ideologischen Raums

Repolitisierung und der neue innerparteiliche Repressionskurs 1985–1988

Als Michail Gorbatschow am 11. März 1985 das Amt als Generalsekretär der KPdSU antrat, gab es noch keinen Anlass, Veränderungen oder gar umfangreiche Reformen zu erwarten. Aufmerksamkeit erzeugte allein das Alter des neuen Parteichefs. Nach seinen betagten Vorgängern erschien der 54-jährige studierte Jurist aus dem Nordkaukasus geradezu jugendlich. Laut MfS waren insbesondere Parteimitglieder zufrieden und geradezu erleichtert, nach Jahren der Gerontokratie nun einen der jüngsten Generalsekretäre in der Geschichte an der Spitze der KPdSU zu wissen.[212] Schon wenige Monate nach seinem Amtsantritt zeigte sich jedoch, dass weit mehr als eine Verjüngung zu erwarten war. Anfang Juni 1985 hielt Gorbatschow eine Grundsatzrede über die Wirtschaftspolitik der KPdSU. Darin sprach er offen Wirtschaftsprobleme an und stellte Maßnahmen vor, die das Wachstum wieder ankurbeln sollten. Das *Neue Deutschland* druckte die Rede, und die Resonanz auf Gorbatschows Ausführungen war groß.[213] Das MfS verfasste gleich zwei Stimmungsberichte, im Juli und im August. Sie zeigen, dass Gorbatschows Kritik an wirtschaftlichen Schwierigkeiten den Nerv der Ostdeutschen traf. Sie werde – so das MfS – von »breiten Teilen in der Bevölkerung« zur Kenntnis genommen, da grundlegende innenpolitische Probleme »offen und ungeschminkt« angesprochen werden.[214]

In seiner Rede wandte sich der neue KPdSU-Chef allein an seine Landsleute und konstatierte Probleme, die seit den 1970er-Jahren existierten, darunter korrupte und ineffiziente Leiter, die Planmanipulationen betrieben, sowie Mängel der industriellen Produktion und der Infrastruktur des Landes. Um die in die Krise geratene Wirtschaft wieder auf Vordermann zu bringen, sollten Betriebe durch wirtschaftliche Rechnungsführung stärker eigenverantwortlich handeln, die Planauflagen gleichzeitig reduziert und eine leistungsabhängige Entlohnung eingeführt werden. Diese Diagnose samt Therapiemaßnahmen traf auf einen Erfahrungshorizont der Ostdeutschen, der von einer seit Jahren schlechter werdenden Versorgung sowie sich verschlechternden Arbeits- und Produktionsbedingungen geprägt war.[215] So brachten DDR-Bürger die

212 ZAIG: Hinweise zur Reaktion der Bevölkerung der DDR zum Ableben des Generalsekretärs des ZK der KPdSU, Genossen Tschernenko, und zur Wahl des Genossen Gorbatschow in diese Funktion, 15.3.1985, in: BStU, ZAIG, Z 4190, Bl. 1–5, insb. Bl. 4.

213 Vgl. Die Grundfrage der Wirtschaftspolitik der Partei, Referat von Michail Gorbatschow auf der Beratung zu Fragen des wissenschaftlich-technischen Fortschritt in Moskau, in: Neues Deutschland, 13.6.1985, S. 6.

214 Hier und im Folgenden: ZAIG: Erste Hinweise zu Reaktionen der Bevölkerung der DDR auf die 10. Tagung des ZK der SED, 1.7.1985, in: BStU, MfS, ZAIG 4195, Bl. 1–7, insb. Bl. 6–7.

215 Siehe Abschnitt IV.1 in dieser Arbeit.

kritischen Töne aus Moskau mit der eigenen Situation in Verbindung. Gerade weil die SED-Parteiführung die wirtschaftlichen Schwierigkeiten im eigenen Land tabuisierte, konnten die Worte Gorbatschows große Kraft entfalten: Das latente Krisenbewusstsein erhielt nun ungeahnte Legitimität.

Zwar werden in den Stimmungsberichten des MfS SED-Mitglieder nicht explizit genannt. Doch verfolgten auch sie aufmerksam die neuen Töne aus Moskau. Gerade in Industriebetrieben stießen Gorbatschows Äußerungen zu Versorgungsproblemen und seine schonungslose Kritik an Leitungskadern auf offene Ohren. Laut MfS zeigten sich »Werktätige der materiellen Produktion« und Leitungskader wie Ingenieure, Ökonomen und Mitarbeiter der Verwaltung – in diesen Gruppen war das Parteibuch besonders verbreitet – angetan von den alternativen Ideen Gorbatschows. Aus ihrer Sicht hatte der neue KPdSU-Chef nicht nur »neuralgische Punkte« angesprochen, sondern auch »frischen Wind in die Parteiarbeit gebracht«.[216] Diese Erfahrung machte auch ein Leiter im Verkaufsbereich im Stahlwerk in Brandenburg, der zu dieser Zeit die Betriebsparteischule besuchte. Michael Frei schildert, dass der Unterricht plötzlich interessant gewesen sei:

> »Ich kann mich erinnern an eine Diskussion oder an ein Lehrjahr, in die, da fiel gerade die, äh, Ernennung Gorbatschows zum Generalsekretär. Also da in der Zeit waren zwei Generalsekretäre gestorben und der Gorbatschow folgte ja dann nach. Und da hatte der zum ersten Mal diese Begriffe von Perestroika und Glasnost gebracht, und da haben wir dann schon vorsichtig mal gelauscht. Was ist denn da? Was kommt denn da? Äh, das waren interessante Diskussionen.«[217]

Es ist fraglich, inwieweit die »interessanten Diskussionen« tatsächlich auch Eingang in den Seminarraum der Betriebsparteischule fanden. In den Pausengesprächen waren sie sicherlich ein zentrales Thema.[218] Mit der neuen Politik aus Moskau öffnete sich der vormals einheitliche und starre ideologische Raum für alternative politische Vorstellungen. Eine Repolitisierung der Mitgliederschaft setzte ein, in deren Zuge sich die Wahrnehmung des Parteilebens mit seinen engen Artikulationsgrenzen zu verändern begann. Die Rückkehr des Politischen erhielt im Frühjahr 1986 durch die Rede Gorbatschows auf dem XXVII. Parteitag der KPdSU einen weiteren Schub. Der Parteichef diagnostizierte gesellschaftliche Stagnation und massive Probleme in der Wirtschaft, die einer Wende und radikaler Reformen bedürfen. Dabei führte er einige Negativbeispiele aus Betrieben an und verwendete teilweise drastische Worte

216 ZAIG: Hinweise über einige aktuelle Gesichtspunkte der Reaktion der Bevölkerung der DDR, 8.8.1985, in: BStU, MfS, ZAIG 4158, Bl. 59–63, insb. Bl. 59–61.
217 Interview mit Michael Frei am 6.12.2010, Transkript der Audiodatei, S. 35 f.
218 Zur Funktion der Parteischulungseinrichtungen siehe Abschnitt III.4 in dieser Arbeit.

wie »Misswirtschaft« oder »Schmarotzerideologie«. Einen Tag nachdem die Worte im Kongresspalast des Kremls verklungen waren, erschien im *Neuen Deutschland* der gesamte Vortrag, durch den sich wie ein roter Faden der Appell zog, »ehrlich und offen Versäumnisse anzusprechen«.[219] Diese deutlichen Worte wurden in der DDR genauestens registriert und riefen, laut MfS, »unter allen Kreisen der Bevölkerung ein außerordentlich starkes Interesse« hervor.[220] Man war beeindruckt von der »Offenheit und dem kritischen Gehalt« der Ausführungen. »Es sei erstaunlich«, so zitierte das MfS den Mainstream weiter,

> »wie schonungslos Genosse Gorbatschow alle die gesellschaftliche Entwicklung in der UdSSR hemmenden Faktoren aufgedeckt, die dafür Verantwortlichen ohne Ansehen der Person beim Namen genannt und konkrete Wege zur Überwindung von Mängeln aufgezeigt habe. […] Personen, die dieses kritische Herangehen der KPdSU an die Bewältigung der Aufgaben ablehnen, bilden die Ausnahme.«[221]

Bereits im Frühjahr 1986 zeichnete sich eine Polarisierung der Mitgliederschaft ab: Zwar dominierte die Zustimmung zur Reformpolitik. Doch existierte auch eine kleine Gruppe von Distanzierten, die laut MfS befürchtete, dass Glasnost allein dem Westen für ideologische Angriffe dienen würde. Während sie die neue Lage eher skeptisch beobachteten, mobilisierte der neue politische Kurs jedoch die Mehrheit der Mitglieder. Gerade politisch interessierte Personenkreise, so konstatierte das MfS verklausuliert, erfülle das kritische und konstruktive Herangehen der KPdSU mit Optimismus.[222] »Unter zahlreichen Parteimitgliedern« herrsche nun das Bedürfnis, die Mitgliederversammlungen verstärkt als Forum zu nutzen, um ohne Tabus Probleme zu diskutieren und konkrete Lösungswege aufzuzeigen.[223] Der SED-Parteitag stand vor der Tür, und es bestand unter den Reformsympathisanten die Hoffnung, dass die SED mit der KPdSU gleichziehen und ebenfalls den Weg der Reformen beschreiten möge. Bekanntermaßen brachte der XI. Parteitag der SED im April 1986 keine innenpolitische Zäsur. Zwar erläuterte Gorbatschow vor den ostdeutschen Delegierten die Notwendigkeit von Reformen und bezeichnete den kurz zuvor abgehaltenen

219 Vgl. Politischer Bericht des Zentralkomitees der KPdSU an den XXVII. Parteitag der Kommunistischen Partei der Sowjetunion, Rede des Generalsekretärs des Zentralkomitees der KPdSU, Michail Gorbatschow, in: Neues Deutschland, 26.2.1986, S. 3–12.

220 Hier und im Folgenden: ZAIG: Erste Hinweise über Reaktionen der Bevölkerung der DDR auf den XXVII. Parteitag der KPdSU, 3.3.1986, in: BStU, MfS, ZAIG, Z 4205, Bl. 1–8.

221 Ebd., Bl. 3.

222 ZAIG: Hinweise über beachtenswerte Reaktionen der Bevölkerung der DDR in weiterer Auswertung des XXV. Parteitages der KPdSU und in Vorbereitung auf den XI. Parteitag der SED, 21.3.1986, in: BStU, ZAIG, Z 4199, Bl. 21–35, insb. Bl. 21.

223 ZAIG: Weitere Hinweise über beachtenswerte Reaktion der Bevölkerung der DDR in Vorbereitung auf den XI. Parteitag der SED, 14.4.1986, in: BStU, ZAIG, Z 4199, Bl. 13–19, Bl. 18.

KPdSU-Parteitag als Wendepunkt. Die SED-Spitze konnte er anders als viele Parteimitglieder jedoch nicht von seinem Kurs überzeugen.[224] Dieser Konflikt zwischen Reformsympathisanten in der Mitgliederschaft und der Parteiführung spitzte sich in den folgenden Monaten zu.

Den nächsten Kulminationspunkt der Moskauer Reformpolitik bildete das ZK-Plenum der KPdSU im Januar 1987, das auch in der DDR aufmerksam rezipiert wurde. Hatten seit dem Machtantritt Gorbatschows zunächst Glasnost und die Wirtschaftsreformen im Zentrum gestanden, wurden mit dem Januar-Plenum des ZK der KPdSU die Reformschritte auch auf das politische System ausgeweitet. Gorbatschow übte in seiner Rede »Über die Umgestaltung und die Kaderpolitik der Partei« nicht allein Kritik an der sogenannten politischen und ökonomischen »Stagnation« der 1970er- und 1980er-Jahre.[225] Er forderte darüber hinaus eine »Demokratisierung der Gesellschaft«, was auch die Partei einschloss und dem Grundsatz folgte, dass die Umgestaltung der Gesellschaft nur mit Demokratie möglich sei. Diese Revolution von oben war freilich begrenzt. Das Instrument des demokratischen Zentralismus sollte unangetastet bleiben. Doch konnten Parteisekretäre bald in geheimer Abstimmung gewählt werden und mehrere Kandidaten gegeneinander antreten.[226] Das MfS notierte, dass die Rede Gorbatschows »von breitesten Bevölkerungskreisen mit außerordentlich großem Interesse« gelesen werde. Sie sei zudem »Anlass für häufig stark emotional geprägte Diskussionen«, die teilweise »sehr differenzierte Standpunkte« erkennen lassen.[227] Der Riss zwischen Reformanhängern und -gegnern, der sich quer durch die Mitgliederschaft zog, wurde nun deutlich sichtbar. Wie schon wenige Monate zuvor bei den Reaktionen auf den KPdSU-Parteitag dominierte auch dieses Mal die Zustimmung zur Politik Gorbatschows. Wenn diese Mehrheit der Reformsympathisanten in der Mitgliederschaft auch nicht quantifizierbar ist, lassen sich unterschiedliche Gruppen identifizieren, die Rückschlüsse auf verschiedene Parteibindungen zulassen.

224 Der einstige Mitarbeiter im ZK der SED, Manfred Uschner, schilderte rückblickend die besondere Atmosphäre des Parteitages. Der minutenlange Applaus der Delegierten für Gorbatschow war für Uschner deutliches Zeichen einer weitverbreiteten Unterstützung der Reformideen und eine Absage an die eigene Parteiführung. Uschner, Manfred: Die zweite Etage. Funktionsweise eines Machtapparates, 2. Aufl., Berlin 1995, S. 128 f.

225 Michail Gorbatschow auf der Tagung des Zentralkomitees der KPdSU, in: Neues Deutschland, 28.1.1987, S. 3. Siehe auch: Gorbatschow, Michail: Über die Umgestaltung und die Kaderpolitik der Partei. Bericht und Schlusswort des Generalsekretärs des ZK der KPdSU auf dem Plenum des ZK der KPdSU am 27.–28.1.1987, Moskau 1987.

226 Altrichter, Helmut: Russland 1989. Der Untergang des sowjetischen Imperiums, München 2009, S. 9–30, insb. S. 23–25. Siehe auch: Brown, Archie: Seven Years That Changed the World. Perestroika in Perspective, Oxford 2007, S. 69–153.

227 ZAIG: Erste Hinweise über Reaktionen der Bevölkerung auf das Plenum des ZK der KPdSU, Berlin, 3.2.1987, in: BStU, MfS, ZAIG 4217, Bl. 1–15.

Zunächst konstatierten die Auswertungsoffiziere der Staatssicherheit, dass unter Gesellschaftswissenschaftlern an der Akademie der Wissenschaften Reformgegner zu finden seien, aber auch große Zustimmung herrsche.[228] Gerade (Partei-)Intellektuelle, Wissenschaftler und die Kunst- und Kulturszene fühlten sich von Glasnost, der neuen Demokratievorstellung mit mehr Mitbestimmung wie auch von dem kritischen Geist der neuen Politik angezogen.[229] Diese Gruppe der kritisch-treuen Parteimitglieder hoffte auf Glasnost in der DDR und damit auf größere geistige und künstlerische Freiräume. So vielfältig die Ideen von alternativen politischen Konzepten auch waren, einte diese Gruppe die Vorstellung eines besseren Sozialismus. Sie hatten – trotz vieler Anleihen – kein westliches Politikmodell vor Augen. Aus ihrer Perspektive konnten politische Impulse für Veränderungen nur aus der Partei selbst kommen. Zudem sicherte die »führende Rolle der Partei«, Reformen effizient in der Gesellschaft zu implementieren. Im politischen Denkhorizont der kritisch-treuen Parteimitglieder musste die SED also zentraler gesellschaftspolitischer Machtfaktor bleiben, um politische Veränderungen herbeizuführen. Die Jüngeren unter diesen Reformanhängern, die häufig selbst aus Intellektuellenfamilien mit langjähriger kommunistischer Tradition oder Aufsteigerelternhäusern stammten, versuchten, die Parteistrukturen für ihre Zwecke zu vereinnahmen. Sie waren von dem Anspruch eines »konspirativen Avantgardismus« getrieben und überzeugt, es im Geheimen doch besser zu wissen und ihr besseres Wissen zum Wohle des Sozialismus im Rahmen der gegebenen Strukturen einzusetzen.[230] Im Mai 1987 fanden sich an der Humboldt-Universität zu Berlin auf Initiative des Philosophen Michael Brie einige dieser kritisch-treuen Parteimitglieder zum »Sozialismusprojekt« zusammen. Die Teilnehmer dieses Forschungsprojekts verfolgten mit großer Spannung die sowjetischen Diskussionen. Ihre neuen theoretischen Überlegungen zur Veränderung des politischen Systems verbanden sich mit der Vorstellung, man »könne diese Festung DDR nur von innen her erstürmen«.[231] Ebendiese Gruppe der kritisch-treuen Parteimitglieder, die (Partei-)Intellektuelle und Künstler dominierten, geriet in den nächsten Monaten immer stärker mit der Parteiführung in Konflikt.

Aber nicht nur Intellektuelle und Künstler fühlten sich von den Überlegungen Gorbatschows angezogen. Laut MfS begrüßten auch »Werktätige aus der Industrie und Landwirtschaft, darunter in diesen Bereichen tätige wirtschaftsleitende Kader«[232], und auch Mitarbeiter staatlicher Organe die offene Sprache, die kritische

228 Ebd., Bl. 2.
229 Vgl. Malycha: Die SED in der Ära Honecker, S. 307 f.; Bortfeldt: Von der SED zur PDS, S. 36 f.
230 Zum »konspirativen Avantgardismus« der dritten SED-Reformgeneration siehe Land/Possekel: Namenlose Stimmen waren uns voraus, S. 36–48.
231 Segert: Das 41. Jahr, S.61–74, insb. S. 65.
232 ZAIG: Erste Hinweise über Reaktionen der Bevölkerung auf das Plenum des ZK der KPdSU, 3.2.1987, in: BStU, MfS, ZAIG 4217, Bl. 3.

Einschätzung der innenpolitischen Lage sowie die Lösungsansätze zur Verbesserung der Situation – wohlgemerkt der Situation in der Sowjetunion. Zwar ist nicht explizit von Parteimitgliedern die Rede. Doch war das Parteibuch gerade bei leitenden Ökonomen und Ingenieuren in Industriebetrieben sowie in den Amtstuben der Verwaltung sehr verbreitet. Leitende Angestellte in der Industrie und Landwirtschaft zeigten schon im Zuge der ersten Grundsatzrede Gorbatschows zur Wirtschaftspolitik im Juni 1985 großes Interesse und Zustimmung. Für sie verband sich die Kritik des neuen KPdSU-Chefs an der Wirtschaftslage der UdSSR mit ihrem eigenen Erfahrungshorizont. Sie waren für den reibungslosen Ablauf der Produktion verantwortlich und erlebten tagtäglich, wie sich die Situation in den Betrieben verschlechterte. Sie kämpften mit einer seit Jahren anhaltenden Ressourcenverknappung, gegen den Verschleiß der Anlagen und der Infrastruktur und sahen sich Korruption und Planmanipulation gegenüber. Doch nicht nur die Diagnose der Wirtschaftslage und die offenen Worte trafen für sie den Nerv. Sie stimmten auch den Lösungskonzepten zu, etwa der Stärkung der Eigeninitiative der Betriebe, der wirtschaftlichen Rechnungsführung oder der leistungsabhängigen Entlohnung. Fachspezifische, ökonomische Prämissen rangierten für sie stets höher als politische Erfordernisse – beide Logiken gerieten im Alltag häufig miteinander in Konflikt.[233] So war dieser Gruppe eine gewisse Distanz zur SED inhärent, was jedoch nicht in Widerspruch zur eigenen Parteizugehörigkeit stand. Auf technokratisch-bildungsbürgerlichen Wertorientierungen der Vorgängergeneration basierend fußte ihre Bindung zur SED weitestgehend auf pragmatischen Prämissen, etwa wenn sie die Parteistrukturen zum Wohle des Betriebs und der Belegschaft zu nutzen versuchten.[234]

Als ganz und gar pragmatisch kann auch die Haltung von Industriearbeitern mit und ohne Parteibuch bezeichnet werden. Auch sie brachten den Wirtschaftsreformen Gorbatschows großes Interesse entgegen und bezogen sie ganz selbstverständlich auf ihre eigene Lebenswirklichkeit.[235] So hebt etwa der Monatsbericht der GO Kader und Bildung im Stahlwerk Brandenburg im September 1987 hervor, dass die Aussagen und Reden Gorbatschows von den Beschäftigten verfolgt und daraus Erwartungen an die Politik der SED gezogen werden: »Das betrifft besonders die kritische Wertung von Unzulänglichkeiten, als auch Fragen des Abbaus von Subventionen und Ehrlichkeit in der Bewertung des Zustandes von einzelnen Wirtschaftsbereichen (z. B. Konsumproduktion).«[236] Glasnost und Perestroika stießen auch an der industriellen Basis auf offene Ohren und wurden mit der tabuisierten Versorgungskrise und be-

233 Siehe Abschnitt III.4 in dieser Arbeit.
234 Wagner-Kyora: Vom »nationalen« zum »sozialistischen« Selbst, S. 755.
235 ZAIG: Erste Hinweise über Reaktionen der Bevölkerung auf das Plenum des ZK der KPdSU, 3.2.1987, in: BStU, MfS, ZAIG 4217, Bl. 3.
236 Monatsberichte GO Kader und Bildung des Stahlwerks in Brandenburg, September/Oktober 1987, in: BLHA, Rep. 532 SED-GO Nr. 6234, o. Bl.

trieblichen Schwierigkeiten in Verbindung gebracht. Damit wuchs die Erwartung, dass die SED die drückenden Versorgungsprobleme in Betrieben, bei Konsumgütern, Nahrungsmitteln und Kleidung sowie die Mängel der Infrastruktur endlich nachhaltig angehen müsse. Die Parteibindung der Industriearbeiter basierte ebenfalls vorwiegend auf pragmatischen Prämissen: Solange die SED ihr Versorgungsversprechen einlösen konnte, war politisches Engagement sinnvoll, auch weil es der Gemeinschaft aus Kollegen oder Nachbarn diente.[237]

Eine weitere Gruppe in der Mitgliederschaft, die sich ebenfalls von der neuen Politik aus Moskau angezogen fühlte, waren laut MfS schließlich Jugendliche und Studenten.[238] Das Zentralinstitut für Jugendforschung in Leipzig ermittelte Ende 1988 und Anfang 1989, dass die übergroße Mehrheit der Jugendlichen Sympathie für Gorbatschow und seine Politik hege, was bei Parteimitgliedern sogar stärker ausgeprägt sei. Junge SED-Mitglieder seien besonders kritisch gegenüber der SED-Politik und hoffen auf die Übernahme der Reformpolitik aus Moskau.[239] Bereits zu Beginn der 1980er-Jahre stellten die Leipziger Jugendforscher gegenüber dem vorangegangenen Jahrzehnt eine abnehmende Identifikation mit dem sozialistischen System fest. Sie machten dies an der zurückgehenden Bereitschaft zum Eintritt in die SED und der abnehmenden Verteidigungsbereitschaft fest. Als im Laufe der 1980er-Jahre die wirtschaftlichen Probleme im Alltag immer deutlicher spürbar wurden, trat der damit verbundene Realitätsschock bei berufstätigen Jugendlichen früher ein als bei gleichaltrigen Studenten, die erst 1988/89 auf Distanz zur Politik der Parteiführung gingen.[240] So unterschiedlich die Werthorizonte und Politikvorstellungen unter jungen Parteimitgliedern auch waren, einte diese Gruppe eine ernüchternde politische Alltagserfahrung: Lehrlinge, Schüler, Studenten und Berufsanfänger teilten das Empfinden, dass ihnen weder echtes Vertrauen entgegengebracht noch persönliche Verantwortung übertragen werde.[241] Die Moskauer Reformpolitik war für sie ein Mitwirkungs- und Gestaltungsversprechen, das als Signal zum Aufbruch aufgefasst wurde. Kritisch-treue (Partei-)Intellektuelle, pragmatisch-orientierte Ingenieure, Ökonomen und Industriearbeiter sowie eine repolitisierte Jugend bildeten jene Milieus, die das mannigfaltige Panorama aus Reformanhängern in der Mitgliederschaft prägten.

Doch neben der Zustimmung, teilweise auch Begeisterung beobachteten die Auswertungsoffiziere der Staatssicherheit auch Zweifel und Sorgen in Bezug auf

237 Siehe Abschnitt III.3 in dieser Arbeit.

238 ZAIG: Erste Hinweise über Reaktionen der Bevölkerung auf das Plenum des ZK der KPdSU, 3.2.1987, in: BStU, MfS, ZAIG 4217, Bl. 3.

239 Förster: Die Entwicklung des politischen Bewusstseins der DDR-Jugend zwischen 1966 und 1989, S. 149–153, insb. S. 151.

240 Ebd., S. 78–81.

241 Ebd., S. 160–162.

die Reformpolitik Gorbatschows. Insbesondere unter hauptamtlichen Parteisekretären aller Ebenen, Parteiintellektuellen und »Mitarbeitern staatlicher Organe« fanden sich Reformskeptiker bzw. -gegner.[242] Dies galt auch für den Militär- und Sicherheitsbereich, wo das Feindbild konstitutiv für das Berufsethos war.[243] Obwohl die Staatssicherheit in ihrem Bericht keinen Zweifel daran lässt, dass die Zustimmung zu Gorbatschows Politik überwog und die Gegner quantitativ eine Minderheit darstellten, waren sie immerhin in den zentralen Bereichen der Parteiherrschaft zu finden. In ihren Reihen wuchs die Sorge, dass Glasnost die Autorität der UdSSR und letztlich auch der KPdSU untergraben könnte. Laut MfS befürchteten sie, dass diese Situation dem Gegner in die Hände spiele, da ihm nun Munition für Verleumdungskampagnen gegen die UdSSR und die sozialistische Staatengemeinschaft geliefert werde.[244] Mithin sorgten sie sich natürlich auch um die Konsequenzen für die politische Stabilität und Autorität der SED in der DDR.

Was aber wohl noch schwerer wog: Glasnost und Perestroika erschütterten ihr Weltbild. Unter den Reformskeptikern und -gegnern waren vielfach ältere Parteimitglieder, die laut MfS betroffen und teilweise schockiert waren, dass ausgerechnet im ideellen Zentrum der sozialistischen Staatengemeinschaft seit Anfang der 1970er-Jahre die Volkswirtschaftspläne nicht erfüllt worden waren. Diese Anhänger des konservativen Lagers in der SED, die die autoritären Parteistrukturen und den sozialistischen Wertekanon aus Freund- und Feindbild verinnerlicht hatten, waren aufgeschreckt und alarmiert. Neben betagten Berufsrevolutionären und Personen der mittlerweile grauhaarigen Aufbaugeneration in leitenden Positionen, die politisch im »kalten Bürgerkrieg« der 1950er-Jahre sozialisiert worden waren, gehörten zu diesen Konservativen, aber auch jüngere Jahrgänge, die in der DDR geboren worden waren. Hans-Dieter Schütt, Jahrgang 1948, einstiger Chefredakteur der *Jungen Welt* und dezidierter Gegner Gorbatschows, kann hier als schillerndes Beispiel genannt werden. Er bezeichnete die Zeitung des Jugendverbandes rückblickend als Beruhigungstablette für marxistisch-leninistische Hardliner, denen angesichts der pragmatischen Realpolitik »Kopf und Herz mitunter wehtaten«.[245]

Trotz unterschiedlichen Haltungen und Parteibindungen sowie der immer deutlicher hervortretenden Polarisierung der Mitgliederschaft in Reformanhänger und -gegner einten alle SED-Mitglieder nach dem Januar-Plenum der KPdSU 1987 zwei

242 ZAIG: Erste Hinweise über Reaktionen der Bevölkerung auf das Plenum des ZK der KPdSU, 3.2.1987, in: BStU, MfS, ZAIG 4217, Bl. 2–6.

243 Zur Binnendifferenzierung des MfS-Apparates vgl. Gieseke, Jens: Entkräfteter Tschekismus, Das MfS und die ausgebliebene Niederschlagung der Konterrevolution 1989/90, in: Sabrow, Martin (Hg.): 1989 und die Rolle der Gewalt, Göttingen 2012, S. 74.

244 ZAIG: Erste Hinweise über Reaktionen der Bevölkerung auf das Plenum des ZK der KPdSU, 3.2.1987, in: BStU, MfS, ZAIG 4217, Bl. 4.

245 Schütt, Hans-Dieter: Glücklich beschädigt. Republikflucht nach dem Ende der DDR, Berlin 2009, S. 73 f.

Anliegen: Laut MfS zogen alle Mitglieder Vergleiche zur DDR im Allgemeinen sowie zur Situation am eigenen Arbeitsplatz und Parteikollektiv im Besonderen.[246] Sie erwarteten, dass auch die SED-Parteiführung den Problemstau anging – auch wenn sich die Vorstellungen über Lösungsansätze teilweise deutlich unterschieden. Zweitens herrschte lagerübergreifend die Erwartung, dass sich die Parteiführung rasch zum KPdSU-Plenum positionierte und »parteiinterne Materialien« wie etwa eine ZK-Information herausgab. Denn wie die Parteiführung auf die anziehende Reformpolitik aus Moskau reagieren würde, war Anfang 1987 immer noch offen: Ob sie traditionell der Politik aus Moskau folgen und damit ebenfalls Reformen in der DDR anstoßen würde oder ob es zum Bruch mit der Bruderpartei kommen würde, war zumindest offiziell noch nicht entschieden.

Die allgemeine Stimmung in der SED, dass die Parteiführung endlich handeln und informieren müsse, hatte für Partei- und Gewerkschaftsfunktionäre besondere Brisanz. Statt wie gewohnt einen verbindlichen Standpunkt mit Argumentationen geliefert zu bekommen, der die aktuelle Entwicklung mit dem festgefügten SED-Weltbild in Einklang gebracht und zugleich eine Handlungsanleitung gegeben hätte, standen sie nun ohne Informationen von oben orientierungs- und sprachlos dem sich auftuenden Schisma in der sozialistischen Wertewelt gegenüber. Sie wussten weder, welche Bedeutung die Begriffe »Selbstverwaltung, Umgestaltung und Demokratisierung« für die SED haben, noch wie sie gegenüber Parteiveteranen auftreten sollten, die diese Entwicklung als »Liberalisierung« in der UdSSR bezeichneten. Sie beklagten, dass keine sofortige und tiefgründige Auswertung der Dokumente der KPdSU erfolgt sei, wie es in früheren Jahren üblich gewesen sei. Das MfS dokumentierte somit eine äußerst angespannte Atmosphäre und Verunsicherung in der Mitgliederschaft. Parteifunktionäre und staatliche Leiter, die laut MfS vereinzelt die Orientierung erhalten haben, sich nicht mit dem KPdSU-Plenum zu befassen, da es sich allein um Probleme der UdSSR bzw. KPdSU handele, würden mit »Verärgerung« und »Unverständnis« reagieren. Reformanhänger waren nicht nur enttäuscht und regelrecht verärgert darüber, dass die Parteiführung den großen politischen Umbruch schlichtweg zu ignorieren beschlossen hatte. Sie beklagten auch den stückweisen Informationstransfer an einzelne Parteileitungen der Basis, der dem weitverbreiteten Informationsbedürfnis nicht gerecht werde – wie dies etwa eine ZK-Information an alle GO-Sekretäre vermocht hätte. Die Botschaft, keine Diskussionen zu Glasnost und Perestroika zuzulassen, verschlechterte die Situation noch.

Warum agierte die Parteiführung so zögerlich und zurückhaltend? Die Mehrheit in der Parteispitze – allen voran Honecker – distanzierte sich bereits seit 1986 im internen Führungskreis von der Politik Gorbatschows, und das KPdSU-Plenum ließ

246 Hier und im Folgenden: ZAIG: Erste Hinweise über Reaktionen der Bevölkerung auf das Plenum des ZK der KPdSU, 3.2.1987, in: BStU, MfS, ZAIG 4217, Bl. 5–7.

die Abneigung gegenüber der Reformpolitik in der SED-Parteiführung noch einmal wachsen. Für die Politbüromitglieder war sie ein Experiment mit ungewissem Ausgang und für die DDR wegen der Nähe zu Westdeutschland systemgefährdend. Aus ihrer Sicht fungierte bereits die Politik der Einheit von Wirtschafts- und Sozialpolitik seit den 1970er-Jahren als Wachstumsmotor, sodass längst Maßnahmen zur Steigerung der Wirtschaftskraft in der DDR implementiert und Reformen unnötig waren.[247] Während es der Parteispitze richtig und wichtig erschien, sich von Gorbatschow zu distanzieren, war ihr dennoch bewusst, wie brisant ein Bruch mit der Bruderpartei war. Weder mochte sie dem Weg, den Gorbatschow eingeschlagen hatte, folgen. Noch konnte sie die Entzweiung offensiv einräumen und forcieren. In dieser Zwickmühle war es unmöglich, die Parteibasis mit einer klaren Linie auszurüsten.

So versuchte die Parteiführung die Quadratur des Kreises, um nicht ganz in Sprachlosigkeit zu verharren. Einerseits spielte sie die Bedeutung von Glasnost und Perestroika und ihre Ablehnung der Reformen herunter: Am 9. April 1987, mehr als zwei Monate nach dem KPdSU-Plenum, platzierte sie endlich ihren offiziellen Standpunkt – ausgerechnet im westdeutschen Magazin *Stern*. Erst einen Tag später war davon auch im *Neuen Deutschland* zu lesen.[248] Im Interview mit dem *Stern* antwortete Kurt Hager, ZK-Sekretär für Wissenschaft, Kultur und Bildung, auf die Frage, ob auch in der DDR Reformen zu erwarten seien, mit einer vielsagenden Gegenfrage: Ob er sich denn verpflichtet fühlen würde, wenn sein Nachbar die Wohnung tapeziere, ebenfalls seine Wohnung neu zu tapezieren. Damit war nicht nur die Haltung der SED-Führung – zur Enttäuschung aller Reformanhänger – deutlich zum Ausdruck gebracht. Gleichzeitig sollte mit dieser Analogie auch die Brisanz heruntergespielt werden, dass eine politische Alternative die einheitliche Denkordnung in Frage stellte. Die Parteiführung versuchte damit zumindest rhetorisch, eine Ordnung aufrechtzuerhalten, die faktisch längst in Auflösung begriffen war. Studenten der Humboldt-Universität mit Parteibuch fanden das Interview »im wesentlichen als peinlich«, wie das MfS notierte.[249] Die Botschaft, dass der Umbruch in der Sowjetunion nichts mit der DDR zu tun habe und keine Notwendigkeit für Veränderungen bestehe, löste Kopfschütteln und Empörung unter Reformsympathisanten aus.

Neben der offiziellen Bagatellisierung des Moskauer Reformkurses versuchte die SED-Spitze andererseits, den neuen Diskurs aus der UdSSR abzuwehren. So herrschte laut MfS unter Reformanhängern Frust über fehlende Informationen in

247 Zuletzt Malycha: Die SED in der Ära Honecker, S. 304–306. Siehe auch: Nakath, Detlef/Neugebauer, Gero/Stephan, Gerd-Rüdiger (Hg.): »Im Kreml brennt noch Licht«. Die Spitzenkontakte zwischen SED/PDS und KPdSU 1989–1991, Berlin 1998, S. 15 f.

248 Kurt Hager beantwortet Fragen der Illustrierten »Stern«, in: Neues Deutschland, 10.4.1987, S. 3.

249 Abteilung XX der BV MfS Berlin: Bericht zur Reaktion der Bevölkerung, Berlin, 29.4.1987, in: BStU, MfS, BV Berlin, Abt. XX 3719, Bl. 69. Junge Arbeiter in Betrieben konnten über die Äußerungen Hagers nur lachen. Vgl. Süß: Staatssicherheit am Ende, S. 79 f.

den Medien. Dies betraf vor allem Journalisten, Vertreter der Kulturszene und Wissenschaftler.[250] Sie beklagten etwa die Weisungen an Redaktionen, Begriffe wie »Neues Denken«, »Gesellschaftliche Erneuerung« usw. nicht verwenden zu dürfen. Außerdem beschwerten sie sich, dass die Beiträge des Schriftstellerkongresses in der UdSSR und eine Rede Gorbatschows zu den Aufgaben der Gesellschaftswissenschaften in der Zeitschrift *Presse der Sowjetunion* nicht veröffentlicht wurden und das aktuelle Heft der sowjetischen Zeitschrift *Neue Zeit* nicht ausgeliefert wurde. Auch die geringe Auflage der im Dietz Verlag erscheinenden Broschüre mit der Rede Gorbatschows auf dem Januar-Plenum wurde bemängelt. Diese vielen Zensurmaßnahmen konnten einen Wissenstransfer freilich nicht verhindern. Neben den Informationen, die das Westfernsehen verbreitete, konnten Parteimitglieder auf russischsprachige Publikationen zurückgreifen. So berichtete etwa Dieter Segert, der damals als wissenschaftlicher Mitarbeiter an der Sektion für Philosophie der Humboldt-Universität in Berlin tätig war, vor Studenten und in Versammlungen die Neuheiten aus der Sowjetunion propagiert zu haben. Er schildert rückblickend: »Da ich Russisch las und die ›Prawda‹ abonniert hatte, konnte ich selbst dann, wenn die SED-Führung beschloss, wichtige Artikel anders als früher üblich nicht in der SED-Presse zu veröffentlichen, den anderen über den Fortgang des Prozesses berichten.«[251]

Doch auch ohne Russischkenntnisse war es möglich, sich mit Hilfe der sowjetischen Presse auf dem Laufenden zu halten. Die Zeitschrift *Sputnik* veröffentlichte als Reader's Digest in deutscher Sprache Artikel aus der russischen Presse. Mit einer Auflage von 180 000 Heften erreichten die Reformdebatten der Sowjetunion allein auf diesem Wege sehr viele Haushalte in der DDR. Die Zeitschrift stieß seit Gorbatschows Amtsantritt insbesondere bei Intellektuellen auf große Resonanz.[252] Wer wollte, hatte trotz der zentralen Beschränkungsversuche die Möglichkeit, Neues über Glasnost und Perestroika zu erfahren. So beschloss das Politbüro, die Beschränkungen weiter auszubauen und den Zugang zu Informationen weiter zu erschweren. Im Oktober 1987 einigte sich das Politbüro etwa darauf, Reden von Genossen der

250 Hier und im Folgenden: ZAIG: Hinweise über die Reaktion der Bevölkerung insbesondere in weiterer Auswertung des Referates des Genossen Honecker auf der Beratung des ZK der SED mit den 1. Sekretären der Kreisleitung der SED, 13.4.1987, in: BStU, MfS, ZAIG 4218, Bl. 17–18. Siehe auch: Nakath: SED und Perestroika, S. 16 f.

251 Segert: Das 41. Jahr, S. 38.

252 Vgl. Holzweißig, Gunter: »Verzerrende Beiträge zur Geschichte«. Zehnter Jahrestag des »Sputnik«-Verbots, in: DA 31/1988, S. 976–979, ders.: Die schärfste Waffe der Partei. Eine Mediengeschichte der DDR, Köln 2002, S. 147–156. Das große Informationsbedürfnis konstatiert auch der damalige Gesellschaftswissenschaftler Heinrich Bortfeldt. Gorbatschows Buch »Umgestaltung und neues Denken für unser Land und für die ganze Welt« erlebte vier Auflagen mit jeweils 40 000 Exemplaren. Es wurde unter dem Ladentisch gehandelt und war jedes Mal sofort vergriffen. Bortfeldt: Von der SED zur PDS, S. 31.

KPdSU in Zukunft nur noch auszugsweise oder zusammengefasst zu veröffentlichen. Auch die Vermittlung der Geschichte der KPdSU an Schulen und Hochschulen stellte die SED-Parteiführung auf den Prüfstand.[253]

Doch die Lawine, die die Moskauer Reformpolitik ins Rollen gebracht hatte, war durch diese Zensurmaßnahmen längst nicht mehr aufzuhalten. Seit dem KPdSU-Plenum Anfang 1987 beherrschten Diskussionen über die Schaffung einer offenen und kritischen Atmosphäre in der DDR den Mainstream.[254] Und auch die meisten SED-Mitglieder hofften auf Reformen in der DDR und auf einen ostdeutschen Gorbatschow. Diese Repolitisierung führte auch zu atmosphärischen Veränderungen im Parteileben: Systemimmanente, innerparteiliche Kritik wurde nun vehementer vorgetragen. Die neue Politik aus Moskau hatte diesem Artikulationskanal größere Legitimität eingeräumt, sodass die Grenzen des Sagbaren im Schatten von Glasnost brüchig wurden. Davon zeugt etwa die Austrittserklärung einer pensionierten Brandenburger Genossin vom April 1987. Vorausgegangen war ihrem Austritt eine Eingabe an die Kreisleitung und das Ministerium für Handel und Versorgung, in der sich die Genossin bitterlich über zunehmende Versorgungsprobleme in der Stadt sowie die Apathie der Partei vor Ort beklagte:

> »Hinweise auf diese Situation vor bestimmten Gremien werden oft mit ›falscher Warenstreuung‹ abgetan und die betreffenden Bürger oder Genossen als Meckerer bezeichnet, sodass Meinungen wie ›ich sage in der Diskussion kein Wort‹ oder ›es ändert sich ja doch nichts‹ sich häufen. Warum nimmt meine Partei, der ich seit 1948 angehöre, diese Hinweise nicht ernster, frage ich mich. Und das fragen sich alle die Menschen, die ebenfalls ohne ›Beziehungen‹ zu bestimmten Waren auskommen müssen.«[255]

Ebendiese Erfahrung, dass die Steuerungsmechanismen der SED nicht mehr griffen, machten im selben Jahr auch Parteimitglieder im Stahlwerk der Stadt. Die SED-Kreisleitung blieb ihnen immer öfter Lösungen und Erklärungen für innerparteilich vorgebrachte Probleme schuldig.[256] Den Ausschlag für den Parteiaustritt der pensionierten Genossin gab jedoch die Antwort des 1. Sekretärs der Kreisleitung, Reinhold Kietz. Er rief sie darin zur Mäßigung auf, bezeichnete ihre Klage als übertriebene Böswilligkeit und forderte sie als Kommunistin auf, einen zivilisierten Ton anzuschlagen. Diese Antwort brüskierte sie so sehr, dass sie ihren Austritt erklärte. In

253 Politbüros des ZK der SED: Sitzung vom 20. Oktober 1987, Protokoll Nr. 42, in: SAPMO-BArch, DY 30/J IV 2/2/2244, o. Bl.

254 ZAIG: Zentrale Auswertungs- und Informationsgruppe: Erste Hinweise über Reaktionen der Bevölkerung auf das Plenum der KPdSU, 3.2.1987, in: BStU, MfS, ZAIG 4217, Bl. 8.

255 Eingabe von Genossin Ilsetraut E. an das Ministerium für Handel und Versorgung, 18.12.1986, in: BLHA, Rep. 530, BL Potsdam, Nr. 7766, o. Bl.

256 Vgl. 4.1.3.

ihrer Austrittserklärung an die ZPKK nahm sie Bezug auf die wachsende soziale Ungleichheit, die Benachteiligung von Rentnern einerseits und die Existenz von Privilegien andererseits, und zog den Schluss:

> »Direkt wohltuend, wie Genosse Gorbatschow gegen solche Manieren zu Felde zieht und die Kritik der Genossen fordert. Die von ihm geforderte Kritik ist bei uns (bis jetzt jedenfalls) nicht gefragt. Beiliegend eine an mich gerichtete Antwort des 1. Sekretärs der SED-Kreisleitung, woraus das zu ersehen ist. Auf berechtigte Kritik wird mir hierin Unkenntnis, Unwahrheit, sogar Böswilligkeit nachgesagt. Dieser Genosse müsste sich wieder mal mit den Klassikern beschäftigen oder wenigstens mit unserem Parteistatut. [...]«[257]

Dieses Beispiel aus der Industrieprovinz verdeutlicht die wachsende innerparteiliche Verzweiflung angesichts der Versorgungskrise und der abnehmenden Steuerungsfähigkeit der SED vor Ort. Doch nicht nur wegen der zunehmenden sozialen Ungleichheit, sondern vor allem wegen des Abschmetterns ihrer als legitim empfundenen Kritik verließ sie die Partei – und der Austritt wurde ihr gewährt. Obwohl die Artikulation von Versorgungsschwierigkeiten innerparteilich möglich war, hatte sie mit der expliziten Benennung der tabuisierten Versorgungskrise und der Kritik an Parteigremien vor Ort die Grenze des Sagbaren überschritten. Durch den direkten Bezug auf Gorbatschow und Glasnost wollte sie ihrer innerparteilichen Kritik an Problemen mehr Legitimität einräumen.

Der Ton wurde schärfer. Dieses Phänomen registrierte auch die Parteizentrale in Berlin. Im Juli 1987 verwies der Leiter der ZK-Abteilung Parteiorgane, Horst Dohlus, in einer Information an Erich Honecker darauf, dass an der Parteibasis die Stimmen lauter werden, nach dem Vorbild Gorbatschows Probleme in der DDR anzugehen, etwa bei der Ersatzteilversorgung, dem Transportwesen oder dem Berufsverkehr.[258] Der wachsende Unmut und die schärfere Kritik der Parteibasis blieben der Parteiführung nicht verborgen. Zwar stieg die Zahl der Parteiverfahren 1987 nicht überdurchschnittlich an – dies sollte erst im folgenden Jahr passieren.[259] Jedoch wuchs die Zahl der Austritte erstmals von zuvor jährlich ca. 5000 auf 8467 im Jahr 1987 und nochmals auf 8748 im folgenden Jahr an. Zwar wirkt dieser Anstieg gemessen an der Größe der Gesamtmitgliederschaft von 2,3 Millionen auf den ersten Blick verschwindend gering. Doch für eine Partei neuen Typs mit strenger Parteidisziplin ist er ein Indikator für einen gewachsenen Druck an der Parteibasis. Auch um diesen

257 Austrittserklärung von Ilsetraut E. an die Zentrale Parteikontrollkommission vom 1. April 1987, in: BLHA, Rep. 530, BL Potsdam, Nr. 7766, o. Bl.
258 Malycha: Die SED in der Ära Honecker, S. 312.
259 Siehe den Abschnitt III.2 in dieser Arbeit.

Druck abzubauen, wurden seit 1987 – wie bei der Brandenburger Rentnerin – mehr Austritte gewährt.

Seit Beginn des Jahres 1988 beschäftigte sich die Parteiführung mit den selbstbewusster agierenden Reformanhängern in der SED bzw. mit dem schärferen Ton an der Parteibasis und erließ die ZK-Information »Zum einheitlichen und geschlossenen Handeln der Mitglieder und Kandidaten der SED«.[260] Erstmals beschäftigte sich eine ZK-Information mit dem inneren Zustand der Mitgliederschaft. Sie beinhaltete Angaben zu Parteistrafen des Jahres 1987 und hatte im Wesentlichen zwei Botschaften an die Parteimitglieder: Erstens sollte die breite Parteiöffentlichkeit erfahren, dass die Disziplin in der SED hoch und die Mitgliederpartei im Inneren stabil sei. Das sollten die erstmals veröffentlichten Zahlen der Parteistrafen veranschaulichen. Den Reformanhängern sollte dadurch verdeutlicht werden, dass die Parteiführung die Organisation wie eh und je fest im Griff habe und sie sich der Parteilinie unterzuordnen haben. Zweitens wurde in der ZK-Information konkret auf den schärferen Ton an der Basis reagiert und den selbstbewusster gewordenen Mitgliedern gedroht:

> »Die Mitgliedschaft in der Partei setzt die Bereitschaft voraus, die auf dem XI. Parteitag beschlossene Strategie und Taktik unserer Partei unter allen Bedingungen mit durchsetzen zu helfen. Wer der gegnerischen Hetze und Demagogie erliegt, von dem trennen wir uns. Er hat das Recht verwirkt, den Ehrennamen eines Kommunisten zu tragen. Das gleiche gilt auch für Meckerer und ewige Nörgler.«[261]

Davon, dass diese ZK-Information von Parteimitgliedern zur Kenntnis genommen und durchaus als Drohung empfunden wurde, zeugen Publikationen damaliger Bürgerrechtler und reformorientierter Parteimitglieder, in denen sie rückblickend die Parteiinformation Nr. 245 als »berüchtigte innerparteiliche Information« zur »Einschüchterung« bezeichnen.[262] Auch ein Schreiben des Vorsitzenden der KPKK Neuruppin an die Bezirksleitung in Potsdam am 13. November 1989 thematisiert diese Parteiinformation zu einer Zeit, als die SED mit den Massenaustritten längst am Zerfallen war. Er schrieb:

260 ZK-Information: Zum einheitlichen und geschlossenen Handeln der Mitglieder und Kandidaten der SED, 1988/4, Nr. 245, in: BStU, MfS, ZOS 1495, Bl. 1–8. Siehe auch: Herbst/Stephan/Winkler: Die SED, S. 797–800. In den Beständen der ZPKK befindet sich eine auf den 8.2.1988 datierte Fassung. Vgl. SAPMO-BArch, DY 30/15332. Siehe auch: Malycha: Die SED in der Ära Honecker, S. 316.

261 Herbst/Stephan/Winkler: Die SED, S. 798.

262 Klein, Thomas: Zu Opposition und Widerstand in der SED, in: Herbst: Die SED, S. 214. Siehe auch: Florath: Die SED im Untergang, S. 77.

»Genossen, die sich in der Vergangenheit konsequent für die Realisierung der zentralen Orientierungen, Informationen und Beschlüsse eingesetzt haben, stehen jetzt vorrangig in der Kritik. Unser 1. Sekretär ist zurückgetreten. Auch ich als KPKK-Vorsitzender geriet in Kritik, weil ich die Parteiinformation Nr. 245 und die Information über das ›Neue Forum‹ ausbreitete.«[263]

Obschon den Überlieferungen der SED und des MfS kaum direkte Reaktionen auf die ZK-Information Nr. 245 zu entnehmen sind, verweisen diese Rückbezüge darauf, dass diese Warnung nicht nur von der artikulationsfreudigen Gruppe der (Partei-) Intellektuellen, sondern auch von Genossen in der Industrieprovinz wahrgenommen worden war. Wir wissen nicht, was den Mitarbeitern der Abteilung Agitation des ZK durch den Kopf ging, als sie die Weisung der Parteiführung auf den Tisch bekamen, dass jetzt mit »Meckerern und ewigen Nörglern« in der Partei aufgeräumt werden solle und eine entsprechend stramm formulierte ZK-Information zu entwerfen sei. Wenn es jedoch eine Botschaft gab, die die Parteiführung und die ZK-Mitarbeiter aus der Unruhe an der Parteibasis ziehen mussten, dann, dass sich »die Partei« als monolithischer Körper unter ihren Händen aufzulösen begann.

Der verstärkte Druck auf die Mitgliederschaft und das Einfordern der Folgebereitschaft erwiesen sich jedoch als völlig unzeitgemäße Maßnahmen. Autoritäre Methoden liefen nun ins Leere, weil sie bei abnehmender innerparteilicher Integrationskraft und dem sich öffnenden ideologischen Raum an Akzeptanz einbüßten. Der Kommunikationskanal der innerparteilichen Kritik hatte durch die Reformpolitik einen Legitimitätszuwachs erfahren. Mit der Drohung, »Meckerer und ewige Nörgler« auszuschließen, sollte die gewachsene Artikulationsbereitschaft wieder eingedämmt werden, was jedoch nicht akzeptiert und als repressiver Akt empfunden wurde. Dieser neue repressive Kurs gegen die Basis stand ganz in Kontrast zu der seit den 1960er-Jahren dominierenden Integrationsstrategie und markierte innerparteilich einen Paradigmenwechsel. Die Parteiführung hatte auch gegen Oppositionelle ihre repressiven Maßnahmen wieder verstärkt, etwa mit der Razzia in der Berliner Umweltbibliothek im November 1987 und den Verhaftungen am Rande der Luxemburg-Liebknecht-Demonstration im Januar 1988. Die neue harte Gangart innerhalb und außerhalb der SED stabilisierte die Lage jedoch nicht, sondern führte zu einer Zuspitzung der Krisensituation.

263 KPKK Neuruppin: Verschlüsseltes Fernschreiben an die BPKK Potsdam am 13.11.1989, in: BLHA Rep. 530 Pdm. Nr. 7764, o. Bl.

Desillusionierung. Das SED/SPD-Ideologiepapier und die Unionsparteikonferenz 1987/88

Mit dem Tapeten-Interview von Kurt Hager im April 1987 und verstärkt mit dem neuen repressiven Kurs ab dem Jahreswechsel 1987/88 begannen Reformanhänger in der SED, sich von der Parteiführung zu distanzieren. Doch auch das konservative Lager konnte sich immer weniger in der Politik der SED-Spitze wiederfinden. Allerdings waren dafür andere Ereignisse ausschlaggebend. Während in den Stimmungsberichten des MfS aus der Anfangsphase der Perestroika Reformskeptiker und -gegner eher am Rande zu finden sind, treten sie im Zuge der Rehabilitierung des sowjetischen Dissidenten Sacharow Ende 1986 und insbesondere mit der Veröffentlichung des SED/SPD-Ideologiepapiers im Sommer 1987 umso deutlicher hervor. Gorbatschow hob Ende 1986 die seit 1980 bestehende Verbannung des Kernphysikers und Friedensnobelpreisträgers Andrej Dmitrijewitsch Sacharow auf. Besonders SED-Mitglieder diskutierten diese Friedenserklärung an den vormaligen Staatsfeind, und das MfS hielt fest, dass die Genossen dieser Maßnahme überwiegend positiv gegenüberstehen.[264] Reformbefürworter in der SED – allen voran SED-Mitglieder aus Wissenschaft und Kultur, aber auch Ingenieure und andere Angehörige der sogenannten »wissenschaftlich-technischen Intelligenz« – sahen darin »eine großzügige Geste« und »weitsichtige politische Maßnahme zur Durchsetzung der Friedensstrategie«. Sie empfanden nicht nur große Sympathie für Sacharow, sondern auch die Zeit reif dafür, dem »›schärfsten Kritiker‹ des Gesellschaftssystems Bewegungsfreiheit zu gewähren«. Neben diesen überwiegend wohlwollenden Haltungen – bei Genossen in der Industrieprovinz löste dieses Ereignis kaum Resonanz aus – existierte eine vom MfS nicht näher spezifizierte Gruppe von Skeptikern, die dem konservativen Lager in der Mitgliederschaft zuzurechnen ist. Für sie blieb der Kernphysiker ein Staatsfeind, dem kein Vertrauen entgegengebracht werden dürfe. Schließlich werde er seine Meinung nach der Rückkehr nicht ändern und nur die Anhänger der Opposition bestärken. Aus Sicht der konservativen Parteimitglieder war die Rehabilitation »politisch inkonsequent und falsch«. Diese Position dürfte nicht zuletzt auch von den Autoren des Berichtes geteilt worden sein.[265]

Im Jahr darauf sorgte das sogenannte Ideologiepapier, das SPD und SED ausgehandelt hatten, für Entsetzen im konservativen Lager. Das am 27. August 1987 zeitgleich auf zwei Pressekonferenzen in Ost-Berlin und Bonn vorgestellte Dokument war das Ergebnis von Gesprächen zwischen der Grundwertekommission der

264 Hier und im Folgenden: ZAIG: Beachtenswerte Hinweise über Reaktionen der Bevölkerung der DDR auf die Entscheidung der sowjetischen Führung, dem Ersuchen Sacharows auf Rückkehr nach Moskau stattzugeben, 13.1.1987, in: BStU, MfS, ZAIG 4215, Bl. 1–6.

265 Zur Verunsicherung der Hauptamtlichen des MfS angesichts des Neuen Denkens siehe Gieseke: Die hauptamtlichen Mitarbeiter der Staatssicherheit, S. 456–471, insb. S. 469 f.

SPD und der Akademie der Gesellschaftswissenschaften der SED, die bereits 1984 begonnen hatten. Nicht aus Moskau, sondern von der SED selbst kam die Initiative, der Außen- und Friedenspolitik neue Impulse zu verleihen. Ausgangspunkt für die gemeinsamen Gespräche bildete die sich verschärfende nukleare Bedrohung Anfang der 1980er-Jahre und der Konsens, dass ein Rüstungswettlauf zwangsläufig in den Untergang führen müsse. Das daraus entstandene gemeinsame Papier »Der Streit der Ideologien und die gemeinsame Sicherheit« stellte mit Blick auf das Selbstverständnis der SED eine Sensation dar, denn beide Parteien einigten sich darin auf folgende Positionen: Da ein Nuklearkrieg nicht zu gewinnen sei und allein zerstörerisch wirke, müssen sich beide Seiten auf einen längeren Zeitraum der friedlichen Koexistenz einrichten. Beide Systeme seien friedensfähig, sodass eine Kultur des politischen Streits gelebt werden müsse. Die Systemunterschiede erkenne man an, weshalb Feindbilder vermieden und stattdessen der Dialog durch Besuch und Gegenbesuch und die Teilnahme an Seminaren und Veranstaltungen über Systemgrenzen hinweg gefördert werden müsse.[266] Damit rückte die SED von zentralen Eckpunkten ihres marxistisch-leninistischen Weltverständnisses ab, in dem der Westen und die SPD bisher zentrale Feindbilder waren und das im Kern aggressive Wesen des sogenannten »Imperialismus« sowie sein gesetzmäßiger Untergang beschworen wurden.[267] Die SED-Spitze gab damit das für den Sozialismus konstitutive Feindbild auf, und der nur zehn Tage später folgende Staatsbesuch Honeckers in Bonn wirkte wie eine Beglaubigung dieser neuen politischen Strategie.

Während das Dokument für Reformanhänger eine »Sternstunde« darstellte,[268] löste es im konservativen Lager Fassungslosigkeit aus.[269] Gerade Funktionäre und Parteimitglieder älterer Jahrgänge – in der Verwaltung, in wirtschaftsleitenden Einrichtungen oder in den Gesellschaftswissenschaften – waren, wie das MfS zu berichten wusste, erschüttert, dass überhaupt mit der SPD verhandelt worden war.[270] Die bitteren Erfahrungen aus der Geschichte der Arbeiterbewegung und die Rolle der SPD beim NATO-Doppelbeschluss würden es zweifelhaft erscheinen lassen, dass sie es ernst meine. Tief war bei der älteren Generation das Feindbild verankert. Für sie war es »ausgehend vom Wesen der Sozialdemokratie gefährlich, vertrauensselig zu

266 Der Streit der Ideologien und die gemeinsame Sicherheit, in: Neues Deutschland, 28.8.1987, S. 3.

267 Vgl. Wilhelmy, Frank: Der Zerfall der SED-Herrschaft. Zur Erosion des marxistisch-leninistischen Legitimitätsanspruches in der DDR, Münster 1995.

268 Bortfeldt: Von der SED zur PDS, S. 16 f. Siehe auch: Klein, Fritz: Drinnen und draußen. Ein Historiker in der DDR. Erinnerungen, Frankfurt a. M. 2000, S. 322 f.

269 Stephan, Gerd-Rüdiger: SED-interne Auseinandersetzungen und Disziplinierungen in der Ära Honecker, in: Timmermann, Heiner (Hg.): Die DDR – Politik und Ideologie als Instrument, Berlin 1999, S. 574 f.

270 Hier und im Folgenden: ZAIG: Hinweise über beachtenswerte Aspekte aus der Reaktion der Bevölkerung auf das von der SED und der SPD gemeinsam erarbeitete Dokument »Der Streit der Ideologien und die gemeinsame Sicherheit«, 24.9.1987 in: BStU, MfS; ZAIG, 4230, Bl. 2–9.

sein«. Vereinzelt vernahm das MfS sogar Stimmen, die befürchteten, dass die SPD die Einheitspartei unterwandern, ihre Mitglieder ideologisch aufweichen und durch pluralistische und liberalisierende Reformbestrebungen das sozialistische System destabilisieren wolle.

Neben der Tatsache, dass Sozialdemokraten plötzlich Verhandlungspartner waren, löste auch die Absicht, Feindbilder abbauen zu wollen, sowie die Bereitschaft, den Kapitalismus für reform- und friedensfähig zu halten, nicht nur bei der älteren Generation tiefe Verunsicherung aus. Parteifunktionäre, Intellektuelle, Spitzenfunktionäre der Wirtschaft, Mitarbeiter der Verwaltung und Lehrer wussten laut MfS nicht, wie sie mit der deklarierten Existenzberechtigung beider Systeme umgehen sollten. Schließlich verstieß diese Auffassung gegen den Kernpunkt des Marxismus-Leninismus und damit gegen eine zentrale Orientierungsgröße ihres Berufsverständnisses und Weltbildes. Sie sahen sich zunehmend in der Rolle als Ideologievermittler überfordert. Für sie wurde es immer schwieriger, etwa der jungen Generation die Verteidigungsbereitschaft verständlich zu machen. Während für Reformanhänger die ideologische Annäherung an den Westen ein Zeichen war, dass lang erhoffte Veränderungen nun auch in der DDR eintreten würden, desillusionierte das Ideologiepapier die konservativen Genossen. Aus deren Sicht ließ sich Erich Honecker nicht nur erneut mit dem Feind ein: Bereits bei den Westkrediten hatten sie mit Sorge die Annäherung an den Westen beobachtet.[271] Jetzt verabschiedete sich die Parteiführung sogar völlig vom Feindbild, und eine zentrale Orientierungsgröße ihrer Denkordnung löste sich vor ihren Augen auf. Innerlich distanzierten sie sich immer mehr von Erich Honecker, dem aus ihrer Sicht die ideologische Standfestigkeit abhandengekommen war. Parteimitglieder aus der Industrieprovinz nahmen den weltanschaulichen Disput im Sommer 1987 dagegen kaum zur Kenntnis. Für die dort überwiegend pragmatisch orientierten Parteimitglieder stieß die Reformpolitik dann auf großes Interesse, wenn sie sich mit ihrer Lebenswirklichkeit verband. Die Versorgung mit Konsumgütern, eine funktionierende Infrastruktur und ein laufender Betrieb waren für ihren Wahrnehmungshorizont die entscheidenden Größen.

Um dem Informationsbedürfnis der Parteibasis gerecht zu werden, ging bereits vor den Pressekonferenzen am 27. August 1987 frühzeitig eine ZK-Information an die Mitglieder, die darüber informierte, dass »Ende August in Berlin und Bonn ein gemeinsames Dokument der Akademie für Gesellschaftswissenschaften beim ZK der SED und der Grundwertekommission der SPD« erscheinen werde.[272] Obwohl das Ideologiepapier auf 17 Seiten ausführlich eingeordnet und immer wieder auf die Unterschiede der Gesellschaftssysteme verwiesen wurde, vermochte es die ZK-

271 Staritz: Geschichte der DDR, S. 348–349. Siehe auch den Abschnitt IV.2 in dieser Arbeit.

272 ZK-Information: Zum Dokument »Der Streit der Ideologien und die gemeinsame Sicherheit«, 1987/8, Nr. 234, in: BStU, MfS, ZOS 1504, Bl. 1–16.

Information nicht, diesen Schritt verständlich zu machen und die neue Stufe der Annäherung an den Westen mit dem sozialistischen Weltbild in Einklang zu bringen. Denn die ZK-Information thematisierte nicht, welche Tragweite die Aufgabe des Feindbildes hatte und welche praktischen Implikationen insbesondere für die Ideologievermittlung sich daraus ergaben. Laut MfS herrschten bei einem Teil der Parteimitglieder nun »Unklarheiten hinsichtlich der bisherigen Auslegung von Aussagen der Klassiker des Marxismus-Leninismus«. Sie wünschten sich »von den Parteiorganen aller Ebenen weitere detaillierte Hinweise zur inhaltlichen Auswertung des Dokumentes und in diesem Zusammenhang dementsprechend überzeugende Argumente«.[273]

Der Desillusionierungsprozess im konservativen Lager verstärkte sich im Zuge der Unionsparteikonferenz der KPdSU im Juni 1988. Die 19. Parteikonferenz stellte eine Zäsur in den Reformbemühungen Gorbatschows dar. Sie markierte den Übergang des Systems von einer Liberalisierung zur Demokratisierung. Vom 28. Juni bis 1. Juli 1988 versammelten sich im Kreml fast 5000 Delegierte aus Russland und den Unionsrepubliken. Seit Februar 1941 war es die erste außerordentliche Versammlung zwischen den regulären Parteitagen, und die Einberufung der Konferenz sollte den angestoßenen Reformprozess unumkehrbar machen.[274] Im Zentrum der Parteikonferenz stand das fast vierstündige Grundsatzreferat Gorbatschows, in dem der Generalsekretär eine Zwischenbilanz der bisherigen Reformbemühungen zog und weitere Zielvorgaben absteckte. Kern der Programmatik war die Neujustierung der Machtverhältnisse mit der demokratischen Restrukturierung der Partei- und Sowjetwahlen und der Trennung ihrer Zuständigkeiten. Die sowjetischen Medien übertrugen die Rede Gorbatschows und die kritischen Debatten der Delegierten in die sowjetische Öffentlichkeit.

Auch in der DDR löste die Parteikonferenz eine breite Resonanz aus, wenn auch unter anderen Vorzeichen. Zwar druckte das *Neue Deutschland* die Rede Gorbatschows in Gänze ab[275] – trotz des Politbürobeschlusses vom Oktober 1987, Reden von Spitzenpolitikern der KPdSU nur auszugsweise oder zusammengefasst zu veröffentlichen. Wahrscheinlich geschah dies auf Druck Moskaus. Doch eine Einordnung und Stellungnahme der SED-Führung blieb aus. Bindend blieben die Beschlüsse des XI. Parteitags der SED.[276] Erneut zeigte sich das konservative Lager, laut MfS

273 ZAIG: Hinweise über beachtenswerte Aspekte aus der Reaktion der Bevölkerung auf das von der SED und der SPD gemeinsam erarbeitete Dokument »Der Streit der Ideologien und die gemeinsame Sicherheit«, 24.9.1987 in: BStU, MfS; ZAIG, 4230, Bl. 7.

274 Altrichter: Russland 1989, S. 40–54.

275 Bericht des Generalsekretärs des ZK der KPdSU, Michail Gorbatschow, auf der XIX. Unionsparteikonferenz, in: Neues Deutschland, 29.6.1988, S. 3–9.

276 Nakath: SED und Perestroika, S. 18 f.

insbesondere die ältere Generation, erschüttert.[277] »Umfang, Tiefe und Form der Auseinandersetzung« auf der Konferenz löse bei ihnen tiefe Besorgnis aus. Die scharfe Kritik an der wirtschaftlichen Situation des Landes und an seiner Geschichte bzw. an seinen Parteiführern verunsicherte die Genossen massiv. Sie empfanden die harte Rückschau und Gegenwartsbeschreibung als ungerecht – und das MfS paraphrasierte ihren Gefühlshaushalt: »Es entstünde der Eindruck, nach Lenins Tod seien in der UdSSR nur noch Fehler gemacht worden und es habe in der Folgezeit keine erfolgreiche Entwicklung mehr gegeben.«[278]

Die kritische Reflexion stellte sich aus ihrer Sicht als Ungerechtigkeit dar, weil sie sich jahrzehntelang für die DDR und das sozialistische System eingesetzt und teilweise aufgeopfert hatten. Wie auch die Reformbefürworter bezogen sie die Debatten in der Sowjetunion – anders als von der Parteiführung gewünscht – ganz selbstverständlich auch auf die Situation in der DDR und sahen nicht zuletzt ihre eigene Lebensleistung in Frage gestellt. Doch nicht nur ältere Jahrgänge zeigten sich betroffen. Laut MfS habe gerade für Parteimitglieder »die offene Fehlerdiskussion auch in den Medien der UdSSR ein unvertretbares Ausmaß angenommen, zeige Züge des Anarchismus und komme z.T. dem bürgerlichen Pluralismus sehr nahe«. Im gesamten konservativen Lager herrschte das Empfinden, dass Gorbatschow viel zu weit gehe.

Auf der anderen Seite blieb dieses Mal die vorherige ausnahmslose Zustimmung und Begeisterung der Reformanhänger aus. Die Reaktionen waren verhalten. Erstmals registrierte das MfS in Milieus, die vormals als Reformbefürworter in Erscheinung getreten waren, auch leise skeptische Stimmen. So sei zwar unter Wissenschaftlern, »Angehörigen der technischen Intelligenz«, der sehr heterogenen und diffusen Gruppe der »Mitarbeiter staatlicher Organe« und selbst unter Parteifunktionären die Meinung verbreitet, dass auch in der DDR die zeitliche Begrenzung für die Ausübung von Wahlfunktionen im Partei- und Staatsapparat zum Gegenstand öffentlicher Diskussion gemacht werden solle. Mit der Einführung der zeitlichen Begrenzung von Wahlfunktionen sehen sie die Möglichkeit, »Karrierismus« und »Betriebsblindheit« vorzubeugen.[279] Diese zustimmende Haltung war aber von skeptischen Tönen über die Nachteile dieser Änderung begleitet. Denn, so paraphrasierte das MfS diese Personengruppe weiter, für die Ausübung von leitenden Partei- und Staatsfunktionen sei eben auch ein großer Erfahrungsschatz erforderlich. Darüber hinaus notierten die Auswertungsoffiziere Einzelmeinungen leitender Funktionäre aus der Volkswirtschaft und der Akademie der Wissenschaften, die den Reformprozess nun kritisch betrachteten. So habe sich die ökonomische und soziale Lage in der Sowjetunion in

277 ZAIG: Hinweise über beachtenswerte Aspekte aus der Reaktion der Bevölkerung auf die XIX. Unionsparteikonferenz der KPdSU, 11.7.1988, in: BStU, MfS, ZAIG 4240, Bl. 1–8.
278 Ebd., Bl. 4.
279 Ebd., Bl. 6.

den vergangenen drei Jahren nicht nachhaltig verbessert. Zwar könne man nach diesem kurzen Zeitraum noch keine großen Veränderungen erwarten. Doch fragten sie sich laut MfS nun: »Wenn die Ökonomie das Hauptkampffeld sei und bleibe, warum sei dann noch keine in sich geschlossene ökonomische Konzeption vorhanden. Die Negation einer ökonomischen Befehlswirtschaft reiche hier nicht aus.«[280]

Trotz dieser sich formierenden kritischen Stimmen herrschte unter den Reformern nach wie vor Konsens, dass auch in der DDR Veränderungen notwendig seien. Mit der Unionsparteikonferenz erhielt ihr ohnehin großes Informationsbedürfnis einen weiteren Schub. So notierte das MfS:

> »Es bestünde ein großes Informationsbedürfnis der Parteimitglieder an gesellschaftspolitischen Problemen in der Sowjetunion, weswegen es erforderlich sei, dass ihnen über den Weg von Parteiinformationen, durch differenzierte Berichte in verschiedenen Medien der DDR, durch ungehinderte und organisierte Verbreitung der von der UdSSR in der DDR angebotenen Literatur Ergebnisse der gesellschaftswissenschaftlichen Forschung der UdSSR zugänglich gemacht werden.«[281]

Reformbefürworter hofften auf die Veröffentlichung aller Konferenzmaterialien, auf eine breite öffentliche und parteiinterne Diskussion und auch auf eine Stellungnahme der Parteiführung. Das Lager der Hardliner wünschte sich wohl eher eine klare ablehnende Positionierung der Parteiführung und schlagkräftige Argumente. Doch beide Lager wurden enttäuscht. Zusatzinformationen zur Parteikonferenz blieben ebenso aus wie eine Positionierung und eine ideologische Einordnung etwa in Form einer ZK-Information. Schon einen Monat später registrierte das MfS:

> »Zahlreiche Parteimitglieder, Jugendfunktionäre u. a. progressive Kräfte bringen ihre Enttäuschung über das Ausbleiben von parteiinternen Informationen zur Bewertung des Verlaufs und der Ergebnisse der XIX. Allunionsparteikonferenz der KPdSU zum Ausdruck.«[282]

Die lagerübergreifende Desillusionierung hatte jedoch auch eine ganz praktische Dimension. Frustriert waren Parteimitglieder, die stark als Ideologievermittler eingebunden waren. Denn »das Fehlen einer solchen Information erschwere es, überzeugende Antworten auf immer zwingender gestellte Fragen seitens der Werktätigen zu finden«.[283] In dem mittlerweile äußerst angespannten gesellschaftlichen Klima

280 Ebd., Bl. 7.
281 Ebd., Bl. 8.
282 ZAIG: Hinweise über bedeutsame Aspekte der Reaktion der Bevölkerung, 23.8.1988, in: BStU, MfS, ZAIG 4158, Bl. 103–104.
283 Ebd.

erschien den meisten die Abwehrhaltung der Parteiführung gegenüber Reformen kaum mehr vertretbar. Ohne aktuelle Informationen, Stellungnahmen und Argumentationen galt dies umso mehr. Die Parteiführung hielt jedoch unbeirrt an ihrer Strategie fest und konzentrierte sich weiterhin darauf, Informationen zum Reformprozess zurückzuhalten – mit verheerender Wirkung. Mit dem Sputnik-Verbot erreichte die lagerübergreifende Desintegration einen vorläufigen Höhepunkt.

Das Sputnik-Verbot 1988

Ab 1986 setzte in der Sowjetunion im Zuge von Glasnost eine intensive Auseinandersetzung mit der eigenen Vergangenheit ein. Die Zensur wurde gelockert, viele Themen enttabuisiert. Im Februar 1987 forderte Gorbatschow sogar, dass es »keine weißen Flecken in der Geschichte« geben solle. Dadurch entfaltete sich eine Debatte, die das bisher gültige Geschichtsbild in Frage stellte und damit eine zentrale Legitimationsachse der sozialistischen Wertewelt unterminierte. In Zeitungen und Zeitschriften sowie in der Literatur und im Film nahm die Kontroverse immer größeren Raum ein.[284] Auch in der DDR wurde dieser Sprengkraft bergende Geschichtsdiskurs insbesondere von Intellektuellen und Künstlern innerhalb und außerhalb der SED mit großem Interesse verfolgt. Sogar unter Jugendlichen wuchs in der zweiten Hälfte der 1980er-Jahre rasch das Interesse an der Geschichte der Sowjetunion.[285]

Im Februar 1987 kam in der Sowjetunion der Film »Die Reue« von Tengis Abuladse in die Kinos. Diese Abrechnung mit der Stalinzeit wurde zum regelrechten Publikumsmagneten.[286] Die SED-Parteiführung stemmte sich mit aller Kraft gegen die Ausbreitung der kritischen Geschichtsdebatte in der DDR. So durfte der Streifen weder in den Kinos noch im Fernsehen und auch nicht auf dem Ende Oktober 1987 stattfindenden Festival des sowjetischen Films gezeigt werden. Eine Ausnahme erwirkte der Verband für Film- und Fernsehschaffende der DDR. Mit Genehmigung der sowjetischen Botschaft ermöglichte er eine Vorführung in Anwesenheit des Regisseurs, an der etwa 500 Gäste teilnahmen.[287] Doch waren es wieder die Westmedien, die für die Verbreitung des Films sorgten. Ebenfalls im Oktober strahlte ihn das *ZDF* aus. Im *Neuen Deutschland* und der *Jungen Welt* erschienen daraufhin Verrisse. Sie prangerten den »Geschichtspessimismus« an und verschafften dem Streifen damit doch die Aufmerksamkeit, die die SED-Führung mit dem Verbot eigentlich hatte

284 Altrichter: Russland 1989, S. 82–90. Siehe auch: Davies, Robert W.: Perestroika und Geschichte. Die Wende in der sowjetischen Historiographie, München 1991.

285 Schubarth, Wilfried: Forschungen zum Geschichtsbewusstsein, in: Friedrich u. a.: Das Zentralinstitut für Jugendforschung Leipzig 1966–1990, S. 211.

286 Altrichter: Russland 1989, S. 82–90.

287 Über den Verlauf der Veranstaltung ließ sich der Vorsitzende der ZPKK, Erich Mückenberger, unterrichten. Brief des Vizepräsidenten des DSF, Heinz Kuhrig, an Erich Mückenberger, 30.10.1987, in: SAPMO-BArch, DY 30/15326, o. Bl.

verhindern wollen.[288] Unter Jugendlichen, die für die harte ideologische Linie der *Jungen Welt* Abneigung empfanden, erregte dieser Artikel regelrecht Wut.[289] In einer Eingabe an das Politbüro schrieb ein empörtes junges Parteimitglied: »[...] dann weiß ich als Genosse nicht mehr, was ich von der im Weiteren im Artikel formulierten Hochachtung vor den Leistungen des Volkes der Sowjetunion halten soll – sind es etwa nur Phrasen?«[290]

Der neue sowjetische Geschichtsdiskurs und die Abwehrbemühungen der SED-Parteiführung lösten bei Künstlern, Intellektuellen und Jugendlichen Frust und eine Glaubwürdigkeitskrise aus. Für die Parteispitze barg das neue Geschichtsverständnis nicht nur aus machtpolitischen Gründen erhebliche Sprengkraft. Die sowjetische Enttabuisierung der Geschichte unterminierte vielmehr eine zentrale Achse der Herrschaftslegitimation der SED. Diese fußte auf einem Geschichtsdenken, das eine Kluft zwischen parteilicher und empirischer Wahrheit kategorisch ausschloss.[291] Jene konstruierte Einheit im ideologischen Gedankengebäude wurde nun langsam aufgebrochen, was das Wahrheitsmonopol und die moralische Autorität der Staatspartei untergrub.

Zugleich musste diese Debatte Altkommunisten wie Honecker den Schreck in die Glieder fahren lassen. Denn das neue kritische Geschichtsdenken berührte ihre ethischen Grundpfeiler. Für sie war und musste Geschichte parteilich sein: Sie bildete die Matrix ihres kohärenten Weltbildes, mit der ihre Erfahrungen von Unterdrückung und Verfolgung in der Weimarer Zeit wie im Nationalsozialismus und ihre rastlose Tatkraft beim Staatsaufbau – eingebettet in eine große Emanzipationserzählung – überindividuellen Sinn erfuhren.[292] Ebendieses geschlossene Weltbild der Berufsrevolutionäre, das im konservativen Lager der Mitgliederschaft vorherrschte, geriet nun ins Wanken.

Für die Parteiführung war die neue Geschichtsdebatte ein Dilemma: Einerseits konnte sie nicht alle sowjetischen Filme und Publikationen in der DDR verbieten und damit auf Konfrontationskurs zu ihrem wichtigsten Partner gehen. Andererseits war sie nicht bereit, der kritischen Geschichtsdebatte in der DDR Raum zu bieten. Sie versuchte, dieses Dilemma in einer neuen Broschüre zur Geschichte der KPdSU zu lösen. Ende Oktober 1987 beschloss das Politbüro, die Geschichte der Bruderpartei

288 Vgl. Wessel, Harald: Wie die Geschichte befragen? in: Neues Deutschland, 31.10.1987, S. 9. Siehe auch: Schütt: Glücklich beschädigt, S. 94.

289 Schütt: Glücklich beschädigt, S. 83.

290 Eingabe von Genosse Peter T. an das Politbüro der SED, 4.11.1987, in: SAPMO-BArch, DY 30/27690, Bl. 2.

291 Sabrow: Geschichte als Herrschaftsdiskurs. Siehe auch: ders.: Verwaltete Vergangenheit. Geschichtskultur und Herrschaftslegitimation in der DDR, Leipzig 1997.

292 Zur Erfahrungswelt der Altkommunisten siehe: Sabrow, Martin: Erich Honecker. Das Leben davor. 1912–1945, München 2016; ders.: Der führende Repräsentant, S. 61–88; Rainer/Possekel: Namenlose Stimmen waren uns voraus, S. 28–33; Epstein: The Last Revolutionaries.

für Schulen und Hochschulen zu überarbeiten. Ergebnis war ein knapp 60-seitiges Heft mit dem Titel »Handreichung für den Lehrgang Geschichte der KPdSU«, das der Reformpolitik ganze zwei Seiten widmete. Sie wurde als spezifische Entwicklung der Sowjetunion eingeordnet. Gleichzeitig hieß es in dem Text aber auch, dass die sozialistischen Länder in wesentlichen Fragen der Gesellschaftsstrategie volle Übereinstimmung besäßen – trotz der unterschiedlichen Entwicklungen. Zur weiteren Erläuterung wurde ein Auszug aus der Rede Erich Honeckers zum 70. Jahrestag der Oktoberrevolution herangezogen. Doch auch die Worte Honeckers vermochten den Konflikt im Gedankengebäude nicht zu lösen. Er sprach der Sowjetunion bei ihrer neuen Politik Bewunderung und volle Unterstützung zu und betonte zugleich den Bruderbund zwischen beiden Staaten.[293] Die subtile Distanzierung in der »Orientierung«, die auch für das Parteilehrjahr herangezogen wurde, blieb den Gorbatschow-Sympathisanten nicht verborgen und musste sie frustrieren.[294]

Neuen Auftrieb erlangte die Geschichtskontroverse ein halbes Jahr später. Anfang April 1988 druckte das *Neue Deutschland* zwei Artikel aus der sowjetischen Presse, die in der Mitgliederschaft für Verwirrung sorgten. Am 2. April 1988 veröffentlichte das *Neue Deutschland* einen vermeintlichen Leserbrief der Leningrader Chemiedozentin Nina Andrejewa aus der Parteizeitung *Sowetskaja Rossija*, der ein neostalinistisches Manifest des konservativen Lagers in der KPdSU war.[295] Initiiert vom vormaligen Gorbatschow-Förderer und nun größten -Kritiker, Jegor Ligatschow, hofften die Reformgegner, den Generalsekretär zum Umdenken bewegen zu können. Sowohl die regionalen Parteiorganisationen als auch die Redakteure der Massenmedien werteten den Artikel wegen des Publikationsortes als Signal für das Ende der Perestroika. Die *Sowetskaja Rossija* war schließlich die gemeinsame Zeitung des ZK, des obersten Sowjets und der Regierung der Russischen Sozialistischen Föderativen Sowjetrepublik (RSFSR). Nach langem Zögern reagierte Gorbatschow und positionierte sich deutlich gegen das Manifest der Reformgegner. In seiner Stellungnahme, die im Parteiorgan *Prawda* erschien, bezeichnete er den Brief der Nina Andrejewa als unvereinbar mit der Reformpolitik und erläuterte die Grundzüge der Perestroika.[296] Diese Replik erschien am 9. April im *Neuen Deutschland* und machte den Konflikt

293 Abteilung Propaganda des ZK der SED/Parteihochschule »Karl-Marx« beim ZK der SED/Akademie für Gesellschaftswissenschaften beim ZK der SED (Hg.): Die Geschichte der KPdSU – ein nie versiegender Quell revolutionärer Erfahrung im Kampf für Frieden und Sozialismus. Handreichung für den Lehrgang »Geschichte der KPdSU«, Berlin, November 1987, S. 57–59.

294 Vgl. Florath: Die SED im Untergang, S. 74.

295 Andrejewa, Nina: »Ich kann meine Prinzipien nicht preisgeben«, in: Neues Deutschland, 2.4.1988, S. 12. Siehe auch: Altrichter: Russland 1989, S. 82–90.

296 Bonwetsch, Bernd: KPdSU und Perestroika, 1985–1991, in: Jahrbuch für historische Kommunismusforschung (2009), S. 220 f. Stephen Kotkin ist der Ansicht, dass der Brief von Gorbatschow selbst lanciert wurde, um mit diesem in der Öffentlichkeit inszenierten Konflikt das Lager der konservativen Reformgegner um Ligatschow zu schwächen. Vgl. Kotkin: Armageddon Averted, S. 73–75.

und das Ringen zwischen Reformgegnern und Befürwortern in der KPdSU auch in der DDR sichtbar, was besonders Parteimitglieder mit Interesse verfolgten.[297]

Die Abteilung Parteiorgane des ZK fertigte eine »Information« für Erich Honecker an, in der sie den Parteichef darüber in Kenntnis setzte, dass diese Artikel insbesondere von Funktionären, Parteiveteranen, Intellektuellen, Studenten und Mitgliedern befreundeter Parteien interessiert gelesen und diskutiert werden.[298] Das Meinungsspektrum, das der Parteiapparat in seinem Bericht als »typische Stimmen und Meinungen« apostrophierte, war von zwei entgegengesetzten Polen geprägt. Zum einen wurden die Haltungen der Reformbefürworter zitiert, für die der Andrejewa-Artikel alte, überholte Auffassungen wiedergebe, konservativ und destruktiv sei. Andererseits wurden die Stimmen von Reformgegnern dokumentiert, die durch die offene Auseinandersetzung eine Stärkung der gegnerischen Kräfte fürchteten und kein Verständnis für die neue Geschichtsdebatte aufbringen. So dokumentierte die Information folgende typische Meinung: »Ständig wiederkehrende Kritik an der Vergangenheit hilft nicht auf die Dauer. [...] Manchmal, wenn man den ›Sputnik‹ liest, wird man an das Jahr 1968 erinnert, wo die Konterrevolution in der ČSSR aktiv wurde.«[299]

Neben der deutlichen inneren Zerrissenheit der Staatspartei einte die Akteure Verwunderung und Unsicherheit darüber, dass in zwei Parteizeitungen der KPdSU unterschiedliche Meinungen abgedruckt wurden und die SED keine einordnenden Kommentare herausgab. So zitierte die Abteilung Parteiorgane etwa den Direktor der Kaderabteilung des VEB Büroschreibmaschinenwerk in Erfurt, der verstört fragte: »Ich gehe davon aus, dass das, was im ND abgedruckt wird, unserer Linie entspricht. Aber wer soll sich hier zurechtfinden?«[300] Angesichts dieser weitverbreiteten Orientierungslosigkeit in der Mitgliederschaft konstatierte der Bericht der Abteilung Parteiorgane, dass vielfach die Bitte geäußert worden sei »in Form der bewährten ZK-Informationen über die Entwicklung in der Sowjetunion zu unterrichten«.[301] Eine Orientierung der Parteiführung blieb jedoch erneut aus. Stattdessen war die ZK-Information Nr. 245 in Umlauf, die Parteimitglieder zur Unterordnung zwang. Erneut wurde dem gewachsenen Informationsbedürfnis nicht entsprochen, sodass es an der Basis immer schwerer wurde, die Vermittlerrolle auszuüben. Gerade Reformgegner in der SED musste das Schweigen der Parteiführung verunsichern. Nicht nur geriet ihre Wertewelt ins Wanken, gewohnt, in einer streng hierarchischen Organisation

297 Gorbatschow, Michael: Die Prinzipien der Umgestaltung. Revolutionäres Denken und Handeln, in: Neues Deutschland, 9.4.1988, S. 12.

298 Abteilung Parteiorgane: Informationen über Stimmen und Meinungen zu den in der letzten Zeit im »Neuen Deutschland« veröffentlichten Artikel aus der sowjetischen Presse, 12.4.1988, in: SAPMO-BArch, DY 30/2181, Bl. 53–61.

299 Ebd., Bl. 58.

300 Ebd., Bl. 59.

301 Ebd.

zu agieren, mussten sie zentrale und ordnende Argumente der Parteispitze schmerzlich vermissen, während Reformanhänger erneut Hoffnung auf Veränderungen in der DDR schöpften. Ein Tagebucheintrag des Altkommunisten und Wissenschaftlers Jürgen Kuczynski vom Oktober 1988 bringt diese Situation auf den Punkt. Er notierte: »Treffe eigentlich nur noch deprimierte Genossen oder solche, die bitterzynisch sind, wenn es um alte oder ältere gute Bekannte oder Befreundete geht. Und in Versammlungen bei den Jüngeren, oft ein wilder Durst nach Hoffnung auf baldige Änderung.«[302]

In dieser Atmosphäre geriet das Verbot der Zeitschrift *Sputnik* im November 1988 zu einem Politikum und einem regelrechten Skandal, der auch in der Mitgliederschaft großen Protest auslöste.[303] Das Monatsheft, das sich mit Beginn der Perestroika zur begehrten Wissensquelle für Reformanhänger innerhalb und außerhalb der SED entwickelt hatte, verschwand im Herbst 1988 von der Bildfläche. Das Oktoberheft wurde nicht ausgeliefert, und am 19. November erschien im *Neuen Deutschland* eine kurze Mitteilung des Ministeriums für Post- und Fernmeldewesen, dass die Zeitschrift von der Postzeitungsliste gestrichen worden sei. Sie leiste keinen Beitrag zur Festigung der deutsch-sowjetischen Freundschaft, da sie »verzerrende Beiträge zur Geschichte« enthalte.[304] Tatsächlich wies der völlig aufgebrachte Erich Honecker die Streichung an, während der Postminister erst durch die Lektüre des *Neuen Deutschland* davon erfuhr.[305] Ähnliche Eindämmungsversuche der Geschichtsdebatte waren schon zu Beginn des Jahres 1988 unternommen worden, als mehrere Ausgaben der sowjetischen Zeitschrift *Neue Zeit* nicht ausgeliefert worden waren.[306] Doch kam die Streichung des *Sputniks* von der Postzeitungsliste einem Verbot gleich.

In der Oktoberausgabe des *Sputniks* widmeten sich gleich mehrere Artikel der historischen Rolle Stalins. Die darin vertretene These, dass Stalin eine Mitschuld an der Machtergreifung Hitlers trage, traf die SED-Spitze ins Mark. Diese Diskussionen berührten den zentralen Legitimationspfeiler des Antifaschismus und zugleich Perso-

302 Kuczynski, Jürgen: Schwierige Jahre mit einem besseren Ende? Tagebuchblätter 1987–1989, Berlin 1990, S. 115 f.

303 Vgl. Sabrow, Martin: Die Wiedergeburt des klassischen Skandals. Öffentliche Empörung in der späten DDR, in: ders. (Hg.): Skandal und Diktatur. Formen öffentlicher Empörung im NS-Staat und in der DDR, Göttingen 2004, S. 231–265; Werner, Oliver: Die »Sputnik«-Krise in der SED 1988/89, in: Heydemann, Günther/Mai, Gunter/Müller, Werner (Hg.): Revolution und Transformation in der DDR, Berlin 1999, S.117–136.

304 Mitteilung der Pressestelle des Ministeriums für Post- und Fernmeldewesen, in: Neues Deutschland, 19./20.11.1988, S. 2.

305 Holzweißig: »Verzerrende Beiträge zur Geschichte«, S. 976 f. Das Verhalten der Parteiführung allen voran Erich Honeckers im Zuge des Sputnik-Verbots wurde von Hans-Dieter Schütt rückblickend auch als aggressive Nervosität charakterisiert. Vgl. Schütt: Glücklich beschädigt, S. 91.

306 Information zur Nichtauslieferung der sowjetischen Zeitschrift »Neue Zeit«, 21.1.1988, in: BStU, MfS, HA XIX 2265, Bl. 98, siehe auch Bl. 75 und 97.

nen wie Erich Honecker ganz persönlich, die mit ihren Widerstandsbiografien diese Werte verkörperten. Mit der Nichtauslieferung der Oktoberausgabe und dem Verbot der Monatszeitschrift sollte solchen Debatten in der DDR ein Riegel vorgeschoben werden. Die Parteiführung blieb damit ihrer Strategie der Verbote und Nichtauslieferungen treu. Doch stellte das Verbot einer sowjetischen Zeitschrift eine neue Qualität dar. Die Abonnenten und die DDR-Bevölkerung erfuhren davon aus den Westmedien und durch die kurze Meldung im *Neuen Deutschland* vom 19. November. Konkretere Informationen erhielt der aufmerksame Leser erst durch den Nachdruck eines Artikels der DKP-Zeitung *Unsere Zeit*, der fünf Tage später im *Neuen Deutschland* erschien und über die Inhalte der Sputnik-Ausgabe berichtete.[307] Das SED-Parteiorgan druckte am 25. November außerdem einen ausführlichen Artikel, der insbesondere Parteimitgliedern als Argumentationslinie dienen sollte. Darin wurden die Sputnik-Thesen angerissen und festgestellt:

> »So etwas kannte man, mit Verlaub gesagt, bislang nur von gewissenlosen Reinwäschern des Faschismus im Westen. Verzerrungen, die für alle, die diese Zeit miterlebten oder die, wie bei uns, im Geist des Antifaschismus erzogen sind und die historische Wahrheit über den Faschismus erfuhren, unbegreiflich sind.«[308]

Der Artikel widmete sich anschließend der Darstellung der »historischen Wahrheit« über den Faschismus, wonach allein Finanzmagnaten, Industriebarone und Großgrundbesitzer die Machtergreifung Hitlers ermöglicht hätten. Auch habe der *Sputnik* laut *Neues Deutschland* berichtet, dass die Kommunisten es nicht gewagt hätten, sich mit den Sozialdemokraten im Kampf gegen die Nazis zu vereinigen. Um diese These zu entkräften, führte das *Neue Deutschland* die Widerstandsarbeit der KPD vor und nach der Machtergreifung Hitlers als Gegenargument an. Der Artikel resümierte schließlich, dass der *Sputnik* die deutschen Kommunisten und ihre Verbündeten verunglimpfe, was unzumutbar sei.

Das Verbot der sowjetischen Zeitschrift hatte jedoch längst ein Erdbeben ausgelöst, dessen Wirkung diese Erläuterungen und Einordnungen nicht abschwächen konnten. Wie das MfS Ende November zu berichten wusste, habe die Streichung »massive, sehr kritisch gehaltene Meinungsäußerungen« ausgelöst, die weit über den Abonnenten- und Leserkreis hinausgingen.[309] Bis zum 4. November seien bei Staats- und Parteiorganen bereits 26 145 telefonische Nachfragen von Abonnenten und 887

307 Unsere Zeit, Düsseldorf: Die DDR und der Sputnik, in: Neues Deutschland, 24.11.1988, S. 2.
308 Gegen die Entstellung der historischen Wahrheit, in: Neues Deutschland, 25.11.1988, S. 2.
309 ZAIG: Hinweise zu einigen bedeutsamen Aspekten der Reaktion der Bevölkerung im Zusammenhang mit der Mitteilung über die Streichung der Zeitschrift »Sputnik« von der Postzeitungsvertriebsliste der DDR, 30.11.1988, in: BStU, MfS, ZAIG 4244, Bl. 1–5.

schriftliche Eingaben eingegangen, die teilweise aggressiv formuliert seien.[310] Die Auswertungsoffiziere berichteten, dass selbst im öffentlichen Raum republikweit durch Plakate und Handzettel deutlich Unmut geäußert werde. So schrieb etwa ein Mitarbeiter des Post- und Fernmeldeamtes in der kleinen Stadt Nordhausen in Thüringen in 30 Zentimeter großen Lettern an das Eingangsportal seiner Arbeitsstelle: »Honey, rück den Sputnik raus.«[311] Eine Welle von Einzel- und Kollektiveingaben erreichte zentrale Partei- und Staatsorgane sowie den Zentralvorstand der Gesellschaft für Deutsch-Sowjetische Freundschaft (DSF). Darin wurden Austritte aus der DSF angekündigt – teilweise waren sie bereits vollzogen. Vereinzelt kam es sogar unter ausdrücklicher Bezugnahme auf das Sputnik-Verbot zu Austritten aus der SED.[312] Die Auswertungsoffiziere des MfS notierten die alarmierende Beobachtung, dass es bei den sich äußernden Personen kaum Meinungs- und Argumentationsunterschiede zwischen SED-Mitgliedern und Parteilosen gebe.[313] Das Sputnik-Verbot entwickelte sich zum Kulminationspunkt des Konflikts zwischen der Parteiführung und den Reformanhängern in der Mitgliederschaft, die sich nun von ihrer Vermittlerrolle verabschiedeten.

Besonders »heftig, teilweise außerordentlich aggressiv« haben sich laut MfS Intellektuelle, Künstler, Studenten an allen Universitäten und Hochschulen, aber auch Ingenieure und Lehrer geäußert. Ebenjene Milieus der Reformbefürworter wandten sich in Eingaben an das Zentralkomitee der SED. Von den 800 Eingaben, die dort im Zuge des Sputnik-Verbots eingingen, stammten drei Viertel von SED-Mitgliedern. 54 Eingaben wurden sogar von Parteigruppen, Gruppen der Abteilungsparteiorganisationen (APO), FDJ-Leitungen oder Seminargruppen an Hochschulen verfasst. Drei Viertel aller Schreibenden stammten aus den verschiedenen Bereichen der »Intelligenz« oder waren Studenten. Sogar aus den Reihen der bewaffneten Organe gab es Protestschreiben. Zwar erscheinen 15 Eingaben zunächst wenig, doch angesichts der hohen Berufs- und Parteidisziplin in diesem Bereich ist diese Zahl bemerkenswert. (Industrie-)Arbeiter und Genossenschaftsbauern meldeten sich dagegen kaum zu Wort, wie die ZPKK in ihrem Abschlussbericht im Januar 1989 resümierte.[314] In den Beschwerden wurde das Verbot immer wieder als Bevormundung und Entmün-

310 Hauptabteilung XIX: Über die Nichtauslieferung der UdSSR-Zeitschrift »Spuntik« Nr. 10/88 und die bisherigen Reaktionen der Bevölkerung, 7.11.1988, in: BStU, MfS, HA XIX 2265, Bl. 161.

311 Ebd., Bl. 150.

312 Hier und im Folgenden: ZAIG: Hinweise zu einigen bedeutsamen Aspekten der Reaktion der Bevölkerung im Zusammenhang mit der Mitteilung über die Streichung der Zeitschrift »Sputnik« von der Postzeitungsvertriebsliste der DDR, 30.11.1988, in: BStU, MfS, ZAIG 4244, Bl. 1–5.

313 Ebd., Bl. 2.

314 ZPKK: Abschlussinformation über die Bearbeitung der im Zentralkomitee der SED eingegangenen Eingaben zur Streichung der Zeitschrift »Sputnik« von der Postzeitungsliste, 12.1.1989, in: SAPMO-BArch, DY 30/11067. Dass sich überwiegend Angehörige der sogenannten Intelligenz empörten, stellte auch Oliver Werner für den Bezirk Leipzig fest. Vgl. Werner: Die »Sputnik«-Krise in der SED 1988/89, S. 133.

digung beklagt, als eine Entscheidung, die nicht mehr zeitgemäß sei.[315] Allerdings erscheinen diese Vorwürfe rückblickend als paradox. Schließlich war die Zensur – insbesondere für Intellektuelle und Künstler – eine alltägliche Erfahrung.[316] Weder das Verbot des Films »Die Reue« noch die Nichtauslieferung mehrerer Hefte der sowjetischen Zeitschrift *Neue Zeit* hatten vehementen Widerstand ausgelöst. Was also war die Ursache für den heftigen Protest?

Die unter den Reformanhängern weitverbreitete Empörung hatte mehrere Dimensionen. Erstens bedeutete das Verbot der sowjetischen Zeitschrift eine offene Konfrontation mit der Politik der UdSSR und begrub die Hoffnungen auf eine Liberalisierung auch in der DDR. Die im selben Monat stattfindende Verleihung des Karl-Marx-Ordens, der höchsten Auszeichnung der DDR, an den dezidierten Reformgegner Nicolae Ceauşescu, Generalsekretär der rumänischen KP, verstärkte dieses Empfinden. Zweitens versiegte mit Verschwinden des *Sputniks* eine wichtige deutschsprachige Informationsquelle über die Veränderungen in der Sowjetunion. Die Auflage von 180000 Heften war sechsmal so hoch wie die der Zeitschrift *Neue Zeit*, und angesichts des »sprunghaft gewachsenen Interesses an sowjetischen Presserzeugnissen«[317] bedeutete das Verbot eine empfindliche Lücke für die wissensdurstigen Reformsympathisanten. Mit der Erfahrung der vorherigen Verbote einerseits sowie dem Ausbleiben von (ZK-)Informationen im Zuge der Unionsparteikonferenz im August andererseits entlud sich die nun angestaute Frustration über ein andauerndes Informationsdefizit. Drittens wurde das Verbot des *Sputniks* als illegitim empfunden, da es sich um eine Publikation aus der Sowjetunion handelte. Wie auch bei der ZK-Information 245, die jene Parteimitglieder als »Meckerer« und »ewige Nörgler« bezeichnete, die innerparteilich scharfe Kritik übten, und ihnen sogar den Parteiausschluss androhte, wurde die Aufhebung eines vormals legitimen Kommunikationsmittels nicht akzeptiert. Die im Zuge der Reformpolitik einsetzende Weitung des ideologischen Raums führte dazu, dass die von oben gezogenen Grenzen des Sagbaren in der Mitgliederschaft nicht mehr akzeptiert wurden. Das Verbot der Zeitschrift hatte in ihren Augen keine legitime Grundlage, sodass es als repressiver Akt wahrgenommen wurde, der nicht mehr zeitgemäß war und Parteimitglieder entmündigte.

Auch wenn Intellektuelle, Künstler, Studenten und Lehrer besonders empört auf das Verbot reagierten, war die Ablehnung dieser Maßnahme weitverbreitet. Selbst innerhalb des MfS regte sich Protest. Obwohl hier nur fünf Beschwerden über das Ver-

315 ZAIG: Hinweise zu einigen bedeutsamen Aspekten der Reaktion der Bevölkerung im Zusammenhang mit der Mitteilung über die Streichung der Zeitschrift »Sputnik« von der Postzeitungsvertriebsliste der DDR, 30.11.1988, in: BStU, MfS, ZAIG 4244, Bl. 1–5.

316 Sabrow: Die Wiedergeburt des klassischen Skandals, S. 250.

317 Eingabe der Genossen der APO des VEB Robotron-Elektronik Radeberg, 12.12.1988, in: SAPMO-BArch, DY 30/27691, o.Bl.

bot erfolgten, die selbstverständlich Ermittlungen nach sich zogen, zeigte sich, dass den Kritikern von Kollegen Verständnis und Sympathie entgegengebracht wurde. Säuberungs- und Unterwerfungsrituale, die früher in diesem Fall im MfS griffen, funktionierten nicht mehr, weil die wenigen Kritiker das formulierten, was der allgemeinen Stimmung in den Dienstkollektiven entsprach.[318]

Auch in Brandenburg an der Havel wurde das Verbot mit Kopfschütteln zur Kenntnis genommen. Mobilisierungskraft ging jedoch nicht davon aus, und die KPKK musste sich nicht mit dem »Sputnik-Schock« befassen. Anders als in den Bezirksstädten oder der Hauptstadt Berlin, die Verwaltungs- und Kulturzentren darstellten, war die Atmosphäre der Stahlstadt von Facharbeitern geprägt, die sich überwiegend um die Lebens- und Arbeitssituation vor Ort sorgten und weniger um ein sich wandelndes Geschichtsverständnis oder verschiedene Sozialismusvorstellungen. Allein die SED-GO des Brandenburger Theaters schickte eine Eingabe an das Zentralkomitee und das Ministerium für Kultur, in der sie sich über das Sputnik-Verbot und die Streichung mehrerer sowjetischer Spielfilme aus dem Kinospielplan beklagte.[319] Das Reizthema für die meisten Brandenburger Parteimitglieder stellte stattdessen die wenige Wochen vor dem Sputnik-Verbot erfolgte Einführung des neuen Wartburg-Modells dar.[320]

Das kleine konservative Lager in der Mitgliederschaft unterstützte dagegen das Verbot der Zeitschrift. Das Schreiben des Berliner Genossen M.S. an den ZK-Sekretär für Agitation, Joachim Herrmann, gibt einen Einblick in die mentale Verfassung dieser Minderheit in der Partei. Zunächst drückt er seine Zustimmung zur Streichung des *Sputniks* aus: »Dieser Schritt, der sicher durch das ZK der SED initiiert wurde, war meiner Auffassung nach und der vieler meiner Freunde höchst überfällig.«[321] Im weiteren Verlauf seines Briefes begründete er ausführlich die Ablehnung der Zeitschrift, die er als sowjetfeindlich empfand, deren Sprache und Stil immer boshafter und blutrünstiger geworden sei, sodass man den Eindruck bekommen habe, als bestünde die ruhmreiche Geschichte der Sowjetunion nur noch aus Stalins Mordlust und Breschnews Stagnation. Die Geschichtsdebatte und der Diskurs um Wirtschaftsreformen lösten bei ihm und seinen Freunden eine tiefe Verunsicherung aus. Seine Sicht auf die Reformsympathisanten beschrieb der Genosse M.S. daher mit markigen Worten:

318 Süß: Staatssicherheit am Ende, S. 110. Gieseke: Die hauptamtlichen Mitarbeiter der Staatssicherheit, S. 460 f.

319 Eingabe der SED-GO des Brandenburger Theaters, 31.1.1989, in: SAPMO-BArch, DY 30/27691, o. Bl.

320 Siehe den Abschnitt IV.1 in dieser Arbeit.

321 Schreiben des Genossen M.S. an Joachim Herrmann, 21.11.1988, Abschrift, in: SAPMO-BArch, DY 30/IV 2/2037, 36, Büro Joachim Herrmann.

»Ich denke so will Genosse Gorbatschow Glasnost und Perestroika nicht verstanden wissen, nämlich, dass aus allen Löchern konterrevolutionäres und nationalistisches Gewürm hervorbricht, das gegen Lenins Prinzipien und die Einheit der Völker der Sowjetunion zu Felde zieht. [...] Die meisten Leser des Sputniks, wie ich sie persönlich kenne, sind Leute, die sich hochnäsig zur Politik unserer Partei verhalten, die alles ›besser‹ wissen, und die in der ›westlichen Freiheit‹ ihr politisches Vorbild sehen. Es sind die Spießer und Nörgler, die meinen, im Sputnik ein Sprachrohr gefunden zu haben. Es sind Leute, die den Wohlstand den der Sozialismus bietet – und einiges mehr – besitzen, den Pkw, die Datsche, die ideal ausgestattete Wohnung, das überdurchschnittlich gute Einkommen. [...] In letzter Zeit ist zu bemerken, dass diese Leute keinen Hehl aus ihrer ablehnenden Haltung zur Politik unserer Partei machen und in der Hoffnung, dass wir uns den Veränderungen in der UdSSR nicht entziehen könnten, verstehen a) Gen. Gorbatschow zu verfälschen b) die Politik des Gen. Gorbatschow so darzustellen, dass sie als Gegensatz zur SED aufgefasst wird. Dieses schäbige ›Ausspielen‹ ist ihre Grundthese.«[322]

Diese feindselige Haltung gegenüber den Reformanhängern verdeutlicht das Vorhandensein diametral verschiedener sozial-moralischer Milieus in der Mitgliederschaft. Obwohl der Genosse M.S. nicht auf seinen sozialen Hintergrund zu sprechen kommt, ist zu vermuten, dass er eine Tätigkeit im Machtsicherungsbereich ausübte, wo das Berufsethos eng mit der Wertewelt der Partei verknüpft war. Obwohl das konservative Milieu in der Mitgliederschaft sich prinzipiell mit der Linie der Parteiführung identifizierte, war auch hier Frustration verbreitet.

Erneut sorgte auch die innerparteiliche Informationspolitik der SED lagerübergreifend für Missfallen. Die Berichterstattung in den Medien wurde als deutlich verspätet empfunden, sodass SED-Mitglieder der Entscheidung ebenso ratlos gegenüberstanden wie Parteilose. Die Gründe für die Streichung des *Sputniks* von der Postzeitungsliste wurden erst am 25. November im *Neuen Deutschland* erläutert – zu einer Zeit, als das Verbot längst in aller Munde war und auch die westlichen Medien bereits ausführlich darüber berichtet hatten.[323] Nicht nur in den Eingaben wurde die Informationspolitik kritisiert. Ein »Genosse Kurgast«, vermutlich ein Parteifunktionär, der sich zur Kur in Bad Salzungen aufhielt und in der Phase seiner Rekonvaleszenz mit viel Zeit gesegnet war, fasste in seinem anonymen Schreiben an die Abteilung Agitation des ZK zusammen:

»Ich hätte mir vorgestellt: Nach dem Bemerken der schriftstellerischen Auslassungen über Stalin und kommunistische Parteien vor dem 2. Weltkrieg hätte doch ein Historiker sofort im ND Sperrfeuer schießen können, sofort Polemik. Unsere Vorgehensweise ist weit

322 Ebd.
323 Kuczynski: Schwierige Jahre mit einem besseren Ende?, S. 121 f.

unten, auch bei mir, unverständlich: keine Auslieferung, aber auch keine Information, nach 14 Tagen kurze Pressemitteilung zum Verbot mit unzureichender Begründung, nach weiteren 7 Tagen 1. Kommentar […], dann unsere Argumentationen, ND-Leitartikel […] einfach 3 Wochen zu spät.«[324]

Zwar hatten die Genossen inzwischen häufig Situationen erlebt, in denen Informationen verspätet kamen, während im Westfernsehen bereits ausführlich berichtet worden war. Doch angesichts eines Themas, das sehr viele Gemüter bewegte und emotional diskutiert wurde, war diese Ratlosigkeit besonders unangenehm. Was diese Situation im Alltag konkret bedeutete, lässt die Eingabe der FDJ-GO des VEB Forschungszentrums Dresden an den 1. Sekretär des Zentralrates der FDJ, Eberhard Aurich, erahnen. Die FDJler fragten merklich aufgebracht:

»Warum wurde die staatliche und gesellschaftliche Leitung jeder Institution, jeder Jugendfreund und jeder Genosse, 6 kritische Tage allein gelassen, in einer politisch brisanten Angelegenheit, die starke, emotionsgeladene Diskussionen unter den Jugendfreunden, Kollegen und Genossen hervorrief und -ruft?«[325]

Parteimitglieder und FDJler waren durch das Informationsdefizit nicht nur verunsichert. Sie waren äußerem Druck ausgesetzt und wussten auf Nachfragen und in Diskussionen mit Parteilosen keine Antwort. Dass diese Situation mit einem Autoritätsverlust einherging, macht auch die in der Eingabe aufgeworfene Frage deutlich, warum keine Parteiinformation parallel zur Meldung im *Neuen Deutschland* am 19. November in den Betriebsparteiorganisationen (BPO) vorlag. Wie absurd das Verbot der Zeitschrift für Parteilose war, verdeutlicht eine Eingabe eines parteilosen Bürgers an Kurt Hager. Er beklagte sich darüber, dass der *Sputnik* nicht mehr zu bekommen sei. Gleichzeitig würden seine Nachbarn, darunter auch SED-Mitglieder, Antennen für den Empfang des Westfernsehsenders *Sat.1* installieren, die unter der Hand in volkseigenen Betrieben gebaut werden.[326] Die Abkehr von der Sowjetunion einerseits und die Annäherungen an den Westen durch das SED/SPD-Papier wie auch die liberale Handhabe des Westfernsehkonsums andererseits bedeuteten eine Verkehrung der sozialistischen Wertewelt in der Realpolitik, die kaum mehr nachvollziehbar war. Das Sputnik-Verbot stellte auch deshalb einen Kulminationspunkt des Konflikts zwischen Parteiführung und Mitgliederschaft dar, weil die Parteiführung

324 Schreiben von »Genosse Kurgast« aus Bad Salzungen am 13.2.1988, in: SAPMO-BArch, DY 30/IV 2/2.037, 36 (Büro Joachim Herrmann), o. Bl.

325 Eingabe der FDJ-Grundorganisation VEB Forschungszentrum Dresden, 28.11.1988, in: BStU, MfS HA XX Nr. 10217, Bl. 18–20.

326 Eingabe von Jürgen P. an Kurt Hager, Stendal, 1.12.1988, in: SAPMO-BArch, DY 30/27691, o. Bl.

es mit ihrer Informationspolitik versäumte, SED-Mitglieder gleich welchen Lagers zu integrieren.

Trotz diesem desolaten inneren Zustand der SED funktionierte Ende 1988 noch der Repressionsapparat. Mit Parteimitgliedern, die im Zuge des Sputnik-Verbots besonders kritische Eingaben verfasst hatten, wurden nicht allein »klärende Aussprachen« geführt. Es wurden auch Parteiverfahren eingeleitet, welche die aufmüpfigen Genossen disziplinieren sollten. Welch einschüchternde Kraft von den Repressionsmaßnahmen auch Ende 1988 noch ausging, beschreibt der Reformer und Wissenschaftler André Brie in seinen Erinnerungen eindrücklich. Als er von dem drohenden Parteiausschluss erfuhr, weinte er aus Wut, Frustration und auch aus Sorge um seine berufliche Zukunft. Schließlich habe er keinen Ausweg als die demütigende Unterordnung gesehen.[327] Die wachsende innere Abkehr der SED-Mitglieder zeigte sich nicht nur durch die vermehrten Austritte.[328] Auch in den Statistiken der ZPKK bildete sich 1988 erstmals die wachsende Distanzierung der Mitgliederschaft ab. Gegenüber 1987, als 19470 Parteiverfahren durchgeführt wurden, stieg deren Zahl 1988 auf 22998 – seit dem Machtantritt Honeckers die höchste Anzahl von Parteiverfahren. Diese Steigerung war, wie die ZPKK berichtete, unter anderem auf das Sputnik-Verbot zurückzuführen. Zugleich konstatierte sie jedoch eine zunehmende Disziplinierungsmüdigkeit der GO:

> »Auseinandersetzungen und Parteiverfahren ergeben sich in jüngster Zeit auch daraus, dass Parteimitglieder in provokatorischer und außergewöhnlich aggressiver Weise gegen den Kurs unserer Partei auftreten, ›Pluralismus‹ fordern und sich dabei z. T. auf Darstellungen und Artikel aus einzelnen sowjetischen Presseerzeugnissen, wie z. B. des ›Sputnik‹, berufen. Eine Reihe von Parteimitgliedern hält sich aus notwendig werdenden ideologischen Auseinandersetzungen mit falschen und feindlichen Auffassungen heraus, weil sie nicht sicher genug sind, ihnen der Mut dazu fehlt, z. T. aber auch, weil sie ähnliche Positionen vertreten oder Zweifel haben, diese jedoch nicht offen äußern, um nicht ›anzuecken‹.«[329]

327 Er brachte seine Parteigruppe und APO dazu, geschlossen einen kritischen Brief an das ZK zu unterstützen. Mitarbeiter des ZK und des Außenministeriums statteten den Genossen des Instituts für Internationale Beziehungen daraufhin einen Besuch ab, die sich schließlich von ihrer Aktion distanzierten. Brie, André: Ich tauche nicht ab. Selbstzeugnisse und Reflexionen, Berlin 1996, S. 65–71. Auch Fritz Klein beschrieb den Protest seiner Parteiorganisation in der Akademie der Wissenschaften und den immer noch wirksamen Repressionskraft des Apparates. Klein: Drinnen und draußen, S. 330–335.

328 Die durchschnittlich 5000 gewährten Austritte stiegen 1987 auf 8467 und 1988 nochmal auf 8748 an, bevor sie ab September 1989 in eine Massenbewegung umschlugen. Siehe den Abschnitt III.2 in dieser Arbeit.

329 ZPKK: Statistische Analyse über die im Jahr 1988 durchgeführten Parteiverfahren und die erfolgten Löschungen von Parteistrafen, 10.1.1989, in: SAPMO-BArch, DY 30/11075, Bl. 8.

Zwar handelte es sich bei den Eingabeverfassern um eine Minderheit in der Mitgliederschaft. Doch sie sprach hier aus, was die Mehrheit dachte. Dabei bestanden, wie der Bericht der Parteikontrolleure deutlich macht, mit Blick auf die ZK-Information Nr. 245 »höhere Anforderungen an die Genossen«: Das höhere Repressionsbedürfnis ließ sich jedoch angesichts der frustrierten Genossen an der Parteibasis zunehmend schwerer umsetzen. Die Disziplinierungsmethoden der SED funktionierten Ende 1988 zwar noch. Doch stand der Koloss Mitgliederpartei auf tönernen Füßen. Trotzdem hielt die Parteiführung an ihrem repressiven Kurs fest. Auf Politbürositzungen empörte sich Erich Honecker nun immer öfter über Reformer in der SED.[330] In seiner Rede auf der 7. Tagung des Zentralkomitees Anfang Dezember 1988, die den Kurs für den kommenden Parteitag im Mai 1990 vorgab, verkündete er trotzig einen »Sozialismus in den Farben der DDR« und verschärfte seine Rhetorik:

> »Diese Feststellungen sind eine Antwort an alle, die sich der Illusion hingeben, zwischen die KPdSU und die SED einen Keil treiben zu können. Der Prozess der Umgestaltung in der Sowjetunion, das mögen alle wissen, ist von großer Bedeutung für die Stärkung des Weltsozialismus und die Sicherung des Friedens. Bei der Beurteilung dieser Frage darf sich niemand ablenken lassen durch das Gequake wild gewordener Spießer, die die Geschichte der KPdSU und der Sowjetunion im bürgerlichen Sinne umschreiben möchten.«[331]

Diese beleidigende Botschaft wurde genauestens registriert und von den Reformanhängern als konservative Offensive wahrgenommen, die die Mitgliederschaft ein weiteres Mal entmündigte.[332] Der ebenfalls auf der 7. Tagung des ZK angekündigte Umtausch der Parteidokumente für die Zeit vom 1. September bis 31. Dezember 1989 wurde ebenso als Repressionsandrohung empfunden. Turnusmäßig hätte die Aktion zur Vorbereitung des XII. Parteitags 1991 eigentlich 1990 stattfinden müssen. Die vorzeitige Einberufung des Parteitags für den Mai 1990 machte auch eine frühere Umtauschaktion nötig. Diese begründete Erich Honecker zwar allein mit dem bürokratischen Erfordernis, die Gültigkeit der Dokumente zu erneuern.[333] Doch die frühere Einberufung des Parteitags und die Umtauschaktion zeigen, dass die Parteiführung es für nötig hielt zu handeln. Die Maßnahme stand in einer Reihe mit der ZK-Information Nr. 245 und der Beleidigung der Reformsympathisanten als »wild gewordene Spießer«. Die SED-Parteiführung forcierte die bereits eingeleitete

330 Malycha: Die SED in der Ära Honecker, S. 316 f.

331 Erich Honecker: Mit Blick auf den XII. Parteitag die Aufgaben der Gegenwart lösen. Aus dem Bericht des Politbüros an die 7. Tagung des Zentralkomitees der SED, in: Neues Deutschland, 2.12.1988, S. 3.

332 Segert: Das 41. Jahr, S. 39–43; Bortfeldt: Von der SED zur PDS, S. 42 f.

333 Honecker, Erich: Mit dem Blick auf den XII. Parteitag die Aufgaben der Gegenwart lösen. Aus dem Bericht des Politbüros an die 7. Tagung des ZK der SED, Berlin (Ost) 1988, S. 88.

härtere innerparteiliche Gangart und erhöhte den Druck auf die Parteibasis. Dass die Geschichtsdebatte aus Sicht der Parteiführung ein Stachel im Fleisch der SED war, zeigte sich nicht zuletzt daran, dass das ZK-Sekretariat Ende Januar 1989 einen neuen Themenplan für das Parteilehrjahr 1989/90 beschloss, der die Behandlung der Geschichte und Politik der KPdSU nicht mehr vorsah.[334] Bis zu diesem Zeitpunkt war der Blick auf die Bruderpartei als fester Programmpunkt im Lernkanon für Parteimitglieder verankert gewesen.[335]

Während sich reformorientierte Mitglieder – insbesondere (Partei-)Intellektuelle – an die 7. ZK-Tagung auch rückblickend noch als einschneidendes Moment einer Entfremdung zwischen Parteibasis und Parteiführung erinnern, in der Letztere einen Pyrrhussieg verzeichnen konnte,[336] rief diese Tagung unter den Parteiangehörigen im industriellen Bereich keine heftigen Reaktionen hervor. Die Themen, die SED-Mitgliedern dort unter den Nägeln brannten, wie Wirtschaftsreformen oder das wachsende Bedürfnis nach Öffentlichkeit und Informationen, waren auf der ZK-Tagung erneut nicht angesprochen worden. Ausschließlich die kleine Gruppe der Reformverweigerer mochte sich nach diesem Vorstoß der Parteiführung wieder beruhigen, nachdem sie sich im Zuge des Sputnik-Verbots im agitatorischen Abseits wähnte. Regelrechte Begeisterung löste das Referat Honeckers beim Genossen M.S. aus, der bereits im Zuge des Zeitschriftenverbots einen Brief an die Abteilung Agitation des ZK geschrieben hatte, in dem er das Verbot unterstütze. Jetzt wandte er sich erneut mit einem Brief an Joachim Herrmann, den Sekretär für Agitation. Darin konnte Genosse M.S. seine Freude, dass Teile seines ersten Briefes Eingang in die Rede Honeckers gefunden hatten, kaum bändigen. In seinem ersten Schreiben hatte er seinem Ärger über Reformsympathisanten Luft gemacht, die sich nun für die Politik aus Moskau stark interessieren würden, obwohl ihnen die Politik der SED zuvor »zu russisch« gewesen sei. Honecker hatte aus dem ersten Brief auf der 7. ZK-Tagung wörtlich zitiert:

> »Diesen neuen ›Freundchen‹ der Sowjetunion, so schrieb ein Bürger der DDR an unser Zentralkomitee, passt es heute absolut nicht, wenn wir die allgemeingültigen Gesetzmäßigkeiten des Sozialismus mit unserem Handeln verbinden, wie es unsere Partei immer getan hat. ›Sie hat nie zugelassen, dass bei uns Personenkult und Massenrepressalien auftreten konnten‹. Der Brief endet mit der Aufforderung: ›Setzt diese gute Politik fort!‹ «[337]

334 Themenplan für das Parteilehrjahr 1989/90, Beschluss des Sekretariats des Zentralkomitees der SED, 25.1.1989, Protokoll Nr. 9/89, Anlage Nr. 6, in: SAPMO-BArch, DY 30/J IV 2/3/4352, o. Bl.

335 Aufgaben und Gestaltung des Parteilehrjahres in den Jahren 1986 bis 1991, Beschluss des Politbüro des ZK der SED, 3.6.1986, Protokoll Nr. 6/86, in: SAPMO-BArch, DY 30/J IV 2/2/2168, o. Bl.

336 Bortfeldt: Von der SED zur PDS, S. 42 f.

337 Erich Honecker: Mit Blick auf den XII. Parteitag die Aufgaben der Gegenwart lösen. Aus dem Bericht des Politbüros an die 7. Tagung des Zentralkomitees der SED, in: Neues Deutschland, 2.12.1988, S. 3.

Anfang Mai 1989 erreichte der zweite Brief des Genossen M.S. das Zentralkomitee. Darin schrieb er:

> »Als ich dies im Fernsehen hörte und später las, dachte ich mich streift ein Autobus. Ich hätte nie gedacht, dass die Überlegungen eines einfachen Parteimitgliedes ohne Parteifunktionen durch Euch eine derartige Beachtung finden. Es erfüllt mich mit Stolz, damit ein wenig zur Formulierung unserer Parteipolitik ›mitgearbeitet‹ zu haben. Für mich ist dies der überzeugendste Beweis für eine gut funktionierende Demokratie in unserer Partei, wonach ein einfaches Mitglied das Recht und vielleicht auch die Pflicht hat, seiner Partei ungeschminkt die Meinung zu schreiben.«[338]

Im weiteren Verlauf schilderte er, wie stark ihn die Rede motiviert habe, sich mit sogenannten »Spießern« auseinanderzusetzen: Er habe mit einer älteren Dame gestritten, die an der DDR trotz einer aufwendigen medizinischen Behandlung nichts Gutes fand, mit einem Studenten, der einen Gorbatschow-Sticker trug, und mit einem »Genossen Akademiker«, der an der Effizienz der Wirtschaft zweifelte. Letzterer habe sich empört aus der »Diskussion« verabschiedet. Genosse M.S. schien Ende 1988 das einzige Parteimitglied zu sein, das hoch motiviert war, den Offizialdiskurs zu vertreten. Der sechsseitige, streckenweise die Parteilinie erläuternde und teilweise anbiedernde Brief ist, wie auch das erste Schreiben, als Abschrift in den Unterlagen der Abteilung Agitation zu finden. Ob es sich hier tatsächlich um das authentische Schreiben eines einfachen Parteimitglieds handelt oder um ein von verzweifelten ZK-Mitarbeitern abgefasstes Dokument im Stile Nina Andrejewas, das allein nach innen wirken sollte, um die Moral aufrechtzuerhalten, muss offen bleiben.

4. Das Krisenjahr 1988. Zwischenfazit

Die 1980er-Jahre waren alles andere als ein ruhiges und stabiles Jahrzehnt für die Mitgliederschaft. Die SED war in eine tiefe Krise geraten, die Ende der 1970er-Jahre eingesetzt hatte, sich im Laufe des Jahrzehnts zuspitzte und Ende 1988 einen vorläufigen Höhepunkt erreichte. Anders als in der Sowjetunion setzte in der DDR-Gesellschaft und in der SED-Mitgliederschaft bereits vor dem Machtantritt Gorbatschows eine Krisenwahrnehmung ein: Seit Ende der 1970er-Jahre breitete sich das Bewusstsein aus, dass ein wirtschaftlicher Abstieg eingesetzt hatte. Diese Entwicklung wurde mit der wachsenden Präsenz des Westens zunehmend als krisenhaft empfunden. Mit Glasnost und Perestroika ging dann die politische Stabilität verloren. Im Inneren der

338 Brief des Genossen M.S. an Joachim Herrmann, 16.5.1989, Abschrift, in: SAPMO-BArch, DY 30/IV 2/2037, 36 (Büro Joachim Herrmann), o. Bl.

SED hinterließen diese gesellschaftlichen Konfliktfelder tiefe Spuren: Sie hebelten sukzessive die soziale und ideologische Steuerungsfunktion der GO aus, sodass sich Parteimitglieder von ihren Rollen als Ideologievermittler und Vermittler des Sozialen schrittweise zurückzogen.

Dieser innerparteiliche Erosionsprozess vollzog sich zunächst infolge der zunehmenden Versorgungsprobleme. Die wirtschaftliche Talfahrt führte Anfang der 1980er-Jahre zu Preissteigerungen, von denen erst untere und dann auch mittlere Einkommen besonders betroffen waren. Auch im Arbeitsalltag der Betriebe war der Versorgungsmangel immer stärker zu spüren. Parteimitglieder waren davon ebenso betroffen wie Parteilose. Angesichts des Erfahrungshorizontes einer besseren Versorgung in den vorangegangenen Jahren und der Tabuisierung der für alle im Alltag spürbaren Probleme durch die Parteiführung konnten Parteimitglieder die Wirtschaftspolitik immer schlechter erklären und rechtfertigen. Auch ihre Rolle als Vermittler des Sozialen litt, da es vor Ort schwieriger wurde, Abhilfe zu organisieren. Seit 1985 wurde dieser Zustand als dauerhaft empfunden, und ab 1986 hatte sich die Wahrnehmung der DDR als »Mangelgesellschaft« etabliert.

Mit der Lockerung der Westreiserestriktionen machten sich ab 1987 über eine Million DDR-Bürger, darunter viele Parteimitglieder, selbst ein Bild vom Lebensstandard West, was die Krisenwahrnehmung noch verstärkte: Die Versorgungslage wurde durch den direkten Vergleich nun als derart miserabel empfunden, dass sich Zweifel an der Wirtschaftspolitik und am Wirtschaftssystem auftaten. Bei den Parteimitgliedern wuchs infolgedessen das Informationsbedürfnis über Hintergründe und Ursachen des wirtschaftlichen Sinkflugs, dem jedoch nicht entsprochen wurde. Im Stahlwerk in Brandenburg blieben seit Ende des Jahres 1987 Antworten aus der Kreisleitung über Lösungsinitiativen für die von den GO vorgebrachten Probleme aus. Die soziale Steuerungsfunktion der GO kam damit zum Erliegen, und das politische Engagement verlor für viele Parteimitglieder seinen sozialen Sinn. Im Zuge der Ankündigung des neuen Wartburg-Modells steigerte sich die Frustration im September 1988 zu regelrechten Wutausbrüchen. Zwar erging eine ZK-Information an Parteimitglieder. Doch griff die Parteiführung wieder nicht die Krisenwahrnehmung an der Basis auf, sodass nun selbst in der Parteiöffentlichkeit Kritik artikuliert wurde.

Dass der Westen für die Krisenwahrnehmung in der DDR – als Sozialismus in einem halben Land (Staritz) – eine viel größere Bedeutung einnahm als in der Sowjetunion, zeigt sich auch an der Devisen- und Reisefrage. Gerade in diesem Kontext wurde der soziale Steuerungsverlust der GO im Besonderen und der SED im Allgemeinen nicht nur auf praktischer, sondern auch auf symbolischer Ebene erfahren. Mit der Politik der Westöffnung verlor die SED sukzessive die Hoheit über den Zugang zu Ressourcen. Die DM wurde zur Kompensation der Versorgungsmängel immer wichtiger, und der Riss aus Profiteuren und Ausgeschlossenen durchzog auch die Mitgliederschaft. Der Frust jener, die zufällig über keine Westverwandten oder Kontakte verfügten oder als Geheimnisträger und Angehörige bewaffneter Organe nur eingeschränkten bzw. gar keinen Kontakt haben durften, weitete sich seit 1985 zur Wahrnehmung einer Zwei-Klassen-Gesellschaft aus. Träger der Parteiherrschaft fanden sich plötzlich in der Gruppe der Benachteiligten wieder. Politisches Engagement und Loyalität zahlten sich für die Ausgeschlossenen immer weniger aus.

In der Parteiöffentlichkeit mit ihren engen Grenzen des Sagbaren war diese Problematik ein Tabu. Doch klagte die ZPKK, dass die Regeln der Kontaktbeschränkung immer häufiger unterlaufen würden. Die Lockerung der Westreiserestriktionen 1985 führte sogar zu einem Akzeptanzverlust der Einschränkungen und Verbote. Je mehr Personen reisen durften, desto größer wurde das Reisebedürfnis – auch bei Parteimitgliedern. Die Spaltung der Gesellschaft vertiefte sich bis Ende 1988, und die von Westreisen Ausgeschlossenen wurden in ihrer Loyalität auf eine harte Probe gestellt. Dass sich die Devisen- und Reisefrage zur Legitimationskrise entwickelte, veranschaulicht auf der anderen Seite auch die Reaktion des konservativen Lagers, das sich von der Parteiführung distanzierte, weil die Westpolitik ihr Feind- und Weltbild erschütterte. Das schwindende Feindbild hatte auch ganz praktische Konsequenzen für jene, die im Alltag Reiserestriktionen vertreten und durchsetzen mussten. Die staatliche und dienstliche Autorität von Lehrern, Polizisten, Justiz- und Verwaltungsangestellten wurde unterminiert, sodass diese Gruppen eine Sinnkrise erlebten. Je brisanter die Reisefrage im Alltag wurde, desto größer wurde das Bedürfnis von Parteimitgliedern nach orientierenden Informationen und Argumentationshilfen. Denn die Ideologievermittlung entwickelte sich immer mehr zum Spießrutenlauf. Während das Westfernsehen in der Regel bereits frühzeitig berichtete, blieben die Informationen seitens der Parteiführung aus, erfolgten zu spät oder ignorierten die alle bewegenden Konflikte. Parteimitglieder waren immer weniger bereit, eine janusköpfige Politik zu vertreten, die viele von ihnen benachteiligte.

Mit dem Machtantritt Gorbatschows und der Rezeption seiner Reformpolitik erhielt die gesellschaftliche und innerparteiliche Krise ab 1985 verstärkt eine politische Note. Zunächst setzte eine Repolitisierung der Mitgliederschaft ein. Sie spaltete sich in eine Mehrheit von frustrierten, jedoch mobilisierten Reformanhängern und eine Minderheit desillusionierter Konservativer. Mit der Reformpolitik Gorbatschows öffnete sich der ideologische Raum, sodass Reformbefürworter die innerparteilichen Grenzen des Sagbaren immer weniger akzeptierten und die Eindämmungsversuche der Parteiführung als Repression empfanden. Dagegen war das kleine konservative Lager von dem Reformprozess in der Sowjetunion erschüttert, wünschte klare abgrenzende Standpunkte und schlagkräftige Argumente. Entscheidend ist, dass es der Parteiführung mit ihrer Informationspolitik nicht gelang, beide Lager zu integrieren. Gleich welche innere Haltung ein SED-Mitglied hatte, die Reformabsage der Parteiführung war im angespannten gesellschaftlichen Klima bei ausbleibenden Stellungnahmen und Argumenten nicht vermittelbar. Die Parteispitze verfolgte die Strategie, die Bedeutung von Glasnost und Perestroika herunterzuspielen und ein Eindringen von Informationen abzuwehren. Da sich die meisten DDR-Bürger über das Westfernsehen informieren konnten, ging diese Strategie nicht auf. Das Sputnik-Verbot bildete den Kulminationspunkt dieser lagerübergreifenden Desintegration: Die einen konnten, die anderen wollten diese Politik nicht mehr vertreten.

Der Parteiführung blieb die desolate Lage in der Mitgliederschaft freilich nicht verborgen. Sie zog daraus den Schluss, den Druck auf die Genossen weiter zu erhöhen. Der mit der ZK-Information Nr. 245 zu Beginn des Jahres 1988 eingeschlagene innerparteiliche Repressionskurs, der bereits seit Ende 1987 auch gegen Oppositionelle gefahren wurde, sollte mit dem vorgezogenen Umtausch der Parteidokumente 1989 fortgesetzt werden. Denn auch wenn die soziale und ideologische Steuerungsfunktion der GO und damit die Vermittlerrolle von Parteimitgliedern 1988 zum Erliegen gekommen waren, funktionierte die Repression als letzte Säule der innerparteilichen Kohäsionstektonik durchaus noch.

V. Zwischen Zerfall und Transformation. Die SED im Jahr 1989

Das Jahr 1989 steht für die Selbstbefreiung der Bürger der DDR, den Zerfall der SED-Herrschaft und das Ende der DDR. Seit Mai begannen die Bürgerrechtler zu mobilisieren, im Sommer setzte die massenhafte Flucht und Ausreise über Ungarn ein, und ab August kam es zum Schulterschluss zwischen den Bürgerrechtsgruppen und der breiteren Bevölkerung, der schließlich den Weg auf die Straße ebnete. All dies hinterließ tiefe Spuren bei den Mitgliedern der Einheitspartei. Wir wissen heute, dass die Parteiherrschaft unter diesem Druck kollabierte und dass ein Großteil der Mitglieder der SED binnen weniger Wochen den Rücken zukehrte. Allein zwischen November 1989 und Januar 1990 verließen 600 000 Mitglieder die Partei. Diese Austrittswelle hatte sich bereits einige Monate vorher angebahnt. In den zehn Monaten von Januar bis Oktober 1989 verließen knapp 60 000 Mitglieder die SED, ca. 30 000 traten aus, knapp 18 000 wurden ausgeschlossen und fast 11 000 gestrichen – ein seit dem Mauerbau einmaliger Mitgliederverlust.[1] Die Parteiführung reagierte auf die innerparteiliche Krise seit Beginn des Jahres 1988 mit einer härteren Gangart. Dazu gehörte auch Honeckers Ankündigung eines Umtauschs der Parteidokumente für September bis Dezember 1989. Das sollte die Reihen der Mitgliederschaft wieder schließen. Jahrzehntelang hatte dieses innerparteiliche Instrument funktioniert, sei es zur Säuberung in den 1950er-Jahren, sei es, wie bei der letzten Überprüfung Anfang der 1980er-Jahre, um die Parteibasis in persönlichen Gesprächen zu einer aktiveren Rolle zu motivieren.[2] Doch geschah 1989 etwas völlig anderes: Der Umtausch der Parteidokumente geriet nun zu einem Katalysator des Auseinanderfallens der Partei.

Trotz Machtverlust und Massenaustritten löste sich die SED 1989 jedoch nicht auf, sondern erlebte einen Transformationsprozess. Mit neuem Namen, neuem Selbstverständnis, neuen inneren Strukturen und unter neuen politischen Rahmenbedingungen existierte in Ostdeutschland weiterhin eine sozialistische Partei: 1991 waren knapp 96 Prozent der 240 000 PDS-Mitglieder einst in Besitz des SED-Par-

1 Peters: Arbeitermythos und Staatspartei, S. 30–32.
2 Zum Wandel des Umtauschs der Parteidokumente siehe den Abschnitt III.1 in dieser Arbeit.

teibuches gewesen.[3] Wer sich 1989 für die weitere Existenz der Partei engagierte und warum, wird in diesem Kapitel ebenso beleuchtet wie die Frage, wer der Staatspartei aus welchen Gründen den Rücken zukehrte. Vor allem wird jedoch das Phänomen der Massenaustritte untersucht: Wann, wie und warum die Erosion der SED in einen inneren Zerfall umschlug und der Parteiapparat die Kontrolle über die Mitglieder verlor, steht im Zentrum des Erkenntnisinteresses. Deshalb werden in einem ersten Schritt die Entwicklungen der ersten Jahreshälfte 1989 aus Perspektive der Parteimitglieder analysiert. Daran anknüpfend wird der Frage nachgegangen, weshalb die innerparteiliche Repression im Zuge des Umtauschs der Parteidokumente im Sommer ihre Kraft einbüßte. Zuletzt werden die Fliehkräfte des Zerfalls im Herbst dargestellt, die unterschiedliche Verhaltensmuster des Loyalitätsverlustes – vom stillen Austritt bis zum lauten Protest – hervorbrachten.

1. Verlust der Deutungshoheit

So unterschiedlich die Positionen und Haltungen an der Parteibasis und in der Mitgliederschaft insgesamt auch gewesen sein mochten, ein sang- und klangloses Ende der mächtigen Staatspartei war selbst 1989 für die Mitglieder wie für nahezu jeden anderen auch unvorstellbar.[4] Erich Honecker rief am 19. Januar 1989 mit seiner markigen Behauptung, die Mauer werde in 50 und auch in 100 Jahren noch bestehen, wenn die Gründe dafür nicht beseitigt werden, noch einmal zentrale Ingredienzen der Parteiherrschaft auf: die Entschlossenheit zur Machtsicherung, sogar die Perspektive, dass irgendwann in Westdeutschland ebenfalls der Sozialismus seinen Weg finden werde, und die Überzeugung, dass gerade für die DDR eine graduelle Veränderung, wie sie zu diesem Zeitpunkt in Ungarn oder Polen bereits auf dem Weg war, nicht in Frage komme.[5] In Kontrast zu diesem ostentativen Selbstbewusstsein hatten sich die Konfliktfelder in der Gesellschaft und der Mitgliederschaft zugespitzt: In Wirtschaft und Versorgung ging es kaum noch voran. Der Westen war in allen Köpfen, und die Perestroika hatte Alternativen im sozialistischen Denkhorizont eröffnet. Unter diesem Problemdruck war die Funktion der Grundorganisationen (GO) als soziale und ideologische Steuerungsinstanzen zum Erliegen gekommen, und Parteimitglieder zogen sich von ihren Rollen als Ideologievermittler und Verwalter des Sozialen zurück.[6]

3 Chrapa/Wittich: Die Mitgliedschaft, S. 8.
4 Sabrow: Der Konkurs der Konsensdiktatur, S. 83–116.
5 Honecker, Erich: Rede von Erich Honecker auf der Tagung des Thomas-Müntzer-Komitees am 19. Januar 1989, in: SAPMO-BArch, DY 30/2333, Bl. 22.
6 Siehe den Abschnitt IV.4 in dieser Arbeit.

Trotz dieser alarmierenden Gesamtlage schien Erich Honecker einzig besorgt um die Deutungshoheit und Autorität der Parteiführung: Im Schatten der Perestroika wurden die Klagen an der Parteibasis über Versorgungsmängel immer lauter, doch Honecker kanzelte die Kritiker als »Meckerer und Nörgler« ab. Die Eingabeverfasser im Zuge des Sputnik-Verbots mussten sich Parteiverfahren stellen. Hinter den Kulissen kam es auf Politbüro-Sitzungen im Januar und Februar 1989 zu regelrechten Wutausbrüchen über Reformanhänger in den Reihen der Mitgliederschaft.[7]

Honeckers Wahrnehmung der Parteibasis war ebenso wie sein Politikverständnis lebensgeschichtlich verankert. Geboren 1912 gehörte er zu den jüngsten Vertretern der DDR-Gründergeneration, für die die Vorstellung einer straff organisierten Partei zentral war.[8] Die Wut Honeckers über Reformsympathisanten in der Mitgliederschaft hatte somit den Charakter eines Generationenkonflikts. Neben der bisher einzig gültigen Lenin'schen Denkfigur des Parteimitglieds als (Vor-)Kämpfer der Parteiführung erhielt mit der Moskauer Reformpolitik nun die alternative Vorstellung des von der Zentrale emanzipierten und kritischen Parteimitglieds Legitimität. Dies führte dazu, dass innerhalb der SED die Grenzen des Sagbaren immer weniger akzeptiert wurden. Disziplinierung bis hin zum Parteiausschluss war in Honeckers Denkhorizont die einzig richtige Methode, um die Folgebereitschaft in der leninistischen Partei wiederherzustellen. So beunruhigte ihn auch nicht die zunehmende Zahl der Austritte.[9] Der ehemalige Vorsitzende der Zentralen Parteikontrollkommission (ZPKK), Erich Mückenberger, berichtete im Nachhinein, den Generalsekretär im Januar 1989 besorgt auf diesen Zustand hingewiesen zu haben:

> »Ich machte auf diese ernste Angelegenheit aufmerksam. Ich sagte, dass das ungesund ist für die Partei. Dass hier wie ein Grippeerreger eine Krankheit grassiert. Hier müssen wir eingreifen. Und ich bekam eine lakonische Antwort vom Generalsekretär unserer Partei und von anderen. ›Warum regst du dich denn darüber auf. Das ist doch eine Selbstreinigung der Partei. Ihr müsst nur aufpassen, dass nicht einige darunter sind, die dem Parteiausschluss zuvorkommen wollen.‹ So war das.«[10]

Dass der ehemalige Vorsitzende der ZPKK den alarmierenden inneren Zustand der SED wirklich erkannte und, wie es in der Schilderung anklingt, einen Kollaps vorhersah, ist zu bezweifeln. Interessant ist jedoch die Sichtweise Honeckers und sei-

7 Malycha: Die SED in der Ära Honecker, S. 317 f.

8 Siehe den Abschnitt II.2 in dieser Arbeit. Siehe auch: Land/Possekel: Namenlose Stimmen waren uns voraus, S. 22 f.; Weitz: Creating German Communism, S. 233–279; Epstein: The Last Revolutionaries, S. 16–70; Sabrow: Der führende Repräsentant, S. 61–88. Siehe auch: Mallmann: Kommunisten in der Weimarer Republik.

9 Siehe den Abschnitt III.2 in dieser Arbeit.

10 Gespräch mit Erich Mückenberger am 4.12.1989 in Wandlitz, Haus 2, in: Kirschey, Peter: Waldsiedlung Wandlitz. Die geschlossene Gesellschaft. Versuch einer Reportage, Berlin 1990, S. 59.

ner Vertrauten, die die Austritte als »Selbstreinigung der Partei« sahen. Nicht nur mussten dem Generalsekretär die knapp 9000 Austritte angesichts der zu diesem Zeitpunkt 2 324 995 Mitglieder und Kandidaten umfassenden Partei, in die 1988 noch über 50 000 Personen eintraten, als zu vernachlässigende Größe erscheinen.[11] Zentral war für ihn, dass die Hegemonie und Autorität des Parteiapparates bzw. die für die GO gültigen Normen gewahrt blieben. Es musste in den Händen der Parteileitungen der GO bzw. der Kreisleitungen bleiben, ob ein Austrittsgesuch gewährt oder das Mitglied aus der SED ausgeschlossen wurde. Gemäß dieser Vorstellung der »Selbstreinigung« sollten mit dem Umtausch der Parteidokumente die lauter werdenden kritischen Stimmen der Reformbefürworter zum Schweigen gebracht werden. Im alten Disziplinierungsstil sollten sie zur Unterordnung gezwungen oder ausgeschlossen werden. Um die Parteikontrolleure auf den anstehenden Umtausch einzustimmen, bekräftigte der stellvertretende ZPKK-Vorsitzende Werner Müller Ende Januar 1989 auf einer Arbeitstagung diese repressive Zielsetzung:

> »Ja, Genossen, und auch diejenigen, die nach dem 7. Plenum und den prinzipiellen Darlegungen des Genossen Erich Honecker noch die Meinung vertreten, ›wir müssen unsere Politik ändern‹, ›wir müssen dem feindlichen Druck nachgeben‹, ›man muss der Parteiführung Ratschläge geben und durch Vorschläge die bewährte Politik der Partei korrigieren‹, gehören nicht mehr in unsere Partei.«[12]

Später wurde der Referent in seiner Ansprache sogar noch deutlicher: »Liebe Genossinnen und Genossen! Es ist nach der 7. Tagung des Zentralkomitees nicht mehr verständlich und auch nicht tragbar, dass Leute, die solche Haltungen beziehen und sich auf ›Perestroika‹ berufen, noch Mitglied der SED bleiben.«[13]

Nicht zuletzt schärfte der Redner seinen Kollegen ein, mit Härte gegen Reformbefürworter in den Reihen der SED vorzugehen, weil die Parteikontrolleure im Zuge des Verbots der Zeitschrift *Sputnik* die Erfahrung gemacht haben, dass die Parteileitungen der GO und sogar Kreisleitungen oft mit großer Nachsicht verfahren seien. Es wurde schwieriger, an der Parteibasis die Parteidisziplin durchzusetzen, weshalb dieses Arbeitstreffen auch der Selbstvergewisserung diente. Zwar standen seit 1988 die Zeichen innerhalb wie außerhalb der Partei auf Konfrontation und Repression. Doch startete die Parteiführung im Januar einen letzten Integrationsversuch. Für den Sommer wurde die Gründung einer neuen Massenorganisation angekündigt: Mit dem

11 Abteilung Parteiorgane: Mitgliederbewegung der SED im Jahre 1988, Anlage Nr. 1 zum Protokoll Nr. 4 vom 10.1.1989, in: SAPMO-BArch, DY 30/J IV 2/3 4347, o. Bl.

12 Werner Müller: Aufgaben und Schwerpunkte der Arbeit der Parteikontrollkommissionen der SED bei der Durchführung von Parteiverfahren, Referat für die Arbeitstagung in Üdersee vom 31.1. bis 3.2.1989, in: BStU, MfS, SED-KL Nr. 4575, Bl. 496–552, hier Bl. 508.

13 Ebd., Bl. 526.

»Verband der Freidenker« sollte gegenüber Kirche und Opposition verlorene Lufthoheit zurückgewonnen werden. Diese Bemühung scheiterte jedoch kläglich, da die innenpolitische Situation bereits zu angespannt war: Die Zielgruppe erkannte, dass es sich bei dem Angebot einer gesellschaftspolitischen Öffnung nicht um ein ehrliches Angebot handelte, sondern um Taktik.[14] Auch die Vorstellung des designierten Verbandsvorsitzenden, dem Pädagogen und ehemaligen Rektor der Humboldt-Universität Helmut Klein, in jeder Wohngebietsgruppe einen Stamm handfester Genossen als Kern zu gewinnen, die über die Grenzen des Sagbaren wachen würden, entsprach nicht mehr den Realitäten. Längst hatten sich Jugendliche, Intellektuelle, Ökonomen und Ingenieure wie Industriearbeiter mit Parteibuch innerlich von der Politik der Parteiführung gelöst und sympathisierten aus unterschiedlichsten Gründen mit den Reformprozessen in der UdSSR und dem Umbruch im kommunistischen Europa. Ihre Krisenwahrnehmung erfuhr in der ersten Jahreshälfte 1989 einen weiteren Schub.

Umbruch im kommunistischen Europa

Im Januar und Februar erschienen im *Neuen Deutschland* mehrere Meldungen des Allgemeinen Deutschen Nachrichtendienstes (ADN) über den Verlauf der Perestroika in der Sowjetunion und in Ungarn, die große Aufmerksamkeit auf sich zogen. Darin wurden der ausbleibende wirtschaftliche Aufschwung trotz Reformmaßnahmen thematisiert sowie die schlechten Lebensbedingungen der Bevölkerung. Arbeitslosigkeit und Armut seien weitverbreitet. Im Januar veröffentlichte das *Neue Deutschland* zwei Meldungen, die in wenigen Worten darüber berichteten, dass zwei Millionen Menschen in Ungarn und 43 Millionen in der Sowjetunion unterhalb der Armutsgrenze leben würden.[15] Da die Parteiführung eigentlich darum kämpfte, aktuelle Informationen zur Perestroika von der Bevölkerung fernzuhalten und sogar vor dem Verbot einer sowjetischen Zeitschrift nicht zurückschreckte, liegt die Vermutung nahe, dass Erich Honecker als »Generalchefredakteur« des *Neuen Deutschland* die Strategie verfolgte, dem weitverbreiteten Zuspruch zur Reformpolitik einen Dämpfer zu verpassen und Deutungshoheit zurückzugewinnen.[16] Tatsächlich hinterließ die Berichterstattung tiefen Eindruck – allerdings nicht im Sinne Honeckers.

Laut Ministerium für Staatssicherheit (MfS) wurden die Meldungen von der Bevölkerung genauestens registriert und diskutiert; sie lösten »Besorgnis, Unsicherheit

14 Kowalczuk: Endspiel, S. 304–307.

15 Runge, Bernd: Ungarn setzt das Programm wirtschaftlicher Veränderungen fort, in: Neues Deutschland, 4.1.1989, S. 5; Zwei Millionen Ungarn leben in Armut, in: Neues Deutschland, 12.1.1989, S. 2. Siehe auch: 43 Millionen Sowjetbürger unterhalb der Armutsgrenze, in: Neues Deutschland, 21.1.1989, S. 7, Károly Grósz auf der Tagung des Zentralkomitees der USAP, in: Neues Deutschland, 15.2.1989, S. 6.

16 Fiedler, Anja: Medienlenkung in der DDR, Köln/Weimar/Wien 2014, S. 289–313 sowie 324–331.

und tiefe Betroffenheit«[17] aus. Zwar breitete sich Skepsis und eine gewisse Distanz gegenüber der Perestroika-Politik aus. Auch im Lager der Reformanhänger schlug die anfängliche Begeisterung zunehmend in Ernüchterung um – was sich bereits im Sommer in Reaktion auf die Unionsparteikonferenz andeutete.[18] Doch desavouierte diese Berichterstattung nicht wie beabsichtigt Glasnost und Perestroika als falschen politischen Weg, sondern den Sozialismus als Gesellschaftsordnung. Wie das MfS dokumentierte, würde sich nun »die Frage nach der Sieghaftigkeit und Perspektive des Sozialismus neu stellen«.[19] Die Meldung über weitverbreitete Armut in sozialistischen Staaten löste nicht nur Betroffenheit aus. Dass eine solche Entwicklung überhaupt möglich war, ließ auch die Sorgen um die heimische Wirtschafts- und Versorgungskrise weiter anwachsen. Damit war eine neue Stufe der Krisenwahrnehmung erreicht, und die Parteimitglieder fühlten sich in dieser Atmosphäre der Besorgnis und Zweifel erneut »allein gelassen«.[20] Ohne begleitende Hintergrundinformationen und Argumentationshinweise war es ihnen angesichts der »immer wieder gestellten Fragen« nicht möglich, die Parteilinie zu vertreten. Lehrer waren davon besonders betroffen. Sie standen unter gehörigem Erklärungsdruck und sahen sich kaum mehr dazu in der Lage, jungen Menschen »die Vorzüge und Perspektivhaftigkeit des Sozialismus« nachzuweisen.[21] Unter Studenten wie auch bei »Angehörigen der Intelligenz« machten sich Zweifel breit, ob der Sozialismus angesichts all dieser innenpolitischen Probleme in der Sowjetunion, in Ungarn, Polen und auch in der DDR überhaupt das bessere Gesellschaftsmodell sei. An Hochschulen und Universitäten forderten Studenten sogar eine offene Sozialismusdiskussion.[22]

Während in den Reihen der Reformanhänger die Begeisterung über die Perestroika nachließ und sich generelle Zweifel am sozialistischen Gesellschaftsmodell ausbreiteten, verstärkte sich auch im konservativen Parteimilieu die Desillusionierung und Distanz zur Parteiführung. Der Umbruchprozess in Ungarn, Polen und der Sowjetunion sowie Informationen über dort herrschende wirtschaftliche Schwierigkeiten verunsicherten die konservativen Parteimitglieder. Allerdings entwickelten sie keine Zweifel gegenüber der sozialistischen Gesellschaftsordnung. Vielmehr hielten sie die Strategie der Berichterstattung der DDR-Presse und damit die Informationspolitik der Parteiführung für völlig verfehlt. Stein des Anstoßes war für sie die ungezügelte Diskussion über (wirtschafts-)politische Fehler der Vergangenheit, die ihre

17 ZAIG: Hinweise über einige beachtenswerte Aspekte der Reaktion der Bevölkerung auf Veröffentlichungen in den Medien der DDR über Entwicklungstendenzen in sozialistischen Staaten, 2.3.1989, in: BStU, MfS, ZAIG 4248, Bl. 1–8, hier Bl. 2.

18 Ebd., Bl. 3–5.

19 Ebd., Bl. 3.

20 Ebd.

21 Ebd.

22 Ebd., Bl. 7–8.

Lebensleistung und Denkwelt in Frage stellten. Das MfS hielt erneut ihre Perspektive fest: »Die offene Fehlerdiskussion vor allem in den sowjetischen Medien habe ihrer Meinung nach ein unvertretbares Ausmaß angenommen und beinhalte Züge des Anarchismus.«[23] Diejenigen, die das Sputnik-Verbot im November 1988 für längst überfällig hielten, mussten nun mit Erschrecken feststellen, dass die für sie chaotische und schamlose Diskussionskultur der Perestroika auch im *Neuen Deutschland* Einzug hielt. Die Strategie, mit der Veröffentlichung von innenpolitischen Schwierigkeiten in der Sowjetunion und Ungarn Deutungshoheit zurückzugewinnen, missglückte gründlich. Anstatt den Mainstream dahin zu lenken, die Politik von Glasnost und Perestroika für den falschen politischen Weg zu halten, entwickelten sich nun grundlegende Zweifel am Gesellschaftssystem, die auch SED-Mitglieder erfassten: Die Parteiführung vermochte es nicht, Reformsympathisanten (mit Parteibuch) auf ihre Seite zu ziehen, und verprellte sogar das Lager der Konservativen.

Die innenpolitische und innerparteiliche Krise verschärfte sich nicht nur auf dem Feld der Perestroika-Rezeption. Auch die Versorgungsproblematik spitzte sich 1989 weiter zu. Während 1988 noch die Wirtschaftspolitik der Parteiführung für die Versorgungsmisere verantwortlich gemacht wurde, hatte sich bis Juni 1989 die Wahrnehmung entwickelt, das politische System sei selbst ursächlich für die Krise. So notierte das MfS im Frühsommer:

> »In bestimmtem Umfang haben Äußerungen u. a. von Arbeitern, Angestellten und Angehörigen der wissenschaftlichen Intelligenz in Großbetrieben sowie von selbstständigen Handwerkern und Gewerbetreibenden zugenommen, der Sozialismus habe sich als unfähig erwiesen, seine ökonomischen Schwierigkeiten aus eigener Kraft zu lösen. Er biete darüber hinaus auch keine gangbaren Lösungswege für die Befriedigung der Bedürfnisse seiner Bürger an.«[24]

Wenngleich der Bericht der Auswertungsoffiziere offen lässt, wie sich Parteimitglieder positionierten, ist zu vermuten, dass auch bei ihnen Zweifel am Gesellschaftssystem aufkamen. Dieser Eindruck ergibt sich mit Blick auf ihre Funktion im Vorfeld der Kommunalwahlen, wo sie anders als in den Jahren zuvor nun auf verlorenem Posten standen.

23 ZAIG: Hinweise zur Reaktion der Bevölkerung auf die Informations- und Medienpolitik in der UdSSR und damit im Zusammenhang stehende Probleme, 10.5.1989, in: BStU, MfS, ZAIG, Nr. 4252, Bl. 1–4, hier Bl. 3.

24 ZAIG: Hinweise auf beachtenswerte Aspekte der Reaktion der Bevölkerung zur Um- und Durchsetzung der ökonomischen Strategie der SED und zu Problemen in den Bereichen Handel/Versorgung und Dienstleistungen, 12.6.1989, in: BStU, MfS, ZAIG Nr. 4255, Bl. 3.

Die Kommunalwahlen 1989

Das »Zettelfalten« war immer schon ein Testlauf für die Folgebereitschaft der Bevölkerung, deren Wahlteilnahme auch das erfolgreiche Ergebnis eines Aushandlungsprozesses darstellte, der materielle Zugeständnisse gegen Loyalität zum Gegenstand hatte.[25] Parteimitglieder nahmen bereits bei den Wahlvorbereitungen eine agitierende, disziplinierende und soziale Vermittlerfunktion ein. Sie sollten in ihren Betrieben und ihrem Wohngebiet Wahlgespräche führen und zur Teilnahme mobilisieren. Dafür mussten sie nicht allein mit Argumenten ausgestattet sein. Ihre Aufgabe war es auch, die in den Gesprächen benannten betrieblichen und kommunalen Probleme aufzugreifen und sich für eine Lösung zu engagieren. Durch die persönliche Übergabe von Wahlbenachrichtigungskarten brachten Parteimitglieder diese Mischung aus Einschüchterung und Lösungsangeboten zur Geltung.[26] Ihr Engagement sollte sicherstellen, dass in ihrem Umfeld alle im Sinne der SED wählen gingen. Wo Verweigerungen ausgesprochen wurden, sollten sie im Rahmen von »Gesprächen« dagegen vorgehen.[27] Dies gelang im Zuge der Vorbereitungen zur Kommunalwahl 1989 jedoch immer weniger. So sah sich der Staats- und Parteiapparat mehr Eingaben als bei vorherigen Wahlen gegenüber; deren Ton war zudem emotionaler. Forderungen wurden mit Nachdruck gestellt; vermehrt wurde mit Wahlverweigerungen gedroht.[28] Auch die Parteibasis sah sich einem gewachsenen Druck ausgesetzt.[29] Gerhard Kirchhoff, Ingenieur und ehemaliger Leiter des Tiefbaukombinats Brandenburg, machte die Erfahrung, dass Aussprachen wirkungslos blieben, welche er mit Brandenburgern führen musste, die ihre Wahlverweigerung angekündigt hatten. Er schildert seine unangemeldeten Besuche zur Aussprache rückblickend keineswegs als einschüchternd:

> »Die haben gesagt: ›Kommen Sie rein, gucken Sie sich mal die Wohnung an. Die haben mir versprochen bei der letzten Wahl, dass ich ein dichtes, dass sie das Dach abdichten, und dass das Dach gemacht wird. Und ich hab' gesagt, wenn es nicht gemacht wird, geh' ich zur nächsten Wahl nicht. Die Wahl is' dran, gucken Sie sich das an, ich komme nicht.‹ So. Was wollen sie da sagen?«[30]

25 Richter: Mass Obedience, S. 118. Siehe auch: Merl: Elections in the Soviet Union, S. 276–308.
26 Kloth: Vom »Zettelfalten« zum freien Wählen, S. 97.
27 Vgl. Bahr: Parteiherrschaft vor Ort, S. 237–275.
28 Kloth: Vom »Zettelfalten« zum freien Wählen, S. 188–193. Siehe auch: Schmidt, Rüdiger: »Rote Fahnen gegen weiße Kerzen«, S. 137–141.
29 ZAIG: Hinweise zur Reaktion der Bevölkerung im Zusammenhang mit der Vorbereitung und Durchführung der Kommunalwahlen am 7.5.1989, 26.4.1989, in: BStU, MfS, ZAIG 4249, Bl. 1–9, hier Bl. 4–5.
30 Interview mit Ingrid und Gerhard Kirchhoff am 8.9.2011, Transkript der Audiodatei, S. 22.

Deutlich wird erneut die Frustration angesichts der sich zuspitzenden Wirtschafts- und Versorgungslage. Bedürfnisse wurden nun emotionaler und selbstbewusster vorgetragen. Einmal mehr zeigt sich auch der Autoritätsverlust der SED-Mitglieder vor Ort. Der Ingenieur konnte angesichts des Ressourcenmangels weder die Rolle des Ideologievermittlers noch die Rolle des Vermittlers des Sozialen einnehmen. Noch im Nachhinein ist ihm anzumerken, wie unangenehm diese Situation für ihn gewesen sein muss. Gerhard Kirchhoff äußerte nicht, ob diese Erfahrung Zweifel am politischen System bei ihm aufkommen ließ oder bereits bestehende Bedenken bestätigte. Schließlich hatte er durch seine Leitungstätigkeit im Tiefbaukombinat tieferen Einblick in wirtschafts- und handelspolitische Prozesse als der Durchschnittsbürger. Dass ein Engagement für die SED angesichts der versiegenden sozialen Steuerungsfunktion jedoch kaum mehr möglich war, musste einen tiefen Eindruck hinterlassen.

Die aufkommenden Systemzweifel in den Reihen der Mitgliederschaft und ihre Distanz zur Parteiführung sollten sich im Zuge der Kommunalwahlen verstärken. Die Wahlen waren für die vorrevolutionäre Mobilisierung von zentraler Bedeutung. Zwar löste erst das brutale Vorgehen des Regimes gegen Oppositionsgruppen, die gegen den Wahlbetrug protestierten, im Verlauf des Sommers und frühen Herbstes eine breite Solidarisierung zwischen Opposition und Bevölkerung aus. Doch führte bereits die organisierte Überwachung der Stimmenauszählung und die Dokumentation des Wahlbetrugs durch die Oppositionsgruppen zu einer Delegitimierung der ideologischen und institutionellen Grundlagen der SED-Herrschaft, die auch Parteimitglieder erfasste.[31] Das Zentralkomitee (ZK) zählte im Juli 340 Eingaben zu dieser Problematik. 29 Briefe stammten von SED-Mitgliedern.[32] Wie schon beim Sputnik-Verbot beklagten sich vornehmlich Lehrer und Studenten, aber auch ein Stabsfähnrich und ein Buchhalter. Die Zahl der Eingaben mag zunächst gering erscheinen. Doch liefern sie einen Einblick in Haltungen, die in der (Partei-)Öffentlichkeit nicht artikuliert werden konnten. Auch Parteimitglieder rückten angesichts des Ausgangs der Kommunalwahlen von der Parteiführung und deren Politikvorstellung ab. Einige verlangten, dass die SED die Wahlpraktiken in der Sowjetunion, Polen und Ungarn übernehmen solle. Die meisten beschwerten sich darüber, dass die Wahlkreisberatungen vor den Wahlen nicht öffentlich stattgefunden haben, dass es Sonderwahllokale gegeben habe oder dass das Ergebnis nicht glaubwürdig gewesen sei und deshalb überprüft werden müsse. So schrieb etwa ein Mitarbeiter eines Dresdener Großbetriebs, SED-Mitglied und Parteigruppenorganisator, dem ZK, dass Genossen seiner Abteilungsparteiorganisation (APO) in sechs Wahllokalen der Stadt Dresden tätig

31 Kloth: Vom »Zettelfalten« zum freien Wählen, S. 307–309.

32 Büro Egon Krenz: Information über Hinweise, Vorschläge, Forderungen und Kritiken von Bürgern in den Eingaben an das ZK der SED zu Wahlrechtsfragen, 28.7.1989, in: SAPMO BArch, DY 30/IV 2/2.039/230, Bl. 268–273.

gewesen seien. Innerhalb ihrer Parteiorganisation haben sie die Ergebnisse der Wahlkreise, die Wahlbeteiligung und gültige Gegenstimmen verglichen. Die festgestellte Differenz zwischen offiziellem Endergebnis und ihren eigenen Berechnungen habe unter den Genossen für Diskussionsstoff gesorgt. APO-Sekretäre haben bei einem Treffen, das eigentlich ihrer »Anleitung« dienen sollte, gefordert, eine Versammlung mit den Wahlverantwortlichen der Stadt Dresden einzuberufen, um die Diskrepanz offen zu diskutieren. Der Verfasser der Eingabe verlangte, die Vorwürfe des Wahlbetrugs schnell auszuräumen. Er drohte schließlich mit dem Parteiaustritt: »Meine weitere Mitarbeit als Genosse wäre bei einem solchen Vertrauensbruch aber endgültig in Frage gestellt.«[33]

Auch Parteimitglieder erhoben den Vorwurf des Wahlbetrugs. Doch warum fühlten sie sich plötzlich betrogen? Schließlich hatten sie seit Bestehen der DDR das immergleiche Wahlritual mitgetragen, ohne es für kritikwürdig zu halten. Im Frühjahr 1989 hatte sich der Wahrnehmungshorizont der Parteimitglieder und der parteilosen DDR-Bürger aber verändert. Grund dafür war der Wandel des Wahlmodus in einigen sozialistischen Ländern. Wenige Wochen vor den Kommunalwahlen, im März 1989, hatten in der Sowjetunion die ersten zumindest halbdemokratischen Wahlen zum Volksdeputiertenkongress stattgefunden: Kandidaten waren vor Ort aufgestellt worden und hatten gegeneinander antreten können.[34] Zur selben Zeit hatte der Runde Tisch in Polen getagt. Auch in Ungarn war der Wahlmodus zugunsten pluralistischer Konkurrenzwahlen modifiziert worden. Insbesondere Intellektuelle und Studenten in der DDR beobachteten diese Veränderungen aufmerksam. Dies führte zu einer Delegitimierung der bisherigen Wahlpraxis.[35] Auch Parteimitglieder folgten nicht mehr der Argumentation der Parteiführung, die zur Legitimation des »demokratischen« Charakters der Wahlen angeboten wurde, sondern teilten nun den Vorwurf der Wahlfälschung, den die Oppositionsgruppen erhoben. Diese Anschuldigung war für Parteimitglieder jedoch von besonderer Brisanz, wie die Eingabe einer Geschichtslehrerin zeigt:

> »Ich erachte es für notwendig und bitte hiermit um Prüfung und Klärung des angegebenen Sachverhalts [des Wahlbetrugs, S.P.], damit es zu keinem Vertrauensbruch zwischen uns Genossen und den parteilosen Bürgern bzw. Mitgliedern der Blockparteien kommt und größere Auseinandersetzungen vermieden werden. […] Dieses Schreiben erfolgt mit Wissen und Zustimmung meines Parteisekretärs.«[36]

33 Ebd., Bl. 273. Siehe auch: Kloth: Vom »Zettelfalten« zum freien Wählen, S. 280–282.

34 Altrichter: Russland 1989, S. 123–169; Kloth: Vom »Zettelfalten« zum freien Wählen, S. 126.

35 ZAIG: Hinweise zur Reaktion der Bevölkerung im Zusammenhang mit der Vorbereitung und Durchführung der Kommunalwahlen am 7.5.1989, Berlin, 26.04.1989, in: BStU, ZAIG, 4249, Bl. 5.

36 Büro Egon Krenz: Information über Hinweise, Vorschläge, Forderungen und Kritiken von Bürgern

Als Genossin repräsentierte sie die Staatspartei vor Ort, und dies auch ganz konkret am Wahltag, an dem sie – wie andere Parteimitglieder auch – bei der Vorbereitung und als Helferin involviert war. In ihrem Brief erläuterte sie zudem, dass ihr Schwiegervater als Mitglied der Liberal-Demokratischen Partei Deutschlands (LDPD) der Stadtwahlkommission angehöre und das Stadtwahlprotokoll unterschrieben habe. Damit richtete sich die Anklage des Betrugs auch gegen ihn und alle Parteimitglieder, die am Wahltag engagiert waren. So berührte der Begriff des »Vertrauensbruchs« weniger im wörtlichen Sinne ein wie auch immer geartetes Vertrauen zwischen Genossen und Parteilosen. Vielmehr ist der Begriff Metapher dafür, dass die Rolle als Repräsentant und Ideologievermittler im Alltag kaum mehr auszuüben war, ohne Feindseligkeiten zu erfahren.

Der auch in anderen Eingaben viel bemühte Begriff des »Vertrauensbruchs« verweist darauf, dass die Fiktion des Vertrauens zwischen Bevölkerung und Parteiführung nicht mehr aufrechterhalten werden konnte und auch von Parteimitgliedern aufgegeben wurde. Der politische Umbruch im kommunistischen Europa und die Versorgungsmisere delegitimierten die politische Praxis in der DDR und führten zu Zweifeln am Gesellschaftssystem, die auch die verschiedenen Milieus der Reformsympathisanten in der Mitgliederschaft erfassten: Sowohl Intellektuelle mit Parteibuch als auch Ingenieure und Facharbeiter der Industrieprovinz gingen auf Distanz zur Parteiführung und zum bisherigen Sozialismusmodell.

Parallel zu den Kommunalwahlen und den Versorgungsmissständen gewann jedoch auch der Konflikt um die (West-)Reisemöglichkeiten zusätzliche Brisanz. Am 2. Mai, wenige Tage vor den Kommunalwahlen in der DDR, begann die ungarische Regierung damit, an der Grenze zu Österreich die Sicherungsanlagen abzubauen. Doch die Flüchtlingsproblematik, die sich im August und September des Jahres zu einer Ausreisewelle verdichten sollte, stand damit noch nicht sofort auf der Tagesordnung.[37] Stattdessen breiteten sich zunächst Gerüchte aus, dass die Parteiführung den Reiseverkehr zwischen der DDR und Ungarn drastisch einschränken wolle. Dies hätte nicht nur Fluchtabsichten, sondern auch viele Sommerreisepläne zunichtegemacht. Das MfS berichtete, dass auch von Parteimitgliedern in beachtlichem Umfang »spontan und emotional geprägte ablehnende Haltungen zu etwaigen diesbezüglichen staatlichen Maßnahmen zum Ausdruck gebracht« werden.[38] Diejenigen, die bereits von den neuen Westreiserestriktionen ab Januar 1989 betroffen waren,[39] fürchteten nun, auch noch das attraktive Urlaubsziel Ungarn zu verlieren. Viele waren der

in den Eingaben an das ZK der SED zu Wahlrechtsfragen, 28.7.1989, in: SAPMO-BArch, DY 30/IV 2/2.039/230, Bl. 272.

37 Süß: Staatssicherheit am Ende, S. 142–166.

38 ZAIG: Hinweise auf Reaktionen der Bevölkerung zur Lageentwicklung in der Ungarischen Volksrepublik (UVR), Berlin, 17.5.1989, in: BStU, MfS, ZAIG Nr. 4253, Bl. 4.

39 Siehe den Abschnitt IV.2 in dieser Arbeit.

Ansicht, dass sich die DDR damit noch mehr »einmauere« und dass die Partei- und Staatsführung mit einem solchen Schritt das »Vertrauensverhältnis« zwischen Staat, Partei und Bürger untergrabe. Allein die Möglichkeit einer weiteren Reiseeinschränkung sorgte mittlerweile für massive Empörung.

Darüber hinaus sahen sich SED-Mitglieder erneut vielen Fragen ihrer parteilosen Kollegen, Mitarbeiter oder Nachbarn gegenüber. Doch die Genossen blieben sprachlos und hofften vergeblich auf Parteiinformationen zu praktischen Fragen der Reisemöglichkeiten, aber auch zu den politischen Umbrüchen in Ungarn, Polen und der Sowjetunion. Die bisherige Argumentation der Parteiführung, jedes sozialistische Land müsse seinen eigenen Weg bei der Gestaltung der sozialistischen Gesellschaftsordnung gehen, überzeugte angesichts der sichtbaren Abkehr vom Sozialismus längst nicht mehr.[40] Die Einführung des Mehrparteiensystems westlicher Prägung und kapitalistischer Eigentumsformen, die Auflösung des kommunistischen Jugendverbandes sowie Massenarbeitslosigkeit und steigende Lebenshaltungskosten erzeugten insbesondere im konservativen Milieu der SED den Eindruck, dass Ungarns Regierung die Lage nicht mehr beherrsche. Insbesondere Parteimitglieder »älterer Jahrgänge«, so wusste das MfS weiter zu berichten, setzen die aktuelle Situation in Ungarn mit der »Konterrevolution« von 1956 gleich. Für sie war es unbegreiflich, dass die kommunistische Partei Ungarns nicht hart durchgriff und die eigene Parteiführung in Ost-Berlin der Auflösung der sozialistischen Staatengemeinschaft kommentarlos zusah.

Die Systemfrage stand längst auch in der DDR im Raum – und die SED-Mitgliederschaft zeigte sich gespalten: Kritisch und pragmatisch orientierte Genossen hielten das politische System der DDR nicht mehr nur für reformbedürftig, sondern zweifelten nun auch vermehrt an der sozialistischen Gesellschaftsordnung insgesamt. Dagegen erwartete das konservative Lager, das überwiegend in den Reihen der Machtsicherungs- und Ideologieelite zu finden war, umso mehr eine deutliche Absage der Parteiführung gegenüber den als Irrweg empfundenen Reformen und befürwortete ein hartes Durchgreifen gegen deren Befürworter. Abgesehen von der jeweiligen Haltung war ein Eintreten für die Parteilinie im angespannten gesellschaftlichen Raum kaum mehr möglich, ohne Anfeindungen zu erfahren. In dieser Atmosphäre begann im Juni der Umtausch der Parteidokumente, mit dem die Parteiführung von den Mitgliedern ein Bekenntnis zu ihrer Politik einforderte.

40 ZAIG: Hinweise auf Reaktionen der Bevölkerung zur Lageentwicklung in der Ungarischen Volksrepublik (UVR), Berlin, 17.5.1989, in: BStU, MfS, ZAIG Nr. 4253, Bl. 5.

2. Der letzte Umtausch der Parteidokumente als Katalysator des inneren Zerfalls

Die Parteiapparate aller Ebenen begannen im Sommer scheinbar unbeirrt mit dem Umtausch der Parteibücher. Laut ZK-Beschluss vom Dezember 1988 waren dazu »persönliche und vertrauensvolle Gespräche« mit jedem einzelnen Mitglied in der Zeit vom 1. September bis zum 31. Dezember 1989 zu führen. Am 19. Juli erreichten die ZPKK erste alarmierende Nachrichten: Mehrere Bezirksleitungen meldeten, dass einzelne Mitglieder es ablehnten, Passbilder für den Umtausch anfertigen zu lassen, und in Mitgliederversammlungen ihren Austritt erklärten.[41] Das hatte es bei den früheren Umtauschaktionen nicht gegeben. Auch die Brandenburger Kreisleitung war bereits mit der Umtauschaktion beschäftigt. Sie hatte eine Koordinierungsgruppe gebildet, um etwa kranke und bettlägerige Genossen bei der Beschaffung neuer Passbilder zu unterstützen. Und auch die Gespräche mit den Parteimitgliedern des Stahlwerks waren bereits im Gange. Die rund 2000 Mitglieder starke Parteiorganisation machte einen vorgezogenen Start notwendig.

Bis zum 4. August wurden mit 180 Parteimitgliedern – darunter überwiegend leitende Mitarbeiter – »vertrauensvolle persönliche Gespräche« geführt. Sie bekannten sich zwar noch zur SED, aber machten unmissverständlich auf die desolate Lage der Parteiorganisation aufmerksam. Die Kreisleitung Brandenburg notierte die von ihnen artikulierte Sorge, dass ihre Argumente von den Beschäftigten nicht mehr akzeptiert werden, solange das Warenangebot schlecht sei. Die Leiter selbst beschäftigte der eingeschränkte DM-Zugang und die unzureichenden Möglichkeiten, in den Westen zu reisen: Nicht wenige von ihnen fühlten sich aufgrund nicht vorhandener oder untersagter Westkontakte benachteiligt. Zuletzt spielte auch das Diskursfeld von Glasnost und Perestroika explizit eine Rolle. Gerade ältere Genossen fühlten sich von dem Zerfall des Sozialismus in Polen, Ungarn und der Sowjetunion verunsichert.[42]

Vollzogen die Leitungskader des Werks Anfang August noch das Bekenntnisritual, so änderte sich die Situation in den nächsten Wochen rasant. Schon drei Wochen später berichtete die Betriebsparteileitung, dass bis zum 28. August 935 Gespräche geführt worden seien. 32 Genossen, darunter auch Leitungskader, haben

41 Büro Erich Mückenberger: Erste Information über die Vorbereitung der PKK der SED auf die Durchführung des von der 7. Tagung des ZK beschlossenen Umtausches der Parteidokumente in der Zeit vom 1. September bis 31. Dezember 1989 durch die ZPKK, 19.7.1989, in: SAPMO-BArch, DY 30/11068, o. Bl.

42 SED-Kreisleitung Brandenburg: Information über den Stand der politischen und organisatorischen Vorbereitung des Umtausches der Parteidokumente, 3.8.1989, in: BLHA, Rep. 531 Brbg. Nr. 2245, Bl. 4–8.

dabei ihren Austritt erklärt.[43] Diese beunruhigende Entwicklung hatte also auch das Brandenburger Stahlwerk erreicht. Beim letzten Umtausch neun Jahre zuvor hatte es im ganzen Kreis und der Stadt Bandenburg lediglich elf Austritte gegeben.[44] Dramatisch war weniger die absolute Zahl. Sie war angesichts der über 13 000 Mitglieder umfassenden Parteiorganisation des Kreises überschaubar. Als folgenreich für die weitere Entwicklung erwies sich vielmehr, dass der SED-Apparat die Entscheidungsgewalt über die Zugehörigkeit zur Avantgardepartei und damit die symbolische Hegemonie über die Mitglieder zu verlieren begann. Besonders problematisch war der Austritt von Leitungskadern. Er löste Kettenreaktionen aus. Weitere Kollegen entledigten sich daraufhin ebenfalls ihres Parteibuches. Und damit nicht genug: Die verbliebenen Parteimitglieder diskutierten lebhaft, dass berufliche Konsequenzen für die Ausgetretenen ausblieben, was die Breitenwirkung wiederum verstärkte.[45] Doch warum gelang es den Parteileitungen der GO nicht mehr, die Austrittswilligen von ihrem Vorhaben abzuhalten? Immerhin waren sie angehalten, das abtrünnige Mitglied durch Aussprachen zum Bleiben zu bewegen und gegebenenfalls ein Ausschlussverfahren einzuleiten. Was führte dazu, dass die disziplinarische Drohkulisse ihre Wirkung verlor und die Parteileitungen der GO ihre Autorität einbüßten?

In den Parteiapparaten wurde der Anstieg der Austritte mit Sorge registriert. Jedoch versuchten viele Genossen, sich mit der offiziellen Lesart der Selbstreinigung der Partei zu beruhigen. Der Abteilungsleiter der Abteilung Sicherheit der SED-Bezirksleitung Berlin gab seinen Mitarbeitern zur Orientierung folgende auf der Sekretariatssitzung ausgegebene Linie bekannt:

> »Was den Umtausch der Parteidokumente betrifft und die in diesem Zusammenhang durchzuführenden persönlichen Gespräche gilt es insgesamt, sich nicht verrückt machen zu lassen, wenn Genossen austreten. […] Wer jetzt austritt und knieweich wird, kann uns nicht in den Rücken fallen, wenn es härter wird.«[46]

43 Der Bericht enthält keine genauen Angaben darüber, wie viele Leitungskader sich darunter befanden. Zentrale Betriebsparteiorganisation SWB: Informationsbericht für den Zeitraum 21.7. bis 25.8.1989, o. D., in: BLHA, Rep. 532 GO, Nr. 6236, o. Bl.

44 Pannen, Sabine: Austreten, abwarten oder protestieren? Der letzte Umtausch der Parteidokumente und der innere Zerfall der SED-Parteibasis in Brandenburg an der Havel, in: Braun, Jutta/Weiß, Peter Ulrich (Hg.): Agonie und Aufbruch. Das Ende der SED-Herrschaft und die friedliche Revolution in Brandenburg. S. 106–127. Siehe auch den Abschnitt III.1 in dieser Arbeit.

45 Ebd.

46 BV des MfS Berlin: Auswertung der Sekretariatssitzung der SED-Bezirksleitung Berlin vom 30. August 1989 beim Leiter der Abteilung Sicherheit der SED-Bezirksleitung, Genossen Dieter Stöhr am 31.8.1989, in: BStU, BV Berlin, AKG Nr. 19, Bl. 6.

Um die Beschwichtigung in alter stalinistischer Manier zu untermauern, führte der Abteilungsleiter noch aus, dass die Anzahl der Austritte weniger als ein Prozent der Mitglieder ausmache und nicht die Zahl der neu aufgenommenen Kandidaten übersteige. Unter Beobachtung genommen werden sollten lediglich Betriebe, in denen ganze Kollektive geschlossen ausgetreten seien. Es ist zu bezweifeln, dass diese Erklärungen die Mitarbeiter tatsächlich beruhigten. Denn wer Einblick vor Ort hatte, wusste um die dramatische Lage an der Parteibasis. Anfang September skizzierte das MfS erstmals in einem eigenen Stimmungsbericht unmissverständlich den desolaten Zustand.[47] Mit diesem und zwei weiteren Berichten über die Lage in der Bevölkerung und zu den Motiven von Ausreiseantragstellern und Flüchtlingen begann das Politbüro seine Wahrnehmungsverweigerung zu überwinden, und auch auf Spitzenebene formierte sich nun Widerstand gegen Honecker.[48]

Die Frustration war an der Parteibasis mittlerweile so stark ausgeprägt wie bei Parteilosen, wussten die Auswertungsoffiziere zu berichten. Mitgliederversammlungen in Industriebetrieben, aber auch an Universitäten und Hochschulen würden nur noch den Charakter von Pflichtveranstaltungen haben: Konkrete Fragen und kritische Diskussionen werden mit Hinweis auf die Parteidisziplin abgewürgt. Wer Antworten einfordere, werde als Nörgler abgestempelt. Hauptamtliche Parteifunktionäre wirkten in ihrer Argumentation hilflos und wichen kritischen Fragen aus. Parteimitglieder vermissten überzeugende Argumentationen und Hintergrundinformationen, sodass viele resignierten, weil sie sich alleingelassen fühlten.[49] Diese beklemmende Atmosphäre beherrschte bereits seit dem Disziplinierungskurs Anfang 1988 das Parteileben an der Basis. Neu war, dass Parteimitglieder nun insbesondere in Industriebetrieben ihren Austritt erklärten.

Für den Austritt gab es den Berichten der Auswertungsoffiziere zufolge drei dominierende Motive: Zunächst werde die Versorgungsmisere als Grund genannt. Denn, so paraphrasierte das MfS die Stimmen vieler Parteimitglieder, »man habe keine überzeugenden Argumente gegenüber Parteilosen und könne deshalb die Parteilinie nicht mehr vertreten.«[50] Zweitens werde mangelndes Vertrauen in die Parteiführung als Austrittsgrund angeführt. Viele seien der Ansicht, dass die Parteiführung die Probleme nicht wahrhaben wolle und sich von der Basis gelöst habe. Drittens sei die Informationspolitik ein Motiv, der Staatspartei den Rücken zu kehren. Die

47 Hier und im Folgenden: ZAIG: Hinweise auf beachtenswerte Reaktionen von Mitgliedern und Funktionären der SED zu einigen aktuellen Aspekten der Lage in der DDR und zum innerparteilichen Leben, 11.9.1989, in: BStU, ZAIG Nr. 4256, Bl. 6–11.

48 Gieske: »Seit Langem angestaute Unzufriedenheit breitester Bevölkerungskreise«, S. 144–146. Siehe auch: Süß: Staatssicherheit am Ende, S. 232–237.

49 Hier und im Folgenden: ZAIG: Hinweise auf beachtenswerte Reaktionen von Mitgliedern und Funktionären der SED zu einigen aktuellen Aspekte der Lage in der DDR und zum innerparteilichen Leben, 11.9.1989, in: BStU, ZAIG Nr. 4256, Bl. 9.

50 Ebd.

im grotesken Gegensatz zur Realität stehende Erfolgsberichterstattung sowie ausbleibende Zusatzinformationen und Argumente für Parteimitglieder verprellten viele Genossen. Deutlicher konnte das MfS das Integrationsversagen nicht benennen.

Vor diesem Hintergrund entzogen sich immer mehr Mitglieder dem neu erwachten Disziplinierungs- und Säuberungsbedürfnis der Parteiführung. Der Druck, sich im Zuge der Umtauschaktion zu ihrer Politik zu bekennen, schloss die Reihen nicht, sondern hatte den gegenteiligen Effekt: Der Umtausch der Parteidokumente entwickelte sich zum Katalysator des inneren Zerfalls. Die Disziplinierungsbereitschaft in den GO versiegte. Ein Blick nach Brandenburg verdeutlicht dieses Phänomen. Dort waren am 22. September bereits drei Viertel der Umtauschgespräche absolviert und die Austritte auf 288 emporgeschnellt.[51] Bemerkenswert ist, wie die Parteileitungen die Austrittserklärungen handhabten. Sie bestanden meist aus einem ehrenamtlichen, in größeren GO auch einem hauptamtlichen Parteisekretär, in der Regel einem staatlichen Leiter sowie weiteren Mitgliedern. Dieses Gremium hatte die Pflicht, sogenannte Aussprachen mit der austrittswilligen Person zu führen, um sie mit einer Mischung aus Überredung und Drohung zum Verbleib in der SED zu bewegen.[52] Ebendiese Bereitschaft der Parteileitungen, Aussprachen zu führen, schwand zunehmend. Die SED-Kreisleitung Königs Wusterhausen meldete etwa, dass die örtlichen Parteileitungen keine klare Position beziehen und in einzelnen Fällen artikulieren, dass die Betreffenden Recht hätten, ihre Austrittsgründe nicht zu entkräften seien und deshalb kommentarlos hingenommen werden.[53] Zwar waren die Parteileitungen der GO immer schon relativ disziplinierungsträge gewesen.[54] Nun aber kapitulierten sie vor dieser Aufgabe.

Die Parteileitungen waren jedoch nicht nur außerstande, Austrittswillige aufzuhalten. Umgekehrt waren Parteimitglieder auch immer weniger bereit, sich disziplinieren zu lassen. Ein ebenfalls auf den 22. September datierter Bericht der ZK-Abteilung Parteiorgane, der dem Sekretariat des ZK einen Überblick über den Verlauf der Umtauschaktion lieferte, dokumentiert den Autoritätsverlust. Zu diesem Zeitpunkt waren mit knapp 40 Prozent aller Mitglieder und Kandidaten Gespräche geführt worden. 8584 Genossen hatten bis dahin ihren Austritt aus der Partei erklärt. Weitere 1034 Mitglieder hatten sogar die Teilnahme am persönlichen Gespräch verweigert.[55] Dieser Verlust der Disziplinierungsbereitschaft aufseiten der Parteileitun-

51 KPKK Brandenburg: Information zu Ausschlüssen, Streichungen und Austritten in Zusammenhang mit dem Dokumententausch, 22.9.1989, in: BLHA, Rep. 530 Pdm. Nr. 7764, Bl. 1–3.

52 Siehe auch Abschnitt III.2 in dieser Arbeit.

53 SED-Kreisleitung Königs Wusterhausen an die Bezirksleitung der SED in Potsdam, 21.9.1989, in: BLHA, Rep. 530 Pdm. Nr. 7764, o. Bl.

54 Siehe auch Abschnitt III.2 in dieser Arbeit.

55 Hier und im Folgenden: Abteilung Parteiorgane des ZK: Bericht über den Verlauf und die Ergebnisse des Umtausches der Parteidokumente 1989, 22.9.1989, in: SAPMO-BArch, DY/30/J IV 2/3a, Proto-

gen wie auch der austrittswilligen Mitglieder markierte den Anfang vom Ende der Hegemonie der Parteiapparate über die Mitgliederschaft.

Es waren zunächst überwiegend Industriearbeiter, die die SED zahlreich verließen.[56] Dies ist nicht verwunderlich. Schließlich standen (Fach-)Arbeiter immer schon im Fokus der Werbungsbemühungen. Wie freiwillig der Eintritt erfolgte bzw. ob wirklich eine Identifikation mit der SED vorlag, war für die Parteiapparate in der Praxis absolut zweitrangig. Auch hatten in der Produktion Tätige kaum berufliche Sanktionen zu befürchten. Für Industriearbeiter waren zugleich die Wirtschafts- und Versorgungsschwierigkeiten im Alltag besonders spürbar. Aus ihrer Perspektive hatte das Engagement zunehmend an Sinn verloren, da die SED-GO die alltäglichen Probleme nicht mehr beheben konnte. Die Aufforderung, sich im persönlichen Gespräch zur SED zu bekennen, führte bei ihnen daher nicht selten zur Austrittserklärung, die von den Parteileitungen bloß kommentarlos zur Kenntnis genommen wurde.

Wie sich die Parteimitglieder jenseits von Industriebetrieben verhielten, skizzierte die Kreisleitung Brandenburg Anfang Oktober für die Bezirksleitung Potsdam. Wenig überraschend ist, dass es keine Austritte in den Sicherheitsorganen gab. Aber auch im zivilen Staatsapparat hielten die Dämme noch. Dagegen waren in vielen weiteren Bereichen Austritte zu vermelden: im Gesundheitsbereich bzw. bei Fachärzten, in der Volksbildung bei Lehrern, Erziehern, Hausmeistern und dem Reinigungspersonal, aber auch in Kultur- und Jugendklubs.[57]

Die Disziplinierungsbereitschaft nahm im September und Oktober 1989 angesichts der Massenflucht und der beginnenden Großdemonstrationen noch weiter ab. Parteimitglieder gerieten in der wachsenden Polarisierung zwischen Parteiführung und Bevölkerung immer stärker unter Druck, was die Austrittsdynamik beschleunigte. Auch sie empfanden die Ausreisewelle als deprimierend und erwarteten, dass sich die Parteiführung »umfassend und tiefgründig mit den Ursachen« befasse, um den Massenexodus zu beenden.[58] Vor Ort standen die Genossen als Repräsentanten der Parteiführung auf verlorenem Posten. Es war ihre Aufgabe – insbesondere von Vorgesetzten mit Parteibuch –, Antragsteller unter den Mitarbeitern durch Aussprachen von ihrem Ausreisevorhaben abzuhalten und im Kollegenkreis gegen Ausreisen zu polemisieren. Selbst wenn sie persönlich der Auffassung waren, dass die Ausreise der falsche Weg sei und man Probleme vor Ort bekämpfen müsse, waren die Positionen zunehmend verhärtet. Mit ihren Argumenten erhielten sie weder Zuspruch unter

koll Nr. 105 der Sitzung des Sekretariats des ZK am 27.9.1989, o. Bl. Siehe auch: Wierling: Geboren im Jahr Eins, S. 507.

56 Ebd.

57 SED-Kreisleitung Brandenburg: Einschätzung über den Inhalt der persönlichen Gespräche in Vorbereitung des Dokumententausches, 5.10.1989, in: BLHA, Rep. 531 Brbg. Nr. 2245, Bl. 2–9.

58 ZAIG: Hinweise auf die Reaktion der Bevölkerung im Zusammenhang mit der ständigen Ausreise von Bürgern aus der DDR bzw. dem ungesetzlichen Verlassen der DDR, 13.9.1989, in: BStU, MfS, ZAIG Nr. 4256, Bl. 18.

den Kollegen noch konnten sie Antragsteller erreichen.[59] Die angespannte Situation wurde zum wiederholten Male dadurch verschärft, dass die Medien der DDR nicht über die Fluchtereignisse berichteten, obwohl diese doch alle bewegten. Vielmehr spielten die Westmedien als Informationsressource erneut eine zentrale Rolle.[60] Auch parteiinterne Informationen blieben – wie man es inzwischen gewohnt war – aus. Die Parteimitglieder waren weder dazu in der Lage noch willens, sich weiter für die Politik der Parteiführung einzusetzen. Ein älteres Parteimitglied aus einem Berliner Taxibetrieb fasste die Situation wie folgt zusammen: »Früher wurden wir durch parteiinterne Informationen oder Parteiaktivtagungen informiert, wogegen wir ankämpfen sollen, heute informiert uns der Genosse Zufall oder man reimt sich aus den Meldungen des Westens etwas zusammen. Ist das normal?«[61]

Die Weigerung der Parteiführung, die unübersehbaren Probleme und das massive Krisenempfinden anzusprechen, galt auch gegenüber den eigenen Anhängern. Als sich die Parteispitze am 2. Oktober mit einer ADN-Meldung endlich zur Fluchtwelle äußerte, erntete sie auch unter Parteimitgliedern Entsetzen. Den auf Honecker zurückgehenden zynischen Kommentar, Ausreisende seien Verräter, denen man keine Träne nachweinen solle, hielten auch die meisten Genossen für absolut unangebracht. Einen Tag später, am 3. Oktober, wurde der pass- und visafreie Reiseverkehr zwischen der DDR und der ČSSR ausgesetzt, um der Massenflucht Herr zu werden. Diese Entscheidung löste auch unter Parteimitgliedern Frust aus. Jene ohne Westverwandtschaft oder mit Westreiseverbot oder Restriktionen fühlten sich wieder einmal benachteiligt. Zugleich seien »progressive Kräfte« der Ansicht, meldete das MfS, dass diese Maßnahme, die ohnehin angespannte Atmosphäre nur noch verschärfe und es an der Zeit sei, die inneren Probleme der DDR endlich anzupacken.[62] Mit dem verschärften Konfrontationskurs gingen auch Parteimitglieder immer mehr auf Distanz zu ihrer Führung.[63]

Diese innere Distanzierung erhielt mit den Feierlichkeiten zum 40. Jahrestag der DDR am 7. Oktober 1989, die mit großem Pomp begangen wurden, und den aufkommenden Massendemonstrationen einen weiteren Schub. Die innenpolitische Lage am Vorabend der Feierlichkeiten war äußerst angespannt. In Berliner Schulen

59 Ebd., Bl. 25. Siehe auch: Hürtgen: Ausreise per Antrag, S. 203–222.

60 Zur Rolle des Ost- und Westfernsehens in der friedlichen Revolution siehe: Großmann, Thomas: Fernsehen, Revolution und das Ende der DDR, Göttingen 2015.

61 ZK-Abteilung Propaganda: Information über den Beginn des Einsatzes im Kombinatsbetrieb Taxi der BVB, o.D. (Oktober–November 1989), in: SAPMO-BArch, DY 30/IV 2/2.039 324, Büro Egon Krenz, o.Bl.

62 ZAIG: Hinweise auf weitere Reaktionen der Bevölkerung im Zusammenhang mit der zeitweiligen Aussetzung des pass- und visafreien Verkehrs zwischen der DDR und der ČSSR für Bürger der DDR, 6.10.1989, in: BStU, MfS, ZAIG 4257, Bl. 2–3.

63 Süß: Staatssicherheit am Ende, S. 237.

und Betrieben wurden gewaltsame Zusammenstöße mit Demonstranten befürchtet, weshalb die Teilnahme als gefährlich empfunden wurde. Dieses Unbehagen plagte besonders Kampfgruppenmitglieder mit Blick auf ihren nahenden Einsatz.[64] Rückblickend stellten die Feierlichkeiten für Parteimitglieder – nach den Kommunalwahlen – den letzten Anlass dar, durch rituelle Folgebereitschaft ihre Rolle als Genosse zu spielen. Zwar vollzogen sie rein äußerlich das Ritual: als Kampfgruppenmitglied, als Mitglied der Freien Deutschen Jugend (FDJ) im Fackelzug, beim Spalierstehen für die Parteiführung und die Staatsgäste. Doch wie auch beim Umtausch der Parteidokumente machten sich die Risse deutlich bemerkbar. Bereits am Vorabend waren aus den Reihen des Fackelzugs der FDJ, der vor der Ehrentribüne mit Staatsgästen und Parteiführung vorbeimarschierte, »Gorbi, Gorbi«- und »Perestroika«-Rufe zu vernehmen.[65]

In den Kampfgruppen griffen Befehlsverweigerung und Austritte um sich – insbesondere dort, wo sie mit Demonstranten konfrontiert waren. Viele Mitglieder dieser Einheiten hielten repressive Maßnahmen für völlig unangebracht, waren nicht bereit, gegen Freunde, Bekannte und Kollegen vorzugehen, und sympathisierten mit den Forderungen oppositioneller Gruppen nach Dialog. Die Ablehnung der Konfrontation reichte bis in die Offiziersränge der Nationalen Volksarmee (NVA) und damit tief in die Reihen der Machtsicherungselite hinein.[66] Dieser Bewusstseinswandel ergriff auch Parteimitglieder in Leipzig, die am 9. Oktober 1989 als »gesellschaftliche Kräfte« in der Nikolaikirche eingesetzt wurden. Sie erhielten den Parteiauftrag, dort die Bänke zu besetzen, um den Oppositionellen Raum zu nehmen.[67] Zwar leisteten sie dem Parteiauftrag Folge. Doch machte sich auch bei ihnen das Empfinden breit, als Schachfigur für eine sinnlose Strategie eingesetzt zu werden. Die konfrontative Haltung der Parteiführung wurde überwiegend als ignorant und arrogant bewertet.[68] Ein Bericht der Staatssicherheit vom 8. Oktober 1989 über »Reaktionen progressiver Kräfte auf die gegenwärtige innenpolitische Lage« macht deutlich, dass viele Parteimitglieder noch gehofft hatten, dass die Parteiführung die Feierlichkeiten als letzte Chance nutzen dafür würde, die Krisenstimmung in der Mitgliederschaft und

64 Hauptabteilung VI: Information über Meinungsäußerungen zur innenpolitischen Situation in der DDR, 7.10.1989, in: BStU, MfS, HA VI, Nr. 15690, Bl. 18. Auch die Abteilung Parteiorgane berichtete, dass vielen nicht zum Feiern zumute gewesen sei. Süß: Staatssicherheit am Ende, S. 317 und 295.

65 Ebd., S. 296–298.

66 Ebd., S. 318 f. Siehe auch: Siebeneichner, Tilmann: Proletarischer Mythos und realer Sozialismus. Die Kampfgruppen der Arbeiterklasse in der DDR, Köln/Weimar/Wien 2014, S. 399–455. Schilderungen über Befehlsverweigerungen von Kampfgruppenmitgliedern in Leipzig notierte auch Dorothee Wierling. Vgl. Wierling: Geboren im Jahr Eins, S. 522 f.

67 Einweisung der SED-Genossen zur Besetzung der Nikolaikirche am 9. Oktober 1989, Tondokument, Archiv Bürgerbewegung Leipzig e.V. (A 225), in: Beier/Schwabe: »Wir haben nur die Straße«.

68 Süß: Staatssicherheit am Ende, S. 308 und 320.

Bevölkerung endlich anzusprechen und Lösungsinitiativen auf den Weg zu bringen.[69] Ihre Hoffnungen wurde jedoch bitter enttäuscht, und die Auswertungsoffiziere konstatierten eine »erhebliche Zunahme von Erscheinungen der Verunsicherung, der Ratlosigkeit und Resignation unter Parteimitgliedern, Mitarbeitern des Staatsapparates und weiteren aktiv gesellschaftlich tätigen Personen«.[70]

Die meisten Parteimitglieder hatten sich nun innerlich von der SED und ihrer Führungsspitze losgesagt. Unter den Reformsympathisanten in der Mitgliederschaft wie Studenten, Künstlern, Wissenschaftlern oder Intellektuellen hatte die Parteiführung die Deutungshoheit an das Neue Forum verloren. Auch bei den konservativen Parteimitgliedern lagen die Nerven blank. Es stieß auf völliges Unverständnis, dass die Parteiführung die an Auftrieb gewinnende Opposition mit ihren Forderungen nach Dialog und Krisenbewältigung agitatorisch schlichtweg zu ignorieren beschlossen hatte: »Ein derartig passives und defensives Verhalten würde der gegnerischen Seite Tür und Tor für deren ideologische Offensive öffnen.«[71] Diejenigen, die noch bereit waren, für die Parteiherrschaft und die Parteiführung einzutreten, fühlten sich von der Parteispitze alleingelassen.

Der mit so viel Aufwand vorbereitete 40. Jahrestag konnte also keine Integrationskraft entfalten und verschärfte sogar die innerparteiliche Krise. Der Stimmungsbericht der Staatssicherheit strich heraus, dass »zahlreiche Mitglieder und Funktionäre der Partei« nun ganz offen darüber sprechen, dass die Partei- und Staatsführung nicht mehr in der Lage sei, die richtigen Entscheidungen zu treffen, und abgelöst werden müsse.[72] Doch solche Diskussionen waren schon seit Wochen im Gange.[73] Im Bericht fand sich ein regelrechter Forderungskatalog der Parteibasis, der sich auf die Bereiche Volkswirtschaft und Informationspolitik bezog und auch eine Weiterentwicklung der sozialistischen Demokratie und des Parteilebens umfasste, die eine größere Partizipation ermöglichen sollte. Auch diese Forderungen waren nicht neu, sondern bereits seit Anfang der 1980er-Jahre vergeblich von der Parteibasis artikuliert worden. Dass diese Themen ausschließlich Parteimitgliedern zugeschrieben wurden und dass sie in einem Stimmungsbericht derart umfangreich gewürdigt wurden, zeigt, dass es auch innerhalb des MfS einen Stimmungsumschwung gegeben hatte. Der Machtkampf in der Parteispitze zwischen Hardlinern und Reformern war

69 ZAIG: Hinweise über Reaktionen progressiver Kräfte auf die gegenwärtige innenpolitische Lage in der DDR, 8.10.1989, in: BStU, MfS, ZAIG, Nr. 4258, Bl. 3.

70 Ebd.

71 Ebd.

72 Ebd.

73 Im Septemberbericht der Staatssicherheit über den desolaten Zustand an der Parteibasis wird diese Wahrnehmung, die Parteiführung sei unfähig, bereits beschrieben. ZAIG: Hinweise auf beachtenswerte Reaktionen von Mitgliedern und Funktionären der SED zu einigen aktuellen Aspekten der Lage in der DDR und zum innerparteilichen Leben, 11.9.1989, in: BStU, MfS, ZAIG Nr. 4256, Bl. 8.

in eine entscheidende Phase getreten – und das MfS hatte sich auf die Seite der Reformwilligen um Egon Krenz geschlagen.[74]

Letztlich führte die konfrontative Haltung der Parteiführung zu einer Solidarisierung weiter Teile der Parteibasis mit dem vermeintlichen politischen Gegner. Dies hatte auch Konsequenzen für die parallel laufende Umtauschaktion. Im Zuge der persönlichen Gespräche solidarisierten sich Parteimitglieder jetzt ausdrücklich mit der Opposition. So berichtete die Kreisleitung Potsdam-Stadt, dass Parteiangehörige mit »informellen Gruppen« sympathisieren und für Parteienpluralismus eintreten.[75] Die Bezirksleitung Potsdam dokumentierte Ende Oktober, dass Parteimitglieder mit der Opposition sympathisierten, deren Zulassung forderten und sich dafür engagierten, weil die SED »nichts bewege«.[76] Auch das gewaltsame Vorgehen gegen Demonstranten am 7. und 8. Oktober löste nicht nur bei Parteilosen Solidarität aus.[77] Viele SED-Mitglieder sahen Gewalt nicht als probates politisches Mittel zur Stabilisierung, und einige von ihnen begründeten ihren Austritt nun mit der Ablehnung der Polizeigewalt.[78]

Aus Sicht des MfS führten die Entwicklungen zu einer klaren Polarisierung in der Mitgliederschaft: »Es wurde erkennbar, wer zur Sache steht und wer nur wegen der Karriere in der SED ist.«[79] Besonders frappierend war jedoch, dass es sich bei den Austrittswilligen nun um solche Parteimitglieder handelte, die sich in den persönlichen Gesprächen noch zur SED bekannt hatten und ein neues Parteidokument erhalten sollten, wie beispielsweise einem Bericht zum Umtausch in Luckenwalde zu entnehmen ist.[80] Ebenjene, die das Bekenntnis zur SED trotz inneren Zweifeln vor Kurzem noch vollzogen hatten, wandten sich jetzt ebenfalls von der Staatspartei ab. Damit entfaltete sich eine neue und zentrale Dynamik für den inneren Zerfall der SED: Die Polarisierung zwischen Parteiführung und Mitgliederschaft beförderte die Austritte, die nun begannen, sich von der Umtauschaktion zu entkoppeln.

Diese Entwicklung verstärkte sich durch das Vorgehen der Parteileitungen. Wie schon im September standen diese den Austritten machtlos gegenüber. Andererseits

74 Süß, 1999, S. 315–326, insb. S. 322 f.

75 KPKK Potsdam-Stadt: Information über den Verlauf und die Ergebnisse der persönlichen Gespräche mit den Mitgliedern und Kandidaten der SED zum Umtausch der Parteidokumente, 24.10.1989, in: BLHA, Rep. 530 Pdm. Nr. 7764, Bl. 1–3.

76 BPKK Potsdam: Information über Parteiverfahren im Zusammenhang mit dem Umtausch der Parteidokumente, 30.10.1989, in: BLHA, Rep. 530 Pdm. Nr. 7764, Bl. 1–4.

77 Kloth: Vom »Zettelfalten« zum freien Wählen, S. 308.

78 Süß: Staatssicherheit am Ende, S. 318–321.

79 Abteilung VI MfS BV Berlin: Reaktionen der Bevölkerung, 26.10.1989, in: BStU, MfS, BV Berlin AKG 4053 T.3/3; Bl. 500.

80 KPKK Luckenwalde: 2. Bericht über die bisher durch das Sekretariat der KL bestätigten Streichungen, Ausschlüsse und entgegengenommenen Austritte sowie über den Inhalt der parteimäßigen Auseinandersetzungen, die im Prozess des Umtausches der Parteidokumente geführt wurden, 20.10.1989, in: BLHA, Rep. 530 Pdm. Nr. 7764, o. Bl.

waren sie verpflichtet, die Austrittswilligen zum Bleiben zu bewegen und gegebenenfalls ein Ausschlussverfahren einzuleiten. In der Mitgliederversammlung sollten sie über Austritte informieren, um dieses Verhalten zu diskreditieren. Zwar erfüllten die Leitungen diese Informationspflicht, doch waren sie nicht bereit, die »Abtrünnigen« zu stigmatisieren.[81] Die SED-Mitglieder waren damit auf dem Laufenden und wussten, wer bereits die Partei verlassen hatte. Je mehr Genossen austraten und je häufiger die Parteisekretäre in Parteiversammlungen davon berichteten, desto selbstverständlicher erschien dieser Schritt. So hatte sich in Brandenburg an der Havel bis Mitte Oktober mit 581 Austritten die Zahl im Vergleich zum Vormonat verdoppelt – 444 der ausgetretenen Genossen waren Arbeiter. Einzelne Parteiorganisationen waren bereits so stark dezimiert, dass die Kreisleitung an der »Sicherung des Fortbestandes« arbeitete.[82] Ende Oktober konnte die SED-Bezirksleitung Potsdam an die Zentrale nach Berlin berichten, dass 97 Prozent der persönlichen Gespräche im Zuge des Umtauschs der Parteidokumente abgeschlossen seien.[83] Doch die Austritte brachen nicht ab.

Während sich immer mehr Parteimitglieder aufgrund des Problemstaus und des Konfrontationskurses der Parteiführung mit der Bevölkerung solidarisierten und von der SED lossagten, tobte Mitte Oktober ein Machtkampf im Politbüro. Ausdruck dieses Ringens war die Politbüro-Erklärung vom 11. Oktober 1989, die ein Kompromisspapier zwischen den Hardlinern um Honecker und den gemäßigteren Kräften um Egon Krenz darstellte.[84] Auf Krenz gingen die Initiative und der Text zurück, der eine deutliche Distanz zu Honeckers Konfrontationskurs bedeutete.[85] In der Erklärung wurde zugestanden, dass die Ursachen für die Fluchtwelle vielfältig und auch in der DDR zu finden seien. Zudem wurde darin zu Meinungsäußerungen und zu Vorschlägen für einen attraktiven Sozialismus aufgerufen und das Versprechen gegeben, dass sich die Partei der Diskussion stellen werde. Gleichzeitig wurden die Massendemonstrationen jedoch im alten Feindbildstil als konterrevolutionäre Aktion der imperialistischen BRD abgetan, der viele zum Opfer gefallen seien.

Diese widersprüchliche Erklärung erzielte weder in der Bevölkerung noch in den Reihen der Parteimitglieder einen Integrationseffekt. Zwar nahmen gerade Parteimitglieder die Erklärung mit Erleichterung zur Kenntnis und werteten sie als Schritt

81 KPKK Rathenow: Zweite Information zum Umtausch der Parteidokumente laut Fernschreiben vom 2.8.1989, 25.10.1989, in: BLHA, Rep. 530 Pdm. Nr. 7764, o. Bl.

82 2. Sekretär der SED-Kreisleitung Brandenburg: Entwurf eines Abschlussberichtes über den Verlauf und Ergebnisse der persönlichen Gespräche zum Umtausch der Parteidokumente (Vorlage für die Sekretariatssitzung am 25.10.1989), 19.10.1989, in: BLHA, Rep. 530 Pdm. Nr. 7764, Bl. 13–14.

83 BPKK Potsdam: Information über Parteiverfahren im Zusammenhang mit dem Umtausch der Parteidokumente, 30.10.1989, in: BLHA, Rep. 530 Pdm. Nr. 7764, Bl. 1.

84 Hertle: Chronik des Mauerfalls, S. 82–85.

85 Erklärung des Politbüros des Zentralkomitees der Sozialistischen Einheitspartei Deutschlands, in: Neues Deutschland, 12.10.1989, S. 1.

in die richtige Richtung[86], jedoch blieb sie weit hinter der Erwartung zurück, die vielfältigen und drückenden Probleme endlich beim Namen zu nennen und konkrete politische Gegenmaßnahmen, sprich Reformen, einzuleiten. Das MfS berichtete, »progressive Kräfte« und damit Parteimitglieder vertreten die Auffassung, dass die Parteiführung schnell handeln müsse. Die innenpolitische Lage sei dermaßen explosiv, dass Arbeiter auf die Straße gingen, wenn nicht bald konkrete Entscheidungen getroffen werden.[87] Zudem verstärkte der alte Stil, die Massendemonstrationen als Attacke des Klassengegners zu deuten, die Meinung, dass die Parteiführung politisch unfähig sei, die bestehenden Probleme zu lösen.[88] Die Bezirksparteikontrollkommission (BPKK) in Potsdam konstatierte Ende Oktober, dass die Politbüro-Erklärung weder einen Stimmungsumschwung in der Mitgliederschaft eingeleitet noch die Austritte zum Erliegen gebracht habe: Sie werde als längst überfällig betrachtet und in ihren Aussagen angezweifelt.[89]

Auch die kurz darauf folgende ZK-Information 261 konnte keinen Integrationseffekt mehr erzielen und dürfte das verbreitete Empfinden noch verstärkt haben, dass die Blockade an der Parteispitze beendet werden müsse.[90] Diese letzte ZK-Information hatte den Titel »Zum ›Neuen Forum‹ und zu anderen illegalen oppositionellen Gruppierungen in der DDR«. Zwar war sie die langersehnte Hintergrundinformation zum Neuen Forum. Doch hatte sie außer Feindbildrhetorik wenig Informatives über die Ziele und Anliegen der Gruppen zu berichten. Das Neue Forum und andere Oppositionsgruppen wurden darin als Kampagnen des Westens gedeutet und Parteimitglieder aufgefordert, sich von diesen Feinden zu distanzieren. Gleichzeitig sollten sich die Genossen für den Sozialismus im Sinne der Parteiführung agitatorisch einsetzen und zwischen Feinden des Sozialismus, wie den Initiatoren des Neuen Forums, und »Irregeleiteten« unterscheiden. Letzteren solle geholfen werden, wieder auf den richtigen Weg zu kommen. Die hier bemühte stalinistische Kampfrhetorik war Zeugnis der Abwehrgefechte der Dogmatiker gegen die politische »Wende«[91] und ging an den politischen Realitäten vorbei: Längst sympathisierten Parteimitglieder mit dem Neuen Forum, und kaum jemand war in der angespannten innenpolitischen Atmosphäre noch bereit, für die Parteiführung einzutreten. Die ZK-Information verstärkte die Wut und die Enttäuschung über eine entrückte Parteielite nur noch. Die wenigen, die überhaupt den Standpunkt der Parteiführung zum Neuen Forum vertraten,

86 ZAIG: Erste Hinweise auf Reaktionen der Bevölkerung zur Erklärung des Politbüros des ZK der SED, 13.10.1989, in: BStU, MfS, ZAIG Nr. 4259, Bl. 2.

87 Ebd., Bl. 4.

88 Malycha: Die SED in der Ära Honecker, S. 394–398.

89 BPKK Potsdam: Information über Parteiverfahren im Zusammenhang mit dem Umtausch der Parteidokumente, 30.10.1989, in: BLHA, Rep. 530 Pdm. Nr. 7764, Bl. 3.

90 ZK-Information: »Zum ›Neuen Forum‹ und zu anderen illegalen oppositionellen Gruppierungen in der DDR«, Nr. 261, 1989/7, in: BStU, MfS – HA IX Nr. 17182, Bl. 10–13.

91 Süß: Staatssicherheit am Ende, S. 330 f.

ernteten Zorn und Spott. So berichtete die Kreisparteikontrollkommission (KPKK) Neuruppin Mitte November an die Bezirkszentrale der SED in Potsdam, dass der Vorsitzende der KPKK unter Beschuss geraten sei, weil er die ZK-Information 245 über Meckerer und Nörgler und die Information über das Neue Forum verbreitet habe.[92] Schon knapp eine Woche nach Erscheinen der Politbüro-Erklärung und der noch andauernden Verteilung der ZK-Information an die Basisorganisationen sollte es zum ersehnten Wechsel an der Parteispitze kommen.

3. Zentrifugalkräfte des Zerfalls. Von Krenz' »Wende« bis zum Sonderparteitag

In den Tagen nach der Politbüro-Erklärung vom 11. Oktober arbeiteten Egon Krenz, Siegfried Lorenz, Günter Schabowski an der Entmachtung Honeckers. Auf der Politbürositzung am 17. Oktober war es so weit: Einstimmig beschloss das Spitzengremium, Honecker sowie seinen Wirtschafts- und Agitationssekretär von ihren Funktionen zu entbinden und Egon Krenz als neuen Generalsekretär vorzuschlagen. Auf der tags darauf stattfindenden ZK-Tagung wurde der Sturz als Rücktritt inszeniert, dem Kaderwechsel zugestimmt, und der neue Generalsekretär Egon Krenz hielt seine Antrittsrede, die er am Abend im DDR-Fernsehen wiederholte. Selbst die Anrede »Liebe Genossen« modifizierte er nicht, sodass deutlich war, dass er in erster Linie Parteimitglieder unter den Fernsehzuschauern erreichen wollte.[93] Die zentrale Botschaft seiner Rede war, nun eine neue Etappe, eine »Wende« einleiten zu wollen und die SED wieder in die politische und ideologische Offensive zu bringen. Im Kern bestand die sogenannte Wende allein darin, sich von Honeckers Konfrontationskurs zu verabschieden und einen Dialog mit der Bevölkerung einzuleiten. Der Sozialismus und die führende Rolle der Partei blieben ebenso unangetastet wie Honeckers Strategie der Einheit von Wirtschafts- und Sozialpolitik. Krenz hielt selbst an der Deutung fest, dass es sich bei den Angriffen auf die SED-Herrschaft um Kampagnen der westdeutschen Regierung handele. Die Strategie, die Konfrontation mit der Bevölkerung zu beenden und den Dialog zu suchen, gleichzeitig aber keine politischen Reformen in die Wege zu leiten, entsprach ganz dem Tenor der Politbüro-Erklärung vom 11. Oktober. Damit signalisierte Krenz mehr Kontinuität als Aufbruch.

92 KPKK Neuruppin: Verschlüsseltes Fernschreiben an die BPKK Potsdam, 13.11.1989, in: BLHA, Rep. 530 Pdm. Nr. 7764, o. Bl.

93 Hertle, Hans-Hermann/Stephan, Gerd-Rüdiger (Hg.): Das Ende der SED. Die letzten Tage des Zentralkomitees, 5. Aufl., Berlin 2012, S. 58 f.

Der neue Generalsekretär versuchte, den Massendemonstrationen Einhalt zu gebieten und die angespannte Situation wieder unter Kontrolle zu bringen, indem er die hergebrachten politischen Partizipationsangebote reaktivierte, die jedoch keine relevante Mitbestimmung in sich trugen. So konstatierte Krenz in seiner Rede, dass »unsere Gesellschaft« über »genügend demokratische Foren, in denen sich die unterschiedlichsten Interessen der Bevölkerung für einen lebenswerten Sozialismus äußern können«, verfüge.[94] Auch sein Blick auf die Parteibasis unterschied sich kaum von dem Honeckers. Krenz ignorierte schlichtweg den Konflikt zwischen Parteiführung und Basis. Er ging weder auf die ZK-Information Nr. 245 noch das Sputnik-Verbot ein, obwohl viele Parteimitglieder darüber verärgert waren. Und er gestand keine Fehler der Parteiführung ein. Vielmehr versuchte er, wieder zur innerparteilichen Integrationspolitik zurückkehren, die die politische Praxis vor dem Repressionskurs bestimmt hatte. Doch längst hatten die GO ihre Funktion als soziale und ideologische Steuerungsinstanzen eingebüßt, und Parteimitglieder – insbesondere Arbeiter – verließen bereits scharenweise die SED. Dessen ungeachtet sagte der neue Generalsekretär:

> »Die Gespräche zum Umtausch der Parteidokumente haben eine Fülle von Anregungen und Vorschlägen für unser innerparteiliches Leben gebracht. Wenn wir sie gründlich beachten, werden die Mitgliederversammlungen der Parteigruppen und Grundorganisationen zu Foren eines lebensverbundenen Gedankenaustausches und zur Anleitung zum Handeln. Mehr denn je sind jetzt feste politische Standpunkte und die kämpferische Haltung jedes Kommunisten gefragt, um die Politik unserer Partei an jedem Arbeitsplatz und im Wohngebiet offensiv zu vertreten. Selbst dann, wenn einer nicht sofort auf jede Frage eine Antwort hat, muss und kann er zeigen, hinter welcher Fahne er marschiert. So haben es Kommunisten immer gehalten, und so halten wir es erst recht heute. Das ist zugleich wichtige Voraussetzung dafür, dass jeder Genosse in seinem Wirkungsfeld seinen Teil für die Entfaltung des Dialogs in Vorbereitung des XII. Parteitags leistet.«[95]

Seine Botschaft an die Mitgliederschaft war, eine neue Dialog- und Integrationspolitik zu etablieren. Diese folgte jedoch dem alten Stil. Zudem war diese Strategie nicht ohne Weiteres umsetzbar und sorgte bei hauptamtlichen Parteisekretären der GO und Kreisleitungen, die für die Implementierung verantwortlich waren, für Verwirrung. Sie fragten sich, wie weit der Dialog reichen möge, wie nun mit den sogenannten »Meckerern und Nörglern« zu verfahren sei und wie man sich gegenüber Mitglie-

94 Rede des Genossen Egon Krenz, Generalsekretär des Zentralkomitees der SED, in: Neues Deutschland, 19.10.1989, B-Ausgabe, S. 1 f., hier S. 2.
95 Ebd.

dern verhalten solle, die als Perestroika-Anhänger Parteiverfahren erlebt hatten und ausgeschlossen wurden.[96]

Drei Tage nach dem Machtwechsel fertigte die Staatssicherheit ein Stimmungsbild der Bevölkerung an, das auch die Haltungen in der Mitgliederschaft dokumentierte.[97] Die Auswertungsoffiziere notierten, dass in der Bevölkerung ein weitverbreitetes Misstrauen gegenüber Krenz und seiner »Wende« zu beobachten sei, während der Machtwechsel und die Bemühungen des neuen Generalsekretärs, die politische Offensive zurückzuerlangen, unter Parteimitgliedern »und anderen gesellschaftlich engagierten Personen« mit Erleichterung zur Kenntnis genommen worden seien.[98] Doch geschah der Führungswechsel aus ihrer Sicht viel zu spät und auch zu halbherzig.[99] Weitverbreitet war die Erwartung, dass weitere Mitglieder der alten Führungsriege abtreten würden.[100] Allein »ältere progressive Kräfte« fanden die Art des Rücktritts Honeckers zutiefst bedauerlich.[101] Offenbar handelte es sich hier um die Stimmen betagter Hardliner, die sich um das Ansehen und die Verdienste des scheidenden Generalsekretärs sorgten. Zu eng schien offenbar auch die eigene (Berufs-) Biografie mit dem politischen Wirken des alten Parteichefs verbunden zu sein.

Auch wenn in der Mitgliederschaft überwiegend Erleichterung über den Führungswechsel herrschte, einen Stimmungsumschwung oder gar das Gefühl eines Aufbruchs lösten weder die Personalie noch die Rede des neuen Generalsekretärs aus. Zwar wurde positiv zur Kenntnis genommen, dass Krenz einige Probleme etwa in der Wirtschaft oder Versorgung ansprach und statt Konfrontation den Dialog suchte. Doch herrschte gerade unter Parteimitgliedern in (Industrie-)Betrieben Enttäuschung vor. Sie hatten erwartet, dass ein Führungswechsel mit konkreten politischen Maßnahmen zur Lösung der vielen drängenden Probleme flankiert werden würde.[102] Doch Krenz hatte keine Konzepte, um die desolate Lage in den Betrieben und bei der Versorgung wieder in den Griff zu kriegen.

96 MfS-Bezirksverwaltung Berlin: Information über die politische Lage in Berlin am 23.10.1989, in: BStU, MfS, BV Berlin AKG, 4362, Bd. 1, Bl. 102–107, hier Bl. 104. Diese Ratlosigkeit herrschte nicht nur an der Basis, sondern auch im Parteiapparat. Im Rahmen eines Gespräches des 1. Sekretärs der Brandenburger Kreisleitung, Winfried Mitzlaff, mit Mitgliedern des Gemeindekirchenrates Wusterwitz am 24.10.1989 wurde er von Pfarrer Lück gefragt, ob die Parteiinformation Nr. 261 noch Gültigkeit besitze. Mitzlaff bestätigte zunächst die Gültigkeit und betonte, dass er die Parteilinie gegenüber dem Neuen Forum gutheiße. Dann räumte er ein, dass zu überprüfen sei, ob sie noch aktuell sei. Vgl. Rat des Kreises Brandenburg, Abteilung Inneres: Protokoll über die Beratung mit Gliedern des Gemeinderates Wusterwitz am 24.10.1989 im Rat des Kreises, 24.10.1989, in: BStU, Mfs, BVfS Potsdam, KD Brbg. 691, Bl. 56–61, hier. Bl. 59.

97 ZAIG: Hinweise über die Reaktionen der Bevölkerung auf die 9. Tagung des ZK der SED am 18. Oktober 1989, 21.10.1989, in: BStU, MfS, ZAIG 4261, Bl. 1–10.

98 Ebd., Bl. 2–3.

99 Ebd., Bl. 8.

100 Ebd., Bl. 9.

101 Ebd., Bl. 8.

102 Ebd., Bl. 4–5.

Auch bei Intellektuellen, in der Kunst- und Kulturszene sowie unter Studenten konnte der neue Parteichef laut MfS nicht punkten. Wenn die Auswertungsoffiziere auch nicht explizit darauf zu sprechen kamen, das Parteibuch war in diesen Personenkreisen keine Seltenheit. Für das kritisch-treue Milieu in der Mitgliederschaft, aber auch für Kirchenleute und Bürgerrechtler war Krenz nicht der erhoffte Reformer. Er verkörperte eben nicht die so dringend erwartete politische Wende, sondern wurde als Teil der alten Führungsspitze wahrgenommen. Auch Arbeiter und Angestellte aus Kombinaten und Betrieben empfanden das so.[103] Sie hielten die eskalierende Gesellschaftskrise zu diesem Zeitpunkt noch für ein vorübergehendes Phänomen, das zwar sehr ernst, jedoch mit den richtigen Mitteln lösbar war. Doch weder die Person Krenz noch seine diffuse »Wende« entsprachen den Forderungen und Hoffnungen nach umfassenden und tiefgreifenden Reformen in Wirtschaft und Gesellschaft. So sollten auch die Austritte nicht nachlassen.

Dialogpolitik und Privilegiendiskurs

Die Dialogpolitik nahm in den folgenden Wochen Gestalt an: Die partielle Öffnung der Medien sowie die Dialogveranstaltungen und die Versuche von Funktionären, in Betrieben, auf Straßen und Plätzen mit der Bevölkerung ins Gespräch zu kommen, verfehlten allerdings ihr Ziel. Anstatt die Initiative und Kontrolle zurückzuerlangen, beschleunigte diese Strategie den Autoritäts- und Machtverlust der SED. Jetzt erst sollte der Zerfallsprozess richtig Fahrt aufnehmen.

Seit Ende Oktober wurden Dialogveranstaltungen initiiert, um die anschwellenden Massendemonstrationen zu beenden. In sogenannten Rathaus- und Sonntagsgesprächen stellten sich Partei- und Staatsfunktionäre aller Ebenen den Fragen, Forderungen und Vorwürfen der Bürger. Auf den gut besuchten Dialogforen wurden emotionsgeladene Diskussionen ausgetragen, die sich mehr und mehr gegen die SED richteten: Nicht nur wurde die führende Rolle der SED in Frage gestellt, es wurde sogar kontrovers über Privilegien von Partei- und Staatsfunktionären, die Trennung von Partei und Staat sowie über die Bestrafung von Politbüromitgliedern diskutiert. Es ging ebenfalls um freie Wahlen und Reisemöglichkeiten.[104] Auch in Brandenburg an der Havel fand in der Veranstaltungshalle des Stahlwerks eine emotionale Diskussion statt, an der über 3000 Brandenburger teilnahmen.[105] Angesichts jahrelang angestauter Frustrationen entwickelten sich die Sonntagsgespräche für SED-Funktionäre zu

103 Ebd., Bl. 9.

104 Bericht gemäß Fernschreiben des Stellvertreters des Ministers, Generaloberst Mittig, Berlin, 6.11.1989, in: BStU, MfS, BV Berlin AKG, Nr. 4362, Bd.2, Bl. 127–128. Siehe auch: Bortfeldt: Von der SED zur PDS, S. 92–96.

105 270 Minuten heiße und kontroverse Diskussion, in: Märkische Volksstimme, Regionalteil Brandenburg/Havel, 1.11.1989, S. 8.

regelrechten Tribunalen. Sie wurden ausgebuht, verbal angegriffen und für allerlei Fehler verantwortlich gemacht. Diese Situation war für sie absolut einmalig. Wenn die SED zu diesem Zeitpunkt noch einen Rest Autorität hatte, so verlor sie ihn bei diesen Versammlungen mit ihren hilflos stammelnden Sekretären.[106]

Aus Sicht des MfS und des Parteiapparates war besonders alarmierend, dass sogar Parteimitglieder nicht mehr bereit waren, sich für die angeklagten Funktionäre einzusetzen und in alter Manier im Sinne der SED zu sprechen. Wie das MfS notierte, fühlten sich Funktionäre auf den Bühnen nicht nur alleingelassen. Sie hatten sogar den Eindruck, dass es überwiegend SED-Mitglieder waren, die ihre Probleme im Rahmen der Sonntagsgespräche artikulierten.[107] Angesichts des Maulkorbs, den die Parteiführung Anfang des Jahres 1988 der Parteibasis mit der ZK-Information Nr. 245 verpasst hatte, dürften viele Genossen diese Foren als Chance gesehen haben, sich endlich Gehör zu verschaffen. Dass der Integrationsverlust sogar die Spitzenebene der Dienstklasse erreicht hatte, zeigt sich daran, dass in Berlin selbst Funktionäre aus Ministerien und zentralen Einrichtungen nicht einschritten, sondern ebenfalls »oppositionelle Argumente« mit Beifall bedachten.[108]

Ähnlich erging es den Parteifunktionären auf den Straßen und Plätzen: Berliner Kunst- und Kulturschaffende bzw. Theaterleute initiierten für den 4. November eine Kundgebung auf dem Berliner Alexanderplatz, auf der Hunderttausende für Presse-, Meinungs- und Versammlungsfreiheit wie auch gegen die führende Rolle der SED demonstrierten. Mit Künstlern und Intellektuellen trat die kritische und reformorientierte Gruppe in der Mitgliederschaft als politischer Akteur nun auch im Rahmen von Demonstrationen in die Öffentlichkeit und sprach sich dort für eine Demokratisierung der DDR aus. Vertretern der Parteiführung wie Günter Schabowski gelang es nicht mehr, zu Wort zu kommen. Auch den ehemaligen Spionagechef Markus Wolf bedachte die Menge mit einem Pfeifkonzert. Zwar hatte sich Wolf zum Reformer gewandelt, doch galt er den meisten nach wie vor als Vertreter der Staatssicherheit. Der Autoritätsverlust der Funktionäre vollzog sich also nicht nur im Rahmen der Dialogforen, sondern auch auf der Straße.[109]

106 Vgl. Bahr, Andrea: »Wo ein Genosse ist – kämpft die Partei!«? Macht- und Bedeutungsverlust der SED-Kreisleitungen in Brandenburg an der Havel und im Bezirk Potsdam im Herbst 1989, in: Braun, Jutta/Weiß, Peter Ulrich (Hg.): Agonie und Aufbruch, S. 128–155.

107 Hier und im Folgenden: Bericht der BV des MfS Berlin vom 30.10.1989, in: BStU, MfS, BV Berlin, AKG 4362, Bd. 1, Bl. 159–160.

108 MfS Bezirksverwaltung Berlin: Zur Lage in der Hauptstadt, 6.11.1989, in: ebd., Bl. 230–232.

109 Auch der 1. Kreissekretär in Brandenburg/Havel wurde auf der Demonstration am 12. November 1989 am Neustädtischen Markt von den Teilnehmern ausgepfiffen, musste seine Rede abbrechen und die Rednertribüne verlassen. Bahr: »Wo ein Genosse ist – kämpft die Partei!«?, S. 128; Rabe, Ralf-Stephan: 12. November 1989. Brandenburg an der Havel erlebt (s)eine Großdemonstration, in: Historischer Verein Brandenburg/Havel (Hg.): 14. Jahresbericht 2004–2005, Brandenburg/Havel 2005, S. 63–80. Siehe auch: Timmer, Karsten: Vom Aufbruch zum Umbruch. Die Bürgerbewegung in der DDR 1989, Göttingen 2000, S. 277 f.; Neubert, Erhardt: Unsere Revolution. Die Geschichte der

Im Zuge der Dialogpolitik kam es weiterhin und sogar vermehrt zu Austritten aus der SED. Diskussionen über Privilegien der Parteioberen dominierten die neue Öffentlichkeit und bildeten jetzt ein häufiges Motiv, die Partei zu verlassen. Die KPKK Königs Wusterhausen etwa meldete der Bezirksleitung in Potsdam, dass neben der Ausreisewelle und dem Entwurf zum neuen Reisegesetz Privilegien und Sonderrechte der Parteiführung im Zentrum der Diskussionen der Parteimitglieder stehen. »Jetzt wisse man«, so eine häufig geäußerte Meinung, »dass die Parteiführung eine privilegierte Schicht gewesen sei und ist«.[110]

Der Diskurs um Privilegien der Parteiführung steigerte sich in den folgenden Wochen zu regelrechten Empörungswellen. Dass dieses Thema die Gemüter so stark bewegte, lag einerseits daran, dass es das bisher tabuisierte Thema der sozialen Ungleichheit und damit die subkutanen Konfliktfelder der Versorgungskrise und des Zugangs zu Westreisen und Westgeld berührte, die sich in den 1980er-Jahren zugespitzt hatten. In der neuen restriktionsfreien Öffentlichkeit entlud sich die angestaute Wut und konzentrierte sich auf die Parteispitze und ihr politisches wie moralisches Versagen. Dahinter standen andererseits Distanzierungsbemühungen einer »Bevölkerung im Übergang«, die sich vom bisher geltenden Wertehorizont durch diese Entlastungstrategie löste.[111]

SED-Mitglieder beteiligten sich an diesem Diskurs, gerieten aber als Repräsentanten der Parteiführung auch selbst in die Schusslinie öffentlicher Empörung. So berichtete etwa die Kreisleitung Wittstock, dass sich viele Parteimitglieder von der Führungsebene distanzierten, weil sie nicht bereit seien, »die Schuld mit zu tragen oder sich dafür persönlichen Angriffen auszusetzen«.[112] Die Enthüllungen einer eingesetzten Untersuchungskommission zu diesen Privilegien sollten die Öffentlichkeit in den nächsten Wochen noch stärker in Atem halten. Doch schon jetzt, einen Tag vor dem Mauerfall, berichtete die Kreisleitung Königs Wusterhausen, dass in vielen GO große Zweifel herrschten, ob die Parteiführung die Lage wieder in den Griff bekommen würde. Die Austritte waren mittlerweile nicht mehr beherrschbar. Nicht nur hatten die wenigen GO, deren Leitungen überhaupt noch versuchten, Gespräche zu führen, »den Kampf gegen die Austritte« ganz eingestellt. Austrittswillige begannen nun damit, ihre Absichten nicht mehr dem Parteisekretär mitzuteilen, sondern ihr

Jahre 1989/90, München 2008. Die Atmosphäre der Demonstration am Alexanderplatz beschreibt das ehemalige SED-Mitglied Dieter Segert eindrücklich, in: Segert: Das 41. Jahr, S. 107–110.

110 KPKK Königs Wusterhausen: Information über die im Prozess des Umtausches der Parteidokumente und der persönlichen Gespräche getroffenen Entscheidungen bezüglich der Entfernungen von Parteimitgliedern aus der SED, 8.11.1989, in: BLHA, Rep. 530 Pdm. Nr. 7764, o. Bl.

111 Sabrow: Die Wiedergeburt des klassischen Skandals, S. 262–265.

112 SED-Kreisleitung Wittstock: Information zum Umtausch der Parteidokumente auf der Grundlage des Fernschreibens vom 2.8.1989, Wittstock 9.11.1989, in: BLHA, Rep. 530 Pdm. Nr. 7764, o. Bl.

Parteidokument direkt der Kreisleitung zu schicken.[113] Damit verloren die Parteisekretäre langsam den Überblick, wer eigentlich noch Genosse war und wer die SED bereits verlassen hatte. Kleinere GO begannen sogar sich aufzulösen.

Der Mauerfall und die 10. ZK-Tagung

Der Mauerfall und die 10. Tagung des ZK der SED beschleunigten den Zerfall der SED. Neben dem stillen Austritt entwickelte sich nun öffentlicher Protest, der für alle Augen sichtbar die Macht der Parteiführung über die Mitgliederbasis beenden sollte. Im Zuge der 10. Tagung des ZK der SED organisierte sich die Parteibasis erstmals zum öffentlichen Protest gegen die eigene Parteiführung. Die vom 8. bis 10. November und damit im Schatten des Mauerfalls stattfindende ZK-Tagung beschloss ein Aktionsprogramm und widmete sich Personalfragen der Führungsebene. Die Tagung wurde jedoch zur Kraftprobe mit der eigenen Parteibasis. Die Wahl der neuen Bezirkssekretäre und Politbüro-Mitglieder Hans-Joachim Böhme, Johannes Chemnitzer und Werner Walde löste in ihren Bezirken einen Proteststurm der Parteiorganisationen aus, sodass sie bereits am nächsten Tag ihr Amt niederlegen mussten.[114] Darüber hinaus versammelten sich am Nachmittag des ersten Beratungstags ca. 14000 Berliner Parteimitglieder vor dem Gebäude des ZK und traten für die personelle Erneuerung der Parteispitze sowie einen Sonderparteitag ein.[115]

Diese erste Demonstration der Parteibasis war keine spontane Erhebung. Der neue Parteisekretär der GO des Zentrums für wissenschaftlichen Gerätebau an der Akademie der Wissenschaften hatte sie mit einigen Tagen Vorlauf organisiert und alle Berliner Parteiorganisationen zur Teilnahme aufgerufen. Die Initiatoren schickten Flugblätter an Berliner Betriebe, wie etwa das Werk für Fernsehelektronik oder die Humboldt-Universität.[116] Doch auch per Telefon wurden Parteiorganisationen zur Teilnahme mobilisiert.[117] Neben der Berliner SED-Bezirksleitung war auch das MfS genauestens über diese Planungen im Bilde, ohne dass sie jedoch im Vorfeld

113 KPKK Königs Wusterhausen: Information über die im Prozess des Umtausches der Parteidokumente und der persönlichen Gespräche getroffenen Entscheidungen bezüglich der Entfremdungen von Parteimitgliedern aus der SED, Königs Wusterhausen 8.11.1989, in: BLHA, Rep. 530 Pdm. Nr. 7764, o.Bl.

114 ZAIG: Hinweise auf erste beachtenswerte Reaktionen zur Neuwahl des Politbüros auf der 10. Tagung des ZK der SED, o.D., in: BStU, MfS, ZAIG Nr. 4262, Bl. 16–17. Siehe auch: Süß: Staatssicherheit am Ende, S. 291–295; Hertle/Stephan: Das Ende der SED, S. 66–74.

115 MfS Bezirksverwaltung Berlin: Information vom 8.11.1989, in: BStU MfS BV Berlin AKB, Nr. 4362 Bd.1, Bl. 240; Demonstration von Berliner Genossen vor dem Haus des ZK, Forderungen an die ZK-Tagung und Bekenntnisse zur Erneuerung, in: Neues Deutschland, 9.11.1989, S. 6.

116 Hauptabteilung Auswertung und Kontrolle der Bezirksverwaltung des MfS Berlin: Information, 7.11.1989, in: BStU, MfS, BV Berlin AKG, Nr. 4362, Bd. 2, Bl. 120.

117 Handschriftliche Information der Berliner Bezirksverwaltung des MfS, 8.11.1989, 12 Uhr, in: BStU, MfS, BV Berlin AKG, Nr. 4362, Bd. 2, Bl. 106.

eingegriffen hätte. In der Beratung der Bezirksleitung wurde beschlossen, dass Schabowski zur demonstrierenden Parteibasis sprechen sollte und zudem 500 Genossen aus dem Apparat des ZK einzusetzen seien, die im Sinne der Parteiführung mit den Genossen diskutieren sollten, »bis der Platz leer ist«.[118] Doch wie schon bei den Personalentscheidungen konnte die Parteiführung die Mitglieder nicht mehr in ihrem Sinne steuern. Der reformorientierte Wissenschaftler und ehrenamtliche Parteisekretär an der Humboldt-Universität, Dieter Segert, schilderte rückblickend den Einsatz der hauptamtlichen Mitarbeiter in dem Moment, als Krenz von den demonstrierenden Parteimitgliedern wegen seiner Ablehnung eines Sonderparteitags ausgepfiffen wurde:

> »Vorne bei den Rednern standen allerdings die bestellten Demonstranten aus dem Apparat, die sich auch gut vorbereitet hatten. Diese äußerten sich lautstark und deutlich anders als die einfachen Parteimitglieder, sodass das Bild nicht von jeder Stelle aus gleich aussah. Die Fernsehaufzeichnungen wurden durch die Bilder von Anhängern der alt-neuen Parteiführung geprägt. Trotzdem war dieser Nachmittag der Beginn eines Aufbruchs der Berliner SED-Basis.«[119]

Der hier konstatierte Aufbruch der Parteibasis war inspiriert von der Kundgebung vom 4. November, die Berliner Theaterleute initiiert hatten. Den demonstrierenden Berliner SED-Mitgliedern ging es in erster Linie um echte innerparteiliche Mitbestimmung und eine Erneuerung der SED. Der auf den 6. November datierte Aufruf zur Demonstration vor dem ZK-Gebäude forderte eine Parteikonferenz, um weitreichende personelle Veränderungen an der Parteispitze einzuleiten, und ein Aktionsprogramm, um die Existenz der SED zu sichern.[120] Die Forderung nach einer Parteikonferenz wandelte sich schließlich zur Forderung nach einem Sonderparteitag, die der Philosoph Michael Brie vor dem ZK-Gebäude vortrug. Laut Statut konnten auf einer Parteikonferenz einzelne ZK-Mitglieder gewählt werden, während auf einem Parteitag alle Posten zur Disposition standen. Wie ernst es den Initiatoren mit ihrem Bedürfnis nach Mitbestimmung und Teilhabe war, zeigt die Aufforderung, das Parteidokument mitzubringen. Bei nicht zufriedenstellendem Verlauf der Tagung sollten die Parteidokumente en masse im Haus des ZK abgegeben werden.[121] Dazu kam es jedoch nicht, auch nicht als Krenz vor die Demonstranten trat und die Forderung nach

118 MfS Bezirksleitung Berlin: Informationen über die Beratung der SED-Bezirksleitung vom 8.11.1989, in: BStU MfS BV Berlin AKG, Nr. 4362, Bd. 1, Bl. 234.

119 Segert: Das 41. Jahr, S. 95–98.

120 Aufruf der Parteiorganisation des Zentrums für wissenschaftlichen Gerätebau der Akademie der Wissenschaften, 6.11.1989, in: BStU, MfS, BV Berlin, AKG Nr. 4362, Bd. 2, Bl. 121.

121 MfS-Bezirksverwaltung Berlin: Information zum Auftreten eines Funktionärs der SED während einer Veranstaltung der Akademie der Wissenschaften (AdW) am 5.11.1989, in: ebd., Bl. 119.

einem Sonderparteitag ablehnte. Die 10. ZK-Tagung beschloss stattdessen, eine Parteikonferenz einzuberufen. Auch wenn die hier versammelten Berliner Parteimitglieder nicht öffentlichkeitswirksam ihre Parteidokumente dem großen Haus übergaben, hatte die Parteiführung die Kontrolle über ihre Mitgliederschaft doch verloren. Die erste selbst organisierte Demonstration wurde von vielen Genossen, wie von Dieter Segert, als Aufbruch empfunden.

An der Kundgebung nahmen laut MfS überwiegend Berliner Wissenschaftler und Akademiker, etwa aus der Akademie für Wissenschaften und der Humboldt-Universität, teil. Daneben – so notierte die Berliner Stasizentrale – gebe es »breite Ablehnung« einer solchen Demonstration, um das Plenum trotz aller guten Vorsätze nicht unter Druck zu setzen.[122] Vermutlich handelte es sich hier um die Position von Mitarbeitern der Staats- und Parteiapparate bzw. um die Haltung der Autoren des Berichts und ihrer Kollegen, die in der Berliner Parteiorganisation überdurchschnittlich vertreten waren. Auch wenn überwiegend die Berliner »Intelligenz« demonstrierte, trafen sie mit ihrer Forderung nach einem Sonderparteitag und Mitbestimmung den Nerv weiter Teile der Parteibasis. Die zögerlichen personellen Veränderungen hatten bereits bei den Parteiorganisationen in Neubrandenburg, Cottbus und Halle massiven Widerstand ausgelöst. Nun entwickelte sich die Einberufung eines Sonderparteitags – ausgelöst vom Protest Berliner Parteimitglieder – zur Kernforderung der Parteibasis. Während die meisten DDR-Bürger überwältigt vom Mauerfall das erste Mal den Westen besuchten, versammelten sich, diesmal organisiert von der SED-Bezirksleitung Berlin, am 10. November mehr als 100 000 Menschen im Lustgarten zu einer Kundgebung.[123]

Sie forderten lautstark die Einberufung eines Sonderparteitags, während die ZK-Mitglieder daran festhielten, eine Parteikonferenz abzuhalten.[124] Nicht nur auf der Straße, auch in vielen GO aller Bereiche wurde die Forderung nach Mitbestimmung unterstützt, wie die Berliner Bezirksverwaltung der Staatssicherheit schon tags zuvor zu berichten wusste.[125] Nur drei Tage später gab die Parteiführung dem Druck der

122 Neben der Meldung des MfS vom 9.11.1989, dass Teilnahmebekundungen in überwiegend »Intelligenz-intensiven Bereichen« erfolgt seien, verweisen auch die rückblickenden Schilderungen ehemaliger Teilnehmer auf dieses Phänomen. Vgl. MfS-Bezirksverwaltung Berlin: Information über die Lage an die BL der SED, 9.11.1989, in: BStU MfS BV Berlin AKB, Nr. 4362, Bd. 1, Bl. 237 f. Siehe auch: Falkner, Thomas/Gysi, Gregor: Sturm aufs große Haus. Der Untergang der SED, Berlin 1990, S. 46 f.; Segert: Das 41. Jahr, S. 95–98.

123 MfS-Bezirksverwaltung Berlin: Bericht gemäß Fernschreiben des Stellvertreters des Ministers, Generaloberst Mittig, 4.11.89, in: BStU MfS BV Berlin AKG, Nr. 4362, Bd. 1, Bl. 244. Siehe auch: Kampfgeist und der Wille zur Einheit und Erneuerung der Partei, in: Neues Deutschland, 11.11.1989, S. 3. Während die Bezirksverwaltung der Staatssicherheit mehr als 100 000 Teilnehmer nennt, sind es im ND-Artikel 150 000 Parteimitglieder.

124 Süß: Staatssicherheit am Ende, S. 293 f.

125 MfS-Bezirksverwaltung Berlin: Information über die Lage, 9.11.1989, in: BStU, MfS, BV Berlin AKB, Nr. 4362, Bd. 1, Bl. 237–238. Siehe auch: Falkner/Gysi: Sturm aufs große Haus, S. 47.

Abb. 8: SED-Mitglieder demonstrieren während der 10. ZK-Tagung im Berliner Lustgarten gegen die Parteispitze und fordern mehr Mitbestimmung, 10. November 1989

Basis nach und berief auf der eilig zusammengerufenen 11. ZK-Tagung für die Zeit vom 15. bis 17. Dezember 1989 einen außerordentlichen Parteitag ein – ein für die SED einmaliger Vorgang.

In Ost-Berlin formierte sich vornehmlich die sogenannte Intelligenz – bestehend aus Wissenschaftlern, der Kunst- und Kulturszene, Ingenieuren, aber auch Studenten – zur ersten Demonstration der Parteibasis und verkündete lautstark ihren Protest. Doch auch in der Industrieprovinz stieß die Parteiführung auf Gegenwind, sie schaffte es nicht, die Parteimitglieder zu mobilisieren. Vielmehr hielt die Austrittswelle auch nach der 10. ZK-Tagung an. Dem Parteiapparat gelang es nicht, den Auflösungstendenzen Einhalt zu gebieten. Bis zum 8. November hatte es im gesamten Jahr 1989 insgesamt 66 000 Austritte, Streichungen und Ausschlüsse gegeben, nach dem Mauerfall stieg die Zahl der Austritte dann rapide an.[126] Zwischen Ende September und dem 25. November 1989 verließen allein 200 000 Mitglieder die SED. Rund

126 So Günter Schabowski auf der Pressekonferenz am Ende des ersten Tags der 10. ZK-Tagung. Vgl. Die neue Führung. Positionen der SED und Aktionsprogramm der Partei, in: Neues Deutschland, 9.11.1989, S. 2.

70 Prozent davon waren Arbeiter.[127] Wie die Abteilung Parteiorgane am 14. November bemerkte, hatte sich das Machtverhältnis zwischen Parteiapparat und Basis verkehrt: Nun hatte sich ein Druck zum Austritt eingestellt, dem auch »ehrliche und [der] Partei verbundene Genossen« nicht mehr standhielten.[128]

Wie ist dieser Austrittsdruck zu erklären? Der Mauerfall und sein Zustandekommen waren Symbol des Autoritätsverlustes der Parteiführung und der SED insgesamt. Obwohl die baldige Wiedervereinigung zu diesem Zeitpunkt noch keine Rolle spielte, markierte die offene Grenze zum Westen das Ende der bisherigen Rahmenbedingungen der Parteiherrschaft. Nun gaben auch Unentschlossene ihr Parteibuch zurück. Eine Nahaufnahme der Situation in den Betrieben und Kombinaten der Industrieprovinz zeigt, dass insbesondere personelle und soziale Mechanismen einen regelrechten Zwang zum Austritt auslösten. Ganze Parteikollektive verließen bestürzt und erschüttert die SED, als sie von schwerwiegenden Fehlern leitender Funktionäre erfuhren.[129] Zudem beschleunigten die Rücktritte regionaler Partei-, Staats- und Gewerkschaftsfunktionäre die Austrittswelle, genauso wie die Tatsache, dass auch in den Betrieben immer mehr Verantwortungsträger sich ihrer Parteibücher entledigten. Diese Sogwirkung beschrieb die ehemalige Leiterin im Stahlwerk, Ingrid Kirchhoff. Sie schildert ihren Parteiaustritt als kollektive Handlung:

> »[…] denn hieß es, der Direktor ist aus der Partei ausgetreten. Und der ist ausgetreten und der. Ja, wat haben die denn gemacht. Ja. Puh. Und dann ist mal einer gekommen […] und gesagt: ›Du Ingrid, gib dein Parteibuch her. Wir, wir schicken jetzt einen zur Kreisleitung und der soll die da abgeben.‹ Und hat die abgegeben. (lacht) Im Stapel.«[130]

Diese Schilderung verweist darauf, dass der Austritt nicht unbedingt von persönlichen Motiven getragen sein musste, sondern oftmals der konkrete lebensweltliche Kontext ausschlaggebend war. Die Austritte von Autoritätspersonen des eigenen Betriebs, bei Ingrid Kirchhoff war es der Direktor, wirkten enthemmend. Gerade für staatliche Leiter war diese Beobachtung zentral, da ihre berufliche Position an den Besitz des Parteibuches gekoppelt war. Nun löste sich diese zuvor untrennbare Verbindung auf. Die Choreografie vor Ort war auch von sozialen Mechanismen bestimmt. Bereits in der Schilderung der staatlichen Leiterin wird eine kollektive Dokumentenabgabe

127 Erneuerung der SED verlangt, sich auf das Wort »Einheit« zu besinnen, in: Neues Deutschland, 25.11.1989, S. 3.

128 Abteilung Parteiorgane: Stimmung in der Bevölkerung und Lage in der Partei, 14.11.1989, in: SAPMO BArch, DY 30/6266, o. Bl.

129 ZK-Abteilung Metallurgie, Büro W. Rauchfuß: Information zur Lage in den Kombinaten der metallverarbeitenden Industrie und Metallurgie am 10./11.1989, 11.11.1989, in: SAPMO BArch, DY 30/30610, o. Bl.

130 Interview mit Ingrid und Gerhard Kirchhoff am 8.9.2011, Transkript der Audiodatei, S. 107.

erwähnt. Eine Ingenieurin ohne Leitungsfunktion machte eine ähnliche Erfahrung. Karin Gutschow beschreibt rückblickend, dass sie dem Parteisekretär ihrer GO ihr Parteidokument schlichtweg überreicht habe:

> »[...] weil alle anfingen irgendwie. [...] Obwohl niemand gesagt hat, das gibt's nicht mehr, oder irgendwie so, hat man och seins halt abgegeben. Ohne [...] irgend ne Empfindung, ja, ne is' nie wieder irgendwat.«[131]

Neben dem Austritt von Autoritätspersonen war die soziale Eigendynamik ein nicht zu unterschätzender Faktor. Einer kollektiv organisierten Abgabe der Parteibücher stellte sich niemand entgegen. Die Gemeinschaft der Kollegen war die wichtigere soziale Bezugsgröße als die Parteizugehörigkeit. Diese innerparteilichen Erosionsprozesse waren eingebettet in eine sich zuspitzende Polarisierung zwischen der SED als politischer Organisation einerseits und Parteimitgliedern und Parteilosen andererseits. Während die 10. ZK-Tagung zu ihrem letzten Beratungstag zusammenkam, notierte die Abteilung Metallurgie im ZK, dass in Betrieben und Kombinaten parteilose Werktätige, Leiter und Parteimitglieder zunehmend aggressiv die Auflösung der Betriebsparteiorganisationen (BPO) und der Kampfgruppen forderten. Hauptamtliche Parteifunktionäre seien mit persönlichen Schuldzuweisungen und Rücktrittsforderungen konfrontiert. In einigen Großbetrieben schien sogar die persönliche Sicherheit von hauptamtlichen Parteifunktionären beim Betreten der Betriebe in Gefahr.[132]

Diesen Auflösungserscheinungen hatte auch das am selben Tag verabschiedete Aktionsprogramm der Parteiführung nichts entgegenzusetzen. Die darin proklamierte Trennung von Partei und Staat verstärkte die verbreitete Stimmung gegen Parteiorganisationen in Betrieben und vertiefte die Verunsicherung der hauptamtlichen Funktionäre an der Parteibasis. Die Kreisleitung in Brandenburg notierte Ende November, dass die Arbeit in den GO von »Instabilität, Verunsicherung, Konzeptionslosigkeit und auch Zurückhaltung« geprägt sei. Viele Parteileitungen resignierten, weil mit der im Zuge des Aktionsprogramms anvisierten Trennung von Partei und Staat nun eine Reihe von staatlichen Leitern nicht mehr bereit sei, sich mit Parteisekretären an einen Tisch zu setzen, um Aufgaben und Probleme zu diskutieren. Staatliche Leiter forderten Hauptamtliche in einigen Betrieben auf, nicht während der Arbeitszeit mit Parteimitgliedern zu sprechen, was Parteisekretäre wiederum als »Platzverbot«

131 Interview mit Karin Gutschow am 22.11.2010, Transkript der Audiodatei, S. 10. Dass Parteiorganisationen teilweise geschlossen aus der SED ausgetreten sind, schildert auch Dorothee Wierling. Vgl. Wierling: Geboren im Jahr Eins, S. 516.

132 ZK Abteilung Metallurgie, Büro W. Rauchfuß: Information zu Meinungen aus Parteiorganisationen zu bisher bekannten Ergebnissen der 10. Tagung des ZK der SED, 10.11.1989, in: SAPMO-BArch, DY 30/30610, o. Bl.

empfanden.[133] So wie das Aktionsprogramm den Zerfall der SED in den Industriebetrieben beschleunigte, stieß es auch bei den protestierenden Wissenschaftlern, Intellektuellen und Studenten in Berlin nicht auf Anklang.[134] Wenngleich mit dem Programm weitreichende Reformen angekündigt wurden,[135] waren der Autoritätsverlust der Parteiführung und der Zerfall der SED insgesamt so weit fortgeschritten, dass von diesem Aktionsprogramm keine gestaltende Kraft mehr ausgehen konnte. Oder anders ausgedrückt: Während die alten Integrationskräfte der Staatspartei versiegten, lagen alternative Instrumentarien wie demokratische Mitbestimmung im Sinne pluralistisch-demokratischer Parteien jenseits der Vorstellungskraft der Parteiführung.

Diese beiden gegenläufigen Tendenzen, der Austrittssog einerseits und das Aufbruchsgefühl andererseits, verstärkten sich in den Wochen bis zum Sonderparteitag. Der Aufstand kritischer, reformorientierter Berliner SED-Mitglieder, darunter überwiegend Künstler und Intellektuelle, und die massenhaften Austritte von Industriearbeitern wie staatlichen Leitern in den Betrieben und Kombinaten machten überdeutlich, dass die Parteiführung ihre Macht über die eigene Mitgliederschaft verloren hatte. Seit der 10. Tagung des ZK der SED und bis zur Auflösung des Politbüros und des Zentralkomitees am 3. Dezember unternahm die Parteiführung keinen Versuch, diesen sich verstärkenden Fliehkräften Einhalt zu gebieten. Krenz' Bemühungen, die Partei zurück in die politische und ideologische Offensive zu bringen, scheiterten gründlich. Als Mitte November ein Sonderparteitag für Mitte Dezember einberufen wurde, begann die Phase des Überlebenskampfes der SED.

Überlebenskampf

Verschiedene Gruppen in der Mitgliederschaft begannen nun, sich für die weitere Existenz der Partei zu engagieren – freilich mit ganz unterschiedlichen Zielen. Zur Vorbereitung auf den Parteitag sollte die viel beklagte Kluft zwischen Parteiführung und Basis mit Hilfe eines Konsultations- und Informationszentrums überbrückt werden. Meinungen und Anliegen konnten in Form von Eingaben und Anträgen seit dem 16. November persönlich vorgetragen oder per Telefon oder Post an die Kontaktstelle im Haus des ZK übermittelt werden.[136] Zwar hatten sich immer schon Mitglieder der

133 2. Sekretär der SED-Kreisleitung Brandenburg: Vorlage über die politische Lage im Kreis, Schlussfolgerungen für die Arbeit bis zur Kreisdelegiertenkonferenz (Vorlage für das Sekretariat der Kreisleitung der SED Brandenburg, Sekretariatssitzung am 22.11.1989), 21.11.1989, in: BLHA, Rep. 531 Brbg. Nr. 2219, Bl. 3–4.

134 Vgl. Segert: Das 41. Jahr, S. 97f.

135 Schritte zur Erneuerung, Aktionsprogramm der SED, in: Neues Deutschland, 11.11.1989, S. 1. Siehe auch: Bortfeldt: Von der SED zur PDS, S. 116f., Hertle/Stephan: Das Ende der SED, S. 79f.

136 Der erste Tag im Konsultationszentrum des ZK der SED. Von der Delegiertenwahl bis zu Fragen über die offene Grenze, in: Neues Deutschland, 17.11.1989, S. 3. Auch SED-Bezirksleitungen wie diejenige in Berlin schufen diese vorübergehende Einrichtung. Vgl. Vorschläge sind gefragt, Konsulta-

Parteibasis sowohl mit Beschwerden als auch mit Anliegen an das »große Haus« gewandt – insbesondere an die ZPKK.[137] Erstmals aber gab es eine solche explizite Einladung, wurden zur besseren Erreichbarkeit zusätzliche Telefonanschlüsse gelegt und eine Besucherstelle eingerichtet – all das wurde bis zum Parteitag intensiv genutzt. Die Kontaktstelle registrierte in dem einen Monat ihrer Existenz 2541 Besucher, 5254 Telefonate und 9488 Eingaben – drei Viertel der Kontaktsuchenden waren (noch) SED-Mitglied. Das Konsultationszentrum galt insbesondere (ehemaligen) Mitarbeitern der Machtsicherungselite – aus den Parteiapparaten und dem Sicherheitsbereich – sowie der sogenannten Intelligenz als Anlaufstelle. 20,8 Prozent der Eingaben stammten von Arbeitern, davon 1,6 Prozent von Produktionsarbeitern. Angestellte verfassten 47,3 Prozent der Schreiben, 22,7 Prozent der Absender gehörten der »Intelligenz« an. Von Parteiveteranen stammten nur 4,9 Prozent der Briefe.[138] Breiten Raum nahm in den Eingaben die Bedrohung der sozialen Existenz (ehemaliger) Mitarbeiter des MfS, der NVA, des Parteiapparates und des Apparates der FDJ und ihrer Familienangehörigen ein. Sie waren von Zukunftsängsten gepeinigt und standen vor dem Problem, keine neuen Arbeitsstellen finden zu können. Auch Mitarbeiter des Staatsapparates fürchteten um ihre soziale Existenz. Sie machten nicht nur die Erfahrung, dass Betriebe sie aufgrund ihrer vorangegangenen Tätigkeit gar nicht beschäftigen wollten oder ihnen Stellen weit unter ihrer Qualifikation anboten. Sie waren entsetzt darüber, dass sie nach Jahren und Jahrzehnten loyal abgeleisteten Dienstes nun keinerlei Unterstützung bei der Arbeitsvermittlung vom Parteiapparat erhielten. Außerdem beklagten sie, im Alltag Anfeindungen und persönlichen Angriffen ausgesetzt zu sein.[139]

tionszentrum der SED-Bezirksleitung öffnet, in: Berliner Zeitung, 20.11.1989, S. 8. In Brandenburg/Havel nahm am 28. November eine Konsultationsstelle der SED-Kreisleitung ihre Arbeit auf. Siehe: Vorlage der Abteilung Parteiorgane der SED-Kreisleitung Brandenburg/Havel für das Sekretariat über die politische Lage im Kreis, 4.12.1989, in: BLHA, Rep. 531 Brbg. Nr. 2220, o. Bl.

137 Siehe auch Abschnitt III.2 in dieser Arbeit.

138 Konsultations- und Informationszentrum: Soziale Zusammensetzung der Absender von Briefen bis zum 15.12.1989, Anlage zur Tagesinformation, 15.12.1989, in: ADS, PDS-PV, 2003-A-001, Band V, o. Bl. Das Konsultationszentrum veranstaltete 13 Podiumsdiskussionen mit insgesamt 3800 Teilnehmern.

139 Schon drei Tage, nachdem die Kontaktstelle ihre Arbeit aufgenommen hatte, berichtete sie, dass sich Anfragen und Hinweise von Genossen und deren Familienangehörigen häufen, die den bewaffneten Organen (MfS, NVA) angehören bzw. hauptamtlich in der FDJ oder im Parteiapparat tätig seien. Sie seien sehr besorgt um ihre berufliche Zukunft, da ihnen in den Dienststellen mitgeteilt worden sei, dass sie sich selbst um neue Arbeit bemühen müssen. Vgl. Konsultations- und Informationszentrum: Tagesinformation, 19.11.1989, in: ADS, PDS-PV, 2003-A-001, Bd. IV, Bl. 3. In Telegrammen von Kreissekretären und Grundorganisationen wurden Verleumdungen und Diffamierungen »ehrlicher Parteiarbeiter an der Basis« beklagt. So wurde etwa folgende Sentenz von der Konsultationsstelle zitiert: »Ist das der Dank für Parteitreue, wenn diskriminierte ehemalige hauptamtliche Parteiarbeiter das Schmarotzertum der ehemaligen Führung mit Tragödien in den Familien, mit ihrem Lebensschicksal bezahlen müssen.« Konsultations- und Informationszentrum: Tagesinformation, 6.12.1989, in: ADS, PDS-PV, 2003-A-001, Bd. V, Bl. 1. Auch ein Staatsbürgekundelehrer bat den Arbeitsausschuss um Hilfe, da von den Schülern der EOS nun »ein schlimmes Kesseltreiben entfacht wurde«.

Neben der ehemaligen Elite im freien Fall zeigen die weiteren Einsendungen, dass die Parteibasis die Themen Korruption und Privilegien der Parteiführung sowie Parteireformen umtrieben. Die Forderung, die verantwortlichen Mitglieder des Politbüros zur Verantwortung zu ziehen, verband sich mit dem Ansinnen, die Parteibeiträge zu senken und die Parteifinanzen offenzulegen. Dabei ging es nicht allein um eine Entlastung von dem immer schon als zu hoch empfundenen Parteibeitrag. Angesichts des Privilegiendiskurses bestand bei vielen Parteimitgliedern der Eindruck, dass Beiträge veruntreut worden waren. Nun forderten sie Transparenz bei den Parteifinanzen ein. Daneben verlangten sie in ihren Eingaben die Reduzierung des Parteiapparates sowie die konsequente Demokratisierung des innerparteilichen Lebens, womit auch die Rehabilitierung zu Unrecht gemaßregelter Mitglieder einhergehen sollte. Gerade reformorientierten Mitgliedern lag dieser Aspekt am Herzen, da ihre Reihen besonders stark von dem innerparteilichen Repressionskurs der Parteiführung betroffen waren, der die immer lauter werdende Parteibasis seit 1988 zur Unterordnung zwingen sollte. Abseits der Existenznöte und Reformwünsche erreichten die Konsultationsstelle in ihrer ersten Arbeitswoche immer wieder Anrufe von Hilfe suchenden Parteisekretären. Sie berichteten über weiterhin steigende Austrittszahlen in den GO und brachten besorgt zum Ausdruck, dass die betriebliche Basis der SED mehr und mehr in Auflösung begriffen war.[140]

Während sich in der zweiten Novemberhälfte auf internationaler Ebene bereits diplomatische Aktivitäten zwischen der Bundesregierung und der KPdSU über die Möglichkeit einer Wiedervereinigung anbahnten, geriet die davon ausgeschlossene SED-Führung wegen Korruption und Amtsmissbrauchs innenpolitisch unter massiven Druck. Am 23. November wurde im DDR-Fernsehen die Reportage »Einzug ins Paradies« über die bis dahin stark bewachte und abgeschirmte Politbüro-Wohnsiedlung Wandlitz ausgestrahlt. Der Blick hinter die Mauern zeigte biedere Einfamilienhäuser mit Badarmaturen und Küchengeräten westdeutscher Hersteller sowie gut ausgestattete Einkaufsmöglichkeiten mit Südfrüchten und Westprodukten. Diese Privilegien und das Wissen um eine von der Lebenswirklichkeit hermetisch abgeriegelte politische Elite löste massive Empörung aus. Nur eine Woche später, am 1. Dezember, legte der durch die Volkskammer eingerichtete Untersuchungsausschuss

Konsultations- und Informationszentrum: Tagesinformation, 7.12.1989, Anhang: Konkrete Äußerungen in Gesprächen, in: ADS, PDS-PV, 2003-A-001, Bd. V. Bl. 2. Die SED-Kreisleitungen Belzig und Bad Salzungen sowie Einzelanrufer aus Leipzig und Nordhausen berichteten etwa über eine eskalierende Pogromstimmung. Ein anonymer Anrufer aus Gera, der im Sicherheitsbereich tätig war, forderte etwa, dass die Regierung den entlassenen Genossen helfen müsse, Arbeit zu bekommen. Vgl. Konsultations- und Informationszentrum: Tagesinformation, 7.12.1989, in: ADS, PDS-PV, 2003-A-001, Bd. V, Bl. 3.

140 Tagesinformationen des Konsultations- und Informationszentrums des ZK vom 19. bis 22.11.1989, in: ADS, PDS-PV, 2003-A-001, Außerordentlicher Parteitag der SED/PDS, November–Dezember 1989, Bd. IV.

über Amtsmissbrauch seinen ersten Bericht vor. Staatlich finanzierte Eigenheime für Spitzenfunktionäre und deren Kinder, feudale Jagdgebiete, Urlaubsflüge mit der Regierungsstaffel, die Versorgung der Spitzenkader mit westlichen Konsumprodukten und anderes ließen die Emotionen in der Bevölkerung und an der Parteibasis hochkochen.[141] Das Konsultationszentrum des ZK erreichten Informationen über massenhafte Parteiaustritte – insbesondere Arbeiter verließen weiter die SED. Nun wurden Parteibücher und Austrittserklärungen auch direkt an das ZK gesandt.

Dass es an der Parteibasis brodelte, verdeutlichten die an das ZK gerichteten Briefe. Ein Mitarbeiter der Kreisleitung Prenzlau schrieb verzweifelt, dass es ihm kaum noch gelinge, die Parteikollektive zu besänftigen. Er wisse nicht, was er angesichts der Enthüllungen noch tun könne, um die letzten Genossen vor dem Austritt zu bewahren. Die Inhaftierung der Schuldigen sei der einzige Ausweg.[142] Ein Parteisekretär einer Wohnparteiorganisation appellierte sogar an Krenz: »Wenn die Parteiführung nicht sofort in die Offensive geht und nicht endlich alles auf den Tisch legt und die Schuldigen bestrafen lässt, wird es keine SED mehr geben.«[143] Selbst einige Bezirks- und Kreisleitungen forderten den Rücktritt von Krenz und der gesamten Parteiführung. Bisher waren im ZK kaum personelle Änderungen vorgenommen worden. Ganz anders verhielt es sich in den Bezirken und Kreisen: Dort waren bis zum 20. November alle 15 1. Bezirkssekretäre und 13 ihrer Stellvertreter zurückgetreten sowie 142 1. und 97 2. Kreissekretäre ihrer Ämter enthoben worden.[144] Das Konsultationszentrum dokumentierte am 1. Dezember, dass die Bezirksleitungen Potsdam und Cottbus der Parteiführung ihr Vertrauen entzogen. Die Bezirksleitung Schwerin, eine Reihe von Kreisleitungen sowie BPO bedeutender Betriebe und Kombinate forderten mit Nachdruck eine schonungslose Aufklärung der Fälle von Amts- und Machtmissbrauch ehemaliger und jetziger Mitglieder der Parteispitze. Das Ausbleiben einer Stellungnahme der Parteiführung wurde als Eingeständnis einer Mitschuld betrachtet.[145]

141 Vgl. Hertle/Stephan: Das Ende der SED, S.89f. Siehe auch: Bortfeldt: Von der SED zur PDS, S. 123f.

142 Arbeitsgruppe Konsultationszentrum: Tagesinformation, 1.12.1989, in: ADS, PDS-PV, 2003-A-001, Bd. V, Bl. 4.

143 Ebd. Seit dem 24. November 1989 wurden vom Konsultationszentrum Reaktionen entsetzter Parteimitglieder über die Lebensverhältnisse in Wandlitz notiert. Vgl. ADS, PDS-PV, 2003-A-001, Außerordentlicher Parteitag der SED/PDS, November–Dezember 1989, Bd. IV.

144 Hertle/Stephan: Das Ende der SED, S. 84f. In Brandenburg an der Havel wurde der Erste Kreissekretär, Winfried Mitzlaff, am 16. November 1989 von seiner Funktion enthoben und tauchte ab. Vgl. Rabe, Ralf-Stephan: Zeitenwende 1989/90 in der Stadt Brandenburg an der Havel, in: Historischer Verein Brandenburg/Havel (Hg.): 18. Jahresbericht, 2008–2009, Brandenburg 2009, S. 195.

145 Tagesinformationen des Konsultations- und Informationszentrums des ZK vom 1.12.1989. Siehe auch: Tagesinformationen seit dem 24.11.1989, in: ADS, PDS-PV, 2003-A-001, Außerordentlicher Parteitag der SED/PDS, November–Dezember 1989, Bd. V.

Während die Enthüllungen um Korruption und Amtsmissbrauch die Austrittswelle an der Parteibasis anschwellen und die Apparate von der Führung abrücken ließen, hatte sich zur selben Zeit eine Plattform gegründet, die den Rücktritt der gesamten Parteiführung und eine Neugründung der SED forderte und sich als alternative politische Kraft in der Partei positionierte. 150 bis 170 kritische SED-Mitglieder waren am 30. November im Saal des Kulturhauses des Werks für Fernsehelektronik in Berlin zusammengekommen. Sie verlangten eine Rückeroberung der Partei durch die Parteibasis. Aus ihrer Sicht hatte die Parteiführung politisch und moralisch versagt, sodass das Überleben der SED nur mit »ihrer kompromisslosen Erneuerung, die einer faktischen Neugründung gleichkäme«, möglich sei.[146] Darüber hinaus lud die neu gegründete Plattform, die in den nächsten beiden Tagen zu wählenden Parteitagsdelegierten für den 10. Dezember zur gemeinsamen Beratung in die Humboldt-Universität ein.

Die Plattformgründung selbst, die Forderung nach einer Parteineugründung und die Einladung an die Delegierten zu einem Treffen waren eine Kampfansage an die Parteiführung. Die Initiative ging auf Mitarbeiter im Werk für Fernsehelektronik – besonders aus dem Bereich Entwicklung Lichtleiter-Technik – zurück, die kritische, reformorientierte Mitglieder in der SED zusammenführen wollten.[147] Vor allem Mitarbeiter der Akademie für Gesellschaftswissenschaften, des Rundfunks und der Humboldt-Universität wie auch des Kombinats der Berliner Verkehrsbetriebe schlossen sich der Plattform an. Zu den überwiegend Berliner Parteimitgliedern gesellten sich auch einige aus Leipzig. Obwohl durchaus unterschiedliche soziale Milieus beteiligt waren, herrschte eine nicht zu überbrückende kulturelle Kluft zwischen Industriearbeitern und (Partei-)Intellektuellen. Während Letztere die Debatte des Gründungstreffens dominierten und über programmatische Schwerpunkte diskutierten, interessierten sich Erstere für praktische Schritte, um die Produktion der Betriebe auch angesichts der neuen, starken Konkurrenz aus dem Westen sicherzustellen. Dieter Segert von der Humboldt-Universität, der bei diesem Treffen das programmatische Modell des »Dritten Weges« erläuterte, schilderte rückblickend.

> »Gewiss war das ein kühnes Unterfangen, denn unser Modell war doch ziemlich abstrakt formuliert und hier saßen, am Abend eines Tages, Parteimitglieder aus vielen Berliner Einrichtungen zusammen, die meisten von ihnen hatten weniger häufig mit theoretischen Begriffen zu tun als wir. Besonders verständlich kann es den meisten auch nicht vorgekommen sein. Man veröffentlichte zwar unser Konzept zusammen mit dem Entwurf eines

146 Falkner/Gysi: Sturm aufs große Haus, S. 62–63. Siehe auch: Herbst/Stephan/Winkler: Die SED, S. 825f.

147 Hier und im Folgenden: Falkner/Gysi: Sturm aufs große Haus, S. 52–71.

Statuts, den Michael Geiger vorgestellt hatte, in einer Sondernummer der Betriebszeitung ›WF-Sender‹, aber die Anwesenden dieser Debatte wollten handfeste Argumente haben.«[148]

Diese Kluft prägte nicht nur die Atmosphäre der »Plattform WF«. Auch die Konsultationsstelle des ZK dokumentierte Klagen von GO mehrerer Berliner Betriebe, dass kaum Arbeiter unter den Parteitagsdelegierten vertreten seien und damit die Basis unterrepräsentiert sei:

»Die Erneuerung der Partei könne nicht mit vorwiegend Angehörigen der Intelligenz und Angestellten gelingen. Es wird ausgerechnet, dass sich unter den 243 Berliner Parteitagsdelegierten nur 17 Arbeiter, dafür aber 60 leitende Angestellte und 32 Vertreter aus dem Parteiapparat befinden.«[149]

Dass besonders die engagierten Kollegen aus der Produktion bei den ersten freien Delegiertenwahlen ins Hintertreffen gerieten, beklagte auch eine Genossin aus dem Glühlampenwerk in Berlin. Das Konsultationszentrum des ZK notierte ihre Beschwerde,

»dass sich unter den Delegierten zum Sonderparteitag zu wenig Arbeiter, zu wenig Delegierte aus der Produktion befinden. Sie schilderte ihre Eindrücke als Delegierte von der Kreisdelegiertenkonferenz Berlin-Friedrichshain. Nach ihrer Meinung wurde rein emotional gewählt. ›Wer am redegewandtesten war, der wurde gewählt.‹ Solche Genossen, die in ihrem Betrieb nicht durch Redekunst, sondern durch Taten bekannt waren, blieben auf der Strecke. [...] Sie befürchtet, dass es nach diesem Parteitag keine SED mehr gibt, sondern eine Partei der gehobenen Mittelschicht.«[150]

Der konkrete Anlass für ihre Beschwerde war, dass der Kandidat des Glühlampenwerks, der für immerhin 560 SED-Mitglieder des Werks ins Rennen geschickt wurde, bei der Wahl leer ausging. Trotz der immer deutlicher werdenden Distanz zwischen den kritischen Intellektuellen und den engagierten Beschäftigten aus der industriellen Produktion verhallte der Gründungsaufruf der neuen »Plattform WF« nicht. Die Forderung nach einer Neugründung der SED, die aufgrund des moralischen Versagens der Parteispitze nötig geworden war, schien durchaus den Nerv vieler in der SED

148 Segert: Das 41. Jahr, S. 101 f.

149 Konsultations- und Informationszentrum des ZK: Tagesinformation, 6.12.1989, in: ADS, PDS-PV, 2003-A-001, Außerordentlicher Parteitag der SED/PDS, November–Dezember 1989, Bd. V, Bl. 2.

150 Tagesinformationen des Konsultations- und Informationszentrums des ZK vom 7.12.1989, in: ADS, PDS-PV, 2003-A-001, Außerordentlicher Parteitag der SED/PDS, November–Dezember 1989, Band V, Bl. 2.

verbliebener Genossen zu treffen. Gleich am Morgen nach der Gründung berichtete der DDR-Rundfunk über die Gründung der Plattform und ihre Erklärung. Das Funkhaus sowie das Werk für Fernsehelektronik und die Humboldt-Universität wurden mit Anfragen und Meinungsäußerungen anderer Parteimitglieder regelrecht überschüttet.[151] Dagegen registrierte das Konsultationszentrum des ZK auch Stimmen, die mit Unverständnis reagierten. Für sie barg dieser Aufruf die Gefahr der Spaltung der Partei in sich, sodass sie die Parteiführung um Krenz aufforderten, umgehend ein prinzipielles Gespräch mit den Initiatoren zu führen.[152] Offensichtlich handelte es sich hier um Stimmen aus dem konservativen Parteimilieu, für das die Denkfigur einer einheitlichen Kampfpartei und damit die Disziplin und Unterordnung unter die Entscheidungen der Parteiführung zum Grundverständnis gehörte.

Noch bis zum Abtritt Honeckers am 18. Oktober wäre die Gründung einer Plattform einem Sakrileg gleichgekommen. So war diese Initiative wohl das sichtbarste Zeichen, dass die SED als Partei Neuen Typs de facto nicht mehr existierte. Einen Tag nach der Gründung der »Plattform WF« legte die Untersuchungskommission ihren Bericht über Korruption und Amtsmissbrauch vor. Damit erreichten am 1. Dezember 1989 der Privilegiendiskurs und die innerparteilichen Oppositionsbestrebungen ihren vorläufigen Höhepunkt. Am selben Tag strich die Volkskammer Artikel 1 aus der Verfassung der DDR. Damit war nun auch formal die führende Rolle der SED abgeschafft.

Die Parteiführung um Krenz stand gesamtgesellschaftlich und innerparteilich mit dem Rücken zur Wand. Es ging längst um die Existenz der Partei. Weder die Empörungs- und Austrittswelle noch die Streichung des Führungsanspruchs ließen Krenz aktiv werden. Erst die offene Fraktionsbildung in der SED bewegte ihn zum Handeln. Um die Solidarisierungen mit der Plattform einzudämmen, richtete er einen Aufruf an alle ersten Bezirks- und Kreissekretäre, sich für die Einheit der SED einzusetzen.[153] Zudem wurde für den 3. Dezember eine außerordentliche ZK-Tagung einberufen. Längst hatte Krenz jedoch die Kontrolle über die Partei verloren. Immer lauter wurden nun auch Rücktrittsforderungen an ihn gestellt.

Das Konsultationszentrum notierte derweil die Erwartungen der Parteibasis an das ZK, in denen sich alle vier bereits beobachteten Subgruppen in der Mitgliederschaft ausmachen lassen:[154] Den Wunsch nach Klarheit, wie es in Zukunft weitergehen solle, teilten sicherlich alle Parteimitglieder. Doch dürfte dieses Bedürfnis beson-

151 Falkner/Gysi: Sturm aufs große Haus, S. 65.

152 Tagesinformationen des Konsultations- und Informationszentrums des ZK vom 1.12.1989, in: ADS, PDS-PV, 2003-A-001, Außerordentlicher Parteitag der SED/PDS, November–Dezember 1989, Bd. V, Bl. 1–2.

153 Hertle/Stephan: Das Ende der SED, S. 91. Siehe auch: Malycha/Winters: Die SED, S. 359 f.

154 Konsultations- und Informationszentrums des ZK: Tagesinformation, 3.12.1989, in: ADS, PDS-PV, 2003-A-001, Außerordentlicher Parteitag der SED/PDS, November–Dezember 1989, Bd. V, Bl. 1–2.

ders den engagierten und pragmatisch orientierten Genossen in den Betrieben unter den Nägeln gebrannt haben. Ebenso verhielt es sich mit der Forderung nach einer schonungslosen Aufdeckung des Amtsmissbrauches. Schließlich war es genau dieses Thema, das die bisher noch unentschlossenen, distanzierten Genossen reihenweise zum Austritt bewegte. Vorgeschlagen wurde aber auch eine Namensänderung der Partei, die vermutlich eher aus den Reihen der kritischen Genossen kam. Dagegen dürfte der Wunsch nach Einhaltung der Einheit der Partei der konservativen Gruppe zuzuordnen sein.

In der Öffentlichkeit wahrnehmbar war jedoch vor allem die Gruppe der kritischen Parteimitglieder. Einige von ihnen versammelten sich am 2. und 3. Dezember während der außerordentlichen ZK-Tagung vor dem »Großen Haus« und forderten lautstark den Rücktritt der Parteiführung. Hinter den Mauern des ZK-Gebäudes am Werderschen Markt in Berlin-Mitte war Egon Krenz derweil bewusst geworden, dass er den Machtkampf in der SED verloren hatte. Die neue Riege der 1. Bezirkssekretäre setzte den geschlossenen Rücktritt des Generalsekretärs, des Politbüros und des ZK durch, um jeglichen Einfluss der alten Parteiführung auf den bevorstehenden Sonderparteitag zu verhindern.[155] Thomas Falkner, der mittlerweile Sekretär der GO im Rundfunk und Delegierter für den Sonderparteitag war, stand inmitten der Demonstranten vor dem ZK-Gebäude und erlebte den Rücktritt der gesamten Parteiführung als emotionalen Moment:

> »Gleich in der zweiten Reihe stand ich und hielt ein Taschenradio ans Ohr. […] Es war klar, dass alle Welt nur noch auf eine Mitteilung wartete. Und dann kam sie in den Nachrichten: Rücktritt der gesamten SED-Führungsgremien. Ich rufe es dem gerade Sprechenden zu, er unterbricht. Die Menge jubelt. Wenige Minuten später drängt sich Schabowski aus dem Gebäude ans Megaphon. Er weiß nicht, dass alle schon im Bilde sind. Umständlich beginnt er seinen Text […] Ständig wird Schabowski durch Pfiffe unterbrochen.«[156]

Für Falkner wie auch für die neu gewählte Kreisleitung der Akademie der Wissenschaften, die diese Demonstration organisiert hatte, war der Rücktritt ein regelrechter Befreiungsstoß. Endlich, so schien es nun, war die Stunde der kritischen Genossen, die für eine Neugründung eintraten, gekommen. Doch sollten sie auf dem Sonderparteitag erneut die Erfahrung machen, sich mit ihren Vorstellungen nicht durchsetzen zu können. Die neuen Bezirkssekretäre und das Politbüro einigten sich noch vor dem kollektiven Rücktritt der Parteispitze darauf, dass ein Arbeitsausschuss aus 25 Mitgliedern bis zum Sonderparteitag vorübergehend die Führung der SED übernehmen und den Parteitag vorbereiten solle. Der Ausschuss bestand aus den

155 Hertle/Stephan: Das Ende der SED, S. 91–93.
156 Falkner/Gysi: Sturm aufs große Haus, S. 71.

neugewählten Bezirkssekretären – Werkdirektoren und junge SED-Funktionäre der zweiten Reihe – sowie aus Intellektuellen und weiteren Funktionären, die allesamt als Reformer galten.[157]

Schon drei Tage später beschloss der Ausschuss, den Parteitag auf den 8. Dezember vorzuverlegen.[158] Es ging darum, einer Spaltung oder Auflösung der Partei – wie von der »Plattform WF« gefordert – zuvorzukommen. Schließlich hatte die Plattform die Delegierten für den 10. Dezember in die Humboldt-Universität eingeladen. Der nach außen improvisiert wirkende Arbeitsausschuss wie auch der vorgezogene Parteitagstermin zeigten die erhoffte Wirkung. Gerade die kritischen Mitglieder aus der Wissenschaft meldeten sich beim Konsultationszentrum, um dem Ausschuss ihre Hilfe anzubieten. Zwar gingen auch Briefe ein, in denen die Auflösung der SED gefordert wurde. Doch schafften es die »Plattform WF« und ihre Sympathisanten nicht, die Stimmung unter den verbliebenen Genossen auf diese Frage zuzuspitzen. Parteimitglieder aus den Betrieben wandten sich kaum mehr ans ZK. Im Schatten der Austrittswelle waren engagierte Mitglieder an der betrieblichen Basis überwiegend enttäuscht, dass sich ihre Kandidaten auf den Kreisdelegiertenkonferenzen gegen eloquente Akademiker kaum durchsetzen konnten.[159]

Auf dem Sonderparteitag sollte nun über die Zukunft der SED entschieden werden. Allein die Hälfte der Delegierten bestand aus hauptamtlichen Funktionären und Betriebsdirektoren oder stammte aus den bewaffneten Organen.[160] Anders als die Akademiker der »Plattform WF« konnten sie aus beruflichen Gründen nicht an einer Auflösung und Neugründung der SED interessiert sein. Als der Antrag zur Auflösung in der nächtlichen Sitzung vom 8. auf den 9. Dezember eingebracht wurde, gelang es Hans Modrow, die Delegierten umzustimmen – für die Anhänger der Plattform eine

157 Die Mitglieder waren: Heinz Albrecht, Hans-Jürgen Audehm, Wolfgang Berghofer, Lothar Bisky, Ellen Brombacher, Roland Claus, Gregor Gysi, Hansjoachim Hahn, Klaus Höpcke, Dagmar Hülsenberg, Norbert Kertscher, Dieter Klein, Herbert Kroker, Eva Maleck-Lewy, Bernd Meier, Peter Pechauf, Ulrich Peck, Wolfgang Pohl, Erich Postler, Gerd Schulz, Wolfgang Thiel, Heinz Vietze, Markus Wolf, Roland Wötzel und Brigitte Zimmermann. Nachträglich wurde Andreas Thun, der Parteisekretär des Werks für Fernsehelektronik und Mitinitiator der »Plattform WF«, kooptiert. Die Gründung eines Arbeitsausschusses wurde von Krenz ins Spiel gebracht und von einer Gruppe um Herger, Lorenz und Rauchfuß initiiert, um ein Machtvakuum beim Rücktritt der Parteiführung zu verhindern. Vgl. Bortfeldt: Von der SED zur PDS, S.132. Siehe auch: Hertle/Stephan: Das Ende der SED, S. 95–97. Wahrscheinlich wurde die Liste mit den 25 Namen von Abteilungsleitern im Zentralkomitee zusammengestellt. Vgl. Malycha: Die SED in der Ära Honecker, S. 429–431.

158 Malycha/Winters: Die SED, S. 359–360, Siehe auch: Booß, Christian: Der Sonderparteitag der SED im Dezember 1989, in: DA 6/2009, S. 993–1002.

159 Tagesinformationen des Konsultations- und Informationszentrums des ZK vom 5. bis 7.12.1989, in: ADS, PDS-PV, 2003-A-001, Außerordentlicher Parteitag der SED/PDS, November–Dezember 1989, Band V.

160 Booß: Der Sonderparteitag der SED im Dezember 1989, S. 1001. Zur Atmosphäre des Sonderparteitages siehe auch: Fricke, Karl Wilhelm: Symptome eines Verfalls. Impressionen vom Außerordentlichen Parteitag der SED, in: DA 1/1990, S. 7–9; Kuppe, Johannes L.: Der Außerordentliche Parteitag der SED, in: ebd., S. 53–58.

herbe Niederlage. Die Frage der Auflösung der SED war jedoch noch nicht ganz vom Tisch, da die Namensfrage noch nicht geklärt war. Darüber sollte auf dem zweiten Teil des Parteitags am 16. Dezember entschieden werden. Das Konsultationszentrum dokumentierte das Stimmungsspektrum unter den Briefe schreibenden verbliebenen Genossen, wobei sich mit 46,2 Prozent eine eindeutige Mehrheit für die Auflösung und Neugründung aussprach. 31,8 Prozent, fast ein Drittel, wollten dagegen den Erhalt und die Erneuerung der Partei unter dem Namen SED. 20,6 Prozent reichte eine Umbenennung aus. Die radikalste Variante der Auflösung wurde überwiegend von der sogenannten »Intelligenz« unterstützt. Für die Option der Umbenennung stimmten vor allem »Arbeiter«. Natürlich operierte das Konsultationszentrum hier noch mit den althergebrachten Sozialkategorien der SED. Unter der sogenannten Gruppe der hier aufgeführten »Arbeiter« zählte sie auch Hauptamtliche aus dem Parteiapparat und Angehörige der Sicherheitsorgane, die sich auch in diesen Tagen voller Sorge um ihre soziale und berufliche Zukunft an die Konsultationsstelle wandten.[161]

Vorübergehend schienen zumindest ihre Gemüter mit dem Ausgang des Parteitags und der Kompromissformel SED-PDS, also dem Zusatz »Partei des Demokratischen Sozialismus«, besänftigt. Zwar war die Partei nun erst einmal gerettet. Doch abseits der pragmatischen Erwägungen um Parteivermögen und soziale Existenz fanden sich die verschiedenen Gruppen der Verbliebenen nicht wirklich in der SED-PDS bzw. im Diskussionspapier um das Programm wieder. Häufig wurde kritisiert, dass es zu »intellektuell« und im Hochschuldeutsch geschrieben sei, sodass Arbeiter in den Betrieben keinen Zugang dazu finden würden. Daneben vermisste gerade die konservative Klientel etwa aus dem Bereich der bewaffneten Organe das klare Bekenntnis zum Marxismus-Leninismus im Statutenentwurf. »Nur weil einige Genossen der alten Führung versagt haben«, so stellte sich für sie die Situation dar, »könne doch unsere Weltanschauung nicht über Bord geworfen werden«.[162] Natürlich waren auch die kritischen Mitglieder, insbesondere die (Partei-)Intellektuellen über den Ausgang des Parteitags enttäuscht. Sie konnten sich mit einem moralischen Neustart nicht durchsetzen, und auch spätere Versuche, eine politische Organisation des Reformer-Flügels zu schaffen, scheiterten.[163]

161 Konsultations-und Informationszentrum: Statistische Analyse von 500 eingegangenen Briefen mit Standpunkten zur SED als künftiger Partei (Absendetag 3. bis 8.12.1989), Berlin 14.12.1989, in: ADS, PDS-PV, 2003-A-001, Außerordentlicher Parteitag der SED/PDS, November–Dezember 1989, Bd. V, o. Bl.

162 Tagesinformationen des Konsultations- und Informationszentrums des ZK vom 12. bis 14. 12.1989, in: ADS, PDS-PV, 2003-A-001, Außerordentlicher Parteitag der SED/PDS, November–Dezember 1989, Bd. V. So auch: Scherzer, Landolf: Das letzte Gefecht, Wie der SED-Sekretär Hans-Dieter Fritschler die Wende in der DDR erlebt, in: Die Zeit, 5.1.1990.

163 Land, Rainer/Possekel, Ralf: Fremde Welten. Die gegensätzliche Deutung der DDR durch SED-Reformer und Bürgerbewegung in den 80er Jahren, Berlin 1998, S. 114.

Schon wenige Wochen später veränderten sich mit der Perspektive der Wiedervereinigung die Rahmenbedingungen – und die SED-PDS geriet in eine neue Phase der Transformation.[164] Das Ende der Parteibasis einer kommunistischen Partei sowjetischen Typs läutete der Sonderparteitag mit der Abschaffung der betrieblichen Parteiorganisationen ein. Ganz formal ging es nun darum, die überhaupt noch verbliebenen GO in den Betrieben, aber auch im Sicherheitsbereich und der Verwaltung aufzulösen. Ab 1990 musste sich die verbliebene Basis der SED-PDS ausschließlich territorial organisieren und die ersten demokratischen Wahlen bestreiten.[165]

4. Typologie des Loyalitätsverlustes

Diese Erkundungen der SED-Innenwelt im Jahre 1989 zeigen, dass die Aufkündigung der Folgebereitschaft kein einförmiger Prozess war, in dessen Zuge sich früher oder später die meisten Mitglieder ihres Parteibuches entledigten. Es lassen sich vielmehr gegenläufige Verhaltensweisen des Loyalitätsverlustes beobachten, die Rückschlüsse auf verschieden gelagerte Parteibindungen zulassen. Zunächst ist die Gruppe der distanzierten Mitglieder zu nennen, die insbesondere aus den umworbenen Industriearbeitern und ihren Vorgesetzten bestand. Sie verließen die Staatspartei zuerst. Ihre tendenziell geringe ideelle Bindung ergab sich aus den vorherigen massiven Rekrutierungsbemühungen. Der häufig so empfundene Zwang zum Eintritt verkehrte sich im Zuge der Massenaustritte in einen Sog zum Austritt.

Ein ähnliches Bild ergibt sich für die sogenannten Leitungskader in den Industriebetrieben. Ingenieure oder Ökonomen im mittleren und gehobenen Management waren durch ihre Leitungsfunktion zwangsläufig mit der Staatspartei verbunden, jedoch lässt sich ihre Parteibindung nicht mit den moralischen Kategorien des Mitläufers oder Karrieristen fassen. Für sie war die SED aufs Engste mit ihrer Lebens- und Arbeitswelt verbunden und in erster Linie ordnende Kraft im Betriebsleben. Die Staatspartei war für Industriearbeiter und Leitungskader alternativloser Handlungsrahmen und Aktionsraum, um verschiedenste Bedürfnisse und Anliegen zu verfolgen. Der sukzessive Steuerungsverlust machte das politische Engagement zunehmend sinnlos. Das betraf nicht allein die untrennbare Verbindung aus Leitungstätigkeit und Parteizugehörigkeit, sondern auch die Auflösung der Partei als ordnende Kraft in den sozialen Nahräumen – insbesondere in den Betrieben. Die Zugehörigkeit zu einer aktionsunfähigen Partei, die im Betriebsleben zuvor so präsent und einflussreich ge-

164 Vgl. Moreau, Patrick: PDS. Anatomie einer postkommunistischen Partei, Bonn/Berlin 1992.

165 Die radikale Erneuerung der Partei verlangt zwingend ein neues Statut, Bericht des Vorsitzenden der Statutenkommission, Wolfgang Pohl, 16.12.1989, Sonderparteitag, in: http://archiv2007.sozialisten.de/partei/parteitag/sonderparteitag1989/view_html?zid=24834&bs=1&n=5 (Zugriff: 14.8.2017). Siehe auch: Moreau: PDS.

wesen war, erschien nun sinnlos und anachronistisch. Mit der anschwellenden Austrittszahl entwickelte sich schließlich eine soziale Eigendynamik.

Nicht alle Mitglieder in den Betrieben entledigten sich jedoch gleich ihres Parteibuches. Im Kontrast zur stillen Abkehr stand eine Gruppe, die sich für einen moralischen Neustart der Partei engagierte und deren Bindung als pragmatisch-engagiert bezeichnet werden kann. Diese Parteimitglieder waren etwa in der Ende November 1989 gegründeten »Plattform WF« zu finden, und ihr politisches Engagement orientierte sich an den konkreten Lebensbedingungen ihrer Kollegen. Soziale Gerechtigkeit und eine solidarische Gesellschaftsordnung dürften für sie die zentralen Elemente der politischen Programmatik gewesen sein, wobei ihre politischen Vorstellungen eher diffus blieben. Vielmehr hat es den Anschein, dass sie ihre Rolle als Parteimitglied in das Verhaltensmuster des Kümmerers übersetzten und in der Phase des politischen Umbruchs fortführten. Damit blieb die SED für sie auch im Zerfall Handlungsrahmen, um sich für die Bedürfnisse ihres Betriebs, ihrer Kollegen und Nachbarn und die Verbesserung ihrer Lebensbedingungen einzusetzen. Zu dieser Gruppe der Pragmatiker gehörten auch (Industrie-)Arbeiter, die die Diskussionen der redegewandten kritischen Akademiker als viel zu theoretisch empfanden. Sie wollten konkrete politische Lösungen für die Schwierigkeiten und Herausforderungen vor Ort. Arbeiter mit Parteibuch waren also nicht per se distanziert gegenüber der Staatspartei eingestellt. Sie waren auch in der Gruppe der engagierten und pragmatisch orientierten Parteimitglieder vertreten, deren politisches Engagement die Transformation von der SED zur PDS überdauern und mitprägen sollte.

Gemeinsam mit den Pragmatikern erzwangen Parteimitglieder, die sich als kritisch-treu charakterisieren lassen, den Sonderparteitag. Auch sie engagierten sich häufig in der »Plattform WF«. Ihre aktivsten Vertreter firmierten als SED-Reformer und blieben über das Ende der SED hinaus in der Öffentlichkeit besonders wahrnehmbar. Diese Gruppe wurde dominiert von (Partei-)Intellektuellen, Wissenschaftlern, Akademikern, Künstlern und Studenten, die sich als dezidierte Reform- und Gorbatschow-Anhänger verstanden und den Machtzerfall als regelrechten Aufbruch empfanden. Kern ihrer Politikvorstellung war der demokratische Sozialismus, ein dritter Weg zwischen Kapitalismus und Sozialismus, der – so stellte es sich für sie dar – nur mit Hilfe einer erneuerten, reformierten SED gestaltet werden konnte. Die in der Gruppe vertretenen Sozialismusvorstellungen unterschieden sich generationell freilich stark.[166] Gemeinsam war diesen kritisch-treuen Mitgliedern der Wunsch nach einem moralischen Neustart. Wie auch die Pragmatiker hielten sie »der Partei« zunächst die Treue. Doch im Unterschied zur Gruppe der pragmatisch-engagierten Mitglieder, deren zentraler Bezugspunkt die Gemeinschaft vor Ort bildete, war für die kritisch-treuen Mitglieder die Gesellschaft und ihre politische Umgestaltung

166 Vgl. Land/Possekel: Namenlose Stimmen waren uns voraus, S. 48.

Fluchtpunkt ihres Engagements. Ihr Aufbruch endete auf dem Sonderparteitag mit einer herben Enttäuschung. Sie konnten sich mit ihrem Wunsch der Neugründung nicht gegen die Machttechniker – die Funktionäre der zweiten und dritten Reihe sowie Betriebsdirektoren – durchsetzen, die die Namensfrage für sich entschieden.

Distanzierte, pragmatisch-engagierte und kritisch-treue Parteimitglieder bilden Gruppen, die inmitten der vielfältigen Haltungen und Parteibindungen an der Parteibasis besonders verbreitet und wahrnehmbar waren. In der Phase des Machtverlustes sind auch Stimmen einer weiteren Gruppe zu vernehmen, deren Haltung sich als konservativ-autoritär beschreiben lässt. Ihre Vertreter dürften jedoch eher in den oberen Rängen der Machtsicherungs- und Legitimationselite anzutreffen gewesen sein und tendenziell aus älteren, der Aufbaugeneration entstammenden Mitgliedern bestanden haben. Auch sie blieben zunächst in der Partei und waren ebenfalls über den Ausgang des Sonderparteitags enttäuscht. Ihnen fehlte das klare Bekenntnis zum Marxismus-Leninismus. Die Überzeugung, dass der Sozialismus die bessere Gesellschaftskonzeption ist, jedoch einer steuernden Elite bedarf, die wehrhaft gegen innere und äußere Feinde sein muss, war Kern ihres Berufsverständnisses und ihrer Weltanschauung. Durch den sozialen und finanziellen Absturz waren sie nun nicht nur von Zukunftsängsten geplagt und sahen ihre Lebensleistung entwertet. Sie sorgten sich auch um ihre politischen Überzeugungen, die jetzt aufs Abstellgleis geschoben wurden.

Diese vier Gruppen ergeben kein vollständiges Bild der SED-Parteibasis. Sie zeigen vielmehr Konturen von Milieus mit unterschiedlichen Parteibindungen, die auf die mentale Verfassung der Mitglieder der Staatspartei in den 1980er-Jahren verweisen. In der Phase des Machtzerfalls traten sie auf ganz unterschiedliche Weise in Erscheinung. Doch war der Niedergang der Mitgliederpartei 1989 längst noch nicht abgeschlossen, die Austrittswelle setzte sich 1990 fort. Die Forderung des Runden Tisches, dass Mitglieder von Staatsorganen parteilos sein sollten, führte zumindest unter den Mitarbeitern der Stadtverwaltung Leipzig zur massenhaften Abgabe der Parteibücher.[167] Während die SED und ihre Apparate in den Industriebetrieben bereits Ende November 1989 erheblich dezimiert und vereinzelt fast verschwunden waren, setzte der Zerfallsprozess mit der Aufhebung der führenden Rolle der Partei und der betriebenen Trennung von Partei und Staat dann auch in den staatlichen Verwaltungsapparaten ein. 1991 war die Mitgliederzahl der in Partei des Demokratischen

167 Auch die Bekanntgabe einer strafrechtlichen Verfolgung der Fälschung der Kommunalwahlen vom Mai 1989 wurde als Austrittsgrund benannt. In Leipzig, wo die Parteiorganisation 1987 aus ca. 173 800 Mitgliedern bestand, erklärten zwischen September 1989 und 10. Januar 1990 insgesamt 73 400 Genossen ihren Austritt. Von Januar bis Ende März schmolz der Mitgliederbestand dann auf ca. 35 700 Mitglieder. Liebold, Cornelia: Machtwechsel vor Ort. Die SED und ihr Apparat in Leipzig vom Oktober 1989 bis Mai 1990, in: Heydemann, Günther/Mai, Gunther/Müller, Werner (Hg.): Revolution und Transformation in der DDR 1989/90, Berlin 1999, S. 459 f.

Sozialismus (PDS) umbenannten politischen Organisation schließlich mit 240 000 auf 10 Prozent ihrer ursprünglichen Größe geschrumpft. 97 Prozent waren vorher im Besitz eines SED-Parteibuches.[168] Zudem war mit 43 Prozent fast die Hälfte der PDS-Mitglieder über 60 Jahre alt – ein Trend, der sich in den folgenden Jahren sogar noch verstärken sollte. Die Partei war im wiedervereinigten Deutschland und insbesondere vor dem Hintergrund der Deindustrialisierung Ostdeutschlands für die meisten Mitglieder Schutzverband und Heimatverein. Dort überdauerten Mentalitäten und parteikulturelles Verhalten.[169] Die Gruppe der Rentner prägte in Ostdeutschland auch noch über zehn Jahre nach Ende der alten SED die Atmosphäre an der Basis der PDS – nicht selten zum Leidwesen der jüngeren Genossen.[170]

5. Der Zerfall der Kader- und Arbeiterpartei und der Aufbruch der Reformer. Zwischenfazit

Welches Bild der Parteibasis ergibt sich aus diesen Erkundungen über das Jahr des Machtzerfalls, und wie ist die massenhafte Aufkündigung der Folgebereitschaft zu erklären? Weder ist die Annahme befriedigend und zutreffend, die Massenaustritte angesichts der Demonstrationen und des Mauerfalls als zwangsläufiges Ereignis einzuordnen: Folgte man dieser Sichtweise, dann hätten die Mitglieder der Staatspartei stets aus Opportunitätsmotiven heraus gehandelt – so auch im Moment des Zusammenbruchs. Noch wird das Bild eines kontinuierlich fortschreitenden Zerfalls den komplexen und auch gegenläufigen Prozessen im Inneren der Staatspartei gerecht. Dass der Koloss Mitgliederpartei tatsächlich ins Rutschen geriet und dann in atemberaubender Geschwindigkeit auseinanderbrach, ist nicht nur der Endpunkt einer inneren Erosion, sondern auch einer spezifischen Dynamik des Jahres 1989 geschuldet.

Schon 1988 wurde die Parteiführung wegen des Verlustes der Deutungshoheit in den eigenen Reihen aktiv. Mit der ZK-Information 245 leitete sie innerparteilich einen repressiven Kurs ein, der die Reformanhänger zum Schweigen bringen sollte. An diesem Kurs hielt sie auch 1989 fest und intensivierte sogar ihre Aktivitäten, die Deutungshoheit zurückzugewinnen. Ihre Versuche blieben jedoch entweder wirkungslos, wie bei der Gründung des Verbandes der Freidenker, oder sie verschärfte durch ihre Aktivitäten die Problemlage. So verpasste sie der Perestroika-Begeisterung zwar einen Dämpfer, als sie über Armut und Arbeitslosigkeit in der Sowjetunion und Ungarn berichten ließ, doch zugleich forcierte sie damit grundlegende Zweifel

168 Der PDS-Mitgliederbestand schrumpfte bis 1994 auf 140 000 Personen, Chrapa/Wittich: Die Mitgliedschaft, S. 8.

169 Neugebauer, Gero: Von der SED zur PDS zur Linkspartei, in: Gieseke, Jens/Wentker, Hermann (Hg.): Die Geschichte der SED. Eine Bestandsaufnahme, Berlin 2011, S. 239–265, hier S. 263–265.

170 Chrapa/Wittich: Die Mitgliedschaft, S. 16, 78, 92, 95 f.

am Sozialismus als Gesellschaftsordnung. Auch in den Betrieben hatte sich die Krisenwahrnehmung auf die Systemfrage zugespitzt. Die anhaltenden Wirtschafts- und Versorgungsprobleme wurden nicht mehr ausschließlich auf eine verfehlte Politik der Parteiführung zurückgeführt, sie wurden nun auch als das Resultat eines dysfunktionalen politischen Systems betrachtet. Der Verlust der Deutungshoheit in der Mitgliederschaft weitete sich im Zuge der Kommunalwahlen aus. Die kurz zuvor demokratisch modifizierten Wahlmodi in der Sowjetunion, Polen und Ungarn sowie die Aktivitäten der Bürgerrechtsgruppen delegitimierten die bisherige Wahlpraxis in der DDR. Auch Parteimitglieder folgten nicht mehr der Argumentation der Parteiführung, sondern teilten den von Oppositionsgruppen erhobenen Vorwurf der Wahlfälschung.

Dieser wachsende Deutungsverlust der SED, der sich in den verschiedenen Konfliktfeldern vollzog, ließ Parteimitglieder immer stärker von der Parteiführung abrücken. Die innenpolitische Atmosphäre hatte sich mittlerweile derart zugespitzt, dass es auch kaum noch möglich war, die Politik der Parteiführung zu vertreten, ohne Anfeindungen zu erfahren. In diesem politischen Klima wirkte der Umtausch der Parteidokumente wie ein Katalysator des inneren Zerfalls. Viele Parteimitglieder, insbesondere Industriearbeiter, kamen dem Disziplinierungsbedürfnis der Parteiführung zuvor. Jahrzehntelang hatte dieses Instrument funktioniert. Jetzt, da die GO ihre Funktion als soziale und ideologische Steuerungsinstanzen eingebüßt hatten und die Parteiführung selbst in den Reihen der Mitgliederschaft die Deutungshoheit verloren hatte, versiegte die ohnehin schwach ausgeprägte Disziplinierungsbereitschaft an der Parteibasis. Weder die Parteileitungen der GO noch die Austrittswilligen waren bereit, die innerparteilichen Rituale der Unterordnung zu vollziehen. Damit verlor das letzte funktionierende innerparteiliche Kohäsionsinstrument an Wirkung. Dass Austrittswillige von ihren Parteileitungen nicht mehr aufgehalten wurden, war ein symbolischer Verlust der Hegemonie über die Mitgliederschaft. Damit hatte der Parteiapparat bereits im Sommer 1989 und damit vor den Massendemonstrationen die Entscheidungsgewalt über die Zugehörigkeit zur Avantgardepartei verloren: Nicht der Druck der Straße ließ die Staatspartei an ihrer Basis zerfallen, sondern der innerparteiliche Druck zum politischen Bekenntnis mit dem Umtausch der Mitgliedsbücher.

Mit der Ausreisewelle, den aufkommenden Massendemonstrationen und der konfrontativen Haltung der Parteiführung sollte der um sich greifende Loyalitätsverlust im Spätsommer und Frühherbst eine neue Dynamik entfalten. Die wachsende Polarisierung zwischen Parteiführung und Bevölkerung führte zur Solidarisierung weiter Teile der Mitgliederschaft mit der Bevölkerung. Damit wuchs nicht nur die Zahl der Austritte. Sie begannen sich nun auch von der Umtauschaktion zu entkoppeln. Zwar hofften die meisten Parteimitglieder auf einen Machtwechsel an der Parteispitze. Als dieser Mitte Oktober mit dem Amtsantritt von Krenz endlich vollzogen wurde, kam er aber bereits viel zu spät, um die gewünschte Wirkung zu entfalten. Weder stand Krenz für den erhofften politischen Neuanfang noch beinhaltete seine »Wende« die lang ersehnten Reformen. So läutete dessen Dialogpolitik die Zerfallsphase ein: Die Gesprächsforen mit den hilflos stammelnden Funktionären und der nun einsetzende Privilegiendiskurs ließen den Rest an Autorität, den die SED noch besaß, zusammenschmelzen und die Austritte anschwellen.

In der Folge lassen sich zwei gegenläufige Verhaltensweisen bezüglich des Loyalitätsverlustes beobachten. Mit der 10. Tagung des ZK formierte sich im Schatten des Mauerfalls Protest, und es kam zur ersten Demonstration der Parteibasis in Berlin. Parteimitglieder forderten lautstark Mitbestimmung und erzwangen die Einberufung eines Sonderparteitags. Damit hatte die Parteiführung für alle sichtbar die Macht über die Mitgliederschaft verloren. Auf der anderen Seite kam es nun massenhaft zum stillen Austritt vor Ort: Der Mauerfall und auch personelle und soziale Dynamiken ließen in den Betrieben einen regelrechten Austrittssog entstehen.

Mit dem Rücktritt von Krenz, Politbüro und Zentralkomitee (ZK) sowie der Einsetzung einer Arbeitsgruppe als vorübergehender Führung begann spätestens Anfang Dezember die Phase des Überlebenskampfes. Bis zum Sonderparteitag gelang es der Arbeitsgruppe, die drohende Auflösung bzw. Aufspaltung der SED zu verhindern. In der »Plattform WF« formierten sich die um Mitsprache bemühten kritischen und pragmatischen Parteimitglieder der Basis, die für einen moralischen Neuanfang der SED eintraten, der die Auflösung und Neugründung der Partei beinhaltete. Die drohende Auflösung der SED konnte auf dem Sonderparteitag von Hans Modrow knapp verhindert werden. Die dergestalt gerettete Partei begann nun ihre Phase der Transformation von einer Partei neuen Typs zur Partei mit sozialistischem Traditionskern.

Doch welche Bedeutung kam den Massenaustritten zu? Zwar machte der innere Zerfall der SED den Machtverlust der Staatspartei komplett, aber weder führte das rapide Abschmelzen des Mitgliederbestandes zur Auflösung der Partei und damit zum Ende ihrer Existenz noch hatten die Austritte entscheidenden Einfluss auf den Untergang der DDR. Sicher mochte der massenhafte Loyalitätsverlust die Desillusionierung und Lähmung in den Reihen der Machtsicherungselite und der Parteiführung in der eskalierenden Krise noch verstärkt haben. Den Funktionären dürfte spätestens zu diesem Zeitpunkt bewusst geworden sein, dass von der Mitgliederschaft keine Unterstützung zu erwarten war. Dennoch verliehen sie dem Prozess der friedlichen Revolution keine andere Richtung. Wenn die Massenaustritte auch nicht in dieser Weise geschichtsmächtig waren, ließen sie im Moment des Zerfalls doch die innere Beschaffenheit der Staatspartei sichtbar werden. Die gegenläufigen Verhaltensweisen bezüglich des Loyalitätsverlustes verweisen auf unterschiedliche Milieus und Parteibindungen, die die Parteibasis in den 1980er-Jahren prägten.

Zunächst zeigt sich, wie wenig Integrationskraft die SED unter den viel umworbenen Industriearbeitern entfalten konnte. Sie verließen zuerst und in Strömen die Staatspartei. Die stets massiven Werbungsbemühungen gegenüber (Fach-)Arbeitern hatten eine große Gruppe distanzierter Mitglieder mit geringer Bindung an die SED zur Folge. Ein ähnliches Bild ergibt sich für die Spezialisten und sogenannten Leitungskader in Industriebetrieben, die durch ihre Position zwangsläufig mit der Staatspartei verbunden waren. Doch zeigen die frühen Austritte dieser distanzierten Mitglieder nicht nur den Zerfall der gebauten Arbeiter- und Kaderpartei. Sie verweisen auch auf die vorherige Funktion der Partei als ordnende Kraft vor Ort, die ihr nun abhandengekommen war, sodass diesen Mitgliedern ein weiteres politisches Engagement sinnlos erscheinen musste. Im Kontrast zum stillen Austritt der distanzierten Mitglieder stand der laute Protest, der sich auch in (Industrie-)Betrieben regte: Pragmatisch-engagierte Arbeiter und Spezialisten aus Industriebetrieben, für die die SED auch im Zerfall Handlungsrahmen blieb, um sich für Verbesserungen der Lebens- und Arbeitssituation ihrer Kollegen und Nachbarn einzusetzen, sowie kritisch-treue (Partei-)Intellektuelle, die auf einen demokratischen Sozialismus hofften, engagierten sich für einen moralischen Neustart und erzwangen die Einberufung eines Sonderparteitags. Besonders Letztere erlebten den Machtzerfall als Aufbruch. Mit ihrem Wunsch nach einer Neugründung konnten sie sich allerdings ebenso wenig durchsetzen wie die konservativ-autoritäre Gruppe, die in der neuen SED-PDS das klare Bekenntnis zum Marxismus-Leninismus vermisste.

VI. Die sukzessive Erosion der SED-Parteibasis. Fazit

1. Zur sozialen Funktion der SED-Mitglieder

Ende der 1970er-Jahre hatte die SED eine tiefe Verankerung in der DDR-Gesellschaft erreicht. 1975 war erstmals die Marke von zwei Millionen Mitgliedern überschritten worden. Ihre Reihen wurden von Angehörigen der Machtsicherungselite, also hauptamtlichen Parteifunktionären und Mitgliedern der sogenannten bewaffneten Organe, sowie von Leitungskadern in Staat und Wirtschaft, also Spezialisten wie Ingenieuren und Ökonomen, aber auch Industriearbeitern geprägt. Den Ton gaben die allmählich ergrauenden Männer der Aufbaugeneration an, die um die 50 Jahre alt waren und steile Berufskarrieren erlebt hatten. Zu ihnen gesellten sich die in die DDR Hineingeborenen, für die die Teilung der Welt in zwei Machtblöcke ebenso selbstverständlich war wie die Mitgliedschaft in der Freien Deutschen Jugend (FDJ) und das Westfernsehen. Alte Kommunisten und Sozialdemokraten waren an der Basis dagegen eine Seltenheit. Die montäglichen Parteiversammlungen, in denen etwa in Betrieben die Grundorganisation (GO) mit ihrem hauptamtlichen Parteisekretär, dem staatlichen Leiter und den parteiangehörigen Mitarbeitern des jeweiligen Arbeitsbereiches zusammenkamen, liefen routiniert, fast ereignislos ab. Nur noch selten wurde diese Routine von Parteiverfahren durchbrochen, die den Zusammenkünften nicht nur eine unangenehme Spannung verliehen, sondern allen Beteiligten die disziplinarische Kraft der Organisation vor Augen führten. Die Innenwelt der Parteiorganisationen in den Betrieben, Nachbarschaften, Amtsstuben, Schulen, Universitäten, in Kultur- und Forschungsinstituten oder Kasernen hatte wenig gemein mit dem mythenumwobenen Selbstbild der Glaubensgemeinschaft, das einen Kampfbund aufrichtiger, selbstloser, der Parteiführung ergebener Gleichgesinnter beschwor. Zwar umrissen diese Topoi die kommunistische Parteikultur des politischen Kampfes und den herausgehobenen gesellschaftlichen Status der »Genossen«. Doch längst war »die Partei« auch an ihrer Basis Staatspartei – und die revolutionäre Rhetorik blasses Zitat einer längst vergangenen Zeit. Damit war die Parteibasis jedoch keineswegs ein belangloses Überbleibsel, das allein aus legitimatorischen Gründen mitgeschleppt wurde. Vielmehr waren ihr andere, neue Funktionen zugewachsen, die von zentraler Bedeutung für die Stabilität der Parteiherrschaft in der staatssozialistischen Gesellschaft waren.

2. Entpolitisierung und Vergesellschaftung der Parteibasis

Die »klassische«, vor allem aus den 1950er-Jahren bekannte Funktion als Ort der Disziplinierung und der politischen Auseinandersetzung zur Herstellung einer zumindest nach außen homogenen Kampforganisation war durch den Wandel zu einer breit aufgestellten Staatspartei in den Hintergrund gerückt. Nach den stalinistischen Säuberungskampagnen, den Kämpfen um die Entstalinisierung und den Disziplinierungen nach dem Mauerbau stellte sich die Mitgliederschaft politisch als weitgehend homogen dar. Mit dem Ausbau der Präsenz vor Ort als Kader- und Mitgliederpartei entpolitisierte sich die Mitgliederschaft, interne politische Konflikte und Kontroversen verschwanden von der Tagesordnung. Dieser Wandel führte jedoch nicht in die Funktionslosigkeit. Stattdessen rückten andere kommunikative Funktionen und »erlaubte« Themen in den Vordergrund.

Seit den 1960er-Jahren hatte die Parteiführung innerparteiliche Integrationsinstrumente stetig ausgebaut. Zunächst verlagerte sich der Schwerpunkt der Disziplinierungspraxis vom »feindlichen« Parteiausschluss auf die »Erziehung« und die Integration von Mitgliedern. Die SED folgte mit diesem Paradigmenwechsel der KPdSU, die bereits vor Amtsantritt Chruschtschows begonnen hatte, sich von der Praxis der innerparteilichen Denunziationen unter Stalin zu lösen und die Parteimitglieder mit positiven Anreizen zu aktivieren. Auch bei der SED stand nun nicht mehr vorwiegend das Aufdecken vermeintlicher politischer Feinde auf der Agenda der Parteikontrollkommissionen, sondern eher die Verhaltenslenkung der Mitgliederschaft in Hinblick auf die ihr zugeschriebene gesellschaftliche Vorbildfunktion in Beruf und Privatleben. Spätestens seit den 1960er-Jahren waren Parteiverfahren deshalb nur noch relativ selten: Die jährliche Disziplinierungsrate lag nach dem Mauerbau konstant bei unter einem Prozent der Mitglieder. Die Feinde des Sozialismus hießen nun vor allem: Korruption, Inkompetenz und Trunkenheit am Arbeitsplatz.

Diese Sozialdisziplinierung war Ausdruck der gleichsam vorpolitischen Vermittlerrolle in den alltäglichen Abläufen des gesellschaftlichen Lebens, die die SED als Staatspartei und ihre Mitglieder als ihre Repräsentanten einnehmen sollten. Ab 1963 wurde etwa parteiinternen Eingaben eine größere Bedeutung beigemessen – und Parteimitglieder machten sich diesen Kanal zunutze. Sie beklagten sich über ungerechte Vorgesetzte und Verwaltungsmitarbeiter, untreue Ehemänner oder Versorgungsengpässe und forderten Unterstützung vom Parteiapparat ein. Gleichzeitig war der Parteiapparat sehr an Kritik aus den GO interessiert. Diese Art von Kommunikation fungierte als Korrekturinstrument in Wirtschaft und Gesellschaft: In den Monatsberichten an die Kreisleitung berichteten Parteimitglieder aus Industriebetrieben über Mängel und Schwierigkeiten des Alltags, die der Betrieb und seine Vorgesetzten aus eigener Kraft nicht lösen konnten. Lokale Versorgungsschwierigkeiten und Probleme mit der Infrastruktur wurden regelmäßig in der Parteiöffentlichkeit vorgebracht und eine Lösung vom Parteiapparat erwartet. So trivial und wenig effektiv diese umgesetzten »Lösungen« heute deshalb erscheinen, weil sie an den Strukturdefekten des Staatssozialismus nichts änderten: Sie wurden von den Mitgliedern ernst genommen und eingefordert. Damit erfüllten sie eine integrative und stabilisierende Funktion.

Mehr Bedeutung wurde den GO bzw. der Parteibasis auch in der Ideologievermittlung beigemessen. Das zeigt sich am Ausbau der parteiinternen Informationskanäle jenseits der offiziellen Verlautbarungen über *Neues Deutschland*, *Allgemeiner Deutscher Nachrichtendienst (ADN)* und *Aktuelle Kamera*. Seit 1968 wurden alle GO-Sekretäre regelmäßig mit den sogenannten »Informationen« aus dem ZK beliefert. Diese versorgten die Parteibasis (in der Regel vorab) mit dem politischen Standpunkt zu aktuellen Ereignissen und politischen Entscheidungen sowie mit mehr oder minder geheim gehaltenen Hintergrundinformationen, die man der allgemeinen Bevölkerung nicht zumuten wollte. Dieser Informationsdienst der Parteizentrale stärkte das Gefühl einer gewissen Exklusivität unter Parteimitgliedern. Er stattete sie mit einem Wissensvorsprung aus, mit dessen Hilfe sie die Parteisicht in ihrem durch Berichte der Westmedien und vielfältige Gerüchte geprägten Umfeld vermitteln sollten. Neben diesen »ZK-Informationen« gab es weitere Informationskanäle wie etwa die Anleitung der Parteisekretäre in persönlichen Runden. Hier wurden lokale Themen verhandelt und zugleich im direkten, informellen Austausch jene Netzwerke gepflegt, die Parteifunktionäre an so vielen Stellen für pragmatische Lösungen benötigten.

Wenngleich die politische Disziplinierung der Organisation stets ein zentrales Integrationsinstrument blieb, das eher im Hintergrund wirkte und nur noch gelegentlich zum unmittelbaren Einsatz (etwa in Kreisen der Parteiintelligenz) kam, bildeten seit den 1960er-Jahren die Rolle als vorpolitischer Kommunikationskanal sowie die Ideologievermittlung den Schwerpunkt der Tätigkeit auf allen Parteiebenen. Sie leisteten in der sonst politisch stillgelegten Gesellschaft die zähe und teilweise nervenaufreibende Aufgabe von Alltagsmanagement und Systemlegitimation vor Ort. Damit erbrachte die SED als Mitgliederpartei ihren Beitrag zur Stabilität und gewährleistete an einigen Punkten sogar eine gewisse Anpassungselastizität in der Diktatur. Mit dem Machtantritt Honeckers erfuhr diese Vermittlerrolle sogar eine Aufwertung. In Abgrenzung zur Gesellschaftskonzeption Walter Ulbrichts, der sich von der Utopie einer »sozialistischen Menschengemeinschaft« hatte leiten lassen, in der sich die gesamte Bevölkerung für den Sozialismus engagiert, rückte Honecker die Vorrangstellung der Partei wieder deutlicher ins Zentrum der sozialistischen Denkwelt: »Wo ein Genosse ist, da ist die Partei!« lautete diese Formel in einer Mischung aus Volksnähe und Avantgardeanspruch an jedes einzelne Mitglied. Diese Revision der Gesellschaftskonzeption beanspruchte bis 1989 Gültigkeit.

Aus Sicht der Mitglieder hatte diese Steuerungs- und Vermittlerfunktion ihre Nützlichkeit, sodass sich die Interessen immer stärker auf eine pragmatische Interpretation der Pflichten und Möglichkeiten als Mitglieder verlagerten. Die Parteizugehörigkeit konnte der eigenen bzw. familiären beruflichen Absicherung (und gegebenenfalls dem Aufstieg) dienen. Mit Hilfe von Eingaben konnte bei verschiedenen Anliegen die Unterstützung durch den Parteiapparat mobilisiert werden. Auch die Teilnahme an den Mitgliederversammlungen konnte Vorteile mit sich bringen. Sie waren immer schon Orte der Verständigung über das Alltägliche. Mit der wachsenden Bedeutung der GO als sozialer Steuerungsinstanzen wurden betriebliche und kommunale Probleme, insbesondere Versorgungsfragen, zum Dauerthema der Parteiöffentlichkeit. Parteimitglieder machten sich das Steuerungsangebot des Apparates zu eigen. Sie engagierten sich unter Zuhilfenahme des »Parteikanals« für die Behebung allgegenwärtiger Widrigkeiten, die etwa in ihrem Betrieb, von ihren Kollegen oder auch ihren Nachbarn vorgebracht wurden. Damit erschien das politische Engagement nicht nur im eigenen Interesse als sinnvoll. Ob Industriearbeiter mit Parteibuch, Ingenieur in einer Leitungsfunktion oder hauptamtlicher Parteisekretär einer GO: Die Anforderung als Vermittler des Sozialen wurde angenommen und in die Rolle des »Kümmerers« übersetzt.

Auch die Ideologievermittlung, die je nach Profession und Parteifunktion mit mehr oder weniger Verve ausgeübt werden konnte, wurde pragmatisch interpretiert. Für die Parteilinie in seinem persönlichen Umfeld geradezustehen, brachte für die Mitglieder das Risiko mit sich, von Kollegen und Nachbarn auf Distanz gehalten zu werden. Aber die innerparteilich in Umlauf gebrachten »Hintergrundinformationen« konnten im Alltag auch Vorteile mit sich bringen und die (berufliche) Autorität stärken. Gerade im Stahlwerk in Brandenburg sowie in anderen Industriebetrieben hielt sich das Interesse und Engagement für sogenannte politisch-ideologische Themen allerdings in engen Grenzen. Ebenso verhielt es sich mit der disziplinarischen Rolle. Im Rückblick sind sich viele Parteimitglieder der repressiven Ausstrahlung, die ihrer Rolle immer auch anhaftete, kaum bewusst. Im Alltag waren sie in der Tat keineswegs durchweg pflichtversessene Wächter sozialistischen Wohlverhaltens. Doch sie nahmen ihre disziplinarischen Aufgaben, wenn auch häufig ungern, wahr. Besonders für staatliche Leiter reihten sich diese Aktivitäten fast selbstverständlich in den Kanon ihrer beruflichen Aufgaben ein. Der Parteiapparat kämpfte freilich stets gegen disziplinierungsträge Genossen an der Basis. Es bedurfte überwiegend des förmlichen Instruments des Parteiauftrags oder möglicher Sanktionen, um Parteimitglieder zu motivieren, ein Parteiverfahren abzuhalten und Aussprachen mit Antragstellern auf Ausreise in ihrem Betrieb oder mit Wahlverweigerern in ihrer Nachbarschaft zu führen.

Die in dieser Studie konstatierte Dominanz von Versorgungsthemen in Mitgliederversammlungen und der Schwerpunkt der sozialen Vermittlerrolle der Parteibasis treten im hier untersuchten Stahlwerk in Brandenburg besonders deutlich hervor. Sie können aber wohl generell für Parteiorganisationen in Industriebetrieben angenommen werden. In der Akademie der Wissenschaften oder im Ministerium für

Staatssicherheit (MfS) dürfte die Atmosphäre des Parteilebens von anderen Schwerpunkten und Themen bestimmt worden sein. Doch übergreifend lässt sich erkennen, dass das Parteileben aufs Engste mit der jeweiligen Arbeitswelt verknüpft war und sich die eigentlichen Funktionen als Raum der Disziplinierung, der Ausstattung mit Rüstzeug für die alltägliche Ideologievermittlung und als Kommunikationskanal zur Rückmeldung und Korrektur von Entscheidungen des Parteiapparates dort in verschiedenen Variationen wiederfinden. Trotz aller Klagen über die Langeweile und die verknöcherten Rituale war das »Parteileben« insofern funktional. Hinzu kam die Rolle als informeller Vernetzungsraum für eine Vielzahl von Zwecken, schließlich war die Dichte von maßgeblichen Entscheidungsträgern unter Genossen besonders hoch. Dies setzte sich auch auf den höheren Ebenen der Parteiversammlung wie Parteiaktivtagungen, Delegiertenkonferenzen oder Schulungen fort.

Die Dominanz der alltäglichen »kleinen Probleme« war freilich auch ein Resultat des rigiden »Sagbarkeitsregimes« der SED. Der Raum für Kritik blieb stets vorpolitisch, da Kritik an der Politik der Parteiführung oder alternative politische Vorstellungen nicht artikuliert werden konnten, wie überhaupt der politische Rahmen nicht in Frage gestellt werden durfte.

Der Blick auf das reale »Parteileben« an der SED-Basis unterstreicht die kommunikative Dimension der These von einer fortschreitenden »Vergesellschaftung« der Partei. Schon die schiere Größe und der Anspruch auf breite Verankerung in der Bevölkerung brachten es mit sich, dass das Avantgardeverständnis als Glaubens- und Kampfgemeinschaft zwar nicht aufgehoben, aber doch – durch deutlich herabgesetzte Ansprüche an die Mitglieder – relativiert worden war. Der Organisationsgrad von 15 bis 20 Prozent der erwachsenen DDR-Bevölkerung sorgte dafür, dass die Parteibasis keine außerhalb der Gesellschaft stehende Gruppe mit ganz eigenen Konflikten, Themen und Wertvorstellungen war. Dies hob in der Außenwahrnehmung die Sonderrolle von Parteimitgliedern als Repräsentanten der kommunistischen Ordnung nicht völlig auf, aber es relativierte sie doch und führte zu Abstufungen: Die (in Anlehnung an die Blue-Collar- und White-Collar- bzw. »Kragenlinie«-Metaphorik kapitalistischer Industriegesellschaften) sogenannte Abzeichentrennlinie erweist sich bei näherer Untersuchung als weniger eindeutig, als dies zunächst zu vermuten wäre. Vielmehr wurde die SED von außen vornehmlich als Kaderpartei wahrgenommen, in der staatliche Leiter und hauptamtliche Parteisekretäre als »die da oben« firmierten. Industriearbeiter mit Parteibuch hingegen wurden oft nicht in erster Linie als Parteimitglieder angesehen.[1]

1 Ansorg: »Ick hab immer von unten Druck gekriegt und von oben«, S. 123–165.

3. Die Erosion der Vermittlerrolle

Die Funktion der GO als Steuerungsinstanzen ging im Laufe der 1980er-Jahre sukzessive verloren, und Parteimitglieder begannen, sich schrittweise von ihrer Vermittlerfunktion zurückzuziehen. Dieser Erosionsprozess kann als zweite Stufe der Vergesellschaftung der SED betrachtet werden, da mit den wachsenden Unruhepotenzialen in der Gesamtgesellschaft nicht etwa eine Wiederkehr der Rolle als Kampforganisation einherging, wie es die Parteiführung zumindest in der letzten Etappe der finalen Krise noch einmal intendierte. Wenngleich es entsprechende Vorstellungen auch in Teilmilieus der Mitgliederschaft gab, erwies sich doch die Entkräftung der Mitgliederpartei als eigenständiger, korrigierender und disziplinierender Akteur als der dominante und in seiner Folgewirkung geschichtsmächtige Prozess.

Mit Blick auf die SED-Parteibasis hatte die Ende der 1970er-Jahre einsetzende Krise des von Honecker ausgebauten sozialistischen Wohlfahrtsstaats – vor dem Hintergrund der Entspannungspolitik gegenüber dem Westen – mehrere Dimensionen: Schleichende Preiserhöhungen, steigende Lebenshaltungskosten und massive Versorgungsmängel führten zu einer wachsenden sozialen Spreizung. Mit der faktischen Legalisierung der DM als Zweitwährung und dem Ausbau von Intershops ließ sich die SED-Führung auf eine gerade gegenüber ihren Mitgliedern ökonomisch wie politisch brisante Entwicklung ein. Auch durch das Westfernsehen, das in den 1970er- und 1980er-Jahren von nahezu allen Haushalten empfangen werden konnte, sowie mit dem zunehmenden Besuchsverkehr wuchs die Präsenz des Westens, der nun die zentrale Vergleichsfolie in der Wahrnehmung der DDR-Bürger darstellte. Zudem trug die Politik Gorbatschows zur sich verschärfenden Gesellschaftskrise bei, die auch vor Parteimitgliedern nicht Halt machte. Das Zusammenspiel dieser im Laufe der 1980er-Jahre eskalierenden Konfliktfelder löste im Inneren der SED einen Erosionsprozess aus, der das Selbstverständnis und die Vermittlerrolle von Parteimitgliedern auf ganz unterschiedliche Weise erschütterte.

Zunächst kam mit der Wirtschafts- und Versorgungskrise in der zweiten Hälfte der 1980er-Jahre die Feedback- und Korrektivfunktion der GO ins Stocken. Aufgrund des Problemstaus blieben Antworten aus den zunehmend überforderten Kreisleitungen zur Behebung der in den Parteiversammlungen vorgebrachten kommunalen Probleme aus. Im Stahlwerk in Brandenburg kam diese Funktion Ende des Jahres 1987 endgültig zum Erliegen. Der Parteikanal, der für die Parteimitglieder, ihre Kollegen und Nachbarn eine wichtige und zuverlässige Größe zur Unterstützung ihrer Anliegen bedeutete, versiegte. Das parteipolitische Engagement wurde nun meist als sinnlos empfunden.

Infolge der Versorgungskrise kam auch der Frage des Westgeldbesitzes eine immer größere Bedeutung zu. Der Riss zwischen Begünstigten und Ausgeschlossenen zog sich auch und gerade durch die Mitgliederschaft. SED-Mitgliedern war nicht qua Parteizugehörigkeit verboten, Westkontakte zu unterhalten, womit auch sie die Möglichkeit hatten, Besuchsreisen zu ihren Verwandten in Westdeutschland zu unternehmen oder die begehrten DM-Scheine zu erhalten. Die Reisekader unter ihnen hatten zudem eigene Zugänge zu Westgeld. Ein restriktives Kontaktverbot galt allein für Angehörige bewaffneter Organe, ein eingeschränkter Kontakt für Geheimnisträger. Dieser Status war selbst in unteren Leitungsfunktionen der Management- und Legitimationselite weitverbreitet. Aus Sicht dieser Ausgeschlossenen waren mit der wachsenden Relevanz der DM und der Intershops nun Personen begünstigt, die zufällig über Westverwandte verfügten, sich aber nicht für den Staat und die Partei engagierten oder dem System sogar feindlich gegenüberstanden. In der sich ausbildenden Zwei-Klassen-Gesellschaft waren nun ausgerechnet Angehörige der Machtsicherungselite und der Dienstklasse durch für sie geltende Kontakteinschränkungen benachteiligt. Damit wurde nicht nur die politisch intendierte Sozial- und Gesellschaftshierarchie unterminiert. Aus Sicht der Ausgeschlossenen zahlte sich ihre Loyalität immer weniger aus, und der Parteiapparat beklagte selbst in den Reihen der Nationalen Volksarmee (NVA) zunehmend Verletzungen der Kontaktbeschränkungen. Ganz unabhängig davon, auf welcher Seite man in dieser Frage stand: Allein der zentrale Stellenwert, der der DM im Alltag zukam, entfaltete eine demoralisierende Wirkung.

Auch die Aufgabe der GO als Instanz der Ideologievermittlung erlahmte. Mit der zunehmenden Krisenwahrnehmung wuchsen an der Parteibasis die Erwartungen, in gewohnter Manier Begründungen und Hintergrundinformationen zu erhalten und vor allem durchgreifende Maßnahmen gegen die für alle spürbare wirtschaftliche Talfahrt verkünden zu können. Doch tabuisierte die Parteiführung dieses Konfliktfeld auch innerparteilich. So akzeptierten Parteimitglieder immer weniger den Offizialdiskurs, der so offensichtlich den tagtäglich erfahrbaren Realitäten entgegenstand. Diese Problematik erhielt besondere Sprengkraft durch die im Vorfeld von Honeckers Bonn-Besuch in Kraft gesetzten Erleichterungen für Privatreisen »in dringenden Familienangelegenheiten« nach Westdeutschland. Schon 1986/87 machten sich über eine Million DDR-Bürger selbst ein Bild vom Westen, was die allgemeine Krisenwahrnehmung verschärfte. Der direkte Vergleich fiel zuungunsten der DDR aus. Die Schilderungen der Rückkehrer befeuerten die Diskussionen über Versorgungsmängel und zogen gerade den Parteimitgliedern den Boden unter den Füßen weg, sofern sie noch versuchten, das DDR-Wirtschaftssystem zu verteidigen. Neuralgische Punkte wie etwa der Skandal um den sprunghaft gestiegenen Preis des neuen Wartburg-Modells im August 1988 führten nun auch in Parteiversammlungen zu erregten Diskussionen, bei denen die hergebrachten Spielregeln des Parteidiskurses allenfalls noch formal eingehalten wurden. Die starre Linie der Parteiführung erhöhte zugleich den Druck auf Parteimitglieder vor Ort. Sie konnten in der angespannten Situation kaum mehr die von ihnen erwartete Rolle als Ideologievermittler ausüben.

Insbesondere Parteifunktionäre, Mitarbeiter der lokalen Staatsverwaltung und leitende Angestellte in Betrieben wurden von einfachen Genossen und Parteilosen in die Pflicht genommen. Von ihnen wurden Antworten zu den Ursachen der Versorgungsmisere eingefordert. Doch sie gingen den Fragen aus dem Weg oder flüchteten sich in allgemeine Phrasen.

Die Ausreisebewegung ließ die Resignation und Sprachlosigkeit unter Parteimitgliedern weiter wachsen. So löste etwa die erzwungene Ausweisung der Bürgerrechtler, die im Zuge der Luxemburg-Liebknecht-Demonstrationen verhaftet worden waren, Anfang 1988 ein großes Echo in der Mitgliederschaft aus. Die Ausweisung in den Westen wurde nicht als Strafe empfunden, da der Westen selbst für Parteimitglieder mittlerweile ein Sehnsuchtsort war oder sie zumindest in ihrem persönlichen Umfeld nicht begründen konnten, warum ausgerechnet den schlimmsten »Staatsfeinden« gestattet wurde, was die mittlerweile überall auftretenden Ausreiseantragsteller begehrten. Insbesondere Richter, Staatsanwälte und Mitarbeiter von Gefängnissen fürchteten darüber hinaus, dass Ausreiseantragsteller ihren Wunsch nun umso entschiedener verfolgen würden. Die Politik der Westöffnung untergrub die dienstliche Autorität jener, die von Berufs wegen die staatliche Ordnung vertraten, und löste nicht nur in vielen Berufsgruppen der Dienstklasse eine Sinnkrise aus.[2] Mit den ab 1986 gewährten Reiseerleichterungen wuchs – auch unter Parteimitgliedern – der Wunsch, in den Westen reisen zu dürfen. Bestehende Restriktionen wurden selbst von Geheimnisträgern und Reisekadern immer weniger akzeptiert. Zugleich geriet die Vermittlung des Feindbildes immer mehr zum Spießrutenlauf. Mit der Rücknahme der Reiseerleichterung 1988 entwickelte sich die Reisefrage sogar zum entscheidenden Prüfstein der Folgebereitschaft.

Der Machtantritt Gorbatschows und seine Politik von Glasnost und Perestroika verstärkten die sukzessive Erosion der GO als Steuerungsinstanz. Die Reformpolitik des neuen KPdSU-Generalsekretärs löste eine Repolitisierung der SED-Mitgliederschaft aus, zum einen weil sich überhaupt die Möglichkeit eröffnete, in einer Parteiversammlung unterschiedliche Politikangebote diskutieren zu können, zum anderen weil sich die Haltungen dazu polarisierten. Es überwogen die Reformanhänger, wobei insbesondere Künstler und (Partei-)Intellektuelle sowie Jugendliche von Glasnost und den Demokratisierungsmaßnahmen mobilisiert wurden. Aber auch Industriearbeiter und Wirtschaftskader interessierten sich für die neuen Töne aus Moskau und brachten den Wirtschaftsreformen besondere Aufmerksamkeit entgegen. Dagegen lehnte eine weitaus kleinere Gruppe konservativer Mitglieder die Reformpolitik rundweg ab. Sie waren im hauptamtlichen Parteiapparat zu finden, im Sicherheits-

2 Vgl. Wölbern: Der Häftlingsfreikauf, S. 418–435; Hürtgen: Ausreise per Antrag, S. 296–309; Gieseke: Die hauptamtlichen Mitarbeiter der Staatssicherheit, S. 435.

bereich, unter Parteiintellektuellen, in den Amtsstuben von Behörden, aber auch unter Journalisten. Aus ihrer Sicht entwertete Gorbatschow ihre Lebensleistung und hob ihr Weltbild und ihr Berufsverständnis aus den Angeln.

Die Rezeption der Reformpolitik hatte auch Konsequenzen für die soziale und ideologische Steuerungsfunktion der GO und für die Vermittlerrolle der Genossen. Da die Krisenwahrnehmung mit der neuen Politik aus Moskau ungeahnte Legitimität erhielt, wurden Probleme und (systemimmanente) Kritik innerparteilich nun vehementer vorgebracht, womit die Grenzen des Sagbaren gedehnt und überschritten wurden. Zugleich geriet mit dem bröckelnden einheitlichen Weltbild das System der Ideologievermittlung ins Wanken. Der Standpunkt der Parteiführung, dass die Perestroika nichts mit der DDR zu tun habe und keine Notwendigkeit für Veränderungen bestehe, wurde in der Mitgliederschaft nicht akzeptiert: Reformbefürworter waren über die ablehnende Haltung frustriert. Den Konservativen ging sie nicht weit genug. Da die Parteizentrale keine oder nur als unzureichend empfundene Informationen, Standpunkte und Argumente lieferte, wurde es für die Mitglieder im aufgeheizten gesellschaftlichen Klima immer schwieriger, die Politik der Parteiführung zu vertreten. Honecker blieb die angespannte Stimmung an der Basis nicht verborgen. Er reagierte im März 1988 mit der Parteiinformation Nr. 245. Darin wurde Reformsympathisanten und all jenen, die innerparteilich allzu vehement ihre Kritik vorbrachten, mit dem Parteiausschluss gedroht. Letztere wurden zudem als »Meckerer« und »Nörgler« diskreditiert. Damit wurde zu Beginn des Jahres 1988 innerparteilich ein Repressionskurs eingeschlagen, der die bis dahin geltende innerparteiliche Integration bzw. die »Erziehung« der Mitglieder ablöste.

Die härtere Gangart innerhalb und außerhalb der SED spitzte die Krisenwahrnehmung jedoch zu. Denn die Sympathien für den Reformkurs sowie die vehementer vorgebrachte Kritik wurden durch die von Gorbatschow angestoßene Weitung des ideologischen Raums als legitim angesehen. Der Versuch der Parteispitze, diesen Diskurs einzudämmen, wurde dagegen als Repression empfunden. So löste das Sputnik-Verbot im November 1988 unter Reformanhängern regelrechte Empörung aus. Ende des Jahres 1988 befand sich die SED an ihrer Basis in einem desolaten Zustand: Die soziale und ideologische Steuerungs- und Integrationsfunktion der GO war zum Erliegen gekommen, und Parteimitglieder konnten und wollten die ihnen zugedachte Vermittlerrolle nicht mehr ausüben. Damit verlor die SED im Alltag ihre Rolle als handlungsleitende Einheit und das Engagement der Mitglieder seinen Sinn. Letztlich fühlten sie sich alleingelassen und resignierten. Dieses Empfinden, von der Zentrale mit den Problemen vor Ort im Stich gelassen worden zu sein, war eine zentrale Ursache der innerparteilichen Erosion, die den Massenaustritten vorausging.

Für die Sowjetunion ist jüngst diskutiert worden, ob erst die Reformpolitik Gorbatschows auslöste, was sie zu lösen gedachte, nämlich die Wahrnehmung der gesellschaftlichen Situation als Krise.[3] In der DDR-Gesellschaft und der SED-Mitgliederschaft unterlag diese Dialektik von (im Nachhinein identifizierten) Niedergangsphänomenen und zeitgenössischer Wahrnehmung einer Krisensituation einer anderen Dynamik. Eine neue kritische Öffentlichkeit, wie sie Ende 1986 mit der Glasnost-Politik in der Sowjetunion einsetzte und die einem Tsunami gleich die zuvor weitverbreitete Akzeptanz des politischen Systems wegspülte, entwickelte sich in der DDR erst spät. Sie entfaltete ihre Kraft im Herbst 1989 im Zuge der Dialogpolitik von Krenz.

Stattdessen war der Westen für die DDR als Sozialismus in einem halben Land (Staritz) viel entscheidender. Durch die westlichen Rundfunk- und Fernsehsender, die auch in der DDR gehört und gesehen wurden, und die vielen privaten Kontakte zwischen Ost und West etablierte sich die Bundesrepublik als Vergleichsfolie. Dadurch entwickelte sich bereits vor dem Amtsantritt Gorbatschows eine Krisen- oder zumindest Defizitwahrnehmung in der ostdeutschen Gesellschaft und in der SED-Mitgliederschaft, die sich im Laufe der 1980er-Jahre zuspitzte. Hatte sich also bereits seit Mitte der 1970er-Jahre ein Bewusstsein dafür ausgebreitet, dass der Aufwärtstrend früherer Jahre zu einem Ende gekommen war, wurde diese Entwicklung jedoch noch nicht als Existenzkrise wahrgenommen, sondern eher als ökonomischer Sinkflug bei politischer Stabilität. Letztere ging dann in der Wahrnehmung erst im Zuge der Reformpolitik Gorbatschows verloren.

Die Frage, ob bereits vor 1985 eine Krisenwahrnehmung verbreitet war, wurde für die sowjetische Gesellschaft kontrovers diskutiert und allein für die Eliten bejaht. Eric Hobsbawm vertritt etwa die Ansicht, dass eine »politische und kulturelle Gärung« in der sowjetischen Führungsriege und der großen Gruppe der gebildeten und technisch ausgebildeten Mittelklasse zu konstatieren sei, wobei Gorbatschow die neue, gebildete Kadergeneration repräsentierte.[4] Stephen Kotkin kommt zu einer ganz ähnlichen Einschätzung. Er stellt sogar für das gesamte osteuropäische sozialistische Establishment – der sogenannten »uncivil society« – eine Desillusionierung oder einen »loss of arrogance« fest. Dieser Prozess setzte Kotkin zufolge vor dem Machtantritt Gorbatschows ein und verstärkte sich sukzessive, weil die eigenen Wirtschafts- und Versorgungsmängel durch den Vergleich mit dem Westen zunehmend als Krise wahrgenommen wurden.[5] In der DDR erfasste diese Wahrnehmungsverschie-

3 Baberowski, Jörg: Criticism as Crisis, or Why the Soviet Union Still Collapsed, in: Journal of Modern European History 9 (2011), S. 148–166; Hildemeier, Manfred: »Well said is half a lie«, Observation on Jörg Baberowski's »Criticism as Crisis«, or why the Soviet Union still Collapsed, in: Journal of Modern European History 9 (2011), S. 289–297; Baberowski, Jörg: »Badly said is Badly Lied«, Reply to my Critics, in: Journal of Modern European History 10 (2012), S. 19–23. Siehe auch: Kotkin: Armageddon Averted, S. 1, 68 f.

4 Hobsbawm, Eric: Das Zeitalter der Extreme. Weltgeschichte des 20. Jahrhunderts, 6. Aufl., München 2003, S. 590.

5 Kotkin: Uncivil Society, S. 25 und 45.

bung dagegen nicht allein die »uncivil society«, sondern die gesamte Gesellschaft und die Parteibasis. In den Betrieben, Nachbarschaften, Schulen und Universitäten hatte der Erosionsprozess der SED Ende 1988 einen vorläufigen Höhepunkt erreicht: Während durch die Wirtschafts- und Versorgungskrise, deren Wahrnehmung sich durch die parallel wachsende Präsenz des Westens verschärfte, die soziale und ideologische Steuerungsfunktion der GO zum Erliegen kam, wurden im Zuge der Reformpolitik Gorbatschows die innerparteilichen Kommunikationsformen und -grenzen nicht mehr akzeptiert. Damit hatten zwei wichtige Integrationsmechanismen der GO an Kraft eingebüßt. Doch noch funktionierte die Repression als letzte Säule der Kohäsionstektonik.

Erst im Sommer 1989 im Zuge des Umtauschs der Parteidokumente versagte die innerparteiliche Repressionskraft, und die Massenaustritte nahmen ihren Anfang. In vergangenen Jahrzehnten hatte dieses innerparteiliche Disziplinierungsinstrument funktioniert, sowohl bei den Säuberungen in den 1950er-Jahren als auch beim letzten Umtausch 1980, der die Mitglieder zu einer aktiveren Rolle motivieren sollte. Anstatt die Genossen wie gewohnt hinter der Führung zu versammeln, geschah nun das Gegenteil. Grund dafür war zunächst die weitere Eskalation der Krisenwahrnehmung im Frühjahr 1989. Mit den politischen Umbrüchen in den sozialistischen Nachbarstaaten und der heimischen Versorgungsmisere stand nun die Systemfrage im Raum. Auch für die Parteimitglieder bedeuteten die Kommunalwahlen Anfang Mai 1989 einen Wendepunkt. Angesichts des Wahlfälschungsvorwurfs waren sie als Repräsentanten der Parteiherrschaft zunehmend exponiert, weil sie zur Wahlteilnahme hatten drängen müssen und in den Wahllokalen an den Auszählungen beteiligt waren. Kurz zuvor hatten in der Sowjetunion sowie in Polen und Ungarn demokratische Elemente Einzug in die Wahlpraxis gehalten, was den bisherigen Wahlmodus in der DDR zusätzlich delegitimierte. Auch Parteimitglieder folgten nicht mehr der Argumentation der Parteiführung, sondern teilten den von der Opposition vertretenen Vorwurf der Wahlfälschung.

In dieser zugespitzten Situation sollte sich die Kampagne zum Umtausch der Parteidokumente als fatal erweisen. Angesichts des äußeren Drucks, der inneren Zweifel am Sozialismus, der Enttäuschung über die Parteiführung sowie der verlorenen Steuerungsfunktion der SED vor Ort rückten Parteimitglieder in dem Moment von der SED ab, als von ihnen ein Bekenntnis zur Staatspartei eingefordert wurde. Entscheidend für den Zerfall war, dass die Leitungen der GO die Abtrünnigen gewähren ließen. Einerseits waren die GO nicht mehr bereit, im Sinne der Parteiführung strafend einzugreifen und die Austritte damit wie zuvor durch Repression zu regulieren. Andererseits waren umgekehrt auch Parteimitglieder nicht mehr bereit, sich disziplinieren zu lassen. Dass Austrittswillige von ihren Parteileitungen nicht mehr aufgehalten wurden, war ein symbolischer Verlust der Hegemonie über die Mitgliederschaft. So hatte der Parteiapparat bereits im Sommer 1989 – und damit vor den Massendemonstrationen – die Entscheidungsgewalt über die Zugehörigkeit zur Avantgardepartei verloren: Nicht der Druck der Straße ließ die Staatspartei an ihrer Basis auseinanderbrechen, es war der innerparteiliche Druck zum politischen Bekenntnis mit dem Umtausch der Mitgliedsbücher. Diese zunächst unter Arbeitern in Industriebetrieben einsetzende Dynamik hätte sofort die Apparate auf den Plan rufen müssen, um vor Ort die Autorität der SED wiederherzustellen, doch wurde intern die Strategie der »Selbstreinigung« der Partei verfolgt. Dass abtrünnige Genossen die SED verließen, wurde im Sinne des innerparteilichen Repressionskurses als qualitative Stärkung der Mitgliederschaft gedeutet, was sich jedoch als fatale Fehleinschätzung erweisen sollte. Denn der letzte Integrationsfaktor hatte damit an Wirkung verloren. Nun waren die Ventile weit geöffnet und die Austrittswelle brach los. Die Ausreisebewegung und die Massendemonstrationen im September und Oktober führten zudem zur Solidarisierung weiter Teile der Mitgliederschaft mit der Bevölkerung, sodass sich die immer zahlreicher werdenden Austritte von der Umtauschaktion zu entkoppeln begannen.

Mit dem Machtwechsel von Honecker zu Krenz und der neuen Strategie der Dialogpolitik setzte der unmittelbare Zerfall ein: Der Privilegiendiskurs und der Mauerfall wirkten als Zentrifugalkräfte, wobei sich zwei gegenläufige Verhaltensweisen des Loyalitätsentzugs zeigten, der stille Austritt und der laute Protest. Im Zuge der 10. Tagung des ZK demonstrierten am 8. November 1989 erstmals (Berliner) SED-Mitglieder gegen die eigene Parteiführung und forderten einen Sonderparteitag. Dies war der sichtbarste Ausdruck, dass die Parteiführung die Kontrolle über die Mitgliederschaft gänzlich eingebüßt hatte. Mit dem Rücktritt von Krenz und der gesamten Führungsriege begann spätestens Anfang Dezember die Phase des Überlebenskampfes der SED: Bis zum Sonderparteitag wurde die drohende Aufspaltung verhindert; während des Parteitags konnte auch eine mögliche Neugründung abgewendet und die Partei unter dem neuem Namen SED-PDS »gerettet« werden.

Die Massenaustritte des Herbstes 1989 könnten suggerieren, dass es sich um die zwangsläufige Reaktion einer überwiegend opportunistischen Mitgliederschaft handelte. Dies ist nicht völlig falsch, zumal ja offenkundig viele Mitglieder aus Sorge vor Konsequenzen sehr lange Zeit trotz aller Entfremdung nicht in Erwägung zogen, die Partei zu verlassen. Aber den schlagartigen Loyalitätsentzug kann man auch als Endpunkt einer langen Geschichte des inneren Rückzugs lesen, der bereits in den 1970er-Jahren zaghaft begonnen hatte und im Laufe der 1980er-Jahre immer mehr an Dynamik gewann – und damit im Kontrast steht zu der mobilisierenden Kraft der SED und ihrer Gesellschaftskonzeption in den 1950er- und 1960er-Jahren. Mit dem Funktionsverlust der GO als Steuerungsinstanz konnten und wollten Parteimitglieder der Basis ihre soziale, agitierende und disziplinierende Rolle in der Partei und Gesellschaft nicht mehr ausüben. Sie gingen aber sehr unterschiedlich damit um. Im Moment des Zerfalls traten vier Gruppen besonders deutlich hervor.

Da wäre zunächst die Gruppe der distanzierten Mitglieder, die insbesondere aus Industriefacharbeitern und ihren Vorgesetzten bestand. Sie verließen die Staatspartei zuerst. Ihre tendenziell geringe Bindung an die SED ergab sich aus den massiven Rekrutierungsbemühungen des Parteiapparates sowie der unauflöslichen Verbindung aus Parteizugehörigkeit und Leitungstätigkeit. Für sie war die Staatspartei aufs Engste mit ihrer Arbeitswelt verbunden, ordnende Kraft, alternativloser Rahmen und Aktionsraum, um unterschiedlichste Bedürfnisse und Anliegen zu verfolgen.

Im Zerfall zeigten sich jedoch auch Gruppen, deren Angehörige zumindest nicht sofort ihre Parteibücher abgaben. Darunter waren etwa jene Mitglieder, die als pragmatisch-engagiert beschrieben werden können. Für sie blieb die SED auch im Zerfall zentraler Handlungsrahmen, um sich für die Bedürfnisse ihres Betriebs und ihrer Kollegen einzusetzen. Sie waren etwa in der »Plattform WF« organisiert und gerieten bei den Delegiertenwahlen gegenüber rhetorisch versierten Akademikern schnell ins Hintertreffen.

Neben den pragmatisch-engagierten Mitgliedern hielt eine weitere Gruppe der Partei zunächst die Treue – wenn auch nicht der Parteiführung: (Partei-)Intellektuelle, wie Wissenschaftler, Künstler und die Kulturszene, Journalisten, aber auch Studenten engagierten sich für einen politischen und moralischen Neustart und für eine Parteineugründung. Sie fühlten sich den Idealen eines demokratischen Sozialismus verbunden und hatten eine reformierte Partei, die sukzessive eine demokratische Umgestaltung der Gesellschaft vorantreiben sollte, vor Augen. Sie können als kritisch-treue Parteimitglieder beschrieben werden und waren enttäuscht, sich auf dem Sonderparteitag mit ihrer Forderung nach einem moralischen Neustart der SED nicht durchgesetzt zu haben.

Ebenfalls enttäuscht zeigte sich eine konservative Gruppe. Sie beklagte das fehlende Bekenntnis zum Marxismus-Leninismus der neuen SED-PDS. Diese konservative Klientel dürfte sich überwiegend aus älteren, der Machtsicherungs- und Legitimationselite angehörenden Mitgliedern zusammengesetzt haben. Bei ihnen war die Überzeugung, dass der Sozialismus die bessere Gesellschaftskonzeption sei, die einer steuernden Elite bedürfe und wehrhaft gegen innere und äußere Feinde sein müsse, Kern ihres Berufsverständnisses und ihrer Weltanschauung.

Wie lange sich diese Gruppen noch in der SED-PDS engagierten, ob sie andere Organisationen und Parteien für ihr politisches Engagement fanden oder ihre Mitwirkung ganz einstellten, ist ebenso offen wie die Frage, wie sie ihre Parteizugehörigkeit reflektierten. Welche Formen und Facetten die SED als Erinnerungsort in der Vereinigungsgesellschaft ausbildete und welche Gruppen diese Diskurse getragen haben und warum, ist eine eigene Untersuchung wert.[6] Mit dem Sonderparteitag

6 Unterschiedliche retrospektive Narrative der Parteizugehörigkeit beobachtete etwa Dorothee Wierling. Vgl. Wierling: Geboren im Jahr Eins, S. 534–539.

im Dezember 1989 war die Ära der Staatspartei an ein Ende gekommen, und die Phase der Transformation von einer Partei neuen Typs zu einer Partei mit sozialistischem Traditionskern setzte ein. Der innere Zerfall war damit jedoch noch nicht beendet. Bis 1991 schrumpfte die Mitgliederzahl der in Partei des Demokratischen Sozialismus umbenannten Organisation mit 240 000 Mitgliedern auf 10 Prozent ihrer ursprünglichen Größe.[7] Fast die Hälfte der Mitglieder war über 60 Jahre alt. Für die meisten Genossen in einem demokratisierten und deindustrialisierten Ostdeutschland fungierte die PDS nun als Schutzverband und Heimatverein.[8]

7 Der Mitgliederbestand der PDS schrumpfte bis 1994 auf 140 000 Mitglieder. Vgl. Chrapa/Wittich: Die Mitgliedschaft, S. 8.
8 Neugebauer: Von der SED zur PDS zur Linkspartei, S. 239–265, hier S. 263–265.

Anhang

Abkürzungen

ABF	Arbeiter-und-Bauern-Fakultät
ADN	Allgemeiner Deutscher Nachrichtendienst
APO	Abteilungsparteiorganisation
BL	Bezirksleitung
BLHA	Brandenburgisches Landeshauptarchiv
BND	Bundesnachrichtendienst
BPKK	Bezirksparteikontrollkommission
BPO	Betriebsparteiorganisation
BRD	Bundesrepublik Deutschland
BStU	Bundesbeauftragter für die Unterlagen des Staatssicherheitsdienstes der ehemaligen Deutschen Demokratischen Republik
BV	Bezirksverwaltung
DDR	Deutsche Demokratische Republik
DKP	Deutsche Kommunistische Partei
DM	Deutsche Mark
DSF	Gesellschaft für Deutsch-Sowjetische Freundschaft
FDGB	Freier Deutscher Gewerkschaftsbund
FDJ	Freie Deutsche Jugend
GO	Grundorganisation
HA	Hauptabteilung (des Ministeriums für Staatssicherheit)
IM	inoffizieller Mitarbeiter des Ministeriums für Staatssicherheit
KL	Kreisleitung
KPdSU	Kommunistische Partei der Sowjetunion
KPKK	Kreisparteikontrollkommission
LDPD	Liberal-Demokratische Partei Deutschlands
MfS	Ministerium für Staatssicherheit
NÖSPL	Neues Ökonomisches System der Planung und Leitung
NS	Nationalsozialismus
NSDAP	Nationalsozialistische Deutsche Arbeiterpartei
NVA	Nationale Volksarmee
PL	Parteileitung
RSFSR	Russische Sozialistische Föderative Sowjetrepublik
SAPMO-BArch	Stiftung Archiv der Parteien und Massenorganisationen der DDR im Bundesarchiv

SED	Sozialistische Einheitspartei Deutschlands
SPD	Sozialdemokratische Partei Deutschlands
SWB	Stahl- und Walzwerk Brandenburg
UdSSR	Union der Sozialistischen Sowjetrepubliken
VdgB	Vereinigung der gegenseitigen Bauernhilfe
VEB	volkseigener Betrieb
ZAIG	Zentrale Auswertungs- und Informationsgruppe des Ministeriums für Staatssicherheit
ZBPL	Zentrale Betriebsparteileitung
ZDF	Zweites Deutsches Fernsehen
ZK	Zentralkomitee
ZPKK	Zentrale Parteikontrollkommission

Interviewpartner/-innen

Günther Dornheim
Jahrgang 1936. Er wuchs im Brandenburger und Potsdamer Umland auf. 1950 begann er eine Ausbildung als Betriebsschlosser und besuchte anschließend die Arbeiter-und-Bauern-Fakultät in Potsdam, wo er das Abitur machte. 1957 trat er der SED bei. Er studierte Industrieökonomie und arbeitete nach dem Diplom zunächst in einem Magdeburger Betrieb, bis er 1966 im Stahlwerk in Brandenburg an der Havel eine Anstellung fand. Dort war er bis Ende 1990 in leitender Stellung im Verkauf beschäftigt. In der SED war er Parteigruppenorganisator und leitete viele Parteilehrjahre. 1990 trat er aus der SED-PDS aus.
Interview am 29.11.2010

Uwe Förster
Jahrgang 1943. Er wuchs im Brandenburger Umland auf, machte Anfang der 1960er Jahre in Gröditz/Sachsen eine Ausbildung als Elektriker für Mess- und Regelungstechnik und fand anschließend eine Anstellung im Stahlwerk in Brandenburg an der Havel. Anfang der 1970er-Jahre machte er den Meisterabschluss für industrielle Elektronik. Er trat der SED bei und absolvierte anschließend ein Ingenieurstudium an der Abendschule. 1979 wurde er aus der SED ausgeschlossen. Bis Anfang der 1990er Jahre arbeitete er im Stahlwerk und baute danach in Betrieben in Süddeutschland Elektroanlagen.
Interview am 3.11.2011

Michael Frei
Jahrgang 1953. Er wuchs in Brandenburg an der Havel auf, wo er das Abitur machte. Anschließend studierte er in Berlin Volkswirtschaft. 1975 beendete er sein Studium und arbeitete im Einkauf eines Konfektionsbetriebes. 1979 wechselte er ins Stahlwerk in Brandenburg an der Havel und trat der SED bei. Dort war er bis 1992 in leitender Stellung im Verkauf beschäftigt. Ehrenamtlich engagierte er sich im Wohnbezirksausschuss seiner Nachbarschaft. Nach 1989 wurde er Mitglied der PDS.
Interview am 6.12.2010

Heinz Grabowski
Jahrgang 1933. Er wuchs in Brandenburg an der Havel auf und erlangte am Gymnasium 1950 die mittlere Reife. Gleich danach trat er in die SED ein und arbeitete in der FDJ-Kreisleitung. Er besuchte für ein Jahr die Bezirksparteischule und war in verschiedenen FDJ-Funktionen hauptamtlich tätig. Seit 1958 arbeitete er für die FDJ im Stahlwerk in Brandenburg an der Havel und wurde bald Sekretär der Betriebsparteileitung. Bis Anfang der 1970er Jahre war er dort tätig. Er durchlief ein Fernstudium im Fach Ökonomie und machte den Abschluss als Diplom-Gesellschaftswissenschaftler an der Parteihochschule in Berlin. Bis 1989 war er in verschiedenen Betrieben in Brandenburg an der Havel als Hauptamtlicher tätig. Nach eigenem Bekunden ist er nie aus der Partei ausgetreten.
Interview am 3.12.2010

Karin Gutschow
Jahrgang 1956. Sie wuchs im Dresdener Umland auf, wo sie das Abitur machte. Anschließend besuchte sie in Hennigsdorf bei Berlin die Ingenieurschule. Danach fand sie eine Stelle im Stahlwerk in Brandenburg an der Havel. Sie arbeitete zunächst in der Mechanischen Werkstatt und wechselte Mitte der 1980er Jahre in den Bereich Bilanzierung der Verwaltung, wo sie bis 1990 beschäftigt war. 1980 trat sie in die SED ein und übte keine ehrenamtlichen Funktionen in der Partei aus. Ende 1989 trat sie aus der SED aus.
Interview am 22.11.2010

Ingrid Kirchhoff

Jahrgang 1937. Sie flüchtete mit ihren Eltern 1945 nach Mecklenburg, wo sie zur Schule ging und das Abitur machte. Sie studierte an der Technischen Universität in Dresden und beendete 1961 ihr Ingenieurstudium. 1962 begann sie ihre Tätigkeit im Stahlwerk in Brandenburg an der Havel, wo sie verschiedene Leitungsposten einnahm und es in die oberste Leitungsebene des Werkes schaffte. 1969 trat sie in die SED ein und hatte mehrere ehrenamtliche Funktionen inne: Sie war Mitglied der Parteileitung ihrer GO, besuchte die Bezirksparteischule und war außerhalb der SED ehrenamtlich als Schöffe am Gericht und im Wohnbezirksausschuss ihrer Nachbarschaft engagiert. Bis das alte Stahlwerk seine Produktion 1993 ganz einstellte, war sie dort tätig. Ende 1989 trat sie aus der SED aus.

Interviews am 19.3.2011 und am 8.9.2011 (zusammen mit ihrem Ehemann Gerhard Kirchhoff)

Hans Plischka

Jahrgang 1936. Er wuchs im Umland von Brandenburg an der Havel auf und machte eine Lehre als Schlosser im Stahlwerk. Während seiner Armeezeit trat er Ende der 1950er Jahre der SED bei. Anschließend war er wieder im Werk beschäftigt, wo er bald hauptamtlicher FDJ-Sekretär wurde. Es folgten verschiedene Tätigkeiten als Mitarbeiter im regionalen Parteiapparat und als Parteisekretär in Brandenburger Betrieben, bis er 1980 wieder ins Stahlwerk zurückkehrte. Er hatte in der Zwischenzeit eine Meisterausbildung und ein Ingenieurstudium absolviert und arbeitete als Ingenieur im Elektrostahlwerk, bis er 1988 wieder hauptamtlich für die SED tätig wurde als APO-Sekretär im Werk. 1989/90 beendete er seine Zugehörigkeit zur Partei.

Interview am 12.11.2010

Monika Scholz

Jahrgang 1954. Sie wuchs in Brandenburg an der Havel auf und machte nach der mittleren Reife eine Ausbildung im Stahlwerk als Maschinistin. 1973 wechselte sie in die Technische Kontrollorganisation des Werkes, wo ein Kollege einmal vergeblich versuchte, sie als Parteimitglied zu werben. Sie blieb parteilos. Bis 1993 war sie als Kontrolleurin im Werk beschäftigt.

Interview am 22.11.2010 (zusammen mit Karin Gutschow)

Elke Schubert

Jahrgang 1954. Sie wuchs im Brandenburger Umland auf und machte nach der Schule im Stahlwerk eine Ausbildung zur Metallurgin. Sie bestückte mit dem Chargierkran die Stahlöfen. Später lenkte sie die Kräne im Gießbetrieb. 1972 wurde sie SED-Mitglied. In der Partei hatte sie keine Funktionen, allerdings war sie als Vertrauensmann im FDGB und als Schöffe am Gericht ehrenamtlich engagiert. Sie trat Ende 1989 aus der SED aus.

Interview am 4.8.2010 (zusammen mit ihrem Ehemann Jürgen Schubert)

Jürgen Schubert

Jahrgang 1951. Er wuchs in Brandenburg an der Havel auf und machte nach der mittleren Reife eine Ausbildung zum Krankenpfleger. Seit 1971 gehörte er zum medizinischen Pflegepersonal der Poliklinik des Stahlwerkes und wechselte 1984 zur Rettungsstelle. 1981 trat er in die SED ein. Er hatte keine Funktion in der Partei, war jedoch ehrenamtlich Betriebsgewerkschaftsvorsitzender seines Arbeitsbereiches. Ende 1989 trat er aus der SED aus.

Interview am 4.8.2010 (zusammen mit seiner Ehefrau Elke Schubert)

Quellen- und Literaturverzeichnis

Archivalien

Stiftung Archiv der Parteien und Massenorganisationen der DDR im Bundesarchiv (SAPMO-BArch), Zentrales Parteiarchiv der SED (DY 30)
Protokolle der Sitzungen des ZK-Sekretariats
Protokolle der Sitzungen des Politbüros
ZK-Abteilung Agitation
ZK-Abteilung Maschinenbau/ Metallurgie
ZK-Abteilung Parteiorgane
ZK-Abteilung Propaganda
Zentrale Parteikontrollkommission

Brandenburgisches Landeshauptarchiv (BLHA)
SED-Bezirksleitung Potsdam (Rep. 530)
Abteilung Parteiorgane
Bezirksparteikontrollkommission
SED-Kreisleitung Brandenburg (Rep. 531 Brbg.)
Abteilung Parteiorgane
Kreisparteikontrollkommission
SED-Grundorganisation (GO) des VEB Stahlwerk Brandenburg (Rep. 532 GO)
Informationsberichte der ZBPL an die SED-KL
Protokolle der Parteileitungssitzungen der ZBPL
Monatsberichte der GO/APO

Bundesbeauftragter für die Unterlagen des Staatssicherheitsdienstes der ehemaligen Deutschen Demokratischen Republik (BStU)
Bezirksverwaltung Berlin (BV Berlin, AKG)
Bezirksverwaltung Potsdam (BVfS Potsdam, AKG)
Kreisdienststelle Brandenburg (KD Brbg)
Hauptabteilung XX (HA XX)
Parteiorganisation der SED im MfS (SED-KL)
Zentrale Auswertungs- und Informationsgruppe (ZAIG)

Archiv Demokratischer Sozialismus (ADS)
Unterlagen des Informations- und Konsultationszentrums des Zentralkomitees der SED

Veröffentlichte Quellen

Abteilung Propaganda des ZK der SED; Parteihochschule »Karl-Marx« beim ZK der SED; Akademie für Gesellschaftswissenschaften beim ZK der SED (Hg.): Die Geschichte der KPdSU – ein nie versiegender Quell revolutionärer Erfahrung im Kampf für Frieden und Sozialismus, Handreichung für den Lehrgang »Geschichte der KPdSU«, Berlin (Ost), November 1987.

Autorenkollektiv: Politische Ökonomie des Sozialismus und ökonomische Strategie der SED. Parteilehrjahr der SED 1988/89, 2. Studienjahr (Studien und Seminarhinweise), Berlin (Ost) 1988.

Beier, Achim/Schwabe, Uwe (Hg.): »Wir haben nur die Straße«. Die Reden auf den Leipziger Montagsdemonstrationen 1989/90. Eine Dokumentation, Halle 2016.

Biermann, Wolf/Biermann, Pamela: Alle Lieder, Köln 1991.

Bispinck, Henrik (Bearb.): Die DDR im Blick der Stasi 1977. Die geheimen Berichte an die SED-Führung, Göttingen 2012.

Fürnberg, Louis: Echo von links. Kämpfende Kunst, Berlin (Ost) 1959.

Gurke, Konrad/Ossig, Horst: Erfahrungen bei der Anwendung der Leninschen Normen des Parteilebens in den Grundorganisationen der SED, Berlin (Ost) 1975.

Honecker, Erich: Für das Wohl des arbeitenden Menschen all unsere Kraft. Bericht des Zentralkomitees an den VIII. Parteitag der Sozialistischen Einheitspartei Deutschland, 15.–19. Juni 1971, in: ders.: Reden und Aufsätze, Bd. 1, Berlin (Ost) 1975.

Honecker, Erich: Mit dem Blick auf den XII. Parteitag die Aufgaben der Gegenwart lösen. Aus dem Bericht des Politbüros an die 7. Tagung des ZK der SED, Berlin (Ost) 1988.

Joestel, Frank (Bearb.): Die DDR im Blick der Stasi 1988. Die geheimen Berichte an die SED-Führung, Göttingen 2010.

Judt, Matthias: DDR-Geschichte in Dokumenten. Beschlüsse. Berichte, interne Materialien und Alltagszeugnisse, Bonn 1998.

Lenin, W.I.: Werke. Ins deutsche übertragen nach der vierten russischen Ausgabe, Marx-Engels-Lenin-Stalin-Institut beim ZK der SED, Bd. 5, Berlin (Ost) 1955.

Lorenz, Walter/Gerber, Karl: Die Parteiinformation in den Grundorganisationen, Berlin (Ost) 1972.

Mitter, Armin/Wolle, Stefan: Ich liebe euch doch alle! Befehle und Lageberichte des MfS Januar bis November 1989, Berlin 1990.

Mirtschin, Heinz: Aufgaben und Erfahrungen der Grundorganisationen bei der Verwirklichung der Beschlüsse des X. Parteitages der SED, Berlin (Ost) 1982.

Mirtschin, Heinz: Zur Arbeitsweise der Grundorganisationen der SED und ihrer Leitungen. Erfahrungen und Aufgaben, Berlin (Ost) 1985.

Parlamentarischer Staatssekretär (Bundesminister für innerdeutsche Beziehungen): Antwort der Bundesregierung auf die kleine Anfrage einiger Abgeordneter und der Fraktion der FDP zu Kontaktverboten in der DDR, 21.8.1985, in: Deutscher Bundestag, 10. Wahlperiode, Drucksache 10/3744.

Protokoll der Verhandlungen der II. Parteikonferenz der Sozialistischen Einheitspartei Deutschlands, 9.–12. Juli 1952, Berlin (Ost) 1952.

Protokoll der Verhandlungen des IV. Parteitages der Sozialistischen Einheitspartei Deutschlands, 30. März bis 6. April 1954, Berlin (Ost) 1954.

Protokoll des VI. Parteitages der Sozialistischen Einheitspartei Deutschlands, 15.–21. Januar 1963, Berlin (Ost) 1963.

Staatliche Zentralverwaltung für Statistik (Hg.): Statistisches Jahrbuch der Deutschen Demokratischen Republik 1980, 25. Jahrgang, Berlin (Ost) 1980.

Statut der Sozialistischen Einheitspartei Deutschlands, 9. Aufl., Berlin (Ost) 1968

Statut der Sozialistischen Einheitspartei Deutschlands, Berlin (Ost) 1976.

Schütz, Gertrud u.a. (Hg.): Kleines politisches Wörterbuch, 7. vollständig überarbeitete Aufl., Berlin (Ost) 1988.

Erinnerungen, Autobiografien, Interviews

Bisky, Jens: Geboren am 13. August. Der Sozialismus und ich, Berlin 2004.
Böhme, Irene: Die da drüben. Sieben Kapitel DDR, Berlin 1982.
Bortfeldt, Heinrich: Von der SED zur PDS. Wandlung zur Demokratie?, Bonn 1992.
Brie, André: Ich tauche nicht ab. Selbstzeugnisse und Reflexionen, Berlin 1996.
Eckart, Gabriele: So sehe ick die Sache – Protokolle aus der DDR, Köln 1994.
Falkner, Thomas/Gysi, Gregor: Sturm aufs große Haus. Der Untergang der SED, Berlin 1990.
Fraumann, M.: »Die DDR war ein Teil meines Lebens«. Ein deutsches Geschichtsbuch 1918–2000, Berlin 2006.
Grabner, Sigrid: Tagebuch, in: Tagebuchportal Brandenburgisches Literaturbüro, www.zeitstimmen.de, Stand: 12.8.2016.
Grabner, Sigrid: Jahrgang '42. Mein Leben zwischen den Zeiten, Leipzig 2003.
Heye, Uwe-Karsten/Dalichow, Bärbel: »Wir wollten ein anderes Land.« Eine Familiengeschichte aus der DDR, München 2010.
Klein, Fritz: Drinnen und draußen. Ein Historiker in der DDR. Erinnerungen, Frankfurt a. M. 2000.
Kuczynski, Jürgen: Schwierige Jahre mit einem besseren Ende? Tagebuchblätter von 1987 bis 1989, Berlin 1990
Leonhard, Wolfgang: Die Revolution entlässt ihre Kinder, Köln 2010 [Erstausgabe 1955].
Modrow, Hans: Die Perestroika. Wie ich sie sehe. Persönliche Erinnerungen und Analysen eines Jahrzehnts, das die Welt veränderte, Berlin 1998.
Modrow, Hans: Ich wollte ein neues Deutschland, 2. Aufl., München 1999.
Mückenberger, Erich: Gespräch am 4.12.1989 in Wandlitz, Haus 2, in: Kirschey, Peter: Waldsiedlung Wandlitz. Die geschlossene Gesellschaft. Versuch einer Reportage, Berlin 1990.
Niethammer, Lutz/Plato, Alexander von/Wierling, Dorothee: Die volkseigene Erfahrung. Eine Archäologie des Lebens in der Industrieprovinz der DDR. 30 biographische Eröffnungen, Berlin 1991.
Oechelhaeuser, Gisela: Lothar Bisky: »So tief bücke ich mich nicht!«, Berlin 1993.
Segert, Dieter: Das 41. Jahr. Eine andere Geschichte der DDR, Wien 2008.
Schütt, Hans-Dieter: Glücklich beschädigt. Republikflucht nach dem Ende der DDR, Berlin 2009.
Schütt, Hans-Dieter/Zimmermann, Brigitte: ohnMacht. DDR-Funktionäre sagen aus, Berlin 1992.
Scherzer, Landolf: Der Erste. Eine Reportage aus der DDR, 7. Aufl., Berlin 2002.
Unabhängige Autorengemeinschaft: »So habe ich das erlebt«. Spurensicherung. Leben in der DDR, Bd. III, Schkeuditz 2000.
Unabhängige Autorengemeinschaft: »So habe ich das erlebt«. Spurensicherung. Niedergang der DDR. Ehrlich gekämpft und verloren, Bd. IV, Schkeuditz 2002.
Uschner, Manfred: Die zweite Etage. Funktionsweise eines Machtapparates, 2. Aufl., Berlin 1995
Zimmermann, Brigitte/Schütt, Hans-Dieter (Hg.): Noch Fragen, Genossen!, Berlin 1994.

Zeitungen/Zeitschriften

Neues Deutschland
Märkische Volksstimme
Der Spiegel
Die Zeit

Literatur

Ahbe, Thomas/Gries, Rainer/Schüle, Annegret (Hg.): Die DDR aus generationengeschichtlicher Perspektive. Eine Inventur, Leipzig 2006.

Ahbe, Thomas: Deutsche Generationen nach 1945, in: APuZ 3/2007, S. 1–11.

Alemann, Ulrich von: Das Parteiensystem der Bundesrepublik Deutschland, Opladen 2000.

Allinson, Mark: 1977. The GDR's Most Normal Year? in: Fulbrook, Mary (Hg.): Power and Society in the GDR 1961–1979. The ›Normalization of Rule‹?, New York 2009, S. 256–259.

Allinson, Mark: Das Parteilehrjahr der SED. Konfliktfeld zwischen Parteiführung und Massenbasis. Grundlagen, Ziele und Problembereiche (Hefte zur DDR-Geschichte, Bd. 129), Berlin 2013.

Altrichter, Helmut: Russland 1989. Der Untergang des sowjetischen Imperiums, München 2009.

Ansorg, Leonore: »Ick hab immer von unten Druck gekriegt und von oben«. Weibliche Leitungskader und Arbeiterinnen in einem DDR-Textilbetrieb. Eine Studie zum Innenleben der DDR-Industrie, in: Archiv für Sozialgeschichte 39 (1999), S. 123–165.

Arendt, Hannah: The Origins of Totalitarianism, New York 1951.

Baberowski, Jörg: Criticism as Crisis, or Why the Soviet Union Still Collapsed, in: Journal of Modern European History 9 (2011), S. 148–166.

Baberowski, Jörg: »Badly said is Badly Lied«. Reply to my Critics, in: Journal of Modern European History 10 (2012), S. 19–23.

Baberowski, Jörg: Verbrannte Erde. Stalins Herrschaft der Gewalt, München 2012.

Bahr, Andrea: »Wo ein Genosse ist – kämpft die Partei!«? Macht- und Bedeutungsverlust der SED-Kreisleitungen in Brandenburg an der Havel und im Bezirk Potsdam im Herbst 1989, in: Braun, Jutta/Weiß, Peter-Ulrich (Hg.): Agonie und Aufbruch. Das Ende der SED-Herrschaft und die Friedliche Revolution in Brandenburg, Potsdam 2014, S. 128–155.

Bahr, Andrea: Parteiherrschaft vor Ort. Die SED-Kreisleitung Brandenburg 1961–1989, Berlin 2016.

Bergien, Rüdiger: Das Schweigen der Kader. Ehemalige Nationalsozialisten im zentralen SED-Parteiapparat – eine Erkundung, in: Kundrus, Birte/Steinbacher, Sybille (Hg.): Kontinuitäten und Diskontinuitäten. Der Nationalsozialismus in der Geschichte des 20. Jahrhunderts, Göttingen 2013, S. 134–153.

Bergien, Rüdiger: Im »Generalstab der Partei«. Organisationskultur und Herrschaftspraxis der SED-Zentrale (1946–1989), Berlin 2017.

Bergien, Rüdiger/Gieseke, Jens (Hg.): Communist Parties Revisited, Socio-Cultural Approaches to Party Rule in the Soviet Bloc, 1956–1991, New York/Oxford 2018.

Biehl, Heiko: Parteimitglieder im Wandel. Partizipation und Repräsentation, Wiesbaden 2005.

Bock, Helmut: Partei – Staat – bürokratische Kaste, in: Modrow, Hand/Wolf, Herbert (Hg.): Ansichten zur Geschichte der DDR, Bd. III, Bonn/Berlin 1994, S. 71–109.

Bohn, Thomas/Einax, Rayk/Abeßer, Michel (Hg.): De-Stalinisation Reconsidered. Persistence and Change in the Soviet Union, Frankfurt a. M. 2014.

Bonwetsch, Bernd: KPdSU und Perestroika, 1985–1991, in: Jahrbuch für historische Kommunismusforschung (2009), S. 211–227.

Bourdieu, Pierre: Politik. Schriften zur Politischen Ökonomie 2, Berlin 2003, S. 97–116.

Booß, Christian: Der Sonderparteitag der SED im Dezember 1989, in: DA 6/2009, S. 993–1002.

Bouvier, Beatrix: Ausgeschaltet! Sozialdemokraten in der Sowjetischen Besatzungszone und in der DDR 1945–1953, Bonn 1996.

Boyer, Christoph: Grundlinien der Sozial- und Konsumpolitik der DDR in den siebziger und achtziger Jahren in theoretischer Perspektive, in: Hürtgen, Renate/Reichel, Thomas (Hg.): Der Schein der Stabilität. DDR-Betriebsalltag in der Ära Honecker, Berlin 2001, S. 69–84.

Brown, Archie: Seven Years That Changed the World. Perestroika in Perspective, Oxford 2007.

Cohn, Edward: Sex and the Married Communist. Family Troubles, Marital Infidelity, and Party Discipline in the Postwar USSR, 1945–64, in: The Russian Review 68 (2009), S. 429–450.

Cohn, Edward: The High Title of a Communist. Postwar Party Discipline and the Values of the Soviet Regime, Illinois 2015.

Chrapa, Michael/Wittich, Dietmar: Die Mitgliedschaft, der große Lümmel. Forschungsbericht zur Mitgliederbefragung der PDS 2000, Berlin/Halle 2000.

Christian, Michel: Ausschließen und disziplinieren. Kontrollpraxis in den kommunistischen Parteien der DDR und der Tschechoslowakei, in: Droit, Emmanuel/Kott, Sandrine (Hg.): Die ostdeutsche Gesellschaft. Eine transnationale Perspektive, Berlin 2006, S. 53–70.

Christian, Michel: Parteileben in der KPTsch und in der SED (1945–1989). Ansätze für eine vergleichende Gesellschaftsgeschichte der herrschenden Parteien in der Tschechoslowakei und in der DDR, in: Reznik, Milos/Rosenbaum, Katja (Hg.): Die ČSSR und die DDR im historischen Vergleich. Gemeinsamkeiten und Unterscheide zweier staatssozialistischer Systeme in Mitteleuropa, Leipzig 2013, S. 10–30.

Christian, Michel: Camarades ou apparatchiks? Les communistes en RDA et en Tchécoslovaquie (1945–1989), Paris 2016.

Danyel, Jürgen: Die SED und die »kleinen Pg's«. Zur politischen Integration der ehemaligen NSDAP-Mitglieder in der SBZ/DDR, in: Leo, Annette/Reif-Spierek, Peter (Hg.): Helden, Täter und Verräter. Studien zum DDR-Antifaschismus, Berlin 1999, S. 177–196.

Danyel, Jürgen: Die unbescholtene Macht. Zum antifaschistischen Selbstverständnis der ostdeutschen Eliten, in: Hübner, Peter (Hg.): Eliten im Sozialismus. Studien zur Sozialgeschichte des SED-Regimes, Köln u.a. 1999, S. 67–85.

Dietrich, Anne: Kaffee in der DDR, »Ein Politikum ersten Ranges«, in: Berth, Christiane/Wierling, Dorothee/Wünderich, Volker (Hg.): Kaffeewelten. Historische Perspektiven auf eine globale Ware im 20. Jahrhundert, Göttingen 2015, S. 225–248.

Eisenfeld, Bernd: Flucht und Ausreise. Macht und Ohnmacht, in: Kuhrt, Eberhard (Hg.): Opposition in der DDR von den 70er Jahren bis zum Zusammenbruch der SED-Herrschaft, Opladen 1999, S. 381–424.

Engelmann, Roger: Zum Quellenwert der Unterlagen des Ministeriums für Staatssicherheit, in: Henke, Klaus-Dietmar; Engelmann, Roger (Hg.): Aktenlage. Die Bedeutung der Unterlagen des Staatssicherheitsdienstes für die Zeitgeschichtsforschung, Berlin 1996, S. 23–39.

Engler, Wolfgang: Die Ostdeutschen. Kunde von einem verlorenen Land. Berlin 1999.

Epstein, Catherine: The Last Revolutionaries. German Communists and their Century, Cambridge 2003.

Erren, Lorenz: »Selbstkritik« und Schuldbekenntnis. Kommunikation und Herrschaft unter Stalin, München 2008.

Fiedler, Anja: Medienlenkung in der DDR, Köln/Weimar/Wien 2014.

Fingerle, Stephan: Waffen in Arbeiterhand? Die Rekrutierung des Offizierskorps der Nationalen Volksarmee und ihrer Vorläufer, Berlin 2001.

Fitzpatrick, Sheila/Geyer, Michael (Hg.): Beyond Totalitarianism. Stalinism and Nazism Compared, Cambridge 2009.

Flick, Uwe/Kardoff, Ernst von/Steinke, Ines (Hg.): Qualitative Forschung. Ein Handbuch, Hamburg 2000.

Florath, Bernd: Die Partei, in: Sabrow, Martin (Hg.): Erinnerungsorte der DDR, Bonn 2010, S. 77–87.

Florath, Bernd: Die SED im Untergang, in: ders. (Hg.): Das Revolutionsjahr 1989. Die demokratische Revolution in Osteuropa als transnationale Zäsur, Göttingen 2011, S. 63–104.

Förster, Peter: Die Entwicklung des politischen Bewusstseins der DDR-Jugend zwischen 1966–1989, in: ders.; Friedrich, Walter/Starke, Kurt (Hg.): Das Zentralinstitut für Jugendforschung Leipzig 1966–1990. Geschichte, Methoden, Erkenntnisse, Berlin 1999, S. 70–165.

Friedreich, Sönke: Autos bauen im Sozialismus. Arbeit und Organisationskultur in der Zwickauer Automobilindustrie nach 1945, Leipzig 2008.

Friedrich, Carl Joachim/Brzezinski, Zbigniew: Totalitarian Dictatorship and Autocracy, Cambridge 1956.

Fulbrook, Mary: Methodologische Überlegungen zu einer Gesellschaftsgeschichte der DDR, In: Bessel, Richard/Jessen, Ralph (Hg.): Die Grenzen der Diktatur. Staat und Gesellschaft in der DDR, Göttingen 1996, S. 274–297.

Fulbrook, Mary (Hg.): Power and Society in the GDR, 1961–1979. The ›Normalisation of Rule‹?, Oxford 2009.

Geppert, Dominik: Störmanöver. Das »Manifest der Opposition« und die Schließung des Ost-Berliner »Spiegel«-Büros im Januar 1978, Berlin 1996.

Gerhard, Ute: Die staatlich institutionalisierte »Lösung« der Frauenfrage. Zur Geschichte der Geschlechterverhältnisse in der DDR, in: Kaelble, Hartmut/Kocka, Jürgen/Zwahr, Hartmut (Hg.): Sozialgeschichte der DDR, Stuttgart 1994, S. 383–403.

Gieseke, Jens: Die hauptamtlichen Mitarbeiter der Staatsicherheit. Personalstruktur und Lebenswelt 1950–1989/90, Berlin 2000.

Gieseke, Jens: Die Einheit von Wirtschafts-, Sozial- und Sicherheitspolitik. Militarisierung und Überwachung als Probleme einer DDR-Sozialgeschichte der Ära Honecker, in: Zeitschrift für Geschichtswissenschaft 51 (2003) 11, S. 996–1021.

Gieseke, Jens: Annäherungen und Fragen an die »Meldungen aus der Republik«, in: ders. (Hg.): Staatssicherheit und Gesellschaft. Studien zum Herrschaftsalltag in der DDR, Göttingen 2007, S. 79–98.

Gieseke, Jens: Bevölkerungsstimmungen in der geschlossenen Gesellschaft. MfS-Berichte an die DDR-Führung in den 1960er- und 1970er-Jahren, in: Zeithistorische Forschungen/Studies in Contemporary History, Online-Ausgabe, 5 (2008) 2, URL: http://www.zeithistorische-forschungen.de/2-2008/id=4491, Druckausgabe: S. 236–257.

Gieseke, Jens: »Seit Langem angestaute Unzufriedenheit breitester Bevölkerungskreise«. Das Volk in den Stimmungsberichten des Staatssicherheitsdienstes, in: Henke, Klaus-Dietmar (Hg.): Revolution und Vereinigung. Als in Deutschland die Realität die Phantasie überholte, München 2009, S. 130–148.

Gieseke, Jens/Jessen, Ralph: Die SED in der staatssozialistischen Gesellschaft, in: Gieseke, Jens/Wentker, Hermann (Hg): Die Geschichte der SED. Eine Bestandsaufnahme, Berlin 2011, S. 16–60.

Gieseke, Jens: Soziale Ungleichheit im Staatssozialismus. Eine Skizze, in: Zeithistorische Forschungen/Studies in Contemporary History, Online-Ausgabe, 10 (2013), 2, URL: http://www.zeithistorische-forschungen.de/2-2013/id=4493, Druckausgabe: S. 171–198.

Gieseke, Jens: Whom did the East Germans trust? Popular Opinion on Threats of War, Confrontation and Détente in the GDR, 1968–89, in: Kreis, Reinhild/Klimke, Martin/Ostermann, Christian (Hg.): »Trust, but verify«. The Politics of Uncertainty and the Transformation of the Cold War Order, Stanford 2016.

Glaeßner, Gert-Joachim: Die andere deutsche Republik. Gesellschaft und Politik in der DDR, Wiesbaden 1989.

Görlich, Christopher: Urlaub vom Staat. Tourismus in der DDR, Wien/Köln/Weimar 2012.

Gorlitzki, Yoram: Party Revivalism and the Death of Stalin, in: Slavic Review 54,1 (1995), S. 1–22.

Großmann, Thomas: Fernsehen, Revolution und das Ende der DDR, Göttingen 2015.

Haritonow, Alexander: Ideologie als Institution und soziale Praxis. Die Adaption des höheren sowjetischen Parteischulungssystems in der SBZ/DDR (1945–56), Berlin 2004.

Hellbeck, Jochen: Revolution on my Mind. Writing a Diary under Stalin, Cambridge 2006.

Herbst, Andreas/Stephan, Gerd-Rüdiger/Winkler, Jürgen (Hg.): Die SED. Geschichte, Organisation, Politik. Ein Handbuch, Berlin 1997.

Hertle, Hans Hermann: Chronik des Mauerfalls. Die dramatischen Ereignisse um den 9. November 1989, Berlin 1996.

Hertle, Hans-Hermann/Jarausch, Konrad H./Kleßmann, Christoph (Hg.): Mauerbau und Mauerfall. Ursachen, Verlauf, Auswirkungen, Berlin 2002.

Hertle, Hans-Hermann/Stephan, Gerd-Rüdiger (Hg.): Das Ende der SED. Die letzten Tage des Zentralkomitees, 5. Aufl., Berlin 2012.

Herzberg, Guntolf/Seifert, Kurt: Rudolf Bahro. Glaube an das Veränderbare. Eine Biographie, Berlin 2002.

Heß, Klaus: Das Stahl- und Walzwerk und die Stadt Brandenburg, in: Förderverein Stahlmuseum (Hg.): 90 Jahre Stahl aus Brandenburg, Zeitzeugen berichten, Berlin 2005, S. 65–67.

Hildemeier, Manfred: »Well said is half a lie«. Observation on Jörg Baberowski's »Criticism as Crisis«, or Why the Soviet Union Still Collapsed, in: Journal of Modern European History 9 (2011), S. 289–297.

Holzweißig, Gunter: »Verzerrende Beiträge zur Geschichte«. Zehnter Jahrestag des »Sputnik«-Verbots, in DA 31/1998, S. 976–979.

Holzweißig, Gunter: Die schärfste Waffe der Partei. Eine Mediengeschichte der DDR, Köln 2002.

Hobsbawm, Eric: Das Zeitalter der Extreme. Weltgeschichte des 20. Jahrhunderts, 6. Aufl., München 2003.

Hockerts, Hans Günter: Der deutsche Sozialstaat. Entfaltung und Gefährdung seit 1945, Göttingen 2011.

Horváth, Ágnes/Szakolczai, Árpád: Information Management in Bolshevik-type Party States. A version of the Information Society, in: East European Politics and Societies 5 (1991) 2, S. 268–305.

Hübner, Peter: Einleitung. Antielitäre Eliten?, in: ders. (Hg.): Eliten im Sozialismus. Beiträge zur Sozialgeschichte der DDR, Köln 1999, S. 9–35.

Hübner, Peter: Durch Planung zur Improvisation. Zur Geschichte des Leitungspersonals in der staatlichen Industrie der DDR, in: Archiv für Sozialgeschichte 39 (1999), S. 197–233.

Hürtgen, Renate: Zwischen Disziplinierung und Partizipation. Vertrauensleute des FDGB im DDR-Betrieb, Köln 2005.

Hürtgen, Renate: Ausreise per Antrag. Der lange Weg nach drüben. Eine Studie über Herrschaft und Alltag in der DDR-Provinz, Göttingen 2014.

Huinink, Johannes (Hg.): Kollektiv und Eigensinn. Lebensläufe in der DDR und danach, Berlin 1995.

Hutter, Franz-Josef: Die Sozialstruktur der SED-Mitgliedschaft in ihren Anfangsjahren, in: Poppe, Ulrike/Eckert, Rainer/Kowalczuk, Ilko-Sascha (Hg.): »Mit uns zieht die neue Zeit ...«. Die SED zwischen Kriegsende und Mauerbau, Tagung vom 12. bis 14. April 1996, Berlin 1998, S. 31–37.

Industriemuseum Brandenburg an der Havel (Hg.): Ein Jahrhundert Stahl aus Brandenburg im sozialen und politischen Umfeld. Dokumentation zur Dauerausstellung, Mai 2000.

Ivanova, Anna: Shopping in Beriozka: Consumer in the Soviet Union, in: Zeithistorische Forschungen/Studies in Contemporary History, Online-Ausgabe, 10 (2013) 2, http://www.zeithistorische-forschungen.de/2-2013/id=4536.

Jarausch, Konrad H.: Realer Sozialismus als Fürsorgediktatur. Zur begrifflichen Einordnung der DDR, in: APuZ 20/1998, S. 33–46.

Jarausch, Konrad H.: Fürsorgediktatur, Version: 1.0, in: Docupedia-Zeitgeschichte, 11.2.2010, http://docupedia.de/zg/Fürsorgediktatur.

Jessen, Ralph: Die Gesellschaft im Staatssozialismus. Probleme einer Sozialgeschichte der DDR, in: Geschichte und Gesellschaft 21 (1995), S. 96–110.

Jessen, Ralph: Partei, Staat und »Bündnispartner«. Die Herrschaftsmechanismen der SED-Diktatur, in: Judt, Matthias (Hg.): DDR-Geschichte in Dokumenten. Beschlüsse, Berichte, interne Materialien und Alltagszeugnisse, Bonn 1998, S. 27–43.

Jessen, Ralph: Akademische Elite und kommunistische Diktatur. Die ostdeutsche Hochschullehrerschaft in der Ulbricht-Ära, Göttingen 1999.

Jessen, Ralph: Mobility and Blockage during the 1970s, in: Jarausch, Konrad H. (Hg.): Dictatorship as Experience, Towards a Socio-Cultural History of the GDR, New York 1999, S. 341–360.

Judt, Matthias: »Bananen, gute Apfelsinen, Erdnüsse u.a. sind doch keine kapitalistischen Privilegien«, Alltäglicher Mangel am Ende der 1980er Jahre in der DDR, in: DA online, http://www.bpb.de/geschichte/zeitgeschichte/deutschlandarchiv/163470/bananen-gute-apfelsinen-erdnuesse-u-a-sind-doch-keine-kapitalistischen-privilegien?p=all, Stand: 2.8.2013.

Kaminsky, Annette: Konsumpolitik in der Mangelwirtschaft, in: Vollnhals, Clemens/Weber, Jürgen (Hg.): Der Schein der Normalität. Alltag und Herrschaft in der SED-Diktatur, München 2002.

Kiepe, Jan: Für die Revolution auf die Schulbank. Eine alltagsgeschichtliche Studie über die SED-Funktionärsausbildung in Thüringen, Bonn 2016.

Kinne, Helmut: Geschichte der Stahlindustrie der DDR, Düsseldorf 2002.

Kirschner, Lutz: Gesellschaftskonzeptionelle Vorstellungen der SED-Reformer in den 80er Jahren, in: Timmermann, Heiner (Hg.): Die DDR in Deutschland. Ein Rückblick auf 50 Jahre, Berlin 2001, S. 477–493.

Klein, Thomas: Widerspruch und abweichendes Verhalten in der SED, in: Materialien der Enquete-Kommission »Aufarbeitung von Geschichte und Folgen der SED-Diktatur in Deutschland« (12. Wahlperiode des Deutschen Bundestages), hg. Deutscher Bundestag, Baden-Baden/Frankfurt a.M. 1995, Bd. VII/2, S. 1031–1079.

Klein, Thomas: Reform von oben? Opposition in der SED, in: Poppe, Ulrike/Eckert, Rainer/Kowalczuk, Ilko-Sascha (Hg.): Zwischen Selbstbehauptung und Anpassung. Formen des Widerstandes und der Opposition in der DDR, Berlin 1995, S. 125–141.

Klein, Thomas/Otto, Wilfriede/Grieder, Peter: Visionen. Repression und Opposition in der SED, Frankfurt (Oder) 1996.

Klein, Thomas: Die Herrschaft der Parteibürokratie. Disziplinierung, Repression und Widerstand in der SED, in: Aus Politik und Zeitgeschichte B 17–18/1996, S. 3–12.

Klein, Thomas: »Für die Einheit und Reinheit der Partei«. Die innerparteilichen Kontrollorgane der SED in der Ära Ulbricht, Köln 2002.

Kleßmann, Christoph: Arbeiter im »Arbeiterstaat« DDR. Deutsche Traditionen, sowjetisches Modell, westdeutsches Magnetfeld (1945–1971), Berlin 2007.

Kloth, Michael: Vom »Zettelfalten« zum freien Wählen. Die Demokratisierung der DDR 1989/90 und die »Wahlfrage«, Berlin 2000.

Kluttig, Thekla: Parteischulung und Kaderauslese in der Sozialistischen Einheitspartei Deutschlands 1946–1961, Berlin 1997.

Koenen, Gerd: Was war der Kommunismus?, Göttingen 2010.

Kolár, Pavel: Der Poststalinismus. Ideologie und Utopie einer Epoche. Köln/Weimar/Wien 2016.

Kössler, Till: Abschied von der Revolution. Kommunisten und Gesellschaft in Westdeutschland 1945–1968, Düsseldorf 2004.

Kohli, Martin: Die DDR als Arbeitsgesellschaft? Arbeit, Lebenslauf und soziale Differenzierung, in: Kaelble, Hartmut/Kocka, Jürgen/Zwahr, Hartmut (Hg.): Sozialgeschichte der DDR, Stuttgart 1994, S. 31–61.

Kotkin, Stephen: Magnetic Mountain. Stalinism as a Civilization, Berkeley u. a. 1995.

Kotkin, Stephen: Armageddon Averted. The Soviet Collapse 1970–2000, Oxford 2008.

Kotkin, Stephen: Uncivil Society. 1989 and the Implosion of the Communist Establishment, New York 2009.

Kott, Sandrine: Le communisme au quotidien. Les entreprises d'Etat dans la société est-allemande, Berlin 2001.

Kott, Sandrine: Die SED im Betrieb, in: Gieseke, Jens/Wentker, Hermann (Hg.): Die Geschichte der SED. Eine Bestandsaufnahme, Berlin 2011, S. 210–238.

Kowalczuk, Ilko-Sascha: Endspiel. Die Revolution von 1989 in der DDR, Bonn 2009.

Kuhlemann, Jens: Braune Kader. Ehemalige Nationalsozialisten in der Deutschen Wirtschaftskommission und der DDR-Regierung (1948–1957), gekürzte und sich aktualisierende Internet-Ausgabe der gleichnamigen Dissertation (Universität Jena, 2005), Stand: 20.7.2012, in: https://jenskuhlemann.wordpress.com.

Kuschel, Franziska: Schwarzhörer, Schwarzseher und heimliche Leser. Die DDR und die Westmedien, Göttingen 2016.

Land, Rainer/Possekel, Ralf: Namenlose Stimmen waren uns voraus. Politische Diskurse von Intellektuellen aus der DDR, Bochum 1994.

Land, Rainer/Possekel, Ralf: Fremde Welten. Die gegensätzliche Deutung der DDR durch SED-Reformer und Bürgerbewegung in den 80er Jahren, Berlin 1998.

Lepsius, Rainer M.: Die Institutionenordnung als Rahmenbedingung der Sozialgeschichte der DDR, in: Kaelble, Hartmut/Kocka, Jürgen/Zwahr, Hartmut(Hg.): Sozialgeschichte der DDR, Stuttgart 1994, S. 17–30.

Liebold, Cornelia: Machtwechsel vor Ort. Die SED und ihr Apparat in Leipzig vom Oktober 1989 bis Mai 1990, in: Heydemann, Günther/Mai, Gunther/Müller, Werner (Hg.): Revolution und Transformation in der DDR 1989/90, Berlin 1999, S. 448–469.

Lindenberger, Thomas: Alltagsgeschichte und ihr möglicher Beitrag zu einer Gesellschaftsgeschichte der DDR, in: Jessen, Ralph/Bessel, Richard (Hg.): Die Grenzen der Diktatur. Staat und Gesellschaft in der DDR, Göttingen 1996, S. 298–325.

Lindenberger, Thomas: Die Diktatur der Grenzen. Zur Einleitung, in: ders. (Hg.): Herrschaft und Eigen-Sinn in der Diktatur. Studien zur Gesellschaftsgeschichte der DDR, Köln u. a. 1999, S. 13–44.

Lindenberger, Thomas: Volkspolizei. Herrschaftspraxis und öffentliche Ordnung im SED-Staat 1952–1968, Köln 2003.

Ludz, Peter Christian: Parteielite im Wandel. Funktionsaufbau, Sozialstruktur und Ideologie der SED-Führung, Köln/Opladen 1970.

Ludz, Peter Christian (Hg.): DDR Handbuch, 2. Aufl., Köln 1979.

Lüdtke, Alf: Einleitung, Herrschaft als soziale Praxis, in: ders. (Hg.): Herrschaft als soziale Praxis. Historische und sozial-anthropologische Studien, Göttingen 1991, S. 9–63.

Lüdtke, Alf: Eigen-Sinn. Fabrikalltag. Arbeitererfahrungen und Politik vom Kaiserreich bis in den Faschismus, Hamburg 1993.

Lüdtke, Alf (Hg.): Akten, Eingaben, Schaufenster. Die DDR und ihre Texte. Erkundungen zu Herrschaft und Alltag, Berlin 1997.

Mählert, Ulrich: »Die Partei hat immer recht!« Parteisäuberungen als Kaderpolitik in der SED (1948–1953), in: ders./Weber, Hermann (Hg.): Terror. Stalinistische Parteisäuberungen 1936–1953, Paderborn 2001, S. 351–457.

Mallmann, Klaus-Michael: Kommunisten in der Weimarer Republik. Sozialgeschichte einer revolutionären Bewegung, Darmstadt 1996.

Malycha, Andreas: Partei von Stalins Gnaden? Die Entwicklung der SED zur Partei neuen Typus in den Jahren 1946 bis 1950, Berlin 1996.

Malycha, Andreas: Die SED. Geschichte ihrer Stalinisierung 1946–1953, Paderborn 2000.

Malycha, Andreas/Winters, Peter Jochen: Die SED. Geschichte einer deutschen Partei, München 2009.

Malycha, Andreas: Die SED in der Ära Honecker. Machtstrukturen, Entscheidungsmechanismen und Konfliktfelder in der Staatspartei 1971 bis 1989, München 2014.

Mannheim, Karl: Das Problem der Generationen, in: ders.: Wissenssoziologie. Auswahl aus dem Werk, eingeleitet und herausgegeben von Kurt H. Wolff, Neuwied u.a. 1964, S. 509–565.

Markovits, Inga: Gerechtigkeit in Lüritz. Eine ostdeutsche Rechtsgeschichte, München 2006.

Meenzen, Sandra: Lebenslüge Antifaschismus. Der Umgang der SED mit einer NSDAP-Vergangenheit, in: Horch und Guck 4/2011, Heft 74, S. 10–13.

Merkel, Ina: Leitbilder und Lebensweisen von Frauen in der DDR, in: Kaelbe, Hartmut/Kocka, Jürgen/Zwahr, Harmut (Hg.): Sozialgeschichte der DDR, Stuttgart 1994, S. 359–382.

Merkel, Ina: Utopie und Bedürfnis. Die Geschichte der Konsumkultur in der DDR, Köln 1999.

Merl, Stephan: Entstalinisierung. Reformen und Wettlauf der Systeme 1953–1964, in: Plaggenborg, Stefan (Hg.): Handbuch der Geschichte Russlands. Bd. 5/1: 1945–1991. Vom Ende des Zweiten Weltkriegs bis zum Zusammenbruch der Sowjetunion, Stuttgart 2002, S. 175–318.

Merl, Stephan: Elections in the Soviet Union, 1937–1989. A View into a Paternalistic World from Below, in: Jessen, Ralph/Richter, Hedwig (Hg.): Voting for Hitler and Stalin. Elections under 20th Century Dictatorships, Frankfurt a.M. 2011, S. 276–308.

Mestrup Heinz: Die SED. Ideologischer Anspruch, Herrschaftspraxis und Konflikte im Bezirk Erfurt (1971–1989), Jena 2000.

Meuschel, Sigrid: Legitimation und Parteiherrschaft in der DDR, Frankfurt a.M. 1992.

Meyen, Michael: Einschalten, Umschalten, Ausschalten? Das Fernsehen im DDR-Alltag, Leipzig 2003.

Meyen, Michael: Denver Clan und Neues Deutschland. Mediennutzung in der DDR, Berlin 2003.

Meyen, Michael: Die ARD in der DDR. In: Aus Politik und Zeitgeschichte, 20/2010, S. 28–34.

Mittenzwei, Werner: Die Intellektuellen. Literatur und Politik in Ostdeutschland 1945–2000, Leipzig 2001.

Moreau, Patrick/Lang, Jürgen: Was will die PDS?, Frankfurt a.M. 1994.

Moreau, Patrick: Die SED in der Wende, in: Kuhrt, Eberhard/Buck, Hannsjörg F./Holzweißig, Gunter (Hg.): Die SED-Herrschaft und ihr Zusammenbruch, Opladen 1996, S. 289–339.

Mühlberg, Felix: Informelle Konfliktbewältigung. Zur Geschichte der Eingabe in der DDR. Dissertation, Philosophische Fakultät der Technischen Universität Chemnitz, 27.7.2000, in: http://www.qucosa.de/recherche/frontdoor/?tx_slubopus4frontend[id]=urn:nbn:de:bsz:ch1-200000651, (Stand 21.5.2016).

Mühlberg, Felix: Eingaben als Instrument informeller Konfliktbewältigung, in: Badstübner, Evemarie (Hg.): Befremdlich anders. Leben in der DDR, 2. Aufl., Berlin 2000, S. 233–270.

Müller, Christian Th.: Tausend Tage bei der »Asche«. Unteroffiziere in der NVA, Berlin 2003.

Müller, Claudia Andrea: Teure Touristen. Preise und Kosten der Urlaubsreisen von DDR-Bürgern in die Ostblock-Staaten, in: Horch und Guck 2/2009, S. 26–29.

Münkel, Daniela: Die DDR im Blick der Stasi 1989, in: APuZ 21–22/2009, S. 26–32.

Nakath, Monika: SED und Perestroika. Reflexion osteuropäischer Reformversuche in den 80er Jahren (Hefte zur DDR-Geschichte 9), Berlin 1993.

Nakath, Detlef/Neugebauer, Gero/Stephan, Gerd-Rüdiger (Hg.): »Im Kreml brennt noch Licht«. Die Spitzenkontakte zwischen SED/PDS und KPdSU 1989–1991, Berlin 1998.

Neubert, Ehrhart: Unsere Revolution. Die Geschichte der Jahre 1989/90, München 2008.

Neugebauer, Gero: Von der SED zur PDS zur Linkspartei, in: Gieseke, Jens/Wentker, Hermann (Hg.): Die Geschichte der SED. Eine Bestandsaufnahme, Berlin 2011, S. 239–265.

Niederhut, Jens: Die Reisekader. Auswahl und Disziplinierung einer privilegierten Minderheit in der DDR, Leipzig 2005.

Niemann, Heinz: Meinungsforschung in der DDR. Die geheimen Berichte des Instituts für Meinungsforschung an das Politbüro der SED, Köln 1993.

Niemann, Mario: »Schönfärberei und Schwarzmalerei«. Die Parteiinformation der SED, in: Brunner, Detlev/Niemann, Mario (Hg.): Die DDR – eine deutsche Geschichte. Wirkung und Wahrnehmung, Paderborn u.a. 2011, S. 159–185.

Niethammer, Lutz: Volkspartei neuen Typs? Sozialbiographische Voraussetzungen der SED in der Industrieprovinz, in: Prokla 3/1990, S. 40–70.

Niethammer, Lutz: Erfahrungen und Strukturen. Prolegomena zu einer Geschichte der Gesellschaft der DDR, in: Kaelble, Hartmut/Kocka, Jürgen/Hartmut, Zwahr (Hg.): Sozialgeschichte der DDR, Stuttgart 1994, S. 95–115.

Niethammer, Lutz: Die SED und »ihre« Menschen. Versuch über das Verhältnis zwischen Partei und Bevölkerung als bestimmendem Moment innerer Staatssicherheit, in: Suckut, Siegfried/Süß, Walter (Hg.): Staatspartei und Staatssicherheit. Zum Verhältnis von SED und MfS, Berlin 1997, S. 307–340.

Obertreis, Julia/Stephan, Anke (Hg.): Erinnerungen nach der Wende. Oral-History und (post)sozialistische Gesellschaften, Essen 2009.

Otto, Wilfriede: Normen und Rituale im SED-Alltag, in: Elm, Ludwig/Keller, Dietmar/Mocek, Reinhard (Hg.): Ansichten zur Geschichte der DDR, Bd. VII, Berlin 1997, S. 319–352.

Otto, Wilfriede: Zu Normen und Ritualen im SED-Alltag, in: Timmermann, Heiner (Hg.): Die DDR – Erinnerung an einen untergegangenen Staat, Berlin 1999, S. 295–306.

Palmowski, Jan: Inventing a Socialist Nation. Heimat and the Politics of Everday Life in the GDR 1945–1990, Cambridge 2009.

Pannen, Sabine: Austreten, abwarten oder protestieren? Der letzte Umtausch der Parteidokumente und der innere Zerfall der SED-Parteibasis in Brandenburg an der Havel, in: Braun, Jutta/Weiß, Peter Ulrich (Hg.): Agonie und Aufbruch. Das Ende der SED-Herrschaft und die friedliche Revolution in Brandenburg. S. 106–127.

Passens, Katrin: Der Zugriff des SED-Herrschaftsapparates auf die Wohnviertel (Beiträge zur Diktaturforschung, Hg. Forschungsstelle Widerstandsgeschichte), Berlin 2003.

Peters, Florian: Arbeitermythos und Staatspartei. Zusammensetzung und Rekrutierung von Mitgliedschaft und Funktionärskörper (1961–1989), unveröffentlichtes Manuskript.

Pollack, Detlef: Kirche in der Organisationsgesellschaft. Zum Wandel der gesellschaftlichen Lage der evangelischen Kirchen in der DDR, Stuttgart 1994.

Port, Andrew: Die rätselhafte Stabilität der DDR. Arbeit und Alltag im sozialistischen Deutschland, Bonn 2010.

Rabe, Ralf-Stephan: 12. November 1989. Brandenburg an der Havel erlebt (s)eine Großdemonstration, in: Historischer Verein Brandenburg/Havel (Hg.): 14. Jahresbericht 2004–2005, Brandenburg/Havel 2005, S. 63–80.
Rabe, Ralf-Stephan: Zeitenwende 1989/90 in der Stadt Brandenburg an der Havel, in: Historischer Verein Brandenburg/Havel (Hg.): 18. Jahresbericht, 2008–2009, Brandenburg 2009, S. 192–202.
Raleigh, Donald J.: Soviet Baby Boomers. An Oral History of Russia's Cold War Generation, Oxford 2011.
Raschka, Johannes: Justizpolitik im SED-Staat. Anpassung und Wandel des Strafrechts während der Amtszeit Honeckers, Köln 2000.
Raschka, Johannes: 1981 als Zäsur in der Entwicklung der DDR. Innenpolitischer Wandel als Folge außenpolitischer Veränderungen, in: Timmermann, Heiner (Hg.): Deutsche Fragen. Von der Teilung zur Einheit, Berlin 2001, S. 227–256.
Reibel, Carl-Wilhelm: Das Fundament der Diktatur. Die NSDAP-Ortsgruppen 1932–1945, Paderborn 2002.
Reichardt, Sven: Praxeologische Geschichtswissenschaft. Eine Diskussionsanregung, in: Sozial. Geschichte 22 (2007) 3, S. 43–65.
Reichel, Thomas: Die »durchherrschte Arbeitsgesellschaft«, in: Hürtgen, Renate/Reichel, Thomas (Hg.): Der Schein der Stabilität. DDR-Betriebsalltag in der Ära Honecker, Berlin 2001, S. 85–110.
Reichel, Thomas: »Sozialistisch arbeiten, lernen und leben«. Die Brigadebewegung in DDR (1959–1989), Köln 2011.
Richter, Hedwig: Mass Obedience: Practices and Functions of Elections in the German Democratic Republic, in: Jessen, Ralph/Richter, Hedwig (Hg.): Voting for Hitler and Stalin. Elections under 20th Century Dictatorships, Frankfurt a. M. 2011, S. 103–125.
Richter, Michael: Aufbruch an der Basis. Zur Situation in der Ost-CDU vom Beginn der Gorbatschowschen Reformpolitik bis zum Sonderparteitag im Dezember 1989. Eine Dokumentation, in: Historisch-Politische-Mitteilungen 8/2001, S. 189–240.
Riechert, Hansjörg/Ruppert, Andreas: Herrschaft und Akzeptanz. Der Nationalsozialismus in Lippe während der Kriegsjahre. Analyse und Dokumentation, Opladen 1998.
Rigby, Thomas H.: Communist Party Membership in the U.S.S.R. 1917–1967, Princeton 1968.
Rogg, Matthias: Armee des Volkes? Militär und Gesellschaft in der DDR, Berlin 2008.
Sabrow, Martin: Der Konkurs der Konsensdiktatur, in: Jarausch, Konrad H./Sabrow, Martin (Hg.): Weg in den Untergang. Der innere Zerfall der DDR, Göttingen 1999, S. 83–116.
Sabrow, Martin: Einleitung, Geschichtsdiskurs und Doktringesellschaft, in: ders. (Hg.): Geschichte als Herrschaftsdiskurs. Der Umgang mit der Vergangenheit in der DDR, Köln 2000, S. 9–35.
Sabrow, Martin: Vertrauter Feind, objektiver Gegner, kollegialer Konkurrent. Zum Wandel des Bildes vom »Anderen« in der sozialistischen Legitimationskultur der DDR, in: Gries, Rainer/Satjukow, Silke (Hg.): Unsere Feinde. Konstruktionen des Anderen im Sozialismus, Leipzig 2004, S. 255–276.
Sabrow, Martin: Politischer Skandal und moderne Diktatur, in: ders. (Hg.): Skandal und Diktatur. Formen öffentlicher Empörung im NS-Staat und in der DDR, Göttingen 2004, S. 7–32.
Sabrow, Martin: Die Wiedergeburt des klassischen Skandals. Öffentliche Empörung in der späten DDR, in: ders. (Hg.): Skandal und Diktatur. Formen öffentlicher Empörung im NS-Staat und in der DDR, Göttingen 2004, S. 231–265.
Sabrow, Martin: Das Charisma des Kommunismus. Überlegungen zur Anwendung des Weberschen Herrschaftstypus auf die DDR, in: ders. (Hg.): ZeitRäume. Potsdamer Almanach des Zentrums für Zeithistorische Forschung 2006, Berlin 2007, S. 162–174.

Sabrow, Martin: Sozialismus als Sinnwelt. Diktatorische Herrschaft in kulturhistorischer Perspektive, in: Potsdamer Bulletin für Zeithistorische Studien 40/41, Potsdam 2007, S. 9–23.

Sabrow, Martin (Hg.): 1989 und die Rolle der Gewalt, Göttingen 2012.

Sabrow, Martin: Der führende Repräsentant. Erich Honecker in generationsbiographischer Perspektive, in: Zeithistorische Forschungen/Studies in Contemporary History, Online-Ausgabe, 10 (2013), 1, URL: http://www.zeithistorische-forschungen.de/1-2013/id=4665, Druckausgabe: S. 61–88.

Sabrow, Martin: Erich Honecker. Das Leben davor. 1912–1945, München 2016

Schapiro, Leonhard: Die Geschichte der Kommunistischen Partei der Sowjetunion, Berlin 1962.

Schmidt, Rüdiger: »Rote Fahnen gegen weiße Kerzen«. Die DDR-Machteliten in den Bezirken Magdeburg und Halle und der Herbst 1989, in: Großbölting, Thomas/Kollmorgen, Raj/Möbius, Sascha/ Schmidt, Rüdiger (Hg.): Das Ende des Kommunismus. Die Überwindung der Diktaturen in Europa und ihre Folgen, Essen 2010, S. 133–149.

Schmiechen-Ackermann, Detlef: Der »Blockwart«. Die unteren Parteifunktionäre im nationalsozialistischen Terror- und Überwachungsapparat, in: Vierteljahrshefte für Zeitgeschichte 48 (2000), S. 575–602.

Schmiechen-Ackermann, Detlef: Die Staatsparteien NSDAP und SED als lokale Vermittlerinstanzen der Diktatur, in: Heydemann, Günther/Oberreuter, Heinrich (Hg.): Diktaturen in Deutschland. Vergleichsaspekte, Strukturen, Institutionen und Verhaltensweisen, Bonn 2003, S. 176–177.

Schneider, Franka: Der Intershop, in: Sabrow, Martin (Hg.): Erinnerungsorte der DDR, Bonn 2010, S. 287–296.

Schöllgen, Gregor: Die Außenpolitik der Bundesrepublik Deutschland. Von den Anfängen bis zur Gegenwart, 3. Aufl., München 2004.

Schröder, Hans-Henning: »Lebendige Verbindung mit den Massen«. Sowjetische Gesellschaftspolitik in der Ära Chruscev, in: Vierteljahrshefte für Zeitgeschichte 34 (1986) 4, S. 523–560.

Schroeder, Klaus (u. Mitarbeit von Steffen Alisch): Der SED-Staat. Partei, Staat und Gesellschaft 1949–1990, München 1998.

Schubarth, Wilfried: Forschungen zum Geschichtsbewusstsein, in: Friedrich, Walter u.a.: Das Zentralinstitut für Jugendforschung Leipzig 1966–1990. Geschichte, Methoden, Erkenntnisse, Berlin 1999, S. 206–224.

Schüle, Annegret: »Die Spinne«. Die Erfahrungsgeschichte weiblicher Industriearbeit im VEB Leipziger Baumwollspinnerei, Leipzig 2001, S. 294–331.

Schumann, Silke: Parteierziehung in der Geheimpolizei. Zur Rolle der SED im MfS der fünfziger Jahre, Berlin 2000.

Schwarzer, Thomas/Schweigel, Kerstin: Brandenburg. Industriestadt zwischen Stahlmodell und wirtschaftlicher Vielfalt, in: Vester, Michael/Hofmann, Michael/Zierke, Irene (Hg.): Soziale Milieus in Ostdeutschland, Gesellschaftliche Strukturen zwischen Zerfall und Neubildung, Köln 1995, S. 230–288.

Segert, Astrid: Das traditionelle Arbeitermilieu in Brandenburg. Systemische Prägung und regionale Spezifika, in: Vester, Michael/Hofmann, Michael/Zierke, Irene (Hg.): Soziale Milieus in Ostdeutschland. Gesellschaftliche Strukturen zwischen Zerfall und Neubildung, Köln 1995, S. 289–329.

Siebeneichner, Tilmann: Proletarischer Mythos und realer Sozialismus. Die Kampfgruppen der Arbeiterklasse in der DDR, Köln/Weimar/Wien 2014.

Sieder, Reinhard: Sozialgeschichte auf dem Weg zu einer historischen Kulturwissenschaft?, in: Geschichte und Gesellschaft 20 (1994), S. 445–468.

Sigmund, Monika: Genuss als Politikum. Kaffeekonsum in beiden deutschen Staaten, Berlin 2015.

Skyba, Peter: Die Sozialpolitik der Ära Honecker aus institutionentheoretischer Perspektive, in: Boyer, Christoph/Skyba, Peter (Hg.): Repression und Wohlstandsversprechen. Zur Stabilisierung von Parteiherrschaft in der DDR und ČSSR, Dresden 1999, S. 49–62.

Skyba, Peter: Konsumsozialismus als Dogma. Statische Stabilisierungsstrategie und innere Erosion er SED-Diktatur in den siebziger Jahren, in: Müller, Stephan/Schaal, Gary/Tiersch, Claudia (Hg.): Dauer durch Wandel, Köln u. a. 2001, S. 255–267.

Solga, Heike: »Systemloyalität« als Bedingung sozialer Mobilität im Staatssozialismus, am Beispiel der DDR, in: Berliner Journal für Soziologie 4 (1994), S. 523–542.

Springer, Philipp: Verbaute Träume. Herrschaft, Stadtentwicklung und Lebensqualität in der sozialistischen Industriestadt Schwedt, Berlin 2006.

Staritz, Dietrich: Geschichte der DDR. Erw. Neuausgabe, Frankfurt a. M. 1996.

Steiner, André: Von Plan zu Plan. Eine Wirtschaftsgeschichte der DDR, Bonn 2007.

Stephan, Gerd-Rüdiger: SED-interne Auseinandersetzungen und Disziplinierungen in der Ära Honecker, in: Timmermann, Heiner (Hg.): Die DDR – Politik und Ideologie als Instrument, Berlin 1999, S. 557–580.

Stern, Carola: Porträt einer bolschewistischen Partei. Entwicklung, Funktion und Situation der SED, Köln 1957.

Suckut, Siegfried/Staritz, Dietrich: Alte Heimat oder neue Linke? Das SED-Erbe und die PDS-Erben, in: Deutschland Archiv 24 (1991), S. 1039–1049.

Süß, Walter: Staatssicherheit am Ende. Warum es den Mächtigen nicht gelang, 1989 eine Revolution zu verhindern, Berlin 1999.

Süß, Walter: Von der Ohnmacht des Volkes zur Resignation der Mächtigen. Ein Vergleich des Aufstandes in der DDR 1953 mit der Revolution von 1989, in: Vierteljahrshefte für Zeitgeschichte 52 (2004) 3, S. 441–477.

Süß, Walter: Der Untergang der Staatspartei, in: Henke, Klaus-Dietmar (Hg.): Revolution und Vereinigung 1989/90. Als in Deutschland die Realität die Phantasie überholte, München 2009, S. 284–306.

Timmer, Karsten: Vom Aufbruch zum Umbruch. Die Bürgerbewegung in der DDR 1989, Göttingen 2000.

Treskow, Sieglinde von/Sponholz, Wolfgang: Stahlstandort am Silokanal, in: Heinrich, Gerd (Hg.): Stahl und Brennabor. Die Stadt Brandenburg im 19. und 20. Jahrhundert, Potsdam 1998, S. 419–431.

Volze, Armin: Die Devisengeschäfte der DDR. Genex und Intershop, in: Deutschland Archiv 11/1991, S. 1145–1159.

Wagner, Caroline: Die NSDAP auf dem Dorf. Eine Sozialgeschichte der NS-Machtergreifung in Lippe, Münster 1998.

Wagner-Kyora, Georg: Vom »nationalen« zum »sozialistischen« Selbst. Zur Erfahrungsgeschichte deutscher Chemiker und Ingenieure im 20. Jahrhundert, Stuttgart 2009.

Weber, Hermann: Die DDR 1945–1990, 5. Aufl., München 2012.

Weber, Hermann: Wandlungen im Selbstverständnis der SED unter Honecker, in: Glaeßner, Gert-Joachim (Hg.): Die DDR in der Ära Honecker. Politik, Kultur, Gesellschaft, Opladen 1988, S. 284–296.

Weber, Max: Wirtschaft und Gesellschaft. Grundriss der verstehenden Soziologie, 5. Aufl., Tübingen 1972.

Weil, Francesca: Soziale Verhaltensmuster in sächsischen Betrieben zwischen 1970 und 1997, in: Deutschland Archiv 4/1998, S. 547–564.

Weil, Francesca: Der Betrieb als sozialer Raum zwischen Anpassung und Verweigerung, in: Timmermann, Heiner (Hg.): Die DDR – Erinnerung an einen untergegangenen Staat, Berlin 1999, S. 306–339.

Weitz, Eric: Creating German Communism 1890–1990. From Popular Protests to Socialist State, Princeton 1997.

Welzer, Harald: Das Interview als Artefakt. Zur Kritik der Zeitzeugenforschung, in: BIOS 13 (2000) 1, S. 51–63.

Wenzke, Rüdiger: Zwischen »Prager Frühling« 1968 und Herbst 1989. Protestverhalten, Verweigerungsmuster und politische Verfolgung in der NVA der siebziger und achtziger Jahre, in: ders. (Hg.): Staatsfeinde in Uniform? Widerständiges Verhalten und politische Verfolgung in der NVA, Berlin 2005, S. 197–428.

Werner, Oliver: Die »Sputnik«-Krise in der SED 1988/89, in: Heydemann, Günther/Mai, Gunter/Müller, Werner (Hg.): Revolution und Transformation in der DDR, Berlin 1999, S. 117–136.

Wettig, Gerhard: Die Entstehung der Voraussetzungen für das Ende der DDR, in: Jahrbuch für historische Kommunismusforschung (2009), S. 229–250.

Wierling, Dorothee: Dominante scripts und komplizierte Lebensgeschichte. Ein Kommentar zur Erforschung des Alltags im Staatssozialismus, in: Obertreis, Julia/Stephan, Anke (Hg.): Erinnerungen nach der Wende. Oral-History und (post)sozialistische Gesellschaften, Essen 2009, S. 323–328.

Wierling, Dorothee: How Do the 1929ers and the 1949ers Differ? In: Fulbrook, Mary (Hg.): Power and Society in the GDR, 1961–1979. The ›Normalisation of Rule‹?, Oxford 2009, S. 204–219.

Wierling, Dorothee: Oral History, in: Maurer, Michael (Hg.): Aufriss der Historischen Wissenschaften. Neue Themen und Methoden der Geschichtswissenschaft, Bd. 7, Stuttgart 2003, S. 81–151.

Wierling, Dorothee: Geboren im Jahr Eins. Der Jahrgang 1949 in der DDR. Versuch einer Kollektivbiographie, Berlin 2002.

Wilhelmy, Frank: Der Zerfall der SED-Herrschaft. Zur Erosion des marxistisch-leninistischen Legitimitätsanspruches in der DDR, Münster 1995.

Wittich, Dietmar: Mitglieder und Wähler der PDS, in: Brie, Michael u. a. (Hg.): Die PDS. Postkommunistische Kaderorganisation, ostdeutscher Traditionsverein oder linke Volkspartei? Empirische Befunde und kontroverse Analysen, Köln 1995, S. 58–80.

Wolle, Stefan: Die heile Welt der Diktatur. Alltag und Herrschaft in der DDR 1971 bis 1989, Bonn 1999.

Wölbern, Jan-Philipp: Der Häftlingsfreikauf aus der DDR 1962/63–1989. Zwischen Menschenhandel und humanitären Aktionen, Göttingen 2014.

Wünderich, Volker: Die »Kaffeekrise« von 1977. Genussmittel und Verbraucherprotest in der DDR, in: Historische Anthropologie 11 (2003), S. 240–261.

Yurchak, Alexei: Everything Was Forever, Until It Was No More. The Last Soviet Generation, Princeton 2005.

Zatlin, Jonathan R.: Ausgaben und Eingaben. Das Petitionsrecht und der Untergang der DDR, in: Zeitschrift für Geschichtswissenschaft 45 (1997) 10, S. 902–917.

Zatlin, Jonathan: The Currency of Socialism. Money and Political Culture in East Germany, Boston 2007.

Zimmermann, Hartmut: Überlegungen zur Geschichte der Kader und der Kaderpolitik in der SBZ/DDR, in: Kaelbe, Hartmut/Kocka, Jürgen/Zwahr, Hartmut (Hg.): Sozialgeschichte der DDR, Stuttgart 1994, S. 322–356.

Bildnachweis

S. 55, 57, 63: Fotosammlung des Stadtmuseums Brandenburg an der Havel
S. 132, 133: BStU, MfS, SED-KL 3944, Bl. 149–150
S. 155: www.bildarchiv-riederer.de, Foto: Horst Riederer
S. 301: BArch, Bild 183-1989-1110-047, Foto: Rainer Mittelstädt

Personenregister

Bei den kursiv gedruckten Namen handelt es sich um Pseudonyme.

Dank

Was in Gestalt dieses Buches als Projekt einer Einzelperson daherkommt, hat in Wahrheit viele Unterstützer und Wegbegleiter, ohne deren tatkräftige Hilfe es nicht hätte geschrieben werden können.

Großer Dank gilt zunächst meinen beiden Betreuern Martin Sabrow und Dorothee Wierling, deren uneingeschränkte Unterstützung und anhaltendes Interesse das Dissertationsprojekt ermöglicht haben und deren Anregungen wie kritische Begleitung wichtige Impulse lieferten. Zutiefst verpflichtet bin ich der Forschungsgruppe »Die SED zwischen Mauerbau und Mauerfall. Gesellschaftsgeschichte einer kommunistischen Staatspartei«. Mein Dank gilt insbesondere Jens Gieseke, der in unzähligen Gesprächen mit mir diskutierte, was das Innenleben der SED an der Parteibasis ausmachte. Ohne seine methodischen und konzeptionellen Hinweise, kritischen Kommentare und Ermutigungen hätte das Buch nicht entstehen können. Bedanken möchte ich mich auch bei meinen Kollegen Andrea Bahr, Rüdiger Bergien und Anja Schröter, die mir stets mit Rat und Tat und zuweilen auch mit aufmunternden Worten zur Seite standen. Die konstruktive Zusammenarbeit und die positive, motivierende Atmosphäre dieser Forschungsgruppe sind jedem Doktoranden zu wünschen.

Zu Dank verpflichtet bin ich dem Zentrum für Zeithistorische Forschung Potsdam, das mich mit einem Abschlussstipendium gefördert hat und von dessen Rahmenbedingungen ich als assoziierte Doktorandin profitieren durfte. Der produktive Austausch im Doktorandenkolloquium, die kurzen Fachgespräche auf den Fluren und die Bereitschaft aller Kolleginnen und Kollegen, inhaltliche Impulse zu geben, haben viel zum Gelingen der Arbeit beigetragen. Dankbar bin ich ferner für meine Zeit am Lehrstuhl von Professor Sabrow. Die Diskussionslust und die kritischen Hinweise der Kolleginnen und Kollegen haben dazu beigetragen, die Argumente zu präzisieren und zu schärfen.

In besonderer Weise bin ich der Bundesstiftung zur Aufarbeitung der SED-Diktatur verbunden, die das Forschungsprojekt im Rahmen eines Promotionsstipendiums gefördert und die Drucklegung unterstützt hat. Bedanken möchte ich mich zudem bei der Geschwister Boehringer Ingelheim Stiftung für Geisteswissenschaften für ihre Mittel zum Druck des Buches.

Mein Dank gilt auch den Mitarbeiterinnen und Mitarbeitern im Bundesarchiv, im Brandenburgischen Landeshauptarchiv, im Stadtmuseum Brandenburg an der Havel, im Archiv Demokratischer Sozialismus der Rosa-Luxemburg-Stiftung und beim Bundesbeauftragten für die Unterlagen des Staatssicherheitsdienstes der ehemaligen Deutschen Demokratischen Republik, die mich fachkundig und tatkräftig bei meinen Recherchen unterstützt haben. Zu großem Dank bin auch den Mitarbeitern und engagierten Freiwilligen des Industriemuseums Brandenburg an der Havel verpflichtet – insbesondere Sieglinde von Treskow für die Vermittlung von Zeitzeugen. Ich danke meinen Gesprächspartnern für ihre Bereitschaft, die Rolle von Zeitzeugen anzunehmen. Ihr Vertrauen und ihre Offenheit, ihre Erfahrungen und Erinnerungen als einstige SED-Mitglieder mit einer ahnungslosen Westdeutschen zu teilen, hat das Projekt erst in seiner jetzigen Form ermöglicht.

Für das sorgfältige Lektorat und die angenehme Zusammenarbeit danke ich Jens Brinkmann vom ZZF, dem Lektor Dennis Grabowsky und dem Ch. Links Verlag.

Ein besonderer Dank gilt meiner Schwester Ute, meinen Eltern und Veronica, die mich durch alle Phasen begleitet und immer wieder ermutigt haben. Schließlich möchte ich Werner danken, dessen beharrliche Unterstützung und großes Verständnis mir den Rückenwind gaben, das Projekt zu meistern. Dir und Benjamin ist dieses Buch gewidmet.

Kopenhagen im Januar 2018
Sabine Pannen

Die Autorin

Sabine Pannen
Jahrgang 1980, 2001–2008 Magisterstudium der Neueren und Neuesten Geschichte und Kunstwissenschaft in Berlin und Kapstadt, Südafrika; 2008–2009 Mitarbeiterin beim SPD-Parteivorstand; danach assoziierte Doktorandin am Zentrum für Zeithistorische Forschung Potsdam; 2017 Promotion an der Philosophischen Fakultät der Humboldt-Universität zu Berlin.